손해평가사

기본이론 + 단원별 문제은행

2차

저자: 한병재 · 이영헌 · 김현호 · 홍평표

고시이앤피
www.고시이앤피.kr

PREFACE 머리말

2023년 제9회 손해평가사 시험이 9월 2일 시행됩니다.

올해도 어김없이 농금원의 「농업재해보험·손해평가의 이론과 실무」 이론서가 3월 10일 등재되면서 2차시험의 본격적인 막이 올랐다고 할 수 있습니다.
올해 이론서는 제8회 때의 이론서의 기본틀은 그대로 유지하고 있지만, 8회 이론서에 누락되었던 과거수확량 구하는 공식이나, 논란이 많았던 적과전 종합위험 과실손해보험금 계산에서 미보상감수량의 삭제, 단감과 떫은 감의 인정피해율 계산의 분리 등의 부분적인 수정이 있었습니다.

처음 공부하시는 수험생분들은 교재를 접하게 되면 검은 것은 글씨요, 하얀 것은 분명 종이인데 도대체 무슨 이야기를 써놓은 것인지 제대로 이해하기 어렵다고 하소연하십니다.
본서는 이런 점을 착안하여 이론 바로 다음에 관련 기출문제를 수록하여 수험생이 이론으로 학습한 내용을 문제로 이해하고 정리할 수 있도록 하였으며, 이런 교재 구성에 대해 많은 수험생분들이 도움이 된다고 말씀해 주셨습니다.
이번에도 2022년 8회시험까지 시행된 문제를 관련 단원마다 『기출뽀개기』라는 형식으로 수록하여 수험생들의 학습효과가 배가 되도록 하였습니다.
아울러, 이번 개정작업은 처음 공부하는 수험생도 본 교재만으로 충분히 이해하고 학습할 수 있도록 하는데 주안점을 두었습니다.
상담을 하다보면 당연히 알고 있을 거라고 생각했던 내용도 의외로 혼동하고 이해하지 못하는 수험생들이 많았습니다.
이런 부분들은 부연설명을 첨가하였는데 수험생분들께 이런 의도가 제대로 전달될 수 있기를 바래봅니다.

언제나처럼 개정작업을 시작할 때는 용을 그리고 싶었는데, 능력도 부족하고, 물리적·시간적 부족 등으로 개정작업을 마무리 할 때 쯤에는 뱀을 그린건 아닌지 아쉬움이 가득합니다.
전화로 많은 응원과 격려를 해주시면서 5월초까지 본서를 기다려 주신 수험생분들께 지면으로나마 깊은 감사드리며, 수험기간 내내 건강과 행운이 가득하시고, 2023년 11월에는 합격의 영광이 함께 하는 행복한 한해가 되기를 간절히 기원합니다.

초여름을 적시는 비내리는 5월의 어느날
관악산 우거에서
저자 識

2023년도 제9회 손해평가사 자격시험 안내

01. 시험일정 및 시행지역

구 분	원서접수기간	빈자리 접수 [2일간, 선착순, 환불불가]	시행지역	시험일자	합격자발표
제1차 시험	'23. 5. 8.(월) 09:00 ~ '23. 5. 12.(금) 18:00	'23. 6. 1.(목) 09:00 ~ '23. 6. 2.(금) 18:00	서울, 부산 대구, 광주 대전, 인천	6.10.(토)	7. 12.(수)
제2차 시험	'23. 7. 24.(월) 09:00 ~ '23. 7. 28.(금) 18:00	'23. 8. 24.(목) 09:00 ~ '23. 8. 25.(금) 18:00		9.2.(토)	11.22.(수)

02. 시험과목 및 시험시간

가. 시험과목(「농어업재해보험법 시행령」 별표 2의2)

구 분	시험과목	시험방법
제1차 시험	① 「상법」 보험편 ② 농어업재해보험법령 ③ 농학개론 중 재배학 및 원예작물학	객관식 (4지 택일형)
제2차 시험	① 농작물재해보험 및 가축재해보험의 이론과 실무 ② 농작물재해보험 및 가축재해보험 손해평가의 이론과 실무	주관식 (단답형 및 서술형)

나. 시험시간

구 분	시험과목	문항수	입 실	시험시간
제1차 시험	① 「상법」 보험편 ② 농어업재해보험법령 ③ 농학개론 중 재배학 및 원예작물학	과목별 25문항 (총 75문항)	09:00	09:30~11:00 (90분)
제2차 시험	① 농작물재해보험 및 가축재해보험의 이론과 실무 ② 농작물재해보험 및 가축재해보험 손해평가의 이론과 실무	과목별 10문항 (단답형 5문항 서술형 5문항)	09:00	09:30~11:30 (120분)

PREFACE
시험안내

03. 응시자격 및 결격사유 : 제한 없음

04. 합격자 결정 방법 (농어업재해보험법 시행령 제12조의6)

○ 제1차 시험 및 제2차 시험
- 매 과목 100점을 만점으로 하여 매 과목 40점 이상과 전 과목 평균 60점 이상을 득점한 사람을 합격자로 결정

수험자 유의사항

1. 수험원서 또는 제출서류 등이 허위작성 및 기재오기·누락 및 연락불능의 경우에 발생하는 불이익은 전적으로 수험자 책임입니다.
    ※ Q-Net의 회원정보에 반드시 연락 가능한 전화번호로 수정
    ※ 알림서비스 수신동의 시에 시험실 사전 안내 및 합격축하 메시지 발송
2. 수험자는 시험시행 전까지 시험장 위치 및 교통편을 확인하여야 하며 (단, 시험실 출입은 할 수 없음), 시험당일 교시별 입실시간까지 신분증, 수험표, 필기구를 지참하고 해당 시험실의 지정된 좌석에 착석하여야 합니다.
    ※ 매 교시 시험시작 이후 입실불가
    ※ 수험자 입실완료시간 20분 전 교실별 좌석배치도 부착
    ※ 신분증미지참자는 응시 불가
3. 본인이 원서접수 시 선택한 시험장이 아닌 다른 시험장이나 지정된 시험실 좌석 이외에는 응시할 수 없습니다.
4. 시험시간 중에는 화장실 출입이 불가하고, 시험시간 1/2 경과 전까지 퇴실할 수 없으므로 과다한 수분섭취를 자제하는 등 건강 관리에 유의하시기 바랍니다. ※ '시험포기각서' 제출 후 퇴실한 수험자는 재입실·응시 불가 및 당해 시험 무효처리
※ 단, 설사/배탈 등 긴급사항 발생으로 중도퇴실 시 해당교시 재입실이 불가하고, 시험시간 1/2 경과 전까지 시험본부에 대기
5. 일부교시 결시 또는 기권, 답안카드(답안지) 제출 불응한 수험자는 해당교시 이후 시험에 응시할 수 없습니다.
6. 시험 종료 후 감독위원의 답안카드(답안지) 제출지시에 불응한 채 계속 답안카드(답안지)를 작성하는 경우 당해시험은 무효처리하고 부정행위자로 처리될 수 있으니 유의하시기 바랍니다.

7. 수험자는 감독위원의 지시에 따라야 하며, 부정한 행위를 한 수험자에 대하여는 당해 시험을 무효 처리하고, 그 처분이 있은 날로부터 2년간 응시자격이 정지되오니 주의하시기 바랍니다.
8. 개인용 손목시계를 준비하시어 시험시간을 관리하시기 바라며, 휴대전화기 등 데이터를 저장할 수 있는 전자기기는 시계대용으로 사용할 수 없습니다.
   ※ 시험시간은 타종에 의하여 관리되며, 교실에 비치되어 있는 시계 및 감독위원의 시간안내는 단순참고사항으로 시간 관리 책임은 수험자에게 있음
   ※ 손목시계는 시각만 확인할 수 있는 단순한 것을 사용하여야 하며, 스마트워치 등 부정행위에 활용될 수 있는 일체의 시계 착용을 금함
9. 전자계산기는 필요시 1개만 사용할 수 있고 공학용 및 재무용 등 데이터 저장기능이 있는 전자계산기는 수험자 본인이 반드시 메모리(SD카드 포함)를 제거, 삭제(리셋, 초기화)하고 시험위원이 초기화 여부를 확인 할 경우에는 협조하여야 합니다.
메모리(SD카드포함) 내용이 제거되지 않은 계산기는 사용불가하며 사용 시 부정행위로 처리될 수 있습니다.
   ※ 단, 메모리(SD카드포함) 내용이 제거되지 않은 계산기는 사용 불가

CONTENTS 차례

제1과목 농작물재해보험 및 가축재해보험 이론과 실무

제1장 보험의 이해 / 2
- 제1절 위험과 보험 ··· 2
- 제2절 보험의 의의와 원칙 ·· 11
- 제3절 보험의 기능 ·· 15
- 제4절 손해보험의 이해 ·· 18

제2장 농업재해보험 특성과 필요성 / 32
- 제1절 농업의 산업적 특성 ·· 32
- 제2절 농업재해보험의 필요성과 특징 및 기능 ··································· 34
- 제3절 농업재해보험의 특징 ·· 36
- 제4절 농업재해보험의 기능 ·· 37
- 제5절 농업재해보험 법령 ··· 38

제3장 농작물재해보험 제도 / 42
- 제1절 제도 일반 ··· 42
- 제2절 농작물재해보험 상품내용 ·· 65
- 제3절 계약 관리 ·· 173

제4장 가축재해보험 제도 / 196
- 제1절 제도 일반 ·· 196
- 제2절 가축재해보험 약관 ·· 207
- 제3절 가축재해보험 특별약관 ·· 224
- 〈별표〉 미경과비율 ··· 232

제2과목 농작물재해보험 및 가축재해보험 손해평가 이론과 실무

제1장 농업재해보험 손해평가 개관 / 236

제1절 손해평가의 개요 ··········· 236
제2절 손해평가 체계 ··········· 238
제3절 현지조사 내용 ··········· 244

제2장 농작물재해보험 손해평가 / 246

제1절 손해평가 기본단계 ··········· 246
제2절 과수작물 손해평가 및 보험금 산정 ··········· 248
제3절 논작물 손해평가 및 보험금 산정 (벼, 조사료용 벼, 밀, 보리) ··········· 318
제4절 밭작물 손해평가 및 보험금 산정 ··········· 338
제5절 종합위험 시설작물 손해평가 및 보험금 산정 ··········· 380
제6절 농업수입보장방식의 손해평가 및 보험금 산정 ··········· 396

제3장 가축재해보험 손해평가 / 418

제1절 손해의 평가 ··········· 418
제2절 특약의 손해 평가 ··········· 434
제3절 보험금 지급 및 심사 ··········· 440

CONTENTS

『단원별 문제은행』편 449

부록1 농어업재해보험 관련 용어 / 587

부록2 별 표 (1~7) / 610

제1과목

농작물재해보험 및 가축재해보험 이론과 실무

Chapter. 01 보험의 이해

제01절 위험과 보험

01 일상생활과 위험

우리는 일상생활에서 많은 위험에 직면한다. 개인이든 기업이든 국가든 일단 위험이 발생하면 육체적 및 정신적 고통과 아울러 막대한 경제적 손실을 초래한다.

그러나 위험 발생 가능성이 있다고 해서 불안해할 필요는 없으며 일상생활이 위축되어서도 안된다. 평소에 정상적인 주의를 가지고 위험에 대비하면서 활동하면 대부분의 위험은 피할 수 있기 때문이다.

02 위험의 개념 정의 및 분류

1. 위험의 정의
    ① 일반적으로 위험은 '앞으로 안 좋은 일이 일어날 수 있는 가능성'을 뜻하는 말로 쓰이는데, 이 말을 들여다보면 ㉠ 미래의 일이고, ㉡ 안 좋은 일이며, ㉢ 가능성으로 구성되어 있다고 볼 수 있다(석승훈 2020: 14).
    ② 위험에 대해서는 대체적으로 다음과 같이 정리할 수 있다.(최정호 2014; 4)
        ㉠ 손실의 기회
        ㉡ 손실의 가능성
        ㉢ 불확실성
        ㉣ 실제 결과와 기대했던 결과와의 차이
        ㉤ 기대와는 다른 결과가 나올 확률

> **더 알아보기 — 위험과 리스크(risk)**
>
> - 우리가 흔히 위험을 영어로는 'risk'로 번역하지만, 위험과 리스크(risk)는 엄밀하게는 다른 의미이지만 영어 발음대로 '리스크'를 그대로 쓰는 경우도 있다.
> - Risk를 사전에서 찾아보면 "위험에 직면할[손해를 볼, 상처(따위)를 입을] 가능성이나 기회"(possibility or chance of meeting danger, suffering, loss, injury, etc)로 정의되어 있다. 여기에서는 위험(危險, risk)으로 표현하기로 한다.

농작물재해보험 및 가축재해보험 이론과 실무

2. 위험과 관련 개념 (위험의 진행과정에 따른 분류)

위 험 (Risk)		
위 태 (hazard)	손 인 (사고 : peril)	손 해 (loss)
• 특정한 사고로 인하여 발생할 수 있는 손해의 가능성을 새로이 창조하거나 증가시킬 수 있는 상태를 말한다. • 사고 발생 가능성은 있으나 사고가 발생하지는 않은 단계	• 손해(loss)의 원인을 말한다 • 화재, 폭발, 지진, 폭풍우, 홍수, 자동차 사고, 도난, 사망 등이 바로 손인이다. • 위험 상황에서 실제로 위험이 발생한 단계로 일반적으로 '사고'라고 부른다.	• 위험한 상황(hazard)에서 사고(peril)가 발생하여 초래되는 물리적·경제적·정신적 손해 • 손인의 결과로 발생하는 가치의 감소 • 손실, 손상, 훼손, 등
예 수면부족으로 인한 피로 (발생전 단계)	예 교통사고 발생 (발생단계)	예 차에 실려있던 기름의 유출 (발생후 단계)

3. 위험의 분류

① 위험은 위험의 속성을 측정할 수 있는가 또는 손실의 기회(chance of loss)나 이득의 기회(chance of gain)가 존재하는가, 위험의 속성이 시간에 따라 변하는가, 그리고 위험이 미치는 범위가 얼마나 큰가에 따라 구분할 수 있다.

위험의 분류가 중요한 이유는 위험이 지니는 속성에 따라 보험이라는 사회적 장치를 통해 전가할 수 있는지를 판가름하기 때문이다(허연 2000: 23~26).

② 이와 같이 위험 중 보험에 적합한 위험은 객관적 위험, 순수위험, 정태적 위험 및 특정적 위험이다. 그러나 기본적 위험과 동태적 위험의 경우 어떤 종류는 설령 손실 규모가 너무 크고 손실 발생의 예측이 어렵기는 하지만 사회복지나 경제 안정을 위해 국가가 직접 또는 간접적으로 개입하여 보험화하는 위험도 있다.

(1) 객관적 위험과 주관적 위험
(위험 속성의 측정 여부에 따른 분류)

객관적 위험 (보험의 대상이 되는 위험)	주관적 위험
㉠ 실증자료 등이 있어 확률 또는 표준편차와 같은 수단으로 객관적으로 측정할 수 있는 위험 ㉡ 통계측정이 가능하여 보험사업자나 기업의 위험관리자에게 매우 유용	㉠ 개인의 특성에 따라 평가가 달라져 측정이 곤란한 위험 예 막연한 불안감, 걱정, 불확실성과 같은 개인의 정신적, 심리적 상태에 따른 위험 ㉡ 객관적인 관찰과 통계 및 평가가 불가능하기 때문에 일반적으로 보험의 담보대상이 되지 않음

(2) 순수위험과 투기적 위험
   (손실만 있는지 또는 이득의 기회도 존재하는지 여부에 따른 분류)

순수위험	투기적 위험
㉠ 이득의 기회는 없이 손실의 가능성만 있는 위험 (이득의 범위가 0에서 $-\infty$) ㉡ 자연상태 또는 경제활동의 필수적인 결과로서 이미 존재하는 위험 예 홍수, 낙뢰, 화재, 폭발, 가뭄, 붕괴, 사망, 부상 및 질병 등 ㉢ 대수의 법칙을 적용할 수 있으므로 보험으로 담보할 수 있는 위험 ㉣ 도덕적 해이가 상대적으로 적은 위험 ㉤ 제어가 불가능한 위험 예 인적위험, 재산위험, 간접손실위험, 배상책임위험 등	㉠ 손해와 이익의 가능성을 동시에 내포하고 있는 위험 (이득의 범위는 $-\infty$부터 $+\infty$까지 광범위) ㉡ 인위적으로 만들어 낸 위험이기 때문에 위험을 예측하는 것이 쉽지 않음 ㉢ 대수의 법칙을 적용할 수 없어 특수한 경우를 제외하고는 보험의 대상이 될 수 없는 위험 ㉣ 제어가 가능한 위험 예 도박, 기업경영, 부동산투자, 주식투자, 환리스크 등

더 알아보기 — 순수위험의 유형

유형	내용
재산손실 위험	• 각종 재산상의 손실을 초래하는 위험 • 유형재산(부동산과 동산)과 무형자산(특허권이나 상표권 등) 재산의형태에 따라 가치평가기법이 다른데, 특히 무형재산의 가치평가가 상대적으로 더 어렵다.
간접손실 위험	• 재산손실위험에서 파생되는 2차적인 손실위험 • 재해발생에도 불구하고 지출되는 고정비용과 영업중단으로 인한 소득감소등의 위험을 말한다.
배상책임 위험	• 타인의 재산이나 신체에 손상을 초래하여 법적으로 부담하는 손해배상책임위험
인적손실 위험	• 개인의 사망, 부상, 질병, 퇴직, 실업 등으로 인해 초래되는 위험 • 장단기 또는 영구적으로 소득의 감소 및 단절, 신체 및 생명의 손실 등을 야기

(3) 정태적 위험과 동태적 위험
(위험의 발생 빈도나 발생 규모가 시간에 따라 변하는지 여부에 따른 분류)

정태적 위험	동태적 위험
㉠ 시간이 지나더라도 위험의 성격이나 발생여부가 변하지 않는 위험 ㉡ 어느 정도의 규칙성을 가지고 나타나는 경향이 있으므로 일반적으로 예측될 수 있으며 동태적 위험보다 보험으로 처리하기에 적절한 위험 예 교통사고, 화재, 폭풍우, 지진 등과 같이 성격이나 발생의 정도가 시간의 흐름에 따라 크게 변하지 않을 것으로 예상되는 위험	㉠ 시간 경과에 따라 성격이나 발생 정도가 변하여 예상하기가 어려운 위험 ㉡ 사회에 유익한 영향과 유해한 영향을 미칠 가능성이 함께 존재 예 물가, 환율, 소비자의 기호, 수입과 지출, 기술 등의 변화

(4) 특정적 위험과 기본적 위험
(위험이 미치는 범위의 정도에 따른 분류)

특정적 위험 (한정적 위험)	기본적 위험 (근원적 위험)
㉠ 특정 개인이나 집단에게 국한되어 존재하는 위험 ㉡ 위험으로 인한 결과가 개인이나 소수의 사람들에게만 미치는 위험 예 주택의 화재나 건물의 폭발, 귀중품의 도난이나 자동차 사고, 가족의 질병이나 사망 위험 등 ㉢ 주로 민영보험 활용	㉠ 불특정 다수나 사회 경제 전반에 영향을 미치는 위험 예 코로나 유행, 심각한 경기불황, 인플레이션, 전쟁, 대규모 파업, 지진·홍수 등과 같은 천재지변 등 ㉡ 규모와 심도가 높아 일반보험이 아닌 사회보험이나 기타 위험전가 프로그램에 의해 처리되는 위험

(5) 담보위험, 비담보위험 및 면책위험
(보험계약이 성립되었을 때 보험자가 책임을 부담하는지 그 여부에 따른 분류)

담보위험	비담보위험(부담보위험)	면책위험
• 보험자가 책임을 부담하는 위험 예 자동차보험가입자의 운행사고 등	• 보험자가 담보하는 위험에서 제외한 위험 예 수재위험부보장특약	• 보험자가 책임을 면하기로 한 위험 예 계약자 등의 고의에 의한 사고 또는 전쟁위험 등

03 위험관리의 의의 및 중요성

1. 위험관리의 의의
   ① 위험관리란 위험을 발견하고 그 발생 빈도나 심도를 분석하여 가능한 최소의 비용으로 손실 발생을 최소화하기 위한 제반 활동을 의미한다.
   ② 위험관리는 우연적인 손실이 개인이나 조직에 미칠 수 있는 바람직하지 않은 영향을 최소화하기 위한 합리적, 조직적인 관리 또는 경영활동의 한 형태이다.

   > **더 알아보기 — 위험관리와 위험처리**
   >
   > • 최근에는 위험관리보다 광범한 위험처리(risk governance)라는 용어가 쓰이기 시작했다. 위험처리는 현대 사회에서 위험이 거대해짐에 따라 개인이나 조직의 입장에서 위험에 대처하고 관리하는 데 한계가 있음을 깨닫고 국가나 국제적인 차원의 대처가 필요하다는 자각과 함께 발전된 개념이라고 할 수 있다(석승훈 2020: 50).

2. 위험관리의 목표와 목적

(1) 위험관리의 일반적인 목표
   ① 첫째, 최소의 비용으로 손실(위험비용)을 최소화한다.
   ② 둘째, 개인이나 조직의 생존을 확보하는 것이다.

(2) 위험관리의 목적
   사전적 목적과 사후적 목적으로 구분할 수 있다.

구 분	내 용
사전적 목적	경제적 효율성 확보, 불안의 해소, 타인에 전가할 수 없는 법적 의무의 이행 그리고 기업의 최고 경영자에게 예상되는 위험에 대하여 안심을 제공하는 것 등을 말한다.
사후적 목적	생존, 활동의 계속, 수익의 안정화, 지속적 성장, 사회적 책임의 이행 등을 들 수 있다.

3. 위험관리의 중요성
   ① 보험사업은 위험을 대상으로 하고 위험을 이용하여 사업을 운용할 뿐만 아니라 신용사업의 성격을 가지고 있어 사업을 안정적이고 건실하게 운영하여야 한다.
   ② 따라서 보험사업을 운영하는 과정에서 잠재하고 있는 각종 위험을 인식, 분석, 평가하여 그러한 위험의 발생 원인과 발생 결과에 대하여 사전적으로나 사후적으로 대처하는 위험관리가 매우 중요하다.

04 위험관리의 방법

위험관리 방법은 발생할 위험을 어떻게 대응하느냐에 따라 ① 위험통제를 통한 대비방법과 ② 위험자금 조달을 통한 대비 방법으로 구분한다.
①은 발생하는 위험을 줄이거나 해소하기 위하여 동원하는 물리적 방법을 의미하며,
②는 위험 발생으로 인한 경제적 손실을 해결하는 재무적 방법을 의미한다.

1. 물리적 위험관리 : 위험 통제(risk control)를 통한 대비

(1) 위험회피(risk avoidance)
① 가장 기본적인 위험대비수단으로서 손실의 가능성을 원천적으로 회피해버리는 방법이다.
　예 자동차 사고가 위험하다고 생각해 자동차를 타지 않는다던가 고소공포증이 있어 비행기를 타지 않는다던가 물에 빠지는 것을 무서워해 배를 타지 않는 것 등
② 손실 가능성을 회피하면 별다른 위험관리 수단이 필요 없다는 점에서 가장 편리한 방법일 수 있으나 위험회피가 항상 가능한 것은 아니다.
③ 또한 위험회피는 또 다른 위험을 초래할 수도 있으며, 상당한 이득을 포기해야 하는 경우도 발생한다.
　예 자동차 사고가 무서워 자동차를 타지 않으면 길을 걸어다가 오토바이에 부딪히는 경우도 있고 다리도 아프고 시간이 많이 걸려 매우 비효율적이다.

(2) 손실통제(loss control)
① 손실의 발생 횟수나 규모를 줄이려는 기법, 도구, 또는 전략을 의미한다.
② 손실통제는 손실이 발생할 경우 그것을 복구하기 위해 소요되는 비용은 간접비용과 기타 비용으로 인해 급격히 증가할 수 있으므로 손실의 발생을 사전적으로 억제, 예방, 축소하는 것이 바람직하다는 인식을 전제로 하고 있다.
③ 손실통제는 손실 예방과 손실 감소로 구분할 수 있다.

구 분		의 의
손실예방		손실의 발생가능성 또는 빈도를 경감시키려는 조치를 말한다. 예 고속도로의 속도제한, 홍수예방 댐건설, 음주단속, 방화벽 설치, 교통사고예방캠페인 등
손실감소		스프링클러와 같이 특정 손실의 규모를 줄이는 조치를 말한다. 자동차에 에어백과 안전띠 장착을 설치하는 것도 이에 해당한다. 손실 감소는 다시 사전적 손실 감소와 사후적 손실 감소로 구분할 수 있다.
	사전적 손실감소	특정 사건이나 사고로부터 피해를 입을 수 있는 재산, 인명 또는 기타 유가물의 수와 규모를 줄이는 데 초점을 둔다.
	사후적 손실감소	손실의 확대를 방지하고 사고의 영향이 확산되는 것을 억제하기 위하여 비상대책이나 구조대책, 재활 서비스, 보험금 또는 보상금의 청구 등에 초점을 둔다.

(3) 위험 요소의 분리

위험 요소의 분리는 잠재적 손실의 규모가 감당하기 어려울 만큼 커지지 않도록 하는 데 초점을 두는 것이다

구 분	의 의	예
복 제	중요한 문서, 기록에 대한 사본을 만들어 두는 것	설계도면, 컴퓨터 디스크 등의 자료를 복사하여 별도의 장소에 보관
격 리	손실의 크기를 감소시키기 위하여, 군중이 한 꺼번에 몰리거나, 경제적 가치가 있는 물건을 한 곳에 모두 보관하지 않도록 시간적 · 공간적으로 나누는 방법	위험물질이나 중요 물품의 격리 수용

(4) 위험 결합을 통한 위험관리 방법

① 제품의 다양화를 통해 단일 제품 생산으로 인한 위험 집중을 완화할 수 있다.
② 또한 대규모시설을 분산 설치하여 큰 위험 발생으로 인한 경제적 손실 가능성을 감소시키며, 위험의 심도와 빈도를 줄일 수 있다.

(5) 계약을 통한 위험 전가 (risk transfer)

① 발생 손실로부터 야기될 수 있는 법적, 재무적 책임을 계약을 통해 제3자에게 전가하는 방법이다.
② 임대차계약이나 하도급 또는 하청작업 등을 통한 전가등이 있다.

(6) 위험을 스스로 인수(risk taking)

위험에 대해 어떠한 조치도 취하지 않고 방치함으로써, 스스로 위험을 감당하는 것이다.
① 위험으로 인한 손실이 크지 않은 경우
② 위험으로 인식하지 못하는 경우
③ 인식하지만 별다른 대응방법이 없을 경우

▶ 제8회 기출문제

위험관리 방법 중 물리적 위험관리(위험통제를 통한 대비) 방법 5가지를 쓰시오. (5점)

답

> **정답** (1) 위험회피 (2) 손실통제
> (3) 위험 요소의 분리 (4) 위험 결합을 통한 위험관리 방법
> (5) 계약을 통한 위험 전가 (6) 위험을 스스로 인수

2. 재무적 위험관리 : 위험자금 조달(risk financing)을 통한 대비

(1) 위험보유 (risk retention)
   ① 우발적 손실을 자신이 부담하는 것을 말한다.
   ② 위험을 스스로 인수하여 경제적 위험을 완화하는 것으로 각자의 경상계정에서 손실을 흡수하는 것을 말한다.
      예 준비금이나 기금의 적립, 보험 가입 시 자기책임분 설정, 자가보험 등
   ③ 위험보유의 유형
      - 소극적 위험보유 : 자신도 모르는 사이에 위험을 보유하는 것
      - 적극적 위험보유 : 위험 발생 사실을 인지하면서 위험관리의 효율적 관리를 목적으로 위험을 보유하는 것

(2) 위험을 제3자에게 전가

계약을 통해 제3자에게 위험을 전가하는 것을 말한다. 물론 제3자에게 위험을 전가하는 데에는 그만큼 비용이 발생한다.

(3) 위험 결합을 통한 위험 발생 대비
   ① 다수의 동질적 위험을 결합하여 위험 발생에 대비하는 것으로 보험이 해당한다.
   ② 비슷한 위험을 가진 사람들끼리 모여 공동으로 위험에 대응함으로써 개인이 감당할 수 없는 규모의 위험을 대비하는 방법이다.
   ③ 보험(insurance)은 계약자 또는 피보험자(이하 계약자로 한다)의 위험을 계약에 의해 보험자에게 떠넘기는 것으로 위험전가의 대표적인 방법이다.

05 위험관리 방법의 선택

1. 위험관리 방법을 선택할 경우에 고려해야 할 세 가지 사항
① 예상 손실의 발생 빈도와 손실 규모를 예측해야 한다.
② 각각의 위험통제 기법과 위험재무 기법이 위험의 속성(발생 빈도 및 손실 규모)에 미칠 영향과 예정손실 예측에 미칠 영향을 고려해야 한다.
③ 각각의 위험관리 기법에 소요될 비용을 예측해야 한다.

2. 위험 특성에 따른 위험관리 방법

손실 규모(심도) \ 손실 횟수(빈도)	적 음 (少)	많 음 (多)
작 음 (小)	① 보유 - 자가보험	③ 손실통제
큼 (大)	② 전가 - 보험	④ 위험회피

위험의 발생 빈도와 평균적인 손실 규모에 따라 네 가지 위험관리 수단이 고려될 수 있다.
① 손실 규모와 발생 빈도가 낮은 경우(①) : 개인이나 조직 스스로 발생 손실을 부담하는 자가보험과 같은 보유가 적절하다.
② 손실의 빈도는 낮지만 발생 손실의 규모가 큰 경우(②) : 외부의 보험기관에 보험을 가입함으로써 개인이나 조직의 위험을 전가하는 것이 바람직하다.
③ 발생 빈도가 높지만 손실 규모가 상대적으로 작은 경우(③) : 손실통제를 위주로 한 위험보유 기법이 경제적이다.
④ 손실 발생 빈도가 높고 손실 규모도 큰 경우(④) : 위험회피가 적절하다.

제02절 보험의 의의와 원칙

01 보험의 의의

① 보험은 위험관리의 한 방법으로 자신의 위험을 제3자에게 전가하는 제도이다.
② 보험은 위험 결합으로 불확실성을 확실성으로 전환시키는 사회적 시설을 말한다.
③ 보험은 다수의 동질적인 위험을 한 곳에 모으는 위험 결합 행위(pooling)를 통해 가계나 기업이 우연적인 사고 발생으로 입게 되는 실제 손실(actual loss)을 다수의 동질적 위험의 결합으로 얻게 되는 평균 손실로 대체하는 것이다.
④ 보험은 다수가 모여 보험료를 갹출하여 공동재산을 조성하고, 우연적으로 사고가 발생한 경우 손실을 입은 자에게 일정한 방법으로 보험금을 지급하는 제도(수단)라고 정의할 수 있다.
⑤ 보험에 대한 정의는 경제적, 사회적, 법적 및 수리적 관점에서 정의될 수 있다.(이경룡 2013).

구 분	내 용
경제적 관점	• 보험의 근본 목적은 재무적 손실에 대한 불확실성 즉, 위험의 감소이며, 그것을 달성하기 위하여 위험 전가 및 위험 결합을 이용한다. • 보험은 개별적 위험과 집단적 위험을 모두 감소시키는 기능을 갖고 있다. • 경제적 관점에서 특히 중요한 보험의 속성은 위험을 결합하여 위험을 감소시키는 것이다. 따라서 위험의 합리적 결합 방법을 이용하지 않는 수단 또는 제도는 보험이라고 할 수 없다.
사회적 관점	• 상부상조의 정신에 입각해 사회의 구성원에게 발생한 손실을 다수인으로부터 기금을 형성하여 분담하는 것이다. • 예기치 못한 손실이 누구에게 나타나는가는 불확실하며, 이러한 불확실성(위험)에 대비하기 위하여 보험을 고안한 것이다. • "만인은 일인을 위하여, 일인은 만인을 위하여"라는 문구는 보험은 소수로 성립할 수 없고 다수인이 참여할 때 보험다운 보험이 성립할 수 있다는 것이다.
법적인 관점	• 보험은 보험자와 피보험자 또는 계약자 사이에 맺어진 재무적 손실의 보전을 목적으로 하는 법적 계약이다. • 법에 의한 제도적 뒷받침 없이 보험은 현실적으로 존재할 수 없다.
수리적 관점	• 보험은 확률이론과 통계적 기법을 바탕으로 미래의 손실을 예측하여 배분하는 수리적 제도이다. • 즉 보험제도의 실제 운영은 수리적 이론과 기술을 바탕으로 하고 있기 때문에 보험에 대한 이해가 수리적 관점에서 필요하다.

02 보험의 특성

1. 예기치 못한 손실의 집단화

구 분	내 용
예기치 못한 손실	• 계약자나 피보험자의 입장에서 전혀 예상할 수 없었던 불의의 손실을 의미한다. • 계약자나 피보험자의 고의적인 손실은 보상하지 않고 고의적이지 않은 손실은 모두 보상된다는 의미이다.
손실의 집단화	• 손실을 한데 모음으로써 개별위험을 손실집단으로 전환시키는 것을 의미한다. • 손실을 집단화함으로써 개인이 부담해야 하는 실제손실은 위험집단의 평균손실로 대체된다. • 손실을 집단화할 때 중요한 것은 발생 빈도와 평균손실의 규모 면에서 동종의 손실이거나 그와 비슷한 것이어야 한다.

2. 위험 분담 (계약자와 계약자간)

① 위험의 집단화는 다른 측면에서 보면 위험을 서로 나누어 부담하는 위험 분담이 된다.
② 위험 분산은 개별적으로 부담하기 힘든 손실을 나누어 분담함으로써 손실로 부터의 회복을 보다 용이하게 한다.
③ 이러한 상호부조 관계가 당사자 간의 자율적인 시장거래를 통해 달성된다는 점이 보험의 주요한 특징이다.

3. 위험 전가 (계약자로부터 보험자에게)

① 보험은 계약을 통해 재정적으로 능력이 취약한 개인이나 조직이 재정적인 능력이 큰 보험자에게 개인의 위험을 전가하는 것이다.
② 특히 빈도는 적지만 규모가 커서 스스로 부담하기 어려운 위험을 보험자에게 전가함으로써 개인이나 기업이 위험에 대해 보다 효과적으로 대응할 수 있게 해주는 장치이다.

4. 실제 손실에 대한 보상

① 보험자가 보상하는 손실보상은 실제로 발생한 손실을 원상회복하거나 교체할 수 있는 금액으로 한정되며 보상을 통해 이익을 보는 경우는 없다.(이익금지의 원칙)
② 실제 손실에 대한 보상(실손보상)은 중요한 보험의 원칙 중 하나로 발생손실만큼만 보상을 받게 되면 보험사기같은 도덕적 위태를 줄일 수 있다.

5. 대수의 법칙 (평균의 법칙)

① 대수의 법칙은 표본이 클수록 결과가 점점 예측된 확률에 가까워진다는 통계학적 정리이다. 즉, 표본의 수가 늘어날수록 실험 횟수를 보다 많이 거칠수록 결과값은 예측된 값으로 수렴하는 현상을 대수의 법칙(평균의 법칙)이라고 한다.
② 계약자가 많아질수록 보험자는 보다 정확하게 손실을 예측할 수 있다.

제1과목 농작물재해보험 및 가축재해보험 이론과 실무

[위험의 분담, 전가, 결합 및 보험의 관계]

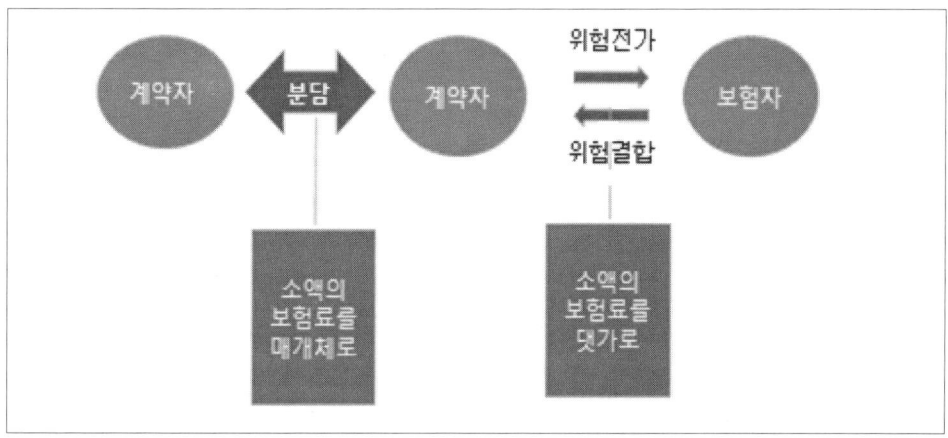

03 보험의 성립 조건

위험 분류상으로 순수위험과 객관적 위험이 보험 가능한 위험이라고 했으나, 이들 위험도 일정한 조건을 갖추어야 보험으로 성립할 수 있고 제 기능을 할 수 있다.
아래의 조건을 모두 충족하면 가장 이상적이지만 현실적으로는 쉽지 않으며, 분야에 따라서는 가능하지 않을 수도 있다. 그렇다고 해서 보험이 전혀 불가능한 것은 아니며, 보완적인 방법이나 유사한 조건으로 불완전하지만 보험을 설계할 수는 있다.

1. 동질적 위험의 다수 존재
   ① 동질적 위험이란 발생의 빈도와 피해 규모가 같거나 유사한 위험을 의미한다.
   ◉ 자가용 승용차와 영업용 택시에게 동일한 보험료 체계가 적용되면 상대적으로 운행 거리가 짧고 운행 시간도 적은 자가용 승용차가 불리할 것이다.
   ② 동질적 위험이 '다수' 존재해야 한다는 것은 손실 예측이 정확해지기 위해서는 대수의 법칙이 적용될 수 있을 정도로 사례가 많아야 하는데, 이를 위해서는 계약자가 많을수록 좋다.
   ③ 또한 이러한 동질적 위험이 각각 독립적이어야 한다. 독립적이라는 것은 하나의 손실 발생이 다른 손실 발생과 무관하다는 것을 의미한다.
   ◉ 1미터 간격으로 건설된 공장건물의 경우 화재가 발생하면 인접한 공장건물로 옮겨붙을 가능성이 매우 높기 때문에 개별위험으로 보지않고 하나의 위험으로 간주된다.

2. 손실의 우연적 발생
   ① 보험이 가능하려면 손실이 인위적이거나 의도적이지 않고, 누구도 예기치 못하도록 순수하게 우연적으로 발생한 것이어야 한다.
   ② 계약자의 고의나 사기 의도가 개입될 여지가 없는 통제 불가능한 위험만이 보험화가 가능하다.

3. 한정적 손실
   ① 보험이 가능하기 위해서는 피해 원인과 발생 시간, 장소 및 피해 정도 등을 명확하게 판별하고 측정할 수 있는 위험이어야 한다. 피해 원인과 피해 장소 및 범위, 그리고 피해 규모 등을 정확하게 판단하기 어려우면 정확한 손실 예측이 어렵고 이에 따라 보험료 계산이 불가능하기 때문에 보험으로 인수하기 어렵다.
   ② 급속하게 퍼지는 감염병이나 질병의 경우 언제 어떻게 어느 정도의 규모로 발생할지 또 후유증 유무 및 정도 등을 예측할 수 없어 손실을 한정 지을 수 없어 보험 대상으로 하기 어렵다. 감염병이나 질병의 경우 국민의 건강과 직결되기 때문에 국가 차원에서 대응하는 것이 보통이며, 상황에 따라서는 국가의 적극적 개입 하에 보험화하는 경우가 있다.

4. 비재난적 손실
   ① 손실 규모가 지나치게 크지 않아야 한다.
   ② 손실이 재난적일 만큼 막대하다면 보험자가 파산하게 되므로, 보험자가 안정적으로 보험을 운영하기 위해서는 손실이 감당할 만한 수준이어야 한다.

5. 확률적으로 계산 가능한 손실
   ① 보험으로 가능하기 위해서는 손실 발생 가능성, 즉 손실발생확률을 추정할 수 있는 위험이어야 한다.
   ② 정확하지 않은 예측을 토대로 보험을 설계할 경우 보험을 지속적으로 운영하기 어려우며, 결국 보험을 중단하게 되는 상황도 벌어진다.

6. 경제적으로 부담 가능한 보험료
   ① 확률적으로 보험료 계산이 가능하더라도 즉, 계산할 수는 있다고 하더라도 산출되는 보험료 수준이 너무 높아 보험 가입대상자들에게 부담으로 작용하면 보험을 가입할 수 없어 보험으로 유지되기 어렵다.
   ② 보험이 가능한 위험이 되기 위해서는 그 위험이 발생하는 빈도와 손실 규모로 인한 손실이 종적(시간적) 및 횡적(계약자 간)으로 분산 가능한 수준이어야 한다.

제03절 보험의 기능

위험관리 수단으로 활용되는 보험은 보험 가입 당사자는 물론 국가·사회적으로 다양한 순기능이 있다. 그러나 다른 한편으로는 보험의 역기능(비용 발생)도 발생한다.

01 보험의 순기능

1. 손실 회복
보험의 일차적 기능은 손실이 발생하였을 경우 계약자에게 보험금을 지급함으로써 경제적 손실을 회복하거나 최소화한다.

2. 불안 감소
보험은 개인이나 기업에게 불안감을 해소시켜준다. 개인이나 기업은 언제 어떻게 발생할지 불확실한 위험에 보험으로 대비함으로써 안심하고 경제활동을 할 수 있다.

3. 신용력 증대
보험은 예기치 않은 대규모 위험이 닥치더라도 일정 수준까지는 복구할 수 있는 보호 장치이기 때문에 그만큼 계약자의 신용력은 높아진다.

4. 투자 재원 마련
다수의 계약자로부터 납부된 거액의 보험료는 필요한 기업 등에게 제공함으로써, 보험자 입장에서는 수익을 올려 보험사업을 보다 안정적으로 운용할 수 있게 되고, 기업 입장에서는 원활하게 필요자금을 조달함으로써 기업경영에 도움이 된다.

5. 자원의 효율적 이용 기여
기대수익이 높은 것으로 판단되어도 손실 발생이 우려되는 경우에 보험을 통해 예상되는 손실 위험을 해소할 수 있다면 투자자 입장에서는 유한한 자원을 보다 효율적으로 활용하게 된다.

6. 안전(위험 대비) 의식 고양
보험에 가입한다는 것은 이미 위험에 대비할 필요성을 인지하고 있다고 볼 수 있다. 보험에 가입하더라도 보험료 부담을 줄이기 위해서는 각종 위험 발생에 스스로 대비하는 노력을 하도록 한다. 보험의 제도적 측면에서는 일정한 요건을 갖추어야 보험 가입이 가능하다거나 보험 가입 중이더라도 위험에 대비하는 조치나 장치를 한 경우
(예) 무사고 운전자나 블랙박스 설치 운전자에게 보험료 경감조등)에는 보험료를 경감해 주는 것도 위험에 대한 대비를 권장하기 위한 것이다.

02 보험의 역기능

1. 사업비용의 발생
① 보험사업을 유지하기 위해서는 보험자 직원의 인건비를 비롯해 보험 판매 수수료, 건물 임차료 및 유지비, 광고비 및 판촉비 등 불가피하게 비용이 초래된다
② 우리나라의 여건에 맞지 않게 보험자가 난립한다면 국가·사회적으로도 자원의 낭비라고 할 수 있다.

2. 보험사기의 증가
① 보험금을 타기 위해 고의로 사고를 발생시켜 보험금을 받는 보험사기도 종종 발생한다. (실손보험인 손해보험보다 정액보험인 생명보험에서 많이 발생)
② 이러한 사례가 증가할 경우, 이로 인해 발생하는 추가 비용은 다수의 선의의 계약자에게 부담으로 전가되어 보험사업의 정상적 운영을 어렵게 하고 극단적인 경우에는 보험 자체가 사라지는 결과를 초래할 수도 있다.

3. 손실 과장으로 인한 사회적 비용 초래
① 보험사고가 발생한 경우 손실의 크기를 부풀려 보험금 청구 규모를 늘리려는 경향이 있다.
② 이러한 보험금 과잉 청구도 보험의 정상적인 운영에 지장을 초래하며, 사회적으로도 불필요한 비용을 발생시킨다.

03 정보의 비대칭으로 인한 역선택 및 도덕적 위태

보험은 보험자가 계약자의 정보를 완전히 파악한 상태에서 설계하는 것이 가장 이상적이다. 따라서 보험자가 최대한 노력하여 계약자의 정보를 완전히 확보하려고 하지만 현실적으로 쉽지 않다. 보험자가 계약자에 대한 정보를 완전히 파악하지 못하고 계약자는 자신의 정보를 보험자에게 제대로 알려주지 않는 정보 비대칭이 발생하면 역선택과 도덕적 위태가 발생한다.

1. 역선택 (계약체결전 계약할 때 발생)
보험자는 보험에 가입하려는 계약자의 위험을 정확하게 파악하고 측정할 수 있어야 손실을 정확히 예측할 수 있으며, 적정한 보험료를 책정·부과할 수 있다. 따라서 보험자는 계약자의 위험 특성을 파악하여 보험을 판매할 것인지 거부할 것인지를 결정한다. 그러나 보험자가 계약자의 위험 특성을 제대로 파악하지 못하면, 즉 계약자 또는 피보험자가 보험자보다 더 많은 정보를 가지고 있는 상태가 되면, 오히려 계약자 측에서 손실 발생 가능성이 커 자신에게 이득이 되는 보험을 선택하게 되는데 이를 역선택이라고 한다.

> **더 알아보기** 　　　　　**자동차 중고시장과 역선택**
>
> 역선택이란 경제학 용어는 중고차 시장에서 유래되었다고 한다. 중고차를 구입하려는 소비자들은 좋은 중고차를 싼 가격에 구입하려고 하지만 종종 차량에 대한 중고차 판매자와 소비자사이의 정보의 비대칭에 의하여 속아서 나쁜 차를 비싼 가격에 싸게 되는데 이를 소비자 입장에서 역선택이라고 한다.

2. 도덕적 위태 (보험가입후에 발생)
① 도덕적 위태는 어느 한 쪽이 보험계약을 충실히 이행하지 않아 발생되는 문제로 계약자 또는 피보험자가 고의나 과실로 보험사고의 발생 가능성을 높이거나 손해액을 확대하려는 성향을 의미한다.
② 보험가입후에는 보험금을 믿고 평소보다 관리를 소홀히 하거나 보험사고가 발생할 경우 손실을 경감하려는 노력을 하지 않고 방치하는 경우 등을 말한다.

3. 역선택과 도덕적 위태의 비교
(1) 공통점
① 역선택과 도덕적 위태는 실손(실제손해)을 보상하는 계약의 경우에는 거의 발생하지 않는다. (실제손해만 보상하게되어 이득이 없으므로)
② 보험가액에 비해 보험금액의 비율이 클수록 발생 가능성이 높다.(보상받을 수 있는 보험금액의 비율이 크면 이익을 볼 가능성이 높으므로)
③ 이익은 역선택이나 도덕적 위태를 야기한 당사자에게 귀착되는 반면, 피해는 보험자와 다수의 선의의 계약자들에 돌아가 결국 보험사업의 정상적 운영에 악영향을 미친다는 점에서 유사하다(황희대 2010: 334~335).

(2) 차이점

구 분	내 용
역선택	• 계약 체결 전에 예측한 위험보다 높은 위험(집단)이 가입하여 사고 발생률을 증가시킨다. 예 술 담배를 많이 하는 사람들이 암보험에 가입하는 경우
도덕적 위태	• 계약 체결 후 고의나 인위적 행동으로 사고 발생률이 높아지게 한다 예 화재보험가입후에 보험을 믿고 평소보다 가스관리를 소홀히 하는 경우 　나 화재발생후에 소화하려는 노력을 하지 않고 방치하는 경우

제04절 손해보험의 이해

01 손해보험의 의의와 원리

1. 손해보험의 의의
① 손해보험은 보험사고 발생 시 손해가 생기면 생긴 만큼 손해액을 산정하여 보험금을 지급하는 보험(실손보험)이라고 할 수 있다.
② 법률상의 손해보험의 정의

구 분	정 의
상 법	• 손해보험에 관한 정의를 내린 규정이 없음
보험업법	• 손해보험상품 : 위험보장을 목적으로 우연한 사건(다목에 따른 질병·상해 및 간병은 제외한다)으로 발생하는 손해(계약상 채무불이행 또는 법령상 의무불이행으로 발생하는 손해를 포함한다)에 관하여 금전 및 그 밖의 급여를 지급할 것을 약속하고 대가를 수수하는 계약으로서 대통령령으로 정하는 계약 (법 제2조 제1호 나목)

2. 손해보험의 원리
(1) 위험의 분담
① 소액의 보험료를 매개체로 하여 큰 위험을 나누어 가짐으로써 경제적 불안으로부터 해방되어 안심하고 생활할 수 있도록 해주는 제도가 보험이다.
　예 1만 명이 1억 원짜리(땅값을 뺀 건물값만) 집을 한 채씩 가지고 있다. 그런데 평균적으로 1년에 한 채씩 화재가 나 평생 모은 재산을 하루아침에 잃게 된다. 그런데 1만 명 중 누가 그 불행을 겪게 될지는 아무도 모르므로 모두가 불안하다. 이럴 때 한 집당 1만 원씩 부담해서 1억 원을 모아 두었다가 불이 난 집에 건네주기로 하면 모두가 안심하고 생활을 할 수 있게 된다.
② 이와 같이 손해보험은 계약자가 보험단체를 구성하여 위험을 분담하게 되는데 독일의 보험학자「마네즈」는 보험을 일컬어「1인은 만인을 위하여, 만인은 1인을 위하여」서로 위험을 분담하는 제도라고 하였다.

(2) 위험 대량의 원칙
① 보험이 성립하기 위해서는 일정기간 중에 그 위험집단에서 발생할 사고의 확률과 사고에 의해 발생할 손해의 크기를 대수의 법칙에 따라 파악할 수 있어야 한다.
② 위험 대량의 원칙은 보험에 있어서 사고 발생 확률이 잘 적용되어 합리적 경영이 이루어지려면 위험이 대량으로 모여서 하나의 위험단체를 구성해야 한다는 것이다. 이로 인해 보험계약은 단체성의 특성을 갖게 된다.
　예 자동차를 가지고 있는 사람 100명이 모여서 보험을 가입할 경우, 그 100명이 우연히도 사고를 많이 내는 사람들이라면 보험자는 곧 문을 닫게 될 수도 있고 그 반대의 경우에

는 보험자가 고스란히 이익을 보게 될 수도 있다. 그러나 계약자가 1만 명, 10만 명, 100만 명으로 늘어나게 되면 대수의 법칙에 따라 사고 발생 확률이 보다 잘 적용되어 안정적인 보험경영이 가능해진다.

(3) 급부·반대급부 균등의 원칙
① 급부·반대급부 균등의 원칙에서 '급부(給付)'는 계약자가 내는 보험료를 의미하며 '반대급부(反對給付)'는 보험자로부터 받게 되는 보험금에 대한 기대치를 의미한다. 즉 위험집단 구성원 각자가 부담하는 보험료는 평균 지급보험금에 사고 발생의 확률을 곱한 금액과 같다. 이를 급부·반대급부 균등의 원칙이라 한다.

예) 1만 명이 1억 원짜리(땅값을 뺀 건물값만) 집을 한 채씩 가지고 있고 평균적으로 1년에 한 채씩 화재가 나서 소실된다면 1만 원씩 내서 1억 원을 모아 두었다가 불이 난 집에 건네주기로 하면 되는데 이때 보험료 1만 원은 보험금 1억 원에 사고발생확률 1만분의 1을 곱한 금액과 같게 된다.

```
보험료 = 지급보험금 × 사고 발생 확률
10,000원 = 100,000,000원 × (1/10,000)
```

(4) 수지상등의 원칙(收支相等의 原則)
① 보험자가 받은 보험료[수(收)]가 지급한 보험금[지(支)]보다 부족하거나 또는 반대로 지나치게 많아서는 안 된다는 원칙을 말한다.

```
보험자가 받아들이는 수입 보험료 총액 = 사고 시 지급하는 지급보험금 총액
계약자 수 × 보험료 = 사고 발생 건수 × 평균 지급보험금
10,000명 × 10,000원 = 100,000,000원
```

실제로는 앞의 수입부분에는 계약자가 납부하는 보험료 외에 자금운용수익, 이자 및 기타 수입 등이 포함되며, 지출부분에는 지급보험금 외에 인건비, 사업 운영비, 광고비 등 다양한 지출항목이 포함된다.

② 수지상등의 원칙이 계약자 전체 관점에서 본 보험 수리적 원칙인데 반하여 급부·반대급부 균등의 원칙은 계약자 개개인의 관점에서 본 원칙이라 할 수 있다.

(5) 이득금지의 원칙
① 손해보험의 가입 목적은 손해의 보상에 있으므로 피보험자는 보험사고 발생 시 실제로 입은 손해만을 보상받아야 하며, 그 이상의 보상을 받아서는 안 된다는 손해보험의 대원칙을 말한다.
② 계약자가 보험에 가입하고 사고가 발생하여 이득을 얻을 수 있게 된다면, 그 이득을 얻기 위해 보험사기 등 공공질서나 미풍양속을 해칠 우려가 있기 때문이다.
③ 이득금지의 원칙을 실현하기 위해 초과보험, 중복보험, 보험자대위 등의 규정이 있다.

02 손해보험계약의 의의와 원칙

1. 손해보험계약의 의의

손해보험은 피보험자의 재산에 직접 생긴 손해 또는 다른 사람에게 입힌 손해를 배상함으로써 발생하는 피보험자의 재산상의 손해를 보상해주는 보험이다. 상법(제638조)에서는 "보험계약은 당사자 일방이 약정한 보험료를 지급하고 재산 또는 생명이나 신체에 불확정한 사고가 발생할 경우에 상대방이 일정한 보험금이나 그 밖의 급여를 지급할 것을 약정함으로써 효력이 생긴다."라고 보험계약의 의의를 정의하고 있다.

2. 손해보험계약의 법적 특성

특 성	내 용
불요식 낙성계약성	• 손해보험 계약은 특별한 요식행위를 요구하지 않는다는 점에서 불요식이며, 당사자 간의 청약과 승낙으로 계약이 이루어진다는 점에서 낙성이다.
유상계약성	• 손해보험 계약은 계약자의 보험료 지급과 보험자의 보험금 지급을 약속하는 유상계약(有償契約)이다.
쌍무계약성	• 보험자인 손해보험회사의 손해보상 의무와 계약자의 보험료 납부 의무가 대가(對價) 관계에 있으므로 쌍무계약(雙務契約)이다.
상행위성	• 손해보험 계약은 상행위이며(상법 제46조) 영업행위이다.
부합계약성	• 손해보험 계약은 동질(同質)의 많은 계약을 간편하고 신속하게 처리하기 위해 계약조건을 미리 정형화하고 있어 부합계약에 속한다. • 부합계약이란 당사자 일방이 만들어 놓은 계약조건에 상대방은 그대로 따르는 계약을 말한다. 보험계약의 부합계약성으로 인해 약관이 존재하게 된다
최고 선의성	• 손해보험 계약에 있어 보험자는 사고의 발생 위험을 직접 관리할 수 없기 때문에 도덕적 위태의 야기 가능성이 큰 계약이다. 따라서 특히 가입자의 신의성실의 원칙에 따른 최고 선의성이 무엇보다도 중요시되고 있다.
계속계약성	• 손해보험 계약은 한 때 한 번만의 법률행위가 아니고 일정 기간에 걸쳐 당사자 간에 권리의무 관계를 존속시키는 법률행위이다.

3. 보험계약의 법적 원칙

(1) 실손보상의 원칙 (principle of indemnity)

① 실손보상의 원칙은 이득금지 원칙과 일맥상통하는 것으로 보험으로 손해를 복구하는 것으로 충분하며, 이득까지 보장하는 것은 고의로 사고를 일으킬 가능성도 있고 도덕적 위태를 초래할 수 있으므로 금지된다.

② 실손보상 원칙의 예외

예 외	내 용
기평가계약	• 전손(全損)이 발생한 경우 미리 약정한 금액을 지급하기로 한 계약이다. 📌 골동품, 미술품 및 가보 등과 같이 손실 발생 시점에서 손실의 현재가치를 산정할 수 없는 경우 계약자와 보험자가 합의한 금액으로 계약을 하게 된다.
대체비용 보험	• 손실지급액을 결정할 때 감가상각을 고려하지 않는 보험이다. 📌 공장의 화재로 기계가 타버린 경우, 불탄 기계와 동일하게 감가상각된 기계를 구하는 건 불가능하므로 새것으로 교체할 수 밖에 없다.
생명보험	• 사람의 생명은 고귀하기 때문에 가격을 측정할 수 없고, 따라서 생명보험은 실손보상의 원칙이 적용되지 않으며, 미리 약정한 금액으로 보험계약을 체결(정액보험)하고 보험사고가 발생하면 약정한 금액을 보험금으로 지급받는다.

(2) 보험자대위의 원칙

① 의의

보험사고 발생 시 보험자가 피보험자에게 보험금을 지급한 때에는 일정한 요건 아래 피보험자가 보험의 목적에 관하여 아직 잔존물을 가지고 있거나 또는 제3자에 대하여 가지는 손해배상청구권이 보험자에게 이전하는 것으로 하고 있는데 이를 보험자대위라 한다.

② 보험자대위의 목적

목 적	내 용
이득의 방지	• 피보험자가 동일한 손실에 대해 책임이 있는 제3자와 보험자로부터 이중보상을 받아 이익을 얻는 것을 방지한다.
제3에게 책임의 추궁	• 보험자가 보험자대위권을 행사하게 함으로써 과실이 있는 제3자에게 손실 발생의 책임을 묻는 효과가 있다
보험료 인상방지	• 보험자는 대위권을 통해 피보험자에게 지급한 보험금을 과실이 있는 제3자로부터 회수할 수 있으므로 계약자의 책임 없는 손실에 대한 보험료를 인상하지 않아도 된다.

③ 보험자 대위의 법규상의 규정

상법은 제681조에서 보험의 목적에 관한 보험대위, 즉 목적물대위 또는 잔존물대위에 관해 규정하고 있고 제682조에서 제3자에 대한 보험대위(청구권대위)를 규정하고 있다.

법 규정	내 용
목적물대위 (잔존물대위) (제681조)	• 보험의 목적이 전부 멸실한 경우 보험금액의 전부를 지급한 보험자는 그 목적에 대한 피보험자의 권리를 취득하는 것을 말한다. 📌 배가 침몰한 경우 보험자는 전부 보상하고 그 배에 대한 권리를 취득하는 것을 말한다.
제3자에 대한 보험대위 (청구권대위) (제682조)	• 손해가 제3자의 행위로 인하여 발생한 경우 보험금을 지급한 보험자는 그 지급한 금액의 한도 내에서 그 제3자에 대한 계약자 또는 피보험자의 권리를 취득하는 것을 말한다.

(3) 피보험이익의 원칙
   ① 의 의
   피보험이익은 계약자가 보험담보물에 대해 가지는 경제적 이해관계를 의미한다. 피보험이익이 존재해야 보험에 가입할 수 있으며, 피보험이익이 없으면 보험에 가입할 수 없다.
   ② 피보험이익의 원칙의 목적

목 적	내 용
도박의 방지	• 계약자가 경제적 이해관계가 없는 주택이나 생명에 화재보험이나 생명보험을 들어놓고 화재가 발생하거나 일찍 사망하기를 바라는 도박적 성격이 강하기 때문에 사회질서를 해치는 결과를 초래할 수 있다.
도덕적 위태의 감소	• 보험사고의 발생 시에 피보험자는 피보험이익의 평가액을 한도로 보상받게 되므로 인위적인 위험초래를 방지할 수 있게 된다.
손실의 크기 측정 가능	• 피보험이익은 결국 계약자의 손실 규모와 같으므로 손실의 크기를 측정하게 해 준다. 즉, 보험자는 보험사고 시 계약자의 손실을 보상할 책임이 있는데, 보상금액의 크기는 피보험이익의 가격(가액)을 기준으로 산정한다.

농작물재해보험 및 가축재해보험 이론과 실무

(4) 최대선의의 원칙
① 의 의

보험은 미래지향적이며 우연적인 사고발생이라는 특성때문에, 보험계약 시에 계약당사자에게 일반 계약에서보다는 매우 높은 정직성과 선의 또는 신의성실이 요구되는데 이를 최대선의(신의성실)의 원칙이라고 한다.

② 특 징

최대선의의 원칙은 고지, 은폐 및 담보 등의 원리에 의해 유지되고 있다.

구 분	내 용
고 지 (진 술)	• 계약자가 보험계약이 체결되기 전에 보험자가 요구하는 사항에 대해 사실 및 의견을 제시하는 것을 말한다. • 상법(제651조)에서는 '보험계약 당시에 계약자 또는 피보험자가 고의 또는 중대한 과실로 인하여 중요한 사항을 고지하지 아니하거나 부실의 고지를 한 때에는 보험자는 그 사실을 안 날로부터 1월 내에, 계약을 체결한 날로부터 3년 내에 한하여 계약을 해지할 수 있다. 그러나 보험자가 계약 당시에 그 사실을 알았거나 중대한 과실로 인하여 알지 못한 때에는 그러하지 아니하다.'라고 규정하여 계약자가 고지의무를 위반하면 보험계약이 해지될 수 있음을 규정하고 있다.
은 폐 (의식적 불고지)	• 계약자가 보험계약 시에 보험자에게 중대한 사실을 고지하지 않고 의도적이거나 무의식적으로 숨기는 것을 말하며, 법적인 효과는 기본적으로 고지의무 위반과 동일하나 보험의 종류에 따라 차이가 있다. • 중대한 사실은 보험계약 체결에 영향을 줄 수 있는 사항을 말한다.
담 보 (보 증)	• 보험계약의 일부로서 피보험자가 진술한 사실이나 약속을 의미한다. • 담보는 사용되는 형태에 따라 상호 간에 묵시적으로 약속한 묵시담보와 계약서에 명시적으로 약속한 명시담보로 구분된다. • 또한 보증 내용의 특성에 따라 약속보증과 긍정보증으로 구분된다. 약속보증은 피보험자가 보험계약의 전 기간을 통해 이행할 것을 약속한 조건을 의미하며, 긍정보증은 보험계약이 성립되는 시점에서 어떤 특정의 사실 또는 조건이 진실이거나 이행되었다는 것을 약속하는 것이다.

03 보험계약 당사자의 의무

1. 보험자의 의무
① 보험자는 보험계약 시 보험상품에 대하여 상세하게 설명하여 계약자가 충분히 이해한 상황에서 보험상품을 선택할 수 있도록 도와야 한다.
② 보험사고가 발생하면 신속한 손해사정 절차를 거쳐 피보험자에게 보험금이 지급되도록 해야 한다.
③ 보험자는 보험경영을 건실하게 운영해야 한다.

2. 보험계약자 또는 피보험자의 의무 (고지의무, 통지의무, 손해방지 경감의무)
(1) 고지의무
① 고지의무는 계약자 또는 피보험자가 보험계약을 체결함에 있어서 중요한 사항에 대하여 진실을 알려야 할 보험계약상의 의무를 말한다.
② 고지는 구두 또는 서면 어느 것도 가능하고 명시적이든 묵시적이든 상관없다.
현실적으로는 청약서에 기재하는 서면의 방법으로 이루어지고 있다.
③ 고지의무 불이행시 보험자가 강제적으로 그 이행을 강요할 수 있는 것은 아니며, 보험자는 고지의무위반을 사유로 보험계약을 해지할 수 있을 뿐이다

(2) 통지의무
계약자 또는 피보험자가 위험 발생과 관련하여 보험자에게 통지해야 하는 의무이다.

위험변경·증가의 통지의무	• 계약자 또는 피보험자가 보험사고 발생의 위험이 현저하게 변경 또는 증대된 사실을 안 때에는 지체 없이 보험자에게 통지하여야 한다. • 통지의무의 발생 요건으로는 보험기간 중에 발생한 것이어야 하며, 또한 계약자 또는 피보험자가 개입할 수 없는 제3자의 행위이어야 한다.
위험 유지 의무	• 보험기간 중에 계약자 또는 피보험자나 보험 수익자는 보험기간동안 위험을 유지해야 할 의무를 지고 있다. 계약자 또는 피보험자의 고의 또는 중대한 과실로 인하여 사고 발생의 위험이 현저하게 변경 또는 증대한 때에는 보험자는 그 사실을 안 날부터 1월내에 보험료의 증액을 청구하거나 계약을 해지할 수 있다
보험사고 발생의 통지의무	• 계약자 또는 피보험자가 보험사고의 발생을 안 때에는 지체 없이 보험자에게 통지해야 한다. • 고지의무나 위험변경·증가 통지의무와 같이 계약자 또는 피보험자에게 그 의무 이행을 강제할 수는 없으나 보험금 청구를 위한 전제조건인 동시에 보험자에 대한 진정한 의무라고 할 수 있다.

(3) 손해 방지 경감 의무
① 의 의
상법은 '손해보험 계약에서 계약자와 피보험자는 보험사고가 발생한 경우, 손해의 방지와 경감을 위하여 노력하여야 한다'고 규정(상법 제680조)하고 있다.

② 인정 이유

손해 방지 경감 의무는 보험계약의 신의성실의 원칙에 기반을 둔 것으로서 보험자나 보험단체 및 공익 보호라는 측면에서 인정된다.

③ 손해 방지 경감 의무를 지는 자

상법상 손해 방지 경감 의무를 지는 자는 계약자와 피보험자이다(상법 제680조). 또한 계약자나 피보험자의 대리권이 있는 대리인과 지배인도 손해 방지 경감 의무를 진다. 계약자나 피보험자가 다수인 경우, 각자 이 의무를 지는 것으로 본다.

그러나 인보험의 보험수익자는 손해 방지 경감 의무를 부담하지 아니한다.

④ 손해 방지 경감 의무의 존속기간

구 분	내 용
발생 시점	• 손해방지경감 의무의 시점은 보험사고가 발생하여 손해가 발생할 것이라는 것을 계약자나 피보험자가 안 때부터라고 해석할 수 있다. • 보험사고 발생 전의 보험기간은 손해 방지 경감 의무 존속기간이 아니며, 사고 자체를 막아야 하는 것은 이 의무에 포함되지 않는다.
소멸 시점	• 소멸 시점은 손해방지의 가능성이 소멸한 때이다.

⑤ 손해 방지 경감 의무의 방법과 노력의 정도

㉠ 손해 방지 경감 의무의 방법은 계약자나 피보험자가 그 상황에서 손해방지를 위하여 일반적으로 기대되는 방법이면 된다.

㉡ 보험사고 발생 시 사고 통보를 받은 보험자가 손해방지를 위하여 계약자나 피보험자에게 지시한 경우나 보험자가 직접 손해 방지 행위를 하는 경우 보험단체와 공익 보호 측면에서 인정되고 있다는 점에서 허용되는 것으로 보아야 한다.

⑥ 손해 방지 경감 의무 위반의 효과

경과실로 인한 손해 방지 경감 의무 위반의 경우에는 보험자의 보험금 지급책임을 인정하고 중과실 또는 고의의 경우에만 보험자의 보험금 지급책임(늘어난 손해)을 면제하고 있다.

⑦ 손해 방지 경감 비용의 보상

㉠ 보험금액을 초과한 경우도 보상 (상법 제680조).

구 분	내 용
보상할 금액	• 계약자와 피보험자가 부담하였던 필요 또는 유익한 비용과 보상액
보상범위	• 보험금액을 초과한 경우라도 보험자가 이를 부담한다.
필요 또는 유익한 비용	• 비용지출 결과 실질적으로 손해의 경감이 있었던 것만을 의미하지는 않고 그 상황에서 손해경감 목적을 가지고 한 타당한 행위에 대한 비용이 포함

㉡ 일부보험의 경우

일부보험의 경우에는 손해방지 비용은 보험금액의 보험가액에 대한 비율에 따라서 보험자가 부담하고 그 잔액은 피보험자가 부담한다.

04 보험증권 및 보험약관

1. 보험증권

(1) 보험증권의 의미

보험자는 보험계약이 성립한 때 지체 없이 보험증권을 작성하여 보험계약자에게 교부하여야 한다. 그러나 보험계약자가 보험료의 전부 또는 최초의 보험료를 지급하지 아니한 때에는 그러하지 아니하다.

(2) 보험증권의 특성

① 보험증권은 보험계약 성립의 증거로서 보험계약이 성립한 때 교부한다.
② 보험증권은 유가증권이 아니라 단지 증거증권으로서 배서나 인도에 의해 양도된다.
③ 보험증권은 보험자가 사전에 작성해 놓고 보험계약 체결의 사실을 인정하는 것이기 때문에 이를 분실하더라도 보험계약의 효력에는 어떤 영향도 미치지 않는다.

(3) 보험증권의 내용 및 구성

보험증권의 내용과 구성은 다음과 같다.
① 보험계약청약서의 기재 내용에 따라 작성되는 표지의 계약자 성명과 주소, 피보험자의 성명과 주소, 보험에 붙여진 목적물, 보험계약기간, 보험금액, 보험료 및 보험계약 체결 일자 등이 들어가는 부분,
② 보험자가 보상하는 재해와 보상하지 아니하는 손해 등의 계약 내용이 인쇄된 보통보험약관
③ 어떠한 특별한 조건을 더 부가하거나 삭제할 때 쓰이는 특별보험약관

(4) 보험증권의 법적 성격

성 격	내 용
요식증권성	• 보험증권에는 일정 사항을 기재해야 한다는 의미에서 요식증권의 성격을 갖는다 • 보험자가 보험증권에 기재하여야 하는 사항 ① 보험의 목적, ② 보험사고의 성질 ③ 보험금액, ④ 보험료와 그 지급 방법 ⑤ 보험기간을 정한 때에는 그 시기와 종기, ⑥ 무효와 실권의 사유 ⑦ 계약자의 주소와 성명 또는 상호, ⑧ 보험계약의 연월일 ⑨ 보험증권의 작성지와 그 작성 연월일 이러한 기본적인 사항 이외에도 상법은 보험의 종류에 따라 각각 별도의 기재 사항을 규정하고 있다.
증거증권성	• 보험증권은 보험계약의 성립을 증명하기 위해 보험자가 발행하는 증거증권이다. 계약자가 이의 없이 보험증권을 수령하는 경우 그 기재가 보험관계의 성립 및 내용에 대해 사실상의 추정력을 갖게 되지만, 그 자체가 계약서는 아니다.
면책증권성	• 보험증권은 보험자가 보험금 등의 급여 지급에 있어 제시자의 자격과 유무를 조사할 권리는 있으나 의무는 없는 면책증권이다. 그 결과 보험자는 보험증권을 제시한 사람에 대해 악의 또는 중대한 과실이 없이 보험금 등을 지급한 때에는 그가 비록 권리자가 아니더라도 그 책임을 면한다.
상환증권성	• 실무적으로 보험자는 보험증권과 상환으로 보험금 등을 지급하고 있으므로 일반적으로 상환증권의 성격을 갖는다.
유가증권성	• 일부보험의 경우에 보험증권은 유가증권의 성격을 지닌다. 법률상 유가증권은 기명식에 한정되어 있지 않으므로 지시식 또는 무기명식으로 발행될 수도 있다. 실제로 운송보험, 적하보험 등에서 지시식 또는 무기명식 보험증권이 이용되고 있다. 적하보험과 같이 보험목적물이 운송물일 경우 보험증권이 선하 증권과 같은 유통증권과 같이 유통될 필요가 있으므로 지시식으로 발행되는 것이 일반적이다. • 생명보험과 화재보험 등과 같은 일반손해보험의 경우 보험증권의 유가증권성을 인정하는 것은 실익이 없을 뿐만 아니라 이를 인정하면 도덕적 위태와 같은 폐해가 발생할 수 있다.

2. 보험약관

(1) 보험약관의 의미
① 보험약관은 보험자와 계약자 또는 피보험자 간에 권리 의무를 규정해 놓은 것이다
② 보험약관에는 계약의 무효, 보상을 받을 수 없는 경우 등 여러 가지 보험계약의 권리와 의무에 관한 사항들이 적혀 있다.
③ 보험약관은 통상 표준화하여 사용되고 있다.
　보험은 다수의 계약자를 상대로 수많은 보험계약을 체결해야 하므로 그 내용을 정형화하지 않을 경우, 보험자 및 계약자 또는 피보험자간에 많은 불편이 발생한다.

(2) 보험약관의 유형

구 분	내 용
보통보험약관	• 보험자가 일반적인 보험계약의 내용을 미리 정형적으로 정하여 놓은 약관
특별보험약관	• 보통보험약관을 보충, 변경 또는 배제하기 위한 보험약관 • 특별보험약관이 보통보험약관에 우선하여 적용되나 특별약관조항을 이용하여 법에서 금지하는 내용을 가능케 할 수는 없다.

(3) 보통보험약관의 효력
① 보험약관의 구속력
　㉠ 보통보험약관의 내용을 보험계약의 내용으로 하겠다는 구체적인 의사가 있는 경우뿐 아니라 그 의사가 명백하지 아니한 경우에도 보험약관의 구속력이 인정된다.
　㉡ 또한 반대의 의사표시가 없는 한 당사자가 그 약관의 내용을 이해하고 그 약관에 따를 의사의 유무를 불문하고 약관의 내용이 합리적인 한 보험계약의 체결과 동시에 당사자를 구속하게 된다.
② 허가를 받지 않는 보험약관의 사법상의 효력
　㉠ 금융위원회의 허가를 받지 아니한 보통보험약관에 의하여 보험계약이 체결된 경우, 사법상의 효력을 인정하는 것이 타당하다.
　㉡ 물론 허가를 받지 않은 약관을 사용한 보험자가 보험업법상의 제재를 받는 것은 당연하고, 또 금융위원회의 허가를 받지 아니하고 자신의 일방적인 이익을 도모하거나 공익에 어긋나는 약관을 사용한 때에는 그 효력은 인정되지 않는다.

(4) 보통보험약관의 해석원칙

해석원칙	내 용
신의성실에 따른 공정해석의 원칙	• 보험약관은 신의성실의 원칙에 따라 공정하게 해석되어야 하며, 계약자에 따라 다르게 해석되어서는 안 된다.
수기문언 우선의 원칙	• 보험 약관상의 인쇄 조항과 수기 조항간에 충돌이 발생하는 경우 수기 조항이 우선한다.
통상적 의미의 해석원칙	• 당사자가 사용한 용어의 표현이 모호하지 아니한 평이하고 통상적인 일반적인 뜻을 받아들이고 이행되는 용례에 따라 풀이해야 한다.
합리적인 해석원칙	• 당사자의 개별적인 해석보다는 법률의 일반 해석 원칙에 따라 보험계약의 단체성·기술성을 고려하여 각 규정의 뜻을 합리적으로 해석해야 한다
작성자불이익 해석의 원칙	• 보험약관의 내용이 모호한 경우 즉, 하나의 규정이 객관적으로 여러 가지 뜻으로 풀이되는 경우나 해석상 의문이 있는 경우에는 보험자에게 엄격·불리하고 계약자에게 유리하게 해석해야 한다는 원칙을 말한다.

기출뽀개기 ▶ 제8회 기출문제

보통보험약관의 해석에 관한 내용이다. ( )에 들어갈 내용을 쓰시오.(5점)

○ 기본원칙
　보험약관은 보험계약의 성질과 관련하여 (①)에 따라 공정하게 해석되어야 하며, 계약자에 따라 다르게 해석되어서는 안 된다. 보험 약관상의 (②) 조항과 (③) 조항 간에 충돌이 발생하는 경우 (③) 조항이 우선한다.
○ 작성자 불이익의 원칙
　보험약관의 내용이 모호한 경우에는 (④)에게 엄격·불리하게 (⑤)에게 유리하게 풀이해야 한다.

답

정답 ① 신의성실의 원칙 ② 인쇄 ③ 수기 ④ 보험자 ⑤ 계약자

05 재보험

1. 재보험의 의의와 특성

(1) 재보험의 의의
　① 재보험이란 보험자가 계약자 또는 피보험자와 계약을 체결하여 인수한 보험의 일부 또는 전부를 다른 보험자에게 넘기는 것을 말한다.
　② 즉, 재보험은 원보험자가 인수한 위험을 또다른 보험자에게 분산함으로써 보험자 간에 위험을 줄이는 방법이다. 따라서 원보험자와 재보험자 간에 위험 분담을 어떻게 하느냐 하는 것은 매우 중요하다.

(2) 재보험 계약의 독립성
　재보험계약은 원보험 계약의 효력에 영향을 미치지 않는다(상법 제661조). 이것은 원보험 계약과 재보험 계약이 법률적으로 독립된 별개의 계약임을 명시한 것이다.

(3) 재보험 계약의 성질
　① 재보험 계약은 책임보험의 일종으로서 손해보험 계약에 속한다. 따라서 원보험이 손해보험인 계약의 재보험은 당연히 손해보험이 되지만 원보험이 인보험인 계약의 재보험은 당연히 인보험이 되지 않고 손해보험이 된다.
　② 재보험은 보험업법상 예외규정에 따라 생명보험회사도 인보험의 재보험을 겸영할 수 있다.

(4) 상법상 책임보험에 관한 규정(상법 제4편 제2장 제5절)은 재보험 계약에 준용된다

농작물재해보험 및 가축재해보험 이론과 실무

2. 재보험의 기능
(1) 위험 분산 기능

양적 분산	• 재보험은 원보험자가 인수한 위험의 전부 또는 일부를 분산시킴으로써 한 보험자로서는 부담할 수 없는 커다란 위험을 인수할 수 있도록 하는데, 이것이 위험의 양적 분산 기능이다.
질적 분산	• 원보험자가 특히 위험률이 높은 보험 종목의 위험을 인수한 경우 이를 재보험으로 분산시켜 원보험자의 재정적 곤란을 구제할 수 있도록 하는데, 이것이 위험의 질적 분산 기능이다.
장소적 분산	• 원보험자가 장소적으로 편재한 다수의 위험을 인수한 경우, 이를 공간적으로 분산시킬 수 있도록 하는데, 이것은 위험의 장소적 분산 기능이다.

(2) 원보험자의 인수 능력(capacity)의 확대로 마케팅 능력 강화
원보험자는 재보험을 통하여 재보험이 없는 경우 인수할 수 있는 금액보다 훨씬 더 큰 금액의 보험을 인수(대규모 리스크에 대한 인수 능력 제공)할 수 있게 된다.

(3) 경영의 안정화
실적의 안정화 및 대형 이상 재해로부터 보호해 주는 등 원보험사업의 경영 안정성(재난적 손실로부터 원보험사업자 보호)을 꾀할 수 있다. 즉 예기치 못한 자연재해 및 대형 재해의 발생 등으로 인한 보험영업실적의 급격한 변동으로부터 실적의 안정화를 지켜주므로 보험자의 경영 안정성에 큰 도움을 준다.

(4) 신규 보험상품의 개발 촉진
재보험은 신규 보험상품의 개발을 원활하게 해주는 기능을 한다. 원보험자가 신상품을 개발하여 판매하고자 할 때 정확한 경험통계가 작성되는 수년 동안 재보험자가 재보험사업에 참여함으로써 원보험자의 상품개발을 지원하는 기능을 하고 있다.

Chapter. 02 농업재해보험 특성과 필요성

제01절 농업의 산업적 특성

01 농업과 자연의 불가분성

농업은 물(수분), 불(온도, 빛) 및 흙(토양) 등 자연조건의 상태에 따라 성공과 실패, 풍흉이 달라지는 산업적 특성을 가지고 있다.

① 물(수분)과 농업

농업은 생물인 농작물을 기르는 산업이기 때문에 물이 절대적으로 필요하다. 그러나 가뭄이나 호우가 장기간 대규모로 발생하면 인간이 대처하는 데는 한계가 있어 재해로 발전한다.

② 온도(빛)과 농업

농업에서 온도(빛)도 필수이다. 파종부터 생육 과정을 거쳐 결실을 맺어 수확하기까지의 과정에서 온도와 빛이 적당하게 주어져야 한다.
기온이 지나치게 낮으면(이상저온) 생육을 멈추거나 동해(凍害)를 입게 된다.
반대로 기온이 지나치게 높으면 생장을 멈출 뿐만 아니라 심한 경우 시들거나 고사(枯死)하기도 하고 일소피해를 입기도 한다.

③ 토지(땅)과 농업

농작물 생육에 적합한 토지에서 농사를 지으면 질 좋은 농작물을 많이 생산할 수 있지만, 적합하지 않은 토지에서 작물을 재배하면 기대하는 만큼의 수확을 하기 어렵다. 또한, 토양 성분이 지역마다 다르기 때문에 해당 토양에 적합한 작물과 품종을 선택해야 한다.

농작물재해보험 및 가축재해보험 이론과 실무

02 농업재해의 특성

특 성	내 용
불예측성	• 자연재해는 예측이 어렵고 특히 지구온난화로 인한 이상기후로 인해 과거에는 발생하지 않던 패턴이 나타나기 때문에 기상 변화를 예측하기가 쉽지 않다. • 기상관측기술의 발달로 어느 정도 예측 및 대응이 가능하지만, 그 영향이 어느 범위까지 미칠지를 알기 어렵다(예측 불가능성).
광역성	• 기상재해는 발생하는 범위가 매우 넓어, 몇 개 지역에 걸쳐 발생하기도 하고 때로는 전국적으로 발생하기도 한다.
동시성 · 복합성	• 기상재해는 한 번 발생하면 동시에 여러 가지 재해가 복합적으로 발생한다. 예 긴 장마후에 습해, 병충해의 동반
계절성	• 우리나라는 온대지역에 속해 4계절이 있으며, 계절에 따라 재해의 특성이 조금씩 다르다. 예 봄철의 가뭄, 냉해, 여름철의 집중호우, 태풍 가을철 늦장마, 겨울철 폭설 등
피해의 대규모성	• 최근의 온난화등으로 인한 자연재해의 피해는 개별 농가 입장에서도 감당하기가 어려울 뿐만 아니라 지역(지자체 수준)에서도 감당하기가 쉽지 않다.
불가항력성	• 기상관측기술의 발달과 각종 생산기반시설의 확충 및 영농기술의 발달 등으로 어느 정도의 자연재해는 극복할 수 있지만, 이상기상으로 인한 대규모 재해는 인간이 대응하는데 한계가 있다

기출뽀개기 ▶ 제8회 기출문제

농업재해의 특성 5가지만 쓰시오 (5점)

답 _____

_____

_____

_____

정답 (1) 불예측성
(2) 광역성
(3) 동시성 · 복합성
(4) 계절성
(5) 피해의 대규모성
(6) 불가항력성

제02절 농업재해보험의 필요성

1. **국가적 재해대책과 한계**
   ① 국가는 각종 재난으로부터 국민의 생명과 재산을 보호하기 위해 「헌법」및「재난 및 안전관리 기본법」외에 별도의 법령인「농어업재해대책법」에 근거해 농업재해대책을 시행하고 있다.
   ② 그러나 농업재해대책은 재해복구지원대책이지 재해로 인한 손실을 보전하는 제도는 아니기 때문에 재해 입은 농가의 손실을 보전하는 데에는 한계가 있다.

2. **농업(재해)의 특수성 : 대규모성 및 불가항력성**
   ① 농업재해는 일단 발생하면 광역적이며 대규모로 발생하여 사람의 노력으로 대처하는 데에는 한계가 있다.
   ② 농업재해가 불시에 광범위한 지역에서 대규모로 발생할 경우 개별 농가 수준에서 대처하여 농가 스스로 재해의 충격 및 손실을 극복하는 데에는 한계가 있다.

3. **WTO협정의 허용 대상 정책**
   ① WTO(체제가 출범하면서 자유무역질서에 영향을 줄 수 있는 각국의 농업정책들은 축소하거나 폐지하기로 합의하였다.
   ② 그러나 각국의 열악한 농업을 보완하는 정책은 허용되는데, 직접지불제와 농업재해보험 등이 이에 해당한다. 따라서 WTO 체제하에서도 허용되는 정책인 농업재해보험을 농가 지원을 위한 수단으로 적극 활용할 필요가 있다.

4. **시장 실패와 정책보험**
   ① 자유경쟁시장에서는 모든 상품(보험도 상품)은 수요와 공급이 일치하는 점에서 가격이 결정되고 거래가 이루어진다. 그림으로 설명하면 〈그림 2-2에서 수요(D)와 공급(S)이 만나는 점에서 가격(P)이 결정되어 Q만큼의 거래가 이루어진다.
   ② 그러나 수요와 공급이 만나지 않으면 거래가 이루어지지 않는데 이를 시장실패라고 한다. 농업재해보험이 이러한 경우로 보험시장에만 의존하면 농업재해보험은 거래가 이루어지기 어렵다. 농업인 입장에서는 높은 가격(보험료)을 지불하고 보험을 구입(가입)하기에는 경제력이 부족하여 망설일 수 있다. 한편 보험자의 입장에서는 농업재해보험을 운영하기 위해서는 일정한 가격을 유지해야 한다. 가격을 낮추어 회사가 손해를 보면서까지 농업재해보험을 판매할 수는 없다. 이러한 상황에서는 보험자가 농업재해보험상품을 판매한다고 하더라도 거래가 이루어지기는 어렵다. 농업재해보험을 활성화하기 위해서는 국가가 나서야 하는 이유가 여기에 있다.

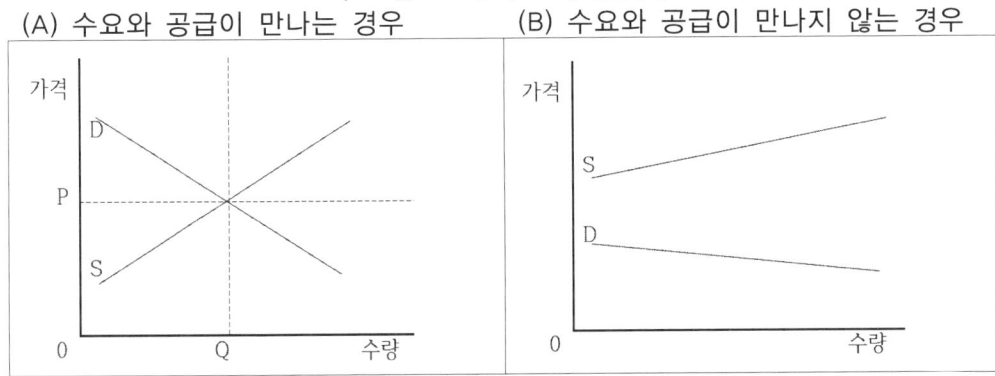

〈그림 2-3〉에서 보는 바와 같이 국가가 농가가 부담할 보험료의 일부를 지원함으로써 농가의 구매력을 높여 수요를 증가시키고(D → D'), 공급자인 보험자에는 운영비를 지원한다든가 재보험을 통해 위험비용을 줄여줌으로써 저렴한 가격에서도 공급이 가능하도록 한다(S → S'). 결국은 변경된 수요와 공급이 만나는 수준에서 가격(P0)이 결정되어 Q0만큼의 농업재해보험이 거래된다. 이와 같이 농업재해보험이 보험시장에서 시장원리에 의해 거래되기 어려운 경우에 국가가 개입하게 되는데 국가 개입의 정도는 각국의 보험시장 상황에 따라 다르기 때문에 일률적으로 판단할 사항은 아니다. 농업재해보험을 민영보험시장에 맡기기 어려운 상황인 국가에서는 직접 국가가 농업재해보험을 운영하기도 한다.

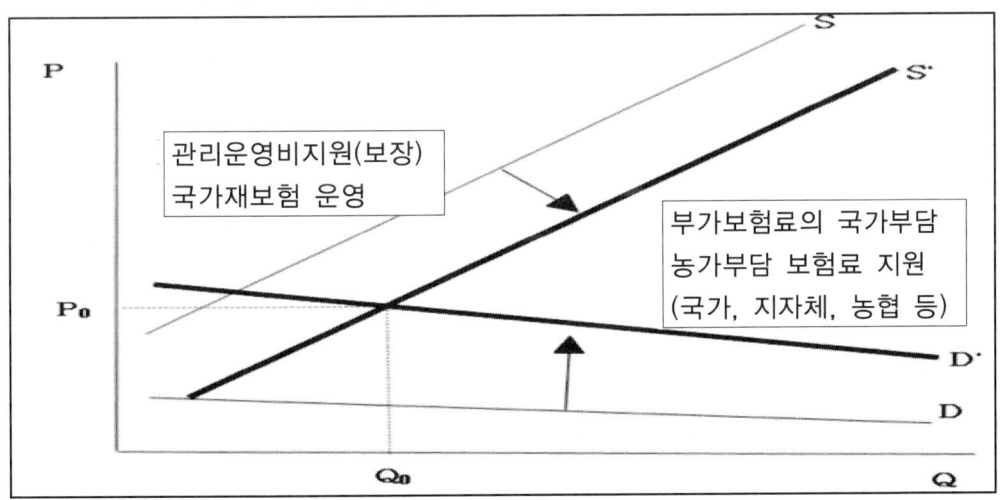

제03절 농업재해보험의 특징

1. 보험 대상 재해가 자연재해임
① 농작물재해보험은 자연재해로 인한 피해를 대상으로 하는 특수한 보험이다.
② 자연재해는 한 번 크게 발생하면 그 피해가 너무 크고 전국적으로 발생하여 민영보험사에서 이를 감당하기 곤란하기 때문에 보험시장이 발달한 현재도 농작물재해보험만은 민영보험사에서 쉽게 접근하지 못하고 있다.

2. 손해평가의 어려움
① 생물(生物)인 농작물의 특성상 재해 발생 이후 어느 시점에서 파악하느냐 또는 재해발생 이후의 기상조건이 어떠하냐에 따라 작황이 크게 달라지기 때문에 손해액을 정확하게 평가하는 것은 어렵다.
② 또한 재해가 동시다발적으로 광범위한 지역에서 발생하는데 비해 재해 입은 농작물은 부패 변질되기 쉽기 때문에 단기간에 평가를 집중해야 하므로 손해평가에 큰 비용 및 인력이 소요되는 점도 손해평가를 어렵게 한다.

3. 위험도에 대한 차별화 곤란
위험의 정도에 따라 보험료를 부과함으로써 위험이 낮은 계약자와 높은 계약자를 구분해야 하나 농작물 재해는 그 위험을 세분화하기가 쉽지 않다.

4. 경제력이 낮은 농업인을 대상으로 함
농가경제가 전반적으로 힘든 상황에서 농업인은 보험 가입을 망설이는 경향이 있다.

5. 물(物)보험 - 손해보험
농작물재해보험은 재해로 인한 농작물 손실을 보상하는 물보험이며, 손해보험이다.

6. 단기 소멸성 보험
농작물재해보험의 보험기간은 농작물이 생육을 시작하는 봄부터 농작물을 수확하는 가을까지로 그 기간은 1년이 채 안 된다. 물론 일부 보험상품의 경우에는 보험기간이 연중인 경우도 있으며, 과수작물의 경우 꽃눈이 형성되어 수확하기까지 1년 이상 걸리는 경우도 있지만 이 경우에도 보험기간은 2년 미만으로 단기보험에 해당한다.

7. 국가재보험 운영
① 농작물재해보험은 대부분의 국가에서 국가가 직간접적으로 개입하는 정책보험으로 실시되고 있다. 우리나라의 경우 국가는 농업인이 부담하는 보험료의 일부를 지원하고 보험사업 운영비의 전부 또는 일부를 부담한다.
② 또한 대규모 농업재해가 발생할 경우 그 위험을 다 감당하기 어렵기 때문에 재해보험사업자가 인수한 책임의 일부를 나누어 부담하는 국가재보험을 실시한다.

제04절 농업재해보험의 기능

1. **재해농가의 손실 회복**
   ① 농업재해보험이 없는 상황에서 대규모 농업재해가 발생하면 농가에게 심각한 영향을 초래한다.
   ② 그러나 농업재해보험을 통해 보험금이 지급되면 재해를 입은 농가는 원상회복까지는 아니더라도 경제적 손실의 상당 부분을 회복하게 된다.

2. **농가의 신용력 증대**
   농업재해보험은 예기치 않은 재해로 커다란 손실을 입더라도 지급되는 보험금으로 손실의 상당 부분을 회복할 수 있기 때문에 금융기관에서는 대출한 자금 회수를 걱정하지 않아도 되므로 농가의 신용력을 증대시켜주는 역할을 한다.

3. **농촌지역경제의 안정화**
   ① 대규모 농업재해가 발생하여 농작물 생산 및 농업수입이 크게 감소하면 지역경제에 부정적인 영향을 초래한다.
   ② 농업재해보험을 통해 생산감소로 인한 경제적 손실의 상당 부분을 복구할 수 있고, 일정 수준의 수입이 보장되기 때문에 지역경제를 안정화시키는 기능을 한다.

4. **농업정책의 안정적 추진**
   ① 대규모 농업재해가 발생하면 예비비로는 부족하여 다른 예산으로 재해복구에 충당하다 보면 당초 계획했던 농업정책사업들의 재조정이 필요하고 혼란을 초래한다.
   ② 농업재해보험이 보편화되면 농업재해에 대한 국가의 재정적 지원 규모가 확정되기 때문에 중앙정부 및 지방정부도 농업정책을 보다 안정적으로 추진할 수 있다.

5. **농촌지역사회의 안정**
   농업재해보험은 재해로 경제적 타격이 심하더라도 상당한 수준까지 회복할 수 있기 때문에 사회적으로도 안정된 분위기가 지속될 수 있다.

6. **재해 대비 의식 고취**
   ① 농업재해보험에 가입하지 않는 농가들도 재해 발생 시 이웃 농가가 보험금을 받아 경제적 손실을 복구해 평년과 비슷한 경제생활을 하는 것을 목격하면서 농업재해보험의 기능과 중요성을 인식하게 된다.
   ② 한편 보험에 가입한 농가는 평소 재해 발생을 대비하는 수단과 방법을 총동원해 재해 발생을 줄임으로써 보험료 부담을 경감하려고 노력하게 된다.

제05절 농업재해보험 관련 법령

01 농어업재해보험법의 연혁

1999년 8월 제7호 태풍 올가로 인해 1조원을 넘는 피해가 발생하자 자연재해로 인한 농작물의 피해를 적정하게 보전하여 농업소득의 안정과 농업생산성의 향상에 기여하려는 목적으로 농작물재해보험법이 2001.1.26. 제정되었다

〈 표 2-1. 농어업재해보험법 주요 변천 내역 〉

연 도	주요 내용
2001.1.26. 제정 2001.3.1. 시행	• 농작물재해보험 제정 • 농작물재해보험심의회 설치 • 보험 대상 농작물의 종류 피해 정도, 자연재해의 범위 등을 대통령에서 정할 수 있는 근거 마련 • 재해보험사업자에 대한 관련 규정(선정, 지원 근거 등)
2005.1.27. 개정 2005.4.28. 시행	• 재해보험 운영에 필요한 비용 정부 전액 지원 • 국가 재보험제도 도입 • 농작물재해보험기금의 설치
2007.1.26. 개정 2007.7.27. 시행	• 농작물재해보험의 대상이 되는 구체적인 농작물의 품목과 보상 대상 자연재해의 범위를 법률에 직접 규정
2009.3.5. 개정 2010.11. 시행	〈농어업재해보험법〉: 법제명 개정 • 농어업 관련 재해보험을 이 법으로 통합·일원화 • 보험대상물을 농작물에서 양식수산물, 가축 및 농어업용 시설물로 확대 • 대상 재해를 자연재해에서 병충해, 조수해, 질병 및 화재까지 포괄
2011.7.25. 개정 2012.1.26. 시행	• 농작물재해보험의 목적물에 임산물 재해보험을 별도로 규정하여 범위를 명확히 함 • 계약자들의 보험료 부담을 덜어주기 위하여 정부의 지원 외에 지방자치단체도 보험료의 일부를 추가하여 지원 근거 마련
2014.6.3. 개정 2015.6.4 시행	• 농업재해보험사업의 관리를 위한 농림축산식품부장관의 권한 및 위탁 근거 규정을 신설하고 전문손해평가인력의 양성 및 자격제도를 도입
2017.3.14. 개정 2017.3.14 시행	• 농업재해보험사업 관리 등을 「농업·농촌 및 식품산업 기본법」에 근거하여 설립된 농업정책보험금융원으로 위탁 • 손해평가사 자격시험의 실시 및 관리에 관한 업무를 「한국산업인력공단법」에 따른 한국산업인력공단에 위탁
2020.5.26. 개정 2020.8.27. 시행	• 양식수산물재해보험사업의 관리업무를 농업정책보험금융원에 위탁

농작물재해보험 및 가축재해보험 이론과 실무

02 농업재해보험 주요 법령 및 관련법

① 농업재해보험관련 주요 법령으로는 "농어업재해보험법"과 "농어업재해보험법 시행령"이 있다.
② 행정규칙으로는 "농업재해보험 손해평가요령", "농업재해보험에서 보상하는 목적물의 범위", "농업재해보험의 목적물별 보상하는 병충해 및 질병 규정", "농업재해보험통계 생산관리 수탁관리자 지정", "재보험사업 및 농업재해보험사업의 운영 등에 관한 규정", "농어업재해재보험기금 운용규정" 등이 있다.
③ 농업재해보험 관련 주요 법률에는 "농업·농촌 및 식품산업기본법", "농어업재해대책법", "농어업인의 안전보험 및 안전재해예방에 관한 법률", "농어업경영체 육성 및 지원에 관한 법률", "보험업법", "산림조합법", "풍수해보험법", "농업협동조합법" 등이 있다.

03 농업재해보험 관련 법령의 주요 내용

법령	주요 내용
농어업 재해보험법	• 2001년 제정된 농작물재해보험법을 모태로 2010년 전부 개정하여 농작물, 양식수산물, 가축 및 농어업용 시설물을 통합하였다. • 총 32개의 본문과 부칙으로 되어있으며, 32개 본문은 제1장 총칙(제1-3조), 제2장 재해보험사업, 제3장 재보험사업 및 농어업재해재보험기금, 제4장 보험사업 관리, 제5장 벌칙으로 구성되어 있다.
농어업 재해보험법 시행령	• 농어업재해보험법을 보충하는 제1조부터 제23조까지의 본문과 부칙으로 구성되어 있다. • 농어업재해보험심의회의 구체적인 사항, 재해보험에서 보상하는 재해의 범위, 계약자의 기준, 손해평가인 관련 사항, 손해평가사 자격시험 실시 및 자격 관련 사항, 업무위탁, 재정지원, 농어업재해재보험기금에 대한 구체적인 사항, 시범사업 등에 대해 정하고 있다.
농업 재해보험 손해평가 요령	• 농림축산식품부 고시 제2019-81호(2019.12.18. 부 개정)로 제1조 목적부터 제17조 재검토기한까지의 본문과 부칙 및 별표 서식으로 되어있다. • 주요 내용은 목적과 관련 용어 정의, 손해평가인의 위촉 및 업무와 교육, 손해평가의 업무위탁, 손해평가반 구성, 교차손해평가, 피해 사실 확인, 손해평가 준비 및 평가결과 제출, 손해평가 결과 검증, 손해평가 단위, 농작물·가축·농업시설물의 보험계약 및 보험금 산정, 농업시설물의 보험가액 및 손해액 산정, 손해평가 업무방법서 등에 관한 사항을 규정하고 있다.

04 기타 농업재해보험 관련 행정규칙

행정규칙	내용
농업재해보험에서 보상하는 보험목적물의 범위	• 농림축산식품부 고시 제2020-21호(2020.3.19.) • 보험목적물 (농작물, 임산물, 가축)에 대해 규정하고 있다.
농업재해보험의 보험목적물별 보상하는 병충해 및 질병 규정	• 농림축산식품부 고시 제2019-82호(2019.12.18.) • 농작물의 병충해 및 가축의 축종별 질병에 대해 규정하고 있다.
농어업재해재보험 기금 운용 규정	• 농림축산식품부 훈령 제340호(2019.10.1.) • 제1장 총칙부터 제7장 보칙까지로 본문은 제1조 목적부터 제26조까지의 본문과 부칙으로 구성되어 있다. • 주요 내용은 농어업재해재보험기금의 효율적인 관리·운용에 필요한 세부적인 사항에 대해 규정하고 있다.
재보험사업 및 농업재해보험사업의 운영 등에 관한 규정"	• 농림축산식품부 고시 제2020-16호(2020.2.20.) • 본문은 제1조 목적부터 제18조까지의 본문과 부칙으로 구성되어 있다 • 주요 내용은 농어업재해보험법 및 동법 시행령에 의한 재보험사업 및 농업재해보험사업의 업무위탁, 약정체결 등에 대한 필요한 세부적인 사항에 대해 규정하고 있다.

MEMO

Chapter 03. 농작물재해보험 제도

제01절 제도 일반

01 사업실시 개요

1. 실시 배경과 사업목적
① 해마다 발생하는 자연재해에 대한 정부의 보조 및 지원에 관한 사항은 생계구호적 차원의 "자연재해대책법"을 준용하도록 농어업재해대책법 제4조에 규정되어 있지만, 이에 따른 정책자금 이자 상환 연장, 학자금 지원, 대파종비, 농약대 등의 미비한 지원은 개별농가의 입장에서는 경영안정에 실질적인 도움이 되지 못하였다.
② 1999년 8월 태풍 '올가'로 인한 재산피해가 1조 1,500억원에 육박하는 등 극심한 피해가 발생하였고, 이에 따라 농업을 포기하는 농가가 속출하자 2001년에 농작물보험제도가 도입되었다. 태풍이라는 자연재해로 인한 피해로부터의 복구 방안으로 보험에 대한 관심이 집중되어 사과와 배 두 품목에 대한 시범사업이 실시되었다.

2. 사업 추진 경위
① 농작물재해보험은「농어업재해보험법」,「농어업재해보험법 시행령」,「농업재해보험 손해평가요령」및「보조금의 예산 및 관리에 관한 법률」등에 근거하여 시행되었다.
② 2001년 1월 26일 제정되어 2001년 3월 1일 시행된 농작물재해보험법에 의해 2001년 3월 17일부로 사과, 배 2개 품목을 주산지 중심으로 9개도 51개 시·군에서 보험상품을 판매 개시하면서 농작물재해보험사업이 시행되었다.
③ 그러나 제대로 체계가 잡혀 있지 않은 상태에서 2002년 태풍 '루사', 2003년 태풍 '매미' 등 연이은 거대 재해로 막대한 보험금 지급을 유발하였고, 이는 곧 보험사업에 참여했던 민영보험사들의 막대한 적자로 연결되었다.
④ 민영보험사들은 막대한 적자를 감당하지 못하고 사업을 포기하기 시작했고, 이에 대해 농림축산식품부는 예측 불가능한 자연재해의 거대 피해에 대해 민영보험사가 전부 부담하는 것은 어렵다고 판단, 2005년부터 국가재보험제도를 도입하였다.
⑤ 국가재보험 도입 초기에는 손해율 180%를 기준으로 그 이상의 손해율 발생 시 그 초과 손해분을 국가가 부담하는 방식이었으나, 2014년에는 품목별 위험 정도에 따라 손해율이 차등 적용되는 방식으로 개편되었고, 2017년부터는 손해율 구간별로 손익을 분담하는 손익분담 방식을 부분적으로 도입하였다.

3. 재해보험사업 운영

부 서	내 용
농림축산식품부 (사업주관부서)	• 재해보험 관계법령의 개정, 보험료 및 운영비 등 국고 보조금 지원 등 전반적인 제도 업무를 총괄한다.
농업정책 보험금융원 (사업 관리기관)	• 농어업재해보험법 제25조의2(농어업재해보험 사업관리) 제2항에 의거 농림축산식품부로부터 농작물재해보험 사업관리업무를 수탁받아 수행한다. • 주요 업무는 재해보험사업의 관리·감독, 재해보험 상품의 연구 및 보급, 재해 관련 통계 생산 및 데이터베이스 구축·분석, 손해평가인력 육성, 손해평가 기법의 연구·개발 및 보급, 재해보험사업의 약정체결 관련 업무, 손해평가사 제도 운용 관련 업무, 농어업재해재보험기금 관리·운용 업무 등이다.
재해보험사업자 (사업 시행기관)	• 사업 관리기관과 약정체결을 한 재해보험사업자로, 현재 농작물재해보험 사업자는 NH농협손해보험이다. • 재해보험사업자는 보험상품의 개발 및 판매, 손해평가, 보험금 지급 등 실질적인 보험사업 운영을 한다.
농업재해 보험심의회	• 농림축산식품부장관 소속으로 차관을 위원장으로 하며, 재해보험 목적물 선정, 보상하는 재해의 범위, 재해보험사업 재정지원, 손해평가 방법 등 농업재해보험의 중요사항에 대해 심의한다.
한국산업인력공단	• 농림축산식품부로부터 수탁받아 농작물재해보험의 손해평가를 담당할 손해평가사의 자격시험의 실시 및 관리에 대한 업무를 수행하는 주체이다.

〈농작물재해보험 및 재보험 운영체계〉

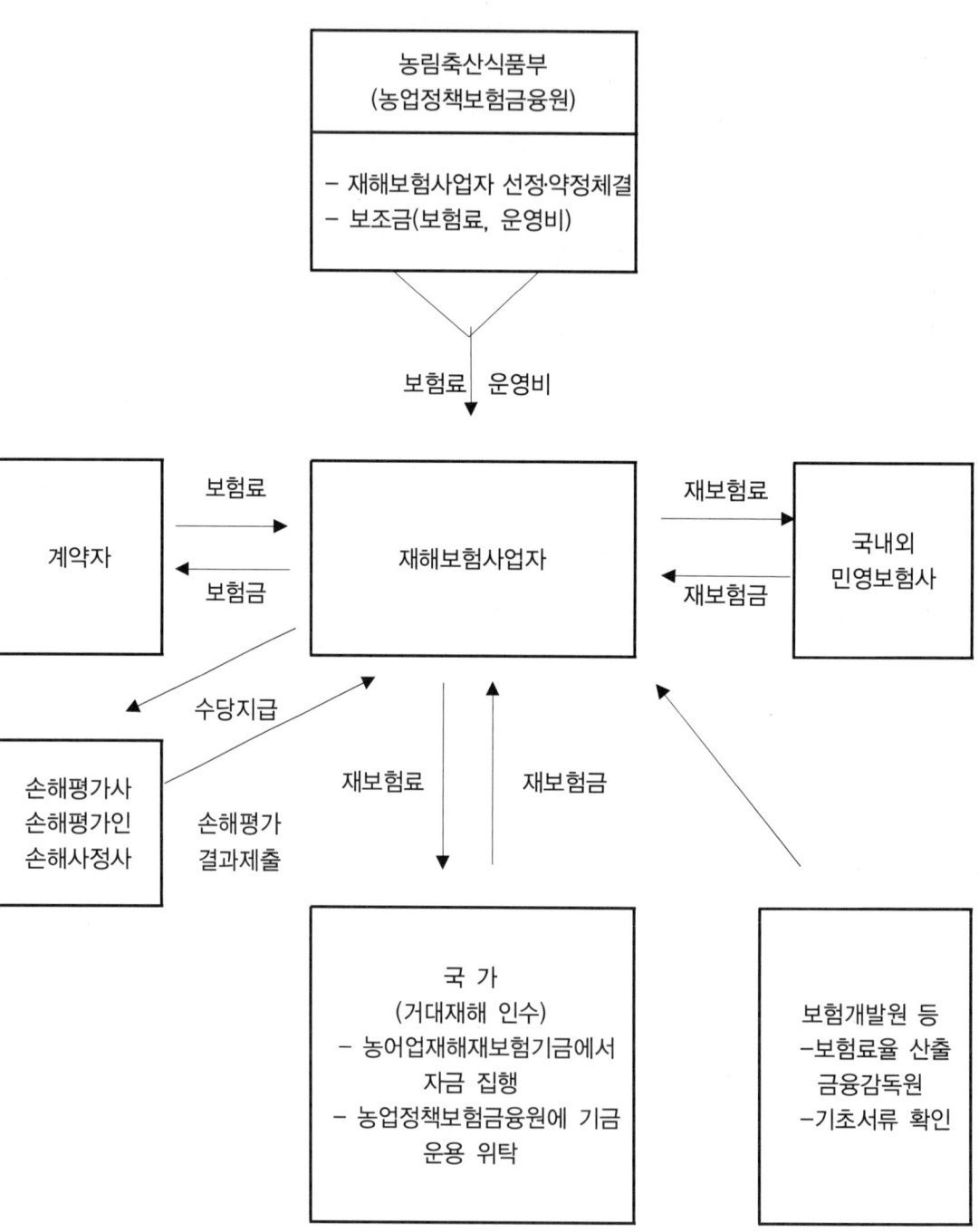

농작물재해보험 및 가축재해보험 이론과 실무

02 사업시행 주요 내용

1. 계약자의 가입자격과 요건
(1) 계약자 (피보험자)
   ① 농작물재해보험 사업대상자는 사업 실시지역에서 보험 대상 작물을 경작하는 개인 또는 법인이다. 사업대상자 중에서 재해보험에 가입할 수 있는 자는 농어업재해보험법 제7조에 의한 동법 시행령 제9조에 따른 농작물을 재배하는 자를 말한다.
   ② 관련 법령

법조문	내 용
「농어업재해보험법」 제7조 (보험가입자)	재해보험에 가입할 수 있는 자는 농림업, 축산업, 양식수산업에 종사하는 개인 또는 법인으로 하고, 구체적인 보험가입자의 기준은 대통령령으로 정한다.
「동법시행령」 제9조 (보험가입자의 기준)	법 제7조에 따른 보험가입자의 기준은 다음의 구분에 따른다. 1. 농작물재해보험: 법 제5조에 따라 농림축산식품부장관이 고시하는 농작물을 재배하는 자 1의2. 임산물재해보험: 법 제5조에 따라 농림축산식품부장관이 고시하는 임산물을 재배하는 자 2. 가축재해보험: 법 제5조에 따라 농림축산식품부장관이 고시하는 가축을 사육하는 자

(2) 가입자격 및 요건
   ① 가입방식
      농작물재해보험은 계약자가 스스로 가입여부를 판단하는 "임의보험" 방식이다.
   ② 농작물재해보험에 가입하기 위한 요건
      ㉠ 보험에 가입하려는 농작물을 재배하는 지역이 해당 농작물에 대한 농작물재해 보험 사업이 실시되는 지역이어야 한다.
      ㉡ 보험 대상 농작물이라고하더라도 경작 규모가 일정 규모 이상이어야 한다
      ㉢ 가입 시에보험료의 50% 이상의 정책자금 지원 대상에 포함되기 위해서는 농업경영체등록이 되어야 한다.

③ 농작물재해보험 대상품목 및 가입자격 (2022년 기준)

대상 품목	가 입 자 격
사과, 배, 단감, 떫은감, 감귤, 포도, 복숭아, 자두, 살구, 매실, 참다래, 대추, 유자, 무화과, 밤, 호두, 마늘, 양파, 감자, 고구마, 고추, 양배추, 브로콜리, 오미자, 복분자, 오디, 인삼	농지의 보험가입금액 (생산액 또는 생산비) 200만원 이상
옥수수, 콩, 팥, 배추, 무, 파, 단호박, 당근, 시금치(노지)	농지의 보험가입금액 (생산액 또는 생산비) 100만원 이상
벼, 밀, 보리, 메밀	농지의 보험가입금액 (생산액 또는 생산비) 50만원 이상
농업용시설물 및 시설작물 버섯재배사 및 버섯작물	단지면적이 300㎡ 이상
차(茶), 조사료용 벼, 사료용 옥수수	농지의 면적이 1,000㎡ 이상

※ 보험 대상 농작물 (2022년 기준) : 67개 품목

구 분	품 목
과수작물 (12개 품목)	사과, 배, 단감, 감귤, 포도, 복숭아, 자두, 살구, 매실, 참다래, 유자, 무화과
식량작물 (9개 품목)	벼, 밀, 보리, 감자, 고구마, 옥수수, 콩, 팥, 메밀
채소작물 (11개 품목)	양파, 마늘, 고추, 양배추, 배추, 무, 파, 당근, 브로콜리, 단호박, 시금치(노지)
특용작물 (3개 품목)	인삼, 차, 오디
임산물 (7개 품목)	떫은감, 대추, 밤, 호두, 복분자, 오미자, **표고버섯**
버섯작물 (3개 품목)	느타리버섯, 양송이버섯, 새송이버섯
시설작물 (22개 품목)	- 화훼류 : 국화, 장미, 백합, 카네이션 - 비화훼류 : 딸기, 오이, 토마토, 참외, 풋고추, 호박, 수박, 멜론, 파프리카, 상추, 부추, 시금치, 가지, 배추, 파(대파·쪽파), 무, 미나리, 쑥갓

※ 농업시설물 : 버섯재배사, 농업시설물

(3) 보험사업 실시지역

① 보험사업은 시범사업을 거쳐 본사업을 실시한다.
  ○ 시범사업 – 주산지 등 일부 지역(특정 품목의 경우 전국)
  ○ 본사업 품목 – 주로 전국
② 다만, 일부 품목의 경우 품목의 특성상 사업지역을 한정할 필요가 있는 경우에는 사업지역을 제한한다.

㉠ 본 사업 품목 사업지역

구 분	품 목	사업지역
본사업	사과, 배, 단감, 떫은감, 벼, 밤, 대추, 감귤, 고추, 고구마, 옥수수, 콩, 마늘, 양파, 인삼, 자두, 매실, 포도, 복숭아, 참다래, 시설작물(수박, 딸기, 오이, 토마토, 참외, 풋고추, 호박, 국화, 장미, 파프리카, 멜론, 상추, 부추, 시금치, 배추, 가지, 파, 무, 백합, 카네이션, 미나리, 쑥갓), 버섯작물(표고, 느타리), 농업용시설물 및 버섯재배사	전국
	감 자	가을재배, : 전국 고랭지 재배 : 강원
	밀	광주, 전북, 전남, 경남, 충남

㉡ 시범사업 품목 사업지역

구 분	품 목	사업지역
시범 사업	버섯작물(양송이,새송이), 조사료용 벼, 사료용 옥수수	전국
	양배추, 브로콜리, 당근	(제주) 제주, 서귀포
	메밀	전남, 제주
	차	(전남) 보성, 광양, 구례, (경남) 하동
	감자(봄재배)	경북, 충남
	오디	전북, 전남, (경북) 상주, 안동
	복분자	(전북) 고창, 정읍, 순창 (전남) 함평, 담양, 장성
	오미자	(경북) 문경, 상주, 예천, (충북) 단양 (전북) 장수, (강원) 인제, (경남) 거창
	무화과	(전남) 영암, 신안, 목포, 무안, 해남
	유자	(전남) 고흥, 완도, 진도(경남) 거제, 남해, 통영
	배추	[고랭지] (강원) 정선, 삼척, 태백, 강릉, 평창 [가을] (전남) 해남, (충북) 괴산, (경북) 영양 [월동] (전남) 해남
	무	[고랭지] (강원) 홍천, 정선, 평창, 강릉 [월동] (제주) 제주, 서귀포
	단호박	경기
	파	[대파] (전남) 신안, 진도, 영광, (강원) 평창 [쪽파, 실파] (충남) 아산, (전남) 보성
	살구	(경북) 영천
	호두	(경북) 김천
	보리	(전남) 보성, 해남, (전북) 김제, 군산(경남) 밀양
	팥	(전남) 나주, (강원) 횡성, (충남) 천안
	시금치(노지)	(경남) 남해, (전남) 신안

③ 재해보험사업자는 시범사업 실시지역의 추가, 제외 또는 변경이 필요한 경우 그 내용을 농림축산식품부장관과 사전 협의하여야 한다.
④ 시범사업은 전국적으로 보험사업을 실시하기 전에 일부 지역에서 보험설계의 적정성, 사업의 확대 가능성, 농가의 호응도 등을 파악하여 미비점을 보완함으로써 전국적 본사업 실시 시의 시행착오를 최소화하기 위한 것이다.
⑤ 3년차 이상 시범사업 품목 중에서 농업재해보험심의회에 심의에 따라 본사업으로 전환될 수 있다.

〈 2022년도 시범사업 품목(25개) 〉

구 분	5년차 이상	4년차	3년차	2년차	1년차
작물명	복분자, 오디, 양배추, 오미자, 무화과, 유자, 차, 메밀, 브로콜리, 양송이버섯, 새송이버섯	배추, 무, 단호박, 파, 당근, 감자(봄재배), 조사료용 벼, 사료용 옥수수	보리, 팥, 살구, 시금치(노지), 호두	-	가을배추
작물수	11	8	5		1

⑥ 재해보험사업자는 보험대상 농작물 등이라 하더라도 보험화가 곤란한 특정품종 · 특정재배방법 · 특정시설 등에 대해서는 농림축산식품부장관(농업정책보험금융원장)과 협의하여 보험대상에서 제외하거나 보험인수를 거절할 수 있다.

2. 보험 대상 농작물별 재해 범위 및 보장 수준
(1) 보험 대상 재해의 범위
① 보험 대상 범위는 특정위험방식과 종합위험방식으로 구분한다.
② 특정위험방식은 해당 품목에 재해를 일으키는 몇 개의 주요 재해만을 보험 대상으로 하는 방식이다. (인삼)
③ 종합위험방식(적과전 종합위험방식, 수확전 종합위험방식, 종합위험방식으로 구분)은 보험 대상으로 하는 주요 재해는 기본적으로 보장하고(주계약), 주요 재해 이외에 화재, 화재대물배상책임, 병충해 등 특정 재해를 특약으로 보장(계약자가 선택 가입)할 수 있다.
  ㉠ 적과전 종합위험방식 : 사과, 배, 단감, 떫은감
  ㉡ 수확전 종합위험방식 : 복분자, 무화과

농작물재해보험 및 가축재해보험 이론과 실무

〈보험대상 품목별 대상 재해〉

구분	품목	대상 재해
적과전 종합위험	사과, 배, 단감, 떫은감 (특약) 나무보장	(적과전) 자연재해・조수해・화재 (특약)태풍・우박 집중호우・지진・화재한정보장 (적과후)태풍(강풍)・우박・화재・지진・집중호우・일소피해・가을동상해 (특약) 가을동상해・일소피해 부보장
수확전 종합위험	무화과 (특약) 나무보장	(7.31일 이전) 자연재해・조수해・화재 (8.1일 이후) 태풍(강풍)・우박
	복분자	(5.31일 이전) 자연재해・조수해・화재 (6.1일 이후) 태풍(강풍)・우박
특정위험	인삼	태풍(강풍)・폭설・집중호우・침수・화재・우박・폭염・냉해
종합위험	참다래, 매실, 자두, 유자, 살구 (특약) 나무보장	자연재해・조수해・화재
	포도 (특약)나무보장, 수확량감소추가보장	자연재해・조수해・화재
	복숭아 (특약)나무보장, 수확량감소추가보장	자연재해・조수해・화재・ 병충해(세균구멍병)
	감귤 (특약) 나무보장, 과실손해 추가보장	자연재해・조수해・화재(11.30일 이전) (특약)동상해(12.1일 이후)
	벼	자연재해・조수해・화재 (특약)병충해(흰잎마름병・줄무늬잎마름병・벼멸구・도열병・깨씨무늬병・먹노린재・세균성벼알마름병)
	밀, 고구마, 옥수수, 콩, 차, 오디, 밤, 대추, 오미자, 양파	자연재해・조수해・화재
	감자	자연재해・조수해・화재・병충해
	마늘 (특약) 조기보장특약	자연재해・조수해・화재
	배추, 무, 파, 호박, 당근, 시금치, 메밀, 팥, 보리	자연재해・조수해・화재
	양배추	자연재해・조수해・화재
	호두 (특약) 조수해부보장	자연재해・조수해・화재
	브로콜리	자연재해・조수해・화재
	고추	자연재해・조수해・화재・병충해
	해가림시설(인삼)	자연재해・조수해・화재
	농업용시설물 (특약)재조달가액, 버섯재배사, 부대시설	자연재해・조수해 (특약)화재, 화재대물배상책임, 수해부보장
	비가림시설 (포도, 대추, 참다래)	자연재해・조수해　　(특약) 화재
	시설작물, 버섯작물	자연재해・조수해 (특약)화재, 화재대물배상책임

(2) 보장유형 (자기부담금)

유 형		보장내용
수확량 감소보장	대상	• 사과·배 등 과수작물, 벼·밀 등 식량작물, 마늘·감자 등 밭작물의 경우
	보장 방법	• 평년 수준의 가입수확량과 가입가격을 기준으로 하여 보험가입금액을 산출하고 이를 기준으로 보장 유형을 설정 • 현재 농작물재해보험의 보장 유형은 60%~90% 사이에서 품목에 따라 다양
생산비 보장	대상	• 고추·브로콜리·시설작물 등
	보장 방법	• 브로콜리, 고추의 경우 보험금 산정 시 잔존보험 가입금액의 3% 또는 5%를 자기부담금으로 차감 • 시설작물의 경우 손해액 10만원까지는 계약자 본인이 부담하고 손해액이 10만원을 초과하는 경우 손해액 전액을 보상 • 화재손해인 경우 금액과 관계없이 자기부담금을 미적용
시설의 원상복구 보장	대상	• 농업시설
	보장 방법	• 시설의 종류에 따라 최소 10만원에서 100만원까지 한도 내에서 손해액의 10%를 자기부담금으로 적용 • **해가림시설을 제외**한 농업용 시설물과 비가림시설 보험의 화재특약의 경우 화재로 인한 손해 발생시 자기부담금을 미적용

▶ 제8회 기출문제

농작물재해보험대상 밭작물 품목 중 자기부담금이 잔존보험 가입금액의 3% 또는 5%인 품목 2가지를 쓰시오. (5점)

답

정답 고추, 브로콜리

농작물재해보험 및 가축재해보험의 이론과 실무

<보험 대상 품목별 보장 수준>

구분	품목	보장 수준(보험가입금액의 %)				
		60	70	80	85	90
적과전 종합위험	사과, 배, 단감, 떫은감	O	O	O	O	O
수확전 종합위험	무화과	O	O	O	O	O
	복분자	O	O	O	O	O
특정위험	인삼	O	O	O	O	O
종합위험	참다래, 매실, 자두	O	O	O	O	O
	포도	O	O	O	O	O
	유자, 살구	O	O	O	–	–
	복숭아	O	O	O	O	O
	감귤	O	O	O	O	O
	벼	O	O	O	O	O
	밀, 고구마, 옥수수, 콩, 차, 오디, 밤, 대추, 오미자, 양파	O	O	O	O	O
	감자, 마늘	O	O	O	O	O
	배추, 무, 파, 단호박, 당근, 시금치, 메밀, 팥, 보리	O	O	O	–	–
	양배추	O	O	O	O	–
	호두	O	O	O	–	–
	브로콜리, 고추	(자기부담금) 잔존보험가입금액의 3% 또는 5%				
	해가림시설 (인삼)	(자기부담금) 최소 10만원에서 최대 100만원 한도 내에서 손해액의 10%를 적용				
	농업용 시설물 · 버섯재배사 및 부대시설 & 비가림시설 (포도, 대추, 참다래)	(자기부담금) 최소 30만원에서 최대 100만원 한도 내에서 손해액의 10%를 적용 (단, 피복재 단독사고는 최소 10만 원에서 최대 30만 원 한도 내에서 손해액의 10%를 적용하고, 화재로 인한 손해는 자기부담금을 적용하지 않음)				
	시설작물 & 버섯작물	손해액이 10만 원을 초과하는 경우 손해액 전액 보상 (단, 화재로 인한 손해는 자기부담금을 적용하지 않음)				

※ (자기부담금) 보장형 별 보험가입금액의 40%, 30%, 20%, 15%, 10% 해당액은 자기부담금으로서 보험계약 시 계약자가 선택하며, 자기부담금 이하의 손해는 계약자 또는 피보험자가 부담하기 때문에 보험금을 지급하지 않음
※ 보장에 대한 구체적인 사항은 농작물재해보험 약관에 따름

3. 품목별 보험 가입단위 및 판매 기간

(1) 품목별 보험 가입단위

구 분	가입단위
농작물	• 필지에 관계없이 논두렁 등으로 경계구분이 가능한 농지별로 가입한다. • 농지는 필지에 관계없이 실제 경작하는 단위이므로 동일인의 한 덩어리 농지가 여러 필지로 나누어져 있더라도 하나의 농지로 취급한다. • 다만, 읍면동을 달리하는 농지를 가입하는 경우 등 예외 사항은 사업관리기관(농업정책보험금융원)과 사업시행기관(재해보험사업자)이 별도 협의한 기준을 적용할 수 있다.
농업용시설물· 시설작물, 버섯재배사· 버섯작물	• 하우스 1단지 단위로 가입 가능 (단지 내 인수제한 목적물 및 타인이 소유하고 경작하는 목적물은 제외) • 단지란 도로, 둑방, 제방 등으로 경계가 명확히 구분되는 경지 내에 위치한 시설물을 말한다. • 농업용 시설물은 가입자격 규모 미만의 단지의 경우 인접한 단지의 면적을 합하여 가입자격 규모 이상이 되는 경우 하나의 단지로 취급할 수 있다.

〈농작물재해보험 대상 품목 및 가입자격〉(2022년 기준)

품목명	가입자격
사과, 배, 단감, 떫은감, 감귤, 포도, 복숭아, 자두, 살구, 매실, 참다래, 대추, 유자, 무화과, 밤, 호두, 마늘, 양파, 감자, 고구마, 고추, 양배추, 브로콜리, 오미자, 복분자, 오디, 인삼	농지의 보험가입금액 (생산액 또는 생산비) 200만원 이상
옥수수, 콩, 팥, 배추, 무, 파, 단호박, 당근, 시금치(노지)	농지의 보험가입금액 (생산액 또는 생산비) 100만원 이상
벼, 밀, 보리, 메밀	농지의 보험가입금액 (생산액 또는 생산비) 50만원 이상
농업용 시설물 및 시설작물 버섯재배사 및 버섯작물	단지 면적이 $300m^2$ 이상
차(茶), 조사료용 벼, 사료용 옥수수	농지의 면적이 $1,000m^2$ 이상

(2) 보험 판매 기간
① 농작물재해보험 판매 기간은 농작물의 특성에 따라 타 손해보험과 다르게 판매 기간을 정하고 있으며, 작물의 생육시기와 연계하여 판매한다.
② 농업용 시설물 및 시설작물과 버섯재배사 및 버섯작물은 2월에서 11월, 과수는 11월부터 익년 6월, 일반작물 등은 4월에서 10월 등 작물별로 판매기간이 다르다.

품목	판매기간
사과, 배, 단감, 떫은감	1~3월
농업용시설물 및 시설작물(수박, 딸기, 오이, 토마토, 참외, 풋고추, 호박, 국화, 장미, 파프리카, 멜론, 상추, 부추, 시금치, 배추, 가지, 파, 무, 백합, 카네이션, 미나리, 쑥갓)	2~12월
버섯재배사 및 버섯작물(양송이, 새송이, 표고, 느타리)	2~12월
밤, 대추, 감귤, 고추, 호두	4~5월
고구마, 옥수수, 사료용 옥수수	4~6월
단호박	5월
감자	(봄재배) 4~5월, (고랭지재배) 5~6월, (가을재배) 8~9월
배추	(고랭지) 4~6월, (가을) 8~9월, (월동) 9~10월
무	(고랭지) 4~6월, (월동) 8~10월
파	(대파) 4~6월, (쪽파) 8~10월
벼, 조사료용 벼	4~6월
참다래, 콩, 팥	6~7월
인삼	4~5월, 10~11월
당근	7~8월
양배추, 메밀	8~9월
브로콜리	8~10월
마늘	(난지형 남도종) 9~10월, (난지형) 10월, (한지형, 홍산) 10~11월
차, 양파, 시금치(노지)	10~11월
밀, 보리	10~12월
포도, 유자, 자두, 매실, 복숭아, 오디, 복분자, 오미자, 무화과, 살구	11~12월

※ 판매기간은 월 단위로 기재하였으나, 구체적인 일단위 일정은 ① 농업정책보험금융원이 보험판매전 지자체에 별도 통보하며 ② 보험사업자는 보험판매전 홈페이지 및 보험대리점(지역 농협) 등을 통해 대농업인 홍보 실시 ③ 판매기간은 변동가능성 있음
※ 판매 기간 및 사업지역 변경 시 농업정책보험금융원은 지자체로 별도 통보, 보험사업자는 홈페이지 및 보험대리점(지역 농협)을 통해 홍보
※ 태풍 등 기상상황에 따라 판매 기간 중 일시 판매 중지될 수 있음

4. 농작물재해보험 가입 및 보험료 납부
(1) 재해보험 가입
　① 가입절차
　　㉠ 보험가입안내(지역 대리점 등) → 가입신청(계약자) → 현지확인(농지원장 작성 등)　→ 청약서 작성 및 보험료 수납(보험가입금액 및 보험료 산정) → 보험증권 발급
　　㉡ 재해보험사업자(NH농협손해보험)와 판매 위탁계약을 체결한 지역 대리점(지역농협 및 품목농협) 등에서 보험 모집 및 판매를 담당한다.
(2) 보험료 납입방법
　① 납입주기 : 보험가입시 일시납(1회 납)을 원칙
　② 납입 수단
　　㉠ 현금
　　㉡ 즉시이체
　　㉢ 신용카드납입 (할부 납부가 가능)
　③ 보험료 납입
　　㉠ 보험계약 인수와 연계되어 시행되며, 계약 인수에 이상이 없을 경우에는 보험료 납부가 가능하다.
　　㉡ 인수심사 중에는 사전수납 할 수 없다.

5. 보험료율 적용, 할인·할증 및 보험기간, 보험 가입금액 산출
(1) 보험료율 적용
　① 보험료율은 주계약별, 특약별로 지역(시·군)별로 자연재해의 특성을 반영하여 산정된다. 자연재해가 많은 지역은 보험료율이 높고 반대의 경우는 낮다.
　　즉, 지역별 자연재해의 정도에 따라 시·군·구별로 보험료가 다르다.
　② 보험료율을 산출하는 지역단위는 시·군·구 또는 광역시·도이나, 2022년부터 사과, 배 품목을 대상으로 통계신뢰도를 일정수준 충족하는 읍·면·동의 경우 시범적으로 보험료율 산출 단위 세분화(시·군·구 → 읍·면·동)를 추진한다.
(2) 보험료 할인·할증 적용
　① 보험료의 할인·할증의 종류는 품목별로 다르며, 품목별 재해보험 요율서에 따라 적용된다.
　② 보험료 할인·할증 종류 : 과거 손해율 및 가입연수에 따른 할인·할증, 방재시설별 할인 등

〈 손해율 및 가입연수에 따른 할인 · 할증률 〉

손해율	평가기간				
	1년	2년	3년	4년	5년
30%미만	-8%	-13%	-18%	-25%	-30%
30%이상 60%미만	-5%	-8%	-13%	-18%	-25%
60%이상 80%미만	-4%	-5%	-8%	-13%	-18%
80%이상 120%미만	-	-	-	-	-
120%이상 150%미만	3%	5%	7%	8%	13%
150%이상 200%미만	5%	7%	8%	13%	17%
200%이상 300%미만	7%	8%	13%	17%	25%
300%이상 400%미만	8%	13%	17%	25%	33%
400%이상 500%미만	13%	17%	25%	33%	42%
500%이상	17%	25%	33%	42%	50%

※ 손해율 = 최근 5개년 보험금 합계 ÷ 최근 5개년 순보험료 합계

〈 방재시설 할인율 (단위 %) 〉

구분	밭작물								
방재시설	인삼	고추	브로콜리	양파	마늘	옥수수	감자	콩	양배추
방조망	-	-	5	-	-	-	-	-	5
전기시설물 (전기철책, 전기울타리 등)	-	-	5	-	-	5	-	5	5
관수시설 (스프링쿨러 등)	5	5	5	5	5	-	5	5	5
경음기	-	-	5	-	-	-	-	-	5
배수시설 (암거배수시설, 배수개선사업)	-	-	-	-	-	-	-	5	-

※ 옥수수 : 사료용 옥수수 포함
※ 감자 : 봄재배, 가을재배만 해당(고랭지재배는 제외)
※ 콩 배수시설 할인율 : 논콩의 경우에만 해당

구분		적과전 종합위험방식Ⅱ			과 수								
방재시설		사과	배	단감 떫은감	포도	복숭아	자두	살구	참다래	대추	매실	유자	감귤	하우스 감귤
지주 시설	개별지주	7	−	5	−	−	−	−	−	−	−	−	−	−
	트렐리스방식 (2선식)	7	−	−	−	−	−	−	−	−	−	−	−	−
	트렐리스방식 (4·6선식)	7	−	−	−	−	−	−	−	−	−	−	−	−
	지주	−	−	−	10	−	−	−	−	−	−	−	−	−
	Y형	−	−	−	15	5	−	−	−	−	−	−	−	−
방풍림		5	5	5	5	5	−	−	5	−	−	5	−	−
방풍망	측면전부설치	10	10	5	5	10	−	−	10	−	−	5	10	기본 할인
	측면일부설치	5	5	3	3	5	−	−	5	−	−	3	3	−
방충망		20	20	15	15	20	−	−	−	−	−	−	15	추가 할인
방조망		5	5	5	5	5	−	−	5	−	−	−	5	기본 할인
방상팬		20	20	20	10	10	15	15	10	−	15	−	20	추가 할인
서리방지용 미세살수장치		20	20	20	10	10	15	15	10	−	15	−	20	추가 할인
덕 또는 Y자형 시설		−	7	−	−	−	−	−	−	−	−	−	−	−
비가림시설		−	−	−	10	−	10	−	−	10	−	−	−	−
비가림 바람막이		−	−	−	−	−	−	−	30	−	−	−	−	−
바닥멀칭		−	−	−	5	−	−	−	−	−	−	−	−	−
타이벡 멀칭	전부설치	−	−	−	−	−	−	−	−	−	−	−	5	추가 할인
	일부설치	−	−	−	−	−	−	−	−	−	−	−	3	추가 할인

※ 2개 이상의 방재지설이 있는 경우 합산하여 적용하되 최대 할인율은 30%를 초과할 수 없음
※ 방조망, 방충망은 과수원의 위와 측면 전체를 덮도록 설치되어야 함
※ 농업수입보장 상품(양파, 마늘, 감자-가을재배, 콩, 양배추, 포도)도 할인율 동일
※ 하우스 감귤(온주밀감류)의 경우 방재시설 할인 적용 기준은 아래와 같음
   ① 추가할인 : 현장 조사 시 실제 설치 여부 확인 후 추가할인 적용(최대 20%)
   ② 추가할인 적용 시 반드시 설치 여부를 확인하여야 함
※ 하우스 감귤(만감류)의 경우 방풍망과 방조망 설치에 따른 기본할인 미적용
※ 하우스 감귤 방재시설 할인 적용 시, 과수원의 일부가 하우스 감귤인 경우 방재시설 할인 불가
※ 감귤 품목의 방재시설 할인 중 방상팬, 서리방지용 미세살수장치는 동상해 특약 가입시에만 적용 가능

〈방재시설 판정기준〉

방재시설	판 정 기 준
방상팬	• 방상팬은 팬 부분과 기둥 부분으로 나뉘어짐 • 팬 부분의 날개 회전은 원심식으로 모터의 힘에 의해 돌아가며 좌우 180도 회전 가능하며 팬의 크기는 면적에 따라 조정 • 기둥 부분은 높이 6m 이상 • 1,000㎡당 1마력은 3대, 3마력은 1대 이상 설치 권장 (단, 작동이 안 될 경우 할인 불가)
서리방지용 미세살수장치	• 서리피해를 방지하기 위해 설치된 살수량 500~800 L/10a의 미세살수장치 * 점적관수 등 급수용 스프링클러는 포함되지 않음
방풍림	• 높이가 6미터 이상의 영년생 침엽수와 상록활엽수가 5미터 이하의 간격으로 과수원 둘레 전체에 식재되어 과수원의 바람 피해를 줄일 수 있는 나무
방풍망	• 망구멍 가로 및 세로가 6~10㎜의 망목네트를 과수원 둘레 전체나 둘레 일부 (1면 이상 또는 전체둘레의 20% 이상)에 설치
방충망	• 망구멍이 가로 및 세로가 6㎜ 이하 망목네트로 과수원 전체를 피복
방조망	• 망구멍의 가로 및 세로가 10㎜를 초과하고 새의 입출이 불가능한 그물 • 주 지주대와 보조 지주대를 설치하여 과수원 전체를 피복
비가림 바람막이	• 비에 대한 피해를 방지하기 위하여 윗면 전체를 비닐로 덮어 과수가 빗물에 노출이 되지 않도록 하고 바람에 대한 피해를 방지하기 위하여 측면 전체를 비닐 및 망 등을 설치한 것

트렐리스
2,4,6선식
	• 트렐리스 방식 : 수열 내에 지주를 일정한 간격으로 세우고 철선을 늘려 나무를 고정해 주는 방식
	• 나무를 유인할 수 있는 재료로 철재 파이프(강관)와 콘크리트를 의미함
	• 지주의 규격 : 갓지주 → 48~80㎜ ~ 2.2~3.0m
	              중간지주 → 42~50㎜ ~ 2.2~3.0m
	• 지주시설로 세선(2선, 4선 6선) 숫자로 선식 구분
	  * 버팀목과는 다름

사과 개별지주	• 나무주간부 곁에 파이프나 콘크리트 기둥을 세워 나무를 개별적으로 고정시키기 위한 시설 * 버팀목과는 다름
단감·떫은감 개별지주	• 나무주간부 곁에 파이프를 세우고 파이프 상단에 연결된 줄을 이용해 가지를 잡아주는 시설 * 버팀목과는 다름
덕 및 Y자형 시설	• 덕 : 파이프, 와이어, 강선을 이용한 바둑판식 덕시설 • Y자형 시설 : 아연도 구조관 및 강선 이용 지주설치

(3) 보험료의 산정

과수 4종	과실손해보장 보통약관(주계약) 적용보험료	보통약관 가입금액 × 지역별 보통약관 영업요율 × (1－부보장 및 한정보장 특별약관 할인율) × (1+손해율에 따른 할인·할증률) × (1－방재시설할인율)
	나무손해보장 특별약관 적용보험료	특별약관 가입금액× 지역별 특별약관 영업요율 × (1+손해율에 따른 할인·할증률)
벼	수확감소보장 보통약관(주계약) 적용보험료	주계약 보험가입금액 × 지역별 기본 영업요율 × (1+손해율에 따른 할인·할증률) × (1+친환경 재배 시 할증률) × (1+직파재배 농지 할증률)
	병해충보장 특별약관 적용보험료	특별약관 보험가입금액 × 지역별 기본 영업요율 × (1+손해율에 따른 할인·할증률) × (1+친환경 재배 시 할증률) × (1+직파재배 농지 할증률)

(4) 보험가입금액 산출

구 분	보험가입금액 산출 (천원단위 미만절사)
원 칙	• 보험가입금액 = 가입수확량 × 가입(표준)가격
수확량 감소보장	• 보험가입금액 = 가입수확량 × 가입가격 ※ 가입수확량 : 평년수확량의 일정 범위(50~100%) 내에서 보험계약자가 결정 ※ 가입가격 : 보험에 가입할 때 결정한 보험의 목적물(농작물)의 kg당 평균가격(나무손해보장 특별약관의 경우에는 보험에 가입한 나무의 1주당 가격)으로 과실의 경우 한 과수원에 다수의 품종이 혼식된 경우에도 품종과 관계없이 동일하게 적용한다.
벼	• 보험가입금액 = 가입수확량(kg) × 표준(가입)가격(원/kg) ※ 벼의 표준가격은 보험 가입연도 직전 5개년의 시·군별 농협 RPC 계약재배 수매가 최근 5년 평균 값에 민간 RPC 지수를 반영하여 산출한다.
버 섯 (표고, 느타리, 새송이, 양송이)	• 하우스 단지별 연간 재배 예정인 버섯 중 생산비가 가장 높은 버섯 가액의 50%~100% 범위 내에서 보험가입자(계약자)가 10% 단위로 가입금액을 결정한다.
농업용 시설물	• 보험가입금액은 단지 내 하우스 1동 단위로 설정하며, 산정된 재조달 기준가액의 90%~130%(10% 단위) 범위 내에서 결정한다. • 단, 기준금액 산정이 불가능한 콘크리트, 경량 철골조, 비규격 하우스 등은 계약자의 고지사항 및 관련 서류를 기초로 보험가액을 추정하여 보험가입금액을 결정한다.
인 삼	• 보험가입금액 = 연근별 (보상)가액 × 재배면적(m^2) ※ 인삼의 가액은 농협 통계 및 농촌진흥청의 자료를 기초로 연근별로 투입 되는 누적 생산비를 고려하여 연근별로 차등 설정한다.
인삼 해가림시설	• 보험가입금액 = 제조달가액 × (100% － 감가상각율)

농작물재해보험 및 가축재해보험 이론과 실무

6. 손해평가

① 재해보험사업자는 농어업재해보험법 제11조 및 농림축산식품부장관이 정하여 고시하는 「농어업재해보험 손해평가요령」에 따라 손해평가를 실시하여야 하며, 손해평가 시 고의로 진실을 숨기거나 허위로 손해평가를 해서는 안 된다.

② 손해평가에 참여하고자 하는 손해평가사는 농업정책보험금융원에게, 손해평가인은 재해보험사업자에게 정기적으로 교육을 받아야 한다.

- 손해평가사 : 1회 이상 실무교육 및 3년 마다 1회 이상 보수교육 이수하여야 한다.
- 손해평가인 및 손해사정사, 손해사정사 보조인 : 연 1회 이상 정기교육을 필수적으로 받아야 하며, 필수 교육을 이수하지 않았을 경우에는 손해평가를 할 수 없다.

> **더 알아보기** — 농업재해보험 손해평가사 제도
>
> 1. 손해평가란 보험 대상 목적물에 피해가 발생한 경우, 그 피해 사실을 확인하고 평가하는 일련의 과정을 의미
>   - 손해평가는 손해평가인, 손해평가사, 손해사정사가 수행하도록 정하고 있음
> 2. 자격시험 실시
>   - 제1차 : 상법 보험편, 농어업재해보험법령, 농학 개론 중 재배학 및 원예작물학
>   - 제2차 : 농작물재해보험 및 가축재해보험 이론과 실무, 농작물재해보험 및 가축재해 보험 손해평가의 이론과 실무
> 3. 손해평가사의 업무
>   ① 피해사실 확인 ② 보험가액 및 손해액 평가 ③ 그 밖에 손해평가에 필요한 사항
> 4. 교육
>   재보험사업 및 농업재해보험사업의 운영 등에 관한 규정에 따라 실무교육(자격 취득 후 1회) 및 보수교육(자격 취득 후 3년마다 1회 이상) 의무 이수토록 규정

7. 재보험

① 농작물재해보험사업의 일정 부분은 정부가 국가재보험으로 인수하며, 재해보험사업자는 국가(농업정책보험금융원)와 재보험에 관하여 별도의 약정을 체결한다.

② 재해보험사업자가 보유한 부분의 손해는 재해보험사업자가 자체적으로 민영보험사와 재보험약정 체결을 통해 재보험 출재할 수 있다. 재해보험사업자가 민영보험사에 재보험으로 출재할 경우에는 출재방식, 금액, 비율 등 실적 내용을 농업정책보험금융원에 제출하여야 한다.

▶ 제8회 기출문제

농작물재해보험 '벼'에 관한 내용이다. 다음 물음에 답하시오. (단, 보통약관과 특별약관 보험가입금액은 동일하며, 병해충 특약에 가입되어 있음) (15점)

○ 계약사항 등
- 보험가입일 : 2022년 5월 22일
- 품목 : 벼
- 재배방식 : 친환경 직파 재배
- 가입수확량 : 4,500 kg
- 보통약관 기본 영업요율: 12 %
- 특별약관 기본 영업요율 : 5 %
- 손해율에 따른 할인율 : -13 %
- 직파재배 농지 할증률 : 10 %
- 친환경 재배 시 할증률 : 8 %

○ 조사내용
- 민간 RPC(양곡처리장) 지수 : 1.2
- 농협 RPC 계약재배 수매가(원/kg)

연 도	수매가	연 도	수매가	연 도	수매가
2016	1,300	2018	1,600	2020	2,000
2017	1,400	2019	1,800	2021	2,200

※ 계산 시 민간 RPC 지수는 농협 RPC 계약재배 수매가에 곱하여 산출할 것

물음 1) 보험가입금액의 계산과정과 값을 쓰시오. (5점)

답

정답 보험가입금액 = 가입수확량(kg 단위) × 가입(표준)가격(원/kg)
  = 4,500kg × 2,160원 = 9,720,000원
표준가격 = 보험가입연도 직전 5개년의 시·군별 농협 RPC계약재배 수매가최근 5년평균
  값× 민간RPC지수 = 1,800원 × 1.2 = 2,160원
보험가입연도(2022년)직전 5개년의 시·군별 농협 RPC계약재배 수매가 최근 5년평균값
= (1,400원 + 1,600원 + 1,800원 + 2,000원 + 2,200원) ÷ 5 = 1,800원

물음 2) 수확감소보장 보통약관(주계약)적용보험료의 계산과정과 값을 쓰시오.
(천원단위 미만 절사) (5점)

정답 보험료 = 주계약 보험가입금액 × 지역별기본영업요율 × (1+손해율에 따른 할인·할증률) × (1+친환경재배시할증률) × (1+직파재배농지할증률)
= 9,720,000원 × 12% × (1-13%) × (1+8%) × (1+10%)
= 1205544.384원 = 1,205,000원(천원단위미만 절사)

물음 3) 병해충보장 특별약관 적용보험료의 계산과정과 값을 쓰시오. (천원단위미만 절사) (5점)

정답 보험료 = 특별약관보험가입금액 × 지역별기본영업요율 × (1+손해율에 따른 할인·할증률)×(1+친환경재배시할증률) × (1+직파재배농지할증률)
= 9,720,000원 × 5% × (1-13%) × (1+8%) × (1+10%)
= 502,310.16 = 502,000원

8. 정부의 지원

① 정부는 농업인의 경제적 부담을 줄이고 농작물재해보험 사업의 원활한 추진을 위하여 농작물재해보험에 가입한 계약자의 납입 순보험료의 50%를 지원한다.

② 다만, 아래 품목은 보장수준별로 35 ~ 60% 차등 보조

구 분	품 목	보장수준 (%)				
		60	70	80	85	90
국고 보조율(%)	사과・배・단감・떫은감	60	60	50	38	35
	벼	60	55	50	46	44

③ 농업인 또는 농업법인이 보험료 지원을 받으려고 할 경우 『농어업경영체 육성 및 지원에 관한 법률』에 따라 농업경영체 등록을 하여야 한다.
 - 경영체 미등록 농업인, 농업법인의 경우 농업경영체 등록 후 보험가입을 진행

④ 재해보험사업자 운영비는 국고에서 100% 지원한다.
 운영비는 재해보험사업자가 농작물재해보험사업 운용에 소요되는 일반관리비, 영업비, 모집수수료 등을 말한다.

9. 기관별 역할

(1) 농림축산식품부

① 농작물재해보험 세부사업 기본계획(사업대상, 지원조건, 보조율, 사업기간 등)을 확정하여 농업정책보험금융원 및 재해보험사업자에 시달하고, 농업정책보험금융원에서 보고한 상품개선안에 대해 검토하고 자문한다.

② 재해보험사업자에게는 농작물재해보험에 필요한 정책자금을 농업정책보험금융원의 검토를 거쳐 배정한다.

(2) 농업정책보험금융원

① 재해보험사업자 및 지역대리점에 대한 사업점검, 상품 및 제도개선연구・개선, 재해보험 홍보 등 사업관리계획을 수립하고, 재해보험사업자와 사업약정체결을 한다.

② 보험상품 및 손해평가 방법에 대해 현장의견・자체검토 및 연구하여 보험상품 및 제도개선 사항 등을 검토하고, 품목별 상품개선안, 보험요율 등 품목별 상품개선안을 재해보험사업자에 통보하여 시행한다.

③ 재해보험사업자 및 대리점에 대한 사업점검, 상품개선, 농업인・지자체에 제도홍보 및 손해평가사 교육 등을 추진한다.

④ 재해보험사업자, 지역 대리점 및 계약자를 대상으로 부당 위법 여부에 대한 사실관계를 현장 조사하여 해당 기관의 징계, 계약자의 계약 취소 등을 재해보험사업자에게 요구할 수 있다.

(3) 재해보험사업자

① 보험가입 촉진계획, 보험상품 개선·개발 계획, 재해보험 교육·홍보 등 세부 시행계획을 수립 한다.

② 농업인들의 현장 의견을 적극 수렴하여 상품 개발하고, 객관적인 통계를 활용하여 보험료율을 산출한다.

③ 농작물재해보험 사업을 추진하고, 재해 발생시 신속한 손해평가 실시, 보험사고 접수현황과 지급보험금 등을 조사 및 지급한다. 또한 농업인·지자체에 대한 보험 상품 내용 교육 및 홍보를 실시하며, 지역 대리점 및 농축협 등 판매직원, 손해평가인에 대한 보험 상품 내용 교육 및 홍보를 실시한다.

④ 판매위탁 계약을 체결한 지역 대리점 등이 농작물재해보험 사업 세부 시행계획 등을 준수하여 사업 집행이 적정하게 수행되고 있는지를 확인한다.

⑤ 재해보험사업자는 판매위탁 계약을 체결한 지역 대리점 및 계약자 등에 다음의 부당사유가 확인되었을 경우 당해 보조금을 회수 조치한다.

　㉠ 보조금을 목적 외로 사용한 때
　㉡ 허위 또는 가공 보험계약을 체결하여 보조금을 집행할 때
　㉢ 관련 법령을 위반한 때
　㉣ 기타 약정사항 미이행 등

⑥ 재해보험사업자는 보험사기와 관련된 계약자 및 보험목적물에 대하여는 보험가입 제한 등을 할 수 있으며, 손해평가반의 부당·부실 손해평가를 확인하였을 때에는 다른 손해평가반에게 재조사를 실시하게 할 수 있다.

03 농작물 재해보험 추진 절차

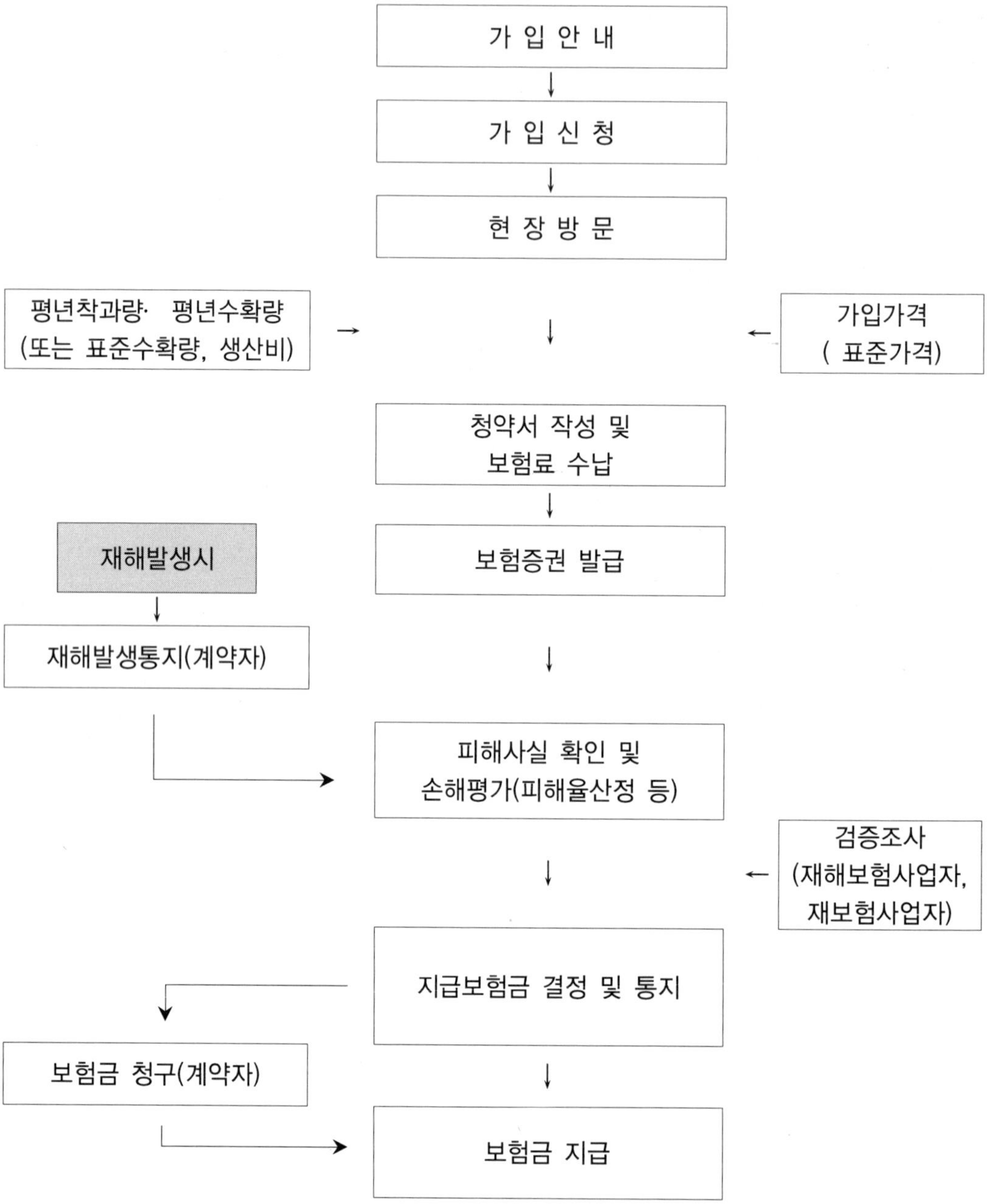

```
                    ┌─────────────┐
                    │  가 입 안 내  │
                    └──────┬──────┘
                           ↓
                    ┌─────────────┐
                    │  가 입 신 청  │
                    └──────┬──────┘
                           ↓
                    ┌─────────────┐
                    │  현 장 방 문  │
                    └──────┬──────┘
  ┌──────────────────┐     │      ┌──────────────┐
  │ 평년착과량· 평년수확량 │ →   ↓   ← │   가입가격    │
  │(또는 표준수확량, 생산비)│        │  ( 표준가격)  │
  └──────────────────┘           └──────────────┘
                    ┌─────────────┐
                    │ 청약서 작성 및 │
                    │  보험료 수납   │
                    └──────┬──────┘
                           ↓
  ┌──────────┐      ┌─────────────┐
  │ 재해발생시  │      │ 보험증권 발급 │
  └─────┬────┘      └──────┬──────┘
        ↓                  │
  ┌──────────────┐         ↓
  │재해발생통지(계약자)│
  └──────┬───────┘
         │          ┌─────────────┐
         └────────→ │ 피해사실 확인 및│
                    │손해평가(피해율산정 등)│
                    └──────┬──────┘       ┌──────────────┐
                           │           ←  │   검증조사    │
                           ↓              │ (재해보험사업자,│
                                          │  재보험사업자)  │
                    ┌─────────────┐      └──────────────┘
                    │지급보험금 결정 및 통지│
                    └──────┬──────┘
   ┌──────────────┐        │
   │ 보험금 청구(계약자)│      ↓
   └──────┬───────┘  ┌─────────────┐
          └────────→ │   보험금 지급  │
                    └─────────────┘
```

농작물재해보험 및 가축재해보험 이론과 실무

제02절 농작물재해보험 상품 내용

01 과수작물

1. 적과전 종합위험방식Ⅱ 상품(과수 4종 : 사과, 배, 단감, 떫은감)

적과전 종합위험 보장방식이란 보험의 목적에 대해 보험기간 개시일 부터 통상적인 적과를 끝내는 시점까지는 자연재해, 조수해, 화재에 해당하는 종합적인 위험을 보장받고, 적과 후부터 보험기간 종료일까지는 태풍(강풍), 집중호우, 우박, 화재, 지진, 가을동상해, 일소피해에 해당하는 특정한 위험에 대해서만 보장받는 방식을 말한다.

(1) 보상하는 재해
  ① 적과 종료 이전 종합위험
    ㉠ 자연재해 : 태풍피해, 우박피해, 동상해, 호우피해, 강풍피해, 한해(가뭄피해), 냉해, 조해(潮害), 설해, 폭염, 기타 자연재해

자연재해	의 의
태풍피해	기상청에서 태풍에 대한 기상특보(태풍경보 또는 태풍주의보)를 발령 시 발령 지역의 바람과 비로 인한 피해
우박피해	적란운과 봉우리적운 속에서 성장하는 얼음알갱이나 얼음덩이가 내려 발생하는 피해
동상해	서리 또는 기온의 하강으로 인하여 농작물 등이 얼어서 발생하는 피해
호우피해	평균적인 강우량 이상의 많은 양의 비로 인하여 발생하는 피해
강풍피해	강한 바람 또는 돌풍으로 인하여 발생하는 피해
한해(가뭄)	장기간의 지속적인 강우 부족에 의한 토양 수분 부족으로 인하여 발생하는 피해
냉 해	농작물의 성장 기간 중 작물의 생육에 지장을 초래할 정도의 찬기온으로 인하여 발생하는 피해
조 해	태풍이나 비바람 등의 자연현상으로 인하여 연안지대의 경지에 바닷물이 들어와서 발생하는 피해
설 해	눈으로 인하여 발생하는 피해
폭 염	매우 심한 더위로 인하여 발생하는 피해
기타	상기 자연재해에 준하는 자연현상으로 인하여 발생하는 피해

    ㉡ 조수해 : 새나 짐승으로 인하여 발생하는 손해
    ㉢ 화재 : 화재로 인한 피해
    ※ 단, 적과종료 이전 특정위험 5종 한정 보장 특별약관 가입시 태풍(강풍), 우박, 지진, 화재 집중호우만 보장
    ※ 보상하는 재해로 인하여 손해가 발생한 경우 계약자 또는 피보험자가 지출한 손해방지비용을 추가로 지급한다. 다만, 방제비용, 시설보수비용 등 통상적으로 소요되는 비용은 제외

② 적과 종료 이후 특정위험

특정위험	의 의
태풍 (강풍)	• 기상청에서 태풍에 대한 기상특보(태풍주의보 또는 태풍경보)를 발령한 때 발령지역 바람과 비를 말하며, 최대순간풍속 14m/sec이상의 바람을 포함. • 강풍은 과수원에서 가장 가까운 3개 기상관측소(기상청 설치 또는 기상청이 인증하고 실시간 관측자료를 확인할 수 있는 관측소)에 나타난 측정자료 중 가장 큰 수치의 자료로 판정
우 박	• 적란운과 봉우리적운 속에서 성장하는 얼음알갱이 또는 얼음덩어리가 내리는 현상
집중호우	• 기상청에서 호우에 대한 기상특보(호우주의보 또는 호우경보)를 발령한 때 발령지역의 비 또는 과수원에서 가장 가까운 3개소의 기상관측장비(기상청 설치 또는 기상청이 인증하고 실시간 관측 자료를 확인할 수 있는 관측소)로 측정한 12시간 누적강수량이 80mm 이상인 강우상태
화 재	• 화재로 인하여 발생하는 피해
지 진	• 지구 내부의 급격한 운동으로 지진파가 지표면까지 도달하여 지반이 흔들리는 자연지진을 말한다. • 대한민국 기상청에서 규모 5.0이상의 지진통보를 발표한 때. 지진통보에서 발표된 진앙이 과수원이 위치한 시군 또는 그 시군과 인접한 시군에 위치하는 경우에 피해를 인정
가을 동상해	• 서리 또는 기온의 하강으로 인하여 과실 또는 잎이 얼어서 생기는 피해 • 육안으로 판별 가능한 결빙증상이 지속적으로 남아 있는 경우에 피해를 인정 • 잎 피해는 단감, 떫은감 품목에 한하여 10월 31일까지 발생한 가을동상해로 나무의 전체 잎 중 50%이상이 고사한 경우에 피해를 인정.
일소피해	• 폭염(暴炎)으로 인해 보험의 목적에 일소(日燒)가 발생하여 생긴 피해를 말한다. • 일소는 과실이 태양광에 노출되어 과피 또는 과육이 괴사되어 검게 그을리거나 변색되는 현상을 말한다. • 폭염은 대한민국 기상청에서 폭염특보(폭염주의보 또는 폭염경보)를 발령한 때 과수원에서 가장 가까운 3개소의 기상관측장비(기상청 설치 또는 기상청이 인증하고 실시간 관측 자료를 확인할 수 있는 관측소)로 측정한 낮 최고기온이 연속 2일 이상 33℃이상으로 관측된 경우를 말한다. • 폭염특보가 발령한 때부터 해제 한 날까지 일소가 발생한 보험의 목적에 한하여 보상. 이때 폭염특보는 과수원이 위치한 지역의 폭염특보를 적용

농작물재해보험 및 가축재해보험 이론과 실무

기출뽀개기 ▶ 제4회 기출문제

과실손해보장의 일소피해담보 보통약관에 관한 다음 내용을 각각 서술하시오. [15점]

① 일소피해의 정의
② 일소피해의 담보조건
③ 일소피해담보약관의 적과전종합위험Ⅱ 담보방식의 보험기간

답

정답
① 일소피해의 정의
　폭염으로 인해 보험의 목적에 일소가 발생하여 생긴 피해를 말한다.
　일소는 과실이 태양광에 노출되어 과피 또는 과육이 괴사되어 검게 그을리거나 변색되는 현상을 말한다.
② 일소피해의 담보조건
　폭염은 대한민국 기상청에서 폭염특보(폭염주의보 또는 폭염경보)를 발령한 때 과수원에서 가장 가까운 3개소의 기상관측장비(기상청 설치 또는 기상청이 인증하고 실시간 관측 자료를 확인할 수 있는 관측소)로 측정한 낮 최고기온이 연속 2일 이상 33℃이상으로 관측된 경우를 말하며, 폭염특보가 발령한 때부터 해제 한 날까지 일소가 발생한 보험의 목적에 한하여 보상한다. 이때 폭염특보는 과수원이 위치한 지역의 폭염특보를 적용한다.
③ 적과전종합위험Ⅱ방식의 보험기간 : 적과종료 이후 ~ 판매개시 연도 9월 30일

(2) 보상하지 않는 손해

구 분	적과종료 이전	적과종료 이후
공통 사유	1. 계약자, 피보험자 또는 이들의 법정대리인의 고의 또는 중대한 과실로 인한 손해 2. 제초작업, 시비관리 등 통상적인 영농활동을 하지 않아 발생한 손해 3. 원인의 직·간접을 묻지 않고 병해충으로 발생한 손해 4. 보장하지 않는 재해로 제방, 댐 등이 붕괴되어 발생한 손해 5. 보장하는 자연재해로 인하여 발생한 동녹(과실에 발생하는 검은 반점 병) 등 간접손해 6. 보상하는 재해에 해당하지 않은 재해로 발생한 손해 7. 식물방역법 제36조(방제명령 등)에 의거 금지 병해충인 과수 화상병 발생에 의한 폐원으로 인한 손해 및 정부 및 공공기관의 매립으로 발생한 손해 8. 전쟁, 혁명, 내란, 사변, 폭동, 소요, 노동쟁의, 기타 이들과 유사한 사태로 생긴 손해	
차이점	9. 하우스, 부대시설 등의 노후 및 하자로 생긴 손해 10. 계약체결 시점 현재 기상청에서 발령하고 있는 기상특보 발령 지역의 기상특보 관련 재해(태풍, 호우, 홍수, 강풍, 풍랑, 해일, 대설 등)로 인한 손해	9. 수확기에 계약자 또는 피보험자의 고의 또는 중대한 과실로 수확하지 못하여 발생한 손해 10. 최대순간풍속 14m/sec미만의 바람으로 발생한 손해 11. 저장한 과실에서 나타나는 손해 12. 저장성 약화, 과실경도 약화 등 육안으로 판별되지 않는 손해 13. 농업인의 부적절한 잎소지(잎 제거)로 인하여 발생한 손해 14. 병으로 인해 낙엽이 발생하여 태양광에 과실이 노출됨으로써 발생한 손해

기출뽀개기 ▶ 제8회 기출문제

적과전 종합위험방식의 적과종료이후 보상하지 않는 손해에 관한 내용의 일부이다. ( )에 들어갈 내용을 쓰시오. (5점)

○ 제초작업, 시비관리 등 통상적인 (①)을 하지 않아 발생한 손해
○ 최대순간풍속 (②)의 바람으로 발생한 손해
○ 농업인의 부적절한 (③)로 인하여 발생한 손해
○ 병으로 인해 낙엽이 발생하여 (④)에 과실이 노출됨으로써 발생한 손해
○ 식물방역법 제36조(방제명령 등)에 의거 금지 병해충인 과수 (⑤) 발생에 의한 폐원으로 인한 손해 및 정부 및 공공기관의 매립으로 발생한 손해

답

정답 ① 영농활동 ② 14m/sec 미만
③ 잎소지(잎 제거) ④ 태양광 ⑤ 화상병

(3) 보험기간

구분			가입대상 품목	보험기간	
보장	약관	대상재해		보장개시	보장종료
과실손해보장	보통약관	적과종료이전 / 자연재해, 조수해, 화재	사과, 배	계약체결일 24시	적과 종료 시점 다만, Y년 6월 30일을 초과할 수 없음
			단감, 떫은감	계약체결일 24시	적과 종료 시점 다만, Y년 7월 31일을 초과할 수 없음
		적과종료이후 / 태풍(강풍), 우박, 집중호우, 화재, 지진	사과, 배, 단감, 떫은감	적과 종료 이후	Y년 수확기 종료 시점 다만, Y년 11월 30일을 초과할 수 없음
		가을동상해보장	사과, 배	Y년 9월 1일	Y년 수확기 종료 시점 다만, Y년 11월 10일을 초과할 수 없음
			단감, 떫은감	Y년 9월 1일	Y년 수확기 종료 시점 다만, Y년 11월 15일을 초과할 수 없음
		일소피해보장	사과, 배, 단감, 떫은감	적과종료 이후	Y년 9월 30일
나무손해보장	특별약관	자연재해, 조수해, 화재	사과, 배, 단감, 떫은감	Y년 2월 1일. 다만, 2월 1일 이후 보험에 가입하는 경우에는 계약체결일 24시	(Y+1)년 1월 31일

(4) 보험가입금액

보장	보험가입금액
과실손해보장	보험가입금액 = 가입수확량 × 가입가격 (천원 단위 미만 절사) ※ 가입수확량이 기준수확량을 초과하는 경우 그 초과분은 제외되도록 가입수확량을 조정되며 보험가입금액을 감액한다.. ※ 가입가격 : 보험에 가입할 때 결정한 과실의 kg당 평균 가격(나무손해보장 특별약관의 경우에는 보험에 가입한 나무의 1주당 가격)으로 한 과수원에 다수의 품종이 혼식된 경우에도 품종과 관계없이 동일
나무손해보장	보험가입금액 = 가입한 결과주수 × 1주당 가입가격

(5) 보험가입금액의 감액
① 감액사유
㉠ 적과전 사고가 없으나 적과후착과량이 평년착과량보다 적게되는 경우 보험가입금액을 감액한다.
㉡ 나무손해보장특약에서 가입한 결과주수가 과수원 내 실제결과주수를 초과하는 경우에는 보험가입금액을 감액한다.
② 차액보험료의 반환
㉠ 보험가입금액을 감액한 경우에는 아래와 같이 계산한 차액보험료를 반환한다.

> 차액보험료 = (감액분 계약자부담보험료 × 감액미경과비율) - 미납입보험료
> ※ "감액분 계약자부담보험료"는 감액한 가입금액에 해당하는 계약자부담보험료

㉡ 차액보험료는 적과후착과수 조사일이 속한 달의 다음 달 말일 이내에 지급한다.
㉢ 적과후착과수 조사 이후 착과수가 적과후착과수 보다 큰 경우에는 지급한 차액보험료를 다시 정산한다.
㉣ 감액미경과비율

품목	적과종료 이전 특정위험 5종 한정보장 특약에 가입하지 않은 경우		적과종료 이전 특정위험 5종 한정보장 특약에 가입한 경우	
	착과감소보험금 보장 수준 50%형	착과감소보험금 보장 수준 70%형	착과감소보험금 보장 수준 50%형	착과감소보험금 보장 수준 70%형
사과, 배	70%	63%	83%	78%
단감, 떫은감	84%	79%	90%	88%

(6) 보험료
  ① 영업보험료 = 순보험료 + 부가보험료
    ㉠ 순보험료 : 지급보험금의 재원이 되는 보험료
    ㉡ 부가보험료 : 보험회사의 경비등으로 사용되는 보험료
      ※ 정부보조보험료는 순보험료의 50%와 부가보험료의 100%를 지원한다.
        (과수 4종의 국고지원은 순보험료의 35% ~ 60%이며, 가입조건별 차등지원)
      ※ 지자체지원보험료는 지자체별로 지원금액(비율)을 결정한다.
  ② 보험료의 환급
    ㉠ 계약이 무효, 효력상실 또는 해지된 때에는 다음과 같이 보험료를 반환한다.
    ㉡ 다만, 보험기간 중 보험사고가 발생하고 보험금이 지급되어 보험가입금액이 감액된 경우에는 감액된 보험가입금액을 기준으로 환급금을 계산하여 돌려준다.

계약자 또는 피보험자의 책임 없는 사유에 의하는 경우	• 무효의 경우에는 납입한 계약자부담보험료의 전액, • 효력상실 또는 해지의 경우의 '환급보험료' 계산 환급보험료 = 계약자부담보험료 × 미경과비율(별표) ※ 계약자부담보험료는 최종 보험가입금액 기준으로 산출한 보험료 중 계약자가 부담한 금액
계약자 또는 피보험자의 책임 있는 사유에 의하는 경우	• 계산한 해당 월 미경과비율에 따른 환급보험료. ※ 계약자 또는 피보험자의 책임 있는 사유라 함은 다음 각 호를 말한다. (a) 계약자 또는 피보험자가 임의 해지하는 경우 (b) 사기에 의한 계약, 계약의 해지 또는 중대 사유로 인한 해지에 따라 계약을 취소 또는 해지하는 경우 (c) 보험료 미납으로 인한 계약의 효력 상실의 경우
계약자, 피보험자의 고의 또는 중대한 과실로 무효가 된 때	보험료를 반환하지 않는다.

    ㉢ 환급절차
      계약의 무효, 효력상실 또는 해지로 인하여 반환해야 할 보험료가 있을 때에는 계약자는 환급금을 청구하여야 하며, 청구일의 다음 날부터 지급일까지의 기간에 대하여 '보험개발원이 공시하는 보험계약대출이율'을 연단위 복리로 계산한 금액을 더하여 지급한다.

> **더 알아보기** 　환급보험료 예시

적과종료 이전 특정위험 5종 한정보장 특약에 가입하지 않은 경우: 착과감소보험금 보장수준 50%형

구분		품목	판매개시 연도												이듬해
			1월	2월	3월	4월	5월	6월	7월	8월	9월	10월	11월	12월	1월
보통약관		사과·배	100	100	100	86	76	70	54	19	5	0	0	0	0
		단감·떫은감	100	100	99	93	92	90	84	35	12	3	0	0	0
특별약관	나무손해	사과·배·단감·떫은감	100	100	100	99	99	90	70	29	9	3	3	0	0

- 예시기준 : 사과 품목 보험가입 후 8월에 임의해지 한 경우

　환급보험료 = 계약자부담보험료 × 해당 월 미경과비율

구 분	계약자부담보험료	계산식	환급보험료
보통약관	500,000원	500,000원× 19%	95,000원
나무손해보장 특별약관	100,000원	100,000원× 29%	29,000원

> **기출뽀개기** ▶ 제2회 기출문제

농작물재해보험계약이 무효로 되었을 때의 보험료 환급에 관한 설명이다. 괄호 안에 들어갈 내용을 답란에 쓰시오. [5점]

ㄱ. 계약자 또는 피보험자의 책임없는 사유에 의하는 경우에는 계약자가 납입한 보험료를 (㉠) 환급한다.
ㄴ. 계약자 또는 피보험자의 책임있는 사유에 의하는 경우에는 품목별 해당 월(㉡)에 따라 계산된 환급보험료를 지급한다.
ㄷ. 계약자 또는 피보험자의 고의 또는 (㉢)로 무효가 된 경우는 보험료를 반환하지 않는다.
ㄹ. 계약의 무효, 효력상실 또는 해지로 인하여 반환해야 할 보험료가 있을 때에는 계약자는 환급금을 청구하여야 하며, 청구일의 다음 날부터 지급일까지의 기간에 대해 '보험개발원이 공시하는 (㉣)을 연단위 복리로 계산한 금액을 더하여 지급한다.

답 ㉠ _____, ㉡ _____, ㉢ _____, ㉣ _____

정답 ㉠ 전액, ㉡ 미경과비율, ㉢ 중대한 과실 ㉣ 보험계약 대출이율

(7) 보험금

① 지급사유 및 지급금액

보장	보험금 지급사유	지급금액
과실손해보장	보상하는 재해로 인해 발생한 감수량이 자기부담감수량을 초과하는 경우	• 착과감소보험금 = (착과감소량 - 미보상감수량 - 자기부담감수량) × 가입가격 × 보장수준(50% or 70%) • 과실손해보험금 = (적과 종료후 누적감수량 - 자기부담감수량) × 가입가격 ※ 과실손해보험금의 자기부담감수량은 착과감소보험금에서 차감된 만큼 과실손해보험금에 적용된다. ※ 자기부담감수량 = 기준수확량 × 자기부담비율
나무손해보장	보상하는 재해로 인해 발생한 피해율이 자기부담비율을 초과하는 경우	• 보험금 = 보험가입금액 × (피해율 - 자기부담비율) ※ 피해율 = 피해주수(고사된 나무) ÷ 실제 결과주수 ※ 자기부담비율 : 5%

② 착과감소보험금

㉠ 적과종료이전 사고로 '착과감소량'이 '자기부담감수량'을 초과하는 경우

> 보험금 = (착과감소량 - 미보상감수량 - 자기부담감수량) × 가입가격 × (50%, 70%)

- 착과감소량 = 평년착과량 - 적과후착과량
- 미보상감수량
  - 보상하는 재해 이외의 원인으로 감소되었다고 평가되는 부분을 말함
  - 계약 당시 이미 발생한 피해, 병해충으로 인한 피해 및 제초상태 불량 등으로 인한 수확감소량으로서 감수량에서 제외
- 자기부담감수량 = 기준수확량 × 자기부담비율 (계약할 때 계약자가 선택)
- 가입가격은 보험에 가입할 때 결정한 과실의 kg당 평균가격을 말한다. 한 과수원에 다수의 품종이 혼식 된 경우에도 품종과 관계없이 동일하다.
- 착과감소보험금 보장수준 (50%, 70%)은 계약할 때 계약자가 선택한다.
  - 50%형 : 임의선택 가능
  - 70%형 : 최근 3년간 연속 보험가입 과수원으로 누적 적과전 손해율 100% 이하인 경우에만 가능하다.

㉡ 보험금의 지급 한도에 따라 계산된 보험금이 보험가입금액 × (1-자기부담비율)을 초과하는 경우

> 보험금 = 보험가입금액 × (1 - 자기부담비율)

③ 과실손해보험금

적과종료 이후 '누적감수량'이 '자기부담감수량'을 초과하는 경우 지급한다.

> 보험금 = (적과종료 이후 누적감수량 - 자기부담감수량) × 가입가격

- 적과종료 이후 누적감수량은 보장종료 시점까지 산출된 감수량을 누적한 값이다.
- 자기부담감수량 = 기준수확량 × 자기부담비율

착과감소보험금에서 차감된 만큼 과실손해보험금에 적용된다.

④ 나무손해보장 (특약)의 보험금

보상하는 재해로 나무에 발생한 피해율이 자기부담비율을 초과하는 경우 지급한다.

> 보험금 = 보험가입금액 × (피해율 - 자기부담비율(5%))
> ※ 피해율 = 피해주수 (고사된 나무) ÷ 실제결과주수

(8) 자기부담비율

구 분	내 용
과실손해 보장	㉠ 지급보험금을 계산할 때 피해율에서 차감하는 비율로서, 계약할 때 계약자가 선택한 비율(10%, 15%, 20%, 30%, 40%) ㉡ 자기부담비율 적용 기준 <table><tr><th>자기부담비율</th><th>선 택</th></tr><tr><td>10%형</td><td>최근 3년간 연속 보험가입과수원으로서 3년간 수령한 보험금이 순보험료의 100% 이하인 경우에 한하여 선택 가능</td></tr><tr><td>15%형</td><td>최근 2년간 연속 보험가입과수원으로서 2년간 수령한 보험금이 순보험료의 100% 이하인 경우에 한하여 선택 가능.</td></tr><tr><td>20%형, 30%형, 40%형</td><td>제한 없음</td></tr></table>
나무손해 보장	자기부담비율 : 5%

(9) 약관의 종류

구분	약관	내용	
과실손해보장	보통약관 (기본)	적과전	자연재해, 조수해, 화재로 인한 적과종료 전의 착과손해를 보장
		적과후	태풍(강풍), 우박, 집중호우, 화재, 지진, 가을동상해, 일소피해로 인한 적과종료 후의 과실손해를 보장
	적과종료이전 특정위험 5종 한정보장 특약	보상하는 재해에도 불구하고 적과 종료 이전에는 보험의 목적이 태풍(강풍), 우박, 집중호우, 화재, 지진으로 입은 손해만을 보상한다.	
	적과종료이후 가을동상해 부보장 특약	보상하는 재해에도 불구하고 적과 종료 이후 가을동상해로 인해 입은 손해는 보상하지 않는다.	
	적과종료이후 일소피해 부보장 특약	보상하는 재해에도 불구하고 적과 종료 이후 일소피해로 인해 입은 손해는 보상하지 않는다.	
나무손해보장	나무손해보장 특약	적과종료이전과 같은 보상하는 재해(종합위험)으로 보험의 목적인 나무에 피해를 입은 경우 보상한다 단, 아래의 사유로 인한 손해는 보상하지 않는다. 〈 나무손해보장특약의 보상하지 않는 손해 〉 - 계약자, 피보험자 또는 이들의 법정대리인의 고의 또는 중대한 과실로 인한 손해 - 제초작업, 시비관리 등 통상적인 영농활동을 하지 않아 발생한 손해 - 보상하지 않는 재해로 제방, 댐 등이 붕괴되어 발생한 손해 - 피해를 입었으나 회생 가능한 나무 손해 - 토양관리 및 재배기술의 잘못된 적용으로 인해 생기는 나무 손해 - 병충해 등 간접손해에 의해 생긴 나무 손해 - 하우스, 부대시설 등의 노후 및 하자로 생긴 손해 - 계약체결 시점 현재 기상청에서 발령하고 있는 기상특보 발령 지역의 기상특보 관련 재해로 인한 손해 - 보상하는 재해에 해당하지 않은 재해로 발생한 손해 - 전쟁, 혁명, 내란, 사변, 폭동, 소요, 노동쟁의, 기타 이들과 유사한 사태로 생긴 손해 ※ 시비관리 : 수확량 또는 품질을 높이기 위해 비료성분을 토양 중에 공급하는 것을 말한다. ※ 기상 특보 관련 재해 : 태풍, 호우, 홍수, 강풍, 풍랑, 해일, 대설, 폭염 등을 포함한다.	

(10) 계약인수 관련 수확량

① 표준수확량

과거의 통계를 바탕으로 품종, 경작형태, 수령, 지역 등을 고려하여 산출한 나무 1주당 예상 수확량이다.

② 평년착과량
- ㉠ 가입수확량 산정 및 적과 종료 전 보험사고 발생 시 감수량 산정의 기준이 되는 착과량을 말한다.
- ㉡ 평년착과량은 자연재해가 없는 이상적인 상황에서 수확할 수 있는 수확량이 아니라 평년 수준의 재해가 있다는 점을 전제로 한다.
- ㉢ 최근 5년 이내 보험에 가입한 이력이 있는 과수원은 최근 5개년 적과후착과량 및 표준수확량에 의해 평년착과량을 산정하며, 신규 가입하는 과수원은 표준수확량표를 기준으로 평년착과량을 산정한다.
- ㉣ 주요 용도로는 보험가입금액(가입수확량)의 결정 및 적과 종료 전 보험사고 발생 시 감수량 산정을 위한 기준으로 활용된다.
- ㉤ 산출 방법은 가입 이력 여부로 구분된다.

③ 가입수확량
- ㉠ 보험에 가입한 수확량으로 가입가격에 곱하여 보험가입금액을 결정하는 수확량을 말한다.
- ㉡ 평년착과량의 100%를 가입수확량으로 결정한다.

〈평년착과량 산출방법〉

구 분	내 용
과거수확량 자료가 없는 경우(신규 가입)	○ 표준수확량의 100%를 평년착과량으로 결정한다.
과거수확량 자료가 있는 경우 (최근 5년 이내 가입 이력 존재)	○ 아래 표와 같이 산출하여 결정한다.

□ 평년착과량 = ［A + (B − A) × (1 − Y / 5)］× C / D
  ○ A = ∑과거 5년간 적과후착과량 ÷ 과거 5년간 가입횟수
  ○ B = ∑과거 5년간 표준수확량 ÷ 과거 5년간 가입횟수
  ○ Y = 과거 5년간 가입횟수
  ○ C = 당해연도(가입연도) 기준표준수확량
  ○ D = ∑과거 5년간 기준표준수확량 ÷ 과거 5년간 가입횟수
  ※ 과거 적과후착과량 : 연도별 적과후착과량을 인정하되, 21년 적과후착과량부터 아래 상·하한 적용
   · 상한 : 평년착과량의 300%
   · 하한 : 평년착과량의 30%
   · 단, 상한의 경우 가입 당해를 포함하여 과거 5개년 중 3년 이상 가입 이력이 있는 과수원에 한하여 적용
  ※ 기준표준수확량 : 아래 품목별 표준수확량표에 의해 산출한 표준수확량
   · 사과 : 일반재배방식의 표준수확량
   · 배 : 소식재배방식의 표준수확량
   · 단감·떫은감 : 표준수확량표의 표준수확량
  ※ 과거기준표준수확량(D) 적용 비율
   · 대상품목 사과만 해당
   · 3년생 : 50%, 4년생 : 75%

2. 종합위험방식 상품 (15개 품목)

(1) 상품 특징

구 분	대상 품목	보상방식
수확감소 보장	복숭아, 자두, 매실, 살구, 오미자, 밤, 호두, 유자 8개 품목	보상하는 재해로 인한 수확량의 감소비율이 자기부담비율을 초과 시 보상
비가림과수 손해보장	포도, 대추, 참다래	해당 품목의 수확량 감소 피해뿐 만 아니라, 보상하는 재해로 인한 비가림시설 피해를 보상
수확전종합 위험보장	복분자, 무화과	수확전까지 : 종합위험보상 수확 이후 : 태풍(강풍), 우박피해만 보상
과실손해 보장	오디, 감귤	보상하는 재해로 과실에 직접적인 피해가 발생하여 손해액이 자기부담금을 초과하는 경우 보상

(2) 보상하는 손해

① 공통 (15개 전 품목)

㉠ 자연재해

구 분	정 의
태풍피해	기상청 태풍주의보이상 발령할 때 발령지역의 바람과 비로 인하여 발생하는 피해
우박피해	적란운과 봉우리적운 속에서 성장하는 얼음알갱이나 얼음덩이가 내려 발생하는 피해
동 상 해	서리 또는 기온의 하강으로 인하여 농작물 등이 얼어서 발생하는 피해
호우피해	평균적인 강우량 이상의 많은 양의 비로 인하여 발생하는 피해
강풍피해	강한 바람 또는 돌풍으로 인하여 발생하는 피해
한 해 (가뭄피해)	장기간의 지속적인 강우 부족에 의한 토양수분 부족으로 인하여 발생하는 피해
냉 해	농작물의 성장 기간 중 작물의 생육에 지장을 초래할 정도의 찬기온으로 인하여 발생하는 피해
조 해 (潮害)	태풍이나 비바람 등의 자연현상으로 인하여 연안지대의 경지에 바닷물이 들어와서 발생하는 피해
설 해	눈으로 인하여 발생하는 피해
폭 염	매우 심한 더위로 인하여 발생하는 피해
기타 자연재해	상기 자연재해에 준하는 자연현상으로 발생하는 피해

㉡ 조수해(鳥獸害) 새나 짐승으로 인하여 발생하는 피해
㉢ 화재 : 화재로 인하여 발생하는 피해(비가림시설의 경우, 특약가입시 보장)
㉣ 병충해 : 세균구멍병으로 인하여 발생하는 피해(복숭아에 한함)

> **더 알아보기** — 세균구멍병
>
> 주로 잎에 발생하며, 가지와 과일에도 발생한다. 봄철 잎에 형성되는 병반은 수침상의 적자색 내지 갈색이며, 이후 죽은 조직이 떨어져 나와 구멍이 생기고 가지에서는 병징이 적자색 내지 암갈색으로 변하고 심하면 가지가 고사된다. 어린 과실의 초기 병징은 황색을 띠고, 차차 흑색으로 변하며, 병반 주위가 녹황색을 띠게 된다

② 복분자(이듬해 6월1일 이후), 무화과(수확개시 이후, 이듬해 8월1일 이후) 특정위험

태풍 (강풍)	기상청에서 태풍에 대한 기상특보(태풍주의보 또는 경보)를 발령한 때 발령지역의 바람과 비를 말하며, 최대순간풍속 14m/sec 이상의 바람(이하 "강풍")을 포함. 이때 강풍은 과수원에서 가장 가까운 3개 기상관측소(기상청 설치 또는 기상청이 인증하고 실시간 관측 자료를 확인할 수 있는 관측소)에 나타난 측정자료 중 가장 큰 수치의 자료로 판정함
우박	적란운과 봉우리적운 속에서 성장하는 얼음알갱이 또는 얼음덩어리가 내리는 현상

(3) 보상하지 않는 손해
 ① **종합위험 수확감소보장방식** (복숭아, 자두, 밤, 매실, 오미자, 유자, 호두, 살구) 및
   종합위험 과실손해보장방식 (오디, 감귤)
  ㉠ 계약자, 피보험자 또는 이들의 법정대리인의 고의 또는 중대한 과실로 인한 손해
  ㉡ 수확기에 계약자 또는 피보험자의 고의 또는 중대한 과실로 수확하지 못하여 발생한 손해
  ㉢ 제초작업, 시비관리 등 통상적인 영농활동을 하지 않아 발생한 손해
  ㉣ 원인의 직·간접을 묻지 않고 병해충으로 발생한 손해(다만, 복숭아의 세균구멍병으로 인한 손해는 제외)
  ㉤ 보장하지 않는 재해로 제방, 댐 등이 붕괴되어 발생한 손해
  ㉥ 하우스, 부대시설 등의 노후 및 하자로 생긴 손해
  ㉦ 계약체결 시점 현재 기상청에서 발령하고 있는 기상특보 발령 지역의 기상특보 관련 재해로 인한 손해
  ㉧ 보상하는 재해에 해당하지 않은 재해로 발생한 손해
  ㉨ 전쟁, 혁명, 내란, 사변, 폭동, 소요, 노동쟁의, 기타 이들과 유사한 사태로 생긴 손해

② 종합위험 비가림과수 손해보장방식 (포도, 대추, 참다래)
  ㉠ 계약자, 피보험자 또는 이들의 법정대리인의 고의 또는 중대한 과실로 인한 손해
  ㉡ 자연재해, 조수해가 발생했을 때 생긴 도난 또는 분실로 생긴 손해
  ㉢ 보험의 목적의 노후 및 하자로 생긴 손해
  ㉣ 보장하지 않는 재해로 제방, 댐 등이 붕괴되어 발생한 손해
  ㉤ 침식활동 및 지하수로 생긴 손해
  ㉥ 수확기에 계약자 또는 피보험자의 고의 또는 중대한 과실로 수확하지 못하여 발생한 손해
  ㉦ 제초작업, 시비관리 등 통상적인 영농활동을 하지 않아 발생한 손해
  ㉧ 원인의 직접, 간접을 묻지 아니하고 병해충으로 발생한 손해
  ㉨ 계약체결 시점 현재 기상청에서 발령하고 있는 기상특보 발령 지역의 기상특보 관련 재해로 인한 손해
  ㉩ 전쟁, 혁명, 내란, 사변, 폭동, 소요, 노동쟁의, 기타 이들과 유사한 사태로 생긴 손해
  ㉪ 보상하는 재해에 해당하지 않은 재해로 발생한 손해
  ㉫ 직접 또는 간접을 묻지 않고 농업용 시설물의 시설, 수리, 철거 등 관계 법령의 집행으로 발생한 손해
  ㉬ 피보험자가 파손된 보험의 목적의 수리 또는 복구를 지연함으로써 가중된 손해
③ 수확전 종합위험 손해보장방식 (복분자, 무화과)

구 분	수확개시 이전	수확개시 이후
공 통	㉠ 계약자, 피보험자 또는 이들의 법정대리인의 고의 또는 중대한 과실로 인한 손해 ㉡ 제초작업, 시비관리 등 통상적인 영농활동을 하지 않아 발생한 손해 ㉢ 원인의 직·간접을 묻지 않고 병해충으로 발생한 손해 ㉣ 보상하지 않는 재해로 제방, 댐 등이 붕괴되어 발생한 손해 ㉤ 보상하는 손해에 해당하지 않은 재해로 발생한 손해 ㉥ 전쟁, 혁명, 내란, 사변, 폭동, 소요, 노동쟁의, 기타 이들과 유사한 사태로 생긴 손해	
차 이	㉦ 하우스, 부대시설 등의 노후 및 하자로 생긴 손해 ㉧ 계약체결 시점 현재 기상청에서 발령하고 있는 기상특보 발령 지역의 기상특보 관련 재해로 인한 손해	㉦ 수확기에 계약자 또는 피보험자의 고의 또는 중대한 과실로 수확하지 못하여 발생한 손해 ㉧ 최대순간풍속 14m/sec 미만의 바람으로 발생한 손해 ㉨ 저장한 과실에서 나타나는 손해 ㉩ 저장성 약화, 과실경도 약화 등 육안으로 판별되지 않는 손해

(4) 보험기간
  ① 종합위험 수확감소보장방식
    (복숭아, 자두, 매실, 살구, 오미자, 밤, 호두, 유자 8개 품목)

약관	보장	품목	보장개시	보장종료
보통약관	수확감소보장	복숭아, 자두, 매실, 살구, 오미자	계약체결일 24시	수확기 종료 시점 다만, 아래 날짜를 초과할 수 없음 - 복숭아 : 이듬해 10월 10일 - 자두 : 이듬해 9월 30일 - 매실 : 이듬해 7월 31일 - 살구 : 이듬해 7월 20일 - 오미자 : 이듬해 10월 10일
		밤	발아기, 다만, 발아기가 지난 경우에는 계약체결일 24시	수확기 종료 시점 다만, 판매개시연도 10월 31일을 초과할 수 없음
		호두		수확기 종료 시점 다만, 판매개시연도 9월 30일을 초과할 수 없음
		이듬해에 맺은 유자 과실	계약체결일 24시	수확개시 시점 다만, 이듬해 10월 31일을 초과할 수 없음
특별약관	나무손해보장	복숭아, 자두, 매실, 살구, 유자	Y년 12월 1일 다만, 12월 1일 이후 보험에 가입하는 경우에는 계약체결일 24시	이듬해 11월 30일
	수확량감소추가보장	복숭아	계약체결일 24시	수확기 종료 시점 다만, 이듬해 10월 10일을 초과할 수 없음

② 종합위험 비가림과수 손해보장방식 (포도, 대추, 참다래)

구분		보험의 목적	보험기간	
약관	보장		보장개시	보장종료
보통약관	종합위험 수확감소보장	포도	계약체결일 24시	수확기 종료 시점 다만, 이듬해 10월 10일을 초과할 수 없음
		이듬해에 맺은 참다래 과실	꽃눈분화기 다만, 꽃눈분화기가 지난 경우에는 계약체결일 24시	해당 꽃눈이 성장하여 맺은 과실의 수확기 종료 시점. 다만, 이듬해 11월 30일을 초과할 수 없음
		대추	신초발아기 다만, 신초발아기가 지난 경우에는 계약체결일 24시	수확기 종료 시점 다만, 판매개시연도 10월 31일을 초과할 수 없음
		비가림시설	계약체결일 24시	포도 : 이듬해 10월 10일 참다래 : 이듬해 6월 30일 대추 : 판매개시연도 10월 31일
특별약관	화재위험보장	비가림시설	계약체결일 24시	포도 : 이듬해 10월 10일 참다래 : 이듬해 6월 30일 대추 : 판매개시연도 10월 31일
	나무손해보장	포도	판매개시연도 12월 1일 다만, 12월 1일 이후 보험에 가입하는 경우에는 계약체결일 24시	이듬해 11월 30일
		참다래	판매개시연도 7월 1일 다만, 7월 1일 이후 보험에 가입하는 경우 에는 계약체결일 24시	이듬해 6월 30일
	수확량감소 추가보장	포도	계약체결일 24시	수확기 종료 시점 다만, 이듬해 10월 10일을 초과할 수 없음

③ 수확전 종합위험방식 (복분자, 무화과)

구분		보험의 목적	보험기간		
약관	보장		보상하는 재해		보장개시	보장종료
보통 약관	경작불능보장	복분자	자연재해, 조수해, 화재		계약체결일 24시	수확개시시점 다만, 이듬해 5월 31일을 초과할 수 없음
	과실손해보장		이듬해 5월 31일 이전 (수확개시 이전)	자연재해 조수해 화재	계약체결일 24시	이듬해 5월 31일
			이듬해 6월 1일 이후 (수확개시 이후)	태풍 (강풍) 우박	이듬해 6월 1일	이듬해 수확기 종료 시점 다만, 이듬해 6월 20일을 초과할 수 없음
	과실손해보장	무화과	이듬해 7월 31일 이전 (수확개시 이전)	자연재해 조수해 화재	계약체결일 24시	이듬해 7월 31일
			이듬해 8월 1일 이후 (수확개시 이후)	태풍 (강풍) 우박	이듬해 8월 1일	이듬해 수확기 종료 시점 다만, 이듬해 10월 31일을 초과할 수 없음
특별 약관	나무손해보장	무화과	자연재해, 조수해, 화재		판매개시연도 12월 1일	이듬해 11월 30일

④ 종합위험 과실손해보장방식 (오디, 감귤 2개 품목)

구분		보험의 목적	보험기간	
약관	보장		보장개시	보장종료
보통약관	종합위험 과실손해보장	오디	계약체결일 24시	결실완료시점 다만, 이듬해 5월 31일을 초과할 수 없음
		감귤	발아기 다만, 발아기가 지난 경우에는 계약체결일 24시	판매개시연도 11월 30일
특별약관	동상해 과실손해보장	감귤	판매개시연도 12월 1일	이듬해 2월 말일
	나무손해보장		발아기 다만, 발아기가 지난 경우에는 계약체결일 24시	
	과실손해 추가보장		발아기 다만, 발아기가 지난 경우에는 계약체결일 24시	판매개시연도 11월 30일

기출뽀개기 ▶ 제6회 기출문제

농작물재해보험 종합위험보장 과수품목의 보험기간에 대한 기준이다. ( )안에 들어갈 내용을 쓰시오. [5점]

구분			
해당 보장 및 약관	목적물	보장개시	보장종료
수확감소 보장 보통약관	밤	(①) (단, (①)가 경과한 경우에는 계약체결일 24시)	수확기 종료 시점 (단, 판매개시연도 (②)을 초과할 수 없음)
보통약관	이듬해에 맺은 참다래 과실	(③) (단, (③)가 지난 경우에는 계약체결일 24시)	해당 꽃눈이 성장하여 맺은 과실의 수확기 종료 시점 (단, 이듬해 (④)을 초과할 수 없음)
비가림과수 손해보장	대추	(⑤) (단, (⑤)가 경과한 경우에는 계약체결일 24시)	수확기 종료 시점 (단, 판매개시연도 (②)을 초과할 수 없음)

답

정답 ① 발아기 ② 10월 31일 ③ 꽃눈분화기 ④ 11월 30일 ⑤ 신초발아기

제5회 기출문제

종합위험보장 유자, 무화과, 포도, 감귤 상품을 요약한 내용이다. 다음 ( )에 들어갈 내용을 쓰시오. [15점]

품목	구분	대상재해	보험기간 시기	보험기간 종기
이듬해 맺은 유자 과실	수확감소 보장	자연재해, 조수해, 화재	계약체결일 24시	(①)
	나무손해 보장		Y년 12월 1일 다만, 12월 1일이후 보험에 가입하는 경우에는 계약체결일 24시	이듬해 11월 30일
무화과	과실손해 보장	자연재해, 조수해, 화재	계약체결일 24시	(②)
		(③)	(④)	(⑤)
	나무손해 보장	자연재해, 조수해, 화재	판매개시연도 12월 1일	이듬해 11월 30일
포도	비가림과수 손해보장	자연재해, 조수해, 화재	계약체결일 24시	(⑥)
	나무손해 보장		판매개시연도 12월 1일 다만, 12월 1일이후 보험에 가입하는 경우에는 계약체결일 24시	이듬해 11월 30일
감귤	종합위험 과실손해보장	자연재해, 조수해, 화재	발아기 다만, 발아기가 지난 경우에는 계약체결일 24시	판매개시연도 11월 30일
	나무손해 보장		발아기 다만, 발아기가 경과한 경우에는 계약체결일 24시	(⑦)

답

정답 ① 수확개시시점. 다만, 이듬해 10월 31일을 초과할 수 없음
②, 이듬해 7월 31일 ③ 태풍(강풍), 우박 ④ 이듬 해 8월1일
⑤ 이듬해 수확기 종료 시점. 다만, 이듬해 10월 31일을 초과할 수 없음
⑥ 수확기종료 시점. (단, 이듬해 10월10일을 초과할 수 없음) ⑦ 이듬해 2월 말일

(5) 보험가입금액

보 장	보험가입금액
과실손해보장	• 가입수확량 × 가입가격 (천원단위 미만 절사)
나무손해보장	• 가입한 결과주수 × 1주당 가입가격 ※ 가입한 결과주수가 과수원 내 실제결과주수를 초과하는 경우에는 보험 가입금액을 감액
비가림시설 보장	• 비가림시설의 ㎡당 시설비 × 비가림시설 면적(천원단위 미만 절사) (산정된 금액의 80% ~ 130% 범위 내에서 계약자가 보험가입금액 결정) (10%단위 선택)

기출뽀개기 ▶ 제4회 기출문제

종합위험담보방식 대추 품목 비가림시설에 관한 내용이다. 다음 조건에서 계약자가 가입할 수 있는 보험가입금액의 ① 최소값과 ② 최대값을 구하고, ③ 계약자가 부담할 보험료의 최소값은 얼마인지 쓰시오. (단, 화재위험보장 특약은 제외하고, 가입금액은 천원단위미만 절사) [5점]

- 가입면적 : $2,500m^2$
- 지역별 보험요율(순보험요율): 5%
- 순보험료 정부 보조금 비율 : 50%
- 순보험료 지방자치단체 보조금 비율 : 30%
- 손해율에 따른 할인·할증과 방재시설 할인 없음
- 비가림시설 ㎡당 시설비 : 19,000원

답 ① 최소값 :

② 최대값 :

③ 계약자가 부담할 보험료의 최소값

정답 보험가입금액 = 비가림시설 ㎡당 시설비 (19,000원) × 2,500㎡ = 47,500,000원
(산정된 금액의 80~130% 범위 내에서 보험가입금액 결정)
① 최소값 : 47,500,000원 × 0.8 = 38,000,000원
② 최대값 : 47,500,000원 × 1.3 = 61,750,000원
최소보험료 산출(비가림시설보장) = 비가림시설 보험가입금액 × 지역별 보험요율
③ 계약자가 부담할 보험료의 최소값 : 1,900,000원 × 0.2 = 380,000원
(0.2 : 정부보조가 50%, 지방자치단체 보조가 30%이므로 계약자 부담은 20%임)

(6) 보험료
① 보험료의 산출
㉠ 수확감소보장 (복숭아, 자두, 매실, 살구, 오미자, 밤, 호두, 유자 8개 품목)

보 장	적용 보험료
수확감소보장 보통약관	보통약관 보험가입금액×지역별 보통약관 영업요율×(1±손해율에 따른 할인·할증률) × (1-방재시설할인율)
나무손해보장 (복숭아, 자두, 매실, 살구, 유자)	특별약관 보험가입금액×지역별 특별약관 영업요율×(1±손해율에 따른 할인·할증률)
수확량감소 추가보장 (복숭아)	특별약관 보험가입금액×지역별 특별약관 영업요율×(1±손해율에 따른 할인·할증률) × (1-방재시설할인율)

※ 호두 품목의 경우, 조수해 부보장 특별약관 가입 시 0.15% 할인 적용
※ 손해율에 따른 할인·할증은 계약자를 기준으로 판단
※ 손해율에 따른 할인·할증폭은 -30% ~ +50%로 제한
※ 방재시설 할인은 복숭아, 자두, 매실, 살구, 유자 품목에만 해당
※ 2개 이상의 방재시설이 있는 경우 합산하여 적용하되, 최대 할인율은 30%로 제한

㉡ 종합위험 비가림과수 손해보장방식 (포도, 대추, 참다래 3개 품목)

보 장		적용 보험료
비가림 과수손해 (수확감소)		보통약관 보험가입금액×지역별 보통약관 영업요율×(1±손해율에 따른 할인·할증률) × (1-방재시설할인율)
나무손해 (포도, 참다래)		특별약관 보험가입금액×지역별 특별약관 영업요율×(1±손해율에 따른 할인·할증률)
비가림 시설 보장	보통약관 (자연재해, 조수해)	비가림시설 보험가입금액×지역별 비가림시설보장 보통약관 영업요율
	특별약관 (화재위험 보장)	비가림시설 보험가입금액×지역별 화재위험보장 특별약관 영업요율
수확량감소 추가보장 특별약관 (포도)		보통약관 보험가입금액×지역별 보통약관 영업요율×(1±손해율에 따른 할인·할증률) × (1-방재시설할인율)

※ 손해율에 따른 할인·할증은 계약자를 기준으로 판단
※ 손해율에 따른 할인·할증폭은 -30%~+50%로 제한
※ 2개 이상의 방재시설이 있는 경우 합산하여 적용하되, 최대 할인율은 30%로 제한

ⓒ 수확전 종합위험 과실손해보장방식(복분자, 무화과 2개 품목)

보 장	적용 보험료
과실손해보장 보통약관	보통약관 보험가입금액×지역별 보통약관 영업요율×(1±손해율에 따른 할인·할증률)
나무손해 (무화과)	특별약관 보험가입금액×지역별 특별약관 영업요율×(1±손해율에 따른 할인·할증률)

※ 손해율에 따른 할인·할증은 계약자를 기준으로 판단
※ 손해율에 따른 할인·할증폭은 -30%~+50%로 제한

ⓔ 종합위험 과실손해보장방식 (오디, 감귤 2개 품목)

보 장	적용 보험료
과실손해보장 보통약관	보통약관 보험가입금액×지역별 보통약관 영업요율×(1±손해율에 따른 할인·할증률) × (1-방재시설할인율) ※ 오디 품목의 경우, 방재시설할인율이 적용되지 않으므로 위 산식에서 '(1-방재시설할인율)'을 생략하고 계산
나무손해 (감귤)	특별약관 보험가입금액×지역별 특별약관 영업요율×(1±손해율에 따른 할인·할증률)
동상해 과실손해보장 특별약관 (감귤)	특별약관 보험가입금액×지역별 특별약관 영업요율×(1±손해율에 따른 할인·할증률) × (1-방재시설할인율)
과실손해 추가보장 특별약관 적용보험료 (감귤)	특별약관 보험가입금액×지역별 특별약관 영업요율×(1±손해율에 따른 할인·할증률) × (1-방재시설할인율)

※ 손해율에 따른 할인·할증은 계약자를 기준으로 판단
※ 손해율에 따른 할인·할증폭은 -30%~+50%로 제한
※ 방재시설 할인은 감귤 품목에만 해당
※ 2개 이상의 방재시설이 있는 경우 합산하여 적용하되, 최대 할인율은 30%로 제한

② 보험료의 환급
  ㉠ 이 계약이 무효, 효력상실 또는 해지된 때에는 다음과 같이 보험료를 반환한다.
    다만, 보험기간 중 보험사고가 발생하고 보험금이 지급되어 보험가입금액이 감액된 경우에는 감액된 보험가입금액을 기준으로 환급금을 계산하여 돌려준다.

구 분	내 용
계약자 또는 피보험자의 책임 없는 사유에 의하는 경우 (제1호)	• 무효의 경우에는 납입한 계약자부담보험료의 전액, • 효력상실 또는 해지의 경우에는 해당 월 미경과비율에 따라 아래와 같이 계산한 '환급보험료' 환급보험료 = 계약자부담보험료 × 미경과비율 ※ 계약자부담보험료는 최종 보험가입금액 기준으로 산출한 보험료 중 계약자가 부담한 금액

계약자 또는 피보험자의 책임 있는 사유에 의하는 경우 (제2호)	• 제1호에서 계산한 해당월 미경과비율에 따른 환급보험료. 다만 계약자, 피보험자의 고의 또는 중대한 과실로 무효가 된 때에는 보험료를 반환하지 않는다.
	※ 계약자 또는 피보험자의 책임 있는 사유
	  ㉠ 계약자 또는 피보험자가 임의 해지하는 경우
	  ㉡ 사기에 의한 계약, 계약의 해지 또는 중대 사유로 인한 해지에 따라 계약을 취소 또는 해지하는 경우
	  ㉢ 보험료 미납으로 인한 계약의 효력 상실

  ㉡ 계약의 무효, 효력상실 또는 해지로 인하여 반환해야 할 보험료가 있을 때에는 계약자는 환급금을 청구하여야 하며, 청구일의 다음 날부터 지급일까지의 기간에 대하여 '보험개발원이 공시하는 보험계약대출이율'을 연단위 복리로 계산한 금액을 더하여 지급한다.

▶ 제4회 기출문제

보험회사에 의한 보험계약 해지에 관한 다음 내용을 각각 서술하시오. [15점]

① 계약자 또는 피보험자의 책임 있는 사유로 인한 3가지 (내용변경으로 문제변경)

② 보험회사에 의한 보험계약 해지 시 보험회사가 지급할 환급보험료 산출식

③ 보험회사에 의한 보험계약 해지 시 보험료 환급에 따른 적용이율

답
① 1. 계약자 또는 피보험자가 임의 해지하는 경우
   2. 사기에 의한 계약, 계약의 해지 또는 중대 사유로 인한 해지에 따라 계약을 취소 또는 해지하는 경우
   3. 보험료 미납으로 인한 계약의 효력 상실
② 계약자부담보험료 × 미경과비율
③ 회사는 청구일의 다음 날부터 지급일까지의 기간에 대하여 보험개발원이 공시하는 보험계약대출 이율을 연단위 복리로 계산한 금액을 더하여 지급한다.

(7) 보험금

① 수확감소보장 방식 (복숭아, 자두, 매실, 살구, 오미자, 밤, 호두, 유자)

보장	보험의 목적	보험금 지급사유	보험금 계산(지급금액)
수확감소보장 (보통약관)	복숭아	보상하는 재해로 피해율이 자기부담비율을 초과하는 경우	보험가입금액 × (피해율 - 자기부담비율) ※ 피해율 = {(평년수확량 - 수확량 - 미보상 감수량) + 병충해감수량} ÷ 평년수확량
	자두 매실 살구 오미자 밤, 호두 유자	보상하는 재해로 피해율이 자기부담비율을 초과하는 경우	보험가입금액 × (피해율 - 자기부담비율) ※ 피해율 = (평년수확량 - 수확량 - 미보상감수량) ÷ 평년수확량
나무손해보장 (특별약관)	복숭아 자두 매실 살구 유자	보상하는 재해로 나무에 자기부담비율을 초과하는 손해가 발생한 경우	보험가입금액 × (피해율 - 자기부담비율) ※ 피해율 = 피해주수(고사된 나무) ÷ 실제결과주수 ※ 자기부담비율은 5%로 함
수확량감소 추가보장 (특별약관)	복숭아	보상하는 재해로 피해율이 자기부담비율을 초과하는 경우	보험가입금액 × (주계약 피해율 × 10%) ※ 피해율 = {(평년수확량 - 수확량 - 미보상 감수량) + 병충해감수량} ÷ 평년수확량 ※ 주계약 피해율은 수확감소보장(보통약관)에서 산출한 피해율을 말함

주1) 평년수확량은 과거 조사 내용, 해당 과수원의 식재내역·현황 및 경작상황 등에 따라 정한 수확량을 활용하여 산출한다.
주2) 수확량, 피해주수, 미보상감수량 등은 농림축산식품부장관이 고시하는 손해평가요령에 따라 조사·평가하여 산정한다.
주3) 자기부담비율은 보험가입 시 선택한 비율로 한다.
주4) 미보상감수량이란 보장하는 재해 이외의 원인으로 감소되었다고 평가되는 부분을 말하며, 계약 당시 이미 발생한 피해, 병해충으로 인한 피해 및 제초상태 불량 등으로 인한 수확감소량으로써 피해율 산정 시 감수량에서 제외된다.
주5) 복숭아의 세균구멍병으로 인한 피해과는 50%형 피해과실로 인정한다.

기출 뜯어보기 ▶ 제5회 기출문제

농작물재해보험 종합위험 수확감소보장 복숭아 상품에 관한 내용이다. 다음 조건에 대한 ① <u>보험금 지급사유</u>와 ② <u>보험금</u>을 구하시오. (단, 보험금은 계산과정을 반드시 쓰시오.)

[15점]

1. 계약사항
   ○ 보험가입품목 : (종합)복숭아
   ○ 품종 : 백도
   ○ 수령 : 10년
   ○ 가입주수 : 150주
   ○ 보험가입금액 : ₩25,000,000
   ○ 평년수확량 : 9,000 kg
   ○ 가입수확량 : 9,000 kg
   ○ 자기부담비율 : 2년 연속가입 및 2년간 수령보험금이 순보험료의 100 % 이하인 과수원으로 최저 자기부담비율 선택
   ○ 특별약관 : 수확량감소추가보장

2. 조사내용
   ○ 사고접수 : 2019. 07. 05. 기타 자연재해, 병충해
   ○ 조사일 : 2019. 07. 06.
   ○ 사고조사내용: 강풍, 병충해 (복숭아순나방)
   ○ 수확량 : 4,500kg (병충해과실무게 포함)
   ○ 병충해과실무게: 1,200 kg
   ○ 미보상비율 : 10 %

답 ① 보험금 지급사유 : 보상하는 재해로 피해율이 자기부담비율을 초과하는 경우에 지급한다.
② 보험금 = ㉠ 수확감소보험금 + ㉡ 수확량감소 추가보장 보험금
             = 7,500,000원 + 1,125,000원 = 8,625,000원
  ㉠ 수확감소보험금 = 보험가입금액 × (피해율 − 자기부담비율)
                  = 25,000,000원 × (0.45 − 0.15) = 7,500,000원
  ※ 피해율 = {(평년수확량 − 수확량 − 미보상감수량) + 병충해감수량 } ÷ 평년수확량
          = {(9,000kg − 4,500kg − 450kg) + 0 } ÷ 9,000kg = 0.45
   • 미보상 감수량 = (평년수확량 − 수확량) × max (미보상비율)
                 = (9,000kg − 4,500kg) × 0.1 = 450kg
   • 병충해 감수량 = 병충해 입은 과실의 무게 × 0.5
     (세균구멍병으로 인한 피해만 보상하므로 병충해 감수량은 0)
   • 자기부담비율 = 15%
  ㉡ 수확량감소추가보장보험금 = 보험가입금액 × (피해율 × 10%)
                           = 25,000,000 ×(0.45× 10%) = 1,125,000원
  ※ 피해율 = {(평년수확량 − 수확량 − 미보상감수량) + 병충해감수량 } ÷ 평년수확량
          = {(9,000kg − 4,500kg − 450kg) + 0 } ÷ 9,000kg = 0.45

기출뽀개기 ▶ 제3회 기출문제

○○도 △△시 관내에서 매실과수원(천매 10년생, 200주)을 하는 A씨는 농작물재해보험 매실품목의 나무손해보장특약에 200주를 가입한 상태에서 보험기간 내 침수로 50주가 고사되는 피해를 입었다. A씨의 피해에 대한 나무손해보장특약의 보험금 산출식을 쓰고 해당 보험금을 계산하시오. (단, 1주당 가입가격은 5만원임) [5점]

• 산출식 :

• 지급보험금 :

정답 • 산출식
- 보험가입금액 = 가입한 결과주수 × 가입가격(5만원/주) = 200주 × 5만원 = 1,000만원
- 피해율 = 피해주수(고사된 나무) ÷ 실제결과주수 = 50주 ÷ 200주 = 0.25 = 25%
- 보험금 = 보험가입금액 × (피해율 − 자기부담비율) = 1,000만원 × (25% − 5%) = 200만원
  지급보험금 : 200만원

② 종합위험 비가림과수 손해보장방식

보장	품목	지급사유	지급금액
비가림과수 손해보장	포도, 참다래, 대추	피해율이 자기부담비율을 초과하는 경우	• 보험가입금액 × (피해율 − 자기부담비율) ※ 피해율 = (평년수확량 − 수확량 − 미보상감수량) ÷ 평년수확량
	비가림시설	자연재해, 조수해로 인하여 비가림시설에 손해가 발생한 경우	• Min(손해액 − 자기부담금, 보험가입금액) ※ 자기부담금 : 최소자기부담금(30만원) ≦ 손해액의10% ≦ 최대자기부담금 (100만원) ※ 피복재 단독사고 자기부담금 최소자기부담금(10만원) ≦ 손해액의10% ≦ 최대자기부담금 (30만원)
화재보장 (특약)	비가림시설	화재로 인하여 비가림시설에 손해가 발생한 경우	※ 화재손해는 자기부담금 적용하지 않음
나무 손해 위험 보장	포도, 참다래	자기부담비율을 초과하는 손해가 발생한 경우	• 보험가입금액 × (피해율 − 자기부담비율) ※ 피해율 = 피해주수(고사된 나무) ÷ 실제결과주수 ※ 자기부담비율 : 5%
수확량 감소 추가 보장	포도	피해율이 자기부담비율을 초과하는 경우	• 보험가입금액 × (주계약 피해율 × 10%) ※ 피해율=(평년수확량 − 수확량 − 미보상감수량) ÷ 평년수확량 ※ 주계약 피해율은 비가림과수 손해보장(보통약관)에서 산출한 피해율을 말함

주1) 평년수확량은 과거 조사 내용, 해당 과수원의 식재내역·현황 및 경작상황 등에 따라 정한 수확량을 활용하여 산출한다.
주2) 수확량, 피해주수, 미보상감수량 등은 농림축산식품부장관이 고시하는 손해평가요령에 따라 조사·평가하여 산정한다.
주3) 자기부담비율은 보험가입 시 선택한 비율로 한다.
주4) 미보상감수량이란 보상하는 재해 이외의 원인으로 감소되었다고 평가되는 부분을 말하며, 계약 당시 이미 발생한 피해, 병해충으로 인한 피해 및 제초상태 불량 등으로 인한 수확감소량으로써 피해율 산정 시 감수량에서 제외된다.
주5) 포도의 경우 착색불량된 송이는 상품성 저하로 인한 손해로 감수량에 포함되지 않는다.

제7회 기출문제

종합위험과수 포도에 관한 내용이다. 계약내용과 조사내용을 참조하여 다음 물음에 답하시오. (15점)

1. 계약내용	2. 조사내용

○ 보험가입품목 : 포도, 비가림시설
○ 특별약관: 나무손해보장,
   수확량감소추가보장
○ 품종: 캠벨얼리
○ 수령: 8년
○ 가입주수: 100주
○ 평년수확량: 1,500 kg
○ 가입수확량: 1,500 kg
○ 비가림시설 가입면적: 1,000㎡
○ 자기부담비율: 3년 연속가입 및
   3년간 수령한 보험금이 순보험료의 50%
   이하인 과수원으로 최저자기부담비율 선택
○ 포도보험가입금액: 20,000,000원
○ 나무손해보장 보험가입금액:4,000,000원
○ 비가림시설 보험가입금액:18,000,000원
	○ 사고접수: 2021.08.10.호우,강풍
	○ 조사일: 2021. 08. 13.
	○ 재해: 호우
	○ 조사결과
	– 실제결과주수: 100주
	– 고사된 나무: 30주
	– 수확량: 700 kg
	– 미보상비율: 10 %
	– 비가림시설: 피해없음

물음 1) 계약내용과 조사내용에 따라 지급 가능한 3가지 보험금에 대하여 각각 계산과정과 값을 쓰시오. (9점)

답

정답 ① 수확감소보험금 = 보험가입금액 × (피해율 - 자기부담비율)
   = 20,000,000원 × (0.48 - 10%) = 7,600,000원
   ※ 피해율 = (평년수확량 - 수확량 - 미보상감수량) ÷ 평년수확량
   = (1,500 kg - 700 kg - 80kg) ÷ 1,500 kg = 0.48
   ※ 미보상감수량 = (평년수확량 - 수확량) × 미보상비율
   = (1,500 kg - 700 kg) × 10% = 80kg
② 나무손해보장 특약 보험금 = 보험가입금액 × (피해율 - 자기부담비율(5%))
   = 4,000,000원 × (30% - 자기부담비율(5%)) = 1,000,000원
   ※ 피해율 = 피해주수 (고사된 나무) ÷ 실제결과주수 = 30주 ÷ 100주 = 30%
③ 수확량감소 추가보장 특약보험금 = 보험가입금액 × (피해율 × 10%)
   = 20,000,000원 × (0.48 × 10%) = 960,000원
   ※ 피해율 = (평년수확량 - 수확량 - 미보상감수량) ÷ 평년수확량
   = (1,500 kg - 700 kg - 80kg) ÷ 1,500 kg = 0.48

물음 2) 포도 상품 비가림시설에 대한 보험가입기준과 인수제한 내용이다. ( )에 들어갈 내용을 각각 쓰시오. (6점)

○ 비가림시설 보험가입기준 : (①) 단위로 가입(구조체 + 피복재)하고 최소가입면적은 (②)이다. 단위면적당 시설단가를 기준으로 80%~130%범위에서 가입금액 선택 (10 %단위 선택)
○ 비가림시설 인수제한 : 비가림폭이 2.4m ± 15%, 동고가 (③)의 범위를 벗어나는 비가림시설 (과수원의 형태 및 품종에 따라 조정)

답

정답 ① 단지 ② 200㎡ ③ 3m ± 5%

③ 수확전 종합위험방식

보 장	품 목	지급사유	지급금액	
경작 불능 보장	복분자	보상하는 재해로 식물체 피해율이 65% 이상이고, 계약자가 경작불능보험금을 신청한 경우 (보험계약 소멸)	• 보험금 = 보험가입금액 × 일정비율 ※ 일정비율은 아래의 자기부담비율에 따른 경작불능보험금 참조	
과실 손해 보장	복분자	보상하는 재해로 피해율이 자기부담비율을 초과하는 경우	• 보험금 = 보험가입금액 × (피해율 − 자기부담비율) ※ 피해율 = 고사결과모지수 ÷ 평년결과모지수 ※ 고사결과모지수	
			사고가 5.31. 이전에 발생한 경우	(평년결과모지수 − 살아있는 결과모지수) + 수정불량환산 고사결과모지수 − 미보상 고사결과모지수
			사고가 6.1. 이후에 발생한 경우	수확감소환산 고사결과모지수 − 미보상 고사결과모지수
	무화과		보험금 = 보험가입금액 × (피해율 − 자기부담비율) ※ 피해율	
			사고가 7.31. 이전에 발생한 경우	(평년수확량 − 수확량 − 미보상감수량) ÷ 평년수확량
			사고가 8.1. 이후에 발생한 경우	(1 − 수확전사고 피해율) × 경과비율 × 결과지피해율
나무 손해 보장	무화과		• 보험가입금액 × (피해율 − 자기부담비율) ※ 피해율 = 피해주수(고사된 나무) ÷ 실제결과주수 ※ 자기부담비율은 5%로 함	

* 식물체 피해율 : 식물체가 고사한 면적을 보험가입면적으로 나누어 산출한다.

자기부담비율	경작불능보험금
10%형	보험가입금액의 45%
15%형	보험가입금액의 42%
20%형	보험가입금액의 40%
30%형	보험가입금액의 35%
40%형	보험가입금액의 30%

◆ 복분자

구 분	계산식	
수정불량환산 고사결과모지수 (수확개시 전 수정불량 피해로 인한 고사결과모지수)	= 살아있는 결과모지수 × 수정불량환산계수 ※ 수정불량환산계수 = $\dfrac{\text{수정불량결실수}}{\text{전체결실수}}$ - 자연수정불량률	
수확감소환산 고사결과모지수 (수확개시 이후 발생한 사고로 인한 고사결과모지수를 의미. 단, 수확개시일은 보험가입 익년도 6월 1일로 한다.)	5월 31일 이전 사고로 인한 고사결과모지수가 존재하는 경우	(살아있는 결과모지수 - 수정불량환산 고사결과모지수) × 누적수확감소환산계수
	5월 31일 이전 사고로 인한 고사결과모지수가 존재하지 않는 경우	평년결과모지수 × 누적수확감소환산계수
누적수확감소 환산계수	= 수확감소환산계수의 누적 값	
수확감소 환산계수	= 수확일자별 잔여수확량 비율 - 결실률	
수확일자별 잔여수확량 비율	사고일자	경과비율(%)
	1일~7일	98 - 사고발생일자
	8일~20일	(사고발생일자 - 43 × 사고발생일자 + 460) ÷ 2
	* 사고 발생일자는 6월 중 사고 발생일자를 의미	
결실률	결실률 = $\dfrac{\text{전체결실수}}{\text{전체개화수}}$	
미보상 고사결과모지수	보상하는 재해 이외의 원인으로 인하여 결과모지가 감소되었다고 평가되는 부분을 말하며, 계약당시 이미 발생한 피해, 병해충으로 인한 피해 및 제초상태 불량 등으로 인한 고사결과모지수로서 피해율을 산정할 때 고사결과모지수에서 제외된다.	

※ 수정불량환산계수, 수확감소환산 고사결과모지수, 미보상고사결과모지수 등은 농림축산식품부장관이 고시하는 손해평가요령에 따라 조사·평가하여 산정한다.
※ 자기부담비율은 보험가입 시 선택한 비율로 한다.

④ 종합위험 과실손해보장방식 (오디, 감귤 2개 품목)

보 장	품목	지급금액
과실손해보장	오디	• 지급금액 = 보험가입금액 × (피해율 − 자기부담비율) 피해율 = $\dfrac{(평년결실수 - 조사결실수 - 미보상감수결실수)}{평년결실수}$
과실손해보장	감귤	• 지급금액 = 손해액 − 자기부담금 ※ 손해액 = 보험가입금액 × 피해율 피해율 = $\dfrac{등급내\ 피해과실수 + (등급외\ 피해과실수 \times 50\%)}{기준과실수}$ × (1− 미보상비율) ※ 자기부담금 = 보험가입금액 × 자기부담비율
동상해 과실손해보장 (특약)		• 손해액 − 자기부담금 ※ 손해액 ={보험가입금액 − (보험가입금액 × 기사고피해율)} × 수확기잔존비율 × 동상해피해율 × (1 − 미보상비율) 동상해 피해율 = $\dfrac{\{(동상해\ 80\%형\ 피해과실수합계 \times 80\%) + (동상해 100\%형 \times 100\%)\}}{기준과실수}$ ※ 자기부담금 = │보험가입금액 × min(주계약피해율 − 자기부담비율, 0)│
나무손해보장 (특약)		• 보험가입금액 × (피해율 − 자기부담비율) ※ 피해율 = 피해주수(고사된 나무) ÷ 실제결과주수 ※ 자기부담비율은 5%로 함
과실손해추가보장 (특약)		• 보험가입금액 × 주계약 피해율 × 10% ※ 주계약 피해율은 과실손해보장(보통약관)에서 산출한 피해율을 말함

◆ 감귤

<과실 분류에 따른 피해인정계수>

구분	정상과실 (등급내 과실만 해당)	30%형 피해과실	50%형 피해과실	80%형 피해과실	100%형 피해과실
피해인정계수	0	0.3	0.5	0.8	1

① 등급 내 피해 과실수 = (등급 내 30%형 피해과실수 합계 × 30%) + (등급 내 50%형 피해과실수 합계 × 50%) + (등급 내 80%형 피해과실수 합계 × 80%) + (등급 내 100%형 피해과실수 합계 × 100%)

② 등급 외 피해 과실수 = (등급 외 30%형 피해과실수 합계 × 30%) + (등급 외 50%형 피해과실수 합계 × 50%) + (등급 외 80%형 피해과실수 합계 × 80%) + (등급 외 100%형 피해과실수 합계 × 100%)

※ 단, 만감류(한라봉, 천혜향, 레드향, 황금향)에 해당하는 품종의 피해 과실수는 등급 내·외의 구분을 하지 않고 등급내 피해과실수로 간주하여 피해율을 산출한다.
③ 출하등급 내외의 구별은 「제주특별자치도 감귤생산 및 유통에 관한 조례시행규칙」 제148조 제4항을 준용하며, 과실의 크기만을 기준으로 한다.
④ 기사고 피해율은 주계약(과실손해보장 보통약관) 피해율을 {1 - (과실손해보장 보통약관 보험금 계산에 적용된) 미보상비율}로 나눈 값과 이전 사고의 동상해 과실손해 피해율을 더한 값을 말한다.
⑤ 수확기 잔존비율은 아래와 같이 결정한다.

품목	사고발생 월	잔존비율(%)
감귤	12월	100 - 1.5 × 사고 발생일자
	1월	(100 - 47) - 1.3 × 사고 발생일자
	2월	(100 - 88) - 0.4 × 사고 발생일자
감귤 (만감류)	12월	100 - 0.4 × 사고 발생일자
	1월	(100 - 13.1) - 1.3 × 사고 발생일자
	2월	(100 - 52.6) - 1.7 × 사고 발생일자

*사고 발생일자는 해당월의 사고 발생일자를 의미

⑥ 기사고 피해율 = $\dfrac{\text{주계약(과실손해보장 보통약관) 피해율}}{\{1 - \text{미보상비율}\}}$ + 이전 사고의 동상해 과실손해 피해율

⑦ 동상해 피해율은 아래와 같이 산출한다.

동상해피해율 = $\dfrac{\{(\text{동상해80\%형피해과실수합계} \times 80\%) + (\text{동상해100\%형피해과실수합계} \times 100\%)\}}{\text{기준과실수}}$

*기준과실수 = 정상과실수 + 동상해 80%형 피해 과실수 + 동상해 100%형 피해과실수

※ 수확기 동상해 피해 과실의 적용 피해인정계수 : 80%형 피해과실, 100%형 피해과실

◆ 오디
① 조사결실수는 손해평가시 표본으로 선정한 결과모지의 결실수를 말한다.
② 조사결실수, 미보상감수결실수 등은 농림축산식품부장관이 고시하는 손해평가요령에 따라 조사·평가하여 산정한다.
③ 미보상감수결실수란 보상하는 재해 이외의 원인으로 인하여 결실수가 감소되었다고 평가되는 부분을 말하며, 계약당시 이미 발생한 피해, 병해충으로 인한 피해 및 제초상태 불량 등으로 인한 감수결실수로서 피해율을 산정할 때 감수결실수에서 제외된다.
④ 자기부담비율은 보험가입 시 선택한 비율로 한다.

(8) 자기부담비율

보험사고로 인하여 발생한 손해에 대하여 계약자 또는 피보험자가 부담하는 일정 비율(금액)로 자기부담비율(금) 이하의 손해는 보험금이 지급되지 않는다.

구 분	자기부담비율
과실손해 보장	(가) 보험계약 시 계약자가 선택한 비율(10%, 15%, 20%, 30%, 40%), 호두, 살구, 유자의 경우 자기부담비율은 20%, 30%, 40%이다. (나) (과실) 자기부담비율 적용 기준 | 구 분	내 용
10%형	최근 3년간 연속 보험가입한 계약자로서 3년간 수령한 보험금이 순보험료의 100% 이하인 경우에 한하여 선택 가능하다.
15%형	최근 2년간 연속 보험가입한 계약자로서 2년간 수령한 보험금이 순보험료의 100% 이하인 경우에 한하여 선택 가능하다.
20%형, 30%형, 40%형	제한 없음.	
비가림시설	(가) 30만원 ≤ 손해액의 10% ≤ 100만원의 범위에서 자기부담금을 차감한다. (나) 다만, 피복재 단독사고는 10만원 ≤ 손해액의 10% ≤ 30만원의 범위에서 자기부담금을 차감한다.
나무손해 보장	5%
경작불능 보장	자기부담비율에 따른 경작불능 보험금 산출방식 (복분자) (가) 보장하는 재해로 식물체 피해율이 65% 이상이고, 계약자가 경작불능 보험금을 신청한 경우 아래의 표와 같이 계산한다. | 자기부담비율	경작불능보험금
10%형	보험가입금액의 45%
15%형	보험가입금액의 42%
20%형	보험가입금액의 40%
30%형	보험가입금액의 35%
40%형	보험가입금액의 30% | (나) 경작불능보험금을 지급한 경우 그 손해보상의 원인이 생긴 때로부터 해당 농지의 계약은 소멸된다.

제1과목 농작물재해보험 및 가축재해보험 이론과 실무

▶ 제6회 기출문제

종합위험과수 자두 상품에서 수확감소보장의 자기부담비율과 그 적용 기준을 각 비율별로 서술하시오. [15점]

정답
① 10%형 : 최근 3년간 연속 보험가입과수원으로서 3년간 수령한 보험금이 순보험료의 100% 이하인 경우에 한하여 선택 가능하다.
② 15%형 : 최근 2년간 연속 보험가입과수원으로서 2년간 수령한 보험금이 순보험료의 100% 이하인 경우에 한하여 선택 가능하다.
③ 20%형, 30%형, 40%형 : 제한 없음.

▶ 제4회 기출문제

복분자 농사를 짓고 있는 △△마을의 A와 B농가는 4월에 저온으로 인해 큰 피해를 입어 경작이 어려운 상황에서 농작물재해보험 가입사실을 기억하고 경작불능보험금을 청구하였다. 두 농가의 피해를 조사한 결과에 따른 경작불능보험금을 구하시오. (단, 피해는 면적 기준으로 조사하였으며 미보상 사유는 없다.) [5점]

구 분	가입금액	가입면적	피해면적	자기부담비율
A농가	3,000,000원	1,200m²	900m²	20%
B농가	4,000,000원	1,500m²	850m²	10%

정답 A농가 : 식물체 피해율(피해면적 / 가입면적 = 900/1,200) : 75%
경작불능보험금 = 3,000,000원 × 40% = 1,200,000원
B농가 : 식물체 피해율 : 57%(= 850/1,500)로 식물체 피해율이 65%가 되지 않으므로 경작불능보험금 지급대상이 아님. 경작불능보험금 = 0원

(9) 특별약관

특별약관	해당 품목	보상 내용
종합위험 나무손해보장 특별약관	복숭아, 자두, 매실, 살구, 유자, 포도, 참다래, 무화과, 감귤	보상하는 재해(종합위험)으로 보험의 목적인 나무에 피해를 입은 경우 보상한다.
수확량감소 추가보장 특별약관	복숭아, 포도	보상하는 재해로 피해가 발생한 경우 동 특약에서 정한 바에 따라 주계약피해율이 자기부담비율을 초과하는 경우 아래와 같이 계산한 보험금을 지급한다. ※ 보험금 = 보험가입금액 × (주계약피해율 × 10%)
과실손해 추가보장 특별약관	감 귤	보상하는 재해로 인해 손해액이 자기부담금을 초과하는 경우 아래와 같이 계산한 보험금을 지급한다. ※ 보험금 = 보험가입금액 × (주계약피해율 × 10%)
동상해 과실손해보장 특별약관	감귤	동상해로 보험의 목적에 생긴 손해를 보상한다. 동상해란 서리 또는 과수원에서 가장가까운 3개 관측소의 기상관측장비(기상청 설치 또는 기상청이 인증하고 실시간 관측자료를 확인할 수 있는 관측소)로 측정한 기온이 0℃ 이하로 48시간 이상 지속됨에 따라 농작물 등이 얼어서 생기는 피해를 말한다.
비가림시설 화재위험보장 특별약관	포도, 참다래, 대추	비가림시설에 화재로 입은 손해를 보상한다
부보장	비가림시설 부보장특별약관	포도, 참다래, 대추	보상하는 재해에도 불구하고 비가림시설에 입은 손해를 보상하지 않는다.
	농작물 부보장 특별약관	포도, 참다래, 대추	보상하는 재해에도 불구하고 농작물에 입은 손해를 보상하지 않는다.
	조수해 부보장 특별약관	호 두	① 조수해에 의하거나 조수해의 방재와 긴급 피난에 필요한 조치로 보험의 목적에 생긴 손해는 보상하지 않는다. ② 적용대상 ㉠ 과수원에 조수해 방재를 위한 시설이 없는 경우 ㉡ 과수원에 조수해 방재를 위한 시설이 과수원 전체 둘레의 80% 미만으로 설치된 경우 ㉢ 과수원의 가입 나무에 조수해 방재를 위한 시설이 80% 미만으로 설치된 경우
	수확기 부보장 특별약관	복분자	복분자 과실 손해보험금 중 이듬해 6.1일 이후 태풍(강풍), 우박으로 발생한 손해는 보상하지 않는다.

농작물재해보험 및 가축재해보험의 이론과 실무

(10) 계약인수 관련 수확량
   ① 표준수확량
      과거의 통계를 바탕으로 지역, 수령, 재식밀도, 과수원 조건 등을 고려하여 산출한 예상 수확량
   ② 평년수확량
      ㉠ 농지의 기후가 평년 수준이고 비배관리 등 영농활동을 평년수준으로 실시하였을 때 기대할 수 있는 수확량을 말한다.
      ㉡ 평년수확량은 자연재해가 없는 이상적인 상황에서 수확할 수 있는 수확량이 아니라 평년수준의 재해가 있다는 점을 전제로 한다.
      ㉢ 주요 용도로는 보험가입금액의 결정 및 보험사고 발생 시 감수량 산정을 위한 기준으로 활용된다.
      ㉣ 농지(과수원) 단위로 산출하며, 가입년도 직전 5년 중 보험에 가입한 연도의 실제 수확량과 표준수확량을 가입 횟수에 따라 가중평균하여 산출한다.
      ㉤ 평년수확량 산출 방법은 가입 이력 여부로 구분된다.

과거수확량 자료가 없는 경우 (신규 가입)	원칙	표준수확량의 100%를 평년수확량으로 결정한다.
	살구,유자 (사과)대추	표준수확량의 70%를 평년수확량으로 결정
과거수확량 자료가 있는 경우 (최근 5년 이내 가입 이력 존재)	원칙	평년수확량 = [A+(B-A)×(1-Y/5)] × C/B ○ A(과거평균수확량) = ∑과거 5년간 수확량 ÷ Y ○ B(평균표준수확량) = ∑과거 5년간 표준수확량 ÷ Y ○ C(당해연도(가입연도) 표준수확량) ○ Y = 과거수확량 산출연도 횟수(가입횟수) ※다만, 평년수확량은 보험가입연도 표준수확량의 130%를 초과할수 없음
	복분자, 오디	평년수확량 =(A×Y/5) + [B×(1-Y/5)] * A = 과거 5개년 평균결실수(결과모지수), B = 품종별 표준 결실수(결과모지수)

기출뽀개기 ▶ 제7회 기출문제

종합위험보장 상품에서 보험가입시 과거수확량 자료가 없는 경우 산출된 표준수확량의 70%를 평년수확량으로 결정하는 품목 중 특약으로 나무손해보장을 가입할 수 있는 품목 2가지를 모두 쓰시오. (5점)

답

정답 유자, 살구

해설 산출된 표준수확량의 70%를 평년수확량으로 결정하는 품목 : 유자, 살구, 사과대추
종합위험보장상품 중 나무손해보장에 가입할 수 있는 품목 :
포도, 복숭아, 자두, 참다래, 매실, 살구, 유자, 무화과, 감귤

③ 과거수확량 산출방법

구 분		과거수확량
원칙	조사수확량 > 평년수확량 50%	조사수확량,
	평년수확량50% ≥ 조사수확량	평년수확량 50%
감귤	평년수확량≥평년수확량×(1-피해율)≥평년수확량의 50%	평년수확량×(1-피해율)
	평년수확량의 50% > 평년수확량×(1-피해율)	평년수확량 50%
사고 시		조사수확량 값 적용
무사고시	원칙	표준수확량의 1.1배와 평년수확량의 1.1배 중 큰 값 적용
	복숭아, 포도	수확전 착과수 조사를 한 값을 적용 ※ 무사고시 수확량 = 조사한 착과수 × 평균과중(복숭아, 포도)

④ 가입수확량

보험에 가입한 수확량으로 범위는 평년수확량의 50%~100% 사이에서 계약자가 결정한다.

기출뽀개기 ▶ 제5회 기출문제

종합위험보장 참다래 상품에서 다음 조건에 따라 2020년의 평년수확량을 구하시오.
(단, 주어진 조건 외의 다른 조건은 고려하지 않음) [5점]   (단위 : kg)

구 분	2015년	2016년	2017년	2018년	2019년	합 계	평 균
평년수확량	8,000	8,100	8,100	8,300	8,400	40,900	8,180
표준수확량	8,200	8,200	8,200	8,200	8,200	41,000	8,200
조사수확량	7,000	4,000	무사고	무사고	8,500	–	–
가입여부	가입	가입	가입	가입	가입	–	–

※ 2020년의 표준수확량은 8,200 kg임

답

정답 2020년 평년수확량 $= \left\{A+(B-A)\times(1-\dfrac{Y}{5})\right\}\times\dfrac{C}{B}$

$= \left\{7540kg+(8200kg-7540kg)\times(1-\dfrac{5}{5})\right\}\times\dfrac{8200kg}{8200kg} = 7,540kg$

※ A(과거평균수확량) 구하기
- 2015년 과거수확량 : 조사수확량 > 평년수확량의 50% : 조사수확량 = 7,000kg
- 2016년 과거수확량 : 조사수확량 ≤ 평년수확량 × 50% : 평년수확량의 50% = 4,050kg
〈보험에 가입된 과수원에 사고가 없어 수확량 조사를 하지 않은 경우에는 표준수확량의 1.1배와 평년수확량 1.1배 중 큰 값을 사용〉
- 2017년 무사고 과거수확량 : 8,200kg × 1.1 = 9020kg
- 2018년 무사고 과거수확량 : 8,300kg × 1.1 = 9,130kg
- 2019년 과거수확량 : 조사수확량 > 평년수확량의 50% : 조사수확량 = 8,500kg

∴ A(과거평균수확량) = ∑(과거 5년간 수확량) ÷ Y
= (7,000kg+4,050kg+9,020kg+9,130kg+ 8,500kg)÷5 = 7,540kg

※ B(과거평균표준수확량) = ∑(과거 5년간 표준수확량) ÷ Y = 41,000 ÷ 5 = 8,200kg
※ C(표준수확량) = 가입하는 해의 표준수확량 = 8,200kg
※ Y = 과거수확량 산출년도 횟수 = 5

02 종합위험 수확감소보장 논작물(벼, 조사료용 벼, 밀, 보리)

1. 보상하는 재해
(1) 공 통 (벼, 조사료용벼, 밀, 보리)
  ① 자연재해

태풍피해	기상청에서 태풍주의보 이상 발령할 때 발령지역의 바람과 비로 인하여 발생하는 피해
우박피해	적란운과 봉우리적운 속에서 성장하는 얼음알갱이나 얼음덩이가 내려 발생하는 피해
동 상 해	서리 또는 기온의 하강으로 인하여 농작물 등이 얼어서 발생하는 피해
호우피해	평균적인 강우량 이상의 많은 양의 비로 인하여 발생하는 피해
강풍피해	강한 바람 또는 돌풍으로 인하여 발생하는 피해
한해 (가뭄피해)	장기간의 지속적인 강우 부족에 의한 토양수분 부족으로 인하여 발생하는 피해
냉 해	농작물의 성장 기간 중 작물의 생육에 지장을 초래할 정도의 찬기온으로 인하여 발생하는 피해
조 해 (潮害)	태풍이나 비바람 등의 자연현상으로 인하여 연안지대의 경지에 바닷물이 들어와서 발생하는 피해
설 해	눈으로 인하여 발생하는 피해
폭 염	매우 심한 더위로 인하여 발생하는 피해
기타	상기 자연재해에 준하는 자연현상으로 발생하는 피해

  ② 조수해
  ③ 화재
(2) 벼 (병해충보장특약가입시) : 흰잎마름병, 벼멸구, 도열병, 줄무늬잎마름병,
                        깨씨무늬병, 먹노린재, 세균성벼알마름병

2. 보상하지 않는 손해
  ① 계약자, 피보험자 또는 이들의 법정대리인의 고의 또는 중대한 과실로 인한 손해
  ② 수확기에 계약자 또는 피보험자의 고의 또는 중대한 과실로 수확하지 못하여 발생한 손해
  ③ 제초작업, 시비관리 등 통상적인 영농활동을 하지 않아 발생한 손해
  ④ 원인의 직·간접을 묻지 않고 병해충으로 발생한 손해(다만, 벼 병해충보장 특별약관 가입 시는 제외)
  ⑤ 보장하지 않는 재해로 제방, 댐 등이 붕괴되어 발생한 손해
  ⑥ 하우스, 부대시설 등의 노후 및 하자로 생긴 손해
  ⑦ 계약체결 시점 현재 기상청에서 발령하고 있는 기상특보 발령 지역의 기상특보 관련 재해로 인한 손해
  ⑧ 보상하는 손해에 해당하지 않은 재해로 발생한 손해
  ⑨ 전쟁, 혁명, 내란, 사변, 폭동, 소요, 노동쟁의, 기타 이들과 유사한 사태로 생긴 손해

3. 보험기간

구분			대상 재해	보험의 목적	보험기간	
약관	보장				보장개시	보장종료
보통 약관	이앙직파 불능보장		종합 위험	벼 (조곡)	계약체결일 24시	판매개시연도 7월 31일
	재이앙 재직파 보장			벼 (조곡)	이앙(직파)완료일 24시 다만, 이앙(직파)완료일이 경과한 경우에는 계약체결일 24시	판매개시연도 7월 31일
	경작불능 보장			벼 (조곡) 조사료용 벼	이앙(직파)완료일 24시 다만, 이앙(직파)완료일이 경과한 경우에는 계약체결일 24시	출수기 전 다만, 조사료용 벼의 경우 판매개시연도 8월 31일
				밀, 보리	계약체결일 24시	수확 개시 시점
	수확불능 보장			벼 (조곡)	이앙(직파)완료일 24시 다만, 이앙(직파)완료일이 경과한 경우에는 계약체결일 24시	수확기 종료 시점 다만, 판매개시연도 11월 30일을 초과할 수 없음
	수확 감소 보장			벼 (조곡)	이앙(직파)완료일 24시 다만, 보험계약시 이앙(직파)완료일이 경과한 경우에는 계약체결일 24시	수확기 종료 시점 다만, 판매개시연도 11월 30일을 초과할 수 없음
				밀 보리	계약체결일 24시	수확기 종료 시점 다만, 이듬해 6월 30일을 초과할 수 없음
병해충 보장 특약	재이앙 재직파 보장 경작불능보장 수확불능보장 수확감소보장		병해충 (7종)	벼 (조곡)	보통약관 보험시기와 동일	보통약관 보험종기와 동일

4. 보험가입금액

품 목	보험가입금액
벼, 밀, 보리	보험가입금액 = 가입수확량 × 표준(가입)가격 (천원 단위 미만 절사)
조사료용 벼	보험가입금액 = 보장생산비 × 가입면적 (천원 단위 미만 절사)

5. 보험료 (순보험료 + 부가보험료)

(1) 순보험료 : 지급보험금의 재원이 되는 보험료
(2) 부가보험료 : 보험회사의 경비 등으로 사용되는 보험료
   ① 정부보조보험료는 순보험료의 50%와 부가보험료의 100%를 지원한다.
   ② 지자체지원보험료는 지자체별로 지원금액(비율)을 결정한다.
(3) 보험료의 산출

약 관		적용보험료
수확감소보장 보통약관	벼	보험가입금액 × 지역별 보통약관 영업요율 × (1±손해율에 따른 할인·할증률) × (1+친환경재배 시 할증률) × (1+직파재배 농지 할증률)
	조사료용 벼, 밀, 보리	보험가입금액 × 지역별 보통약관 영업요율 × (1±손해율에 따른 할인·할증률)
병해충보장 특별약관(벼)		특별약관 보험가입금액 × 지역별 특별약관 영업요율 × (1±손해율에 따른 할인·할증률) × (1+친환경재배 시 할증률) × (1+직파재배 농지 할증률)

※ 손해율에 따른 할인·할증은 계약자를 기준으로 판단
※ 손해율에 따른 할인·할증폭은 -30%~+50%로 제한

(4) 보험료의 환급
   ① 이 계약이 무효, 효력상실 또는 해지된 때에는 다음과 같이 보험료를 반환한다.

구 분		환급보험료
계약자 또는 피보험자의 책임 없는 사유에 의하는 경우	무효의 경우	납입한 계약자부담보험료의 전액
	효력상실 또는 해지의 경우	환급보험료 = 계약자부담보험료 × 미경과비율 ※ 계약자부담보험료는 최종 보험가입금액 기준으로 산출한 보험료 중 계약자가 부담한 금액
계약자 또는 피보험자의 책임 있는 사유에 의하는 경우	원칙	계산한 해당 월 미경과비율에 따른 환급보험료
	계약자, 피보험자의 고의 또는 중대한 과실로 무효가 된 때	보험료를 반환하지 않는다.

   ② 계약자 또는 피보험자의 책임 있는 사유라 함은 다음 각 호를 말한다.
      ㉠ 계약자 또는 피보험자가 임의 해지하는 경우
      ㉡ 사기에 의한 계약, 계약의 해지 또는 중대사유로 인한 해지에 따라 계약을 취소 또는 해지하는 경우
         ※ 계약의 해지 : 계약자 또는 피보험자의 고의로 손해가 발생한 경우나, 고지의 무·통지의무 등을 해태한 경우의 해지를 말한다.
      ㉢ 보험료 미납으로 인한 계약의 효력 상실

농작물재해보험 및 가축재해보험 이론과 실무

③ 계약의 무효, 효력상실 또는 해지로 인하여 반환해야 할 보험료가 있을 때에는 계약자는 환급금을 청구하여야 하며, 청구일의 다음 날부터 지급일까지의 기간에 대하여 '보험개발원이 공시하는 보험계약대출이율'을 연단위 복리로 계산한 금액을 더하여 지급한다.

기출뽀개기 ▶ 제2회 기출문제

강원도 철원으로 귀농한 A씨는 100,000m² 논의 '오대벼'를 주계약 보험가입금액 1억원, 친환경 재배방식으로 농작물재해보험에 가입하고자 한다. 다음의 추가조건에 따른 주계약보험료, 계약자 부담보험료를 계산하시오. [15점]

〈추가조건〉

철원지역 주계약 보험요율(1%), 손해율에 따른 할인 · 할증률(- 30%), 친환경재배(무농약, 유기재배)시 할증률(30%), 직파재배 농지 할증률(10%), 정부보조보험료는 순보험료의 50%와 부가보험료를 지원하고 지자체지원보험료는 순보험료의 30%를 지원한다.
상기 보험요율은 순보험요율이다.

답

구 분	내 용
주계약 보험료	• 풀이과정 • 답
계약자부담 보험료	• 풀이과정 • 답

정답 종합위험방식 벼 보험료

구 분	계 산
주계약 보험료	• 풀이과정 : 보험가입금액 × 지역별 보통약관 영업요율 × (1±손해율에 따른 할인·할증률)× (1+친환경재배 시 할증률) × (1+직파재배 농지 할증률) • 답 : 1억원×0.01×(1 - 0.3)× (1 + 0.3)× (1 + 0.1) = 1,001,000원
계약자부담 보험료	• 풀이과정 :주계약보험료×{1- (정부보조보험료 50%+ 지자체지원보험료 30%)} • 답 : 1,001,000원 × 0.2 = 200,200원

6. 벼, 조사료용 벼, 밀, 보리 품목의 보장별 보험금 지급사유 및 보험금 계산

보장명	목적	보험금 지급사유	지급금액
이앙·직파 불능 보장	벼	보상하는 재해로 농지 전체를 이앙·직파하지 못하게 된 경우 (보험계약 소멸)	보험가입금액 × 10%
재이앙·재직파 보장	벼	보상하는 재해로 면적피해율이 10%를 초과하고 재이앙(재직파)한 경우 (1회 지급)	보험가입금액 × 25% × 면적피해율 ※ 면적피해율=(피해면적 ÷ 보험가입면적)
경작불능 보장	벼, 밀,보리	보상하는 재해로 식물체 피해율이 65% 이상이고 계약자가 경작불능보험금을 신청한 경우 (보험계약소멸)	보험가입금액 × 일정비율 ※자기부담비율에 따른 경작불능보험금
	조사료용 벼		보험가입금액 × 보장비율 × 경과비율
수확불능 보장	벼	보상하는 재해로 벼(조곡) 제현율이 65% 미만으로 떨어져 정상벼로서 출하가 불가능하게 되고, 계약자가 수확불능보험금을 신청한 경우(보험계약소멸)	보험가입금액 × 일정비율 ※ 자기부담비율에 따른 수확불능보험금 참조
수확감소 보장	벼 밀,보리	보상하는 재해로 피해율이 자기부담비율을 초과하는 경우	보험가입금액 ×(피해율-자기부담비율) ※ 피해율 = (평년수확량 - 수확량 -미보상감수량)÷ 평년수확량

※ 벼 품목의 경우 병해충(7종)으로 인한 피해는 병해충 특약 가입 시 보장
※ 식물체 피해율 : 식물체가 고사한 면적을 보험가입면적으로 나누어 산출한다.

7. 자기부담비율

구 분	자기부담비율
수확감소 보장	① 보험계약 시 계약자가 선택한 비율 : 10%, 15%, 20%, 30%, 40% 　간척지농지의 벼, 보리 품목 : 20%, 30%, 40% ② 자기부담비율 적용 기준 <table><tr><th>구 분</th><th>내 용</th></tr><tr><td>10%형</td><td>최근 3년간 연속 보험가입한 계약자로서 3년간 수령한 보험금이 순보험료의 100% 이하인 경우에 한하여 선택 가능하다.</td></tr><tr><td>15%형</td><td>최근 2년간 연속 보험가입한 계약자로서 2년간 수령한 보험금이 순보험료의 100% 이하인 경우에 한하여 선택 가능하다.</td></tr></table> 20%형, 30%형, 40%형 : 제한 없음.
경작불능보장 - 벼,밀,보리	보장하는 재해로 식물체 피해율이 65% 이상이고, 계약자가 경작불능 보험금을 신청한 경우 다음과 같이 계산한다. ① 자기부담비율에 따른 경작불능보험금(벼,밀,보리) <table><tr><th>자기부담비율</th><th>10%형</th><th>15%형</th><th>20%형</th><th>30%형</th><th>40%형</th></tr><tr><td>경작불능보험금</td><td>보험가입금액의 45%</td><td>42%</td><td>40%</td><td>35%</td><td>30%</td></tr></table>
경작불능보장 - 조사료용 벼	② 조사료용 벼의 경작불능보험금 (보험가입금액 × 보장비율 × 경과비율) 　㉠ 보장비율은 경작불능 보험금 산정에 기초가 되는 비율로 보험가입을 할 때 계약자가 선택한 비율로 한다. <table><tr><th>구 분</th><th>10%형</th><th>15%형</th><th>20%형</th><th>30%형</th><th>40%형</th></tr><tr><td>보장비율</td><td>45%</td><td>42%</td><td>40%</td><td>35%</td><td>30%</td></tr></table> 　㉡ 경과비율은 사고발생일이 속한 월에 따라 다음과 같이 계산한다. <table><tr><th>월별</th><th>5월</th><th>6월</th><th>7월</th><th>8월</th></tr><tr><td>경과비율</td><td>80%</td><td>85%</td><td>90%</td><td>100%</td></tr></table> ③ 경작불능보험금을 지급한 경우 그 손해보상의 원인이 생긴 때로부터 해당 농지의 계약은 소멸된다.
수확불능보장	자기부담비율에 따른 수확불능 보험금 산출방식 ① 보장하는 재해로 제현율이 65% 미만으로 떨어져 정상 벼로서 출하가 불가능하게 되고, 계약자가 수확불능 보험금을 신청한 경우 지급한다. <table><tr><th>자기부담비율</th><th>10%형</th><th>15%형</th><th>20%형</th><th>30%형</th><th>40%형</th></tr><tr><td>수확불능보험금</td><td>보험가입금액의 60%</td><td>57%</td><td>55%</td><td>50%</td><td>45%</td></tr></table> ② 수확불능보험금을 지급한 경우 그 손해보상의 원인이 생긴 때로부터 해당 농지의 계약은 소멸된다.

제1회 기출문제

업무방법에서 정하는 종합위험방식 벼 상품에 관한 다음 3가지 물음에 답하시오. [15점]

1) 재이앙·재직파 보험금, 경작불능 보험금, 수확감소 보험금의 지급사유를 각각 서술하시오.

재이앙·재직파 보험금	
경작불능 보험금	
수확감소 보험금	

정답

재이앙·재직파 보험금	보상하는 재해로 면적피해율이 10%를 초과하고, 재이앙·재직파를 한 경우 (1회 지급)
경작불능 보험금	보상하는 재해로 식물체 피해율이 65% 이상이고, 계약자가 경작불능보험금을 신청한 경우 (보험계약 소멸)
수확감소 보험금	보상하는 재해로 인해 피해율이 자기부담비율을 초과하는 경우

2) 아래 조건 (1, 2, 3)에 따른 보험금을 산정하시오. (단, 아래의 조건들은 지급사유에 해당된다고 가정한다.)

〈조건 1 : 재이앙·재직파 보험금〉

- 보험가입금액 : 2,000,000원
- 자기부담비율 : 20%
- (면적)피해율 : 50%
- 미보상감수면적 : 없음

• 계산과정 :

• 보험금 : _____ 원

정답 • 계산과정 : 보험금 = 보험가입금액 × 25% × 면적피해율
= 2,000,000원 × 0.25 × 0.5 = 250,000원
• 보험금 : 250,000원

〈조건 2 : 경작불능 보험금〉

- 보험가입금액 : 2,000,000원
- 자기부담비율 : 15%
- 식물체 80% 고사

- 계산과정 :

- 보험금 : _____ 원

정답
- 계산과정 : 보험금 = 보험가입금액 × 42%
  = 2,000,000원 × 42% = 840,000원
- 보 험 금 : 840,000원

〈조건 3 : 수확감소 보험금〉

- 보험가입금액 : 2,000,000원
- 자기부담비율 : 20%
- 평년수확량 : 1,400kg
- 수확량 : 500kg
- 미보상감수량 : 200kg

- 계산과정 :

- 보험금 : _____ 원

정답
- 계산과정 : 보험금 = 보험가입금액 × (피해율 − 자기부담비율)
  = 2,000,000원 × (50% − 20%) = 600,000원
  피해율 계산 = (평년수확량 − 수확량 − 미보상감수량) ÷ 평년수확량
  = (1,400kg − 500kg − 200kg) ÷ 1,400kg = 0.5

▶ 제7회 기출문제

종합위험보장 논벼에 관한 내용이다. 계약내용과 조사내용을 참조하여 다음 물음에 답하시오. (15점)

○ 계약내용
- 보험가입금액: 3,500,000원
- 가입면적: 7,000 ㎡
- 자기부담비율: 15 %

○ 조사내용
- 재이앙 전 피해면적: 2,100 ㎡
- 재이앙 후 식물체 피해면적: 4,900 ㎡

물음 1) 재이앙·재직파보험금과 경작불능보험금을 지급하는 경우를 각각 서술하시오. (4점)

정답 재이앙·재직파보험금 : 보험기간 내에 보상하는 재해로 면적 피해율이 10%를 초과하고, 재이앙(재직파)한 경우 지급한다.

경작불능보험금 : 보상하는 손해로 식물체 피해율이 65% 이상이고, 계약자가 경작불능보험금을 신청한 경우 지급한다.

물음 2) 재이앙·재직파보장과 경작불능보장의 보장종료시점을 각각 쓰시오. (2점)

정답 재이앙·재직파보장 : 7월 31일
경작불능보장 : 출수기 전

농작물재해보험 및 가축재해보험 이론과 실무

물음 3) 재이앙·재직파보험금의 계산과정과 값을 쓰시오. (6점)
• 계산과정:

정답 보험금 = 보험가입금액 × 25% × 면적피해율
              = 3,500,000원 × 25% × 0.3 = 262,500원
   ※ 면적피해율 = 피해면적 ÷ 보험가입면적 = 2,100 ㎡ ÷ 7,000 ㎡ = 0.3

물음 4) 경작불능보험금의 계산과정과 값을 쓰시오. (3점)
• 계산과정:

정답 경작불능보험금 = 보험가입금액 × 자기부담비율 15%에 해당하는 비율 (42%)
                    = 3,500,000원 × 42% = 1,470,000원
보충 식물체피해율 = 식물체 피해면적 ÷ 보험가입면적 = 4,900 ㎡ ÷ 7,000 ㎡ = 0.7
           이므로 경작불능보험금 지급대상

8. 특별약관 (2023. 새롭게 추가된 내용)

(1) 이앙·직파불능 부보장 특별약관

보상하는 재해로 이앙·직파를 하지 못하게 되어 생긴 손해를 보상하지 않는다.

(2) 병해충 보장 특별약관

① 보상하는 병해충

구분	보상하는 병해충의 종류
병해	흰잎마름병, 줄무늬잎마름병, 도열병, 깨씨무늬병, 세균성벼알마름병
충해	벼멸구, 먹노린재

② 보상하는 병해충의 증상

㉠ 흰잎마름병

발병은 보통 출수기 전후에 나타나나 상습발생지에서는 초기에 발병하며, 드물게는 묘판에서도 발병된다. 병징은 주로 엽신 및 엽초에 나타나며, 때에 따라서는 벼알에서도 나타난다. 병반은 수일이 경과 후 황색으로 변하고 선단부터 하얗게 건조 및 급속히 잎이 말라 죽게 된다.

㉡ 줄무늬잎마름병

종자, 접촉, 토양의 전염은 하지 않고 매개충인 애멸구에 의하여 전염되는 바이러스 병이다. 전형적인 병징은 넓은 황색줄무늬 혹은 황화 증상이 나타나고, 잎이 도장하면서 뒤틀리거나 아래로 처진다. 일단 병에 걸리면 분얼경도 적어지고 출수되지 않으며, 출수되어도 기형 이삭을 형성하거나 불완전 출수가 많다.

㉢ 깨씨무늬병

잎에서 초기병반은 암갈색 타원형 괴사부 주위에 황색의 중독부를 가지고, 시간이 지나면 원형의 대형 병반으로 윤문이 생긴다. 줄기에는 흑갈색 미세 무늬가 발생, 이후 확대하여 합쳐지면 줄기 전체가 담갈색으로 변한다. 이삭줄기에는 흑갈색 줄무늬에서 전체가 흑갈색으로 변한다. 도열병과 같이 이삭 끝부터 빠르게 침해되는 일은 없으며, 벼알에는 암갈색의 반점으로 되고 후에는 회백색 붕괴부를 형성한다.

㉣ 도열병

도열병균은 진균의 일종으로 자낭균에 속하며, 종자나 병든 잔재물에서 겨울을 지나 제1차 전염원이 되고 제2차 전염은 병반 상에 형성된 분생포자가 바람에 날려 공기 전염한다. 잎, 이삭, 가지, 등의 지상 부위에 병반을 형성하나 잎, 이삭, 이삭가지 도열병이 가장 흔하다. 잎에는 방추형의 병반이 형성되어 심하면 포기 전체가 붉은빛을 띄우며 자라지 않게 되고, 이삭목이나 이삭가지는 옅은 갈색으로 말라죽으며 습기가 많으면 표면에 잿빛의 곰팡이가 핀다.

⑤ 세균성벼알마름병

주로 벼알에 발생하나 엽초에도 병징이 보인다. 벼알은 기부부터 황백색으로 변색 및 확대되어 전체가 변색된다. 포장에서 일찍 감염된 이삭은 전체가 엷은 붉은색을 띠며 고개를 숙이지 못하고 꼿꼿이 서 있으며, 벼알은 배의 발육이 정지되고 쭉정이가 된다. 감염된 종자 파종 시 심한 경우 발아하지 못하거나 부패되며, 감염 정도가 경미한 경우 전개되지 못하거나 생장이 불량하여 고사한다.

⑥ 벼멸구

벼멸구는 성충이 중국으로부터 흐리거나 비 오는 날 저기압 때 기류를 타고 날아와 발생하고 정착 후에는 이동성이 낮아 주변에서 증식한다. 벼멸구는 형태적으로 애멸구와 유사하여 구별이 쉽지 않으나, 서식 행동에서 큰 차이점은 애멸구는 개별적으로 서식하나 벼멸구는 집단으로 서식한다. 벼멸구 흡즙으로 인한 전형적인 피해 양상은 논 군데군데 둥글게 집중고사 현상이 나타나고, 피해는 고사시기가 빠를수록 수확량도 크게 감소하며, 불완전 잎의 비율이 높아진다. 쌀알의 중심부나 복부가 백색의 불투명한 심복백미와 표면이 우윳빛처럼 불투명한 유백미 또는 과피에 엽록소가 남아있는 청미 등이 발생한다

⑦ 먹노린재

비가 적은 해에 발생이 많고, 낮에는 벼 포기 속 아랫부분에 모여 대부분 머리를 아래로 향하고 있다가 외부에서 자극이 있으면 물속으로 잠수한다. 성충과 약충 모두 벼의 줄기에 구침을 박고 흡즙하여 피해를 준다. 흡즙 부위는 퇴색하며 흡즙 부위에서 자란 잎은 피해를 받은 부분부터 윗부분이 마르고 피해가 심하면 새로 나온 잎이 전개하기 전에 말라죽는다. 피해는 주로 논 가장자리에 많이 나타나는데, 생육 초기에 심하게 피해를 받으면 초장이 짧아지고 이삭이 출수하지 않을 수도 있으며 출수 전후에 피해를 받으면 이삭이 꼿꼿이 서서 말라죽어 이화명나방 2화기의 피해 특징인 백수와 같은 증상을 나타내기도 한다.

기출뽀개기 ▶ 제7회 기출문제

종합위험보장 벼(조사료용 벼 제외) 상품의 병해충보장특별약관에서 보장하는 병해충 5가지만 쓰시오. (5점)

답

답 병충해(흰잎마름병·줄무늬잎마름병·벼멸구·도열병·깨씨무늬병·먹노린재·세균성벼알마름병

9. 계약인수 관련 수확량

(1) 표준수확량

과거의 통계를 바탕으로 지역별 기준수량에 농지별 경작요소를 고려하여 산출한 예상 수확량이다.

(2) 평년수확량

① 최근 5년 이내 보험가입실적 수확량 자료와 미가입 연수에 대한 표준수확량을 가중평균하여 산출한 해당 농지에 기대되는 수확량을 말한다.
② 평년수확량은 자연재해가 없는 이상적인 상황에서 수확할 수 있는 수확량이 아니라 평년 수준의 재해가 있다는 점을 전제로 한다.
③ 주요 용도로는 보험가입금액의 결정 및 보험사고 발생 시 감수량 산정을 위한 기준으로 활용된다.
④ 산출 방법은 가입 이력 여부로 구분된다.

구 분		평년수확량
과거수확량 자료가 없는 경우 (신규 가입)		표준수확량의 100%를 평년수확량으로 결정한다.
과거수확량 자료가 있는 경우 (최근 5년 이내 가입 이력 존재)	벼	평년수확량 = 〔A + (B × D − A) × (1 − Y/5)〕× C/D ○ A(과거평균수확량) = Σ과거 5년간 수확량 ÷ Y ○ B = 가입연도 지역별 기준수량 ○ C(가입연도 보정계수) = 가입년도의 품종, 이앙일자, 친환경재배 보정계수를 곱한 값 ○ D(과거평균보정계수) = Σ과거 5년간 보정계수 ÷ Y ○ Y = 과거수확량 산출연도 횟수(가입횟수) ※ 다만, 평년수확량은 보험가입연도 표준수확량의 130%를 초과할 수 없음 ※ 조사료용 벼 제외(생산비보장방식)
	보리·밀	평년수확량 = 〔A + (B − A) × (1 − Y/5)〕× C/B ○ A(과거평균수확량) = Σ과거 5년간 수확량 ÷ Y ○ B(평균표준수확량) = Σ과거 5년간 표준수확량 ÷ Y ○ C(표준수확량) = 가입연도 표준수확량 ○ Y = 과거수확량 산출연도 횟수(가입횟수)※ 다만, 평년수확량은 보험가입연도 표준수확량의 130%를 초과할 수 없음

(3) 과거수확량 (벼, 보리·밀)

구 분		과거수확량
원 칙	조사수확량 > 평년수확량50%	조사수확량,
	평년수확량 50% ≧ 조사수확량	평년수확량 50%
사고 시		조사수확량 값 적용
무사고시	표준수확량의 1.1배와 평년수확량의 1.1배 중 큰 값 적용	

(4) 가입수확량

보험에 가입한 수확량으로 범위는 평년수확량의 50%~100% 사이에서 계약자가 결정한다.

03 밭작물 (마늘, 양파, 감자, 고구마 등 19개 품목)

1. 보장약관

구분	품목	병충해 보장	경작불능 보장	재정식 보장	재파종 보장	조기파종 보장	해가림 시설보장
수확감소 보장 (9품목)	마늘	-	✔	-	✔	✔	-
	양파	-	✔	-	-	-	-
	감자 (고랭지재배, 봄재배, 가을재배)	✔	✔	-	-	-	-
	고구마	-	✔	-	-	-	-
	옥수수(사료용옥수수)	-	✔	-	-	-	-
	양배추	-	✔	✔	-	-	-
	콩	-	✔	-	-	-	-
	팥	-	✔	-	-	-	-
	차	-	-	-	-	-	-
생산비보장 (9품목)	고추	✔	-	-	-	-	-
	브로콜리	-	-	-	-	-	-
	메밀	-	✔	-	-	-	-
	단호박	-	✔	-	-	-	-
	당근	-	✔	-	-	-	-
	배추(고랭지배추, 월동배추, 가을배추)	-	✔	-	-	-	-
	무 (고랭지무, 월동무)	-	✔	-	-	-	-
	시금치 (노지)	-	✔	-	-	-	-
	파 (대파, 쪽파·실파)	-	✔	-	-	-	-
작물특정 및 시설종합위험	인삼	-	-	-	-	-	✔

① 수확감소보장방식은 자연재해, 조수해, 화재 등 보상하는 재해로 발생하는 보험목적물의 수확량 감소에 대하여 보상하는 방식이다.

② 생산비보장방식은 사고발생 시점까지 투입된 작물의 생산비를 피해율에 따라 지급하는 방식이다. 따라서 수확이 개시된 후의 생산비보장보험금은 투입된 생산비보다 적거나 없을 수 있다. 이는 수확기에 투입되는 생산비는 수확과 더불어 회수(차감)되기 때문이다.

③ 인삼(작물)은 태풍(강풍), 폭설, 집중호우, 침수, 화재, 우박, 냉해, 폭염의 특정한 위험만 보장하며 해가림시설은 자연재해, 조수해, 화재의 종합위험을 보장한다.

2. 보상하는 재해

(1) 공통 (마늘, 양파 등 18개 품목 및 인삼해가림 시설) (인삼품목은 제외 (2) 참조)

① 자연재해

태풍	기상청에서 태풍주의보 이상 발령할 때 발령지역의 바람과 비로 인하여 발생하는 피해
우박	적란운과 봉우리적운 속에서 성장하는 얼음알갱이나 얼음덩이가 내려 발생하는 피해
동상해	서리 또는 기온의 하강으로 인하여 농작물 등이 얼어서 발생하는 피해
호우	평균적인 강우량 이상의 많은 양의 비로 인하여 발생하는 피해
강풍	강한 바람 또는 돌풍으로 인하여 발생하는 피해
한해 (가뭄피해)	장기간의 지속적인 강우 부족에 의한 토양수분 부족으로 인하여 발생하는 피해
냉해	농작물의 성장 기간 중 작물의 생육에 지장을 초래할 정도의 찬기온으로 인하여 발생하는 피해
조해 (潮害)	태풍이나 비바람 등의 자연현상으로 인하여 연안지대의 경지에 바닷물이 들어와서 발생하는 피해
설해	눈으로 인하여 발생하는 피해
폭염	매우 심한 더위로 인하여 발생하는 피해
기타	상기 자연재해에 준하는 자연현상으로 발생하는 피해

② 조수해

③ 화재

④ 병충해 (고추, 감자에 한함) : 병 또는 해충으로 인하여 발생하는 피해

(2) 인삼

태풍 (강풍)	기상청에서 태풍에 대한 특보(태풍주의보, 태풍경보)를 발령한 때 해당지역의 바람과 비 또는 최대순간풍속 14m/s이상의 강풍
폭설	기상청에서 대설에 대한 특보(대설주의보, 대설경보)를 발령한 때 해당 지역의 눈 또는 24시간 신적설이 5cm 이상인 상태
집중호우	기상청에서 호우에 대한 특보(호우주의보, 호우경보)를 발령한 때 해당 지역의 비 또는 24시간 누적 강수량이 80mm이상인 상태
침수	태풍, 집중호우 등으로 인하여 인삼 농지에 다량의 물(고랑 바닥으로부터 침수 높이가 최소 15cm 이상)이 유입되어 상면에 물이 잠긴 상태
우박	적란운과 봉우리 적운 속에서 성장하는 얼음알갱이나 얼음덩이가 내려 발생하는 피해
냉해	출아 및 전엽기(4~5월) 중에 해당지역에 최저기온 0.5℃ 이하의 찬 기온으로 인하여 발생하는 피해를 말하며, 육안으로 판별 가능한 냉해 증상이 있는 경우에 피해를 인정
폭염	해당 지역에 최고기온 30℃ 이상이 7일 이상 지속되는 상태를 말하며, 잎에 육안으로 판별 가능한 타들어간 증상이 50% 이상 있는 경우에 인정
화재	화재로 인하여 발생하는 피해

3. 보상하지 않는 손해
① 수확감소보장방식 및 생산비보장방식

수확감소보장방식	생산비 보장방식
① 계약자, 피보험자 또는 이들의 법정대리인의 고의 또는 중대한 과실로 인한 손해	① 계약자, 피보험자 또는 이들의 법정대리인의 고의 또는 중대한 과실로 인한 손해
② 수확기에 계약자 또는 피보험자의 고의 또는 중대한 과실로 수확하지 못하여 발생한 손해	② 수확기에 계약자 또는 피보험자의 고의 또는 중대한 과실로 수확하지 못하여 발생한 손해
③ 제초작업, 시비관리 등 통상적인 영농활동을 하지 않아 발생한 손해	③ 제초작업, 시비관리 등 통상적인 영농활동을 하지 않아 발생한 손해
④ 원인의 직접·간접을 묻지 않고 병해충으로 발생한 손해(다만, 감자 품목은 제외)	④ 원인의 직접·간접을 묻지 않고 병해충으로 발생한 손해(다만, 감자 품목은 제외)
⑤ 보상하지 않는 재해로 제방, 댐 등이 붕괴되어 발생한 손해	⑤ 보상하지 않는 재해로 제방, 댐 등이 붕괴되어 발생한 손해
⑥ 하우스, 부대시설 등의 노후 및 하자로 생긴 손해	⑥ 하우스, 부대시설 등의 노후 및 하자로 생긴 손해
⑦ 계약체결 시점(계약체결 이후 파종 또는 정식 시, 파종 또는 정식 시점) 현재 기상청에서 발령하고 있는 기상특보 발령 지역의 기상특보 관련 재해로 인한 손해	⑦ 계약체결 시점(계약체결 이후 파종 또는 정식 시, 파종 또는 정식 시점) 현재 기상청에서 발령하고 있는 기상특보 발령 지역의 기상특보 관련 재해로 인한 손해
⑧ 보상하는 재해에 해당 하지 않은 재해로 발생한 손해	⑧ 보상하는 재해에 해당 하지 않은 재해로 발생한 손해
⑨ 저장성 약화 또는 저장, 건조 및 유통 과정 중에 나타나거나 확인된 손해	
⑩ 전쟁, 혁명, 내란, 사변, 폭동, 소요, 노동쟁의, 기타 이들과 유사한 사태로 생긴 손해	⑨ 전쟁, 혁명, 내란, 사변, 폭동, 소요, 노동쟁의, 기타 이들과 유사한 사태로 생긴 손해

② 인삼 및 인삼해가림시설

인삼	해가림시설
① 계약자, 피보험자 또는 이들의 법정대리인의 고의 또는 중대한 과실로 인한 손해 ② 보상하지 않는 재해로 제방, 댐 등이 붕괴되어 발생한 손해 ③ 계약체결 시점 현재 기상청에서 발령하고 있는 기상특보 발령 지역의 기상 특보 관련 재해로 인한 손해 ④ 보상하는 재해에 해당하지 않은 재해로 발생한 손해	
⑤ 해가림 시설 등의 노후 및 하자로 생긴 손해 ⑥ 수확기에 계약자 또는 피보험자의 고의 또는 중대한 과실로 수확하지 못하여 발생한 손해 ⑦ 제초작업, 시비관리 등 통상적인 영농활동을 하지 않아 발생한 손해 ⑧ 원인의 직접·간접을 묻지 않고 병해충으로 발생한 손해 ⑨ 연작장해, 염류장해 등 생육 장해로 인한 손해 ⑩ 전쟁, 혁명, 내란, 사변, 폭동, 소요, 노동쟁의, 기타 이들과 유사한 사태로 생긴 손해	⑤ 보험의 목적의 노후 및 하자로 생긴 손해 ⑥ 보상하는 재해가 발생했을 때 생긴 도난 또는 분실로 생긴 손해 ⑦ 침식 활동 및 지하수로 인한 손해 ⑧ 보험의 목적의 발효, 자연 발열·발화로 생긴 손해. 그러나, 자연 발열 또는 발화로 연소된 다른 보험의 목적에 생긴 손해는 보상 ⑨ 화재로 기인되지 않은 수도관, 수관 또는 수압기 등의 파열로 생긴 손해 ⑩ 발전기, 여자기(정류기 포함), 변류기, 변압기, 전압조정기, 축전기, 개폐기, 차단기, 피뢰기, 배전반 및 그 밖의 전기기기 또는 장치의 전기적 사고로 생긴 손해. 그러나 그 결과로 생긴 화재손해는 보상 ⑪ 원인의 직접·간접을 묻지 않고 지진, 분화 또는 전쟁, 혁명, 내란, 사변, 폭동, 소요, 노동쟁의, 기타 이들과 유사한 사태로 생긴 화재 및 연소 또는 그 밖의 손해 ⑫ 핵연료 물질 또는 핵연료 물질에 의하여 오염된 물질의 방사성, 폭발성 그 밖의 유해한 특성 또는 이들의 특성에 의한 사고로 인한 손해 ⑬ 이외의 방사선을 쬐는 것 또는 방사능 오염으로 인한 손해 ⑭ 국가 및 지방자치단체의 명령에 의한 재산의 소각 및 이와 유사한 손해

4. 보험기간

(1) 종합위험 수확감소보장

보 장	보험의 목적	보험기간	
		보장개시	보장종료
종합위험 재파종 보장	마늘	계약체결일 24시 다만, 조기파종 보장 특약 가입 시 해당 특약 보장종료시점	판매개시연도 10월 31일
조기파종 보장(특약)	마늘 (남도종)	계약체결일 24시	한지형마늘 보험상품 최초판매개시일 24시
종합위험 재정식 보장	양배추	정식완료일 24시 다만, 보험계약시 정식완료일이 경과한 경우에는 계약체결일 24시이며 정식 완료일은 판매개시연도 9월 30일을 초과할 수 없음	재정식 완료일 다만, 판매개시연도 10월 15일을 초과할 수 없음
종합위험 경작불능 보장	마늘	계약체결일 24시 다만, 조기파종 보장 특약 가입 시 해당 특약 보장종료 시점	수확 개시 시점
	콩, 팥	계약체결일 24시	종실비대기 전
	양파, 감자(고랭지재배), 고구마, 옥수수, 사료용 옥수수		수확 개시 시점 다만, 사료용 옥수수는 판매개시연도 8월 31일을 초과할 수 없음
	감자 (봄재배, 가을재배)	파종완료일 24시 다만, 보험계약시 파종완료일이 경과한 경우에는 계약체결일 24시	수확 개시 시점
	양배추	정식완료일 24시 다만, 보험계약시 정식완료일이 경과한 경우에는 계약체결일 24시이며 정식 완료일은 판매개시연도 9월 30일을 초과할 수 없음	수확 개시 시점

보장	보험의 목적	보험기간	
		보장개시	보장종료
종합위험 수확감소 보장	마늘, 양파, 감자(고랭지재배) 고구마, 옥수수, 콩, 팥	계약체결일 24시 다만, 마늘의 경우 조기파종보장특약 가입 시 해당 특약 보장종료 시점	수확기 종료 시점 단, 아래 날짜를 초과할 수 없음 - 마늘 : 이듬해 6월 30일 - 양파 : 이듬해 6월 30일 - 감자(고랭지재배) : 판매개시연도 10월 31일 - 고구마 : 판매개시연도 10월 31일 - 옥수수 : 판매개시연도 9월 30일 - 콩 : 판매개시연도 11월 30일 - 팥 : 판매개시연도 11월 13일
	감자 (봄재배)	파종완료일 24시 다만, 보험계약시 파종완료일이 경과한 경우에는 계약체결일 24시	수확기 종료 시점 다만, 판매개시연도 7월 31일을 초과할 수 없음
	감자 (가을재배)		수확기 종료 시점 다만, 제주는 판매개시연도 12월 15일, 제주 이외는 판매개시연도 11월 30일을 초과할 수 없음
	양배추	정식완료일 24시 다만, 보험계약시 정식완료일이 경과한 경우에는 계약체결일 24시 이며 정식 완료일은 판매개시연도 9월 30일을 초과할 수 없음	수확기 종료 시점 다만, 아래의 날짜를 초과할 수 없음 - 극조생, 조생 : 이듬해 2월 28일 - 중생 : 이듬해 3월 15일 - 만생 : 이듬해 3월 31일
	차(茶)	계약체결일 24시	햇차 수확종료시점 다만, 이듬해 5월 10일을 초과할 수 없음

※ "판매개시연도"는 해당 품목 판매개시일이 속하는 연도를 말하며, "이듬해"는 판매개시연도의 다음 연도를 말한다.

(2) 종합위험 생산비보장(+경작불능보장)
  ① 생산비보장

보장	품목	보장개시	보장종료
생산비보장	고추	계약체결일 24시	정식일부터 150일째 되는 날 24시
	브로콜리	정식완료일 24시 다만, 보험계약시 정식완료일이 경과한 경우에는 계약체결일 24시이며 정식완료일은 9월 30일을 초과할 수 없음	정식일로부터 160일이 되는 날 24시
	메밀	파종완료일 24시 다만, 보험계약시 파종완료일이 경과한 경우에는 계약체결일 24시	최초 수확 직전 다만, 11월 20일을 초과할 수 없음
	고랭지무	파종완료일 24시 다만, 보험계약 시 파종완료일이 경과한 경우에는 계약체결일 24시 단, 파종완료일은 아래의 일자를 초과할 수 없음 - 고랭지무 : 7월 31일 - 당근 : 8월 31일 - 월동무 : 10월 15일 - 쪽파(실파)[1·2형] : 10월15일 - 시금치 : 10월 31일	파종일부터 80일째 되는 날 24시
	월동무		파종일부터 120일째 되는 날 24시
	당근		최초 수확 직전 다만, 이듬해 2월 29일을 초과할 수 없음
	쪽파(실파) [1형]		최초 수확 직전 다만, 판매개시연도 12월 31일을 초과할 수 없음
	쪽파(실파) [2형]		최초 수확 직전 다만, 이듬해 5월 31일을 초과할 수 없음
	시금치		최초 수확 직전 다만, 이듬해 1월 15일을 초과할 수 없음
	고랭지배추	정식완료일 24시 다만, 보험계약 시 정식완료일이 경과한 경우에는 계약체결일 24시 단, 정식완료일은 아래의 일자를 초과할 수 없음 - 대파 : 5월 20일 - 단호박 : 5월 29일 - 고랭지배추 : 7월 31일 - 월동배추 : 9월 25일	정식일부터 70일째 되는 날 24시
	월동배추		정식일부터 120일째 되는 날 24시
	대파		정식일부터 200일째 되는 날 24시
	단호박		정식일부터 90일째 되는 날 24시

② 경작불능보장

보장	보험의 목적	보험기간	
		보장개시	보장종료
경작불능 보장	고랭지무	파종완료일 24시 다만, 보험계약시 파종완료일이 경과한 경우에는 계약체결일 24시 단, 파종완료일은 아래의 일자를 초과할 수 없음 - 고랭지무 : 판매개시연도 7월 31일 - 월동무 : 판매개시연도 10월 15일 - 당근 : 판매개시연도 8월 31일 - 쪽파(실파)[1·2형] : 판매개시연도 10월 15일 - 시금치(노지) : 판매개시연도 10월 31일	최초 수확 직전 다만, 종합위험생산비 보장에서 정하는 보장종료일을 초과할 수 없음
	월동무		
	당근		
	쪽파(실파) [1형,2형]		
	시금치(노지)		
	고랭지배추	정식완료일 24시 다만, 보험계약시 정식완료일이 경과한 경우에는 계약체결일 24시 단, 정식완료일은 아래의 일자를 초과할 수 없음 - 고랭지배추 : 판매개시연도 7월 31일 - 가을배추 : 판매개시연도 9월 10일 - 월동배추 : 판매개시연도 9월 25일 - 대파 : 판매개시연도 5월 20일 - 단호박 : 판매개시연도 5월 29일	
	가을배추		
	월동배추		
	대파		
	단호박		
	메밀	파종완료일 24시 다만, 보험계약시 파종 완료일이 경과한 경우에는 계약체결일 24시	

(3) 작물특정, 시설종합위험방식(인삼)

구 분		보험기간	
		보장개시	보장종료
1형	인 삼	판매개시연도 5월 1일 다만, 5월 1일 이후 보험에 가입하는 경우에는 계약체결일 24시	이듬해 4월 30일 24시 다만, 6년근은 판매개시연도 10월 31일을 초과할 수 없음
	해가림 시설		
2형	인 삼	판매개시연도 11월 1일 다만, 11월 1일 이후 보험에 가입하는 경우에는 계약체결일 24시	이듬해 10월 31일 24시
	해가림 시설		

제1회 기출문제

다음 상품에 해당하는 보장방식을 보기에서 모두 선택하고 보장종료일을 예와 같이 서술하시오. [15점]

예) 양파 : 수확감소보장 - 수확기 종료시점 (단, 이듬해 6월 30일 초과불가)
　　　　경작불능보장 - 수확 개시 시점

수확감소보장, 생산비보장, 경작불능보장, 과실손해보장, 재파종보장

옥수수	
마 늘	
고구마	
차	
복분자	

정답

옥수수	수확감소보장 - 수확기 종료시점 (다만, 판매개시연도 9월 30일 초과불가) 경작불능보장 - 수확개시시점 (다만, 사료용 옥수수는 판매개시연도 8월 31일을 초과할 수 없음)
마 늘	수확감소보장 - 수확기 종료시점(다만, 이듬해 6월 30일 초과 불가) 경작불능보장 - 수확개시시점 재파종보장 - 판매개시연도 10월 31일
고구마	수확감소보장 - 수확기 종료시점(단, 판매개시연도 10월 31일 초과 불가) 경작불능보장 - 수확개시시점
차	수확감소보장 - 햇차 수확종료시점(단, 이듬해 5월 10일 초과 불가)
복분자	경작불능보장 - 수확개시시점. 다만, 이듬해 5월 31일을 초과할 수 없음 과실손해보장 (수확개시 이전) - 이듬해 5월31일 과실손해보장 (수확개시 이후) - 이듬해 수확기종료시점 　　　　　　　　　　　　　다만, 이듬해 6월 20일을 초과할 수 없음

5. 보험가입금액

① 산 식

품목	보험가입금액
수확감소 보장	보험가입금액 = 가입수확량 × 기준가격(천원 단위미만 절사) ※ 사료용 옥수수 보험가입금액 = 보장생산비 × 가입면적 (천원 단위 미만절사)
생산비 보장	보험가입금액 = 단위 면적당 보장생산비 × 보험가입면적(천원 단위 미만절사) ※ 단위 면적당 보장생산비는 재해보험사업자가 평가 잔존보험가입금액(고추, 브로콜리) = 보험가입금액 - 보상액
인삼	보험가입금액 = 연근별 (보상)가액 × 재배면적(m^2)(천 원 단위 미만 절사) ※ 인삼의 가액은 농협 통계 및 농촌진흥청 자료를 기초로 연근별 투입되는 평균 누적 생산비를 고려하여 연근별로 차등 설정한다. 〈연근별 (보상)가액〉 | 구분	2년근	3년근	4년근	5년근	6년근
---	---	---	---	---	---
인삼	8,000원	9,100원	10,400원	11,700원	13,700원	
해가림 시설	보험가입금액 = 재조달가액 × (1 - 감가상각율)(천원단위 미만 절사) ※ 재조달가액 = 단위면적당 시설비 × 재배면적

② 해가림시설 감가상각률 적용방법

구분		감가상각방법
설치시기에 따른 감가상각	원칙	(a) 계약자에게 설치시기를 고지 받아 해당일자를 기초로 감가상각한다. (b) 최초 설치시기를 특정하기 어려운 때에는 인삼의 정식시기와 동일한 시기로 한다.
	구조체를 재사용하여 설치하는 경우	(a) 해당 구조체의 최초 설치시기를 기초로 감가상각한다. (b) 최초 설치시기를 알 수 없는 경우에는 해당 구조체의 최초 구입시기를 기준으로 감가상각한다.
설치재료에 따른 감가상각	동일한 재료(목재 또는 철제)로 설치하였으나 설치시기 경과년수가 각기 다른 해가림시설 구조체가 상존하는 경우	가장 넓게 분포하는 해가림시설 구조체의 설치시기를 동일하게 적용한다.
	1개의 농지 내 감가상각률이 상이한 재료(목재+철제)로 해가림시설을 설치한 경우	재료별로 설치구획이 나뉘어 있는 경우에만 인수 가능하며, 각각의 면적만큼 구분하여 가입한다.

③ 경년감가율 적용시점과 연단위 감가상각

구 분	내 용
적용시점	감가상각은 보험가입시점을 기준으로 적용한다.
보험가입금액	보험기간 동안 동일하다.
연단위 감가상각	연단위 감가상각을 적용하며 경과기간이 1년 미만은 미적용한다. 예) 시설년도 : 2021년 5월 　　가입시기 : 2022년 11월 일 때 　　경과기간 : 1년 6개월 → 경과기간 1년 적용

④ 경년감가율

유형	내용연수	경년감가율
목재	6년	13.33%
철재	18년	4.44%

⑤ **잔가율** : 잔가율 20%와 자체 유형별 내용연수를 기준으로 경년감가율 산출 및 내용연수가 경과한 경우라도 현재 정상 사용 중인시설의 경제성을 고려하여 잔가율을 최대 30%로 수정할 수 있다.

농작물재해보험 및 가축재해보험 이론과 실무

기출뽀개기 ▶ 제6회 기출문제

농작물재해보험 상품 중 비가림시설 또는 해가림시설에 관한 다음 보험가입금액을 구하시오.　　　　　　　　　　　　　　　(2023 이론서에 따라 문제수정)　[15점]

(1) 포도 (단지 단위) 비가림시설의 최소 가입면적에서 최소 보험가입금액
　　(단, 포도비가림시설의 ㎡당 시설생산비　18,000원)
(2) 대추 (단지 단위) 비가림시설의 가입면적 300㎡에서 최대 보험가입금액
　　(단, 대추비가림시설의 ㎡당 시설생산비　19,000원)
(3) 단위면적당 시설비 : 30,000원　재배면적 : 300㎡,　시설유형 : 목재,
　　내용연수 : 6년　시설년도 2014년 4월, 가입시기 2019년 11월 말일 때,
　　인삼해가림시설의 보험가입금액

정답　(1) 200㎡ × 18,000원 × 0.8 = 2,880,000원

(2) 300㎡ × 19,000원 × 1.3 = 7,410,000원
※ 보험가입금액은 비가림시설의 ㎡당 시설생산비에 비가림시설 면적을 곱하여 산정
　(산정된 금액의 80% ～ 130% 범위 내에서 계약자가 보험가입금액 결정)
　단, 참다래 비가림시설은 계약자 고지사항을 기초로 보험가입금액을 결정한다.

(3) 보험가입금액 = 재조달가액 × (1 - 감가상각율)
　　　　　　　　= 9,000,000원 × (1 - 0.6665)
　　　　　　　　= 3,001,500원인데 천원단위 미만 절사이므로　3,001,000원
재조달가액 = 단위면적당 시설비×재배면적 = 30,000원/㎡ × 300㎡ = 9,000,000원
감가상각율 = 13.33% × 5년 = 66.65% =.0.6665
목재이므로 경년감가율 13.33%,　경과기간 : 2019년 11월 - 2014년 4월 = 5년 7개월 = 5년

6. 보험료 (순보험료 + 부가보험료)

(1) 순보험료 : 지급보험금의 재원이 되는 보험료
(2) 영업보험료 : 보험회사의 경비 등으로 사용되는 보험료
   ① 정부보조보험료는 순보험료의 50%와 부가보험료의 100%를 지원한다.
   ② 지자체지원보험료는 지자체별로 지원금액(비율)을 결정한다.
(3) 보험료의 산출
   ① 산식

약관	품목	적용보험료	비고
수확감소 보장 보통약관	마늘, 양파, 감자, 고구마, 양배추, 콩, 팥, 차, 옥수수 (사료용 옥수수 포함) 9개 품목	보통약관 보험가입금액 × 지역별 보통약관 영업요율 × (1±손해율에 따른 할인·할증률) × (1-방재시설할인율)	고구마, 팥, 차 품목의 경우 방재시설할인율 미적용
생산비 보장 보통약관	고추, 브로콜리, 메밀, 무(고랭지, 월동), 당근, 파(대파, 쪽파·실파), 시금치(노지), 배추(고랭지, 가을, 월동), 단호박 등 9개 품목		방재시설 할인은 고추, 브로콜리 품목에만 해당
작물특정위험보장 (인삼)		보통약관 보험가입금액 × 지역별 보통약관 영업요율 × (1±손해율에 따른 할인·할증률-전년도 무사고할인) × (1-방재시설할인율)	
해가림시설		보통약관 보험가입금액 × 지역별 보통약관 영업요율	

※ 손해율에 따른 할인·할증은 계약자를 기준으로 판단
※ 손해율에 따른 할인·할증폭은 -30%~+50%로 제한

   ② 종별 보험요율 차등적용에 관한 사항(해가림시설)

종구분	상 세	요율상대도
2종	허용적설심 및 허용풍속이 지역별 내재해형 설계기준 120%이상인 인삼재배시설	0.9
3종	허용적설심 및 허용풍속이 지역별 내재해형 설계기준 100%이상~120%미만인 인삼재배시설	1.0
4종	허용적설심 및 허용풍속이 지역별 내재해 설계기준 100%미만이면서, 허용적설심 7.9cm이상이고, 허용풍속이 10.5m/s 이상인 인삼재배시설	1.1
5종	허용적설심 7.9cm미만이거나, 허용풍속이 10.5m/s 미만인 인삼 재배시설	1.2

(4) 보험료의 환급

① 이 계약이 무효, 효력상실 또는 해지된 때에는 다음과 같이 보험료를 반환한다.
  ㉠ 다만, 보험기간 중 작물에 보험사고가 발생하고 보험금이 지급되어 보험가입금액이 감액된 경우에는 감액된 보험가입금액을 기준으로 환급금을 계산하여 돌려준다.
  ㉡ 해가림시설에 보험사고가 발생하고 보험가입금액 미만으로 보험금이 지급된 경우에는 보험가입금액이 감액되지 아니하므로 감액하지 않은 보험가입금액을 기준으로 환급금을 계산하여 돌려준다.

구 분		환급보험료
계약자 또는 피보험자의 책임 없는 사유에 의하는 경우	무효의 경우	납입한 (㉠)의 전액
	효력상실 또는 해지의 경우	환급보험료 = 계약자부담보험료 × (㉡) ※ 계약자부담보험료는 최종 보험가입금액 기준으로 산출한 보험료 중 계약자가 부담한 금액
계약자 또는 피보험자의 책임 있는 사유에 의하는 경우	원 칙	계산한 해당 월 미경과비율에 따른 환급보험료
	계약자,피보험자의 고의 또는 중대한 과실로 무효가 된 때	보험료를 반환하지 않는다.

② 계약자 또는 피보험자의 책임 있는 사유라 함은 다음 각 호를 말한다.
  ㉠ 계약자 또는 피보험자가 (㉢)하는 경우
  ㉡ 사기에 의한 계약, 계약의 해지 또는 중대사유로 인한 해지에 따라 계약을 취소 또는 해지하는 경우

> ※ 계약의 해지 : 계약자 또는 피보험자의 고의로 손해가 발생한 경우나, 고지의무·통지의무 등을 해태한 경우의 해지를 말한다.

  ㉢ (㉣)으로 인한 계약의 효력 상실

③ 계약의 무효, 효력상실 또는 해지로 인하여 반환해야 할 보험료가 있을 때에는 계약자는 환급금을 청구하여야 하며, 청구일의 다음 날부터 지급일까지의 기간에 대하여 '보험개발원이 공시하는 보험계약대출이율'을 연단위 복리로 계산한 금액을 더하여 지급한다.

정답 ㉠ 계약자부담보험료 ㉡미경과비율
㉢임의 해지 ㉣ 보험료 미납

7. 보험금
① 종합위험 수확감소보장의 보험금 산출

보장	보험의 목적	보험금 지급사유	지급금액
경작불능보장	마늘, 양파, 감자 (고랭지, 봄, 가을), 고구마, 옥수수 (사료용 옥수수), 양배추, 콩, 팥	보상하는 재해로 식물체 피해율이 65% 이상이고 계약자가 경작불능보험금을 신청한 경우 (보험계약소멸)	지급금액 = 보험가입금액 × 일정비율 ※ 자기부담비율에 따른 경작불능보험금 | 자기부담비율 | 경작불능보험금 | | 10%형 | 보험가입금액의 45% | | 15%형 | 보험가입금액의 42% | | 20%형 | 보험가입금액의 40% | | 30%형 | 보험가입금액의 35% | | 40%형 | 보험가입금액의 30% | 단, 사료용 옥수수 지급금액은 다음과 같다, 지급금액= 보험가입금액 × 보장비율 × 경과비율 〈계약자 선택에 따른 보장비율 표〉 | 보장비율 | 45%형 | 42%형 | 40%형 | 35%형 | 30%형 | | 구분 | 45% | 42% | 40% | 35% | 30% | 〈사고발생일이 속한 월에 따른 경과비율 표〉 | 월별 | 5월 | 6월 | 7월 | 8월 | | 경과비율 | 80% | 80% | 90% | 100% |
수확감소보장	마늘, 양파, 고구마, 양배추, 콩, 팥, 차(茶),	보상하는 재해로 피해율이 자기부담비율을 초과하는 경우	보험가입금액 × (피해율 - 자기부담비율) ※피해율= (평년수확량 - 수확량 - 미보상감수량) ÷ 평년수확량
	감자 (고랭지,봄,가을)	보상하는 재해로 피해율이 자기부담비율을 초과하는 경우	보험가입금액 × (피해율 - 자기부담비율) ※ 피해율 = {(평년수확량 - 수확량 - 미보상감수량) + 병충해감수량} ÷ 평년수확량
	옥수수	보상하는 재해로 손해액이 자기부담금을 초과하는 경우	MIN[보험가입금액, 손해액] - 자기부담금 ※ 손해액 = 피해수확량 ×가입가격 ※자기부담금=보험가입금액×자기부담비율

㉠ 보상하는 재해는 자연재해 · 조수해 · 화재로 발생하는 피해를 말한다.
 다만, 감자(고랭지재배, 가을재배, 봄재배) 는 병충해로 발생하는 피해를 포함한다.
㉡ 마늘의 수확량 조사시 최대 지름이 품종별 일정 기준(한지형 2cm, 난지형 3.5cm) 미만인 마늘의 경우에 한하여 80%, 100% 피해로 구분한다. 80% 피해형은 해당 마늘의 피해 무게를 80%로 인정하고 100% 피해형은 해당 마늘의 피해 무게를 100% 인정한다.
㉢ 양파의 수확량 조사시 최대 지름이 6cm 미만인 양파의 경우에 한하여 80%, 100% 피해로

구분한다. 80% 피해형은 해당 양파의 피해 무게를 80%로 인정하고 100% 피해형은 해당 양파의 피해 무게를 100% 인정한다.

ㄹ. 양배추의 수확량 조사시 80% 피해 양배추, 100% 피해 양배추로 구분한다. 80% 피해형은 해당 양배추의 피해 무게를 80% 인정하고 100% 피해형은 해당 양배추 피해 무게를 100% 인정한다.

ㅁ. 고구마의 수확량 조사시 품질에 따라 50%, 80%, 100% 피해로 구분한다. 50% 피해형은 피해를 50% 인정하고, 80% 피해형은 피해를 80%, 100% 피해형은 피해를 100% 인정한다.

ㅂ. 감자(고랭지·봄·가을)의 수확량 조사시 감자 최대 지름이 5cm 미만이거나 50% 피해형에 해당하는 경우 해당 감자의 무게는 50%만 피해로 인정한다.

50% 피해형	보상하는 재해로 일반시장에 출하할 때 정상작물에 비해 50% 정도의 가격하락이 예상되는 작물
80% 피해형	보상하는 재해로 인해 피해가 발생하여 일반시장 출하가 불가능하나, 가공용으로는 공급될 수 있는 작물을 말하며, 가공공장 공급 및 판매 여부와는 무관하다.
100% 피해형	보상하는 재해로 인해 피해가 발생하여 일반시장 출하가 불가능하고 가공용으로도 공급될 수 없는 작물을 말한다.

ㅅ. 감자의 병충해감수량은 아래와 같이 산정한다.

> 병충해감수량 = 병충해 입은 괴경의 무게 × 손해정도비율 × 인정비율

ㅇ. 감자(봄재배, 가을재배, 고랭지재배)손해정도에 따른 손해정도비율

손해정도	1~20%	21~40%	41~60%	61~80%	81~100%
손해정도비율	20%	40%	60%	80%	100%

ㅈ. 감자 병충해 등급별 인정비

급수	종류	인정비율
1급	역병, 갈쭉병, 모자이크병, 무름병, 둘레썩음병, 가루더뎅이병, 잎말림병, 감자뿔나방	90%
2급	홍색부패병, 시들음병, 마른썩음병, 풋마름병, 줄기검은병, 더뎅이병, 균핵병, 검은무늬썩음병, 줄기기부썩음병, 진딧물류, 아메리카잎굴파리, 방아벌레류	70%
3급	반쪽시들음병, 흰비단병, 잿빛곰팡이병, 탄저병, 겹둥근무늬병, 오이총채벌레, 뿌리혹선충, 파밤나방, 큰28점박이무당벌레, 기타	50%

ㅊ. 옥수수의 피해수확량은 피해주수에 표준중량을 곱하여 산출하되 재식시기 및 재식밀도를 감안한 값으로 한다.

* 피해주수 조사시, 하나의 주(株)에서 가장 착립장(알달림 길이)이 긴 옥수수를 기준으로 산정한다.
* 미보상 감수량은 피해수확량 산정시 포함하지 않는다.

ㄱ. 자기부담비율은 보험 가입 시 결정한 비율(10%, 15%, 20%, 30%, 40%)로 한다.
   (단, 양배추: 15, 20%, 30%, 40%,   팥 : 20%, 30%, 40%,)
ㄴ. 식물체 피해율 : 식물체가 고사한 면적을 보험가입면적으로 나누어 산출한다.

② 재파종 · 조기파종 · 재정식 보장

보장	보험의 목적	보험금 지급사유	보험금 계산 (지급금액)
재파종 보장 (보통약관)	마늘	보상하는 재해로 10a당 출현주수가 30,000주보다 작고, 10a당 30,000주 이상으로 재파종한 경우	보험가입금액 × 35% × 표준출현피해율 ※ 표준출현피해율(10a 기준) = (30,000 - 출현주수) ÷ 30,000
조기파종 보장 (특별약관)	제주도 지역 농지에서 재배하는 남도종 마늘	한지형 마늘 최초 판매개시일 24시 이전에 보상하는 재해로 10a당 출현주수가 30,000주 보다 작고, 10월 31일 이전 10a당 30,000주 이상으로 재파종한 경우	보험가입금액 × 25% × 표준출현 피해율 ※ 표준출현피해율(10a 기준) = (30,000 - 출현주수) ÷ 30,000
		한지형 마늘 최초 판매개시일 24시 이전에 보상하는 재해로 식물체 피해율이 65% 이상 발생한 경우	보험가입금액 × 일정비율 ※ 일정비율은 아래 자기부담비율에 따른 경작불능보험금참조
		보상하는 재해로 피해율이 자기부담비율을 초과하는 경우	보험가입금액×(피해율-자기부담비율) ※ 피해율 = (평년수확량 - 수확량 - 미보상감수량) ÷ 평년수확량
재정식 보장 (보통약관)	양배추	보상하는 재해로 면적 피해율이 자기부담비율을 초과하고 재정식한 경우	보험가입금액 × 20% × 면적피해율 ※면적피해율=피해면적÷보험가입면적

조기파종보장 자기부담비율별 경작불능보험금:

자기부담비율	10%형	15%형	20%형	30%형	40%형
경작불능보험금	보험가입금액의 32%	30%	28%	30%형	25%

③ 생산비보장 + 경작불능보장

보장	보험의 목적	보험금 지급사유	지급금액
경작 불능 보장	메밀, 단호박, 당근, 배추(고랭지·월동·가을), 무(고랭지·월동), 시금치(노지), 파(대파,쪽파·실파)	보상하는 재해로 식물체 피해율이 65% 이상이고, 계약자가 경작불능보험금을 신청한 경우 (해당 농지의 계약 소멸)	보험가입금액 × 일정비율 ※ 자기부담비율에 따른 경작불능보험금 | 자기부담비율 | 경작불능보험금 | | 20%형 | 보험가입금액의 40% | | 30%형 | 보험가입금액의 35% | | 40%형 | 보험가입금액의 30% |
생산비 보장	메밀, 단호박 등 7개 품목	보상하는 재해로 약관에 따라 계산한 피해율이 자기부담비율을 초과하는 경우	보험가입금액×(피해율-자기부담비율)

④ 생산비보장 - 고추, 브로콜리
  ㉠ 보험금

목적	지급사유	생산비보장 보험금	
고추	보상하는 재해로 약관에 따라 계산한 생산비보장보험금이 자기부담금을 초과하는 경우	병충해가 없는경우	보험금 = (잔존보험가입금액 × 경과비율 × 피해율) - 자기부담금
고추		병충해가 있는경우	보험금=(잔존보험가입금액×경과비율×피해율×병충해등급별 인정비율) - 자기부담금
브로콜리		보험금 = (잔존보험가입금액 × 경과비율 × 피해율) - 자기부담금	

※ 보상하는 재해는 자연재해·조수해·화재로 발생하는 피해를 말한다.
　다만, 고추는 병충해로 발생하는 피해를 포함한다.
※ 자기부담금 = 잔존보험가입금액 × 보험가입을 할 때 계약자가 선택한 비율(3% 또는 5%)

  ㉡ 고추

구 분		내 용
잔존보험가입금액		잔존보험가입금액 = 보험가입금액 - 보상액 (기발생 생산비보장보험금 합계액)
경과비율	수확기 이전에 보험사고가 발생한 경우	준비기생산비계수 + [(1 - 준비기생산비계수) × (생장일수 ÷ 표준생장일수)] ※ 준비기생산비계수는 54.4%로 한다. ※ 생장일수는 정식일로부터 사고발생일까지 경과일수로 한다. ※ 표준생장일수(정식일로부터 수확개시일까지 표준적인 생장일수)는 사전에 설정된 값으로 100일로 한다. ※ 생장일수를 표준생장일수로 나눈 값은 1을 초과할 수 없다.
경과비율	수확기 중에 보험사고가 발생한 경우	1 - (수확일수 ÷ 표준수확일수) ※ 수확일수는 수확개시일로부터 사고발생일까지 경과일수로 한다. ※ 표준수확일수는 수확개시일로부터 수확종료일까지의 일수로 한다.
피해율		※ 피해율 = 피해비율 × 손해정도비율 × (1 - 미보상비율) ※ 피해비율 : 피해면적(주수) ÷ 재배면적(주수)
손해정도에 따른 손해정도비율		〈고추 손해정도에 따른 손해정도비율〉 | 손해정도 | 1~20% | 21~40% | 41~60% | 61~80% | 81~100% | |---|---|---|---|---|---| | 손해정도비율 | 20% | 40% | 60% | 80% | 100% |
병충해 등급별 인정비율		〈고추 병충해 등급별 인정비율〉 | 등급 | 종류 | 인정비율 | |---|---|---| | 1등급 | 역병, 풋마름병, 바이러스병, 세균성점무늬병, 탄저병 | 70% | | 2등급 | 잿빛곰팡이병, 시들음병, 담배가루이, 담배나방 | 50% | | 3등급 | 흰가루병, 균핵병, 무름병, 진딧물 및 기타 | 30% |

ⓒ 브로콜리

구 분		내 용
잔존보험가입금액		잔존보험가입금액 = 보험가입금액 - 보상액 (기발생 생산비보장보험금 합계액)
경과비율	수확기 이전에 보험사고가 발생한 경우	준비기생산비계수 + [(1 - 준비기생산비계수) × (생장일수 ÷ 표준생장일수)] ※ 준비기생산비계수는 49.5%로 한다. ※ 생장일수는 정식일로부터 사고발생일까지 경과일수로 한다. ※ 표준생장일수(정식일로부터 수확개시일까지 표준적인 생장일수)는 사전에 설정된 값으로 130일로 한다. ※ 생장일수를 표준생장일수로 나눈 값은 1을 초과할 수 없다.
	수확기 중에 보험사고가 발생한 경우	1 - (수확일수 ÷ 표준수확일수) ※ 수확일수는 수확개시일로부터 사고발생일까지 경과일수로 한다. ※ 표준수확일수는 수확개시일로부터 수확종료일까지의 일수로 한다.
피해율		※ 피해율 = 피해비율 × 작물피해율 ※ 피해비율 : 피해면적(m^2) ÷ 재배면적(m^2) ※ 작물피해율 : 피해면적 내 피해송이 수 ÷ 총 송이 수
피해정도에 따른 피해인정계수		〈브로콜리 피해정도에 따른 피해인정계수〉 | 구분	정상밭작물	50%형피해밭작물	80%형	100%형
---	---	---	---	---
피해인정계수	0	0.5	0.8	1	 ※ 피해송이는 송이별로 피해 정도에 따라 위 피해인정계수를 정하며, 피해송이 수는 피해송이별 피해인정계수의 합계로 산출한다.

⑤ 작물특정 및 시설종합위험보장 - 인삼

보 장	보험금 지급사유	지급금액	
인삼 손해 보장	보상하는 재해로 피해율이 자기부담비율을 초과하는 경우	보험금 = 보험가입금액 × (피해율 - 자기부담비율) ※ 피해율 = $(1 - \dfrac{수확량}{연근별기준수확량}) \times \dfrac{피해면적}{재배면적}$	
해가림 시설 보장	보상하는 재해로 손해액이 자기부담금을 초과하는 경우	보험가입금액 ≧ 보험가액	손해액 - 자기부담금 (보험가입금액을 한도로 함)
		보험가입금액 > 보험가액 (초과보험)	손해액 - 자기부담금 (보험가액을 한도로 함)
		보험가입금액 < 보험가액	보험가입금액을 한도로 비례보상 (손해액 - 자기부담금) × $\dfrac{보험가입금액}{보험가액}$

※ 손해액이란 그 손해가 생긴 때와 곳에서의 보험가액을 말함

8. 자기부담비율 (자기부담금)

구 분		자기부담비율
수확감소보장 (마늘, 양파, 감자(고랭지재배, 봄재배, 가을재배), 고구마, 옥수수(사료용 옥수수), 양배추, 콩, 팥, 차(茶)		① 보험계약 시 계약자가 선택한 비율 (10%, 15%, 20%, 30%, 40%), 　　양배추 : 15%, 20%, 30%, 40%　팥 : 20%, 30%, 40% ② 자기부담비율 적용 기준
	10%형	최근 3년간 연속 보험가입계약자로서 3년간 수령한 보험금이 순보험료의 100% 이하인 경우에 한하여 선택 가능하다.
	15%형	최근 2년간 연속 보험가입계약자로서 2년간 수령한 보험금이 순보험료의 100% 이하인 경우에 한하여 선택 가능하다.
	20%형, 30%형, 40%형 : 제한 없음.	
생산비 보장 방식	메밀, 단호박, 당근, 배추(고랭지· 월동·가을) 무(고랭지·월동), 시금치(노지), 파(대파, 쪽파·실파)	보험 계약시 계약자가 선택한 비율(20%, 30%, 40%)로 한다.
	고추, 브로콜리	① 보험 계약시 계약자 선택한 비율(잔존보험가입금액의 3% 또는 5%) ② 생산비보장 자기부담금 선택 기준 – 3%형 : 최근 2년 연속 가입 및 2년간 수령 보험금이 순보험료의 　　　　　100%이하인 계약자 – 5%형 : 제한 없음
해가림 시설		• 최소자기부담금(10만원) ≤ 손해액의 10% ≤ 최대자기부담금(100만원) ※ 자기부담금은 1사고 단위로 적용한다.

▶ 제7회 기출문제

보험가입금액 100,000,000원, 자기부담비율 20%의 종합위험보장 마늘 상품에 가입하였다. 보험계약 후 당해년도 10월 31일까지 보상하는 재해로 인해 마늘이 10a당 27,000주가 출현되어 10a당 33,000주로 재파종을 한 경우 재파종보험금의 계산과정과 값을 쓰시오.
(5점)

답

정답 재파종보험금 = 보험가입금액의 35% × 표준출현피해율
　　　　　　　　　= 100,000,000원의 35% × 10% = 3,500,000원
※ 표준출현피해율(10a기준) = (30,000주 − 출현주수) ÷ 30,000주
　　　　　　　　　　　　　= (30,000주 − 27,000주) ÷ 30,000주 = 10%

▶ 제4회 기출문제

다음 밭작물의 품목별 보장내용에 관한 표의 빈칸에 담보가능은 "O"로 부담보는 "×"로 표시할 때 다음 물음에 답하시오. (단, '차' 품목 예시를 포함하여 개수를 산정함) [5점]

밭작물	재파종보장	경작불능보장	수확감소보장	수입보장	생산비보장	해가림시설보장
차	×	×	O	×	×	×
인삼						
고구마, 감자						
콩, 양파						
마늘						
고추						

① '재파종보장' 열에서 "O"의 개수 :
② '경작불능보장' 열에서 "O"의 개수 :
③ '수입보장' 열에서 "O"의 개수 :
④ '인삼' 행에서 "O"의 개수 :
⑤ '고구마, 감자' 행에서 "O"의 개수 :

답

정답 ① '재파종보장' 열에서 "O"의 개수 : 1
② '경작불능보장' 열에서 "O"의 개수 : 3
③ '수입보장' 열에서 "O"의 개수 : 3
④ '인삼' 행에서 "O"의 개수 : 1
⑤ '고구마, 감자' 행에서 "O"의 개수 : 3

밭작물	재파종보장	경작불능보장	수확감소보장	수입보장	생산비보장	해가림시설보장
차	×	×	O	×	×	×
인삼	×	×	×	×	×	O
고구마, 감자	×	O	O	O	×	×
콩, 양파	×	O	O	O	×	×
마늘	O	O	O	O	×	×
고추	×	×	×	×	O	×

※ 수입보장 : 포도, 콩, 양파, 마늘, 감자(가을재배), 고구마, 양배추
※ 비가림시설보장 : 포도, 대추, 참다래

9. 계약인수 관련 수확량

(1) 표준수확량

과거의 통계를 바탕으로 (㉠)에 (㉡)를 고려하여 산출한 예상 수확량이다.

> **정답** ㉠ 지역별 기준수량, ㉡ 농지별 경작요소

(2) 평년수확량

① 농지의 기후가 평년 수준이고 비배관리 등 영농활동을 평년수준으로 실시하였을 때 기대할 수 있는 수확량을 말한다.
② 평년수확량은 자연재해가 없는 이상적인 상황에서 수확할 수 있는 수확량이 아니라 평년 수준의 재해가 있다는 점을 전제로 한다.
③ 주요 용도로는 보험가입금액의 결정 및 보험사고 발생 시 감수량 산정을 위한 기준으로 활용된다.
④ 농지(과수원) 단위로 산출하며, 가입년도 직전 5년 중 보험에 가입한 연도의 실제 수확량과 표준수확량을 가입 횟수에 따라 가중평균하여 산출한다.
⑤ 산출 방법은 가입 이력 여부로 구분된다.

구 분	평년수확량
과거수확량 자료가 없는 경우 (신규 가입)	표준수확량의 100%를 평년수확량으로 결정한다.
과거수확량 자료가 있는 경우 (최근 5년 이내 가입 이력 존재)	평년수확량 = {A + (B − A) × (1 − Y / 5)} × C / B ○ A(과거평균수확량) = ∑과거 5년간 수확량 ÷ Y ○ B(평균표준수확량) = ∑과거 5년간 표준수확량 ÷ Y ○ C(표준수확량) = 가입연도 표준수확량 ○ Y = 과거수확량 산출연도 횟수(가입횟수) ※ 다만, 평년수확량은 보험가입연도 표준수확량의 130%를 초과할 수 없음 ※ 옥수수, 사료용 옥수수 등 생산비보장방식 품목 제외

(3) 과거수확량

구 분		과거수확량
원칙	조사수확량 > 평년수확량50%	조사수확량
	평년수확량 50% ≧ 조사수확량	평년수확량 50%

※ 사고 시에는 조사수확량 값 적용
※ 무사고 시에는 표준수확량의 1.1배와 평년수확량의 1.1배 중 큰 값 적용

(4) 가입수확량

보험에 가입한 수확량으로 범위는 평년수확량의 50%~100% 사이에서 계약자가 결정한다.
※ 옥수수의 경우 표준수확량의 80%~130%에서 계약자가 결정
※ 옥수수 표준수확량 = 품종별, 지역별표준수확량×재식시기지수

기출뽀개기 ▶ 제7회 기출문제

농작물재해보험 종합위험보장 양파 상품에 가입하려는 농지의 최근 5년간 수확량 정보이다. 다음 물음에 답하시오. (15점)

(단위: kg)

년 도	2016년	2017년	2018년	2019년	2020년	2021년
평년수확량	1,000	800	900	1,000	1,100	?
표준수확량	900	950	950	900	1,000	1,045
조사수확량			300	무사고	700	
보험가입여부	미가입	미가입	가 입	가 입	가 입	

물음 1) 2021년 평년수확량 산출을 위한 과거평균수확량의 계산과정과 값을 쓰시오. (8점)

답

정답 A(과거평균수확량) = ∑(과거 5년간 수확량) ÷ Y
           = (700kg + 1,100kg + 450kg) ÷ 3 = 750kg

2020년 과거수확량 : 조사수확량 > 평년수확량의 50% 이므로 700kg
2019년 과거수확량 : max(표준수확량, 평년수확량) × 110% =1,100kg
2018년 과거수확량 : 평년수확량의 50% = 900kg의 50% =450kg

해설 과거수확량 산출

구 분	수확량
조사수확량 > 평년수확량의 50%	조사수확량
조사수확량 ≤ 평년수확량의 50%	평년수확량의 50%

※ 사고 시에는 조사수확량 값 적용
※ 무사고 시에는 표준수확량의 1.1배와 평년수확량의 1.1배 중 큰 값 적용

물음 2) 2021년 평년수확량의 계산과정과 값을 쓰시오. (7점)
답

정답 2021년 평년수확량 $= \left\{ A + (B-A) \times (1 - \dfrac{Y}{5}) \right\} \times \dfrac{C}{B}$

$= \left\{ 750kg + (950kg - 750kg) \times (1 - \dfrac{3}{5}) \right\} \times \dfrac{1,045kg}{950kg} = 913kg$

A(과거평균수확량) = ∑(과거 5년간 수확량) ÷ Y = 750kg
B(과거평균표준수확량) =∑(과거 5년간 표준수확량) ÷ Y = (950kg + 900kg + 1,000kg) ÷ 3 = 950kg
C(표준수확량) = 가입하는 해의 표준수확량 =1,045kg
Y = 과거수확량 산출년도 횟수 = 3

04 원예시설 및 시설작물 (버섯재배사 및 버섯 포함)

1. 대상품목 및 보장방식

대상 품목	보장방식
농업용 시설물 및 부대시설,	종합위험 원예시설 손해보장방식
버섯재배사 및 부대시설,	종합위험 버섯재배사 손해보장방식
시설작물 22품목 (딸기, 토마토, 오이, 참외, 풋고추, 파프리카, 호박, 국화, 수박, 멜론, 상추, 가지, 배추, 백합, 카네이션, 미나리, 시금치, 파, 무, 쑥갓, 장미, 부추),	종합위험 생산비보장방식
버섯작물 4품목 (표고버섯, 느타리버섯, 새송이버섯, 양송이버섯)	

① 자연재해, 조수해로 인한 농업용 시설물 혹은 버섯재배사(하우스, 유리온실의 구조체 및 피복재)에 손해 발생 시 원상복구 비용을 보상하며, 화재 피해는 특약 가입 시 보상한다.
② 부대시설 및 시설작물·버섯작물은 농업용 시설물 혹은 버섯재배사 가입 후 보험 가입이 가능하다.
③ 가입 대상 작물로는 정식 또는 파종 후 재배 중인 22개 시설작물(육묘는 가입 불가), 종균접종 이후 4개 버섯작물(배양 중인 버섯은 가입 불가)이다.
④ 품목별 인수가능 세부품종

품목	인수가능 품종
풋고추 (시설재배)	청양고추, 오이고추, 피망, 꽈리, 하늘고추, 할라피뇨
호박 (시설재배)	애호박, 주키니호박, 단호박
토마토 (시설재배)	방울토마토, 대추토마토, 대저토마토, 송이토마토
배추 (시설재배)	안토시아닌 배추(빨간배추)
무 (시설재배)	조선무, 알타리무, 열무
파 (시설재배)	실파
국화 (시설재배)	거베라

2. 보상하는 재해

(1) 공통
① 자연재해

구 분	정 의
태 풍	기상청(①)이상 발령할 때 발령지역의 바람과 비로 인하여 발생하는 피해
우 박	적란운과 (②)속에서 성장하는 얼음알갱이나(③)가 내려 발생하는 피해
동상해	서리 또는 (④)의 하강으로 인하여 농작물 등이 얼어서 발생하는 피해
호 우	(⑤) 강우량 이상의 많은 양의 비로 인하여 발생하는 피해
강 풍	강한 바람 또는 (⑥)으로 인하여 발생하는 피해
한 해 (가뭄피해)	장기간의 지속적인 강우 부족에 의한 (⑦) 부족으로 인하여 발생하는 피해
냉 해	농작물의 (⑧)중 작물의 (⑨)에 지장을 초래할 정도의 (⑩)으로 인하여 발생하는 피해
조 해 (潮害)	태풍이나 비바람등의 자연현상으로 인하여 (⑪)의 (⑫)에 바닷물이 들어와서 발생하는 피해
설 해	눈으로 인하여 발생하는 피해
폭 염	매우 심한 더위로 인하여 발생하는 피해
기타 자연재해	상기 자연재해에 준하는 자연현상으로 발생하는 피해

② 조수해(鳥獸害) : 새나 짐승으로 인하여 발생하는 피해

정답 ① 태풍주의보 ② 봉우리적운 ③ 얼음덩이 ④ 기온
⑤ 평균적인 ⑥ 돌풍 ⑦ 토양수분 ⑧ 성장 기간 ⑨ 생육
⑩ 찬기온 ⑪ 연안지대 ⑫ 경지

(2) 시설작물 및 버섯작물
아래의 각 목 중 하나에 해당하는 것이 있는 경우에만 위 자연재해나 조수해로 입은 손해를 보상한다.
① 구조체, 피복재 등 농업용 시설물에 직접적인 피해가 발생한 경우
② 농업용 시설물에 직접적인 피해가 발생하지 않은 자연재해로서 작물피해율이 70% 이상 발생하여 농업용 시설물 내 전체 작물의 재배를 포기하는 경우(시설작물에만 해당)
③ 기상청에서 발령하고 있는 기상특보 발령지역의 기상특보 관련 재해로 인해 작물에 피해가 발생한 경우(시설작물에만 해당)

(3) 특약

화재	화재로 인하여 발생하는 피해
화재대물 배상책임	보험에 가입한 목적물에 발생한 화재로 인해 타인의 재물에 손해를 끼침으로서 법률상의 배상책임을 졌을 때 입은 피해

3. 보상하지 않는 재해

① 계약자, 피보험자 또는 이들의 법정대리인의 고의 또는 중대한 과실
② 자연재해, 조수해가 발생했을 때 생긴 도난 또는 분실로 생긴 손해
③ 보험의 목적의 노후, 하자 및 구조적 결함으로 생긴 손해
④ 보상하지 않는 재해로 제방, 댐 등이 붕괴되어 발생한 손해
⑤ 침식활동 및 지하수로 인한 손해
⑥ 수확기에 계약자 또는 피보험자의 고의 또는 중대한 과실로 시설재배 농작물을 수확하지 못하여 발생한 손해
⑦ 제초작업, 시비관리, 온도(냉・보온)관리 등 통상적인 영농활동을 하지 않아 발생한 손해
⑧ 원인의 직접・간접을 묻지 않고 병해충으로 발생한 손해
⑨ 계약체결 시점 현재 기상청에서 발령하고 있는 기상특보 발령 지역의 기상특보 관련 재해로 인한 손해
⑩ 전쟁, 내란, 폭동, 소요, 노동쟁의 등으로 인한 손해
⑪ 보상하는 재해에 해당하지 않은 재해로 발생한 손해
⑫ 직접 또는 간접을 묻지 않고 보험의 목적인 농업용 시설물과 부대시설의 시설, 수리, 철거 등 관계 법령(국가 및 지방자치단체의 명령 포함)의 집행으로 발생한 손해
⑭ 피보험자가 파손된 보험의 목적의 수리 또는 복구를 지연함으로써 가중된 손해
⑮ 농업용 시설물이 피복재로 피복되어 있지 않은 상태 또는 그 내부가 외부와 차단되어 있지 않은 상태에서 보험의 목적에 발생한 손해
⑯ 피보험자가 농업용 시설물(부대시설 포함)을 수리 및 보수하는 중에 발생한 피해

> **더 알아보기** 용어의 정의
>
> | 구조적 결함 | 출입구 미설치, 구조적 안전성이 검토되지 않는 자의적 증축・개량・개조・절단, 구조체 매설부위의 파열・부식, 내구성 및 내재해성이 현저히 떨어지는 부재의 사용 등을 말한다. |
> |---|---|
> | 시비관리 | 수확량 또는 품질을 높이기 위해 비료성분을 토양 중에 공급하는 것 |
> | 기상 특보 관련 재해 | 태풍, 호우, 홍수, 강풍, 풍랑, 해일, 대설, 폭염 등을 포함한다. |

4. 보험의 목적

① 종합위험 원예시설 손해보장

구 분	보험의 목적		제외되는 것
농업용 시설물	단동하우스 (광폭형하우스를 포함), 연동하우스 및 유리(경질판)온실의 구조체 및 피복재		〈농업용 시설물의 경우〉 ㉠ 목재·죽재로 시공된 하우스 ㉡ 선별장·창고·농막 등
부대 시설	모든 부대시설 (단, 동산시설 제외) 부대시설은 아래의 물건을 말한다. ㉠ 시설작물의 재배를 위하여 농업용 시설물 내부 구조체에 연결, 부착되어 외부에 노출되지 않는 시설물 ㉡ 시설작물의 재배를 위하여 농업용 시설물 내부 지면에 고정되어 이동 불가능한 시설물 ㉢ 시설작물의 재배를 위하여 지붕 및 기둥 또는 외벽을 갖춘 외부 구조체 내에 고정·부착된 시설물 ※ 터널과 연동하우스의 수평 커튼도 부대시설(보온시설)로 가입		〈농업용 시설물 및 부대시설의 경우〉 ㉠ 시설작물을 제외한 온실 내의 동산 ㉡ 시설작물 재배 이외의 다른 목적이나 용도로 병용하고 있는 경우, 다른 목적이나 용도로 사용되는 부분 〈부대시설의 경우〉 ㉠ 소모품 및 동산시설 : 멀칭비닐, 터널비닐, 외부제초비닐, 매트, 바닥재, 배지, 펄라이트, 상토, 이동식 또는 휴대할 수 있는 무게나 부피를 가지는 농기계, 육묘포트, 육묘기, 모판, 화분, 혼합토, 컨베이어, 컴프레셔, 적재기기 및 이와 비슷한 것 ㉡ 피보험자의 소유가 아닌 임차시설물 및 임차부대시설(단, 농업용 시설물 제외) ㉢ 저온저장고, 선별기, 방범용 CCTV, 소프트웨어 및 이와 비슷한 것 ㉣ 보호장치 없이 농업용 시설물 외부에 위치한 시설물. 단, 농업용 시설물 외부에 직접 부착되어 있는 차양막과 보온재는 제외 ※ 보호장치란 창고 또는 이와 유사한 것으로 시설물이 외부에 직접적으로 노출되는 것을 방지하는 장치를 말함
시설 작물	화훼류	국화, 장미, 백합, 카네이션 (절화용만 해당, 분화용 제외)	시설작물의 경우 품목별 표준생장일수와 현저히 차이나는 생장일수(정식일·파종일)로부터 수확개시일까지의 일수)를 가지는 품종은 보험의 목적에서 제외된다.
	비화훼류	딸기, 오이, 토마토, 참외, 풋고추, 호박, 수박, 멜론, 파프리카, 상추, 부추, 시금치, 가지, 배추, 파(대파·쪽파), 무, 미나리, 쑥갓	<table><tr><th>품목</th><th>제외 품종</th></tr><tr><td>배추(시설재배)</td><td>얼갈이 배추, 쌈배추, 양배추</td></tr><tr><td>딸기(시설재배)</td><td>산딸기</td></tr><tr><td>수박(시설재배)</td><td>애플수박, 미니수박, 복수박</td></tr><tr><td>고추(시설재배)</td><td>홍고추</td></tr><tr><td>오이(시설재배)</td><td>노각</td></tr><tr><td>상추(시설재배)</td><td>양상추, 프릴라이스, 버터헤드(볼라레), 오버레드, 이자벨, 멀티레드, 카이피라, 아지르카, 이자트릭스, 크리스피아노</td></tr></table>

② 종합위험 버섯 손해보장

구 분	보험의 목적	제외되는 것
농업용 시설물 (버섯재배사)	단동하우스(광폭형하우스를 포함), 연동하우스 경량철골조 등 버섯작물 재배용으로 사용하는 구조체, 피복재 또는 벽으로 구성된 시설.	〈 농업용 시설물(버섯재배사)의 경우 〉 ㉠ 목재·죽재로 시공된 하우스 ㉡ 선별장·창고·농막 등 〈농업용 시설물(버섯재배사) 및 부대시설의 경우〉 ㉠ 버섯작물을 제외한 온실 내의 동산 ㉡ 버섯 재배 이외의 다른 목적이나 용도로 병용하고 있는 경우, 다른 목적이나 용도로 사용되는 부분 〈보험의 목적에 포함되지 않는 물건〉 ㉠ 소모품 및 동산시설 : 멀칭비닐, 터널비닐, 외부 제초비닐, 매트, 바닥재, 배지, 펄라이트, 상토, 이동식 또는 휴대할 수 있는 무게나 부피를 가지는 농기계, 육묘포트, 육묘기, 모판, 화분, 혼합토, 컨베이어, 컴프레셔, 적재기기 및 이와 비슷한 것 ㉡ 피보험자의 소유가 아닌 임차시설물 및 임차부대시설 (단, 농업용 시설물 제외) ㉢ 저온저장고, 선별기, 방범용 CCTV, 소프트웨어 및 이와 비슷한 것 ㉣ 보호장치 없이 농업용 시설물 외부에 위치한 시설물. 단, 농업용 시설물 외부에 직접 부착되어 있는 차양막과 보온재는 제외 ※ 보호장치란 창고 또는 이와 유사한 것으로 시설물이 외부에 직접적으로 노출되는 것을 방지하는 장치를 말함
부대시설	버섯작물 재배를 위하여 농업용시설물(버섯재배사)에 부대하여 설치한 시설 (단, 동산시설은 제외함) 부대시설은 아래의 물건을 말한다. ㉠ 버섯 작물의 재배를 위하여 농업용 시설물 내부 구조체에 연결, 부착되어 외부에 노출되지 않는 시설물 ㉡ 버섯 작물의 재배를 위하여 농업용 시설물 내부 지면에 고정되어 이동 불가능한 시설물 ㉢ 버섯 작물의 재배를 위하여 지붕 및 기둥 또는 외벽을 갖춘 외부 구조체 내에 고정·부착된 시설물	
시설재배 농작물	농업용시설물(버섯재배사) 및 부대시설을 이용하여 재배하는 표고버섯(원목재배톱밥배지재배), 느타리버섯(균상재배, 병재배), 새송이버섯(병재배), 양송이버섯(균상재배)	

제1과목
농작물재해보험 및 가축재해보험 이론과 실무

5. 보험기간

① 종합위험 원예시설 손해보장

구 분	보험의 목적		보험기간	
			보장개시	보장종료
농업용 시설물	단동하우스 (광폭형하우스를 포함), 연동하우스 및 유리(경질판)온실의 구조체 및 피복재		청약을 승낙하고 제1회 보험료 납입한 때	보험증권에 기재된 보험 종료일 24시
부대시설	모든 부대시설(단, 동산시설 제외)			
시설작물	화훼류	국화, 장미, 백합, 카네이션	'해당 농업용 시설물 내에 농작물을 정식한 시점'과 '청약을 승낙하고 제1회 보험료를 납입한 때'중 늦은 때	
	비화훼류	딸기, 오이, 토마토, 참외, 풋고추, 호박, 수박, 멜론, 파프리카, 상추, 부추, 가지, 배추, 파(대파·쪽파), 미나리		
		시금치, 파(쪽파),무, 쑥갓	'해당 농업용 시설물 내에 농작물을 파종한 시점'과 '청약을 승낙하고 제1회 보험료를 납입한 때' 중 늦은 때	

② 종합위험 버섯 손해보장

구분	보험의 목적	보험기간	
		보장개시	보장종료
농업용 시설물 (버섯재배사)	단동하우스(광폭형하우스를 포함), 연동 하우스 및 경량철골조 등 버섯작물 재배용으로 사용하는 구조체, 피복재 또는 벽으로 구성된 시설	청약을 승낙하고 제1회 보험료 납입한 때	보험증권에 기재된 보험 종료일 24시
부대시설	버섯작물 재배를 위하여 농업용시설물(버섯재배사)에 부대하여 설치한 시설(단, 동산시설은 제외함)		
버섯작물	농업용시설물(버섯재배사) 및 부대시설을 이용하여 재배하는 느타리버섯(균상재배, 병재배), 표고버섯(원목재배, 톱밥배지재배), 새송이버섯(병재배), 양송이버섯(균상재배)		

151

6. 보험가입금액

① 종합위험 원예시설

구 분	보험가입금액	
농업용 시설물	㉠ 전산(電算)으로 산정된 기준 보험가입금액의 90~130% 범위 내에서 결정한다. ㉡ 적산(積算)으로 기준금액 산정이 불가능한 유리온실(경량철골조), 내재해형하우스, 비규격하우스는 계약자 고지사항을 기초로 보험가입금액 결정한다. ※ 유리온실(경량철골조)은 ㎡당 5~50만원 범위에서 가입금액 선택이 가능하다.	※ 농업용시설물 및 부대시설의 경우 ㉠ 재조달가액 특약 미가입 시 고지된 구조체 내용에 따라 감가율을 고려하여 시가기준으로 결정(보험사고 시 지급기준과 동일)한다. ㉡ 재조달가액 특약 가입 시 재조달가액 기준으로 결정한다.
부대시설	㉠ 계약자 고지사항을 기초로 보험가액을 추정하여 보험가입금액을 결정한다.	
시설작물	㉠ 하우스 별 연간 재배예정인 시설작물 중 생산비가 가장 높은 작물 가액의 50~100% 범위내에서 계약자가 가입금액을 결정(10% 단위)한다.	

② 종합위험 버섯

구 분	보험가입금액	
버섯 재배사	㉠ 재조달 기준금액의 90~130% 범위 내에서 결정한다. ㉡ 기준금액 산정이 불가능한 버섯재배사(콘크리트조,경량철골조), 내재해형하우스, 비규격하우스는 계약자 고지사항을 기초로 보험가입금액을 결정한다. ※ 버섯재배사(콘크리트조,경량철골조)는 ㎡당 5 ~ 50만원 범위에서 가입금액 선택이 가능하다.	※ 버섯재배사 및 부대시설의 경우 ㉠ 재조달가액 특약 미가입 시 고지된 구조체 내용에 따라 감가율을 고려하여 시가기준으로 결정(보험사고 시 지급기준과 동일)한다. ㉡ 재조달가액 특약 가입 시 재조달가액 기준으로 결정한다.
부대시설	㉠ 계약자 고지사항을 기초로 보험가액을 추정하여 보험가입금액을 결정한다.	
버 섯	㉠ 하우스 별 연간 재배예정인 버섯 중 생산비가 가장 높은 버섯 가액의 50~100% 범위내에서 계약자가 가입금액을 결정 (10% 단위)한다.	

7. 보험료
(1) 보험료의 산출

보험목적	약관	보험료
농업용 시설물 · 부대시설	주계약 (보통약관)	보험료 = [(농업용시설물 보험가입금액 × 지역별 농업용시설물 종별 보험요율) + (부대시설 보험가입금액×지역별 부대시설 보험요율)] × 단기요율 적용지수
		※ 단, 수재위험 부보장 특약에 가입한 경우에는 위 보험료의 90% 적용
	화재위험보장 특별약관	보험료 = 보험가입금액×화재위험보장특약영업요율×단기요율적용지수
	화재대물배상책임 보장 특별약관 (농업용시설물)	보험료 = 산출기초금액(12,025,000원) × 화재위험보장특약영업요율(농업용시설물, 부대시설)×대물인상계수(LOL계수)×단기요율적용지수
버섯 재배사 · 부대시설	주계약 (보통약관)	보험료 = [(버섯재배사 보험가입금액 × 지역별 버섯재배사 종별 보험요율) + (부대시설 보험가입금액 × 지역별 부대시설 보험요율)] × 단기요율 적용지수
		※ 단, 수재위험 부보장 특약에 가입한 경우에는 위 보험료의 90% 적용
	화재위험보장 특별약관	보험료 =보험가입금액×화재위험보장특약보험요율×단기요율적용지수
	화재대물배상책임 보장 특별약관 (버섯재배사)	적용보험료 = 산출기초금액(12,025,000원) × 화재위험보장특약영업요율 × 대물인상계수(LOL계수) × 단기요율 적용지수
시설작물	주계약 (보통약관)	보험료 = 보험가입금액 × 지역별·종별보험요율 × 단기요율 적용지수
	화재위험보장 특별약관	보험료 = 보험가입금액×화재위험보장특약영업요율×단기요율적용지수
		※ 단, 수재위험 부보장 특약에 가입한 경우에는 위 보험료의 90% 적용
버섯작물	주계약 (보통약관)	보험료 = 보험가입금액 × 지역별·종별보험요율 × 단기요율 적용지수
	화재위험보장 특별약관	보험료 =보험가입금액×화재위험보장특약영업요율×단기요율적용지수
		※ 단, 수재위험 부보장 특약에 가입한 경우에는 위 보험료의 90% 적용
	표고버섯 확장위험보장 특별약관	보험료 = 보험가입금액 × 화재위험보장특약보험요율 × 단기요율적용지수 × 할증적용계수

⟨보험요율 차등적용에 관한 사항⟩

종구분	상 세	요율상대도
1종	경량철골조	0.70
2종	허용 적설심 및 허용 풍속이 지역별 내재해형 설계기준의 120% 이상인 하우스	0.80
3종	허용 적설심 및 허용 풍속이 지역별 내재해형 설계기준의 100% 이상 ~ 120% 미만인 하우스	0.90
4종	허용 적설심 및 허용 풍속이 지역별 내재해형 설계기준의 100% 미만이면서, 허용 적설심 7.9cm 이상이고, 허용 풍속이 10.5m/s 이상인 하우스	1.00
5종	허용 적설심 7.9cm 미만이거나, 허용 풍속이 10.5m/s 미만인 하우스	1.10

⟨단기요율 적용지수⟩

· 보험기간이 1년 미만인 단기계약에 대하여는 아래의 단기요율 적용
· 보험기간을 연장하는 경우에는 원기간에 통산하지 아니하고 그 연장기간에 대한 단기요율 적용
· 보험기간 1년 미만의 단기계약을 체결하는 경우 보험기간에 6월, 7월, 8월, 9월, 11월, 12월, 1월, 2월, 3월이 포함될 때에는 단기요율에 각월마다 10%씩 가산. 다만, 화재위험 보장 특약은 가산하지 않음
· 그러나, 이 요율은 100%를 초과할 수 없음

⟨단기요율표⟩

보험기간	15일까지	1개월까지	2개월까지	3개월까지	4개월까지	5개월까지	6개월까지	7개월까지	8개월까지	9개월까지	10개월까지	11개월까지
단기요율	15%	20%	30%	40%	50%	60%	70%	75%	80%	85%	90%	95%

⟨대물인상계수(LOL계수)⟩

배상한도액	10	20	50	100	300	500	750	1,000	1,500	2,000	3,000
인상계수	1.00	1.56	2.58	3.45	4.70	5.23	5.69	6.12	6.64	7.00	7.12

농작물재해보험 및 가축재해보험 이론과 실무

(2) 보험료의 환급

① 이 계약이 무효, 효력상실 또는 해지된 때에는 다음과 같이 보험료를 반환한다.

구 분		환급보험료
계약자 또는 피보험자의 책임 없는 사유에 의하는 경우	무효의 경우	납입한 (ⓐ)의 전액
	효력상실 또는 해지의 경우	경과 하지 않는 기간에 대하여 일 단위로 계산한 계약자부담보험료
계약자 또는 피보험자의 책임 있는 사유에 의하는 경우	원 칙	이미 경과한 기간에 대하여 단기요율(1년 미만의 기간에 적용되는 요율)로 계산된 보험료를 뺀 잔액.
	계약자,피보험자의 고의 또는 중대한 과실로 무효가 된 때	보험료를 반환하지 않는다.

② 보험기간이 1년을 초과하는 계약이 무효 또는 효력 상실인 경우에는
  ㉠ 무효 또는 효력상실의 원인이 생긴 날 또는 해지일이 속하는 보험년도의 보험료는 위 ①의 규정을 적용하고
  ㉡ 그 이후의 보험년도 속하는 보험료는 전액 돌려준다.

③ 계약자 또는 피보험자의 책임 있는 사유라 함은 다음 각 호를 말한다.
  ㉠ 계약자 또는 피보험자가 (ⓑ)하는 경우
  ㉡ 사기에 의한 계약, 계약의 해지 또는 중대사유로 인한 해지에 따라 계약을 취소 또는 해지하는 경우
    ※ 계약의 해지 : 계약자 또는 피보험자의 고의로 손해가 발생한 경우나, 고지의무·통지의무 등을 해태한 경우의 해지를 말한다.
  ㉢ (ⓒ)으로 인한 계약의 효력 상실

④ 계약의 무효, 효력상실 또는 해지로 인하여 반환해야 할 보험료가 있을 때에는 계약자는 환급금을 청구하여야 하며, (ⓓ)부터 지급일까지의 기간에 대하여 '보험개발원이 공시하는 보험계약대출이율'을 연단위 복리로 계산한 금액을 더하여 지급한다.

정답 ⓐ 계약자부담보험료
ⓑ 임의 해지 ⓒ 보험료 미납
ⓓ 청구일의 다음 날

8. 보험금 지급사유 및 지급금액

① 농업용 시설물(버섯재배사 포함) 및 부대시설 (농업용 시설물 손해보장)

보험의 목적	지급사유	지급금액
농업용시설물 (버섯재배사) 및 부대시설	보상하는 재해로 손해액이 자기부담금을 초과하는 경우	• 손해액의 계산 ○ 손해가 생긴 때와 곳에서의 가액에 따라 계산함 • 보험금 산출 방법 ○ 1사고마다 손해액이 자기부담금을 초과하는 경우 보험가입 금액을 한도로 손해액에서 자기부담금을 차감하여 계산한다. ※ 보험금 = 손해액 - 자기부담금

※ 재조달가액 보장 특약을 가입하지 않거나, 수리 또는 복구를 하지 않는 경우 경년감가율을 적용한 시가(감가상각된 금액)로 보상

② 시설작물 (생산비보장)

보험의 목적	지급사유	지급금액
딸기, 토마토, 오이, 참외, 풋고추, 파프리 카, 호박, 국화, 수박, 멜론, 상추, 가지, 배추, 백합, 카네이션, 미나리	보상하는 재해로 1사고마다 생산비보장 보험금이 10만원을 초과할 때	재배면적× 단위면적당 보장생산비 ×경과비율 × 피해율
시금치, 파, 무, 쑥갓		
장 미		• 나무가 죽지 않은 경우 　재배면적×단위면적당 나무생존시 보장생산비×피해율 • 나무가 죽은 경우 　재배면적 × 단위면적당 나무고사 보장생산비 ×피해율
부 추		재배면적 × 단위면적당 보장생산비 × 피해율 × 70%

③ 버섯 (생산비 보장)

보험의 목적	지급사유	지급금액
표고버섯 (원목재배)	보상하는 재해로 1사고마다 생산비보장 보험금이 10만원을 초과할 때	재배원목(본)수×원목(본)당 보장생산비× 피해율
표고버섯 (톱밥배지재배)		재배배지(봉)수×배지(봉)당보장생산비×경과비율×피해율
느타리버섯(균상)		재배면적× 단위면적당 보장생산비×경과비율×피해율
느타리버섯(병재배)		재배병수×병당보장생산비 × 경과비율 × 피해율
새송이버섯(병재배)		재배병수×병당보장생산비 × 경과비율 × 피해율
양송이버섯(균상재배)		재배면적×단위면적당 보장생산비×경과비율×피해율

※ 단, 일부보험일 경우 비례보상 실시 (세부 내용은 품목별 보험 약관 참조)

농작물재해보험 및 가축재해보험 이론과 실무

9. 자기부담금

구 분	자기부담금
원 칙	• 최소자기부담금 (30만원) ≤ 손해액의 10% ≤ 최대자기부담금 (100만원)
피복재단독사고	• 최소자기부담금 (10만원) ≤ 손해액의 10% ≤ 최대자기부담금 (30만원)

① 농업용 시설물과 부대시설 모두를 보험의 목적으로 하는 보험계약은 두 보험의 목적의 손해액 합계액을 기준으로 자기부담금을 산출한다.
② 자기부담금은 단지 단위, 1사고 단위로 적용한다.
③ 화재손해는 자기부담금을 미적용한다.(농업용 시설물 및 버섯재배사, 부대시설에 한함)
④ 소손해면책금 (시설작물 및 버섯작물에 적용) : 보장하는 재해로 1사고당 생산비보험금이 10만원 이하인 경우 보험금이 지급되지 않고, 소손해면책금을 초과하는 경우 손해액 전액을 보험금으로 지급한다.

기출뽀개기 ▶ 제3회 기출문제

농작물재해보험 원예시설 업무방법에서 정하는 자기부담금과 소손해면책금에 대하여 서술하시오. [15점]

답

정답 1. 자기부담금
① 최소자기부담금(30만원)과 최대자기부담금(100만원)을 한도로 보험사고로 인하여 발생한 손해액의 10%에 해당하는 금액을 자기부담금으로 한다.
단, 피복재단독사고는 최소자기부담금(10만원)과 최대자기부담금(30만원)을 한도로 한다.
② 농업용 시설물과 부대시설 모두를 보험의 목적으로 하는 보험계약은 두 보험의 목적의 손해액 합계액을 기준으로 자기부담금을 산출한다.
③ 자기부담금은 단지 단위, 1사고 단위로 적용한다.
④ 화재손해는 자기부담금을 미적용한다.(농업용 시설물, 부대시설에 한함)
2. 소손해면책금
① 시설작물에 대하여 적용된다.
② 보장하는 재해로 1사고당 생산비보험금이 10만원 이하인 경우 보험금이 지급되지 않고, 소손해면책금을 초과하는 경우 손해액 전액을 보험금으로 지급한다.

10. 특별약관

(1) 재조달가액 보장 특별약관 및 화재위험보장 특별약관

구분	재조달가액 보장 특별약관	화재위험보장 특별약관
보상하는 손해	보상하는 재해로 보험의 목적 중 농업용시설물 및 버섯재배사, 부대시설에 손해가 생긴 때에는 이 특별약관에 따라 재조달가액 기준으로 손해액을 보상 ※ 재조달가액 : 보험의 목적과 동형, 동질의 신품을 재조달하는데 소요되는 금액	화재로 입은 손해
보상하지 않는 손해	① 계약자, 피보험자 또는 이들의 법정대리인의 고의 또는 중대한 과실 ② 자연재해, 조수해가 발생했을 때 생긴 도난 또는 분실로 생긴 손해 ③ 보험의 목적의 노후, 하자 및 구조적 결함으로 생긴 손해 ④ 보상하지 않는 재해로 제방, 댐 등이 붕괴되어 발생한 손해 ⑤ 침식 활동 및 지하수로 인한 손해 ⑥ 수확기에 계약자 또는 피보험자의 고의 또는 중대한 과실로 시설재배 농작물을 수확하지 못하여 발생한 손해 ⑦ 제초작업, 시비관리, 온도(냉·보온)관리 등 통상적인 영농활동을 하지 않아 발생한 손해 ⑧ 원인의 직접·간접을 묻지 않고 병해충으로 발생한 손해 ⑨ 계약체결 시점 현재 기상청에서 발령하고 있는 기상특보 발령지역의 기상특보 관련 재해로 인한 손해 ⑩ 전쟁, 내란, 폭동, 소요, 노동쟁의 등으로 인한 손해 ⑪ 보상하는 재해에 해당하지 않은 재해로 발생한 손해 ⑫ 직접 또는 간접을 묻지 않고 보험의 목적인 농업용 시설물과 부대시설의 시설, 수리, 철거 등 관계법령(국가 및 지방자치단체의 명령 포함)의 집행으로 발생한 손해 ⑬ 피보험자가 파손된 보험의 목적의 수리 또는 복구를 지연함으로써 가중된 손해 ⑭ 농업용 시설물이 피복재로 피복되어 있지 않은 상태 또는 그 내부가 외부와 차단되어 있지 않은 상태에서 보험의 목적에 발생한 손해 ⑮ 피보험자가 농업용 시설물(부대시설 포함)을 수리 및 보수하는 중에 발생한 피해	① 계약자, 피보험자 또는 이들의 법정대리인의 고의 또는 중대한 과실로 인한 손해 ② 보상하는 재해가 발생했을 때 생긴 도난 또는 분실로 생긴 손해 ③ 보험의 목적의 발효, 자연발열, 자연발화로 생긴 손해. 그러나, 자연 발열 또는 자연발화로 연소된 다른 보험의 목적에 생긴 손해는 보상 ④ 화재로 기인 되지 않은 수도관, 수관 또는 수압기 등의 파열로 생긴 손해 ⑤ 발전기, 여자기(정류기 포함), 변류기, 변압기, 전압조정기, 축전지, 개폐기, 차단기, 피뢰기, 배전반 및 그 밖의 전기기기 또는 장치의 전기적 사고로 생긴 손해. 그러나 그 결과로 생긴 화재손해는 보상 ⑥ 원인의 직접·간접을 묻지 않고 지진, 분화 또는 전쟁, 혁명, 내란, 사변, 폭동, 소요, 노동쟁의, 기타 이들과 유사한 사태로 생긴 화재 및 연소 또는 그 밖의 손해 ⑦ 핵연료물질 또는 핵연료 물질에 의하여 오염된 물질의 방사성, 폭발성 그 밖의 유해한 특성 또는 이들의 특성에 의한 사고로 인한 손해 ⑧ 이외의 방사선을 쬐는 것 또는 방사능 오염으로 인한 손해 ⑨ 국가 및 지방자치단체의 명령에 의한 재산의 소각 및 이와 유사한 손해

※ 핵연료물질 : 사용된 연료를 포함한다.
※ 핵연료물질에 의하여 오염된 물질 : 원자핵 분열 생성물을 포함한다.

(2) 기타 특약

특약		보장 내용
화재대물 배상책임 특별약관	농업용시설물 및 버섯재배사, 부대시설	가입대상: '화재위험보장 특별약관'에 가입한 경우에 한하여 가입 가능
		지급사유: 피보험자가 보험증권에 기재된 농업용시설물 및 부대시설 내에서 발생한 화재사고로 인하여 타인의 재물을 망가트려 법률상의 배상책임이 발생한 경우
		지급한도: 화재대물배상책임특약 가입금액 한도
수재위험 부보장 특별약관	농업용시설물 및 버섯재배사, 부대시설, 시설작물, 버섯작물	① 상습 침수구역, 하천부지 등에 있는 보험의 목적에 한하여 적용한다. ② 홍수, 해일, 집중호우 등 수재에 의하거나 또는 이들 수재의 방재와 긴급피난에 필요한 조치로 보험의 목적에 생긴 손해는 보상하지 않는다.
표고버섯 확장위험 담보 특별약관		보상하는 재해에서 정한 규정에도 불구하고, 다음 각 호 중 하나이상에 해당하는 경우에 한하여 자연재해 및 조수해로 입은 손해를 보상한다. ① 농업용 시설물(버섯재배사)에 직접적인 피해가 발생하지 않은 자연재해로서 작물피해율이 70% 이상 발생하여 농업용 시설물 내 전체 시설재배 버섯의 재배를 포기하는 경우 ② 기상청에서 발령하고 있는 기상특보 발령지역의 기상특보 관련 재해로 인해 작물에 피해가 발생한 경우

11. 계약의 소멸

구 분		소멸 여부
손해를 보상하는 경우	그 손해액이 한 번의 사고에 대하여 보험가입금액 미만인 때	• 이 계약의 보험가입금액은 감액되지 않음
	그 손해액이 한 번의 사고에 대하여 보험 가입금액 이상인 때	• 그 손해보상의 원인이 생긴 때로부터 보험의 목적 (농업용시설물 및 버섯재배사, 부대시설)에 대한 계약은 소멸 • 이 경우 환급보험료는 발생하지 않는다.

※ 손해액에는 보상하는 재해의 '기타 협력비용'은 제외한다.

기출뽀개기 ▶ 제5회 기출문제

○○도 △△시 관내 농업용 시설물에서 딸기를 재배하는 A씨, 시금치를 재배하는 B씨, 부추를 재배하는 C씨, 장미를 재배하는 D씨는 모두 농작물재해보험 종합위험방식 원예시설 상품에 가입한 상태에서 자연재해로 시설물이 직접적인 피해를 받았다. 이 때, A, B, C, D씨의 작물에 대한 지급보험금 산출식을 각각 쓰시오. (단, D씨의 장미는 보상하는 재해로 나무가 죽은 경우에 해당함) [15점]

정답 ① A씨의 딸기작물에 대한 지급보험금
생산비보장보험금 = 재배면적 × 단위 면적당 보장생산비 × 경과비율 × 피해율
② B씨의 시금치에 대한 지급보험금 (시금치·파·무·쑥갓)
생산비보장보험금 = 재배면적 × 단위 면적당 보장생산비 × 경과비율 × 피해율
③ C씨의 부추에 대한 지급보험금
보험금 = 재배면적 × 단위면적당 보장 생산비 × 피해율 × 70%
④ D씨 장미에 대한 지급보험금 (나무가 죽은 경우)
생산비보장보험금 = 재배면적 × 단위 면적당 나무고사 보장생산비 × 피해율

농작물재해보험 및 가축재해보험 이론과 실무

05 농업수입보장 (포도, 마늘, 양파, 감자(가을재배), 고구마, 양배추, 콩)

1. 특 징
① 농업수입보장방식은 농작물의 수확량 감소나 가격 하락으로 농가 수입(收入)이 일정 수준 이하로 하락하지 않도록 보장하는 보험이다. 기존 농작물재해보험에 농산물가격하락을 반영한 농업수입 감소를 보장한다.
② 농업수입감소보험금 산출 시 가격은 기준가격과 수확기가격 중 낮은 가격을 적용한다. 따라서 실제수입을 산정할 때 실제수확량이 평년수확량 보다 적은 경우, 수확기가격이 기준가격을 초과하더라도 수확량 감소에 의한 손해는 농업수입감소보험금으로 지급된다.

2. 보장하는 손해

가입대상 품목	보장하는 재해 및 가격하락
포 도	자연재해, 조수해, 화재, + 가격하락 (비가림시설 화재의 경우, 특약 가입시 보상)
마늘, 양파, 고구마, 양배추, 콩	자연재해, 조수해, 화재, + 가격하락
감자(가을재배)	자연재해, 조수해, 화재, + 병충해 + 가격하락

3. 보상하지 않는 손해

구 분	포도외(마늘,양파,양배추,콩,고구마,감자)	포 도
공통점	① 계약자, 피보험자 또는 이들의 법정대리인의 고의 또는 중대한 과실로 인한 손해 ② 제초작업, 시비 관리 등 통상적인 영농활동을 하지 않아 발생한 손해 ③ 원인의 직·간접을 묻지 않고 병해충으로 발생한 손해. 다만, 감자(가을재배)는 제외 ④ 보상하지 않는 재해로 제방, 댐 등이 붕괴되어 발생한 손해 ⑤ 계약체결 시점(단, 계약체결 이후 파종 또는 정식 시, 파종 또는 정식시점) 현재 기상청에서 발령하고 있는 기상특보 발령 지역의 기상특보 관련 재해로 인한 손해 ⑥ 보상하는 재해에 해당하지 않은 재해로 발생한 손해 ⑦ 개인 또는 법인의 행위가 직접적인 원인이 되어 수확기가격이 하락하여 발생한 손해 ⑧ 수확기에 계약자 또는 피보험자의 고의 또는 중대한 과실로 수확하지 못하여 발생한 손해	
차이점	⑨ 하우스, 부대시설 등의 노후 및 하자로 생긴 손해 ⑩ 저장성 약화 또는 저장, 건조 및 유통 과정 중에 나타나거나 확인된 손해 ⑪ 전쟁, 혁명, 내란, 사변, 폭동, 소요, 노동쟁의, 기타 이들과 유사한 사태로 생긴 손해	⑨ 자연재해, 조수해가 발생했을 때 생긴 도난 또는 분실로 생긴 손해 ⑩ 보험의 목적의 노후 및 하자로 생긴 손해 ⑪ 침식활동 및 지하수로 인한 손해 ⑫ 전쟁, 내란, 폭동, 소요, 노동쟁의 등으로 인한 손해 ⑬ 직접 또는 간접을 묻지 않고 보험의 목적인 농업용 시설물의 시설, 수리, 철거 등 관계법령(국가 및 지방자치단체의 명령 포함)의 집행으로 발생한 손해 ⑭ 피보험자가 파손된 보험의 목적의 수리 또는 복구를 지연함으로써 가중된 손해

4. 보험 기간

보장	보험의 목적	대상재해	보험기간	
			보장개시	보장종료
재파종 보장	마늘	자연재해, 조수해, 화재	계약체결일 24시	판매개시연도 10월 31일
재정식 보장	양배추	자연재해, 조수해, 화재	정식완료일 24시 다만, 보험계약시 정식완료일이 경과한 경우에는 계약체결일 24시이며 정식 완료일은 판매개시연도 9월 30일을 초과할 수 없음	재정식 종료 시점 다만, 판매개시연도 10월 15일을 초과할 수 없음
경작불능 보장	콩	자연재해, 조수해, 화재	계약체결일 24시	종실비대기 전
	감자 (가을재배)	자연재해, 조수해, 화재, 병충해	파종완료일 24시 다만, 보험계약시 파종완료일이 경과한 경우에는 계약체결일 24시	수확 개시 시점
	양배추	자연재해, 조수해, 화재	정식완료일 24시 다만, 보험계약시 정식완료일이 경과한 경우에는 계약체결일 24시이며 정식 완료일은 판매개시연도 9월 30일을 초과할 수 없음	
	마늘, 양파 고구마	자연재해, 조수해, 화재	계약체결일 24시	
농업수입 감소보장	마늘 양파 고구마 콩	자연재해, 조수해, 화재	계약체결일 24시	수확기 종료 시점 단, 아래 날짜를 초과할 수 없음 콩 : 판매개시연도 11월 30일 양파, 마늘 : 이듬해 6월 30일 고구마 : 판매개시연도 10월 31일
	감자 (가을재배)	자연재해, 조수해, 화재, 병충해	파종완료일 24시 다만, 보험계약시 파종완료일이 경과한 경우에는 계약체결일 24시	수확기 종료 시점 다만, 판매개시연도 11월 30일을 초과할 수 없음
	양배추	자연재해, 조수해, 화재	정식완료일 24시 다만, 보험계약시 정식완료일이 경과한 경우에는 계약체결일24시이며 판매개시연도 정식 완료일은 9월 30일을 초과할 수 없음	수확기 종료 시점 단, 아래 날짜를 초과할 수 없음 극조생, 조생 : 이듬해 2월 28일 중생 : 이듬해 3월 15일 만생 : 이듬해 3월 31일

보장	보험의 목적	대상재해	보험기간	
			보장개시	보장종료
농업수입 감소보장	마늘, 양파 고구마, 콩	가격하락	계약체결일 24시	수확기가격 공시시점
	감자 (가을재배)		파종완료일 24시 다만, 보험계약시 파종완료일이 경과한 경우에는 계약체결일 24시	
	양배추		정식완료일 24시 다만, 보험계약시 정식완료일이 경과한 경우에는 계약체결일 24시이며 정식 완료일은 판매개시연도 9월 30일을 초과할 수 없음	
	포도	자연재해, 조수해, 화재	계약체결일 24시	수확기 종료 시점 다만, 이듬해 10월 10일을 초과불가
		가격하락	계약체결일 24시	수확기가격 공시시점
	비가림 시설	자연재해, 조수해	계약체결일 24시	이듬해 10월 10일
화재위험보장 (특별약관)	비가림 시설	화재	계약체결일 24시	이듬해 10월 10일
나무손해보장 (특별약관)	포도	자연재해, 조수해, 화재	판매개시연도 12월 1일 다만, 12월 1일 이후 보험에 가입하는 경우에는 계약체결일 24시	이듬해 11월 30일
수확량감소 추가보장 (특별약관)	포도	자연재해, 조수해, 화재	계약체결일 24시	수확기 종료 시점 다만, 10월 10일을 초과할 수 없음

5. 보험가입금액

> 보험가입금액 = 가입수확량 × 기준(가입)가격 (천원 단위 미만 절사)

6. 보험료의 산출

> 보통약관 보험가입금액 × 지역별 보통약관 영업요율 × (1±손해율에 따른 할인·할증률) × (1−방재시설할인율)

※ 고구마 품목의 경우 방재시설할인율 미적용
※ 손해율에 따른 할인·할증은 계약자를 기준으로 판단
※ 손해율에 따른 할인·할증폭은 −30%~+50%로 제한

7. 보험금
① 포도

보장	보험의 목적	보험금 지급사유	보험금 계산(지급금액)
농업수입 감소보장 (보통약관)	포도	피해율이 자기부담비율을 초과하는 경우	보험가입금액 × (피해율 − 자기부담비율) ※ 피해율 = (기준수입−실제수입) ÷ 기준수입 ※ 기준수입 = 평년수확량 × 기준가격
	비가림 시설	자연재해, 조수해로 인하여 비가림시설에 손해가 발생한 경우	Min(손해액 − 자기부담금, 보험가입금액) ※ 자기부담금 : 최소자기부담금(30만원)과 최대자기부담금(100만원)을 한도로 보험사고로 인하여 발생한 손해액(비가림시설)의 10%에 해당하는 금액. ※ 다만, 피복재단독사고는 최소자기부담금(10만원)과 최대자기부담금(30만원)을 한도로 함(단, 화재손해는 자기부담금 적용하지 않음)
화재위험 보장 (특별약관)	비가림 시설	화재로 인하여 비가림시설에 손해가 발생한 경우	
나무손해 보장 (특별약관)	포도	자기부담비율을 초과하는 손해가 발생한 경우	보험가입금액 × (피해율 − 자기부담비율) ※ 피해율 = 피해주수(고사된 나무) ÷ 실제결과주수 ※ 자기부담비율은 5%로 함
수확량감소 추가보장 (특별약관)	포도	피해율이 자기부담비율을 초과하는 경우	보험가입금액 × (피해율 × 10%) ※ 피해율 = (평년수확량 − 수확량 − 미보상감수량) ÷ 평년수확량

◆ 포도
① 기준수입 = 평년수확량 × 기준가격
② 실제수입 = [수확기에 조사한 수확량(조사하지 않은 경우 평년수확량)+미보상감수량] × (기준가격과 수확기가격 중 작은 값)
③ 포도의 경우 착색불량된 송이는 상품성 저하로 인한 손해로 보아 감수량에 포함되지 않는다.

◆ 비가림시설
① 손해액은 그 손해가 생긴 때와 곳에서의 가액에 따라 계산한다.
② 1사고마다 재조달가액 기준으로 계산한 손해액에서 자기부담금을 차감한 금액을 보험가입금액 한도 내에서 보상한다.
③ 보험의 목적이 손해를 입은 장소에서 실제로 수리 또는 복구되지 않은 때에는 재조달가액에 의한 보상을 하지 않고 시가(감가상각된 금액)로 보상한다.

② 포도외 품목 (마늘, 양파, 감자(가을재배), 고구마, 양배추, 콩)

보장	보험의 목적	보험금 지급사유	보험금 계산(지급금액)
재파종 보장 (보통약관)	마늘	10a당 출현주수가 30,000주보다 작고, 10a당 30,000주 이상으로 재파종한 경우	보험가입금액 × 35% × 표준출현 피해율 ※ 표준출현피해율(10a 기준) = (30,000 - 출현주수) ÷ 30,000
재정식 보장 (보통약관)	양배추	면적피해율이 자기부담비율을 초과하고 재정식한 경우	보험가입금액 × 20% × 면적피해율 ※ 면적피해율 = 피해면적 ÷ 보험가입면적
경작불능 보장 (보통약관)	마늘, 양파, 감자(가을재배) 콩, 고구마, 양배추	식물체 피해율이 65% 이상이고, 계약자가 경작불능보험금을 신청한 경우 (해당농지보험계약소멸)	보험가입금액 × 일정비율 ※ 자기부담비율에 따른 경작불능보험금 참조
농업수입 감소보장 (보통약관)	마늘, 양파, 감자(가을재배) 고구마, 양배추	보상하는 재해로 피해율이 자기부담비율을 초과하는 경우	보험가입금액 × (피해율-자기부담비율) ※ 피해율 = (기준수입-실제수입) ÷ 기준수입

※ 식물체 피해율 = 식물체가 고사한 면적 ÷ 보험가입면적
※ 기준수입 = 평년수확량 × 기준가격
※ 실제수입 = (수확기에 조사한 수확량 + 미보상감수량) × (기준가격과 수확기가격 중 작은 값)
※ 보상하는 재해로 보험의 목적에 손해가 생긴 경우에도 불구하고 계약자 또는 피보험자의 고의로 수확기에 수확량조사를 하지 못하여 수확량을 확인할 수 없는 경우에는 농업수입감소보험금을 지급하지 않는다.

③ 자기부담비율에 따른 경작불능보험금
㉠ 수입감소보장 자기부담비율 : 20%, 30%, 40%
㉡ 20%형, 30%형, 40%형 : 제한 없음

자기부담비율	경작불능보험금
20%형	보험가입금액의 40%
30%형	보험가입금액의 35%
40%형	보험가입금액의 30%

8. 가격 조항

① 콩

㉠ 산출 기준

기준가격과 수확기가격은 콩의 용도 및 품종에 따라 장류 및 두부용(백태), 밥밑용(서리태), 밥밑용(흑태 및 기타), 나물용으로 구분하여 산출한다.

〈 가격산출을 위한 기초통계와 기초통계 기간 〉

용도	품종	기초통계	기초통계 기간
장류 및 두부용	전체	서울 양곡도매시장의 백태(국산) 가격	수확년도 11월 1일부터 익년 1월 31일까지
밥밑용	서리태	서울 양곡도매시장의 서리태 가격	
	흑태 및 기타	서울 양곡도매시장의 흑태 가격	
나물용	전체	제주도 지역농협의 평균 수매가격	

㉡ 기준가격의 산출

용도	기준가격의 산출
장류 및 두부용 밥밑용	• 서울 양곡도매시장의 연도별 중품과 상품 평균가격의 보험가입직전 5년 올림픽평균값 × 농가수취비율 • 평균가격 산정 시 중품 및 상품 중 어느 하나의 자료가 없는 경우, 있는 자료만을 이용하여 평균가격을 산정한다. • 양곡 도매시장의 가격이 존재하지 않는 경우, 전국 지역농협의 평균 수매가격을 활용하여 산출한다. • 연도별 평균가격은 연도별 기초통계 기간의 일별 가격을 평균하여 산출한다.
나물용	• 제주도 지역농협의 보험가입 직전 5년 연도별 평균수매가를 올림픽 평균하여 산출한다. • 연도별 평균수매가는 지역농협별 수매량과 수매금액을 각각 합산하고, 수매금액의 합계를 수매량 합계로 나누어 산출한다.

㉢ 수확기 가격의 산출

용도	수확기가격의 산출
장류 및 두부용 밥밑용	• 수확연도의 서울 양곡도매시장 중품과 상품 평균가격 × 농가수취비율 • 양곡 도매시장의 가격이 존재하지 않는 경우, 전국 지역농협의 평균 수매가격을 활용하여 산출한다.
나물용	• 기초통계 기간 동안 제주도 지역농협의 평균 수매가격으로 한다.

㉣ 하나의 농지에 2개 이상 용도(또는 품종)의 콩이 식재된 경우에는 기준가격과 수확기가격을 해당용도(또는 품종)의 면적의 비율에 따라 가중평균하여 산출한다.

② 양파
  ㉠ 산출 기준
    기준가격과 수확기가격은 보험에 가입한 양파 품종의 숙기에 따라 조생종, 중만생종으로 구분하여 산출한다.

    〈가격산출을 위한 기초통계와 기초통계 기간〉

구 분	기초통계	기초통계 기간
조생종	서울시 농수산식품공사 가락도매시장 가격	4월 1일부터 5월 10일까지
중만생종		6월 1일부터 7월 10일까지

  ㉡ 기준가격 및 수확기가격의 산출

구 분	산 출
기준가격	• 서울시농수산식품공사 가락도매시장 연도별 중품과 상품 평균가격의 보험가입 직전 5년(가입연도 포함) 올림픽 평균 값 × 농가수취비율 • 연도별 평균가격은 연도별 기초통계 기간의 일별 가격을 평균하여 산출한다.
수확기 가격	• 수확연도의 서울시농수산식품공사의 가락도매시장 중품과 상품 평균가격 × 농가수취비율

③ 고구마
  ㉠ 산출 기준
    기준가격과 수확기가격은 호박고구마, 밤고구마로 구분하여 산출한다.

    〈가격산출을 위한 기초통계와 기초통계 기간〉

품 종	기초통계	기초통계 기간
밤고구마	서울시농수산식품공사 가락도매시장 가격	8월 1일부터 9월 30일까지
호박고구마		

  ㉡ 기준가격 및 수확기가격의 산출

구 분	산 출
기준가격	• 서울시농수산식품공사 가락도매시장 연도별 중품과 상품 평균가격의 보험가입 직전 5년 올림픽 평균 값 × 농가수취비율 • 연도별 평균가격은 연도별 기초통계 기간의 일별 가격을 평균하여 산출한다.
수확기 가격	• 수확연도의 서울시농수산식품공사의 가락도매시장 중품과 상품 평균가격 × 농가수취비율

  ㉢ 하나의 농지에 2개 이상 용도(또는 품종)의 콩이 식재된 경우에는 기준가격과 수확기가격을 해당용도(또는 품종)의 면적의 비율에 따라 가중평균하여 산출한다.

▶ 제8회 기출문제

농업수입감소보장방식 '콩'에 관한 내용이다. 계약내용과 조사내용을 참조하여 다음 물음에 답하시오. (피해율은 %로 소수점 둘째자리 미만절사. 예시: 12.678 % → 12.67 %) (15점)

○ 계약내용
- 보험가입일 : 2021년 6월 20일
- 평년수확량 : 1,500kg
- 가입수확량 : 1,500kg
- 자기부담비율 : 20%
- 농가수취비율 : 80%
- 전체 재배면적 : 2,500m² (백태 1,500m², 서리태 1,000m²)

○ 조사내용
- 조사일 : 2021년 10월 20일
- 전체 재배면적 : 2,500m² (백태 1,500m², 서리태 1,000m²)
- 수확량 : 1,000 kg

■ 서울양곡도매시장 연도별 '백태' 평균가격(원/ kg)

등급 \ 연도	2016	2017	2018	2019	2020	2021
상 품	6,300	6,300	7,200	7,400	7,600	6,400
중 품	6,100	6,000	6,800	7,000	7,100	6,200

■ 서울양곡도매시장 연도별 '서리태' 평균가격(원/ kg)

등급 \ 연도	2016	2017	2018	2019	2020	2021
상 품	7,800	8,400	7,800	7,500	8,600	8,400
중 품	7,400	8,200	7,200	6,900	8,200	8,200

물음 1) 기준가격의 계산과정과 값을 쓰시오. (5점)

답

> **정답** '백태'의 기준가격 = '백태'의 올림픽 평균값×농가수취비율 = 6,800원×0.8 = 5,440원
> '백태'의 올림픽 평균값 = (6,200 + 7,000 + 7,200)÷3 = 6,800원
>
> | 등급 \ 연도 | 2016 | 2017 | 2018 | 2019 | 2020 | 2021 (수확연도) |
> |---|---|---|---|---|---|---|
> | 상 품 | 6,300 | 6,300 | 7,200 | 7,400 | 7,600 | 6,400 |
> | 중 품 | 6,100 | 6,000 | 6,800 | 7,000 | 7,100 | 6,200 |
> | 평 균 | 6,200 | ~~6,150~~ | 7,000 | 7,200 | ~~7,350~~ | 6,300 |

'서리태'의 기준가격 = '서리태'의 올림픽 평균값×농가수취비율 = 7,800 × 0.8 = 6,240원

'서리태'의 올림픽 평균값 = (7,600 + 8,300 + 7,500) ÷ 3 = 7,800

연도 등급	2016	2017	2018	2019	2020	2021 (수확년도)
상 품	7,800	8,400	7,800	7,500	8,600	8,400
중 품	7,400	8,200	7,200	6,900	8,200	8,200
평 균	7,600	8,300	7,500	~~7,200~~	~~8,400~~	8,300

하나의 농지에 2개 이상 용도(또는 품종)의 콩 (고구마)이 식재된 경우에는 기준가격과 수확기 가격을 해당용도(또는 품종)의 면적의 비율에 따라 가중 평균하여 산출한다.

기준가격 = [5,440원×(1,500/2,500)] + [6,240원×(1,000/2,500)] = 5,760원

물음 2) 수확기가격의 계산과정과 값을 쓰시오. (5점)

답

> **정답** '백태'의 수확기가격 = '백태'의 수확연도의 중품과 상품 평균가격 × 농가수취비율
> = 6,300원 × 0.8 = 5,040원
>
> '서리태'의 수확기가격 = '서리태'의 수확연도의 중품과 상품 평균가격 × 농가수취비율
> = 8,300원 × 0.8 = 6,640원
>
> 수확기가격 = [5,040원×(1,500/2,500)] + [6,640원×(1,000/2,500)] = 5,680원

물음 3) 농업수입감소보장보험금의 계산과정과 값을 쓰시오. (5점)

답

> **정답**
> - 농업수입감소보험금 = 보험가입금액 × (피해율 - 자기부담비율)
>   = 8,640,000원 × (34.25% - 20%) = 1,231,200원
>
>   보험가입금액 = 가입수확량×기준(가입)가격
>   = 1,500kg×5,760원 = 8,640,000원
>
> - 피해율 = $\dfrac{기준수입 - 실제수입}{기준수입}$ = $\dfrac{8,640,000원 - 5,680,000원}{8,640,000원}$ = 0.34259 = 34.25%
>
> - 기준수입 = 평년수확량 × 농지별 기준가격 = 1,500kg × 5,760원/kg = 8,640,000원
>
> - 실제수입 = (수확량 + 미보상감수량) × min(농지별 기준가격, 수확기가격)
>   = (1,000kg + 0) × 5,680원 = 5,680,000원
>
> 미보상감수량 = (평년수확량 - 수확량)×미보상비율 = (1,500kg -1,000kg)×0 = 0
> ※ 미보상비율이 안주어져 있으므로 0으로 처리

④ 감자(가을재배)
  ㉠ 산출 기준

  기준가격과 수확기가격은 보험에 가입한 감자(가을재배) 품종 중 대지마를 기준으로 하여 산출한다.

  〈가격산출을 위한 기초통계와 기초통계 기간〉

구 분	기초통계	기초통계 기간
대지마	서울시농수산식품공사 가락도매시장 가격	12월 1일부터 1월 31일까지

  ㉡ 기준가격 및 수확기가격의 산출

구 분	산 출
기준가격	• 서울시농수산식품공사 가락도매시장 연도별 중품과 상품 평균가격의 보험가입 직전 5년(가입연도 포함) (㉠) × 농가수취비율 • 연도별 평균가격은 연도별 기초통계 기간의 일별 가격을 평균하여 산출한다.
수확기 가격	• 수확연도의 서울시농수산식품공사의 가락도매시장 중품과 상품 평균가격 × (㉡)

  정답 ㉠ 올림픽 평균 값   ㉡ 농가수취비율

⑤ 마 늘
  ㉠ 산출 기준

  기준가격과 수확기가격은 보험에 가입한 마늘 품종에 따라 난지형(대서종, 남도종)과 한지형으로 구분하여 산출한다.

  〈가격산출을 위한 기초통계와 기초통계 기간〉

구 분		기초통계	기초통계 기간
난지형	대서종	경남 창녕군 농협공판장(창녕농협,이방농협) 가격	7월 1일부터 8월 31일까지
	남도종	전남 지역농협(신안, 남신안, 땅끝, 전남서부채소, 녹동, 팔영) 제주도 지역농협(대정, 한림, 김녕, 조천, 한경, 안덕) 수매가격	전남지역: 6월 1일부터 7월 31일까지 제주지역: 5월 1일부터 6월 30일까지
한지형		경북 의성군 지역농협(의성, 새의성, 금성, 의성중부) 수매가격	7월 1일부터 8월 31일까지

  ㉡ 기준가격 및 수확기가격의 산출

구 분	산 출
기준가격	• 기초통계의 연도별 평균값의 보험가입 직전 5년(가입연도 포함) 올림픽 평균값으로 산출한다. • 연도별 평균값은 연도별 기초통계 기간의 일별 가격을 평균하여 산출한다.
수확기가격	• 기초통계의 수확연도의 평균값으로 산출한다.

⑥ 양배추
　㉠ 산출 기준
　　기준가격과 수확기가격은 보험에 가입한 양배추를 기준으로 하여 산출한다.

〈 가격산출을 위한 기초통계와 기초통계 기간 〉

구분	기초통계	기초통계 기간
양배추	서울시농수산식품공사 가락도매시장 가격	2월 1일부터 3월 31일까지

　㉡ 기준가격 및 수확기가격의 산출

구 분	산 출
기준가격	• 서울시농수산식품공사 가락도매시장 연도별 중품과 상품 평균가격의 보험가입 직전 5년(가입연도 포함) 올림픽 평균값 × 농가수취비율 • 연도별 평균가격은 연도별 기초통계 기간의 일별 가격을 평균하여 산출한다.
수확기 가격	• 수확연도의 서울시농수산식품공사의 가락도매시장 중품과 상품 평균가격 × 농가수취비율

⑦ 포 도
　㉠ 산출 기준
　　기준가격과 수확기가격은 보험에 가입한 포도 품종과 시설재배 여부에 따라 다음과 같이 구분하여 산출한다.

〈 가격산출을 위한 기초통계와 기초통계 기간 〉

가격 구분	기초통계	기초통계 기간
캠벨얼리(시설)	서울시 농수산식품공사 가락도매시장 가격	6월 1일부터 7월 31일까지
캠벨얼리(노지)		9월 1일부터 10월 31일까지
거봉(시설)		6월 1일부터 7월 31일까지
거봉(노지)		9월 1일부터 10월 31일까지
MBA		9월 1일부터 10월 31일까지
델라웨어		5월 21일부터 7월 20일까지

　㉡ 기준가격 및 수확기가격의 산출

구 분	산 출
기준가격	• 서울시농수산식품공사 가락도매시장 연도별 중품과 상품 평균가격의 보험가입 직전 5년(가입연도 포함) 올림픽 평균값 × 농가수취비율 • 연도별 평균가격은 연도별 기초통계 기간의 일별 가격을 평균하여 산출한다.
수확기 가격	• 수확연도의 서울시농수산식품공사의 가락도매시장 중품과 상품 평균가격 × 농가수취비율

　㉢ 가격구분 이외 품종의 가격은 가격구분에 따라 산출된 가격 중 가장 낮은 가격을 적용한다.

9. 특별약관

구 분	내 용
비가림시설 화재위험 보장 특별약관 (포도)	보험의 목적인 비가림시설에 화재로 입은 손해를 보상한다
종합위험 나무손해 보장 특별약관 (포도)	보상하는 재해(종합위험)으로 보험의 목적인 나무에 피해를 입은 경우 보상한다.
수확량감소 추가보장 특별약관(포도)	보상하는 재해로 피해가 발생한 경우 동 특약에서 정한 바에 따라 피해율이 자기부담비율을 초과하는 경우 아래와 같이 계산한 보험금을 지급한다. ※ 보험금= 보험가입금액 × (피해율 × 10%)
농작물 부보장 특별약관 (포도)	보상하는 재해에도 불구하고 농작물에 입은 손해를 보상하지 않는다.
비가림시설 부보장 특별약관 (포도)	보상하는 재해에도 불구하고 비가림시설에 입은 손해를 보상하지 않는다.

※ 옆페이지 03절 계약관리 학습후에 풀어보세요.

▶ 제6회 기출문제

종합위험보장 쪽파(실파) 상품은 사업지역, 파종 및 수확시기에 따라 1형과 2형으로 구분된다. ( )안에 들어갈 내용을 쓰시오. [5점]

○ 1형 : (①)지역에서 9월 15일 이전에 파종하거나, (②)지역에서 재배하여 당해 연도에 수확하는 노지 쪽파(실파)

○ 2형 : (①)지역에서 9월 15일 이후에 파종하여 이듬해 4~5월에 수확하는 노지 쪽파(실파)

답

정답 ① 충남 아산
      ② 전남 보성

제03절 계약 관리

01 계약 인수

1. 보험가입 지역

① 전국 : 과수 4종(사과, 배, 단감, 떫은감), 포도, 복숭아, 자두, 밤, 참다래, 대추, 매실, 감귤, 벼, 마늘, 양파, 고추, 가을재배, 고구마, 옥수수, 콩, 원예, 버섯, 인삼

② 제주(서귀포, 제주) : 양배추, 브로콜리, 당근, 월동무

③ 기타 종합위험보장 품목과 가입지역

품 목	가입 지역	품 목	가입지역
오미자	경북(문경, 상주, 예천), 충북(단양), 전북(장수), 경남(거창), 강원(인제)	유 자	전남(고흥, 완도, 진도), 경남(거제, 통영, 남해)
오디	전북, 전남, 경북(상주, 안동)	복분자	전북(고창, 정읍, 순창), 전남(함평, 담양, 장성)
브로콜리	제주(서귀포, 제주)		
무화과	전남(영암, 신안, 목포, 무안, 해남)	밀	전북, 전남, 경남, 충남, 광주
보리	전북(김제, 군산), 전남(해남, 보성), 경남(밀양)	당 근	제주(서귀포, 제주)
		감자(봄재배)	경북, 충남
호 두	경북 (김천)	감자 (고랭지재배)	강원
양배추	제주(서귀포, 제주)		
살 구	경북 (영천)	고랭지배추	강원 (평창, 정선, 강릉, 삼척, 태백)
고랭지 무	강원(홍천, 정선, 평창, 강릉)	월동 배추	전남(해남)
월동무	제주(서귀포, 제주)	가을 배추	전남(해남), 충북(괴산), 경북(영양)
차(茶)	전남(보성, 광양, 구례), 경남(하동)	메밀	전남, 제주(서귀포, 제주)
팥	강원(횡성), 전남(나주), 충남(천안)	단호박	경기 전 지역
대파	전남(진도, 신안, 영광), 강원(평창)	쪽파	1형 - 충남(아산), 전남(보성), 2형 - 충남(아산)
시금치(노지)	경남(남해), 전남(신안)		

④ 농업수입보장 품목과 가입지역

품 목	가입 지역	품 목	가입지역
마늘	전남(고흥), 경북(의성), 경남(창녕), 충남(서산, 태안), 제주(서귀포, 제주)	포도	경기(화성, 가평), 경북(상주, 영주, 영천, 경산)
감자 (가을재배)	전남(보성)	양파	전남(무안, 함평), 전북(익산), 경남(창녕, 합천), 경북(청도)
		양배추	제주(서귀포, 제주)
콩	강원(정선), 경기(파주), 전북(김제) 전남(무안), 경북(문경), 제주(서귀포, 제주)	고구마	경기(여주, 이천), 전남(영암, 해남) 충남(당진, 아산)

2. 보험가입 기준
(1) 계약인수 단위

구 분	내 용
과 수	① 계약인수는 과수원(농지) 단위로 가입한다. ② 개별 과수원(농지)당 최저 보험 가입금액은 200만원 이상이다. 　단, 하나의 리, 동에 있는 각각 보험가입금액 200만원 미만의 두 개의 과수원(농지)은 하나의 과수원(농지)으로 취급하여 계약 가능하다. ※ 2개의 과수원을 합하여 인수한 경우 1개의 과수원(농지)으로 보고 손해평가를 한다.
논작물 (벼, 밀,보리 조사료용벼)	**벼,밀, 보리**: 농지 단위로 가입하고 개별 농지당 최저 보험가입금액은 50만원이다. ① 단, 가입금액 50만원 미만의 농지라도 인접 농지의 면적과 합하여 50만원 이상이 되면 통합하여 하나의 농지로 가입할 수 있다. ② 벼의 경우 통합하는 농지는 2개까지만 가능하며, 가입 후 농지를 분리할 수 없다. ③ 밀, 보리의 경우 같은 동(洞) 또는 리(理)안에 위치한 가입조건 미만의 두 농지는 하나의 농지로 취급하여 위의 요건을 충족할 경우 가입 가능하며, 이 경우 두 농지를 하나의 농지로 본다. **조사료용벼**: 농지 단위로 가입하고 개별 농지당 최저 가입 면적은 1,000㎡이다. ① 단, 가입면적 1,000㎡ 미만의 농지라도 인접 농지의 면적과 합하여 1,000㎡ 이상이 되면 통합하여 하나의 농지로 가입할 수 있다. ② 통합하는 농지는 2개까지만 가능하며, 가입 후 농지를 분리할 수 없다. ② 1인 1증권 계약의 체결 　㉠ 1인이 경작하는 다수의 농지가 있는 경우, 그 농지의 전체를 하나의 증권으로 보험계약을 체결한다. 　㉡ 다만, 읍면동을 달리하는 농지를 가입하는 경우와 기타 보험사업 관리기관이 필요하다고 인정하는 경우 예외로 한다.
밭작물 인삼	농지 단위로 가입하고 개별 농지당 최저 보험가입금액은 다음과 같다. 단. 하나의 리, 동에 있는 각각 일정액 미만의 두 개의 농지는 하나의 농지로 취급하여 계약 가능하다. **가입금액 / 작물** 50만원: 메밀 100만원: 콩(수입보장 포함), 팥, 옥수수, 대파, 쪽파실파, 당근, 단호박, 시금치(노지), 고랭지 무, 고랭지 배추, 월동 무, 월동배추, 가을배추 200만원: 양파(수입보장 포함), 마늘(수입보장 포함), 감자(봄·가을(수입보장 포함)·고랭지), 고구마(수입보장 포함), 양배추(수입보장 포함), 고추, 브로콜리, 인삼 고 추: 개별 농지당 최저 보험가입금액은 200만원이어야 하고 10a당 재식주수가 1,500주 이상이고 4,000주 이하인 농지만 가입 가능하다. 사료용: 개별 농지당 최저 가입면적은 1,000㎡이다.

	옥수수	① 단, 가입면적 1,000㎡ 미만의 농지라도 인접 농지의 면적과 합하여 1,000㎡ 이상이 되면 통합하여 하나의 농지로 가입할 수 있다. ② 통합하는 농지는 2개까지만 가능하며 가입 후 농지를 분리할 수 없다.
차		① 농지 단위로 가입하고 개별 농지당 최저 보험가입면적은 1,000㎡ 이상이다. 단, 하나의 리, 동에 있는 각각 1,000㎡ 미만의 두 개의 농지는 하나의 농지로 취급하여 계약 가능하다. ② 보험가입대상은 7년생 이상의 차나무에서 익년에 수확하는 햇차이다.
원예시설 버섯		① 시설 1단지 단위로 가입 (단지 내 인수 제한 목적물은 제외) ㉠ 단지 내 해당되는 시설작물(버섯)은 전체를 가입해야 하며 일부 하우스만을 선택적으로 가입할 수 없다. ㉡ 연동하우스 및 유리온실 1동이란 기둥, 중방, 방풍벽, 서까래 등 구조적으로 연속된 일체의 시설을 말한다. ㉢ 한 단지 내에 단동·연동·유리온실 (경량철골조(버섯재배사))등이 혼재되어있는 경우 각각 개별단지로 판단한다. ② 최소 가입면적 | 구분	단동하우스	연동하우스	유리(경질판)온실 경량철골조(버섯재배사)
---	---	---	---
최소 가입면적	300㎡	300㎡	제한 없음	 ※ 단지 면적이 가입기준 미만인 경우 인접한 경지의 단지 면적과 합하여 가입기준 이상이 되는 경우 1단지로 판단할 수 있음 ③ 농업용 시설물(버섯재배사)를 가입해야 부대시설 및 시설작물(버섯작물) 가입 가능 ※ 단, 유리온실(경량철골조)의 경우 부대시설 및 시설작물만 가입 가능

② 과수원 (농지) 구성 방법

구 분	내 용
과수원	① 과수원이라 함은 한 덩어리의 토지의 개념으로 필지(지번)와는 관계없이 실제 경작하는 단위이므로 한 덩어리 과수원이 여러 필지로 나누어져 있더라도 하나의 농지로 취급한다. ② 계약자 1인이 서로 다른 2개 이상 품목을 가입하고자 할 경우에는 별개의 계약으로 각각 가입·처리한다. (대추 제외) ③ 별도의 과수원으로 가입처리 <table><tr><td>사 과</td><td>알프스오토메, 루비에스 등 미니사과 품종을 심은 경우에는 별도 과수원으로 가입·처리한다.</td></tr><tr><td>대 추</td><td>사과대추 가입가능 지역에서 재래종과 사과대추를 가입하고자 할 때는 각각의 과수원으로 가입한다.</td></tr></table>④ 포도, 대추, 참다래의 비가림시설은 단지 단위로 가입(구조체 + 피복재)하고 최소 가입면적은 200㎡이다. ⑤ 과수원 전체를 벌목하여 새로운 유목을 심은 경우에는 신규 과수원으로 가입·처리한다. ⑥ 농협은 농협 관할구역에 속한 과수원에 한하여 인수할 수 있으며, 계약자가 동일한 관할구역 내에 여러 개의 과수원을 경작하고 있는 경우에는 하나의 농협에 가입하는 것이 원칙이다.
논작물 (벼, 밀,보리 조사료용 벼)	① 리(동) 단위로 가입한다. ② 동일 "리(동)" 내에 있는 여러 농지를 묶어 하나의 경지번호를 부여한다. ③ 가입하는 농지가 여러 "리(동)"에 있는 경우 각 리(동)마다 각각 경지를 구성하고 보험계약은 여러 경지를 묶어 하나의 계약으로 가입한다.
밭작물 차 인삼	① 농지라 함은 한 덩어리의 토지의 개념으로 필지(지번)와는 관계없이 실제 경작하는 단위이므로 한 덩어리 농지가 여러 필지로 나누어져 있더라도 하나의 농지로 취급한다. ② 계약자 1인이 서로 다른 2개 이상 품목을 가입하고자 할 경우에는 별개의 계약으로 각각 가입·처리한다. ③ 농협은 농협 관할구역에 속한 농지에 한하여 인수할 수 있으며, 계약자가 동일한 관할구역 내에 여러 개의 농지를 경작하고 있는 경우에는 하나의 농협에 가입하는 것이 원칙이다.

농작물재해보험 및 가축재해보험 이론과 실무

02 인수 심사

1. 인수 제한 목적물

(1) 과수(공통), 과수 4종(주요과수 : 사과, 배, 단감, 떫은감) 및 기타 과수

구 분	인수제한 목적물
과 수 (공 통)	① 보험가입금액이 200만원 미만인 과수원 ② 품목이 혼식된 과수원(다만, 주력 품목의 결과주수가 90% 이상인 과수원은 주품목에 한하여 가입 가능) ③ 통상적인 영농활동(병충해방제, 시비관리, 전지·전정, 적과 등)을 하지 않은 과수원 ④ 전정, 비배관리 잘못 또는 품종갱신 등의 이유로 수확량이 현저하게 감소할 것이 예상되는 과수원 ⑤ 시험연구를 위해 재배되는 과수원 ⑥ 하나의 과수원에 식재된 나무 중 일부 나무만 가입하는 과수원 ⑦ 하천부지 및 상습 침수지역에 소재한 과수원 ⑧ 판매를 목적으로 경작하지 않는 과수원 ⑨ 가식(假植)되어 있는 과수원 ⑩ 기타 인수가 부적절한 과수원

과 수 4종	① 가입하는 해의 나무 수령(나이)이 다음 기준 미만인 경우
	  - 사과 : 밀식재배 3년, 반밀식재배 4년, 일반재배 5년
	  - 배 : 3년
	  - 단감·떫은감 : 5년
	② 노지재배가 아닌 시설에서 재배하는 과수원(단, 일소피해부보장특약을 가입하는 경우 인수 가능)
	③ 시험연구, 체험학습을 위해 재배되는 과수원(단, 200만원 이상 출하증명 가능한 과수원 제외)
	④ 가로수 형태의 과수원
	⑤ 보험가입 이전에 자연재해 피해 및 접붙임 등으로 당해년도의 정상적인 결실에 영향이 있는 과수원
	⑥ 가입사무소 또는 계약자를 달리하여 중복 가입하는 과수원
	⑦ 도서 지역의 경우 연륙교가 설치되어 있지 않고 정기선이 운항하지 않는 등 신속한 손해평가가 불가능한 지역에 소재한 과수원
	⑧ 도시계획 등에 편입되어 수확 종료 전에 소유권 변동 또는 과수원 형질변경 등이 예정되어 있는 과수원
	⑨ 군사시설보호구역 중 통제보호구역내의 농지(단, 통상적인 영농활동 및 손해평가가 가능하다고 판단되는 농지는 인수 가능)
	※ 통제보호구역 : 민간인통제선 이북지역 또는 군사기지 및 군사시설의 최외곽 경계선으로부터 300미터 범위 이내의 지역

구 분	인수제한 목적물
포 도 (비가림 시설포함)	① 가입하는 해의 나무 수령(나이)이 3년 미만인 과수원 ② 보험가입 직전연도(이전)에 역병 및 궤양병 등의 병해가 발생하여 보험가입 시 전체 나무의 20% 이상이 고사하였거나 정상적인 결실을 하지 못할 것으로 판단되는 과수원 ※ 다만, 고사한 나무가 전체의 20% 미만이더라도 고사된 나무를 제거하지 않거나, 방재조치를 하지 않은 경우에는 인수 제한 ③ 친환경 재배과수원으로서 일반재배와 결실 차이가 현저히 있다고 판단되는 과수원 ④ 비가림 폭이 2.4m ± 15%, 동고가 3m ± 5%의 범위를 벗어나는 비가림시설(과수원의 형태 및 품종에 따라 조정)
복숭아	① 가입하는 해의 나무 수령(나이)이 3년 미만인 과수원 ② 보험가입 직전년도(이전)에 역병 및 궤양병 등의 병해가 발생하여 보험가입 시 전체 나무의 20% 이상이 고사하였거나 정상적인 결실을 하지 못할 것으로 판단되는 과수원 ※ 다만, 고사한 나무가 전체의 20% 미만이더라도 고사된 나무를 제거하지 않거나, 방재조치를 하지 않은 경우에는 인수 제한 ③ 친환경 재배과수원으로서 일반재배와 결실 차이가 현저히 있다고 판단되는 과수원
자 두	① 가입하는 해의 나무 수령(나이)이 6년 미만인 과수원(수확년도 기준 수령이 7년 미만) ※ 수령(나이)은 나무의 나이를 말하며, 묘목이 가입과수원에 식재된 해를 1년으로 한다. ②) 품종이 '귀양'인 자두, 서양자두(푸룬 등) 및 품목이 플럼코트를 재배하는 과수원 ③ 도서 지역의 경우 연륙교가 설치되어 있지 않고 정기선이 운항하지 않는 등 신속한 손해평가가 불가능한 지역에 소재한 과수원
살 구	① 노지재배가 아닌 시설에서 살구를 재배하는 과수원 ② 가입연도 나무수령이 5년 미만인 과수원 ③ 보험가입 이전에 자연재해 피해 및 접붙임 등으로 당해년도의 정상적인 결실에 영향이 있는 과수원 ④ 친환경 재배과수원으로서 일반재배와 결실 차이가 현저히 있다고 판단되는 과수원 ⑤ 가입사무소 또는 계약자를 달리하여 중복 가입하는 과수원 ⑥ 도서 지역의 경우 연륙교가 설치되어 있지 않고 정기선이 운항하지 않는 등 신속한 손해평가가 불가능한 지역에 소재한 과수원 ⑦ 도시계획 등에 편입되어 수확 종료 전에 소유권 변동 또는 과수원 형질변경 등이 예정되어 있는 과수원 ⑧ 군사시설보호구역 중 통제보호구역내의 농지(단, 통상적인 영농활동 및 손해평가가 가능하다고 판단되는 농지는 인수 가능) ※ 통제보호구역 : 민간인통제선 이북지역 또는 군사기지 및 군사시설의 최외곽 경계선으로부터 300미터 범위 이내의 지역
매 실	① 가입하는 해의 나무 수령이 5년 미만인 경우
유 자	① 가입하는 해의 나무 수령(나이)이 4년 미만인 과수원

구 분	인수제한 목적물
감 귤	① 가입하는 해의 나무 수령(나이)이 다음 기준 미만인 경우 　- 온주밀감류, 만감류 재식 : 4년 　- 만감류 고접 : 2년 ② 주요 품종을 제외한 실험용 기타품종을 경작하는 과수원 ③ 노지 만감류를 재배하는 과수원 ④ 온주밀감과 만감류 혼식 과수원 ⑤ 하나의 과수원에 식재된 나무 중 일부 나무만 가입하는 과수원(단, 해걸이가 예상되는 나무의 경우 제외) ⑥ 보험가입 이전에 자연재해 피해 및 접붙임 등으로 당해년도의 정상적인 결실에 영향이 있는 과수원 ⑦ 가입사무소 또는 계약자를 달리하여 중복 가입하는 과수원 ⑧ 도시계획 등에 편입되어 수확 종료 전에 소유권 변동 또는 과수원 형질변경 등이 예정되어 있는 과수원
오미자	① 삭벌 3년차 이상 과수원 또는 삭벌하지 않는 과수원 중 식묘 4년차 이상인 과수원 ② 가지가 과도하게 번무하여 수관 폭이 두꺼워져 광부족 현상이 일어날 것으로 예상되는 과수원 ③ 유인틀의 상태가 적절치 못하여 수확량이 현저하게 낮을 것으로 예상되는 과수원(유인틀의 붕괴, 매우 낮은 높이의 유인틀) ④ 주간거리가 50㎝ 이상으로 과도하게 넓은 과수원
오 디	① 가입연도 기준 3년 미만(수확연도 기준 수령이 4년 미만)인 뽕나무 ② 흰 오디 계통(터키-D, 백옹왕 등) ③ 보험가입 이전에 균핵병 등의 병해가 발생하여 과거 보험 가입 시 전체 나무의 20% 이상이 고사하였거나 정상적인 결실을 하지 못할 것으로 예상되는 과수원 ④ 적정한 비배관리를 하지 않는 조방재배 과수원 　※ 조방재배 : 일정한 토지면적에 대하여 자본과 노력을 적게 들이고 자연력의 작용을 주(主)로 하여 경작하는 방법 ⑤ 노지재배가 아닌 시설에서 오디를 재배하는 과수원 ⑥ 보험가입 이전에 자연재해 피해 및 접붙임 등으로 당해년도의 정상적인 결실에 영향이 있는 과수원
밤	① 가입하는 해의 나무 수령(나이)이 5년 미만인 과수원 ② 보험가입 이전에 자연재해 피해 및 접붙임 등으로 당해년도의 정상적인 결실에 영향이 있는 과수원
호두	① 가입하는 해의 나무 수령(나이)이 8년 미만인 경우 ② 보험가입 이전에 자연재해 피해 및 접붙임 등으로 당해년도의 정상적인 결실에 영향이 있는 과수원
무화과	① 가입하는 해의 나무 수령(나이)이 4년 미만인 과수원 　※ 나무보장특약의 경우 가입하는 해의 나무 수령이 4년~9년 이내의 무화과 나무만 가입가능 ② 관수시설이 미설치된 과수원 ③ 노지재배가 아닌 시설에서 무화과를 재배하는 과수원

구 분	인수제한 목적물
복분자	① 가입연도 기준, 수령이 1년 이하 또는 11년 이상인 포기로만 구성된 과수원 ② 계약인수 시까지 구결과모지(올해 복분자 과실이 열렸던 가지)의 전정 활동(통상적인 영농활동)을 하지 않은 과수원 ③ 노지재배가 아닌 시설에서 복분자를 재배하는 과수원 ④ 적정한 비배관리를 하지 않는 조방재배 과수원 ※ 조방재배 : 일정한 토지면적에 대하여 자본과 노력을 적게 들이고 자연력의 작용을 주(主)로 하여 경작하는 방법 ⑤ 보험가입 이전에 자연재해 피해 및 접붙임 등으로 당해년도의 정상적인 결실에 영향이 있는 과수원
참다래 (비가 림시설 포함)	① 가입하는 해의 나무 수령이 3년 미만인 경우 ② 수령이 혼식된 과수원(다만, 수령의 구분이 가능하며 동일 수령군이 90% 이상인 경우에 한하여 가입 가능) ③ 보험가입 이전에 역병 및 궤양병 등의 병해가 발생하여 보험 가입 시 전체 나무의 20% 이상이 고사하였거나 정상적인 결실을 하지 못할 것으로 판단되는 과수원(다만, 고사한 나무가 전체의 20% 미만이더라도 고사한 나무를 제거하지 않거나 방재 조 바) 가입면적이 200㎡ 미만인 참다래 비가림시설 ④ 참다래 재배 목적으로 사용되지 않는 비가림시설 ⑤ 목재 또는 죽재로 시공된 비가림시설 ⑥ 구조체, 피복재 등 목적물이 변형되거나 훼손된 비가림시설 ⑦ 목적물의 소유권에 대한 확인이 불가능한 비가림시설 ⑧ 건축 또는 공사 중인 비가림시설 ⑨ 1년 이내에 철거 예정인 고정식 비가림시설치를 하지 않은 경우에는 인수를 제한)
대추 (비가 림시설 포함)	① 가입하는 해의 나무 수령이 4년 미만인 경우 ② 사과대추(왕대추)류를 재배하는 과수원. 단, 다음 사업지역에서 재배하는 경우에 한하여 가입 가능 | 사업지역 | 충남(부여) | 충남(청양) | 전남(영광) | | --- | --- | --- | --- | | 가입가능 품종 | 황실 | 천황 | 대능 | ③ 재래종대추와 사과대추(왕대추)류가 혼식되어 있는 과수원 ④ 건축 또는 공사 중인 비가림시설 ⑤ 목재, 죽재로 시공된 비가림시설 ⑥ 피복재가 없거나 대추를 재배하고 있지 않은 시설 ⑦ 작업동, 창고동 등 대추 재배용으로 사용되지 않는 시설 ⑧ 목적물의 소유권에 대한 확인이 불가능한 시설 ⑨ 비가림시설 전체가 피복재로 씐 시설(일반적인 비닐하우스와 차이가 없는 시설은 원예시설보험으로 가입) ⑩ 보험가입 이전에 자연재해 피해 및 접붙임 등으로 당해년도의 정상적인 결실에 영향이 있는 과수원

(2) 논작물 (벼, 맥류)

구 분	인수제한 목적물
공통	① 보험가입금액이 50만원 미만인 농지(조사료용 벼는 제외) ② 하천부지에 소재한 농지 ③ 최근 3년 연속 침수피해를 입은 농지. 다만, 호우주의보 및 호우경보 등 기상특보에 해당되는 재해로 피해를 입은 경우는 제외함 ④ 오염 및 훼손 등의 피해를 입어 복구가 완전히 이루어지지 않은 농지 ⑤ 보험가입 전 농작물의 피해가 확인된 농지 ⑥ 통상적인 재배 및 영농활동을 하지 않는다고 판단되는 농지 ⑦ 보험목적물을 수확하여 판매를 목적으로 경작하지 않는 농지(채종농지 등) ⑧ 농업용지가 다른 용도로 전용되어 수용 예정 농지로 결정된 농지 ⑨ 전환지(개간, 복토 등을 통해 논으로 변경한 농지), 휴경지 등 농지로 변경하여 경작한 지 3년 이내인 농지 ⑩ 최근 5년 이내에 간척된 농지 ⑪ 도서 지역의 경우 연륙교가 설치되어 있지 않고 정기선이 운항하지 않는 등 신속한 손해평가가 불가능한 지역에 소재한 농지 ※ 단, 벼·조사료용 벼 품목의 경우 연륙교가 설치되어 있거나, 농작물재해보험 위탁계약을 체결한 지역 농·축협 또는 품목농협(지소포함)이 소재하고 있고 손해평가인 구성이 가능한 지역은 보험 가입 가능 ⑫ 기타 인수가 부적절한 농지
벼	① 밭벼를 재배하는 농지 ② 군사시설보호구역 중 통제보호구역내의 농지(단, 통상적인 영농활동 및 손해평가가 가능하다고 판단되는 농지는 인수 가능) ※ 통제보호구역 : 민간인통제선 이북지역 또는 군사기지 및 군사시설의 최외곽 경계선으로부터 300미터 범위 이내의 지역
조사료용 벼	① 가입면적이 1,000㎡ 미만인 농지 ② 밭벼를 재배하는 농지 ③ 광역시·도를 달리하는 농지(단, 본부 승인심사를 통해 인수 가능) ④ 군사시설보호구역 중 통제보호구역내의 농지(단, 통상적인 영농활동 및 손해평가가 가능하다고 판단되는 농지는 인수 가능) ※ 통제보호구역 : 민간인통제선 이북지역 또는 군사기지 및 군사시설의 최외곽 경계선으로부터 300미터 범위 이내의 지역
밀	① 파종을 11월 20일 이후에 실시한 농지 ② 춘파재배 방식에 의한 봄파종을 실시한 농지 ③ 출현율 80% 미만인 농지
보리	① 파종을 10월 1일 이전과 11월 20일 이후에 실시한 농지 ② 춘파재배 방식에 의한 봄파종을 실시한 농지 ③ 출현율 80% 미만인 농지

기출뽀개기 ▶ 제1회 기출문제

다음 사례를 읽고 농작물재해보험 업무방법에서 정하는 기준에 따라 인수가능 여부와 해당 사유를 서술하시오. [15점]

> A씨는 ○○시에서 6년 전 간척된 △△리 1번지 (본인소유 농지 4,200㎡)와 4년 전 간척된 △△리 100번지 (임차한 농지 1,000㎡, △△리 1번지와 인접한 농지)에 벼를 경작하고 있다.
> 최근 3년 연속으로 ○○시에 집중호우가 내려 호우경보가 발령되었고, A씨가 경작하고 있는 농지 (△△리 1번지, △△리 100번지)에도 매년 침수피해가 발생하였다.
> 이에 A씨는 농작물재해보험에 가입하고자 가입금액을 산출한 결과 △△리 1번지 농지는 180만원, △△리 100번지 농지는 50만원이 산출되었다.

- 인수가능 여부 : _____
- 해당사유 : _____

정답

① △△리 1번지 : 인수가능하다
　가입금액이 가입기준인 50만원을 넘는 180만원이고, 최근 3년 연속으로 집중호우가 내려 침수피해가 발생하였지만, 호우경보가 발령된 경우이므로, 인수제한 농지에 해당하지 않는다.

② △△리 100번지 : 인수가 제한된다.
　보험가입금액이 50만원 이상이지만, 최근 5년 이내에 간척된 농지이므로 인수제한 농지에 해당한다.

(3) 밭작물 ((수확감소 · 수입감소보장))

구 분	인수제한 목적물
공 통	① 보험가입금액이 200만원 미만인 농지(사료용 옥수수는 제외) 　　※ 단, 옥수수 · 콩 · 팥은 100만원 미만인 농지 ② 통상적인 재배 및 영농활동을 하지 않는 농지 ③ 다른 작물과 혼식되어 있는 농지 ④ 시설재배 농지 ⑤ 하천부지 및 상습 침수지역에 소재한 농지 ⑥ 판매를 목적으로 경작하지 않는 농지 ⑦ 도서지역의 경우 연륙교가 설치되어 있지 않고 정기선이 운항하지 않는 등 신속한 손해평가가 불가능한 지역에 소재한 농지 　※ 단, 감자(가을재배) · 감자(고랭지재배) · 콩 품목의 경우 연륙교가 설치되어 있거나, 농작물재해보험 위탁계약을 체결한 지역 농 · 축협 또는 품목농협(지소포함)이 소재하고 있고 손해평가인 구성이 가능한 지역은 보험 가입 가능 　※ 감자(봄재배) 품목은 미해당 ⑧ 군사시설보호구역 중 통제보호구역내의 농지(단, 통상적인 영농활동 및 손해평가가 가능하다고 판단되는 농지는 인수가능) 　※ 통제보호구역 : 민간인통제선 이북지역 또는 군사기지 및 군사시설의 최외곽 경계선으로부터 300미터 범위 이내의 지역 　※ 감자(봄재배), 감자(가을재배) 품목은 미해당 ⑨ 기타 인수가 부적절한 농지

마 늘	① 난지형의 경우 남도 및 대서 품종, 한지형의 경우는 의성 품종, 홍산 품종이 아닌 마늘
	
	      | 구분 | 품종 |
	      |---|---|
	      | 난지형 | 남도 |
	      | | 대서 |
	      | 한지형 | 의성 |
	      | 홍 산 | |
	
	② 난지형은 8월 31일, 한지형은 10월 10일 이전 파종한 농지
	③ 재식밀도가 30,000주/10a 미만인 농지(=30,000주/1,000㎡)
	④ 마늘 파종 후 익년 4월 15일 이전에 수확하는 농지
	⑤ 무멀칭농지
	⑥ 코끼리 마늘, 주아재배 마늘
	　※ 단, 주아재배의 경우 2년차 이상부터 가입가능

양배추	① 관수시설 미설치 농지 ② 9월 30일 이후에 정식한 농지(단, 재정식은 10월 15일 이내 정식) ③ 재식밀도가 평당 8구 미만인 농지 ④ 소구형 양배추(방울양배추 등)를 재배하는 농지 ⑤ 목초지, 목야지 등 지목이 목인 농지

구분	품종
난지형	남도
	대서
한지형	의성
홍 산	

구 분	인수제한 목적물
양 파	① 극조생종, 조생종, 중만생종을 혼식한 농지 ② 재식밀도가 23,000주/10a 미만, 40,000주/10a 초과한 농지 ③ 9월 30일 이전 정식한 농지 ④ 양파 식물체가 똑바로 정식되지 않은 농지(70° 이하로 정식된 농지) ⑤ 부적절한 품종을 재배하는 농지 (예 : 고랭지 봄파종 재배 적응 품종, 게투린, 고떼이황, 고랭지 여름, 덴신, 마운틴1호, 스프링골드, 사포로기, 울프, 장생대고, 장일황, 하루히구마, 히구마 등) ⑥ 무멀칭농지
감자 (봄재배)	① 2년 이상 자가 채종 재배한 농지 ② 씨감자 수확을 목적으로 재배하는 농지 ③ 파종을 3월 1일 이전에 실시 농지 ④ 출현율이 90% 미만인 농지(보험가입 당시 출현 후 고사된 싹은 출현이 안 된 것으로 판단) ⑤ 재식밀도가 4,000주/10a 미만인 농지 ⑥ 전작으로 유채를 재배한 농지
감자 (가을 재배)	① 가을재배에 부적합 품종(수미, 남작, 조풍, 신남작, 세풍 등)이 파종된 농지 ② 2년 이상 갱신하지 않는 씨감자를 파종한 농지 ③ 씨감자 수확을 목적으로 재배하는 농지 ④ 재식밀도가 4,000주/10a 미만인 농지 ⑤ 전작으로 유채를 재배한 농지 ⑥ 출현율이 90% 미만인 농지(보험가입 당시 출현 후 고사된 싹은 출현이 안 된 것으로 판단함)
감자 (고랭지 재배)	① 재배 용도가 다른 것을 혼식 재배하는 농지 ② 파종을 4월 10일 이전에 실시한 농지 ③ 출현율이 90% 미만인 농지(보험가입 당시 출현 후 고사된 싹은 출현이 안 된 것으로 판단) ④ 재식밀도가 3,500주/10a 미만인 농지
고구마	① '수' 품종 재배 농지 ② 채소, 나물용 목적으로 재배하는 농지 ③ 재식밀도가 4,000주/10a 미만인 농지 ④ 무멀칭농지 ⑤ 도시계획 등에 편입되어 수확 종료 전에 소유권 변동 또는 농지 형질변경 등이 예정되어 있는 농지

구 분	인수제한 목적물
옥수수	① 보험가입금액이 100만원 미만인 농지 ② 자가 채종을 이용해 재배하는 농지 ③ 미백2호, 미흑찰, 일미찰, 연자흑찰, 얼룩찰, 찰옥4호, 박사찰, 대학찰, 연농2호가 아닌 품종을 파종(정식)한 농지 ④ 1주 1개로 수확하지 않는 농지 ⑤ 통상적인 재식 간격의 범위를 벗어나 재배하는 농지 ⑥ 1주 재배 : 1,000㎡당 정식주수가 3,500주 미만 5,000주 초과인 농지 (단, 전남·전북·광주·제주는 1,000㎡당 정식주수가 3,000주 미만 5,000주 초과인 농지) ⑦ 2주 재배 : 1,000㎡당 정식주수가 4,000주 미만 6,000주 초과인 농지 ⑧ 3월 1일부터 6월 12일까지 기간 내에 파종(정식)되지 않은 농지 ⑨ 출현율이 90% 미만인 농지(보험가입 당시 출현 후 고사된 싹은 출현이 안 된 것으로 판단함) ⑩ 도시계획 등에 편입되어 수확 종료 전에 소유권 변동 또는 농지 형질변경 등이 예정되어 있는 농지
사료용 옥수수	① 보험가입면적이 1,000㎡ 미만인 농지 ② 자가 채종을 이용해 재배하는 농지 ③ 3월 1일부터 6월 12일까지 기간 내에 파종(정식)되지 않은 농지 ④ 도시계획 등에 편입되어 수확 종료 전에 소유권 변동 또는 농지 형질변경 등이 예정되어 있는 농지
콩	① 보험가입금액이 100만원 미만인 농지 ② 장류 및 두부용, 나물용, 밥밑용 콩 이외의 콩이 식재된 농지 ③ 출현율이 90% 미만인 농지(보험가입 당시 출현 후 고사된 싹은 출현이 안 된 것으로 판단) ④ 적정 출현 개체수 미만인 농지(10개체/㎡), 제주지역 재배방식이 산파인 경우 15개체/㎡ ⑤ 담배, 옥수수, 브로콜리 등 후작으로 인수 시점 기준으로 타 작물과 혼식되어 있는 경우 ⑥ 논두렁에 재배하는 경우 ⑦ 시험연구를 위해 재배하는 경우 ⑧ 다른 작물과 간작 또는 혼작으로 다른 농작물이 재배 주체가 된 경우의 농지 ⑨ 도시계획 등에 편입되어 수확 종료 전에 소유권 변동 또는 농지 형질변경 등이 예정되어 있는 농지
팥	① 보험가입금액이 100만원 미만인 농지 ② 6월 1일 이전에 정식(파종)한 농지 ③ 출현율이 85% 미만인 농지(보험가입 당시 출현 후 고사된 싹은 출현이 안 된 것으로 판단)

구분	인수제한 목적물
차	① 보험가입면적이 1,000㎡ 미만인 농지 ② 가입하는 해의 나무 수령이 7년 미만인 차나무 ※ 수령(나이)은 나무의 나이를 말하며, 묘목이 가입농지에 식재된 해를 1년으로 한다. ③ 깊은 전지로 인해 차나무의 높이가 지면으로부터 30cm 이하인 경우 가입면적에서 제외 ④ 통상적인 영농활동을 하지 않는 농지 ⑤ 말차 재배를 목적으로 하는 농지 ⑥ 보험계약 시 피해가 확인된 농지 ⑦ 시설(비닐하우스, 온실 등)에서 촉성재배 하는 농지 ⑧ 판매를 목적으로 경작하지 않는 농지 ⑨ 하천부지, 상습침수 지역에 소재한 농지 ⑩ 도서 지역의 경우 연륙교가 설치되어 있지 않고 정기선이 운항하지 않는 등 신속한 손해평가가 불가능한 지역에 소재한 농지 ⑪ 군사시설보호구역 중 통제보호구역내의 농지(단, 통상적인 영농활동 및 손해평가가 가능하다고 판단되는 농지는 인수 가능) ※ 통제보호구역 : 민간인통제선 이북지역 또는 군사기지 및 군사시설의 최외곽 경계선으로부터 300미터 범위 이내의 지역 ⑫ 기타 인수가 부적절한 농지
인삼	① 보험가입금액이 200만원 미만인 농지 ② 2년근 미만 또는 6년근 이상 인삼 ※ 단, 직전년도 인삼1형 상품에 5년근으로 가입한 농지에 한하여 6년근 가입 가능 ③ 산양삼(장뇌삼), 묘삼, 수경재배 인삼 ④ 식재년도 기준 과거 10년 이내(논은 6년 이내)에 인삼을 재배했던 농지 ⑤ 두둑 높이가 15cm 미만인 농지 ⑥ 보험가입 이전에 피해가 이미 발생한 농지 ※ 단, 자기부담비율 미만의 피해가 발생한 경우이거나 피해 발생 부분을 수확한 경우에는 농지의 남은 부분에 한해 인수 가능 ⑦ 통상적인 재배 및 영농활동을 하지 않는다고 판단되는 농지 ⑧ 하천부지, 상습침수 지역에 소재한 농지 ⑨ 판매를 목적으로 경작하지 않는 농지 ⑩ 군사시설보호구역 중 통제보호구역내의 농지(단, 통상적인 영농활동 및 손해평가가 가능하다고 판단되는 농지는 인수 가능) ※ 통제보호구역 : 민간인통제선 이북지역 또는 군사기지 및 군사시설의 최외곽 경계선으로부터 300미터 범위 이내의 지역 ⑪ 연륙교가 설치되어 있지 않고 정기선이 운항하지 않는 등 신속한 손해평가가 불가능한 도서 지역 농지 ⑫ 기타 인수가 부적절한 농지

농작물재해보험 및 가축재해보험 이론과 실무 | 제1과목

해가림 시설	① 농림축산식품부가 고시하는 내재해형 인삼재배시설 규격에 맞지 않는 시설 ② 목적물의 소유권에 대한 확인이 불가능한 시설 ③ 보험가입 당시 공사 중인 시설 ④ 정부에서 보험료의 일부를 지원하는 다른 보험계약에 이미 가입되어 있는 시설 ⑤ 통상적인 재배 및 영농활동을 하지 않는다고 판단되는 시설 ⑥ 하천부지, 상습침수 지역에 소재한 시설 ⑦ 판매를 목적으로 경작하지 않는 시설 ⑧ 군사시설보호구역 중 통제보호구역내의 시설 　※ 통제보호구역 : 민간인통제선 이북지역 또는 군사기지 및 군사시설의 최외곽 경계선으로부터 300미터 범위 이내의 지역 ⑨ 연륙교가 설치되어 있지 않고 정기선이 운항하지 않는 등 신속한 손해평가가 불가능한 도서지역 시설 ⑩ 기타 인수가 부적절한 시설

기출뽀개기 ▶ 제6회 기출문제

농작물재해보험 종합위험보장 밭작물 품목 중 출현율이 90% 미만인 농지를 인수제한하는 품목 5가지를 모두 쓰시오.(단 농작물재해보험 판매상품 기준으로 한다.)[5점]

답

정답　감자(봄재배), 감자(고랭지재배),
　　　　감자(가을재배), 콩, 옥수수

참고　85% : 팥
　　　80% : 밀, 보리

기출뽀개기 ▶ 제8회 기출문제

인수심사의 인수제한 목적물에 관한 내용이다. ( )에 들어갈 내용을 쓰시오.(5점)

○ 오미자 - 주간거리가 (①)cm 이상으로 과도하게 넓은 과수원
○ 포도 - 가입하는 해의 나무 수령이 (②)년 미만인 과수원
○ 복분자 - 가입연도 기준, 수령이 1년 이하 또는 (③)년 이상인 포기로만 구성된 과수원
○ 보리 - 파종을 10월 1일 이전과 11월 (④)일 이후에 실시한 농지
○ 양파 - 재식밀도가 (⑤) 주/10 a 미만, 40,000주/10 a 초과한 농지

답

정답　① 50　② 3　③ 11
　　　④ 20　⑤ 23,000

(4) 밭작물(생산비보장방식)

구 분	인수제한 목적물
공 통	① 보험계약 시 피해가 확인된 농지 ② 여러 품목이 혼식된 농지(다른 작물과 혼식되어 있는 농지) ③ 하천부지, 상습침수 지역에 소재한 농지 ④ 통상적인 재배 및 영농활동을 하지 않는 농지 ⑤ 시설재배 농지 ⑥ 판매를 목적으로 경작하지 않는 농지 ⑦ 도서 지역의 경우 연륙교가 설치되어 있지 않고 정기선이 운항하지 않는 등 신속한 손해평가가 불가능한 지역에 소재한 농지 ⑧ 군사시설보호구역 중 통제보호구역내의 농지(단, 통상적인 영농활동 및 손해평가가 가능하다고 판단되는 농지는 인수 가능) ※ 통제보호구역 : 민간인통제선 이북지역 또는 군사기지 및 군사시설의 최외곽 경계선으로부터 300미터 범위 이내의 지역 ※ 대파, 쪽파(실파) 품목은 미해당 ⑨ 기타 인수가 부적절한 농지
고 추	① 보험가입금액이 (㉠)만원 미만인 농지 ② 재식밀도가 조밀(1,000㎡당 4,000주 초과) 또는 넓은(1,000㎡당 1,500주 미만) 농지 ③ 노지재배, 터널재배 이외의 재배작형으로 재배하는 농지 ④ 비닐멀칭이 되어 있지 않은 농지 ⑤ 직파한 농지 ⑥ 4월 1일 이전과 5월 31일 이후에 고추를 식재한 농지 ⑦ 동일 농지 내 재배 방법이 동일하지 않은 농지(단, 보장생산비가 낮은 재배 방법으로 가입하는 경우 인수 가능) ⑧ 동일 농지 내 재식 일자가 동일하지 않은 농지(단, 농지 전체의 정식이 완료된 날짜로 가입하는 경우 인수 가능) ⑨ 고추 정식 6개월 이내에 인삼을 재배한 농지 ⑩ 풋고추 형태로 판매하기 위해 재배하는 농지
브로콜리	① 보험가입금액이 (㉠)만원 미만인 농지 ② 정식을 하지 않았거나, 정식을 10월 1일 이후에 실시한 농지 ③ 목초지, 목야지 등 지목이 목인 농지
단호박	① 보험가입금액이 (㉡)만원 미만인 농지 ② 5월 29일을 초과하여 정식한 농지 ③ 미니 단호박을 재배하는 농지

정답 ㉠ 200 ㉡ 100

구 분	인수제한 목적물
메밀	① 보험가입금액이 50만원 미만인 농지 ② 춘파재배 방식에 의한 봄 파종을 실시한 농지 ③ 9월 15일 이후에 파종을 실시 또는 할 예정인 농지 ④ 오염 및 훼손 등의 피해를 입어 복구가 완전히 이루어지지 않은 농지 ⑤ 최근 5년 이내에 간척된 농지 ⑥ 전환지(개간, 복토 등을 통해 논으로 변경한 농지), 휴경지 등 농지로 변경하여 경작한 지 3년 이내인 농지 ⑦ 최근 3년 연속 침수피해를 입은 농지(다만, 호우주의보 및 호우경보 등 기상특보에 해당되는 재해로 피해를 입은 경우는 제외함) ⑧ 목초지, 목야지 등 지목이 목인 농지
당근	① 보험가입금액이 100만원 미만인 농지 ② 미니당근 재배 농지(대상 품종 : 베이비당근, 미농, 파맥스, 미니당근 등) ③ 8월 31일을 지나 파종을 실시하였거나 또는 할 예정인 농지 ④ 목초지, 목야지 등 지목이 목인 농지
시금치 (노지)	① 보험가입금액이 100만원 미만인 농지 ② 10월 31일을 지나 파종을 실시하였거나 또는 할 예정인 농지 ③ 다른 광역시·도에 소재하는 농지(단, 인접한 광역시·도에 소재하는 농지로서 보험사고 시 지역 농·축협의 통상적인 손해조사가 가능한 농지는 본부의 승인을 받아 인수 가능) ④ 최근 3년 연속 침수피해를 입은 농지 ⑤ 오염 및 훼손 등의 피해를 입어 복구가 완전히 이루어지지 않은 농지 ⑥ 최근 5년 이내에 간척된 농지 ⑦ 농업용지가 다른 용도로 전용되어 수용예정농지로 결정된 농지 ⑧ 전환지(개간, 복토 등을 통해 논으로 변경한 농지), 휴경지 등 농지로 변경하여 경작한 지 3년 이내인 농지

구 분	인수제한 목적물
고랭지 배추 , 가을배추 , 월동배추	① 보험가입금액이 100만원 미만인 농지 ② 정식을 9월25일 이후에 실시한 농지(월동배추에만 해당) ③ 월동배추 이외에 다른 품종 및 품목을 정식한 농지(월동배추에만 해당) ④ 정식을 9월10일 이후에 실시한 농지(가을배추에만 해당) ⑤ 가을배추 이외에 다른 품종 및 품목을 정식한 농지(가을배추에만 해당) ⑥ 다른 광역시·도에 소재하는 농지(단, 인접한 광역시·도에 소재하는 농지로서 보험사고시 지역 농·축협의 통상적인 손해조사가 가능한 농지는 본부의 승인을 받아 인수 가능) ⑦ 최근 3년 연속 침수피해를 입은 농지, 다만, 호우주의보 및 호우경보 등 기상특보에 해당되는 재해로 피해를 입은 경우는 제외함 ⑧ 오염 및 훼손 등의 피해를 입어 복구가 완전히 이루어지지 않은 농지 ⑨ 최근 5년 이내에 간척된 농지 ⑩ 농업용지가 다른 용도로 전용되어 수용 예정 농지로 결정된 농지 ⑪ 전환지(개간, 복토 등을 통해 논으로 변경한 농지), 휴경지 등 농지로 변경하여 경작한지 3년 이내인 농지
고랭지무	① 보험가입금액이 100만원 미만인 농지 ② 판매개시연도7월 31일을 초과하여 정식한 농지
월동무	① 보험가입금액이 100만원 미만인 농지 ② 10월15일 이후에 무를 파종한 농지 ③ 가을무에 해당하는 품종 또는 가을무로 수확할 목적으로 재배하는 농지 ④ 오염 및 훼손 등의 피해를 입어 복구가 완전히 이루어지지 않은 농지 ⑤ 목초지, 목야지 등 지목이 목인 농지
대 파	① 보험가입금액이 100만원 미만인 농지 ② 5월 20일을 초과하여 정식한 농지 ③ 재식밀도가 15,000주/10a 미만인 농지
쪽파, 실파	① 보험가입금액이 100만원 미만인 농지 ② 종구용(씨쪽파)으로 재배하는 농지 ③ 상품 유형별 파종기간을 초과하여 파종한 농지

제1과목 농작물재해보험 및 가축재해보험 이론과 실무

기출뽀개기 ▶ 제4회 기출문제

종합위험방식 고추 품목에 관한 다음 내용을 각각 서술하시오. [15점]

① 다음 독립된 A, B, C 농지 각각의 보험가입 가능여부와 그 이유 (단, 각각 제시된 조건이외는 고려하지 않음)

- A농지 : 가입금액이 100만원으로 농지 10a당 재식주수가 4,000주로 고추정식 1년전 인삼을 재배
- B농지 : 가입금액이 200만원, 농지 10a당 재식주수가 2,000주로 4월 2일 고추를 터널재배 형식만으로 식재
- C농지 : 연륙교가 설치된 도서 지역에 위치하여 10a당 재식주수가 5,000주로 전 농지가 비닐멀칭이 된 노지재배

② 병충해가 있는 경우 생산비보장 보험금 계산식

③ 수확기 이전에 보험사고가 발생한 경우 경과비율 계산식

정답

① A, B, C 농지 각각의 보험가입 가능여부와 그 이유
  ㉠ A 농지 : 가입이 불가능하다. 그 이유는 보험가입금액이 200만원 미만이기 때문이다.
  ㉡ B 농지 : 가입이 가능하다. 가입금액이 200만원이고, 농지 10a당 재식주수가 1,500 ~ 4,000주 이하이며, 4월 1일부터 5월 31일 사이에 고추를 터널재배 형식만으로 식재했기 때문이다.
  ㉢ C농지 : 가입이 불가능하다. 농지 10a당 재식주수가 4,000주를 초과했기 때문이다.

② 병충해가 있는 경우 생산비보장 보험금 계산식 :
  (잔존보험가입금액 × 경과비율 × 피해율 × 병충해 등급별 인정비율) − 자기부담금

③ 수확기 이전에 보험사고가 발생한 경우 경과비율 계산식 :
  준비기생산비계수 + [(1 − 준비기생산비계수) × (생장일수 ÷ 표준생장일수)]

(5) 원예시설 (버섯재배사) / 시설작물 / 버섯

구 분	인수제한 목적물
농업용 시설물 (버섯재배사) 및 부대시설	① 판매를 목적으로 작물을 경작하지 않는 시설 ② 작업동, 창고동 등 작물 경작용으로 사용되지 않는 시설 ※ 농업용시설물 한 동 면적의 80% 이상을 작물 재배용으로 사용하는 경우 가입 가능 ③ 피복재가 없거나 시설작물(버섯)을 재배하고 있지 않은 시설 ※ 다만, 지역적 기후특성에 따른 한시적 휴경은 제외 ④ 목재, 죽재로 시공된 시설 ⑤ 비가림시설 ⑥ 구조체, 피복재 등 목적물이 변형되거나 훼손된 시설 ⑦ 목적물의 소유권에 대한 확인이 불가능한 시설 ⑧ 건축 또는 공사 중인 시설 ⑨ 1년 이내에 철거 예정인 고정식 시설 ⑩ 하천부지 및 상습침수지역에 소재한 시설 ※ 다만, 수재위험 부보장특약에 가입하여 풍재만은 보장 가능 ⑪ 연륙교가 설치되어 있지 않고 정기선이 운항하지 않는 등 신속한 손해평가가 불가능한 도서 지역 시설 ⑫ 정부에서 보험료의 일부를 지원하는 다른 계약에 이미 가입되어 있는 시설 ⑬ 기타 인수가 부적절한 하우스 및 부대시설
표고버섯 (원목재배, 톱밥배지재배)	① 통상적인 재배 및 영농활동을 하지 않는다고 판단되는 하우스 ② **원목 5년차 이상의 표고버섯** ③ 원목재배, 톱밥배지재배 이외의 방법으로 재배하는 표고버섯 ④ 판매를 목적으로 재배하지 않는 표고버섯 ⑤ 기타 인수가 부적절한 표고버섯
느타리버섯 (균상재배, 병재배)	① 통상적인 재배 및 영농활동을 하지 않는다고 판단되는 하우스 ② 균상재배, 병재배 이외의 방법으로 재배하는 느타리버섯 ③ 판매를 목적으로 재배하지 않는 느타리버섯 ④ 기타 인수가 부적절한 느타리버섯
새송이버섯 (병재배)	① 통상적인 재배 및 영농활동을 하지 않는다고 판단되는 하우스 ② 병재배 외의 방법으로 재배하는 새송이버섯 ③ 판매를 목적으로 재배하지 않는 새송이버섯 ④ 기타 인수가 부적절한 새송이버섯
양송이버섯 (균상재배)	① 통상적인 재배 및 영농활동을 하지 않는다고 판단되는 하우스 ② 균상재배 외의 방법으로 재배하는 양송이버섯 ③ 판매를 목적으로 재배하지 않는 양송이버섯 ④ 기타 인수가 부적절한 양송이버섯

구 분	인수제한 목적물
시설작물	① 작물의 재배면적이 시설 면적의 50% 미만인 경우 인수 제한 　※ 다만, 백합·카네이션의 경우 하우스 면적의 50% 미만이라도 동당 작기별 200㎡이상 재배 시 가입 가능 ② 분화류의 국화, 장미, 백합, 카네이션을 재배하는 경우 ③ 판매를 목적으로 재배하지 않는 시설작물 ④ 한 시설에서 화훼류와 비화훼류를 혼식 재배중이거나, 또는 재배 예정인 경우 ⑤ 통상적인 재배시기, 재배품목, 재배방식이 아닌 경우 　※ 여름재배 토마토가 불가능한 지역에서 여름재배 토마토를 가입하는 경우 　　파프리카 토경재배가 불가능한 지역에서 토경재배 파프리카를 가입하는 경우 ⑥ 시설작물별 10a당 인수제한 재식밀도 미만인 경우

품목	인수제한 재식밀도	품목	인수제한 재식밀도
수박, 멜론	400주/10a미만	딸기	5,000주/10a미만
참외, 호박	600주/10a미만	백합, 카네이션	15,000주/10a미만
풋고추	1,000주/10a미만	파 대파	15,000주/10a미만
		파 쪽파	18,000주/10a미만
오이, 토마토, 파프리카, 가지, 장미	1,500주/10a미만	국화	30,000주/10a미만
		상추	40,000주/10a미만
		부추	62,500주/10a미만
배추, 무	3,000주/10a미만	시금치	100,000주/10a미만

⑦ 품목별 표준생장일수와 현저히 차이나는 생장일수를 가지는 품종

〈품목별 인수제한 품종〉

품목	인수제한 품종
배추(시설재배)	얼갈이 배추, 쌈배추, 양배추
딸기(시설재배)	산딸기
수박(시설재배)	애플수박, 미니수박, 복수박
고추(시설재배)	홍고추
오이(시설재배)	노각
상추(시설재배)	양상추, 프릴라이스, 버터헤드(볼라레), 오버레드, 이자벨, 멀티레드, 카이피라, 아지르카, 이자트릭스, 크리스피아노

제4회 기출문제

종합위험보장 원예시설 보험의 계약인수와 관련하여 맞는 내용은 "O"로, 틀린 내용은 "×"로 표기하여 순서대로 나열하시오. [5점]

① 단동하우스와 연동하우스는 최소가입면적이 200m^2로 같고, 유리온실은 가입면적의 제한이 없다.
② 6개월 후에 철거 예정인 고정식 시설은 인수제한 목적물에 해당하지 않는다.
③ 작물의 재배면적이 시설면적의 50% 미만인 경우 인수제한된다.
④ 고정식하우스는 존치기간이 1년 미만인 하우스로 시설작물 경작 후 하우스를 철거하여 노지작물을 재배하는 농지의 하우스를 말한다. (내용 삭제됨)

정답 ① × (200m^2 → 300m^2)
② × (하지 않는다.→한다)
③ O ④ × (고정식 → 이동식) (내용삭제됨)

제7회 기출문제

종합위험보장 원예시설 상품에서 정하는 시설작물에 대하여 다음 물음에 답하시오. (15점)

1) 자연재해와 조수해로 입은 손해를 보상하기 위한 3가지 경우를 서술하시오. (9점)

답

정답 ① 구조체, 피복재 등 농업용 시설물에 직접적인 피해가 발생한 경우
② 농업용 시설물에 직접적인 피해가 발생하지 않은 자연재해로서 작물피해율이 70% 이상 발생하여 농업용 시설물 내 전체 작물의 재배를 포기하는 경우(시설작물에만 해당)
③ 기상청에서 발령하고 있는 기상특보 발령지역의 기상특보 관련 재해로 인해 작물에 피해가 발생한 경우   (교재 141p참조)

농작물재해보험 및 가축재해보험 이론과 실무

2) 소손해면책금 적용에 대하여 서술하시오. (3점)

답

정답 보상하는 재해로 1사고당 생산비보험금이 10만원 이하인 경우 보험금이 지급되지 않고, 소손해면책금을 초과하는 경우 손해액 전액을 보험금으로 지급한다.

3) 시설작물 인수제한 내용이다. ( )에 들어갈 내용을 각각 쓰시오. (3점)

○ 작물의 재배면적이 시설 면적의 (①)인 경우 인수 제한한다. 다만, 백합, 카네이션의 경우 동당 작기별 (②)이상 재배 시 가입 가능

답

정답 ① 50% ② 200㎡

Chapter. 04 가축재해보험 제도

제01절 제도 일반

01 사업실시 개요

1. 실시 배경과 사업목적
   ① 축산업은 자연재해 및 가축 질병 등으로 인한 피해가 광범위하고 동시다발적으로 발생하게 되므로 개별농가로는 이를 예방하거나 복구하는 데 한계가 있다.
   ② 자연재해 및 화재 등으로 인해 가축 및 가축사육 시설의 피해를 입은 농가에게 재생산 여건을 제공하여 안정적인 양축 기반을 조성해야 할 필요성이 대두되었다.

2. 사업 운영

구 분	기 관
사업총괄 (사업주관부서)	① 사업주관부서 : 농림축산식품부(재해보험정책과) ② 재해보험 관계법령의 개정, 보험료 국고 보조금 지원 등 전반적인 제도 업무를 총괄한다.

사업관리기관
(농업정책보험
금융원)
	① 농어업재해보험법에 의거 농림축산식품부로부터 가축재해보험 사업관리를 수탁받아서 업무를 수행한다.
	② 주요 업무
	  ㉠ 재해보험사업자의 선정·관리감독, ㉡ 재해보험상품의 연구 및 보급,
	  ㉢ 재해 관련 통계 생산 및 데이터베이스 구축분석,
	  ㉣ 조사자의 육성, ㉤ 손해평가기법의 연구개발 및 보급 등

사업운영 (사업시행기관)	① 농업정책보험금융원과 사업 운영 약정을 체결한 재해보험사업자 ((NH손보, KB손보, DB손보, 한화손보, 현대해상) ② 주요업무 : 보험상품의 개발 및 판매, 손해평가, 보험금 지급 등 실질적인 보험사업 운영
보험업감독기관	금융위원회
분쟁해결	금융감독원
심의기구	① 농업재해보험심의회 (농림축산식품부장관 소속으로 차관이 위원장) ② 심의사항 재해보험 목적물 선정, 보상하는 재해의 범위, 재해보험사업 재정지원, 손해평가 방법 등 농업재해보험에 중요사항에 대해 심의한다.

농작물재해보험 및 가축재해보험 이론과 실무

〈 가축재해보험 운영체계 〉

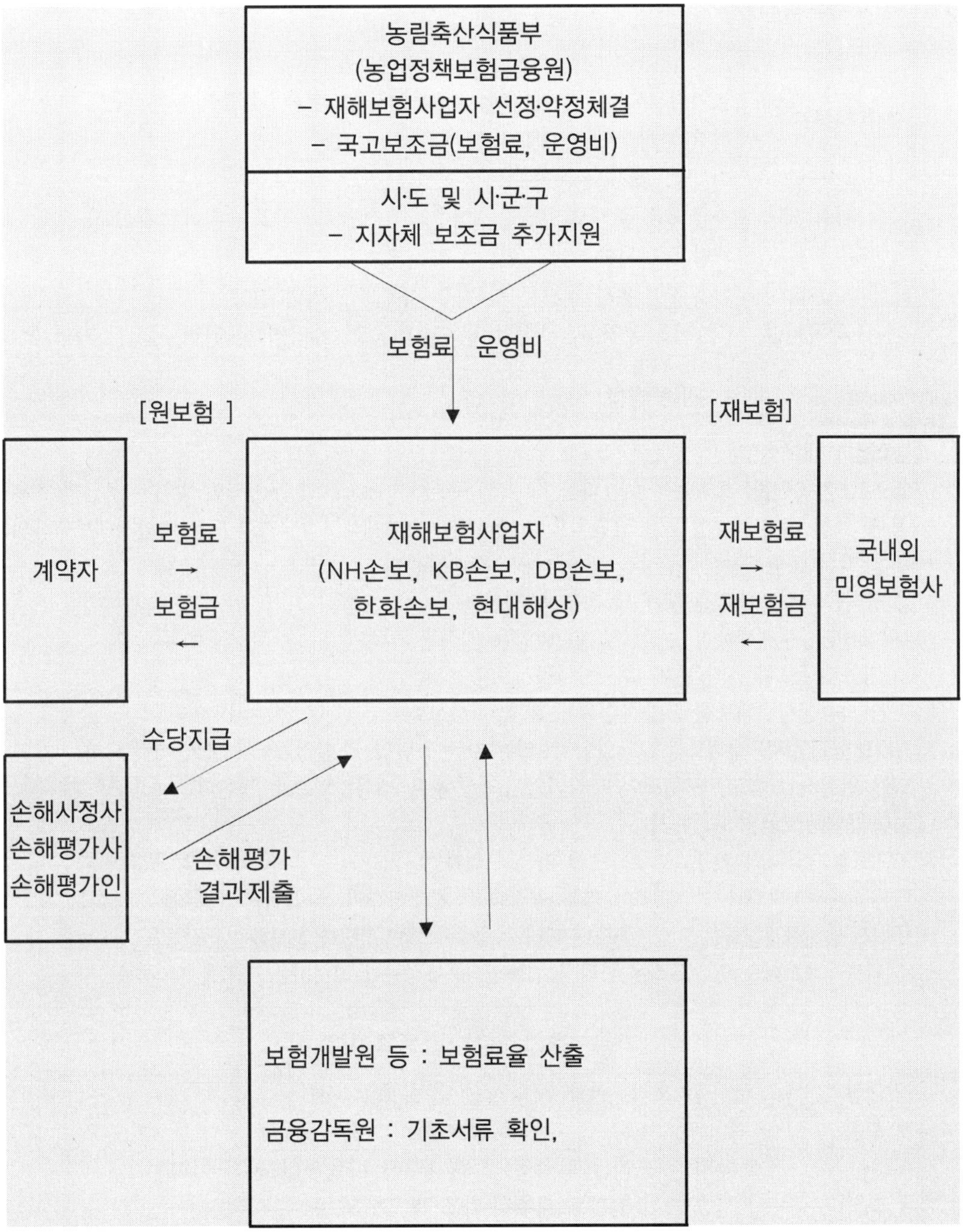

```
         ┌─────────────────────────────┐
         │      농림축산식품부          │
         │    (농업정책보험금융원)       │
         │  - 재해보험사업자 선정·약정체결 │
         │  - 국고보조금(보험료, 운영비)  │
         ├─────────────────────────────┤
         │       시·도 및 시·군·구       │
         │    - 지자체 보조금 추가지원   │
         └─────────────────────────────┘
                      │ 보험료 운영비
                      ▼
  [원보험]                              [재보험]
┌──────┐  보험료   ┌─────────────────┐  재보험료  ┌──────┐
│      │    →     │  재해보험사업자   │    →      │      │
│계약자│          │(NH손보, KB손보,   │          │국내외│
│      │  보험금  │ DB손보,          │  재보험금 │민영  │
│      │    ←     │ 한화손보, 현대해상)│    ←      │보험사│
└──────┘          └─────────────────┘           └──────┘
           수당지급  ↗     │    ▲
┌──────┐          ↙       ▼    │
│손해사정사│  손해평가
│손해평가사│  결과제출
│손해평가인│
└──────┘
              ┌─────────────────────────┐
              │ 보험개발원 등 : 보험료율 산출│
              │                          │
              │ 금융감독원 : 기초서류 확인, │
              └─────────────────────────┘
```

• 197

02. 보험사업시행 주요 내용 (2022년 기준)

1. 사업대상자 및 목적물

구 분		내 용
사업대상자		농어업재해보험법 제5조에 따라 농림축산식품부장관이 고시하는 가축을 사육하는 개인 또는 법인
사업 목적물	가축 16종	소, 말, 돼지, 가금 8종(닭·오리·꿩·메추리·칠면조·타조·거위·관상조), 기타 5종(사슴·양·벌·토끼·오소리)
	가축 사육시설	가축을 수용하는 건물 및 가축 사육과 관련된 건물 (부속물, 부착물, 부속설비. 단, 태양광, 태양열 등 관련 시설은 제외)

> **더 알아보기 - 관련 법령**
>
> 【농어업재해보험법】
> **제5조(보험목적물)** 보험목적물은 다음 각 호의 구분에 따르되, 그 구체적인 범위는 보험의 효용성 및 보험 실시 가능성 등을 종합적으로 고려하여 농업재해보험심의회 또는 어업재해보험심의회를 거쳐 농림축산식품부장관 또는 해양수산부장관이 고시한다.
> 1. 농작물재해보험 : 농작물 및 농업용 시설물
> 1의 2. 임산물재해보험 : 임산물 및 임업용 시설물
> 2. 가축재해보험 : 가축 및 축산시설물
> 3. 양식수산물재해보험 : 양식수산물 및 양식시설물
>
> **제7조(보험가입자)** 재해보험에 가입할 수 있는 자는 농림업, 축산업, 양식수산업에 종사하는 개인 또는 법인으로 하고, 구체적인 보험가입자의 기준은 대통령령으로 정한다.
>
> 【농어업재해보험법 시행령】
> **제9조(보험가입자의 기준)** 법 제7조에 따른 보험가입자의 기준은 다음 각 호의 구분에 따른다.
> 1. 농작물재해보험 : 법 제5조에 따라 농림축산식품부장관이 고시하는 농작물을 재배하는 자
> 1의 2. 임산물재해보험 : 법 제5조에 따라 농림축산식품부장관이 고시하는 임산물을 재배하는 자
> 2. 가축재해보험 : 법 제5조에 따라 농림축산식품부장관이 고시하는 가축을 사육하는 자

〈가축사육업 허가 및 등록기준〉

허가대상 (4개 축종)	(소·돼지·닭·오리, 아래 사육시설 면적 초과 시) - 소·돼지·닭·오리 : 50㎡ 초과
등록대상 (11개 축종)	- 소·돼지·닭·오리(4개 축종) : 허가대상 사육시설 면적 이하인 경우 - 양·사슴·거위·칠면조·메추리·타조·꿩(7개 축종)
등록제외 대상 (12개 축종)	- 등록대상 가금 중 사육시설면적이 10㎡ 미만은 등록 제외 　(닭, 오리, 거위, 칠면조, 메추리, 타조, 꿩) - 말, 토끼, 꿀벌, 오소리, 관상조 (5개 축종)

2. 정부 지원

① 가축재해보험 가입방식 : 가입 대상자(축산농업인)가 가입 여부를 판단하여 가입하는 "임의보험" 방식이다.
② 정부 지원 대상 : 가축재해보험 목적물을 사육하는 개인 또는 법인
③ 정부 지원 요건

구 분	내 용

농업인
·법인
	축산법 제22조제1항 및 제3항에 따른 축산업 허가(등록)를 받은 자로, 농어업경영체법 제4조에 따라 해당 축종으로 농업경영정보를 등록한 자
	㉠ 단, 축산법 제22조제5항에 의한 축산업등록 제외 대상은 해당 축종으로 농업경영정보를 등록한 자
	㉡ 축사는 가축사육과 관련된 적법한 건물(시설물 포함)로 건축물관리대장 또는 가설건축물관리대장이 있는 경우에 한함
	  (가) 가축전염병예방법 제19조에 따른 경우에는 사육 가축이 없어도 축사가입가능
	  (나) 건축물관리대장 또는 가설건축물관리대장 미제출 시 정부 지원 제외
	  (다) 건축물관리대장상 주택용도는 정부지원 제외
	  (라) 건축물관리대장상 위반건축물이 있는 경우 정부지원 제외

농·
축협
	농업식품기본법 시행령 제4조제1호의 농축협으로 축산업 허가(등록)를 받은 자
	㉠ 축산법 제22조 제5항에 의한 축산업등록 제외 대상도 지원
	㉡ 축사는 가축사육과 관련된 적법한 건물(시설물 포함)로 건축물관리대장 또는 가설건축물관리대장이 있는 경우에 한함
	  (가) 가축전염병예방법 제19조에 따른 경우에는 사육가축이 없어도 축사가입가능
	  (나) 건축물관리대장 또는 가설건축물관리대장 미제출 시 정부 지원 제외
	  (다) 건축물관리대장상 주택용도는 정부지원 제외
	  (라) 건축물관리대장상 위반건축물이 있는 경우 정부지원 제외

정부 지원 범위	가축재해보험에 가입한 재해보험가입자의 납입 보험료의 50% 지원 단, 농업인(주민등록번호) 또는 법인별(법인등록번호) 5천만원 한도 지원 ※ 예시 : 보험 가입하여 4천만원 국고지원 받고 계약 만기일 전 중도 해지한 후 보험을 재가입할 경우 1천만원 국고 한도 내 지원 가능 ㉠ 말(馬)은 마리당 가입금액 4천만원 한도내 보험료의 50%를 지원하되, 4천만원을 초과하는 경우는 초과 금액의 70%까지 가입금액을 산정하여 보험료의 50% 지원(단, 외국산 경주마는 정부지원 제외) ㉡ 닭(육계·토종닭), 돼지, 오리 축종은 가축재해보험 가입두수가 축산업 허가(등록)증의 가축 사육 면적을 기준으로 아래의 범위를 초과하는 경우 정부 지원 제외 <가축사육면적당 보험가입 적용 기준>

닭 (육계· 토종닭)	돼지(㎡/두)						오리(㎡/두)	
	개별가입					일괄 가입	산란용	육용
	웅돈	모돈	자돈(초기)	자돈(후기)	육성돈비육돈			
22.5두/㎡	6	2.42	0.2	0.3	0.62	0.79	0.333	0.246

3. 보험 목적물 : 가축 및 축산시설물(부대시설 포함)
   ① 가축 16종

구 분	축산법	축산법시행령	농식품부 고시
보험 대상 축종 (16종)	소, 말, 돼지, 사슴, 닭, 오리, 양(산양, 면양, 염소), 꿩, 메추리, 칠면조, 거위, 타조	토끼, 꿀벌	오소리, 관상조(15종)

   ② 축산시설물 : 축사 및 부속물과 부착물 및 부속 설비 등을 포함 (단, 태양광, 태양열 등 관련 시설은 제외)

4. 보험 가입 단위

전부가입 원칙	사육하는 가축 및 축사를 전부보험 가입하는 것이 원칙

개별가입 예외	① 종모우와 말은 개별 가입이 가능
	② 소는 1년 이내 출하 예정인 경우 아래 조건에서 일부 가입 가능
	  - 축종별 및 성별을 구분하지 않고 보험가입 시에는 소 이력제 현황의 70% 이상
	  - 축종별 및 성별을 구분하여 보험가입 시에는 소 이력제 현황의 80% 이상

〈축종별 가입대상·형태 및 지원비율〉

구 분	소		돼 지	말	가 금	기타 가축	축 사
	한우·육우·젖소	종모우					
가입대상	- 생후 15일령 이상 13세미만	• 한우 • 젖소 • 육우	제한 없음	• 종빈마 • 종모마 • 경주마 • 육성마 • 일반마 • 제주마	• 닭 • 오리 • 꿩 • 메추리 • 타조 • 거위 • 관상조 • 칠면조	•사슴-만2개월 이상 • 양-만 3개월 이상 • 꿀벌 • 토끼 • 오소리	•가축사육 건물 및 부속설비
가입형태	포괄가입	개별가입	포괄가입	개별가입	포괄가입	포괄가입	포괄가입
지원비율	총 보험료의 50% 국고 지원 총 보험료의 0~50% 지자체 지원						

기출뽀개기 ▶ 제3회 기출문제

가축재해보험 소의 가입대상 및 정부지원 기준 중 ( )에 들어갈 내용을 답란에 쓰시오.
[5점]

가입대상	생후 (㉠)일령 이상 (㉡)세 미만
지원비율	총 보험료의 (㉢)% 국고 지원

답 ㉠ _____, ㉡ _____, ㉢ _____,

정답 ㉠ 15, ㉡ 13,

기출뽀개기 ▶ 제7회 기출문제

다음 계약들에 대하여 각각 정부지원액의 계산과정과 값을 쓰시오.(15점)

(단위:원)

구 분	농작물재해보험	농작물재해보험	가축재해보험
보험 목적물	사과	옥수수	국산 말 1필
보험가입금액	100,000,000	150,000,000	60,000,000
자기부담비율	15 %	10 %	약관에 따름
영업보험료	12,000,000	1,800,000	5,000,000
순보험료	10,000,000	1,600,000	
정부지원액	(①)	(②)	(③)

- 주계약 가입기준임
- 가축재해보험의 영업보험료는 업무방법에서 정하는 납입보험료와 동일함
- 정부지원액이란 재해보험가입자가 부담하는 보험료의 일부와 재해보험사업자의 재해보험의 운영 및 관리에 필요한 비용의 전부 또는 일부를 정부가 지원하는 금액임(지방자치단체의 지원액은 포함되지 않음)
- 재해보험사업자의 재해보험의 운영 및 관리에 필요한 비용은 부가보험료와 동일함

답

정답
① 사과 정부지원액 : 순보험료의 50% + 부가보험료
= 10,000,000원× 50% + 2,000,000원 = 7,000,000원
부가보험료 = 영업보험료 - 순보험료 = 12,000,000원 - 10,000,000원 = 2,000,000원
② 옥수수 정부지원액 : 순보험료의 50% +부가보험료전액
=1,600,000원× 50% + 200,000원 = 1,000,000원
부가보험료 = 영업보험료 - 순보험료 = 1,800,000원 - 1,600,000원 = 200,000원
③ 말정부지원액:(4,000만원+2,000만원×70%)×(5,000,000÷60,000,000)×50%= 225만원

해설 말은 마리당 가입금액 4,000만원 한도내 보험료의 50%를 지원하되, 4,000만원을 초과하는 경우는 초과금액의 70%까지 가입금액을 산정하여 보험료의 50% 지원(외국산 경주마는 정부지원 제외)

1. 마리당 가입금액 4,000만원 한도내 보험료의 50%를 지원하되, 4,000만원을 초과하는 경우는 초과금액의 70%까지 가입금액을 산정 :
(4,000만원 + 2,000만원×70%) = 5,400만원을 보험가입금액으로 산정
2. 6000만원일 때 보험료가 5백만이므로 5,400만원일 때 보험료 계산
5,400만원 × (5,000,000÷60,000,000) = 450만원
3. 450만원의 보험료 중 50%를 정부가 지원
정부지원보험료 = 450만원× 50% = 225만원

5. 보험 판매 기간

① 보험 판매 기간은 연중으로 연중 상시 가입이 가능하다.
② 재해보험사업자는 폭염·태풍 등 기상상황에 따라 신규 가입에 한해 보험 가입 기간을 제한할 수 있고, 이 경우 농업정책보험금융원에 보험 가입 제한 기간을 통보해야 한다.
  ㉠ 폭염 : 6~8월
  ㉡ 태풍 : 태풍이 한반도에 영향을 주는 것이 확인된 날부터 태풍특보 해제 시

6. 보험료율 적용기준 및 할인·할증

① 축종별, 주계약별, 특약별로 각각 보험요율 적용
  전문기관이 산출한 요율이 없는 경우에는 재보험사와의 협의 요율 적용 가능
② 보험료 할인·할증은 축종별로 다르며, 재해보험요율서에 따라 적용
  과거 손해율에 따른 할인·할증, 축사전기안전점검, 동물복지축산농장 할인 등

7. 손해평가

① 가축재해보험 손해평가는 가축재해보험에 가입한 계약자에게 보상하는 재해가 발생한 경우 피해 사실을 확인하고, 손해액을 평가하여 약정한 보험금을 지급하기 위하여 실시한다.
② 재해보험사업자는 보험목적물에 관한 지식과 경험을 갖춘 자 또는 그 밖에 전문가를 조사자를 위촉하여 손해평가를 담당하게 하거나, 손해평가사 또는 보험업법에 따른 손해사정사에게 손해평가를 담당하게 할 수 있다.(농어업재해보험법 제11조)
③ 재해보험사업자는 농어업재해보험법 제11조 및 농림축산식품부장관이 정하여 고시하는 농업재해보험 손해평가요령에 따라 손해평가를 실시하고, 손해평가 시 고의로 진실을 숨기거나 허위로 하여서는 안된다.
④ 재해보험사업자는 손해평가의 공정성 확보를 위해 보험목적물에 대한 수의사진단 및 검안 시 시 군 공수의사, 수의사로 하여 진단 및 검안 등을 실시하게 한다.
⑤ 소 사고 사진은 귀표가 정확하게 나오도록 하고 매장 시 매장장소가 확인되도록 전체 배경 화면이 나오는 사진 추가, 검안 시 해부 사진 첨부
⑥ 진단서, 폐사 진단서 등은 상단에 연도별 일련번호 표기 및 법정서식을 사용한다.
⑦ 재해보험사업자는 손해평가에 참여하고자 하는 손해사정사, 손해평가사 및 손해평가인에 대하여는 다음 교육을 실시할 수 있다.

구 분	내 용	교육내용
손해평가사	1회 이상 실무교육 및 3년마다 1회 이상 보수교육 실시	가) 실무교육(정기교육) : 농업재해보험 관련 법령 및 제도에 관한 사항, 농업재해보험 손해평가의 이론 및 실무에 관한 사항, 그 밖에 농업재해보험 관련 교육, CS교육, 청렴교육, 개인정보보호 교육 등
손해평가인	연 1회 이상 정기교육 실시	나) 보수교육 : 보험상품 및 손해평가 이론과 실무 개정사항, CS교육, 청렴교육 등

8. 보상하는 재해의 범위

① 보상하는 재해 : 자연재해(풍재, 수재, 설해, 지진 등), 질병(축종별로 다름), 화재 등
② 가축재해보험도 대부분의 손해보험과 같이 보험가입금액의 일정 부분을 보장하고 있으며 별도 설정된 보장 수준 내에서 보상한다.

9. 보상하는 재해의 범위 및 축종별 보장 수준

축종		보상하는 재해		보장수준(%)					
				60	70	80	90	95	100
소	주계약	질병 또는 사고로 인한 폐사	가축전염병예방법 제2조 제2항에서 정한 가축전염병 제외	O	O	O	–	–	–
		긴급도축	부상(경추골절·사지골절·탈구), 난산, 산욕마비, 급성고창증, 젖소의 유량감소 등으로 즉시 도살해야 하는 경우						
		도난·행방불명(종모우 제외)							
		경제적 도살(종모우 한정)							
	특약	도체결함		–	–	O	–	–	–
돼지	주계약	자연재해(풍재·수재·설해·지진), 화재로 인한 폐사		–	–	O	O	O	–
	특약	질병위험, 전기적장치위험, 폭염		보험금의10%, 20%, 30%, 40% 또는 200만원 중 큰 금액					
가금	주계약	자연재해(풍재·수재·설해·지진), 화재로 인한 폐사		O	O	O	–	–	–
	특약	전기적장치위험, 폭염		보험금의10%, 20%, 30%, 40% 또는 200만원 중 큰 금액					
말	주계약	질병 또는 사고로 인한 폐사	가축전염병예방법 제2조 제2항에서 정한 가축전염병 제외	–	–	O	O	O	–
		긴급도축	부상(경추골절·사지골절·탈구), 난산, 산욕마비, 산통, 경주마 중 실명으로 즉시 도살해야 하는 경우						
		불임(암컷)							
	특약	씨수말 번식첫해 불임, 운송위험, 경주마 부적격		–	–	O	O	O	–
기타 가축	주계약	자연재해(풍재·수재·설해·지진), 화재로 인한 폐사		O	O	O	O	O	–
	특약	(사슴, 양) 폐사·긴급도축 확장보장		O	O	O	O	O	–
		(꿀벌) 부저병·낭충봉아부패병으로 인한 폐사		O	O	O	O	O	–
축사	주계약	자연재해(풍재·수재·설해·지진), 화재로 인한 손해		–	–	O	O	O	O
	특약	설해손해 부보장(돈사·가금사에 한함)		–	–	–	–	–	–
공통특약		구내폭발위험, 화재대물배상책임		–	–	–	–	–	–

10. 보험 가입 절차

가축재해보험은 재해보험사업자와 판매 위탁계약을 체결한 지역 대리점 (지역농협 및 품목농협, 민영보험사 취급점) 등에서 보험 모집 및 판매를 담당한다.

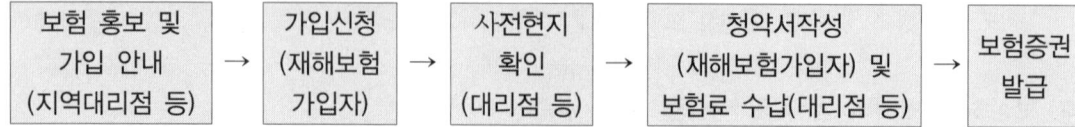

11. 보험금의 지급

① 재해보험사업자는 계약자(또는 피보험자)가 재해발생 사실 통지 시 지체없이 지급할 보험금을 결정하고, 지급할 보험금이 결정되면 7일 이내에 보험금을 지급한다.

② 지급할 보험금이 결정되기 전이라도 피보험자의 청구가 있을 때에는 재해보험사업자가 추정한 보험금의 50% 상당액을 가지급금으로 지급한다.

〈손해평가 및 보험금 지급 과정〉

보험사고 접수	계약자·피보험자는 재해보험사업자에게 보험사고 발생 사실 통보
보험사고 조사	재해보험사업자는 보험사고 접수가 되면, 손해평가반을 구성하여 보험사고를 조사, 손해액을 산정 - 보상하지 않는 손해 해당 여부, 사고 가축과 보험목적물이 동일 여부, 사고 발생 일시 및 장소, 사고 발생 원인과 가축 폐사 등 손해 발생과의 인과관계 여부, 다른 계약 체결 유무, 의무 위반 여부 등 확인 조사 - 보험목적물이 입은 손해 및 계약자·피보험자가 지출한 비용 등 손해액 산정
지급보험금 결정	보험가입금액과 손해액을 검토하여 결정
보험금 지급	지급할 보험금이 결정되면 7일 내에 지급하되, 지급보험금이 결정되기 전이라도, 피보험자의 청구가 있으면 추정보험금의 50%까지 보험금 지급 가능

12. 기관별 역할

농림축산식품부는 '가축재해보험 사업 시행지침'에 가축재해보험 사업 추진단계별 기관별 역할 분담을 정하고 있다

구 분	내 용
농림축산 식품부	① 가축재해보험 세부사업 기본계획(사업 대상, 지원조건, 보조율, 사업 기간등)을 확정하여 농업정책보험금융원 및 재해보험사업자에 시달하고, 농업정책보험금융원에서 마련한 상품개선안을 승인한다. ② 재해보험사업자의 가축재해보험 자금배정 신청 및 농업정책보험금융원의 검토결과를 근거로 가축재해보험에 필요한 자금을 배정한다. ③ 가축재해보험의 사고예방을 위한 위험관리를 체계화하기 위하여 재해보험사업자의 사업 추진상황을 점검하고, 보험사고 목적물에 대한 불법 진단검진하거나 공모한 수의사 등에 대해 관계법령에 의하여 면허정지 처분 등을 할 수 있도록 관계기관 또는 관련 부서에 통보한다.

구 분	내 용
농업정책 보험금융원	① 재해보험사업자 및 지역 대리점에 대한 사업점검, 상품 및 제도개선연구·개선, 위험관리점검, 재해보험 홍보 등 사업관리 계획 수립하고, 재해보험사업자와 사업약정체결을 실시(농어업재해보험법 제8조)한다. ② 보험상품 및 손해평가 방법에 대해 현장의견·자체검토사항, 보험상품 및 제도개선사항 등 검토하고, 축종별 상품개선안, 보험요율 등의 적정성을 검토하여 축종별 최종 상품개선안 재해보험사업자에 통보하여 시행한다. ③ 재해보험사업자 및 대리점에 대한 사업점검, 상품개선, 농업인·지자체에 제도홍보 및 손해평가사 교육 등을 추진한다. ④ 재해보험사업자, 지역 대리점 및 계약자를 대상으로 부당 위법 여부에 대한 사실관계를 현장 조사하여 해당 직원 및 해당 기관의 징계, 계약자의 계약 취소 등을 재해보험사업자에게 요구할 수 있다.
재해보험 사업자	① 보험가입 촉진계획, 보험상품 개선·개발 계획, 재해보험 교육·홍보 등 세부 시행계획을 수립하고 농업정책보험금융원에 제출한다. ② 농업인들의 현장 의견을 적극 수렴하여 상품을 개발하고, 객관적인 통계를 활용하여 보험요율을 산출하며, 그 결과와 재해보험 기초서류1)를 농업정책보험금융원에 제출한다. ③ 가축재해보험 사업시행지침에 따라 사업을 추진하고, 재해 발생 시 신속한 손해평가 실시하며 보험사고 접수현황 · 추정보험금 등 파악한다. ④ 농업인·지자체에 대한 보험 상품 내용 교육 및 홍보를 실시하며, 지역 대리점 및 농·축협 등 판매직원, 손해사정사에 대한 보험상품 내용 교육 및 홍보 실시한다. ⑤ 판매위탁 계약을 체결한 지역 대리점 등이 가축재해보험 사업 세부 시행계획 등을 준수하여 사업 집행이 적정하게 수행되고 있는지를 확인한다. ⑥ 판매위탁 계약을 체결한 지역 대리점 및 계약자 등에 다음의 부당사유가 확인되었을 경우 당해 보조금을 회수 조치하고 농업정책보험금융원에 보고한다. - 보조금을 목적 외로 사용한 때 - 허위 또는 가공 보험계약을 체결하여 보조금을 집행할 때 - 관련 법령을 위반한 때 - 기타 약정사항 미이행 등 ⑦ 보험계약자가 보험사기와 관련되었거나 손해조사자를 위협 또는 폭력을 행사하는 등 인수손해조사 업무를 방해하는 경우 해당 보험계약자에 대하여는 보험가입 제한 등을 할 수 있다. ⑧ 손해평가자의 부당부실 손해평가를 확인하였을 때에는 '가축재해보험의 손해평가 결과 보고'를 농업정책보험금융원에 보고한다.

---

1) 사업방법서, 요율검증보고서, 보험약관 등

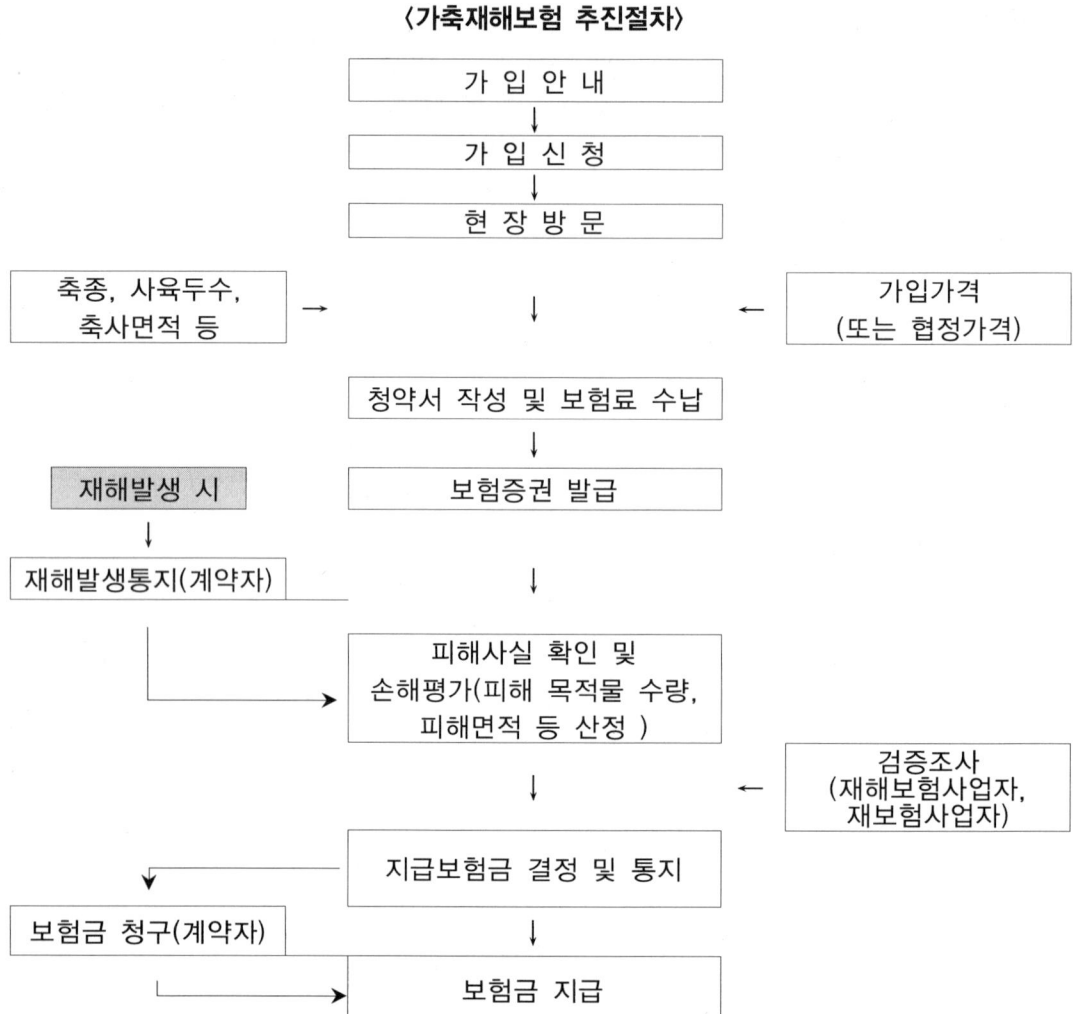

농작물재해보험 및 가축재해보험 이론과 실무

제02절 가축재해보험 약관

01 가축재해보험 약관

① 가축재해보험은 축산농가의 경영과 소득에 대한 불안 요인이 점점 증가하고 있는 상황에서 자연재해, 화재, 각종 사고 및 질병 등으로 가축 피해 발생 시 보험제도를 이용하여 손실을 보전함으로써 축산농가의 소득 및 경영안정을 도모하기 위해 시행하는 정책보험이다.

② 가축재해보험사업은 (㉠)가 총괄하고, (㉡)이 관리하며, 농업정책보험금융원과 사업 운영 약정을 체결한 (㉢)가 운용하고 있으며 이러한 가축재해보험의 모든 계약 내용을 담고 있는 것이 (㉣)이다.

③ 가축재해보험약관은 특정한 보험계약에 일반적이고 정형적으로 적용하기 위하여 보험자가 미리 작성한 계약조항인 보통약관과 보통약관만으로는 불충분하며 보충적이고 세부적인 내용에 대한 계약이 필요한 경우 그러한 계약조항을 담고 있는 20개의 특별약관으로 구성되어 있으며 가축재해보험 보통약관에서는 보험의 목적인 가축과 축사를 소, 돼지, 가금[2], 말, 종모우(種牡牛), 기타 가축[3](6개 부문 16개 축종) 및 축사(畜舍)(1개 부문)으로 분류하고 있다.

정답 ㉠ 농림축산식품부 ㉡ 농업정책보험금융원
㉢ 재해보험사업자 ㉣ 가축재해보험약관

---

[2] 닭, 오리, 꿩, 메추리, 타조, 거위, 칠면조, 관상조
[3] 사슴, 양, 꿀벌, 토끼, 오소리

02 부문별 보험의 목적

1. 소(牛) 부문

① 소 부문에서는 계약에서 정한 수용장소에서 사육하는 소를 한우, 육우, 젖소로 분류하여 보험의 목적으로 하고 있다.

구분	내용
육우	• 육우는 품종에 관계없이 쇠고기 생산을 목적으로 비육되는 소로 주로 고기생산을 목적으로 사육하는 품종으로는 샤롤레, 헤어포드, 브라만 등이 있다 • 젖소 수컷 및 송아지를 낳은 경험이 없는 젖소도 육우로 분류된다.
젖소	• 우유 생산을 목적으로 사육되는 소로 대표적인 품종은 홀스타인종(Holstein)이 있다.
한우	• 한우는 체질이 강하고 성질이 온순하며 누런 갈색의 우리나라 재래종 소로 넓은 의미로는 한우도 육우의 한 품종으로 보아야 하나 가축재해보험은 별도로 분류하고 있다.

② 보험의 목적인 소는 보험기간 중에 계약에서 정한 소(牛)의 수용장소(소재지)에서 사육하는 소(牛)는 모두 보험에 가입하여야 하며 위반 시 보험자는 그 사실을 안 날부터 1개월 이내에 이 계약을 해지할 수 있다.

③ 소가 1년 이내 출하 예정인 경우, 다음의 경우에 포괄가입으로 간주하고 있다.
 ㉠ 축종별 및 성별을 구분하지 않고 보험가입 시에는 소 이력제 현황의 70% 이상 가입 시
 ㉡ 축종별 및 성별을 구분하여 보험가입 시에는 소 이력제 현황의 80%이상 가입 시

④ 소는 생후 15일령부터 13세 미만까지 보험 가입이 가능하다.

⑤ 보험에 가입하는 소는 모두 귀표(가축의 개체를 식별하기 위하여 가축의 귀에 다는 표지)가 부착되어 있어야 하고 젖소 불임우(프리마틴 등)는 암컷으로, 거세우는 수컷으로 분류한다.

⑥ 계약에서 정한 소(牛)의 수용장소에서 사육하는 소라도 다른 계약이 있거나, 과거 병력, 발육부진 또는 발병 등의 사유로 인수가 부적절하다고 판단되는 경우에는 보험목적에서 제외할 수 있다.

⑦ 보험기간 중 가축 증가(출산, 매입 등)에 따라 추가보험료를 납입하지 않은 가축에 대하여는 보험목적에서 제외한다.

2. 종모우(種牡牛) 부문

① 종모우 부문에서는 보험기간 중에 계약에서 정한 수용장소에서 사육하는 종모우(씨수소)를 한우, 육우, 젖소로 분류하여 보험의 목적으로 하고 있으며, 보험목적은 귀표가 부착되어 있어야 한다.

② 종모우는 능력이 우수하여 자손생산을 위해 정액을 이용하여 인공수정에 사용되는 수소를 말한다.

3. 돼지(豚) 부문

돼지부문에서는 계약에서 정한 수용장소에서 사육하는 돼지를 종모돈, 종빈돈, 비육돈, 육성돈(후보돈 포함), 자돈(仔豚), 기타 돼지로 분류하여 보험의 목적으로 하고 있다.

구 분	내 용
비육돈	돼지는 평균 수명이 10~15년으로 알려져 있으나 고기를 생산하기 위한 비육돈은 일반적으로 약 180일 정도 길러져서 도축된다. 〈비육돈의 단계〉 <table><tr><th>단 계</th><th>내 용</th></tr><tr><td>포유기간 (포유자돈)</td><td>• 출산에서 약 4주차까지의 기간 • 어미돼지의 모유를 섭취하는 단계</td></tr><tr><td>자돈기간 (이유자돈)</td><td>• 약 4주차~8주차까지의 기간 • 어미돼지와 떨어져서 이유식에 해당하는 자돈사료를 섭취하는 단계</td></tr><tr><td>육성기간 (육성돈)</td><td>• 약 8주차~22주차까지의 기간 • 근육이 생성되는 급격한 성장기단계</td></tr><tr><td>비육기간 (비육돈)</td><td>• 약 22주차~26주차까지의 기간 • 출하를 위하여 근내지방을 침착시키는 시기</td></tr></table>
종 돈	• 번식을 위하여 기르는 돼지 • 통상 육성돈 단계에서 선발 과정을 거쳐서 후보돈으로 선발되어 종돈으로 쓰이게 된다. <table><tr><th>구 분</th><th>내 용</th></tr><tr><td>종모돈</td><td>• 씨를 받기 위하여 기르는 수돼지</td></tr><tr><td>종빈돈</td><td>• 씨를 받기 위하여 기르는 암돼지</td></tr></table>

4. 가금(家禽) 부문

① 계약에서 정한 수용장소에서 사육하는 가금을 닭, 오리, 꿩, 메추리, 칠면조, 거위, 타조, 관상조를 보험의 목적으로 한다.

② 닭은 종계, 육계, 산란계, 토종닭 및 그 연관 닭을 모두 포함한다.

구 분	내 용
종계(種鷄)	• 능력이 우수하여 병아리 생산을 위한 종란을 생산하는 닭
산란계(産鷄)	• 계란 생산을 목적으로 사육되는 닭
육계(肉鷄)	• 주로 고기를 얻으려고 기르는 빨리 자라는 식육용의 닭. 즉, 육용의 영계와 채란계(採卵鷄)의 폐계(廢鷄)인 어미닭의 총칭.
토종닭	• 우리나라에 살고 있는 재래닭

5. 말(馬) 부문
   ① 보험의 목적
      계약에서 정한 수용장소에서 사육하는 말을 종마(종모마, 종빈마), 경주마(육성마 포함), 일반마로 분류하여 보험의 목적으로 하고 있다.

구 분	내 용
종 마	• 우수한 형질의 유전인자를 갖는 말을 생산할 목적으로 외모, 체형, 능력 등이 뛰어난 마필을 번식용으로 쓰기 위해 사육하는 씨말 • 씨수말을 종모마 씨암말을 종빈마라고 한다.
경주마	• 경주용으로 개량된 말과 경마에 출주하는 말 • 대한민국 내에서 말을 경마에 출주시키기 위해서는 말을 한국마사회에 등록해야 하고 보통 경주마는 태어난 지 대략 2년 정도 뒤 경주마 등록을 하고 등록함으로써 경주마로 인정받게 된다.

   ② 계약에서 정한 말(馬)의 수용장소에서 사육하는 말(馬)이라도 다른 계약이 있거나, 과거 병력, 발육부진 또는 발병 등의 사유로 인수가 부적절하다고 판단되는 경우에는 보험목적에서 제외할 수 있다.

6. 기타 가축(家畜) 부문
   ① 기타 가축 부문에서는 계약에서 정한 가축의 수용장소에서 사육하는 사슴, 양, 꿀벌, 토끼, 오소리를 보험의 목적으로 한다.
   ② 단 계약에서 정한 가축의 수용장소에서 사육하는 가축이라도 다른 계약이 있거나, (㉠), (㉡) 또는 (㉢)등의 사유로 인수가 부적절하다고 판단되는 경우에는 보험목적에서 제외할 수 있다.
   ③ 보험기간 중 가축 증가(출산, 매입 등)에 따라 추가보험료를 납입하지 않은 가축에 대하여는 보험목적에서 제외한다. **정답** ㉠ 과거 병력 ㉡ 발육부진 ㉢ 발병
   ④ 기타 가축 중 꿀벌의 경우 보험의 목적이 아래와 같은 벌통인 경우 보상이 가능하다.
      ㉠ 서양종(양봉)은 꿀벌이 있는 상태의 소비(巢脾)가 3매 이상 있는 벌통
      ㉡ 동양종(토종벌, 한봉)은 봉군(蜂群)이 있는 상태의 벌통

   〈용어의 정의〉

소비 (巢脾)	소비(巢脾)라 함은 소광(巢光, comb frame; 벌집의 나무틀)에 철선을 건너매고 벌집의 기초가 되는 소초(巢礎)를 매선기로 붙여 지은 집으로 여왕벌이 알을 낳고 일벌이 새끼들을 기르며 꿀과 화분을 저장하는 6,600개의 소방을 가지고 있는 장소를 말합니다.
봉군 (蜂群)	봉군(蜂群)은 여왕벌, 일벌, 수벌을 갖춘 꿀벌의 무리를 말합니다. 우리말로 "벌무리"라고도 합니다.

7. 축사(畜舍) 부문

축사 부문에서는 보험기간 중에 계약에서 정한 가축을 수용하는 건물 및 가축사육과 관련된 건물을 보험의 목적으로 한다.

건물의 부속물	피보험자 소유인 칸막이, 대문, 담, 곳간 및 이와 비슷한 것
건물의 부착물	피보험자 소유인 게시판, 네온싸인, 간판, 안테나, 선전탑 및 이와 비슷한 것
건물의 부속설비	피보험자 소유인 전기가스설비, 급배수설비, 냉난방설비, 급이기, 통풍설비 등 건물의 주 용도에 적합한 부대시설 및 이와 비슷한 것
건물의 기계장치	착유기, 원유냉각기, 가금사의 기계류(케이지, 부화기, 분류기 등) 및 이와 비슷한 것

03 부문별 보상하는 손해

1. 소(牛) 부문(종모우 부문 포함)

구 분		보상하는 손해	자기부담금
주계약 (보통 약관)	한우 육우 젖소	• 법정전염병을 제외한 질병 또는 각종 사고(풍해·수해·설해 등 자연재해, 화재)로 인한 폐사 • 부상(경추골절, 사지골절, 탈구·탈골), 난산, 산욕마비, 급성고창증 및 젖소의 유량 감소로 긴급도축을 하여야 하는 경우 ※ 젖소유량감소는 유방염, 불임 및 각종 대사성 질병로 인하여 젖소로서의 경제적 가치가 없는 경우에 한함 ※ 신규가입일 경우 가입일로부터 1개월 이내 질병 관련 사고(긴급도축 제외)는 보상하지 아니함 • 소 도난 및 행방불명에 의한 손해 ※ 도난손해는 보험증권에 기재된 보관장소 내에 보관되어 있는 동안에 불법침입자, 절도 또는 강도의 도난행위로 입은 직접손해(가축의 상해, 폐사 포함)에 한함 • 가축사체 잔존물 처리비용	보험금의 20%, 30%, 40%
	종모우	• 연속 6주 동안 정상적으로 정액을 생산하지 못하고, 종모우로서의 경제적 가치가 없다고 판정 시 ※ 정액생산은 6주 동안 일주일에 2번에 걸쳐 정액을 채취한 후 이를 근거로 경제적 도살여부 판단 • 그 외 보상하는 사고는 한우·육우·젖소와 동일	보험금의 20%
	축사	• 화재(벼락 포함)에 의한 손해 • 화재(벼락 포함)에 따른 소방손해 • 풍재, 수재, 설해, 지진에 의한 손해 • 화재(벼락 포함) 및 풍재, 수재, 설해, 지진에 의한 피난 손해 • 잔존물 제거비용	풍재·수재·설해·지진 : 지급보험금 계산 방식에 따라 계산한 금액에 0%, 5%, 10%을 곱한 금액 또는 50만원 중 큰 금액 화재 : 지급보험금 계산 방식에 따라 계산한 금액에 자기부담비율 0%, 5%, 10%를 곱한 금액
특별 약관	소 도체결함 보장	• 도축장에서 도축되어 경매시까지 발견된 도체의 결함(근출혈, 수종, 근염, 외상, 근육제거, 기타 등)으로 손해액이 발생한 경우	보험금의 20%
	협정보험 가액	• 협의 평가로 보험 가입한 금액 ※ 시가와 관계없이 가입금액을 보험가액으로 평가	주계약, 특약조건 준용
	화재대물 배상책임	• 축사 화재로 인해 인접 농가에 피해가 발생한 경우	-

① 폐사는 질병 또는 불의의 사고에 의하여 수의학적으로 구할 수 없는 상태가 되고 맥박, 호흡, 그 외 일반증상으로 폐사한 것이 확실한 때로 하며 통상적으로는 수의사의 검안서

등의 소견을 기준으로 판단하게 된다.
② 긴급도축은 "사육하는 장소에서 부상, 난산, 산욕마비, 급성고창증 및 젖소의 유량 감소 등이 발생한 소(牛)를 즉시 도축장에서 도살하여야 할 불가피한 사유가 있는 경우"에 한한다.
③ 긴급도축에서 부상 범위는 경추골절, 사지골절 및 탈구(탈골)에 한하며, 젖소의 유량 감소는 유방염, 불임 및 각종 대사성질병으로 인하여 수의학적으로 유량 감소가 예견되어 젖소로서의 경제적 가치가 없다고 판단이 확실시되는 경우에 한정하고 있으나, 약관에서 열거하는 질병 및 상해 이외의 경우에도 수의사의 진료 소견에 따라서 치료 불가능 사유 등으로 불가피하게 긴급도축을 시켜야 하는 경우도 포함한다.

- 산욕마비 : 일반적으로 분만 후 체내의 칼슘이 급격히 저하되어 근육의 마비를 일으켜 기립불능이 되는 질병이다.
- 급성고창증 : 이상발효에 의한 개스의 충만으로 조치를 취하지 못하면 폐사로 이어질수 있는 중요한 소화기 질병으로 변질 또는 부패 발효된 사료, 비맞은 풀, 두과풀(알파파류) 다량 섭취, 갑작스런 사료변경 등으로 인하여 반추위내의 이상 발효로 장마로 인한 사료 변패 등으로 인하여 여름철에 많이 발생함.
- 대사성질병 : 비정상적인 대사 과정에서 유발되는 질병(대사 : 생명 유지를 위해 생물체가 필요한 것을 섭취하고 불필요한 것을 배출하는 일)

④ 도난 손해는 보험증권에 기재된 보관장소 내에 보관되어 있는 동안에 불법침입자, 절도 또는 강도의 도난 행위로 입은 직접손해(가축의 상해, 폐사를 포함)로 한정하고 있으며 보험증권에 기재된 보관장소에서 이탈하여 운송 도중 등에 발생한 도난손해 및 도난 행위로 입은 간접손해(경제능력 저하, 전신 쇠약, 성장 지체·저하 등)는 도난 손해에서 제외된다.
⑤ 도난, 행방불명의 사고 발생 시 계약자, 피보험자, 피보험자의 가족, 감수인(監守人) 또는 당직자는 지체없이 이를 관할 경찰서와 재해보험사업자에 알려야 하며, 보험금 청구 시 관할 경찰서의 도난신고(접수) 확인서를 재해보험사업자에 제출하여야 한다. 즉 도난, 행방불명의 경우는 경찰서 신고를 의무화하고 있다.
⑥ 단, 종모우(種牡牛)는 아래와 같다.
  ㉠ 보험의 목적이 폐사, 긴급도축, 경제적 도살의 사유로 입은 손해를 보상한다.
  ㉡ 폐사는 질병 또는 불의의 사고에 의하여 수의학적으로 구할 수 없는 상태가 되고 맥박, 호흡, 그 외 일반증상으로 폐사한 것이 확실한 때로 한다.
  ㉢ 긴급도축의 범위는 "사육하는 장소에서 부상, 급성고창증이 발생한 소(牛)를 즉시 도축장에서 도살하여야 할 불가피한 사유가 있는 경우"에 한하여 인정한다.
   종모우는 긴급도축의 범위를 약관에서 열거하고 있는 2가지 경우에 한정하여 인정하고 있으며, 부상의 경우도 범위를 아래와 같이 3가지 경우에 한하여 인정하고 있다.
  ㉣ 부상 범위는 경추골절, 사지골절 및 탈구(탈골)에 한한다.
  ㉤ 경제적 도살은 종모우가 연속 6주 동안 정상적으로 정액을 생산하지 못하고, 자격 있는 수의사에 의하여 종모우로서의 경제적 가치가 없다고 판정되었을 때로 한다. 이 경우 정액 생산은 6주 동안 일주일에 2번에 걸쳐 정액을 채취한 후 이를 근거로 경제적 도살 여부를 판단한다.

2. 돼지부문

구 분		보상하는 손해	자기부담금
주계약 (보통약관)	돼지	• 화재 및 풍재, 수재, 설해, 지진에 의한 손해 • 화재 및 풍재, 수재, 설해, 지진 발생시 방재 또는 긴급피난에 필요한 조치로 목적물에 발생한 손해 • 가축사체 잔존물 처리 비용	보험금의 5%, 10%, 20%
	축사	• 화재(벼락 포함)에 의한 손해 • 화재(벼락 포함)에 따른 소방손해 • 풍재, 수재, 설해, 지진에 의한 손해 • 화재(벼락 포함) 및 풍재, 수재, 설해, 지진에 의한 피난손해 • 잔존물 제거비용	소와 동일
특별약관	질병위험 보장	• TGE, PED, Rota virus에 의한 손해 ※ 신규가입일 경우 가입일로부터 1개월 이내 질병 관련 사고는 보상하지 아니함	보험금의 20%, 30%, 40% 또는 200만원 중 큰 금액
	축산휴지 위험보장	• 주계약 및 특별약관에서 보상하는 사고의 원인으로 축산업이 휴지되었을 경우에 생긴 손해액	-
	전기적장치 위험보장	• 전기장치가 파손되어 온도의 변화로 가축 폐사 시	보험금의10%, 20%, 30%, 40% 또는 200만원 중 큰 금액
	폭염재해 보장	• 폭염에 의한 가축 피해 보상	
	협정보험 가액	• 협의 평가로 보험 가입한 금액 ※ 시가와 관계없이 가입금액을 보험가액으로 평가	주계약, 특약 조건 준용
	설해손해 부보장	• 설해에 의한 손해는 보장하지 않음 ※ 축사보험료의 4.9% 할인	-
	화재대물 배상책임	• 축사 화재로 인해 인접 농가에 피해가 발생한 경우	-

※ 폭염재해보장 특약은 전기적장치위험보장특약 가입자에 한하여 가입 가능
① 화재 및 풍재·수재·설해·지진의 직접적인 원인으로 보험목적이 폐사 또는 맥박, 호흡 그 외 일반증상이 수의학적으로 폐사가 확실시되는 경우 그 손해를 보상한다.
② 화재 및 풍재·수재·설해·지진의 발생에 따라서 보험의 목적의 피해를 방재 또는 긴급피난에 필요한 조치로 보험목적에 생긴 손해도 보상한다.
③ 상기 손해는 사고 발생 때부터 120시간(5일) 이내에 폐사되는 보험목적에 한하여 보상하며 다만, 재해보험사업자가 인정하는 경우에 한하여 사고 발생 때부터 120시간(5일) 이후에 폐사되어도 보상한다.

3. 가금 (닭, 오리, 꿩, 메추리, 타조, 거위, 칠면조, 관상조)

구 분		보상하는 손해	자기부담금
주계약 (보통 약관)	가금	• 화재 및 풍재, 수재, 설해, 지진에 의한 손해 • 화재 및 풍재, 수재, 설해, 지진 발생시 방재 또는 긴급피난에 필요한 조치로 목적물에 발생한 손해 • 가축 사체 잔존물 처리 비용	보험금의 10%, 20%, 30%, 40%
	축사	• 화재(벼락 포함)에 의한 손해 • 화재(벼락 포함)에 따른 소방손해 • 풍재, 수재, 설해, 지진에 의한 손해 • 화재(벼락 포함) 및 풍재, 수재, 설해, 지진에 의한 피난손해 • 잔존물 제거 비용	소와 동일
특별 약관	전기적장치 위험보장	• 전기장치가 파손되어 온도의 변화로 가축 폐사 시	보험금의10%, 20%,30%, 40% 또는 200만원 중 큰 금액
	폭염재해 보장	• 폭염에 의한 가축 피해 보상	
	협정보험 가액	• 협의평가로 보험 가입한 금액 ※ 시가와 관계없이 가입금액을 보험가액으로 평가	주계약, 특약 조건 준용
	설해손해 부보장	• 설해에 의한 손해는 보장하지 않음 ※ 축사보험료의 9.4% 할인	-
	화재대물 배상책임	• 축사 화재로 인해 인접 농가에 피해가 발생한 경우	-

※ 폭염재해보장 특약은 전기적장치위험보장특약 가입자에 한하여 가입 가능

① 화재, 풍재·수재·설해·지진의 직접적인 원인으로 보험목적이 폐사 또는 맥박, 호흡 그 외 일반증상이 수의학적으로 폐사가 확실시되는 경우 그 손해를 보상한다.

② 화재, 풍재·수재·설해·지진의 발생에 따라서 보험의 목적의 피해를 방재 또는 긴급피난에 필요한 조치로 보험 목적에 생긴 손해도 보상한다.

③ 상기 손해(폭염 제외)는 사고 발생 때부터 120시간(5일) 이내에 폐사되는 보험 목적에 한하여 보상하며 다만, 재해보험사업자가 인정하는 경우에 한하여 사고 발생 때부터 120시간(5일) 이후에 폐사되어도 보상한다.

④ 폭염 손해는 폭염특보 발령 전 24시간(1일) 전부터 해제 후 24시간(1일) 이내에 폐사되는 보험 목적에 한하여 보상하고 폭염특보는 보험목적의 수용 장소(소재지)에 발표된 해당 지역별 폭염특보를 적용하며 보험기간 종료일까지 폭염특보가 해제되지 않을 경우 보험기간 종료일을 폭염특보 해제일로 본다. 폭염특보는 일 최고 체감온도를 기준으로 발령되는 기상경보로 주의보와 경보로 구분되며 주의보와 경보 모두 폭염특보로 본다.

4. 말(馬) 부문

구 분		보상하는 손해	자기부담금
주계약 (보통약관)	경주마 육성마 종빈마 종모마 일반마 제주마	• 법정전염병을 제외한 질병 또는 각종 사고(풍해·수해·설해 등 자연재해, 화재)로 인한 폐사 • 부상(경추골절, 사지골절, 탈골·탈구), 난산, 산욕마비, 산통, 경주마의 실명으로 긴급도축 하여야 하는 경우 • 불임 ※ 불임은 임신 가능한 암컷말(종빈마)의 생식기관의 이상과 질환으로 인하여 발생하는 영구적인 번식 장애를 의미 • 가축 사체 잔존물 처리 비용	보험금 20% 단, 경주마(육성마)는 경마장외 30%, 경마장내 5%, 10%, 20% 중 선택
	축사	• 화재(벼락 포함)에 의한 손해 • 화재(벼락 포함)에 따른 소방손해 • 풍재, 수재, 설해, 지진에 의한 손해 • 화재(벼락 포함) 및 풍재, 수재, 설해, 지진에 의한 피난손해 • 잔존물 제거비용	소와 동일
특별약관	말운송위험 확장보장	• 말 운송 중 발생되는 주계약 보상사고	-
	경주마 부적격	• 경주마 부적격 판정을 받은 경우 보상	-
	화재대물 배상책임	• 축사 화재로 인해 인접 농가에 피해가 발생한 경우	-

① 보험의 목적이 폐사, 긴급도축, 불임의 사유로 입은 손해를 보상한다.
② 폐사는 질병 또는 불의의 사고에 의하여 수의학적으로 구할 수 없는 상태가 되고 맥박, 호흡, 그 외 일반증상으로 폐사한 것이 확실한 때로 한다.
③ 긴급도축의 범위는 "사육하는 장소에서 부상, 난산, 산욕마비, 산통, 경주마 중 실명이 발생한 말(馬)을 즉시 도축장에서 도살하여야 할 불가피한 사유가 있는 경우"로 한다. 말은 소와 다르게 긴급도축의 범위를 약관에서 열거하고 있는 상기 5가지 경우에 한하여 인정하고 있으며, 부상의 경우도 범위를 아래와 같이 3가지 경우에 한하여 인정하고 있다.
④ 부상 범위는 경추골절, 사지골절 및 탈구(탈골)에 한하여 인정한다.
⑤ 불임은 임신 가능한 암컷말(종빈마)의 생식기관의 이상과 질환으로 인하여 발생하는 영구적인 번식 장애를 말한다.

5. 기타 가축 (사슴, 양, 꿀벌, 토끼, 오소리)

구 분		보상하는 사고	자기부담금
주계약 (보통약관)	사슴, 양, 오소리, 꿀벌, 토끼	• 화재 및 풍재, 수재, 설해, 지진에 의한 손해 • 화재 및 풍재, 수재, 설해, 지진 발생시 방재 또는 긴급피난에 필요한 조치로 목적물에 발생한 손해 • 가축 사체 잔존물 처리 비용	보험금의 5%, 10%, 20%, 30%, 40%
	축사	• 화재(벼락 포함)에 의한 손해 • 화재(벼락 포함)에 따른 소방손해 • 풍재, 수재, 설해, 지진에 의한 손해 • 화재(벼락 포함) 및 풍재, 수재, 설해, 지진에 의한 피난손해 • 잔존물 제거 비용	소와동일
특별약관	폐사· 긴급도축 확장보장 특약 (사슴, 양 자동부가)	• 법정전염병을 제외한 질병 또는 각종 사고(풍해·수해·설해 등 자연재해, 화재)로 인한 폐사 • 부상(사지골절, 경추골절, 탈골), 산욕마비, 난산으로 긴급도축을 하여야 하는 경우 ※ 신규가입일 경우 가입일로부터 1개월 이내 질병 관련 사고(긴급도축 제외)는 보상하지 아니합니다.	보험금의 5%, 10%, 20%, 30%, 40%
	꿀벌낭충봉아 부패병보장	• 벌통의 꿀벌이 낭충봉아부패병으로 폐사(감염 벌통 소각 포함)한 경우	보험금의 5%, 10%, 20%, 30% 40%
	꿀벌 부저병보장	• 벌통의 꿀벌이 부저병으로 폐사(감염 벌통 소각 포함)한 경우	
	화재대물 배상책임	• 축사 화재로 인해 인접 농가에 피해가 발생한 경우	-

① 보험의 목적이 화재 및 풍재·수재·설해·지진의 직접적인 원인으로 보험목적이 폐사 또는 맥박, 호흡 그 외 일반증상으로 수의학적으로 구할 수 없는 상태가 확실시되는 경우 그 손해를 보상한다.

② 화재 및 풍재·수재·설해·지진의 발생에 따라서 보험의 목적의 피해를 방재 또는 긴급피난에 필요한 조치로 보험목적에 생긴 손해는 보상한다.

③ 상기 손해는 사고 발생 때부터 120시간(5일) 이내에 폐사되는 보험목적에 한하여 보상하며 다만, 재해보험사업자가 인정하는 경우에는 사고 발생 때 부터 120시간(5일) 이후에 폐사되어도 보상한다.

④ 꿀벌의 경우는 아래와 같은 벌통에 한하여 보상한다.
　㉠ 서양종(양봉)은 꿀벌이 있는 상태의 소비(巢脾)4)가 3매 이상 있는 벌통
　㉡ 동양종(토종벌, 한봉)은 봉군(蜂群)5)이 있는 상태의 벌통

---

4) 소광(巢光, comb frame; 벌집의 나무틀)에 철선을 건너매고 벌집의 기초가 되는 소초(巢礎)를 매선기를 붙여 지은 집으로 여왕벌이 알을 낳고 일벌이 새끼들을 기르며 꿀과 화분을 저장하는 6,600개의 소방을 가지고 있는 장소를 말한다.
5) 봉군(蜂群)은 여왕벌, 일벌, 수벌을 갖춘 꿀벌의 무리를 말한다. 우리말로 "벌무리"라고도 한다.

6. 축사(畜舍) 부문

보상하는 손해는 보험의 목적이 화재 및 풍재·수재·설해·지진으로 입은 직접손해, 피난 과정에서 발생하는 피난손해, 화재진압 과정에서 발생하는 소방손해 그리고 약관에서 규정하고 있는 비용손해로 아래와 같다.

① 화재에 따른 손해
② 화재에 따른 소방손해
③ 태풍, 홍수, 호우(豪雨), 강풍, 풍랑, 해일(海溢), 조수(潮水), 우박, 지진, 분화 및 이와 비슷한 풍재 또는 수재로 입은 손해
④ 설해에 따른 손해
⑤ 화재 또는 풍재·수재·설해·지진에 따른 피난손해(피난지에서 보험기간 내의 5일 동안에 생긴 상기 손해를 포함한다.)

> **더 알아보기** — 지진 피해의 경우 아래의 최저기준을 초과하는 손해를 담보한다
> (1) 기둥 또는 보 1개 이하를 해체하여 수선 또는 보강하는 것
> (2) 지붕틀의 1개 이하를 해체하여 수선 또는 보강하는 것
> (3) 기둥, 보, 지붕틀, 벽 등에 2m 이하의 균열이 발생한 것
> (4) 지붕재의 2㎡ 이하를 수선하는 것

7. 비용 손해

보장하는 위험으로 인하여 발생한 보험사고와 관련하여 보험계약자 또는 피보험자가 지출한 비용 중 아래 5가지 비용을 가축재해보험에서는 손해의 일부로 간주하여 재해보험사업자가 보상하고 있으며 인정되는 비용은 보험계약자나 피보험자가 여러 가지 조치를 취하면서 발생하는 휴업 손실, 일당 등의 소극적 손해는 제외되고 적극적 손해만을 대상으로 약관 규정에 따라서 보상하고 있다.

① 잔존물처리비용

가축재해보험에서 잔존물처리비용은 목적물이 폐사한 경우에 한정하여 인정하고 있다.

인정범위	불인정범위
• 사고 현장에서의 잔존물의 견인비용 및 차에 싣는 비용 • 적법한 시설에서의 렌더링	• 사고 현장 및 인근 지역의 토양, 대기 및 수질 오염물질 제거 비용 • 차에 실은 후 폐기물 처리비용(매몰비용 포함) • 보장하지 않는 위험으로 보험의 목적이 손해를 입거나 관계 법령에 의하여 제거됨으로써 생긴 손해

〈용어의 정의〉

폐사((斃死)	가축 또는 동물의 생명 현상이 끝남을 말함
랜더링	사체를 고온·고압 처리하여 기름과 고형분으로 분리함으로써 유지(사료·공업용) 및 육분·육골분(사료·비료용)을 생산하는 과정

② 손해방지비용

인정범위	불인정범위
• 손해의 방지 또는 경감을 위하여 지출한 "필요 또는 유익한" 비용 • "필요 또는 유익한"의 판단 사회 통념상으로 보아서 인정되는 정도면 되는 것이고 반드시 그 결과가 필요한 것은 아니라고 보아야 할 것이다.	• 보험 목적의 관리의무를 위하여 지출한 비용 • '관리의무에 따른 비용' 일상적인 관리에 소요되는 비용과 예방접종, 정기검진, 기생충구제 등에 소용되는 비용 그리고 보험 목적이 질병에 걸리거나 부상을 당한 경우 신속하게 치료 및 조치를 취하는 비용 등을 의미

③ 대위권 보전비용

　재해보험사업자가 보험사고로 인한 피보험자의 손실을 보상해주고, 피보험자가 보험사고와 관련하여 제3자에 대하여 가지는 권리가 있는 경우 보험금을 지급한 재해보험사업자는 그 지급한 금액의 한도에서 그 권리를 법률상 당연히 취득하게 되며 이와 같이 보험사고와 관련하여 제3자로부터 손해의 배상을 받을 수 있는 경우에는 그 권리를 지키거나 행사하기 위하여 지출한 필요 또는 유익한 비용을 보상한다.

④ 잔존물 보전비용

　㉠ 잔존물 보전비용이란 보험사고로 인해 멸실된 보험목적물의 잔존물을 보전하기 위하여 지출한 필요 또는 유익한 비용으로 이러한 잔존물을 보전하기 위하여 지출한 필요 또는 유익한 비용을 보상한다.

　㉡ 그러나 잔존물 보전비용은 재해보험사업자가 보험금을 지급하고 잔존물을 취득할 의사표시를 하는 경우에 한하여 지급한다. 즉 재해보험사업자가 잔존물에 대한 취득 의사를 포기하는 경우에는 지급되지 않는다.

⑤ 기타 협력비용

　재해보험사업자의 요구에 따라 지출한 필요 또는 유익한 비용을 보상한다.

04 부문별 보상하지 않는 손해

1. 전 부문 공통
① 계약자, 피보험자 또는 이들의 법정대리인의 고의 또는 중대한 과실
② 계약자 또는 피보험자의 도살 및 위탁 도살에 의한 가축 폐사로 인한 손해
③ 가축전염병예방법 제2조에서 정하는 가축전염병에 의한 폐사로 인한 손해 및 정부 및 공공기관의 살처분 또는 도태 권고로 발생한 손해
④ 보험목적이 유실 또는 매몰되어 보험목적을 객관적으로 확인할 수 없는 손해. 다만, 풍수해 사고로 인한 직접손해 등 재해보험사업자가 인정하는 경우에는 보상
⑤ 원인의 직접, 간접을 묻지 않고 전쟁, 혁명, 내란, 사변, 폭동, 소요, 노동쟁의, 기타 이들과 유사한 사태로 인한 손해
⑥ 지진의 경우 보험계약일 현재 이미 진행 중인 지진(본진, 여진을 포함한다)으로 인한 손해
⑦ 핵연료 물질 또는 핵연료 물질에 의하여 오염된 물질의 방사성, 폭발성 그 밖의 유해한 특성 또는 이들의 특성에 의한 사고로 인한 손해
⑧ 이외의 방사선을 쬐는 것 또는 방사능 오염으로 인한 손해
⑨ 계약체결 시점 현재 기상청에서 발령하고 있는 기상특보 발령 지역의 기상특보 관련 재해(풍재, 수재, 설해, 지진, 폭염)로 인한 손해

2. 소(牛) 부문
① 사료 공급 및 보호, 피난처 제공, 수의사의 검진, 소독 등 사고의 예방 및 손해의 경감을 위하여 당연하고 필요한 안전대책을 강구하지 않아 발생한 손해
② 계약자 또는 피보험자가 보험가입 가축의 번식장애, 경제능력저하 또는 전신쇠약, 성장지체·저하에 의해 도태시키는 경우.
   ※ 다만, 우유방염, 불임 및 각종 대사성질병으로 인하여 수의학적으로 유량감소가 예견되어 젖소로서의 경제적 가치가 없다고 판단이 확실시 되는 경우의 도태는 보상
③ 개체 표시인 귀표가 오손, 훼손, 멸실되는 등 목적물을 객관적으로 확인할 수 없는 상태에서 발생한 손해
④ 외과적 치료행위로 인한 폐사 손해.
   ※ 다만, 보험목적의 생명 유지를 위하여 질병, 질환 및 상해의 치료가 필요하다고 자격 있는 수의사가 확인하고 치료한 경우 제외
⑤ 독극물의 투약에 의한 폐사 손해
⑥ 정부, 공공기관, 학교 및 연구기관 등에서 학술 또는 연구용으로 공여하여 발생된 손해 ※ 다만, 재해보험사업자의 승낙을 얻은 경우에는 제외
⑦ 보상하는 손해 이외의 사고로 재해보험사업자 등 관련 기관으로부터 긴급 출하 지시를 통보(구두, 유선 및 문서 등) 받았음에도 불구하고 계속하여 사육 또는 치료하다 발생된

손해 및 자격 있는 수의사가 도살하여야 할 것으로 확인하였으나 이를 방치하여 발생한 손해

⑧ 제1회 보험료 등을 납입한 날의 다음월 응당일(다음월 응당일이 없는 경우는 다음월 마지막날로 한다) 이내에 발생한 긴급도축과 화재·풍수해에 의한 직접손해 이외의 질병 등에 의한 폐사로 인한 손해. 보험기간 중에 계약자가 보험목적을 추가하고 그에 해당하는 보험료를 납입한 경우에도 같음.

⑨ 도난 손해의 경우, 아래의 사유로 인한 손해
  ㉠ 계약자, 피보험자 또는 이들의 법정대리인의 고의 또는 중대한 과실로 생긴 도난 손해
  ㉡ 피보험자의 가족, 친족, 피고용인, 동거인, 숙박인, 감수인(監守人) 또는 당직자가 일으킨 행위 또는 이들이 가담하거나 이들의 묵인하에 생긴 도난 손해
  ㉢ 지진, 분화, 풍수해, 전쟁, 혁명, 내란, 사변, 폭동, 소요, 노동쟁의 기타 이들과 유사한 사태가 발생했을 때 생긴 도난 손해
  ㉣ 화재, 폭발이 발생했을 때 생긴 도난 손해
  ㉤ 절도, 강도 행위로 발생한 화재 및 폭발 손해
  ㉥ 보관장소 또는 작업장 내에서 일어난 좀도둑으로 인한 손해
  ㉦ 재고 조사 시 발견된 손해
  ㉧ 망실 또는 분실 손해
  ㉨ 사기 또는 횡령으로 인한 손해
  ㉩ 도난 손해가 생긴 후 30일 이내에 발견하지 못한 손해
  ㉪ 보관장소를 72시간 이상 비워둔 동안 생긴 도난 손해
  ㉫ 보험의 목적이 보관장소를 벗어나 보관되는 동안에 생긴 도난 손해

<용어의 정의>

도난행위	완력이나 기타 물리력을 사용하여 보험의 목적을 훔치거나 강탈하거나 무단으로 장소를 이동시켜 피보험자가 소유, 사용, 관리할 수 없는 상태로 만드는 것을 말한다. 다만, 외부로부터 침입 시에는 침입한 흔적 또는 도구, 폭발물, 완력, 기타의 물리력을 사용한 흔적이 뚜렷하여야 한다.
피보험자의 가족, 친족	민법 제 779조 및 제777조의 규정에 따른다. (다만 피보험자가 법인인 경우에는 그 이사 및 법인의 업무를 집행하는 기관의 업무종사자와 법정 대리인의 가족, 친족도 포함한다.)
망실,	보관하는 자 또는 관리하는 자가 보험의 목적을 보관 또는 관리하던 장소 및 시간에 대한 기억을 되살리지 못하여 보험의 목적을 잃어버리는 것을 말한다.
분실	보관하는 자 또는 관리하는 자가 보관관리에 일상적인 주의를 태만히 하여 보험의 목적을 잃어버리는 것을 말한다.

3. 돼지(豚) 부문 · 가금(家禽) 부문

구분	돼지(豚) 부문	가금(家禽) 부문	기타 가축(家畜) 부문
공통	① 댐 또는 제방 등의 붕괴로 생긴 손해. 다만, 붕괴가 보상하는 손해에서 정한 위험(화재 및 풍재·수재·설해·지진)으로 발생된 손해는 보상 ② 바람, 비, 눈, 우박 또는 모래먼지가 들어옴으로써 생긴 손해. 다만, 보험의 목적이 들어 있는 건물이 풍재·수재·설해·지진으로 직접 파손되어 보험의 목적에 생긴 손해는 보상 ③ 추위, 서리, 얼음으로 생긴 손해 ④ 발전기, 여자기(정류기 포함), 변류기, 변압기, 전압조정기, 축전기, 개폐기, 차단기, 피뢰기, 배전반 및 그 밖의 전기장치 또는 설비의 전기적 사고로 생긴 손해. 그러나 그 결과로 생긴 화재손해는 보상 ⑤ 화재 및 풍재·수재·설해·지진 발생으로 방재 또는 긴급피난 시 피난처에서 사료공급, 보호, 환기, 수의사의 검진, 소독 등 사고의 예방 및 손해의 경감을 위하여 당연하고 필요한 안전대책을 강구하지 않아 발생한 손해 ⑥ 보험목적이 도난 또는 행방불명된 경우		
차이	모돈의 유산으로 인한 태아 폐사 또는 성장 저하로 인한 직·간접 손해	성장 저하, 산란율 저하로 인한 직·간접 손해	① 10kg 미만(1마리 기준)의 양이 폐사하여 발생한 손해 ② 벌의경우 CCD (Colony Collapse Disorder : 벌떼폐사장애), 농약, 밀원수의 황화현상, 공사장의 소음, 전자파로 인하여 발생한 손해 및 꿀벌의 손해가 없는 벌통만의 손해

4. 말(馬) 부문 · 종모우(種牡牛) 부문

① 사료공급 및 보호, 피난처 제공, 수의사의 검진, 소독 등 사고의 예방 및 손해의 경감을 위하여 당연하고 필요한 안전대책을 강구하지 않아 발생한 손해
② 계약자 또는 피보험자가 보험가입 가축의 번식장애, 경제능력저하 또는 전신쇠약, 성장지체·저하에 의해 도태시키는 경우
③ 개체 표시인 귀표가 오손, 훼손, 멸실되는 등 목적물을 객관적으로 확인할 수 없는 상태에서 발생한 손해
④ 외과적 치료행위로 인한 폐사 손해. 다만, 보험목적의 생명 유지를 위하여 질병, 질환 및 상해의 치료가 필요하다고 자격 있는 수의사가 확인하고 치료한 경우에는 제외
⑤ 독극물의 투약에 의한 폐사 손해
⑥ 정부, 공공기관, 학교 및 연구기관 등에서 학술 또는 연구용으로 공여하여 발생된 손해. 다만, 재해보험사업자의 승낙을 얻은 경우에는 제외
⑦ 보상하는 손해 이외의 사고로 재해보험사업자 등 관련 기관으로부터 긴급 출하 지시를 통보(구두, 유선 및 문서 등) 받았음에도 불구하고 계속하여 사육 또는 치료하다 발생된 손해 및 자격 있는 수의사가 도살하여야 할 것으로 확인하였으나 이를 방치하여 발생한 손해

농작물재해보험 및 가축재해보험 이론과 실무

⑧ 보험목적이 도난 또는 행방불명된 경우
⑨ 제1회 보험료 등을 납입한 날의 다음 월 응당일(다음월 응당일이 없는 경우는 다음 월 마지막 날로 한다) 이내에 발생한 긴급도축과 화재·풍수해에 의한 직접손해 이외의 질병 등에 의한 폐사로 인한 손해. 보험기간 중에 계약자가 보험목적을 추가하고 그에 해당하는 보험료를 납입한 경우에도 같음. 다만, 이 규정은 재해보험사업자가 정하는 기간 내에 1년 이상의 계약을 다시 체결하는 경우에는 미적용

5. 축사(畜舍) 부문

① 화재 또는 풍재·수재·설해·지진 발생 시 도난 또는 분실로 생긴 손해
② 보험의 목적이 발효, 자연발열 또는 자연발화로 생긴 손해. 그러나 자연발열 또는 자연발화로 연소된 다른 보험의 목적에 생긴 손해는 보상
③ 풍재·수재·설해·지진과 관계없이 댐 또는 제방이 터지거나 무너져 생긴 손해
④ 바람, 비, 눈, 우박 또는 모래먼지가 들어옴으로써 생긴 손해. 그러나 보험의 목적이 들어있는 건물이 풍재·수재·설해·지진으로 직접 파손되어 보험의목적에 생긴 손해는 보상
⑤ 추위, 서리, 얼음으로 생긴 손해
⑥ 발전기, 여자기(정류기 포함), 변류기, 변압기, 전압조정기, 축전기, 개폐기, 차단기, 피뢰기, 배전반 및 그 밖의 전기기기 또는 장치의 전기적 사고로 생긴 손해. 그러나 그 결과로 생긴 화재 손해는 보상
⑦ 풍재의 직접, 간접에 관계 없이 보험의 목적인 네온사인 장치에 전기적 사고로 생긴 손해 및 건식 전구의 필라멘트 만에 생긴 손해
⑧ 국가 및 지방자치단체의 명령에 의한 재산의 소각 및 이와 유사한 손해

기출뽀개기 ▶ 제3회 기출문제

다음은 가축재해보험의 보상하지 않는 손해의 내용 중 일부이다. 답란에 알맞은 내용을 쓰시오 [5점]

- 계약자, 피보험자 또는 이들의 법정대리인의 고의 또는 중대한 과실
- 계약자, 피보험자의 (㉠) 및 (㉡)에 의한 가축폐사로 인한 손해
- (㉢)에서 정하는 가축전염병으로 폐사하거나, 정부의 (㉣) 또는 (㉤)로 발생한 손해

답 ㉠ _____, ㉡ _____, ㉢ _____, ㉣ _____, ㉤ _____

정답 ㉠ 도살, ㉡ 위탁도살, ㉢ 가축전염병예방법, ㉣ 살처분, ㉤ 도태권고

제03절 가축재해보험 특별약관

01 개요

① 특별약관은 보통약관의 규정을 바꾸거나 보충하거나 배제하기 위하여 쓰이는 약관이다.
② 현행 가축보험약관에서는 일반조항에 대한 7개의 특별약관과 각 부문별로 13개의 특별약관(소 1개, 돼지 2개, 돼지·가금 공통 2개, 말 4개, 기타 가축 3개, 축사 1개)까지 총 20개의 특별약관을 두고 있으며, 특별약관에서 정하고 있지 않은 사항은 보통약관의 일반조항 및 해당 부문별 제 규정을 따른다.

02 일반조항에 대한 특별약관 (7개)

부문	일반조항 특별약관
공통	공동인수 특별약관
	지정대리청구서비스 특별약관
	보험료분납 특별약관
	화재대물배상책임 특별약관
	동물복지인증계약 특별약관
	※ 동물복지축산농장인증(농림축산검역본부)시 보험요율 5% 할인
	구내폭발위험보장 특별약관
소	협정보험가액 특별약관 (유량검정젖소 가입 시)
돼지	협정보험가액 특별약관 (종돈 가입 시)
가금	협정보험가액 특별약관

1. 협정보험가액 특약
   ① 특별약관에서 적용하는 가축에 대하여 계약 체결 시 재해보험사업자와 계약자 또는 피보험자와 협의하여 평가한 보험가액을 보험기간 중에 보험가액 및 보험가입금액으로 하는 기평가보험 특약이다.
   ② 적용 가축 : 종빈우, 종모돈, 종빈돈, 자돈(포유돈, 이유돈), 종가금, 유량검정젖소
   ③ 유량검정젖소
      ㉠ 젖소개량사업소의 검정사업에 참여하는 농가 중에서 다음 요건을 충족하는 농가의 소를 말한다.

대상 농가	• 농가 기준 직전 월의 305일 평균유량이 10,000kg이상이고 평균 체세포수가 30만 마리 이하를 충족하는 농가
대상 젖소	• 위의 대상농가 기준을 충족하는 농가의 젖소 중 최근 산차 305일 유량이 11,000kg 이상이고, 체세포수가 20만 마리 이하인 젖소

㉡ 요건을 충족하는 유량검정젖소는 시가에 관계없이 협정보험가액 특약으로 보험가입이 가능하다.

2. 공동인수 특별약관

　재해보험사업자가 상호협정을 체결하여 보험계약을 공동으로 인수하고 사고 발생 시 보험금을 인수비율에 따라서 부담하는 특별약관이다.

3. 지정대리청구서비스 특별약관

　계약자가 보통약관 또는 특별약관에서 정한 보험금을 직접 청구할 수 없는 특별한 사정이 있을 경우에 대비하여 계약 체결 시 또는 계약체결 이후에 보험금을 대리 청구 및 수령 할 수 있는 대리청구인을 지정할 수 있는데 이러한 대리청구인의 요건 및 보험금 대리 청구 및 수령 절차 등을 규정하고 있는 특약이다.

4. 보험료분납 특별약관

　계약자가 보험료를 분할하여 납부하고자 하는 경우 보험료 분납의 요건 및 절차 등에 관하여 규정하고 있는 특약이다.

5. 화재대물배상책임 특별약관

　피보험자가 축사구내에서 발생한 화재 사고로 인하여 타인의 재물에 손해를 입혀서 법률상의 손해배상책임을 부담함으로써 입은 손해를 보상하여 주는 특약이다.

6. 동물복지인증계약 특약

　농림축산검역본부로부터 동물복지축산농장 인증을 받은 축산농장이 가축재해보험에 가입하는 경우 보험료 할인 혜택을 부여하는 특약이다.

7. 구내폭발위험보장 특약

　보험의 목적이 있는 구내에서 생긴 폭발, 파열(폭발, 파열이라 함은 급격한 산화반응을 포함하는 파괴 또는 그 현상을 말한다)로 보험의 목적에 생긴 손해를 보상하는 특약이다.

　그러나 기관, 기기, 증기기관, 내연기관, 수도관, 수관, 유압기, 수압기 등의 물리적인 폭발, 파열이나 기계의 운동부분 또는 회전부분이 분해되어 날아 흩어지므로 인해 생긴 손해는 보상하지 않는다.

▶ 제3회 기출문제

가축재해보험의 업무방법에서 정하는 유량검정젖소의 정의와 가입기준 (대상농가, 대상젖소)에 관하여 답란에 서술하시오. [15점]

답 • 정의

• 가입기준(대상농가) :

• 가입기준(대상젖소) :

정답
- 정의 : 젖소개량사업소의 검정사업에 참여하는 농가 중에서 가입기준을 충족하는 농가의 소를 말한다.
- 가입기준(대상농가): 농가 기준 직전 월의 305일 평균유량이 10,000kg 이상이고 평균 체세포수가 30만 마리 이하를 충족하는 농가
- 가입기준(대상젖소): 위의 대상농가 기준을 충족하는 농가의 젖소 중 최근 산차 305일 유량이 11,000kg 이상이고, 체세포수가 20만 마리 이하인 젖소

▶ 제5회 기출문제 (문제 수정)

가축재해보험상품에 관한 다음 내용을 쓰시오. [5점]

① 협정보험가액 특약을 가입할 수 있는 세부 축종명
② 공통 인수제한 계약사항 (2023년 내용 삭제됨)

답

정답 ① 종빈우, 종모돈, 종빈돈, 자돈(포유돈, 이유돈), 종가금, 유량검정젖소

03 각 부문별 특별약관 (13개)

부문	특별약관
소	소도체결함보장 특별약관
돼지	질병위험보장 특별약관
	축산휴지위험보장 특별약관
	전기적장치 위험보장 특별약관
	폭염재해보장 추가특별약관 ※ 전기적장치 특별약관 가입자만 가입가능
가금	전기적장치 위험보장 특별약관
	폭염재해보장 추가특별약관 ※ 전기적장치 특별약관 가입자만 가입가능
말	씨수말 번식첫해 선천성 불임 확장보장 특별약관
	말(馬)운송위험 확장보장 특별약관
	경주마 부적격 특별약관 (경주마, 제주마, 육성마 가입 시 자동 담보)
	경주마 보험기간 설정에 관한 특별약관
기타 가축	폐사·긴급도축 확장보장 특별약관(사슴, 양 가입 시 자동 담보)
	꿀벌 낭충봉아부패병보장 특별약관
	꿀벌 부저병보장 특별약관
축사	설해손해 부보장 추가특별약관 ※ 돈사, 가금사에 한하여 가입 가능

1. 소 부문 특별약관 (1개)

(1) 소(牛)도체결함보장 특약

① 도축장에서 소를 도축하면 이후 축산물품질평가사가 도체에 대하여 등급을 판정하고 그 판정내용을 표시하는 "등급판정인"을 도체에 찍고 등급판정과정에서 도체에 결함이 발견되면 추가로 "결함인"을 찍게 된다.

② 결함인은 결함 유형에 따라서 근출혈, 수종, 근염, 외상, 근육 제거, 기타의 결함으로 6종류로 분류하여 판정하며 이러한 결함인은 이후 경매 시 경락가격에 많은 영향을 미치게 되므로 도축 후 경매 시까지 발견된 예상치 못한 소 도체 결함으로 인하여 경락가격이 하락하여 발생되는 손해를 보상하여 주는 특약이다.

③ 단 특약에서는 경매 후 발견된 결함으로 인한 손해는 보상하지 않는다.

2. 돼지 부문 특별약관 (3개)

(1) 돼지 질병위험보장 특약

① 주로 포유자돈이나 이유자돈에서 큰 피해를 입히는 3가지 질병을 직접적인 원인으로 보험기간 중에 질병으로 폐사하거나 보험기간 종료일 이전에 질병의 발생을 서면통지한 후 30일 이내에 폐사한 경우 그 손해를 보상한다.

② 보상하는 질병
  ㉠ 전염성위장염 (TGE virus 감염증)
  ㉡ 돼지유행성설사병 (PED virus 감염증)
  ㉢ 로타바이러스감염증 (Rota virus 감염증)

③ 상기 질병에 대한 진단 확정은 전문 수의사가 조직(fixed tissue) 또는 분변, 혈액검사 등에 대한 형광항체법 또는 PCR(중합효소연쇄반응) 진단법 등을 기초로 진단하여야 한다. 그러나 불가피한 사유로 병리학적 진단이 가능하지 않을 때는 예외적·보충적으로 임상학적 진단도 증거로 인정된다.

(2) 돼지 축산휴지위험보장 특약

보험기간 동안에 보험증권에 명기된 구내에서 보통약관 및 특별약관에서 보상하는 사고의 원인으로 피보험자가 영위하는 축산업이 중단 또는 휴지되었을 때 생긴 손해액을 보상하는 특약이다.

3. 돼지, 가금 부문 특별약관 (2개)

(1) 전기적 장치 위험보장 특약

① 전기적 장치로 인한 손해를 보상하는 특약으로 돼지·가금 부문에 공통 적용되는 특별약관이다.

② 특약에서는 여자기(정류기 포함), 변류기, 변압기, 전압조정기, 축전기, 개폐기, 차단기, 피뢰기, 배전반 및 이와 비슷한 전기장치 또는 설비 중 그 전기장치 또는 설비가 파괴 또는 변조되어 온도의 변화로 보험의 목적에 손해가 발생하였을 경우에 그 손해를 보상한다.

③ 단, 보험자가 인정하는 특별한 경우를 제외하고 사고 발생한 때로부터 24시간 이내에 폐사된 보험목적에 한하여 보상한다.

(2) 폭염재해보장 추가특별약관

① 폭염으로 인한 손해를 보상하는 특약이다.

② 보험목적 수용장소 지역에 발효된 폭염특보의 발령 전 24시간(1일) 전부터 해제 후 24시간(1일) 이내에 폐사되는 보험목적에 한하여 보상하며 보험기간 종료일까지 폭염특보가 해제되지 않은 경우에는 보험기간 종료일을 폭염특보 해제일로 본다.

4. 말부문 특별약관 (4개)

(1) 씨수말 번식첫해 선천성 불임 확장보장 특약

보험목적이 보험기간 중 불임이라고 판단이 된 경우에 보상하는 특약으로 아래의 사유로 인해 발생 또는 증가된 손해는 보상하지 않는다.

- ○ 씨수말 내·외부 생식기의 감염으로 일어난 불임
- ○ 씨암말의 성병으로부터 일어난 불임
- ○ 어떠한 이유로든지 교배시키지 않아서 일어난 불임
- ○ 씨수말의 외상, 질병, 전염병으로부터 유래된 불임

(2) 말(馬) 운송위험 확장보장 특약

보험의 목적인 말을 운송 중에 보통약관 말부문의 보상하는 재해에서 정한 손해가 발생한 경우에 보상하는 특약으로 아래 사유로 발생한 손해는 보상하지 않는다.

- ○ 운송 차량의 덮개 또는 화물의 포장 불완전으로 생긴 손해
- ○ 도로교통법시행령 제22조(운행상의 안전기준)의 적재중량과 적재용량 기준을 초과하여 적재함으로써 생긴 손해
- ○ 수탁물이 수하인에게 인도된 후 14일을 초과하여 발견된 손해

(3) 경주마 부적격 특약

① 보험의 목적인 경주마 혹은 경주용으로 육성하는 육성마가 건염, 인대염, 골절 혹은 경주중 실명으로 인한 경주마 부적격 판정을 한국마사회 마필보건소에서 받은 경우 보상하는 특약이다.

② 단 보험의 목적인 경주마가 경주마 부적격 판정 이후 종모마 혹은 종빈마로 용도가 변동된 경우에는 보상하지 않는다.

(4) 경주마 보험기간 설정에 관한 특약

① 보통약관에서는 질병 등에 의한 폐사는 보험자의 책임이 발생하는 제1회 보험료 등을 받은 날로부터 1개월 이후에 폐사한 경우만 보상하고 있다.

② 보험의 목적이 경주마인 경우에는 1개월 이내의 질병 등에 의한 폐사도 보상한다는 특약이다.

5. 기타 가축 부문 특약 (3개)

(1) 폐사 · 긴급도축 확장보장 특약 (사슴 및 양)
   ① 기타 가축 사슴과 양의 경우 보통약관에서 화재 및 풍재 · 수재 · 설해 · 지진의 직접적인 원인으로 보험목적이 폐사한 경우 보상하고 있다.
   ② 사슴과 양이 이 특약에 가입하는 경우에는 질병 또는 불의의 사고로 인한 폐사 및 긴급도축의 경우에도 보상하는 특약이다.

(2) 꿀벌 낭충봉아부패병보장 특약
   ① 보통약관에서 "가축전염병예방법 제2조(정의)에서 정하는 가축전염병에 의한 폐사로 인한 손해 및 정부 및 공공기관의 살처분 또는 도태 권고로 발생한 손해"는 보상하지 않는 손해로 규정하고 있다.
   ② 벌통의 꿀벌이 제2종 가축전염병인 꿀벌 낭충봉아부패병으로 폐사(감염 벌통 소각 포함)했을 경우 벌통의 손해를 보상하는 특약이다.

(3) 꿀벌 부저병보장 특약
   ① 보통약관에서 "가축전염병예방법 제2조(정의)에서 정하는 가축전염병에 의한 폐사로 인한 손해 및 정부 및 공공기관의 살처분 또는 도태 권고로 발생한 손해"는 보상하지 않는 손해로 규정하고 있다.
   ② 벌통의 꿀벌이 제3종 가축전염병인 꿀벌 부저병으로 폐사(감염 벌통 소각 포함)했을 경우 벌통의 손해를 보상하는 특약이다.

〈 가축전염병예방법에서 정하는 가축전염병(가축전염병예방법 제2조〉

구 분	가축전염병
제1종	우역, 우폐역, 구제역, 가성우역, 블루텅병, 리프트계곡열, 럼피스킨병, 양두, 수포성구내염, 아프리카마역, 아프리카돼지열병, 돼지열병, 돼지수포병, 뉴캣슬병, 고병원성 조류인플루엔자 및 그 밖에 이에 준하는 질병으로서 농림축산식품부령으로 정하는 가축의 전염성 질병
제2종	탄저, 기종저, 브루셀라병, 결핵병, 요네병, 소해면상뇌증, 큐열, 돼지오제스키병, 돼지일본뇌염, 돼지테센병, 스크래피(양해면상뇌증), 비저, 말전염성빈혈, 말바이러스성동맥염, 구역, 말전염성자궁염, 동부말뇌염, 서부말뇌염, 베네수엘라말뇌염, 추백리(병아리흰설사병), 가금티푸스, 가금콜레라, 광견병, 사슴만성소모성질병 및 그 밖에 이에 준하는 질병으로서 주1)농림축산식품부령으로 정하는 가축의 전염성 질병
제3종	소유행열, 소아카바네병, 닭마이코플라스마병, 저병원성 조류인플루엔자, 부저병 및 그 밖에 이에 준하는 질병으로서 주2)농림축산식품부령으로 정하는 가축의 전염성 질병

농작물재해보험 및 가축재해보험 이론과 실무   제1과목

6. 축사 특별약관

(1) 설해손해 부보장 특별약관

① 가축재해보험 보통약관 축사 부문에서 설해로 인한 손해는 보상하는 손해로 규정하고 있다.

② 이 약관에 의하여 돈사(豚舍)와 가금사(家禽舍)에 발생한 설해로 인한 손해를 보상하지 않는 특약이다.

③ 단, 이에 따른 보험료 할인율(돈사 4.9%, 가금사 9.4%)이 적용된다.

기출뽀개기 ▶ 제5회 기출문제

돼지를 기르는 축산농 A씨는 ① 폭염으로 폐사된 돼지와 ② 축사 화재로 타인에게 배상할 손해를 대비하기 위해 가축재해보험에 가입하고자 한다. 이 때, 반드시 가입해야 하는 2가지 특약을 ① 의 경우와 ② 의 경우로 나누어 각각 쓰시오. [5점]

답

정답 ① 폭염재해보장 추가특별약관
② 화재대물배상책임 특별약관

〈별표〉 미경과비율표 (단위 %)

적과종료 이전 특정위험 5종 한정보장 특약에 가입하지 않은 경우: 착과감소보험금 보장수준 50%형													
구분	품목	판매개시 연도												이듬해
		1월	2월	3월	4월	5월	6월	7월	8월	9월	10월	11월	12월	1월
보통약관	사과·배	100	100	100	86	76	70	54	19	5	0	0	0	0
	단감·떫은감	100	100	99	93	92	90	84	35	12	3	0	0	0
특별약관	나무손해 사과·배·단감·떫은감	100	100	100	99	99	90	70	29	9	3	3	0	0

적과종료 이전 특정위험 5종 한정보장 특약에 가입하지 않은 경우: 착과감소보험금 보장수준 70%형													
구분	품목	판매개시 연도												이듬해
		1월	2월	3월	4월	5월	6월	7월	8월	9월	10월	11월	12월	1월
보통약관	사과·배	100	100	100	83	70	63	49	18	5	0	0	0	0
	단감·떫은감	100	100	98	90	89	87	79	33	11	2	0	0	0
특별약관	나무손해 사과·배·단감·떫은감	100	100	100	99	99	90	70	29	9	3	3	0	0

적과종료 이전 특정위험 5종 한정보장 특약에 가입한 경우 : 착과감소보험금 보장수준 50%형													
구분	품목	판매개시 연도												이듬해
		1월	2월	3월	4월	5월	6월	7월	8월	9월	10월	11월	12월	1월
보통약관	사과·배	100	100	100	92	86	83	64	22	5	0	0	0	0
	단감·떫은감	100	100	99	95	94	93	90	38	13	3	0	0	0
특별약관	나무손해 사과·배·단감·떫은감	100	100	100	99	99	90	70	29	9	3	3	0	0

적과종료 이전 특정위험 5종 한정보장 특약에 가입한 경우: 착과감소보험금 보장수준 70%형														
구분	품목	판매개시 연도												이듬해
		1월	2월	3월	4월	5월	6월	7월	8월	9월	10월	11월	12월	1월
보통약관	사과·배	100	100	100	90	82	78	61	22	6	0	0	0	0
	단감·떫은감	100	100	99	94	93	92	88	37	13	4	0	0	0
특별약관	나무손해 사과·배·단감·떫은감	100	100	100	99	99	90	70	29	9	3	3	0	0

더 알아보기 — 환급보험료 예시

- 예시기준 : 사과 품목 보험가입 후 8월에 임의해지 한 경우

  환급보험료 = 계약자부담보험료 × 해당 월 미경과비율

구 분	계약자부담보험료	계산식	환급보험료
보통약관	500,000원	500,000원× 19%	95,000원
나무손해보장 특별약관	100,000원	100,000원× 29%	29,000원

※ 착과감소보험금 보장수준 50%형, 적과종료 이전 특정위험 5종 한정보장 특약미가입 기준

품목	분류	판매개시연도									이듬해			
		4월	5월	6월	7월	8월	9월	10월	11월	12월	1월	2월	3월	4월	5월
감귤	보통약관	95	95	95	45	15	0	0	0						
	특약 동상해보장	100	100	100	100	100	100	100	100	60	50	0			
	특약 나무손해보장 과실손해 추가보장	95	95	95	45	15	0	0	0	0	0	0			

MEMO

제2편

농작물 재해보험 및 가축재해보험 손해평가의 이론과 실무

Chapter. 01 농업재해보험 손해평가 개관

제01절 손해평가의 개요

01 손해평가의 의의 및 기능

1. 손해평가의 의의
   ① 손해평가는 보험대상 목적물에 피해가 발생한 경우 그 피해 사실을 확인하고 평가하는 일련의 과정을 의미한다.
   ② 손해평가는 재해로 인한 수확량의 감소(실제 수확량)를 파악하여 손해비율을 계산함으로써 지급될 보험금액을 산정하게 된다. 손해평가 결과는 지급보험금액을 확정하는데 결정적인 근거가 되기 때문에 손해평가 (특히 현지조사)는 농업재해보험에서 가장 중요한 부분 중의 하나이다.

2. 손해평가의 의미
   ① 손해평가 결과는 피해 입은 계약자 또는 피보험자(이하 보험가입자로 한다)가 받을 보험금을 결정하는 가장 중요한 기초자료가 된다.
   ② 손해평가 결과에 대하여 보험가입자는 물론 제3자도 납득할 수 있어야 한다. 손해평가 결과가 지역마다, 개개인마다 다르면, 농업재해보험제도 자체에 대한 신뢰를 상실하게 된다.
   〈 손해평가의 공정성과 객관성을 높이기 위한 방법 〉
     ㉠ 재해보험사업자는 조사자의 관점을 통일하고 공정한 손해평가를 위해 업무방법서를 작성하여 활용한다.
     ㉡ 조사자들이 손해평가요령, 업무방법서 등을 토대로 지속적으로 전문지식과 경험을 축적하고 손해평가 기술을 연마한다.
   ③ 보험료율은 해당 지역 및 개개인의 보험금 수급 실적에 따라 조정된다. 보험금을 많이 받은 지역·보험가입자의 보험료율은 인상되고, 재해가 발생하지 않아 보험금을 지급받지 않은 지역·보험가입자의 보험료율은 인하되는 것이 보험의 기본이다.
   ④ 손해평가가 피해 상황보다 과대평가 되면, 보험수지에 영향을 미치며, 보험료율도 전반적으로 지나치게 높아지게 되므로 보험사업의 운영이 곤란하게 되어 농업재해보험제도 자체의 존립에도 영향을 미칠 수 있다. 따라서 손해평가의 객관성과 정확성을 유지하는 것은 매우 중요하다.
   ⑤ 손해평가 결과가 계속 축적되면 보험료율 조정의 기초자료로 활용되는 이외에도 농업재해 통계나 재해대책 수립의 기초자료로 이용될 수 있다.

농작물재해보험 및 가축재해보험 손해평가의 이론과 실무

02 손해평가 업무의 중요성

손해평가는 보험금 산정의 기초가 되므로 농업재해보험사업의 운영에 있어 그 어떤 업무보다 공정하고 정확하게 이루어져야 한다(최경환 외 2013: 40).

1. 보험가입자에 대한 정당한 보상
   ① 공정한 손해평가를 통해 보험가입자의 피해 상황에 따른 정확한 보상을 함으로써 보험가입자와의 마찰을 줄일 수 있다.
   ② 또한 공정한 손해평가에 따른 지역별 피해 자료의 축적을 통해 보험료율의 현실화에 기여할 수 있다.
   ③ 결과적으로 과거 피해의 정도에 따라 적정한 보험료율을 책정함으로써 보험가입자에게 공평한 보험료 분담을 이룰 수 있다.

2. 선의의 계약자 보호
   ① 보험의 원칙은 공통의 위험을 안고 있는 다수의 사람이 각자 일정 금액의 보험료를 부담하여 피해를 입은 사람에게 그 피해를 보상하여 주는 것이다.
   ② 따라서 어느 특정인이 부당하게 보험금을 수취하였을 경우 그로 인해 다수의 선의의 보험가입자가 그 부담을 안아야 한다. 다수의 선의의 보험가입자를 보호한다는 관점에서도 정확한 손해평가는 중요하다.

3. 보험사업의 건전화
   ① 부당 보험금의 증가는 보험료의 상승을 가져와 다수의 선량한 보험가입자가 보험 가입을 할 수 없게 된다. 선량한 보험가입자의 보험 가입이 감소하면, 상대적으로 보험료가 인상되고 그에 따라 보험 여건은 더 악화되어 결국에는 보험사업을 영위할 수 없게 되어 제도 자체의 존립도 위험하게 된다.
   ② 따라서 공정하고 정확한 손해평가는 장기적으로 보험가입자와 재해보험사업자 모두에게 이익을 가져다 줄 뿐만 아니라 농업재해보험 제도의 지속 가능성을 높여줄 수 있다.

제02절 손해평가 체계

01 관련 법령

① 손해평가는 농어업재해보험법, 동 시행령 및 손해평가요령 등의 법령에 근거하여 실시된다.
② 농어업재해보험법 제11조(손해평가 등)에서 손해평가 전반에 대해 규정하고 있다. 즉, 손해평가 인력, 손해평가요령에 따른 공정하고 객관적인 손해평가, 교차손해평가, 손해평가요령 고시, 손해평가인 교육, 손해평가인의 자격 등에 대해 규정하고 있다.

> **농어업재해보험법**
>
> 제11조(손해평가 등) ① 재해보험사업자는 보험목적물에 관한 지식과 경험을 갖춘 사람 또는 그 밖의 관계 전문가를 손해평가인으로 위촉하여 손해평가를 담당하게 하거나 제11조의2에 따른 손해평가사(이하 "손해평가사"라 한다) 또는 「보험업법」 제186조에 따른 손해사정사에게 손해평가를 담당하게 할 수 있다.
> ② 제1항에 따른 손해평가인과 손해평가사 및 「보험업법」 제186조에 따른 손해사정사는 농림축산식품부장관 또는 해양수산부장관이 정하여 고시하는 손해평가 요령에 따라 손해평가를 하여야 한다. 이 경우 공정하고 객관적으로 손해평가를 하여야 하며, 고의로 진실을 숨기거나 거짓으로 손해평가를 하여서는 아니 된다.
> ③ 재해보험사업자는 공정하고 객관적인 손해평가를 위하여 동일 시군구(자치구를 말한다) 내에서 교차손해평가(손해평가인 상호간에 담당지역을 교차하여 평가하는 것을 말한다. 이하 같다)를 수행할 수 있다. 이 경우 교차손해평가의 절차방법 등에 필요한 사항은 농림축산식품부장관 또는 해양수산부장관이 정한다.
> ④ 농림축산식품부장관 또는 해양수산부장관은 제2항에 따른 손해평가 요령을 고시하려면 미리 금융위원회와 협의하여야 한다.
> ⑤ 농림축산식품부장관 또는 해양수산부장관은 제1항에 따른 손해평가인이 공정하고 객관적인 손해평가를 수행할 수 있도록 연 1회 이상 정기교육을 실시하여야 한다.
> ⑥ 농림축산식품부장관 또는 해양수산부장관은 손해평가인 간의 손해평가에 관한 기술정보의 교환을 지원할 수 있다.
> ⑦ 제1항에 따라 손해평가인으로 위촉될 수 있는 사람의 자격 요건, 제5항에 따른 정기교육, 제6항에 따른 기술정보의 교환 지원 및 손해평가 실무교육 등에 필요한 사항은 대통령령으로 정한다.

02 손해평가의 주체 (재해보험사업자)

① 손해평가의 주체는 농림축산식품부장관과 사업 약정을 체결한 재해보험사업자이다
② 재해보험사업자는 보험목적물에 관한 지식과 경험을 갖춘 자 또는 그 밖의 관계 전문가를 손해평가인으로 위촉하여 손해평가를 담당하게 하거나 손해평가사 또는 손해사정사에게 손해평가를 담당하게 할 수 있다(법 제11조).
③ 재해보험사업자는 재해보험사업의 원활한 수행을 위하여 보험 모집 및 손해평가 등 재해보험 업무의 일부를 대통령령으로 정하는 다음의 자에게 위탁할 수 있다(법 제14조).
　㉠ 「농업협동조합법」에 따라 설립된 지역농업협동조합·지역축산업협동조합 및 품목별·업종별협동조합
　㉡ 「산림조합법」에 따라 설립된 지역산림조합 및 품목별·업종별산림조합
　㉢ 「수산업협동조합법」에 따라 설립된 지구별 수산업협동조합, 업종별 수산업협동조합, 수산물가공 수산업협동조합 및 수협은행
　㉣ 「보험업법」제187조에 따라 손해사정을 업으로 하는 자
　㉤ 농어업재해보험 관련 업무를 수행할 목적으로 「민법」제32조에 따라 농림축산식품부장관 또는 해양수산부장관의 허가를 받아 설립된 비영리법인(손해평가 관련 업무를 위탁하는 경우만 해당한다)

03 조사자의 유형

① 농업재해보험 조사자는 법 제11조에서 규정하고 있는 대로 손해평가인, 손해평가사 및 손해사정사이다.
　㉠ 손해평가인은 농어업재해보험법 시행령 제12조에 따른 자격요건을 충족하는 자로 재해보험사업자가 위촉한 자이다.
　㉡ 손해평가사는 농림축산식품부장관이 한국산업인력공단에 위탁하여 시행하는 손해평가사 자격시험에 합격한 자이다.
　㉢ 손해사정사는 보험개발원에서 실시하는 손해사정사 자격시험에 합격한 자이다.
② 이 밖에 재해보험사업자 및 재해보험사업자로부터 손해평가 업무를 위탁받은 자는 손해평가 업무를 원활히 수행하기 위하여 손해평가보조인을 운용할 수 있다.

04 손해평가 과정

손해평가는 보험가입자인 농업인이 사고 발생 통지를 하는 것으로 시작하여 현지조사 및 검증조사(필요 시)를 실시하는 일련의 과정이다.

(1) 사고 발생 통지

보험가입자는 보험 대상 목적물에 보험사고가 발생할 때마다 가입한 대리점 또는 재해보험사업자에게 사고 발생 사실을 지체 없이 통보하여야 한다.

(2) 사고 발생 보고 전산입력

기상청 자료 및 현지 방문 등을 통하여 보험사고 여부를 판단하고, 보험대리점 등은 계약자의 사고접수내용이 보험사고에 해당하는 경우 사고접수대장에 기록하며, 이를 지체없이 전산 입력한다.

(3) 손해평가반 구성

① 재해보험사업자 등은 보험가입자로부터 보험사고가 접수되면 생육시기·품목·재해종류 등에 따라 조사 내용을 결정하고 지체없이 손해평가반을 구성한다.

② 손해평가반은 손해평가요령 제8조에서와 같이 조사자 1인(손해평가사·손해평가인·손해사정사)을 포함하여 5인 이내로 구성하되 손해평가반에는 손해평가인, 손해평가사 및 손해사정사 중 1인 이상을 반드시 포함하여야 한다.

③ 조사자가 부족할 경우에는 손해평가 보조인을 위촉하여 손해평가반을 구성할 수 있다.

농업재해보험 손해평가요령

제8조(손해평가반 구성 등) ① 재해보험사업자는 제2조제1호의 손해평가를 하는 경우에는 손해평가반을 구성하고 손해평가반별로 평가일정계획을 수립하여야 한다.

② 제1항에 따른 손해평가반은 다음 각 호의 어느 하나에 해당하는 자를 1인 이상 포함하여 5인 이내로 구성한다.

1. 제2조제2호에 따른 손해평가인
2. 제2조제3호에 따른 손해평가사
3. 「보험업법」 제186조에 따른 손해사정사

③ 제2항의 규정에도 불구하고 다음 각 호의 어느 하나에 해당하는 손해평가에 대하여는 해당자를 손해평가반 구성에서 배제하여야 한다.

1. 자기 또는 자기와 생계를 같이 하는 친족(이하 "이해관계자"라 한다)이 가입한 보험계약에 관한 손해평가
2. 자기 또는 이해관계자가 모집한 보험계약에 관한 손해평가
3. 직전 손해평가일로부터 30일 이내의 보험가입자간 상호 손해평가
4. 자기가 실시한 손해평가에 대한 검증조사 및 재조사

(4) 현지조사 실시

손해평가반은 배정된 농지(과수원)에 대해 손해평가요령 제12조의 손해평가 단위별로 현지조사를 실시한다.

현지조사 내용은 품목과 보장방식, 재해종류에 따라 다르다.(245p 표참조)

> 제12조(손해평가 단위) ① 보험목적물별 손해평가 단위는 다음 각 호와 같다.
> 1. 농작물 : 농지별
> 2. 가축 : 개별가축별(단, 벌은 벌통 단위)
> 3. 농업시설물 : 보험가입 목적물별
> ② 제1항제1호에서 정한 농지라 함은 하나의 보험가입금액에 해당하는 토지로 필지(지번) 등과 관계없이 농작물을 재배하는 하나의 경작지를 말하며, 방풍림, 돌담, 도로(농로 제외) 등에 의해 구획된 것 또는 동일한 울타리, 시설 등에 의해 구획된 것을 하나의 농지로 한다. 다만, 경사지에서 보이는 돌담 등으로 구획되어 있는 면적이 극히 작은 것은 동일 작업 단위 등으로 정리하여 하나의 농지에 포함할 수 있다.

(5) 현지조사 결과 전산 입력

대리점 또는 손해평가반은 현지조사 결과를 전산 또는 모바일 기기를 이용하여 입력한다.

(6) 현지조사 및 검증조사

① 손해평가의 신속성 및 공정성 확보를 위하여 재해보험사업자 등은 현지조사를 직접 실시하거나 손해평가반의 현지조사 내용을 검증조사할 수 있다.
이때 조사 주체는 재해보험사업자(NH농협손해보험), 재보험사 및 정부로 한다.

② 조사 방법은 지역별, 대리점별, 손해평가반별로 손해평가를 실시한 농지를 임의 추출하여 현지 농지를 검증조사한다.
검증조사 결과 차이가 발생할 경우에는 해당 조사 결과를 정정한다.

> 제11조(손해평가결과 검증) ① 재해보험사업자 및 재해보험사업의 재보험사업자는 손해평가반이 실시한 손해평가결과를 확인하기 위하여 손해평가를 실시한 보험목적물 중에서 일정수를 임의 추출하여 검증조사를 할 수 있다.
> ② 농림축산식품부장관은 재해보험사업자로 하여금 제1항의 검증조사를 하게 할 수 있으며, 재해보험사업자는 특별한 사유가 없는 한 이에 응하여야 한다.
> ③ 제1항 및 제2항에 따른 검증조사결과 현저한 차이가 발생되어 재조사가 불가피하다고 판단될 경우에는 해당 손해평가반이 조사한 전체 보험목적물에 대하여 재조사를 할 수 있다.
> ④ 보험가입자가 정당한 사유없이 검증조사를 거부하는 경우 검증조사반은 검증조사가 불가능하여 손해평가 결과를 확인할 수 없다는 사실을 보험가입자에게 통지한 후 검증조사결과를 작성하여 재해보험사업자에게 제출하여야 한다.

제6회 기출문제

금차 조사일정에 대하여 손해평가반을 구성하고자 한다. 아래의 '계약사항'과 '과거 조사사항' '조사자 정보'를 참조하여 〈보기〉의 손해평가반(① ~ ⑤)별 구성가능 여부를 각 반별로 가능 또는 불가능으로 기재하고 불가능한 반은 그 사유를 각각 쓰시오 (단, 제시된 내용 외 다른 사항은 고려하지 않음) [15점]

○ 금차 조사일정

구 분	조사종류	조사일자
㉮ 계약 사과	낙과피해조사	2020년 9월 7일

○ 계약사항

구 분	계약자(가입자)	모집인	계약일
㉮ 계약 사과	H	E	2020년 2월 18일
㉯ 계약 사과	A	B	2020년 2월 17일

○ 과거 조사사항

구 분	조사종류	조사일자	조사자
㉮ 계약 사과	적과후착과수조사	2020년 8월 13일	D, F
㉯ 계약 사과	적과후착과수조사	2020년 8월 18일	C, F, H

○ 조사자 정보 (조사자 간 생계를 같이하는 친족관계는 없음)

성명 구분	A	B	C	D	E	F	G	H
	손해 평가인	손해 평가인	손해 평가사	손해 평가인	손해 평가인	손해 평가사	손해 평가인	손해 평가사

○ 손해평가사 구성

① 반 : A,B   ② 반 ; C, H   ③ 반 : G   ④ 반 : C, D, E   ⑤ 반 : D, F

정답 ① 반 불가능 : 직전 손해평가일로부터 30일 이내의 보험가입자간 상호 손해평가
② 반 불가능 : H는 자기가 가입한 보험계약에 관한 손해평가로 구성이 불가능하다.
③ 반 가능
④ 반 불가능 : E가 자기가 모집한 보험계약에 관한 손해평가로 구성이 불가능하다.
⑤ 반 가능

〈참고〉
1. 손해평가반은 손해평가인 또는 「보험업법」 제186조에 따른 손해사정사 또는 「농어업재해보험법」 제11조의4제1항에 따른 손해평가사 1인 이상을 포함하여 5인 이내로 구성한다.
   아래의 어느 하나에 해당하는 손해평가에 대하여는 해당자를 손해평가반 구성에서 배제하여야 한다.
가. 자기 또는 자기와 생계를 같이하는 친족(이하 "이해관계자"라 한다)이 가입한 보험계약에 관한 손해평가 (A,H중 H와 관련된 내용 : H가입한 ② 반은 불가능)
나. 자기 또는 이해관계자가 모집한 보험계약에 관한 손해평가
   (B, E중 E와 관련된 내용 : E가 모집한 보험계약에 관한 손해평가이므로 E가 참여하는 ④ 반은 불가능)
다. 직전 손해평가일로부터 30일 이내의 보험가입자간 상호 손해평가
   (A, H 와 관련된 내용 : H가 8.18일 A 손해평가 A가 9월 7일 H거 손해평가 불가능
   따라서 ①반 구성 불가능)
라. 자기가 실시한 손해평가에 대한 검증조사 및 재조사

기출뽀개기 ▶ 제1회 기출문제

다음은 농작물재해보험 업무방법에서 정하는 손해평가 업무 절차상 손해평가반 구성 및 손해평가 일정계획 수립에 관한 내용이다. 괄호 안에 알맞은 내용을 답란에 쓰시오.
[5점]

재해보험사업자 등은 사고 접수가 된 계약에 대하여 (   ), (   ), (   ) 등에 따라 조사종류를 결정하고 이에 따른 손해평가반 구성 및 손해평가 일정을 수립한다.

답

정답 품목, 생육시기, 재해종류

제03절 현지조사 내용

01 개요

1. 의의

① 손해평가는 보험사고 즉, 보험 목적물에 발생한 손해를 있는 그대로 확인하고 정해진 평가절차를 거쳐 손해 규모를 결정하는 것이다. 따라서 보험사고 현장에서의 현지조사가 중요하다.

② 농업재해보험의 경우 품목마다 특성이 다르기 때문에 손해평가 방법이 달라져야 한다. 또한 같은 품목이라도 보험상품(보장)의 내용에 따라 손해평가 방법은 달라진다.
따라서 실제로는 품목(상품)별로 정해진 손해평가요령에 의해 손해평가가 이루어진다.

2. 조사의 구분

손해평가를 위한 현지조사는 다양하며, 조사의 단계에 따라 본조사와 재조사 및 검증조사로 구분할 수 있다. 조사는 다시 조사 범위를 전체로 하느냐 일부를 하느냐에 따라 전수조사와 표본조사로 구분할 수 있다.

구 분	내 용
본조사	보험사고가 발생했다고 신고된 보험목적물에 대해 손해 정도를 평가하기 위해 곧바로 실시하는 조사이다.
재조사	기 실시된 조사에 대하여 이의가 있는 경우에 다시 한번 실시하는 조사를 말한다. 즉, 계약자가 손해평가반의 손해평가 결과에 대해 설명 또는 통지를 받은 날로부터 7일 이내에 손해평가가 잘못되었음을 증빙하는 서류 또는 사진 등을 제출하는 경우 재해보험사업자가 다른 손해평가반으로 하여 다시 손해평가를 하게 할 수 있다.
검증조사	재해보험사업자 및 재보험사업자가 손해평가반이 실시한 손해평가 결과를 확인하기 위하여 손해평가를 실시한 보험 목적물 중에서 일정 수를 임의 추출하여 확인하는 조사를 실시하는 것이다.

02 품목별 현지조사의 종류

① 손해평가는 동일한 품목이라도 보장 내용 즉, 보험상품의 유형에 따라 상이하다.
② 상품(보장 내용)의 유형에 따라 작물의 생육 전체 기간의 각 단계별로 조사해야 하는 것이 있는가 하면(과수 4종), 손해 발생 시에만 조사하는 것이 있다(과수 4종 이외의 품목).
③ 특히 이러한 구분은 작물 유형(논작물, 밭작물, 원예시설 등) 및 보장대상위험의 범위가 종합적이냐 특정위험에 한정하느냐에 따라 달라진다.

표 1-1. 품목별 현지조사 종류

구분	상품군	해당 품목	조사 종류
		공통조사	피해사실확인조사
과수	적과전 종합Ⅱ	사과, 배, 단감, 떫은감	〈적과전 손해조사〉 피해사실확인조사 (확인사항 : 유과타박률, 낙엽률, 나무피해, 미보상비율) ※ 재해에 따라 확인사항은 다름 고사나무조사(나무손해특약 가입건)
			적과후착과수 조사 고사나무조사(나무손해특약 가입건)
			〈적과후 손해조사〉 낙과피해조사(단감, 떫은감은 낙엽률포함), 착과피해조사 ※ 재해에 따라 조사종류는 다름 고사나무조사(나무손해특약 가입건)
	종합 위험	포도(수입보장 포함), 복숭아, 자두, 유자	착과수조사, 과중조사, 착과피해조사, 낙과피해조사
		밤, 참다래, 대추, 매실, 오미자, 유자, 살구, 호두	수확 개시 전·후 수확량조사
		복분자, 무화과	종합위험과실손해조사,특정위험과실손해조사
		복분자	경작불능조사
		오디, 감귤	과실손해조사
		감귤, 살구	고사나무조사(나무손해보장 가입건)
		포도(수입보장포함),복숭아, 자두, 참다래, 매실, 무화과, 유자, 감귤	고사나무조사(나무손해보장 가입건)
논/밭 작물	특정 위험	인삼(작물)	수확량조사
	종합 위험	벼	이앙·직파 불능조사, 재이앙·재직파조사, 경작불능조사, 수확량(수량요소)조사, 수확량(표본)조사, 수확량(전수)조사, 수확불능확인조사
		마늘(수입보장 포함)	재파종조사,경작불능조사,수확량(표본)조사
		양파, 감자, 고구마, 양배추(이상 수입보장 포함), 옥수수	경작불능조사, 수확량(표본)조사
		차(茶)	수확량(표본)조사
		밀, 콩(수입보장 포함)	경작불능조사, 수확량(표본, 전수)조사
		고추, 브로콜리, 메밀, 배추, 무, 단호박, 파, 당근, 시금치(노지)	생산비보장 손해조사
		인삼(해가림시설)	해가림시설 손해조사
원예 시설	종합 위험	〈시설하우스〉 단동하우스, 연동하우스, 유리온실, 버섯재배사	시설하우스 손해조사
		〈시설작물〉 수박, 딸기, 오이, 토마토, 참외, 풋고추, 호박, 국화, 장미, 멜론, 파프리카, 상추, 부추, 시금치, 배추, 가지, 파, 무, 백합, 카네이션, 미나리, 쑥갓, 느타리, 표고버섯, 양송이, 새송이	시설작물 손해조사

Chapter. 02 농작물 재해보험 손해평가

제01절 손해평가 기본단계

01 사고접수 및 손해평가반 구성

① 손해보험에 가입한 보험가입자가 해당 농지에 자연재해 등 피해가 발생하면 보험에 가입했던 대리점(지역농협 등) 등 영업점에 사고 접수를 한다.
② 영업점은 재해보험사업자에게 사고접수 사실을 알리고 재해보험사업자는 조사기관을 배정한다. 조사기관은 소속된 조사자를 빠르게 배정하여 손해평가반을 구성하고 해당 손해평가반은 신속하게 손해평가업무를 수행한다.

02 현장방문 및 현지조사서 제출

① 손해평가반은 영업점에 도착하여 계약 및 기본사항 등 서류를 검토하고 현지조사서를 받아 피해현장에 방문하여 보상하는 재해여부를 심사한다.
② 그리고 상황에 맞는 관련조사를 선택하여 실시한 후 조사결과를 보험가입자에게 안내하고 서명확인을 받아 전산입력 또는 대리점에게 현지조사서를 제출한다.
③ 손해평가는 조사품목, 재해의 종류, 조사 시기 등에 따라 조사방법 등이 달라지기에 상황에 맞는 손해평가를 하는 것이 중요하다.

현지조사 절차(5단계)

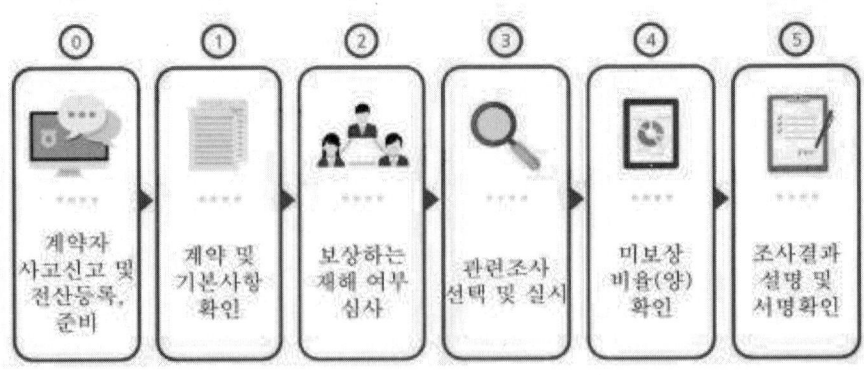

농작물재해보험 및 가축재해보험 손해평가의 이론과 실무

손해평가 업무흐름

재해보험사업자

 손해보험 사고접수 손해평가 업무배정

지역 농협 사고 접수

계약자 피해 발생

조사기관 배정

조사자(손해평가반) 배정

제02절 과수작물 손해평가 및 보험금 산정

01 적과 전 종합위험방식 (사과, 배, 단감, 떫은감)

1. **시기별 조사 종류**

생육시기	재해	조사내용	조사시기	조사방법	비고
보험계약 체결일 ~ 적과 전	보상하는 재해 전부	피해사실 확인조사	사고접수 후 지체 없이	보상하는 재해로 인한 피해발생여부 조사	피해사실이 명백한 경우 생략 가능
	우박		사고접수 후 지체 없이	우박으로 인한 유과(어린과실) 및 꽃(눈) 등의 타박비율 조사 · 조사방법: 표본조사	적과종료 이전 특정위험 5종 한정 보장 특약 가입건에 한함
6월1일 ~ 적과전	태풍 (강풍), 집중호우, 화재, 지진		사고접수 후 지체 없이	보상하는 재해로 발생한 낙엽피해 정도 조사 - 단감·떫은감에 대해서만 실시 · 조사방법: 표본조사	
적과 후	-	적과후 착과수 조사	적과 종료 후	보험가입금액의 결정 등을 위하여 해당 농지의 적과종료 후 총 착과 수를 조사 · 조사방법: 표본조사	피해와 관계없이 전과수원 조사
적과후 ~ 수확기 종료	보상하는 재해	낙과피해 조사	사고접수 후 지체 없이	재해로 인하여 떨어진 피해과실수 조사 - 낙과피해조사는 보험약관에서 정한 과실피해분류기준에 따라 구분하여 조사 · 조사방법: 전수조사 또는 표본조사	
				낙엽률 조사(우박 및 일소 제외) - 낙엽피해정도 조사 · 조사방법: 표본조사	단감·떫은감
	우박, 일소, 가을 동상해	착과피해 조사	착과피해 확인이 가능한 시기	재해로 인하여 달려있는 과실의 피해과실수 조사 - 착과피해조사는 보험약관에서 정한 과실피해분류기준에 따라 구분 하여 조사 · 조사방법: 표본조사	
수확 완료 후 ~ 보험 종기	보상하는 재해 전부	고사나무 조사	수확 완료 후 보험 종기 전	보상하는 재해로 고사되거나 또는 회생이 불가능한 나무 수를 조사 - 특약 가입 농지만 해당 · 조사방법: 전수조사	수확완료 후 추가 고사나무가 없는 경우 생략 가능

2. 손해평가 현지조사 방법

(1) 피해사실 확인조사 (적과전)

구 분	내 용
조사 대상	적과 종료 이전 대상 재해로 사고 접수 과수원 및 조사 필요 과수원
대상 재해	자연재해, 조수해, 화재
조사 시기	사고 접수 직후 실시
피해사실 확인방법	① 보상하는 재해로 인한 피해 여부 확인 ② 나무피해 확인 ③ 유과타박률 확인(5종 한정 특약 가입 건) ④ 낙엽률 확인 ⑤ 추가 조사 필요 여부 판단 ⑥ 미보상비율 확인

① 보상하는 재해로 인한 피해 여부 확인
  ㉠ 기상청 자료 확인 및 현지 방문 등을 통하여 보상하는 재해로 인한 피해가 맞는지 확인한다.
  ㉡ 단, 태풍 등과 같이 재해 내용이 명확하거나 사고 접수후 바로 추가조사가 필요한 경우 등에는 피해사실 확인조사를 생략할 수 있다.

② 나무피해 확인

고사나무 확인	• 품종·재배방식·수령별 고사주수를 조사한다. • 고사나무 중 과실손해를 보상하지 않는 경우가 있음에 유의한다 • 보상하지 않는 손해로 고사한 나무가 있는 경우 미보상주수로 조사한다.
수확불능나무 확인	• 품종·재배방식·수령별 수확불능주수를 조사한다. • 보상하지 않는 손해로 수확불능상태인 나무가 있는 경우 미보상주수로 조사한다.
유실 · 매몰 · 도복 · 절단(1/2) · 소실(1/2) · 침수로 인한 피해나무확인 (5종 한정특약 가입건만해당)	• 해당 나무는 고사주수 및 수확불능주수에 포함 여부와 상관없이 나무의 상태 (유실·매몰·도복·절단(1/2)·소실(1/2)·침수)를 기준으로 별도로 조사한다. • 단, 침수의 경우에는 나무별로 과실침수율을 곱하여 계산한다. **참고** **침수주수 산정방법** ⓐ 표본주는 품종·재배방식·수령별 침수피해를 입은 나무 중 가장 평균적인 나무로 1주 이상 선정한다. ⓑ 표본주의 침수된 착과(화)수와 전체 착과(화)수를 조사한다. ⓒ 과실 침수율 = $\dfrac{\text{침수된 착과(화)수}}{\text{전체 착과(화)수}}$ ⓓ 전체 착과수 = 침수된 착과(화)수 + 침수 되지 않은 착과(화)수 ⓔ 침수주수 = 침수피해를 입은 나무수 × 과실침수율
피해규모 확인	• 조수해 및 화재 등으로 전체나무 중 일부 나무에만 피해가 발생된 경우 실시한다. • 피해대상주수 (고사주수, 수확불능주수, 일부피해주수) 확인한다. • 일부피해주수는 대상 재해로 피해를 입은 나무수 중에서 고사주수 및 수확불능주수를 제외한 나무수를 의미한다.

③ 유과타박률 확인

| 유과타박률 확인
(5종한정특약 가입 건의 우박피해 시 및 필요시) | • 적과종료전의 착과된 유과 및 꽃눈 등에서 우박으로 피해를 입은 유과 (꽃눈)의 비율을 표본조사한다.
• 표본주수는 조사 대상 주수를 기준으로 〈별표1〉 품목별 표본주수표에 따라 표본주수를 선정한 후 조사용 리본을 부착한다. 표본주는 수령이나 크기, 착과과실수를 감안하여 대표성이 있는 표본주를 선택하고 과수원 내 골고루 분포되도록 한다. 선택된 표본주가 대표성이 없는 경우 그 주변의 나무를 표본주로 대체할수 있으며 표본주의 수가 더 필요하다고 판단되는 경우 품목별 표본주수표의 표본주수 이상을 선정할 수 있다.
• 선정된 표본주마다 동서남북 4곳의 가지에 각 가지별로 5개 이상의 유과(꽃눈 등)를 표본으로 추출하여 피해유과 (꽃눈 등)와 정상 유과(꽃눈 등)의 개수를 조사한다. (단, 사과, 배는 선택된 과(화)총당 동일한 위치(번호)의 유과(꽃)에 대하여 우박 피해여부를 조사)

유과타박률 = $\dfrac{\text{표본주의 피해유과수 합계}}{\text{표본주의 피해유과수 합계 + 표본주의 정상유과수 합계}}$ |

④ 낙엽율 확인

| 낙엽율 확인

(수확년도 6월1일 이후 낙엽피해 시,

적과종료 이전 특정5종 한정특약 가입 건) | • 대상작물 : 단감 또는 떫은감,
• 조사대상주수 기준으로 품목별 표본주수표의 표본주수에 따라 주수를 산정한다.
• 표본주 간격에 따라 표본주를 정하고, 선정된 표본주에 조사용 리본을 묶고 동서남북 4곳의 결과지 (신초, 1년생 가지)를 무작위로 정하여 각 결과지별로 낙엽수와 착엽수를 조사하여 리본에 기재한 후 낙엽률을 산정한다.
(낙엽수는 잎이 떨어진 자리를 세는 것이다.)

낙엽율 50%
낙엽수 6잎, 착엽수 6잎
• 선정된 표본주의 낙엽수가 보상하지 않는 손해 (병해충 등)에 해당하는 경우 착엽수로 구분한다.

낙엽률 = $\dfrac{\text{표본주의 낙엽수 합계}}{\text{표본주의 낙엽수 합계 + 표본주의 착엽수 합계}}$ |

⑤ 추가 조사 필요 여부 판단
  ㉠ 재해 종류 및 특별약관 가입 여부에 따라 추가 확인 사항을 조사함
  ㉡ 적과 종료 여부 확인(적과 후 착과수조사 이전 시)
  ㉢ 착과피해조사 필요 여부 확인(우박 피해 발생 시)

⑥ 미보상비율 확인
  보상하는 재해 이외의 원인으로 인해 착과가 감소한 과실의 비율을 조사한다

(2) 적과후 착과수조사

① 조사대상 : 사고 여부와 관계없이 농작물재해보험에 가입한 사과, 배, 단감, 떫은감 품목을 재배하는 과수원 전체

② 대상재해 : 해당 없음

③ 조사시기

㉠ 통상적인 적과 및 자연낙과 (떫은 감은 1차 생리적 낙과) 종료 시점

㉡ 조사 시 사고발생을 확인한 경우, 사고접수에 대한 안내를 계약자에게 알린다.

참고 통상적인 적과 및 자연낙과 종료

과수원이 위치한 지역(시군 등)의 기상여건 등을 감안하여 통상적으로 해당 지역에서 해당 과실의 적과가 종료되거나 자연낙과가 종료되는 시점을 말함

④ 조사방법 (나무조사 및 적정표본주수 산정)

㉠ 과수원 내 품종·재배방식·수령별 실제결과주수, 고사주수, 미보상주수, 수확불능주수를 파악한다.

㉡ 품종·재배방식·수령별 실제결과주수에서 미보상주수, 고사주수, 수확불능주수를 빼고 조사대상주수를 계산한다.

더 알아보기 용어의 정의

실제결과주수	가입일자를 기준으로 농지(과수원)에 식재된 모든 나무 수(단, 인수조건에 따라 보험에 가입할 수 없는 나무 수는 제외)
고사주수	실제결과주수 중 보상하는 재해로 고사된 나무 수
수확불능주수	실제결과주수 중 보상하는 손해로 전체 주지·꽃(눈) 등이 분리되었거나 침수되어, 보험기간 내 수확이 불가능하나 나무가 죽지는 않아 향후에는 수확이 가능한 나무 수
미보상주수	실제결과주수 중 보상하는 재해 이외의 원인으로 수확량(착과량)이 현저하게 감소하거나 고사한 나무 수
기수확주수	실제결과주수 중 조사일자를 기준으로 수확이 완료된 나무 수
조사대상주수	실제결과주수에서 고사주수, 미보상주수 및 기수확주수, 수확불능주수를 뺀 주수로 과실에 대한 표본조사의 대상이 되는 나무수

㉢ 조사대상주수 기준으로 품목별 표본주수표(별표1)에 따라 과수원별 전체 적정표본주수를 선정한다.

㉣ 적정표본주수는 품종·재배방식·수령별 조사 대상주수에 비례하여 배정하며, 품종·재배방식·수령별 적정표본주수의 합은 전체 표본주수보다 크거나 같아야 한다.

$$\text{적정표본주수} = \text{전체표본주수} \times \frac{\text{품종별 조사 대상주수}}{\text{조사 대상주수 합}} \text{ (소수점 첫째 자리에서 올림)}$$

📖 참고 사과품목 품종·재배방식·수령별 적정표본주수 산정

품 종	재배방식	수령	실제결과 주수	미보상 주수	고사 주수	수확불능 주수	조사대상 주수	적정표본 주수	적정 표본주수 산정식
스가루	반밀식	10	100	0	0	0	100	3	12 ×(100/550)
스가루	반밀식	20	200	0	0	0	200	5	12 ×(200/550)
홍로	밀식	10	100	0	0	0	100	3	12 × (100/550)
후지	일반	10	150	0	0	0	150	4	12 × (150/550)
합계			550	0	0	0	550	15	-

(조사대상나무수 550주, 표본주수 12주 산정 시, 적정표본주수 산출예시)
(소수점 첫째자리에서 올림))
※ 현지 조사서의 적정표본주수는 계약기준으로 자동 산출 표시됨

ⓜ 품종·재배방식·수령별 표본주수를 기준으로 표본주를 선정 후 조사용 리본을 부착하고 조사내용 및 조사자를 기재한다.

ⓗ 선정된 표본주의 품종, 재배방식, 수령 및 착과수(착과과실수)를 조사하고 조사용 리본 및 현지조사서에 조사내용을 기재한다.

ⓢ 품종·재배방식·수령별 착과수 는 다음과 같이 산출한다.

$$품종·재배방식·수령별\ 착과수 = \frac{품·재·수별\ 표본주의\ 착과수\ 합계}{품·재·수별\ 표본주\ 합계} \times 품·재·수별조사대상주수$$

※ 품종·재배방식·수령별 착과수의 합계를 과수원별 『적과 후 착과수』로 함

◎ 미보상비율 확인
보상하는 재해 이외의 원인으로 인해 감소한 과실의 비율을 조사한다.

(3) 낙과피해조사
　① 조사대상 : 적과종료이후 대상재해로 낙과사고 접수된 과수원
　② 대상재해 : 태풍(강풍), 집중호우, 화재, 지진, 우박, 일소피해
　③ 조사시기 : 사고접수 직후 실시
　④ 조사방법
　　㉠ 보상하는 재해 여부 심사
　　　• 과수원 및 작물 상태 등을 감안하여 보상하는 재해로 인한 피해가 맞는지 확인한다.
　　　• 필요시에는 이에 대한 근거 자료(피해사실확인조사 참조)를 확보할 수 있다.
　　㉡ 조사 항목 결정

구 분	조사방법
나무 조사	1. 과수원 내 품종·재배방식·수령별 실제결과주수에서 고사주수, 수확불능주수, 미보상주수, 수확 완료주수 및 일부침수주수(금번 침수로 인한 피해주수 중 침수로 인한 고사주수 및 수확불능주수는 제외한 주수)를 파악한다. 2. 품종·재배방식·수령별 실제결과주수에서 고사주수, 수확불능주수, 미보상주수 및 수확 완료주수를 빼고 조사 대상주수(일부침수주수 포함)를 계산한다. 3. 무피해나무 착과수조사 　① 금번 재해로 인한 고사주수, 수확불능주수가 있는 경우에만 실시한다. 　② 무피해나무는 고사나무, 수확불능나무, 미보상나무, 수확 완료나무 및 일부 침수나무를 제외한 나무를 의미한다. 　③ 품종·재배방식·수령별 무피해나무 중 가장 평균적인 나무를 1주 이상 선정하여 품종·재배방식·수령별 무피해나무 1주당 착과수를 계산한다. 　(단, 선정한 나무에서 금번 재해로 인해 낙과한 과실이 있는 경우에는 해당 과실을 착과수에 포함하여 계산한다.) 　④ 다만, 이전 실시한 (적과 후)착과수조사(이전 착과피해조사 시 실시한 착과수조사포함)의 착과수와 금차 조사 시의 착과수가 큰 차이가 없는 경우에는 별도의 착과수 확인 없이 이전에 실시한 착과수조사 값으로 대체할 수 있다. 4. 일부침수나무 침수착과수조사 　① 금번 재해로 인한 일부침수주수가 있는 경우에만 실시한다. 　② 품종·재배방식·수령별 일부 침수나무 중 가장 평균적인 나무를 1주 이상 선정하여 품종·재배방식·수령별 일부 침수나무 1주당 침수착과수를 계산한다.
낙과수조사 (전수조사) (조사대상 주수의 낙과만 대상)	• 낙과수조사는 전수조사를 원칙으로 하며 전수조사가 어려운 경우 표본조사를 실시한다 1. 낙과수 전수조사 시에는 과수원 내 전체 낙과를 조사한다. 2. 낙과수 확인이 끝나면 낙과 중 100개 이상을 무작위로 추출하고 「과실 분류에 따른 피해인정계수(별표 3)」에 따라 구분하여 해당 과실 개수를 조사한다.(단, 전체 낙과수가 100개 미만일 경우에는 해당 기준 미만으로도 조사가 가능)

낙과수조사 (표본조사)	1. 조사 대상주수를 기준으로 과수원별 전체 표본주수〈별표 1 참고〉를 산정하되(다만 거대재해 발생 시 표본조사의 표본주수는 정해진 값의 1/2 만으로도 가능), 품종·재배방식·수령별 표본주수는 품종·재배방식·수령별 조사 대상주수에 비례하여 산정한다. 2. 조사 대상주수의 특성이 골고루 반영될 수 있도록 표본나무를 선정하고, 표본나무별로 수관면적 내에 있는 낙과수를 조사한다. 〈용어정의〉 수관면적 : 수관이란 가지와 잎이 무성한 수목의 윗부분을 말하며, 수관면적이란 수관의 수직투영에 의해 덮이는 지면의 면적을 말한다.  3. 낙과수 확인이 끝나면 낙과 중 100개 이상을 무작위로 추출하고 「과실 분류에 따른 피해인정계수」에 따라 구분하여 해당 과실 개수를 조사한다. 단, 전체낙과수가 100개 미만일 경우에는 해당 기준 미만으로도 조사가능하다. $$낙과피해구성률 = \frac{(100\%형\ 피해과실수 \times 1) + (80\%형 \times 0.8) + (50\%형 \times 0.5)}{100\%형\ 피해과실수 + 80\%형 + 50\%형 + 정상과실수}$$ 예시) 사과 품목 "중생/홍로"에 대한 낙과 피해 구성 비율 산정예시 ○ 과실 피해 구성 비율(품종구분 여 ☑ / 부 □) | 숙기/품종	정상	50%형	80%형	100%형	합계	피해구성비율
---	---	---	---	---	---	---
중생/홍로	40	30	10	20	100	43%	 ※ 품종 구분을 하지 않는 경우에는 합계 칸에만 피해구성비율을 표시 $$낙과피해구성률 = \frac{(100\% \times 20) + (80\% \times 10) + (50\% \times 30)}{100} = 43\%$$
낙엽률 조사 (단감, 떫은감에 한함, 우박· 일소 피해는 제외)	1. 조사대상주수 기준으로 품목별 표본주수표의 표본주수에 따라 주수를 산정한다. 2. 표본주 간격에 따라 표본주를 정하고, 선정된 표본주에 리본을 묶고 동서남북 4곳의 결과지(신초, 1년생 가지)를 무작위로 정하여 각 결과지 별로 낙엽수와 착엽수를 조사하여 리본에 기재한 후 낙엽률을 산정한다(낙엽수는 잎이 떨어진 자리를 센다). 3. 사고 당시 착과과실수에 낙엽률에 따른 인정피해율을 곱하여 해당 감수과실수로 산정한다. 	품목	낙엽률에 따른 인정피해율 계산식
단감	(1.0115 × 낙엽률) - (0.0014 × 경과일수)
떫은감	0.9662 × 낙엽률 - 0.0703 | ※ 경과일수 : 6월 1일부터 낙엽피해 발생일까지 경과된 일수

(4) 착과피해조사
   ① 조사대상 : 적과종료이후 대상재해로 사고 접수된 과수원 또는 적과종료이전 우박 피해 과수원
   ② 대상재해 : 우박, 가을동상해, 일소피해
   ③ 조사시기 : 착과 피해 확인이 가능한 시점 (수확 전 대상 재해 발생 시 계약자는 수확 개시 최소 10일 전에 보험 가입 대리점으로 수확 예정일을 통보하고 최초 수확 1일 전에는 조사를 마치며, 착과 피해 조사 시 따거나 수확한 과실은 계약자의 비용 부담으로 한다.)
   ④ 조사방법

구 분	조사방법
조사 시기	• 착과피해조사는 착과된 과실에 대한 피해정도를 조사하는 것으로 해당 피해에 대한 확인이 가능한 시기에 실시한다.
조사 유형	• 대표품종 (적과후착과수 기준 60% 이상 품종) 으로 하거나 품종별로 실시할 수 있다.
착과수 확인	1. 착과 피해 조사에서는 가장 먼저 착과수를 확인하여야 하며, 이때 확인할 착과수는 적과 후 착과수조사와는 별개의 조사를 의미한다. 다만, 이전 실시한 (적과후)착과수조사 (이전 착과피해조사 시 실시한 착과수조사 포함)의 착과수와 금차 조사 시의 착과 피해 조사 시점의 착과수가 큰 차이가 없는 경우에는 별도의 착과수 확인 없이 이전에 실시한 착과수조사 값으로 대체할 수 있다. 2. 착과수 확인은 실제결과주수에서 고사주수, 수확불능주수, 미보상주수 및 수확 완료 주수를 뺀 조사 대상주수를 기준으로 적정 표본주수를 산정하며 이후 조사 방법은 위 「적과 후 착과수조사」 방법과 같다.
품종별 조사	1. 착과수 확인이 끝나면 수확이 완료되지 않은 품종별로 표본 과실을 추출한다. 이때 추출하는 표본 과실수는 품종별 1주 이상(과수원당 3주 이상)으로 하며, 추출한 표본 과실을 「과실 분류에 따른 피해인정계수」〈별표 3 참고〉에 따라 품종별로 정상과, 50%형 피해과, 80%형 피해과 100%형 피해과로 구분하여 해당 과실 개수를 조사한다. 다만, 거대재해 등 필요 시에는 해당 기준 표본수의 1/2만 조사도 가능하다. 또한, 착과피해조사 시 따거나 수확한 과실은 계약자의 비용 부담으로 한다. 2. 조사 당시 수확이 완료된 품종이 있거나 피해가 경미하여 피해구성조사로 추가적인 감수가 인정되기 어려울 때에는 품종별로 피해구성조사를 생략할 수 있다. 대표품종만 조사한 경우에는 품종별 피해 상태에 따라 대표품종의 조사 결과를 동일하게 적용할 수 있다. 3. 다만, 일소피해의 경우 피해과를 수확기까지 착과시켜 놓을 경우 탄저병 등 병충해가 발생할 수 있으므로 착과피해조사의 방법이나 조사시기는 재해보험사업자의 시행지침에 따라 유동적일 수 있다.

(5) 고사나무조사
　① 조사대상 : 나무손해보장특약을 가입한 농지 중 사고가 접수된 모든 농지
　② 대상재해 : 자연재해, 화재, 조수해
　③ 조사시기 : 수확완료 후 나무손해보장 종료 직전
　④ 조사방법
　　㉠ 고사나무조사 필요 여부 확인
　　　ⓐ 수확완료 후 고사나무가 있는 경우에만 조사 실시
　　　ⓑ 기조사(착과수조사 및 수확량조사 등) 시 확인된 고사나무 이외에 추가 고사나무가 없는 경우(계약자 유선 확인 등)에는 조사 생략 가능
　　㉡ 보상하는 재해로 인한 피해 여부 확인
　　　보상하지 않는 손해로 고사한 나무가 있는 경우 미보상 고사주수로 조사한다(미보상 고사주수는 고사나무조사 이전 조사(적과 후 착과수 조사, 착과피해조사 및 낙과피해조사)에서 보상하는 재해 이외의 원인으로 고사하여 미보상주수로 조사된 주수를 포함한다).
　　㉢ 고사주수 조사
　　　품종별·재배방식별·수령별로 실제결과주수, 수확 완료 전 고사주수, 수확 완료 후 고사주수 및 미보상 고사주수를 조사한다.

수확 완료 전 고사주수	고사나무조사 이전 조사 (적과후 착과수조사, 착과피해조사 및 낙과피해조사)에서 보상하는 재해로 고사한 것으로 확인된 주수
수확 완료 후 고사주수	보상하는 재해로 고사한 나무 중 고사나무조사 이전 조사에서 확인되지 않은 나무주수

농작물재해보험 및 가축재해보험 손해평가의 이론과 실무

제5회 기출문제

적과전종합위험II 적과종료 이전 특정 5종위험 한정특약 사과품목에서 적과전 우박피해사고로 피해사실 확인을 위해 표본조사를 실시하고자 한다. 과수원의 품종과 주수가 다음과 같이 확인되었을 때 아래의 표본조사값 (①~⑥)에 들어갈 표본주수, 나뭇가지 총수 및 유과 총수의 최솟값을 각각 구하시오. (단, 표본주수는 소수점 첫째자리에서 올림하여 다음 예시와 같이 구하시오. 예시 : 12.2 → 13로 기재) [5점]

○ 과수원의 품종과 주수

품 목	품 종		주 수	피해내용	피해조사내용
사 과	조생종	쓰가루	440	우 박	유과타박율
	중생종	감 홍	250		

○ 표본조사값

품 종	표본주수	나뭇가지 총수	유과 총수
쓰가루	①	②	③
감 홍	④	⑤	⑥

답

정답 ① 표본주수 = 13 × (440/690) = 8.2 → 9
④ 표본주수 = 13 × (250/690) = → 4.7 → 5
(별표 1-1) 사과, 배, 단감, 떫은감, 포도 (수입보장 포함), 복숭아, 자두, 밤, 무화과)

조사대상주수	표본주수	조사대상주수	표본주수
50주 미만	5	500주 이상 600주 미만	12
50주 이상 100주 미만	6	600주 이상 700주 미만	13
〈 생 략 〉			

② 나뭇가지 총수 = 9 × 4 = 36개
⑤ 나뭇가지 총수 = 5 × 4 = 20개
③ 유과 총수 = 36개 × 5 = 180개
⑥ 유과 총수 = 20개 × 5 = 100개

선정된 표본주마다 동서남북 4곳의 가지에 각 가지별로 5개 이상의 유과 (꽃눈등)를 표본으로 추출하여 피해유과(꽃눈 등)와 정상 유과(꽃눈 등)의 개수를 조사한다.
(단, 사과, 배는 선택된 과(화)총당 동일한 위치(번호)의 유과(꽃)에 대하여 우박피해여부를 조사)

기출뽀개기 ▶ 제7회 기출문제

적과전종합위험방식(Ⅱ) 사과 품목에서 적과후착과수조사를 실시하고자 한다. 과수원의 현황(품종, 재배방식, 수령, 주수)이 다음과 같이 확인되었을 때 ①, ②, ③, ④에 대해서는 계산과정과 값을 쓰고, ⑤에 대해서는 산정식을 쓰시오. (단, 적정표본주수 최솟값은 소수점 첫째자리에서 올림하여 다음 예시와 같이 구하시오. 예시: 10.2 → 11로 기재) (5점)

○ 과수원의 현황

품 종	재배방식	수 령	실제결과주수	고사주수
스가루	반밀식	10	620	10
후 지	밀 식	5	60	30

○ 적과후착과수 적정표본주수

품종	재배방식	수령	조사대상주수	적정표본주수	적정표본주수 산정식
스가루	반밀식	10	(①)	(③)	(⑤)
후 지	밀 식	5	(②)	(④)	-

정답
① 조사대상주수 = 실제결과주수 - 고사주수 = 620주 - 10주 = 610주
② 조사대상주수 = 실제결과주수 - 고사주수 = 60-30 = 30주
③ 13 × (610주/640주) = 12.3주 → 13주
④ 13 × (30주/640주) = 0.6주 → 1주
⑤ 조사대상주수가 640주일 때 표본주수는 13주이므로 계산식은 13×(610주/640주)이다.

3. 보험금 산정 방법

> 적과전종합위험방식의 보험금은
> ㉠ 적과이전의 사고를 보상하는 착과감소보험금과
> ㉡ 적과이후의 사고를 보상하는 과실손해보험금으로 구분된다.

(1) 기준착과수와 기준수확량

"기준착과수"라 함은 보험금 지급에 기준이 되는 과실 수(數)로, 아래와 같이 산출한다.

구 분		내 용
기준착과수 산출방법	적과 종료 전에 인정된 착과감소과실수가 없는 과수원	• 기준착과수 = 적과후 착과수 • 적과후착과수조사 이후의 착과수가 적과후착과수보다 큰 경우에는 착과수를 기준착과수로 함
	적과 종료 전에 인정된 착과감소과실수가 있는 과수원	• 기준착과수 = 적과후착과수 + 착과감소과실수
기준수확량		• 기준착과수 × 가입과중 ※ 가입과중은 보험에 가입할 때 결정한 과실의 1개당 평균 과실 무게를 말한다. 한 과수원에 다수의 품종이 혼식된 경우에도 품종과 관계없이 동일하다.

(2) 감수량의 산정

① 적과종료 이전 착과감소량

㉠ 착과감소과실수 및 착과감소량의 산출

구 분	방 법
착과감소 과실수 산출	• 착과감소과실수 = 최솟값 (평년착과수 − 적과후착과수, 최대인정감소과실수) 다만, 우박으로 인한 착과피해는 수확 전에 착과를 분류하고, 이에 과실 분류에 따른 「피해인정계수」 (별표3)를 적용하여 감수과실수를 별도로 산출 (이하 "착과 감소과실수 산정방법")하여 적과 후 보상하는 재해로 발생하는 감수 과실수에 합산한다.
착과감소량 산출	• 착과감소량 = 산출된 착과감소과실수 × 가입과중 • 가입과중 : 보험에 가입할 때 결정한 과실의 1개당 평균 과실무게를 말하며, 한 과수원에 다수의 품종이 혼식된 경우에도 품종과 관계없이 동일하다.

ⓒ 착과감소량의 제한

피해사실확인조사에서 모든 사고가 "피해규모가 일부" 인 경우		착과감소량을 아래와 같이 최대인정감소량으로 제한한다. 1. 착과감소량이 최대인정감소량을 초과하는 경우, 최대인정감소량을 착과감소량으로 한다. 2. 최대인정감소량 = 평년착과량 × 최대인정피해율 3. 최대인정감소과실수 = 평년착과수 × 최대인정피해율 $$\text{최대인정피해율} = \frac{\text{피해대상주수 (고사주수, 수확불능주수, 일부피해주수)}}{\text{실제결과주수}}$$ 4. 해당 사고가 2회 이상 발생한 경우에는 사고별 피해대상주수를 누적하여 계산한다.
적과종료 이전 특정위험 5종한정 보장 특별약관에 가입한 경우	원칙	다음과 같이 보상하는 재해와 착과감소량을 제한한다. • 적과종료 이전 대상 재해 : 태풍(강풍), 우박, 집중호우, 화재, 지진 • 착과감소량이 최대인정감소량을 초과하는 경우, 최대인정감소량을 착과감소량으로 한다. • 최대인정감소량 = 평년착과량 × 최대인정피해율 • 최대인정감소과실수 = 평년착과수 × 최대인정피해율 • 최대인정피해율은 적과종료이전까지 조사한 (나무피해율, 낙엽률에 따른 인정피해율, 우박 발생 시 조사한 유과타박률) 중 가장 큰 값으로 한다.
	나무 피해율	• 나무피해율 = $\dfrac{[\text{유실} \cdot \text{매몰} \cdot \text{도복} \cdot \text{절단}(1/2) \cdot \text{소실}(1/2) \cdot \text{침수 주수}]}{\text{실제결과주수}}$ • 침수주수 = 침수피해를 입은 나무수 × 과실침수율
	유과 타박률	• 우박 발생 시 조사한 유과타박률
	낙엽률에 따른 인정피해율	• 대상품목 : 단감, 떫은감 • 대상재해 : 태풍(강풍)·집중호우·화재·지진 (우박×) • 6월 1일부터 적과종료 이전까지 태풍(강풍)·집중호우·화재·지진으로 인한 낙엽피해가 발생한 경우 낙엽률을 조사하여 산출한 낙엽률에 따른 인정피해율 〈낙엽률에 따른 인정피해율 계산식〉 | 품목	낙엽률에 따른 인정피해율 계산식
---	---
단감	(1.0015 × 낙엽률) − (0.0014 × 경과일수)
떫은감	0.9662 × 낙엽률 − 0.0703	 ※경과일수 : 6월 1일부터 낙엽피해 발생일까지 경과된 일수

② 적과종료 이전 자연재해로 인한 적과종료 이후 착과손해 감수량
  ㉠ 본 감수량은 보험약관 중 2019년부터 변경된 적과전종합위험방식에 적용하며 『적과종료이전 특정위험 5종한정보장 특별약관』에 가입한 경우에는 인정하지 않는다.
  ㉡ 착과손해감수과실수 산출
      재해보험사업자는 적과 종료 이전 보상하는 손해 '자연재해'로 인하여 착과감소과실수가 발생할 경우에는 아래 표의 내용과 같이 착과손해 감수과실수를 산출하여 "적과종료 이후 감수량"의 감수과실수에 더한다. (조수해·화재는 적용없음)

적과후 착과수가 평년착과수의 60% 미만인 경우	• 감수과실수 = 적과후착과수 × 5% ※ 5%를 적과종료후 누적감수과실수 계산시 max A로 취급
적과후착과수가 평년착과수의 60%이상 100% 미만인 경우	• 감수과실수 = 적과후 착과수 × 5% × $\dfrac{100\% - 착과율}{40\%}$ ※ 착과율 = 적과후착과수 ÷ 평년착과수 여기서 계산된 $5\% \times \dfrac{100\% - 착과율}{40\%}$ 은 적과후 max A로 취급

③ 적과종료 이후 감수량 = 누적감수과실수 × 가입과중
  ㉠ 재해별 감수과실수 산정요령

구 분		내 용
태풍 (강풍) 집중호우 화재 ·지진	낙과손해	• 낙과를 분류하고, 이에 과실 분류에 따른 피해인정계수〈별표 3〉를 적용하여 감수 과실수를 산출(이하 "낙과 감수과실수 산출방법"이라 한다)한다.
	침수손해	• 조사를 통해 침수 나무의 평균 침수 착과수를 산정하고, 이에 침수 주수를 곱하여 감수 과실수를 산출한다.
	나무의 유실·매몰 ·도복· 절단 손해	• 조사를 통해 무피해 나무의 평균 착과수를 산정하고, 이에 유실·매몰·도복·절단된 주수를 곱하여 감수과실수를 산출한다. 무피해 나무의 평균 착과수×유실·매몰·도복·절단된 주수=감수과실수
	소실손해	• 조사를 통해 무피해 나무의 평균 착과수를 산정하고, 이에 소실된 주수를 곱하여 감수과실수를 산출한다.
	착과손해 (사과, 배에 한함)	• 『낙과손해』에 의해 결정된 낙과 감수과실수의 7%를 감수과실수로 한다
우 박	착과손해	• 수확 전에 착과 감수과실수 산정 방법에 따라 산출한다.
	낙과손해	• 낙과 감수과실수 산출 방법에 따라 산출한다.
적과 종료일 이후부터 당해연도 10월까지 낙엽피해 (단감·떫은감에 한함)		• 보험기간 적과 종료일 이후부터 당해연도 10월까지 태풍(강풍)·집중호우·화재·지진으로 인한 낙엽피해가 발생한 경우 조사를 통해 착과수와 낙엽률을 산출하며, 낙엽률에 따른 인정피해율에서 기발생 낙엽률에 따른 인정피해율의 최대값을 차감하고 착과수를 곱하여 감수과실수를 산출한다. ※ 인정피해율의 계산 값이 0보다 적은 경우 인정피해율은 0으로 한다.
가을 동상해	착과 손해	• 피해과실을 분류하고, 이에 과실 분류에 따른 피해인정계수를 적용하여 감수과실수를 산출한다. 이때 잎 피해가 인정된 경우에는 정상과실의 피해인정계수를 아래와 같이 변경하여 감수과실수를 산출한다. 피해인정계수 = 0.0031 × 잔여일수 ※ 잔여일수 : 사고발생일부터 가을동상해 보장종료일까지 일자 수
일소피해	인정범위	• 일소피해로 인한 감수과실수는 보험사고 한 건당 적과 후 착과수의 6%를 초과하는 경우에만 감수과실수로 인정한다.
	착과손해	• 피해과실을 분류하고, 이에 과실 분류에 따른 피해인정계수를 적용하여 감수과실수를 산출한다.
	낙과손해	• 낙과를 분류하고, 이에 과실 분류에 따른 피해인정계수를 적용하여 감수 과실수를 산출한다.

ⓒ 감수과실수의 산정

구 분	내 용
누적감수과실수 산정	• 보험기간 동안의 태풍(강풍)·우박·지진·화재·집중호우·일소·가을동상해로 발생한 감수과실수의 합계로 산정한다.
누적감수과실수에서 제외	• 일소·가을동상해로 발생한 감수과실수는 부보장특별약관을 가입한 경우에는 누적감수과실수에서 제외한다.
적과종료 이후 감수과실수	• 적과종료이후 감수과실수 = 감수과실수의 합계 - 보상하지 않는 재해에 의한 감수과실수
적과종료 이후 감수량	• 적과종료 이후 감수량 = 적과종료 이후 감수과실수의 합계 × 가입과중
하나의 보험사고로 인해 산정된 감수량	• 동시 또는 선·후차적으로 발생한 다른 보험사고의 감수량으로 인정하지 않는다.
보상하는 재해가 여러 차례 발생하는 경우	• 금차사고의 조사값 (낙엽률에 따른 인정피해율, 착과피해구성률, 낙과피해구성률) 에서 기사고의 조사값 (낙엽률에 따른 인정피해율, 착과피해구성률) 중 최고값을 제외하고 감수과실수를 산정한다.
누적감수과실수(량)	• 누적감수과실수(량)는 기준착과수(량)를 한도로 한다.

(3) 착과감소보험금의 계산

적과종료이전 보상하는 재해로 인하여 착과감소량이 자기부담감수량을 초과하는 경우, 아래의 식에 따라 계산한다.

구 분	산정방법
보험금	(착과감소량 - 미보상감수량 - 자기부담감수량) × 가입가격 × (50%, 70%)
보장수준	• 보장 수준(50%, 70%)은 계약할 때 계약자가 선택한 보장 수준으로 한다.
미보상감수량	• 보상하는 재해 이외의 원인으로 감소되었다고 평가되는 부분을 말한다. • 계약 당시 이미 발생한 피해, 병해충으로 인한 피해 및 제초상태 불량 등으로 인한 수확감소량으로서 감수량에서 제외된다.
자기부담감수량	• 자기부담감수량 = 기준수확량 × 자기부담비율
자기부담비율	• 계약할 때 계약자가 선택한 자기부담비율로 한다.
가입가격	• 보험에 가입할 때 결정한 과실의 kg당 평균 가격을 말한다. 한 과수원에 다수의 품종이 혼식된 경우에도 품종과 관계없이 동일하다.

(4) 과실손해보험금 산정식

과실손해보험금은 적과종료 이후 누적감수량이 자기부담감수량을 초과하는 경우 지급

구 분	산정 방법
보험금	• (적과종료 이후 누적감수량 - 자기부담감수량) × 가입가격
적과종료 이후 누적감수량	• 보장종료 시점까지 산출된 감수량을 누적한 값으로 한다.
자기부담감수량	• 자기부담감수량 = 기준수확량 × 자기부담비율 • 다만, 산출된 착과감소량이 존재하는 경우에는 착과감소량에서 적과종료 이전에 산정된 미보상감수량을 뺀 값을 자기부담감수량에서 제외한다. 이때 자기부담감수량은 0보다 작을 수 없다.
자기부담비율	• 계약할 때 계약자가 선택한 자기부담비율로 한다.
가입가격	• 보험에 가입할 때 결정한 과실의 kg당 평균 가격을 말한다. • 한 과수원에 다수의 품종이 혼식된 경우에도 품종과 관계없이 동일하다.
기 타	• 계산된 보험금이 보험가입금액 × (1 - 자기부담비율)을 초과하는 경우에는 보험가입금액 × (1 - 자기부담비율)을 보험금으로 한다. 　　보험금 = 보험가입금액 × (1 - 자기부담비율) • 보험가입금액을 감액한 경우에는 감액후 보험가입금액으로 한다.

(5) 나무손해보장 특별약관의 보험금 산정식

① 지급보험금 = 보험가입금액 × (피해율 - 자기부담비율)

② 피해율 = $\dfrac{\text{피해주수(고사된 나무)}}{\text{실제결과주수}}$

③ 자기부담비율 : 5%

기출뽀개기 ▶ 제2회 기출문제

다음의 조건에 따른 적과전종합위험방식 사과 품목의 실제결과주수와 자연재해·조수해·화재 나무손해보장특별약관에 의한 보험금을 구하시오. [5점]

자연재해·조수해·화재 나무손해보장 특별약관 보험가입금액	8,000만원
가입일자 기준 과수원에 식재된 모든 나무 수	1,000주
인수조건에 따라 보험에 가입할 수 없는 나무 수	50주
보상하는 재해 (자연재해)로 고사된 나무 수	95주
보상하는 재해 이외의 원인으로 고사한 나무 수	100주

답
1) 실제결과주수 : _____ 주
2) 자연재해·조수해·화재 나무손해보장 특별약관 보험금 : _____ 원

정답 1) 실제결과주수 : 가입일자를 기준으로 농지(과수원)에 식재된 모든 나무 수를 의미한다. 다만, 인수조건에 따라 보험에 가입할 수 없는 나무(유목 및 제한 품종 등)수는 제외한다.
실제결과주수 = 1,000주 − 50주 = 950주

2) 자연재해·조수해·화재 나무손해보장 특별약관 보험금 : 400만원
　　지급보험금 = 특별약관 보험가입금액 × (피해율 − 자기부담비율)
　　　　　　　 = 8,000만원 × (0.1 − 0.05) = 400만원

① 피해율 = 피해주수(고사된 나무) ÷ 실제결과주수 = 95주 ÷ 950주 = 10 %
※ 피해주수는 수확 전 고사주수와 수확 완료 후 고사주수를 더하여 산정하며, 미보상 고사주수는 피해주수에서 제외한다.
② 자연재해·조수해·화재 나무손해보장 특별약관 자기부담비율 : 5%

제7회 기출문제

계약사항과 조사내용을 참조하여 다음 물음에 답하시오. (15점)

○ 계약사항

상품명	특약 및 주요사항	평년착과수	가입과중
적과전종합위험방식 (Ⅱ)배 품목	• 나무손해보장 특약 • 착과감소 50% 선택	100,000 개	450 g

가입가격	가입주수	자기부담률	
1,200 원/kg	750 주	과실	10 %
		나무	5 %

※ 나무손해보장특약의 보험가입금액은 1주당 10만원 적용

○ 조사내용

구 분	재해종류	사고일자	조사일자	조사내용
계약일 24 시 ~ 적과전	우박	5월30일	5월31일	〈피해사실확인조사〉 • 피해발생 인정 • 미보상비율: 0 %
적과후 착과수 조사	-		6월10일	〈적과후착과수조사〉 	품종	실제결과 주수	조사대상 주수	표본주 1주당 착과수
---	---	---	---
화산	390주	390주	60개
신고	360주	360주	90개	 ※ 화산, 신고는 배의 품종임
적과 종료 이후	태풍	9월1일	9월2일	〈낙과피해조사〉 • 총낙과수: 4,000 개(전수조사) | 피해과실구성	정상	50%	80%	100%
과실수(개)	1,000	0	2,000	1,000	
	조수해	9월18일	9월20일	〈나무피해조사〉 • 화산 30 주, 신고 30 주 조수해로 고사
	우박	5월30일	10월1일	〈착과피해조사〉 | 피해과실구성	정상	50%	80%	100%
과실수(개)	50	10	20	20	

※ 적과 이후 자연낙과 등은 감안하지 않으며, 무피해나무의 평균착과수는 적과후 착과수의 1주당 평균착과수와 동일한 것으로 본다.

농작물재해보험 및 가축재해보험 손해평가의 이론과 실무

물음 1) 착과감소보험금의 계산과정과 값을 쓰시오. (5점)

답

정답 보험금 = (착과감소량 - 미보상감수량 - 자기부담감수량) × 가입가격 × (50%, 70%)
= (19,890kg - 0 - 4,500kg) × 1,200 원/kg × 50% = 9,234,000원

착과감소량 = (평년착과수 - 적과후 착과수) × 가입과중
= (100,000개 - 55,800개) × 0.45kg = 19,890kg

적과후 착과수 = 390주 × 60개/주 + 360주 × 90개/주 = 55,800개

착과감실수 = (100,000개 - 55,800개) = 44,200개

미보상감수량 = 착과감실수 × 미보상비율 = 44,200개 × 0 = 0

자기부담감수량 = (기준착과수 × 자기부담비율) × 가입과중
= (100,000개 × 10%) × 0.45kg = 4,500kg

기준착과수 = 적과후착과수 + 착과감소과실수 = 44,200개 + 55,800개 = 100,000개

☞ 기준착과수 결정
적과종료전에 인정된 착과감소과실수가 없는 과수원 : 기준착과수 = 적과후착과수
적과종료전에 인정된 착과감소과실수가 있는 과수원: 기준착과수 = 적과후착과수 + 착과감소과실수

물음 2) 과실손해보험금의 계산과정과 값을 쓰시오. (5점)

정답 과실손해보험금

보험금 = (적과종료 이후 누적감수량 − 자기부담감수량) × 가입가격

적과종료 이후 누적감수량 = 적과종료 이후 누적감수과실수 × 가입과중
    = 2,386개 × 0.45kg = 10073.7kg × 1,200 원/kg = 12,088,440원

적과종료 이후 누적감수과실수 = 적과종료 이전 자연재해로 인한 적과종료 이후 착과손해감수과실수 + 태풍낙과피해감수과실수 + 우박착과피해감수과실수
    = 2,790개 + 2,568개 + 17,028개 = 22,386개

적과종료 이전 자연재해로 인한 적과종료 이후 착과 손해 감수과실수 = 적과후착과수 × 5%
    = 55,800개 × 5% = 2,790개

※ 5%는 이후 착과피해율(max A 적용)로 인식

태풍낙과피해감수과실수 (전수조사) = 총낙과과실수 × (낙과피해구성률 − max A) × 1.07
    = 4,000 개 × (0.65 − 0.05) × 1.07 = 2,568개

$$낙과피해구성률 = \frac{(100\%형피해과실수 \times 1) + (80\%형 \times 0.8) + (50\%형 \times 0.5)}{100\%형피해과실수 + 80\%형 + 50\%형 + 정상과실수}$$

$$= \frac{(1,000) + (2,000 \times 0.8) + (0 \times 0.5)}{1,000 + 2,000 + 0 + 1,000} = \frac{2,600}{4,000} = 0.65\%$$

조수해는 적과후 보장하는 손해에 해당하지 않으므로 감수과실수 0

우박착과피해감수과실수 = 사고당시 착과과실수 × (착과피해구성률 - max A)
= (55,800개 - 4,000개 - 4,500개) × (0.41 - 0.05) = 17,028개

사고당시 착과과실수 = "적과후착과수 - 총낙과과실수 - 총적과종료후 나무피해과실수 - 총 기수확과실수 = 55,800개 - 4,000개 - 4,500개 = 47300개

착과피해구성률 = $\frac{(20 \times 1) + (20 \times 0.8) + (10 \times 0.5)}{20 + 20 + 10 + 50} = \frac{41}{100} = 0.41$

자기부담감수량 = 0

> ☞ 적과종료 이전 자연재해로 인한 적과종료 이후 착과 손해 감수과실수
> 적과후착과수가 평년착과수의 60%미만인 경우, 감수과실수 = 적과후착과수 × 5%
> 적과후착과수가 평년착과수의 60%이상 100%미만인 경우,
>
> 감수과실수 = 적과후착과수 × 5% × $\frac{100\% - 착과율}{40\%}$, 착과율 = 적과후착과수 ÷ 평년착과수
>
> 상기 계산된 감수과실수는 적과종료 이후 누적감수량에 합산하며, 적과종료 이후 착과피해율 (max A 적용)로 인식함
> 적과전종합방식(II)가입 건 중 「적과종료이전 특정위험 5종 한정 보장특별약관」 미가입시에만 적용

물음 3) 나무손해보험금의 계산과정과 값을 쓰시오. (5점)

답

[정답] 지급보험금 = 보험가입금액 × (피해율 - 자기부담비율(5%))
= 750,000,000원 × (8% - 자기부담비율(5%)) = 22,500,000원

보험가입금액 = 보험가입주수 × 1주당 보험가입금액
= 750주 × 100,000원 = 750,000,000원

피해율 = 피해주수(고사된 나무) ÷ 실제결과주수
= 60주 ÷ 750주 = 8%

▶ 제8회 기출문제

배 과수원은 적과 전 과수원 일부가 호우에 의한 유실로 나무 50주가 고사되는 피해(자연재해)가 확인되었고, 적과 이후 봉지작업을 마치고 태풍으로 낙과피해조사를 받았다. 계약사항(적과전 종합위험 방식)과 조사내용을 참조하여 다음 물음에 답하시오. (감수과실수와 착과피해인정개수, 피해율(%)은 소수점 이하 절사. 예시: 12.67 % → 12%) (15점)

○ 계약사항 및 적과후착과수 조사내용

계약사항			적과후착과수 조사내용	
품목	가입주수	평년착과수	실제결과주수	1주당 평균착과수
배(단일 품종)	250주	40,000개	250주	150개

※ 적과종료이전 특정위험 5종한정 보장 특약 미가입

○ 낙과피해 조사내용

사고일자	조사방법	전체 낙과과실수	낙과피해 구성비율(100개)				
			정상	50%형	80%형	100%형	병해충과실
9월 18일	전수조사	7,000개	10개	80개	0개	2개	8개

물음 1) 적과종료 이전 착과감소과실수의 계산과정과 값을 쓰시오. (5점)

정답 착과감소과실수 = (평년착과수 - 적과후착과수)= (40,000개 - 적과후착과수)
적과후 착과수 = 조사대상주수×1주당 평균착과수 = 200주×150개/주=30,000개
조사대상주수 = 실제결과주수 - 고사주수 - 수확불능주수- 미보상주수
= 250주 - 50주 - 0주 - 0주 = 200주

물음 2) 적과종료 이후 착과손해 감수과실수의 계산과정과 값을 쓰시오. (5점)

정답 적과후착과수가 평년착과수의 60%미만인 경우, 감수과실수 = 적과후착과수 × 5%
적과후착과수가 평년착과수의 60%이상 100%미만인 경우,

감수과실수 = 적과후착과수 × 5% × $\dfrac{100\% - 착과율}{40\%}$ = 30,000 × 5% × $\dfrac{100\% - 75\%}{40\%}$

착과율 = 적과후착과수 ÷ 평년착과수 = 30,000 ÷ 40,000 = 0.75 이므로

착과피해율 = 5% × $\dfrac{100\% - 75\%}{40\%}$ = 0.03125 = 3%

감수과실수 = 30,000개 × 0.03 = 900개

물음 3) 적과종료 이후 낙과피해 감수과실수와 착과피해 인정개수의 계산과정과 합계 값을 쓰시오. (5점)

정답 낙과 손해(전수조사) 감수과실수 = 총낙과과실수 × (낙과피해구성률 − max A) × 1.07
낙과피해 감수과실수 = 총낙과과실수 × (낙과피해구성률 − max A)
= 7,000개 × (0.42 − 0.03) = 2,730개

피해구성률 =

$\dfrac{(100\%형피해과실수 \times 1) + (80\%형피해과실수 \times 0.8) + (50\%형피해과실수 \times 0.5)}{100\%형피해과실수 + 80\%형피해과실수 + 50\%형피해과실수 + 정상과실수}$

= $\dfrac{(2 \times 1) + (0 \times 0.8) + (80 \times 0.5)}{100개}$ = 0.42

착과피해 인정개수 = 2,730개 × 0.07 = 191.1 → 191개
합계액 = 2,730개 + 191개 = 2,921개

02 종합위험 수확감소보장방식

종합위험 수확감소보장이란 보험목적에 보험기간 동안 보장하는 재해로 인하여 발생한 수확량의 감소를 보장하는 방식이다.

1. 적용품목 : 포도, 복숭아, 자두, 밤, 호두, 참다래, 대추, 살구, 매실, 오미자, 유자
2. 조사 종류

생육시기	재해	조사내용	조사시기	조사방법	비고
수확 전	보상하는 재해 전부	피해사실 확인 조사	사고접수 후 지체없이	보상하는 재해로 인한 피해발생 여부 조사(피해사실이 명백한 경우 생략 가능)	전품목
수확 직전	-	착과수 조사	수확직전	해당농지의 최초 품종 수확 직전 총 착과 수를 조사 - 피해와 관계없이 전 과수원 조사 • 조사방법: 표본조사	포도, 복숭아, 자두만 해당
	보상하는 재해 전부	수확량 조사	수확직전	사고발생 농지의 수확량 조사 • 조사방법: 전수조사 또는 표본조사	전품목
수확 시작 후 ~ 수확종료	보상하는 재해 전부	수확량 조사	사고접수 후 지체 없이	사고발생 농지의 수확 중의 수확량 및 감수량의 확인을 통한 수확량조사 • 조사방법: 전수조사 또는 표본조사	전품목 (유자 제외)
수확 완료 후 ~ 보험 종기	보상하는 재해 전부	고사나무 조사	수확완료 후 보험 종기 전	보상하는 재해로 고사되거나 또는 회생이 불가능한 나무 수를 조사 - 특약 가입 농지만 해당 • 조사방법: 전수조사	수확완료 후 추가고사나무가 없는 경우 생략 가능

3. 손해평가 현지조사 방법

(1) 피해사실 확인조사

① 조사 대상 : 대상 재해로 사고 접수 농지 및 조사 필요 농지
② 대상 재해 : 자연재해, 조수해, 화재,
　　　　　　　병충해(복숭아만 해당:세균구멍병으로 발생하는 피해 50%만 보상)
③ 조사 시기 : 사고 접수 직후 실시
④ 확인조사 방법
　㉠ 보상하는 재해로 인한 피해 여부 확인
　　기상청 자료 확인 및 현지 방문 등을 통하여 보상하는 재해로 인한 피해가 맞는지 확인한다.
　㉡ 추가조사 필요 여부 판단
　　보상하는 재해 여부 및 피해 정도 등을 감안하여 추가조사(수확량조사)가 필요한 지 여부를 판단하여 해당 내용에 대하여 계약자에게 안내하고, 추가조사가(수확량조사) 필요할 것으로 판단된 경우에는 수확기에 손해평가반구성 및 추가조사 일정을 수립한다.

(2) 수확량조사 (포도, 복숭아, 자두) : 착과수조사, 과중조사, 착과피해조사, 낙과피해조사
① 착과수 조사
㉠ 조사대상 : 사고 여부와 관계없이 보험에 가입한 농지
㉡ 조사시기 : 최초 수확 품종 수확기 직전
㉢ 조사 방법

구 분	내 용
나무수 조사	농지내 품종별·수령별 실제결과주수, 미보상주수 및 고사나무주수를 파악한다.
조사대상주수 계산	품종별·수령별 실제결과주수에서 미보상주수 및 고사나무주수를 빼서 조사대상주수를 계산한다. ※ 조사대상주수 = 실제결과주수 - 미보상주수 - 고사나무주수
표본주수 산정	ⓐ 과수원별 전체 조사 대상주수를 기준으로 품목별 표본주수표〈별표 1〉에 따라 농지별 전체 표본주수를 산정한다. ⓑ 적정 표본주수는 품종별·수령별 조사 대상주수에 비례하여 산정하며, 품종별·수령별 적정표본주수의 합은 전체 표본주수보다 크거나 같아야 한다.
표본주 선정	ⓐ 조사대상주수를 농지별 표본주수로 나눈 표본주 간격에 따라 표본주 선정 후 해당 표본주에 표시리본을 부착 ⓑ 동일품종·동일재배방식·동일수령의 농지가 아닌 경우에는 품종별·재배방식별·수령별 조사대상주수의 특성이 골고루 반영될 수 있도록 표본주를 선정
착과된 전체 과실수 조사	선정된 표본주별로 착과된 전체 과실수를 세고 표시리본에 기재
미보상비율 조사	품목별 미보상비율 적용표〈별표 2〉에 따라 미보상비율을 조사한다.

▶ 제2회 기출문제

업무방법에서 정하는 종합위험 수확감소보장방식 과수 품목 중 자두 품목 수확량조사의 착과수조사 조사방법에 관하여 서술하시오. [15점]

답

정답 본문 내용 참조 (㉢ 도표내용을 적시해 주세요)
※ 추후에는 이런 유형의 문제는 출제될 확률이 거의 없습니다.

② 과중조사

조사대상	사고가 접수된 모든 농지	
조사시기	품종별로 수확시기에 실시한다.	
조사방법	표본 과실 추출	① 품종별로 착과가 평균적인 3주 이상의 나무에서 크기가 평균적인 과실을 20개 이상 추출 ② 표본 과실수는 농지 당 60개(포도는 30개) 이상이어야 함.
	품종별 과실 개수와 무게 조사	추출한 표본 과실을 품종별로 구분하여 개수와 무게를 조사한다.
	미보상비율 조사	품목별 미보상비율 적용표〈별표 2〉에 따라 미보상비율을 조사하며, 품종별로 미보상비율이 다를 경우에는 품종별 미보상비율 중 가장 높은 미보상비율을 적용한다. 다만, 재조사 또는 검증조사로 미보상비율이 변경된 경우에는 재조사 또는 검증조사의 미보상비율을 적용한다.
	과중조사를 실시하기 어려운 경우	위 사항에도 불구하고 현장에서 과중 조사를 실시하기가 어려운 경우, 품종별 평균과중을 적용(자두 제외)하거나 증빙자료가 있는 경우에 한하여 농협의 품종별 출하 자료로 과중 조사를 대체할 수 있다. (수확 전 대상 재해 발생 시 계약자는 수확 개시 최소 10일 전에 보험 가입 대리점으로 수확 예정일을 통보하고 최초 수확 1일 전에는 조사를 실시한다.)

농작물재해보험 및 가축재해보험 손해평가의 이론과 실무

기출뽀개기 ▶ 제1회 기출문제

A과수원의 종합위험방식 복숭아 품목의 과중조사를 실시하고자 한다. 다음 조건을 이용하여 과중조사 횟수, 최소 표본주수 및 최소 추출과실개수를 답란에 쓰시오. [5점]

- A과수원의 품종은 4종이다.
- 각 품종별 수확시기는 다르다.
- 최소 표본주수는 회차별 표본주수의 합계로 본다.
- 최소 추출과실개수는 회차별 추출과실개수의 합계로 본다.
- 위 조건외 단서조항은 고려하지 않는다.

답 과중조사 횟수 :   회

최소 표본주수 :   주수

최소 추출과실개수 :   개

정답 4, 12, 80

해설 과중조사 횟수 : 4회 (품종별로 수확시기에 각각 실시하며 품종이 4종이므로)
최소표본주수 : 12주수(품종별(4종)로 착과가 평균적인 "3주 이상의 표본주"를 대상으로 하므로)
최소 추출과실개수 : 80개 (품종별 20개 이상이고 4품종이므로)

보충설명
만약에 품종이 2품종인 경우에는 20개 × 2품종 = 40개가 아니고 농지당 60개 이상이므로, 최소 추출과실개수가 60개이다. 포도의 경우에는 최소 농지당 30개 이상이므로 2품종인 경우 40개, 1품종인 경우 20개가 아니고 최소 30개이다.
〈다음 기출문제 참조〉

▶ 제3회 기출문제

종합위험 수확감소보장방식 과수 품목의 과중조사를 실시하고자 한다. 아래 농지별 최소 표본과실수를 답란에 쓰시오. (단, 해당기준의 절반 조사는 고려하지 않는다.) [5점]

농지	계약사항		최소표본과실수(개)
	품목	품종 수	
A	포도	1	㉠
B	포도	2	㉡
C	자두	1	㉢
D	복숭아	3	㉣
E	자두	4	㉤

답 ㉠
㉡
㉢
㉣
㉤

정답 ㉠ 20 × 1 = 20개이지만 농지당 최소표본과실수는 30개이므로 최소표본과실수는 30개
㉡ 20 × 2 = 40개
㉢ 20 × 1 = 20개이지만 농지당 최소표본과실수는 60개이므로 최소표본과실수는 60개
㉣ 20 × 3 = 60개
㉤ 20 × 4 = 80개
※ 20은 품종별 20개 이상 추출하므로 20을 곱한다.

③ 착과피해조사

조사대상	착과피해조사는 착과피해를 유발하는 재해(우박, 호우 등)가 접수된 모든 농지
조사시기	품종별 수확시기에 각각 실시
조사방법	

	조사시행 및 재해여부판단	착과피해조사는 착과피해를 유발하는 재해가 있을 경우에만 시행하며, 해당 재해 여부는 재해의 종류와 과실의 상태 등을 고려하여 조사자가 판단한다.
	조사대상주수 계산	실제결과주수에서 수확 완료주수, 미보상주수 및 고사나무주수를 뺀 조사대상주수를 계산한다.
	적정 표본주수 산정	조사 대상주수를 기준으로 적정 표본주수를 산정한다.〈별표 1 참고〉
	착과수조사	㉠ 착과피해조사에서는 가장 먼저 착과수를 확인하여야 하며, 이때 확인할 착과수는 수확 전 착과수조사와는 별개의 조사를 의미한다. ㉡ 다만, 이전 실시한 착과수조사(이전 착과피해조사 시 실시한 착과수조사 포함)의 착과수와 착과피해조사 시점의 착과수가 큰 차이가 없는 경우에는 별도의 착과수 확인 없이 이전에 실시한 착과수조사 값으로 대체 할 수 있다.
	품종별 표본과실 선정 및 피해구성조사	㉠ 착과수 확인이 끝나면 수확이 완료되지 않은 품종별로 표본 과실을 추출한다. ㉡ 이때 추출하는 표본 과실수는 품종별 20개 이상(포도는 농지당 30개 이상, 복숭아·자두는 농지당 60개 이상)으로 하며 표본 과실을 추출할 때에는 품종별 3주 이상의 표본주에서 추출한다. ㉢ 추출한 표본 과실을 과실 분류에 따른 피해인정계수〈별표 3〉에 따라 품종별로 구분하여 해당 과실 개수를 조사한다. ㉣ 또한, 착과피해조사 시 따거나 수확한 과실은 계약자의 비용 부담으로 한다.
	피해구성조사를 생략	조사 당시 수확이 완료된 품종이 있거나 피해가 경미하여 피해구성조사가 의미가 없을 때에는 품종별로 피해구성조사를 생략할 수 있다.

④ 낙과피해조사 (표본조사 원칙)

조사대상	착과수조사 이후 낙과피해가 발생한 농지	
조사시기	사고 접수 직후 실시	
조사절차	보상하는 재해 여부 심사	농지 및 작물 상태 등을 감안하여 보상하는 재해로 인한 피해가 맞는지 확인하며, 필요시에는 이에 대한 근거자료(피해사실 확인조사 참조)를 확보할 수 있다.
	나무조사	품종별·수령별 나무주수 확인 실제결과주수에서 수확 완료주수, 미보상주수 및 고사나무주수를 뺀 조사대상주수를 계산한다.
	낙과수 조사 방법 결정	㉠ 표본조사 : 낙과피해조사는 표본조사로 실시한다. ㉡ 전수조사 : 표본조사가 불가할 경우 실시한다.
	낙과수 표본조사	㉠ 표본주 선정 : 조사대상주수를 기준으로 농지별 전체 적정표본주수를 산정하되(거대재해 발생 시 표본조사의 표본주수는 『품목별 표본주수표』〈별표 1〉의 1/2 이하로 할 수 있다.), 품종별·수령별 표본주수는 품종별·수령별 조사 대상주수에 비례하여 산정한다. 선정된 품종별·수령별 표본주수를 바탕으로 품종별·수령별 조사 대상주수의 특성이 골고루 반영 될 수 있도록 표본주를 선정한다. ㉡ 표본주 낙과수 조사 : 표본주별로 수관면적 내에 있는 낙과수를 조사한다(이때 표본주의 수관면적 내의 낙과는 표본주와 품종이 다르더라도 해당 표본주의 낙과로 본다)
	낙과수 전수조사(표본조사가 불가할 경우 실시)	㉠ 전체 낙과에 대한 품종구분이 가능할 경우 : 전체 낙과수를 품종별로 셈 ㉡ 전체 낙과에 대한 품종구분임 불가능할 경우 : 전체 낙과수를 세고, 낙과 중 임의로 100개 이상을 추출하여 품종별로 해당 개수를 센다.
	품종별 표본과실 선정 및 피해구성조사	낙과수 확인이 끝나면 낙과 중 품종별로 표본 과실을 추출한다. 이때 추출하는 표본 과실수는 품종별 20개 이상(포도는 농지당 30개 이상, 복숭아·자두는 농지당 60개 이상)으로 하며, 추출한 표본 과실을 과실 분류에 따른 피해 인정계수에 따라 품종별로 구분하여 해당 과실 개수를 조사한다(다만, 전체 낙과수가 60개 미만일 경우 등에는 해당 기준 미만으로도 조사가 가능하다).
	피해 구성 조사를 생략	조사 당시 수확기에 해당하지 않는 품종이 있거나 낙과의 피해 정도가 심해 피해 구성 조사가 의미가 없는 경우 등에는 품종별로 피해 구성 조사를 생략할 수 있다.

(3) 수확량조사 (밤, 호두) : 「수확개시 전 수확량 조사」, 「수확개시 후 수확량 조사」

밤, 호두 품목의 수확량 조사는 품종의 수확기가 다른 경우에는 한 번에 조사가 불가하며, 해당 품종의 수확 시작 도래전마다 수확량 조사를 실시한다.

또한, 수확량조사 시 따거나 수확한 과실은 계약자의 비용 부담으로 한다.

① 수확 개시 전 수확량 조사

의의		㉠ 조사일을 기준으로 해당 농지의 수확이 시작되기 전에 수확량 조사를 실시하는 경우를 의미한다. ㉡ 조기수확 및 수확해태 등으로 수확 개시여부에 대한 분쟁이 발생한 경우에는 지역의 농업기술센터 등 농업 전문기관의 판단에 따른다. (품종별 조사 시기가 다른 경우에는 최초 조사일을 기준으로 판단한다.)
조사 절차	보상하는 재해 여부 심사	농지 및 작물 상태 등을 감안하여 보상하는 재해로 인한 피해가 맞는지 확인하며, 필요시에는 이에 대한 근거 자료(피해사실확인조사 참조)를 확보한다.
	나무수 조사	농지내 품종수령별로 실제결과주수, 미보상주수 및 고사나무주수를 파악한다.
	조사대상주수 계산	실제결과주수에서 미보상주수 및 고사나무주수를 빼서 조사대상주수를 계산한다.
	표본주수 산정	농지별 전체 조사대상주수를 기준으로 품목별 표본주수표에 따라 농지별 전체 표본주수를 산정하되, 품종수령별 표본주수는 품종 및 수령별 주수에 비례하여 산정한다.
	표본주 선정	㉠ 조사대상주수를 농지별 표본주수로 나눈 표본주 간격에 따라 표본주 선정 후 해당 표본주에 표시리본을 부착 ㉡ 동일품종·동일재배방식·동일수령의 농지가 아닌 경우에는 품종별·재배방식별·수령별 조사대상주수의 특성이 골고루 반영될 수 있도록 표본주를 선정
조사 종류 및 내용		(착과 및 낙과수조사 + 과중조사 + 낙과피해및 착과피해구성조사+ 미보상비율조사)
	착과 및 낙과수 조사	선정된 표본주별로 착과된 과실수 및 낙과된 과실수를 조사한다. (과실수의 기준은 밤은 송이, 호두는 청피로 한다)
		착과수 조사: 선정된 표본주별로 착과된 전체 과실수를 조사한다.
		낙과수 조사: 선정된 표본주별로 수관면적 내 낙과된 과실수를 조사한다. 단, 계약자 등이 낙과된 과실을 한 곳에 모아 둔 경우 등 표본주별 낙과수 확인이 불가능한 경우에는 농지 내 전체 낙과수를 품종별로 구분하여 전수 조사한다. 전체 낙과에 대하여 품종별 구분이 어려운 경우에는 전체 낙과수를 세고 전체 낙과 중 100개 이상의 표본을 추출하여 해당 표본의 품종을 구분하는 방법을 사용한다.

과중 조사		1. 농지에서 품종별로 평균적인 착과량을 가진 3주 이상의 표본주에서 크기가 평균적인 과실을 품종별 20개 이상 (농지당 최소 60개 이상) 추출한다. 2. 밤의 경우 품종별 과실(송이) 개수를 파악하고, 과실(송이) 내 과립을 분리하여 지름 길이를 기준으로 정상(30mm초과)·소과(30mm이하)를 구분하여 무게를 조사한다. 3. 이때 소과(30mm 이하)인 과실은 해당 과실 무게를 실제 무게의 80%로 적용한다. 4. 호두의 경우, 품종별 과실(청피) 개수를 파악하고, 무게를 조사한다. $$품종별개당과중 = \frac{품종별[정상표본과실\ 무게합 + (소과표본과실\ 무게합 \times 0.8)]}{표본과실\ 수}$$ 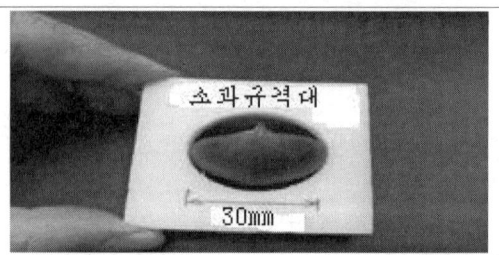 보충 30mm 지름의 원형모양 구멍이 뚫린 규격대를 준비하여 샘플조사 시 해당 구멍을 통과하는 과립은 '소과'로 따로 분류한다.
낙과 피해 및 착과 피해 구성 조사	낙과피해 구성 조사	낙과 중 임의의 과실 20개 이상(품종별 20개 이상, 농지당 60개 이상)을 추출한 후 '과실 분류에 따른 피해인정계수(별표 3)'에 따라 구분하여 그 개수를 조사한다.(다만, 전체 낙과수가 60개 미만일 경우 등에는 해당 기준 미만으로도 조사가 가능하다)
	착과피해 구성 조사	착과피해를 유발하는 재해가 있을 경우 시행하며, 품종별로 3개 이상의 표본주에서 임의의 과실 20개 이상(품종별 20개 이상, 농지당 60개 이상)을 추출한 후 '과실 분류에 따른 피해인정계수(별표 3)'에 따라 구분하여 그 개수를 조사한다.
	피해 구성 조사를 생략	조사 당시 착과에 이상이 없는 경우나 낙과의 피해 정도가 심해 피해 구성 조사가 의미가 없을 경우 등에는 품종별로 피해 구성 조사를 생략할 수 있다.
미보상 비율 조사		품목별 미보상비율 적용표에 따라 미보상비율을 조사한다

농작물재해보험 및 가축재해보험 손해평가의 이론과 실무

② 수확 개시 후 수확량 조사

의의	1. 조사일을 기준으로 해당 농지의 수확이 시작된 후에 수확량 조사를 실시하는 경우를 의미한다. 2. 조기수확 및 수확해태 등으로 수확 개시 여부에 대한 분쟁이 발생한 경우에는 지역의 농업기술센터 등 농업 전문기관의 판단에 따른다. (품종별 조사 시기가 다른 경우에는 최초 조사일을 기준으로 판단한다.)	
조사 절차	보상하는 재해여부 심사	농지 및 작물 상태 등을 감안하여 보상하는 재해로 인한 피해가 맞는지 확인하며, 필요시에는 이에 대한 근거 자료 (피해사실확인조사 참조)를 확보할 수 있다.
	나무수 조사	품종별로 실제결과주수, 수확완료주수, 미보상주수 및 고사나무주수를 파악한다.
	조사대상 주수를 계산	실제결과주수에서 수확완료주수, 미보상주수 및 고사나무주수를 뺀 조사대상주수를 계산한다. 조사대상주수 = 실제결과주수 - 수확완료주수 - 미보상주수 - 고사나무주수
	표본주수 산정	농지별 전체 조사대상주수를 기준으로 품목별 표본주수표(별표 1)에 따라 농지별 전체 표본주수를 산정하되, 품종·수령별 표본주수는 품종·수령별 조사대상주수에 비례하여 산정한다.
	표본주 선정	산정한 품종·수령별 표본주수를 바탕으로 품종·수령별 조사 대상주수의 특성이 골고루 반영될 수 있도록 표본주를 선정한다.
조사 종류	(수확개시 전 수확량조사와 내용동일 + 기수확량조사 추가)	
	착과 및 낙과수 조사	선정된 표본주별로 착과된 과실수 및 낙과된 과실수를 조사한다.
		착과수 확인: 선정된 표본주별로 착과된 전체 과실수를 조사한다.
		낙과수 확인: 선정된 표본주별로 수관면적 내 낙과된 과실수를 조사한다. 단, 계약자 등이 낙과된 과실을 한 곳에 모아 둔 경우 등 표본주별 낙과수 확인이 불가능한 경우에는 농지 내 전체 낙과수를 품종별로 구분하여 전수 조사한다. 전체 낙과에 대하여 품종별 구분이 어려운 경우에는 전체 낙과수를 세고 전체 낙과 중 100개 이상의 표본을 추출하여 해당 표본의 품종을 구분하는 방법을 사용한다.
	과중 조사	1. 농지에서 품종별로 평균적인 착과량을 가진 3주 이상의 표본주에서 크기가 평균적인 과실을 품종별 20개 이상(농지당 최소 60개 이상) 추출한다. 2. 밤의 경우 품종별 과실(송이) 개수를 파악하고, 과실(송이) 내 과립을 분리하여 지름 길이를 기준으로 정상(30mm초과)·소과(30mm이하)를 구분하여 무게를 조사한다. 3. 호두의 경우, 품종별 과실(청피) 개수를 파악하고, 무게를 조사한다.

	기수확량 조사	출하자료 및 문답 등을 통하여 기수확량을 조사한다.
낙과피해 및 착과피해 구성조사	낙과피해 구성 조사	낙과 중 임의의 과실 20개 이상(품종별 20개 이상, 농지당 60개 이상)을 추출한 후 '과실 분류에 따른 피해인정계수(별표 3)'에 따라 구분하여 그 개수를 조사한다.(다만, 전체 낙과수가 60개 미만일 경우 등에는 해당 기준 미만으로도 조사가 가능하다)
	착과피해 구성 조사	착과피해를 유발하는 재해가 있을 경우 시행하며, 품종별로 3개 이상의 표본주에서 임의의 과실 20개 이상(품종별 20개 이상, 농지당 60개 이상)을 추출한 후 '과실 분류에 따른 피해인정계수(별표 3)'에 따라 구분하여 그 개수를 조사한다.
	피해구성조사 생략	조사 당시 착과에 이상이 없는 경우나 낙과의 피해 정도가 심해 피해 구성 조사가 의미가 없을 경우 등에는 품종별로 피해 구성 조사를 생략할 수 있다.
미보상 비율조사		품목별 미보상비율 적용표에 따라 미보상비율을 조사한다

(4) 수확량조사 (참다래) : 「수확개시 전 수확량 조사」, 「수확개시 후 수확량 조사」
① 수확 개시 전 수확량 조사

의 의		1. 조사일을 기준으로 해당 농지의 수확이 시작되기 전에 수확량 조사를 실시하는 것이다. 2. 조기수확 및 수확해태 등으로 수확 개시여부에 대한 분쟁이 발생한 경우에는 지역의 농업기술센터등 농업 전문기관의 판단에 따른다.
조사 절차	보상하는 재해여부 심사	농지 및 작물 상태 등을 감안하여 보상하는 재해로 인한 피해가 맞는지 확인하며, 필요시에는 이에 대한 근거 자료 (피해사실확인조사 참조)를 확보한다.
	나무수 조사	품종별·수령별로 실제결과주수, 미보상주수 및 고사나무주수를 파악한다.
	조사대상 주수 계산	실제결과주수에서 미보상주수 및 고사나무주수를 빼서 조사대상주수를 계산한다.
	표본주수 산정	농지별 전체 조사 대상주수를 기준으로 품목별 표본주수표〈별표 1〉에 따라 농지별 전체 표본주수를 산정하되, 품종별·수령별 표본주수는 품종별 수령별 조사대상주수에 비례하여 산정한다.
	표본주 선정	산정한 품종별·수령별 표본주수를 바탕으로 품종별·수령별 조사대상주수의 특성이 골고루 반영될 수 있도록 표본주를 선정한다.

조사 종류	재식간격 조사	농지내 품종별·수령별로 재식간격을 조사한다. (가입 시 재식간격과 다를 경우 계약변경이 될 수 있음을 안내하고 현지 조사서에 기재)
	면적조사	선정된 표본주별로 해당 표본주 구역의 면적 조사를 위해 길이(윗변, 아랫변, 높이 : 윗변과 아랫변의 거리)를 재고, 면적을 확인한다. $$표본구간 면적 = \frac{(표본구간)(윗변길이+아랫변길이) \times 표본구간높이}{2}$$
	착과수 조사	선정된 해당 구역에 착과된 과실수를 조사한다.
	과중조사	• 농지에서 품종별로 착과가 평균적인 3주 이상의 표본주에서 크기가 평균적인 과실을 품종별 20개 이상(농지당 최소 60개 이상) 추출한다. • 품종별로 과실 개수를 파악하고, 개별 과실 과중이 50g 초과하는 과실과 50g 이하인 과실을 구분하여 무게를 조사한다. 이때, 개별 과실 중량이 50g 이하인 과실은 해당 과실의 무게를 실제 무게의 70%로 적용한다. $$품종별 개당과중 = \frac{품종별【50g초과 표본과실무게합+(50g이하 표본과실 무게 합 \times 0.7)】}{표본과실 수}$$
	착과피해 구성조사	착과피해를 유발하는 재해가 있었을 경우에는 착과피해 구성조사를 실시한다. ① 품종별로 3주 이상의 표본주에서 임의의 과실 100개 이상을 추출한 「과실분류에 따른 피해인정계수(별표 3)」에 따라 구분하여 그 개수를 조사한다. ② 조사 당시 착과에 이상이 없는 경우 등에는 품종별로 피해 구성 조사를 생략할 수 있다.
	미보상 비율조사	품목별 미보상비율 적용표(별표2-1)에 따라 미보상비율을 조사한다.

② 수확 개시 후 수확량 조사

의의		1. 조사일을 기준으로 해당 농지의 수확이 시작된 후에 실시하는 수확량조사 2. 조기수확 및 수확해태 등으로 수확 개시여부에 대한 분쟁이 발생한 경우에는 지역의 농업기술센터 등 농업 전문기관의 판단에 따른다.
조사 절차	보상하는 재해여부 심사	농지 및 작물 상태 등을 감안하여 보상하는 재해로 인한 피해가 맞는지 확인하며, 필요시에는 이에 대한 근거 자료 (피해사실확인조사 참조)를 확보한다.
	나무수 조사	품종별·수령별로 실제결과주수, 수확완료주수, 미보상주수 및 고사나무주수를 파악한다.
	조사대상 주수 계산	실제결과주수에서 수확 완료주수, 미보상주수 및 고사나무주수를 뺀 조사대상 주수를 계산한다.
	표본주수 산정	농지별 전체 조사 대상주수를 기준으로 품목별 표본주수표〈별표 1〉에 따라 농지별 전체 표본주수를 산정하되, 품종별·수령별 표본주수는 품종별·수령별 조사 대상주수에 비례하여 산정한다.
	표본주 선정	산정한 품종별·수령별 표본주수를 바탕으로 품종별·수령별 조사 대상주수의 특성이 골고루 반영될 수 있도록 표본주를 선정한다.
조사 종류	재식간격 조사	농지내 품종별·수령별로 재식 간격을 조사한다(가입 시 재식 간격과 다를 경우 계약변경이 될 수 있음을 안내하고 현지 조사서에 기재).
	면적확인	선정된 표본주별로 해당 표본주 구역의 면적 조사를 위해 길이(윗변, 아랫변, 높이 : 윗변과 아랫변의 거리)를 재고 면적을 확인한다.
	착과 및 낙과수 확인	선정된 해당 구역에 착과 및 낙과된 과실수를 조사한다.
	낙과수 전수조사	1. 계약자 등이 낙과된 과실을 한 곳에 모아 둔 경우 등 낙과수 표본조사가 불가능한 경우에는 낙과수 전수조사를 실시한다. 2. 낙과수 전수조사 시에는 농지 내 전체 낙과를 품종별로 구분하여 조사한다. 3. 단, 전체 낙과에 대하여 품종별 구분이 어려운 경우에는 전체 낙과수를 세고 전체 낙과수 중 100개 이상의 표본을 추출하여 해당 표본의 품종을 구분하는 방법을 사용한다.
	과중조사	1. 농지에서 품종별로 착과가 평균적인 3주 이상의 표본주에서 크기가 평균적인 과실을 품종별 20개 이상(농지당 최소 60개 이상) 추출한다. 2. 품종별로 과실 개수를 파악하고, 개별 과실 과중이 50g 초과하는 과실과 50g 이하인 과실을 구분하여 무게를 조사한다. 이때, 개별 과실 중량이 50g 이하인 과실은 해당 과실의 무게를 실제 무게의 70%로 적용한다

	품종별개당과중=	$\dfrac{\text{품종별【50g초과 표본과실무게합+(50g이하 표본과실 무게 합×0.7)】}}{\text{표본과실 수}}$
기수확량 조사		출하자료 및 문답 등을 통하여 기수확량을 조사한다.
낙과피해 및 착과피해 구성조사	낙과피해 구성 조사	품종별로 낙과 중 임의의 과실 100개 이상을 추출한 후 「과실 분류에 따른 피해인정계수(별표 3)」에 따라 구분하여 그 개수를 조사한다.
	착과피해 구성 조사	착과피해를 유발하는 재해가 있을 경우 시행하며, 품종별로 3주 이상의 표본주에서 임의의 과실 100개 이상을 추출한 후 「과실 분류에 따른 피해인정계수(별표 3)」에 따라 구분하여 그 개수를 조사한다.
	피해조사 생략	조사 당시 착과에 이상이 없는 경우나 낙과의 피해 정도가 심해 피해구성 조사 없이 피해과실 분류가 가능한 경우 등에는 품종별로 피해 구성 조사를 생략할 수 있다.
미보상 비율조사		품목별 미보상비율 적용표 (별표2-1)에 따라 미보상비율을 조사한다.

▶ 제5회 기출문제

다음의 계약사항 및 조사내용에 따라 참다래 수확량 (kg)을 구하시오. (단, 수확량은 소수점 첫째자리에서 반올림하여 다음 예시와 같이 구하시오. 예시 : 수확량 1.6 kg → 2 kg로 기재)

[5점]

○ 계약사항

실제결과주수(주)	고사주수(주)	재식면적	
		주간거리(m)	열간거리(m)
300	50	4	5

○ 조사내용(수확전 사고)

표본주수	표본구간면적조사			표본구간 착과수합계	착과피해 구성율(%)	과중 조사	
	윗변(m)	아랫변(m)	높이(m)			50g이하	50g초과
8주	1.2	1.8	1.5	850	30	1,440g/36개	2,160g/24개

답 참다래 수확 전 사고 수확량 = (품종·수령별 착과수× 품종별 개당 과중 ×(1 - 피해 구성률))
　　　　+(품종·수령별 ㎡ 당 평년수확량 × 품종·수령별 미보상주수 × 품종·수령별 재식면적)
　　　= (236,000개 × 52.8g × 0.7) + 0 = 8,722,560g = 8,723kg

① 품종·수령별 착과수 = ㉠ 품종·수령별 표본조사 대상면적 × ㉡ 품종·수령별 면적(㎡)당 착과수
　　　　　　　　　　= 5,000㎡ × 47.2개/㎡ = 236,000개

　㉠ 품종·수령별 표본조사 대상면적 = 품종·수령별 재식면적×품종·수령별 표본조사 대상 주수
　　　　　　　　　　　　　　　　= 20㎡ × 250주 = 5,000㎡
　－ 품종·수령별 재식 면적 = 주간 거리 × 열간 거리 = 4 × 5 = 20㎡
　－ 품종별·수령별표본조사 대상주수 = 품종수령별 (실제결과주수 － 미보상주수－고사나무주수)
　　　　　　　　　　　　　　　　= 300주 －0－ 50주 = 250주
　㉡ 품종·수령별 ㎡ 당 착과수 = 품종·수령별 (표본구간 착과수 ÷ 표본구간 넓이)
　　　　　　　　　　　　　　= 850개 ÷ (8 × 2.25㎡) = 47.2개/㎡
　－ 품종별·수령별 표본구간 착과수 : 850개 (문제에 주어짐)
　－ 품종별·수령별표본구간넓이 = (표본구간 윗변길이+ 아랫변길이)×표본구간 높이 ÷ 2
　　　　　　　　　　　　　　= (1.2 + 1.8) × 1.5 ÷ 2 = 2.25㎡
　　※ 2.25㎡는 표본주 1주당 구간면적이므로 표본구간넓이는 표본주수 8을 곱해줌

② 품종별 개당 과중 = 품종별 표본 과실 무게 합계 ÷ 표본 과실수
　　　　　　　　　= {(1,440g×0.7) + 2,160g} ÷ 60개 = 52.8g
③ (1 － 피해 구성률) = (1 － 30%) = 70% = 0.7　(30%가 문제에 주어짐)
④ 품종별·수령별 ㎡ 당 평년수확량 : 주어지지 않음
　미보상주수 : 주어지지 않았으므로 0으로 처리
　(품종별·수령별 ㎡ 당 평년수확량 × 미보상주수 × 재식면적) = 0

(5) 수확량조사 (대추, 매실, 살구) :「수확개시 전 수확량 조사」,「수확개시 후 수확량 조사」
   ① 수확 개시 전 수확량 조사

	의의	조사일을 기준으로 해당 농지의 수확이 시작되기 전에 수확량 조사를 실시하는 경우를 의미하며, 조기 수확 및 수확 해태 등으로 수확 개시 여부에 대한 분쟁이 발생한 경우에는 지역의 농업기술센터 등 농업 전문기관의 판단에 따른다.
조사 절차	보상하는 재해 여부심사	농지 및 작물상태 등을 감안하여 보상하는 재해로 인한 피해가 맞는지 확인하며, 필요시에는 이에 대한 근거 자료 (피해사실확인조사 참조)를 확보한다.
	나무수 조사	품종별·수령별로 실제결과주수, 미보상주수 및 고사나무주수를 파악한다.
	조사대상 주수 계산	실제결과주수에서 미보상주수 및 고사나무주수를 빼서 조사대상주수를 계산한다
	표본주수 산정	농지별 전체 조사대상주수를 기준으로 품목별 표본주수표에 따라 농지별 전체 표본주수를 산정하되, 품종별·수령별 표본주수는 품종별·수령별 조사대상주수에 비례하여 산정한다.
	표본주 선정	산정한 품종별·수령별 표본주수를 바탕으로 품종별·수령별 조사대상주수의 특성이 골고루 반영될 수 있도록 표본주를 선정한다.
조사 종류	과중 조사 (표본과실 수확 및 착과 무게 조사)	선정된 표본주별로 착과된 과실을 전부 수확하여 수확한 과실의 무게를 조사한다. 다만, 현장 상황에 따라 표본주의 착과된 과실 중 절반만을 수확하여 조사할 수 있다. 품종·수령별 주당 착과 무게 = 품종·수령별 (표본주의 착과 무게 ÷표본주수) 표본주 착과무게 = 조사착과량×품종별 비대추정지수(매실)×2(절반조사 시)
	비대추정 지수 조사 (매실)	매실 품목의 경우 품종별 적정 수확 일자 및 조사 일자, 매실 품종별 과실 비대추정지수〈별표 4〉를 참조하여 품종별로 비대추정지수를 조사한다.
	착과피해 구성 조사	1. 각 표본주별로 수확한 과실 중 임의의 과실을 추출하여 과실 분류 기준 〈별표 3〉에 따라 구분하여 그 개수 또는 무게를 조사한다. 　이때 개수 조사 시에는 표본주당 표본과실수는 100개 이상으로 하며, 무게 조사 시에는 표본주당 표본과실 중량은 1,000g 이상으로 한다. 2. 대추·매실·살구의 과실 분류에 따른 피해인정계수〈별표 3〉를 따른다.
	착과피해구성 조사의 생략	조사 당시 착과에 이상이 없는 경우 등에는 피해 구성 조사를 생략할 수 있다.
	미보상 비율 확인	품목별 미보상비율 적용표〈별표 2〉에 따라 미보상비율을 조사한다.

② 수확 개시 후 수확량 조사

조사절차	보상하는재해 여부 심사	농지 및 작물 상태 등을 감안하여 보상하는 재해로 인한 피해가 맞는지 확인하며, 필요시에는 이에 대한 근거자료(피해사실 확인조사 참조)를 확보한다.
	나무수 조사	농지 내 품종별·수령별로 실제결과주수, 수확 완료주수, 미보상주수 및 고사나무주수를 파악한다.
	조사대상 주수 계산	실제결과주수에서 수확 완료주수, 미보상주수 및 고사나무주수를 뺀 조사대상주수를 계산한다.
	표본주수 산정	조사대상주수를 기준으로 품목별 표본주수표〈별표 1〉에 따라 농지별 전체 표본주수를 산정하되, 품종별·수령별 표본주수는 품종별·수령별 조사대상주수에 비례하여 산정한다.
	표본주 선정	산정한 품종별·수령별 표본주수를 바탕으로 품종별·수령별 조사대상주수의 특성이 골고루 반영될 수 있도록 표본주를 선정한다.
조사 종류	과중조사	표본과실 수확 및 착과 무게 조사: 선정된 표본주별로 착과된 과실을 전부 수확하여 수확한 과실의 무게를 조사한다. 다만, 현장 상황에 따라 표본주의 착과된 과실 중 절반만을 수확하여 조사할 수 있다.
		낙과 무게: ㉠ 선정된 표본주별로 수관면적 내 낙과된 과실의 무게를 조사한다. ㉡ 계약자 등이 낙과된 과실을 한 곳에 모아 둔 경우 등 낙과 표본 조사가 불가능한 경우에는 낙과 전수조사를 실시한다. 낙과 전수조사 시에는 농지 내 전체 낙과를 품종별로 구분하여 조사한다. 단, 전체 낙과에 대하여 품종별 구분이 어려운 경우에는 전체 낙과 무게를 재고 전체 낙과 중 1,000g 이상의 표본을 추출하여 해당 표본의 품종을 구분하는 방법을 사용한다. $$\text{품종별 낙과량} = \text{전체낙과량} \times \frac{\{\text{품종별·표본과실수(무게)}\}}{\{\text{표본과실수(무게)}\}}$$ ㉢ 현장 상황에 따라 표본주별로 착과 및 낙과된 과실 중 절반만을 대상으로 조사할 수 있다.
	비대추정 지수 조사	매실 품목의 경우 품종별 적정 수확 일자 및 조사 일자, 매실 품종별 과실 비대추정지수〈별표 4〉를 참조하여 품종별로 비대추정지수를 조사한다.
	기수확량조사	출하자료 및 문답 등을 통하여 기수확량을 조사한다.
	낙과피해 및 착과피해 구성 조사	낙과피해 구성조사: 품종별 낙과 중 임의의 과실 100개 또는 1,000g 이상을 추출하여 과실 분류에 따른 피해인정계수에 따른 개수 또는 무게를 조사한다.
		착과피해 구성조사: 착과피해를 유발하는 재해가 있을 경우 시행하며, 표본주별로 수확한 착과 중 임의의 과실 100개 또는 1,000g 이상을 추출한 후 과실 분류에 따른 피해인정계수에 따른 개수 또는 무게를 조사한다.
		피해 구성 조사생략: 조사 당시 착과에 이상이 없거나 낙과의 피해 정도가 심해 피해구성조사가 의미가 없을 경우 등에는 피해구성조사를 생략할 수 있다.
	미보상비율 확인	품목별 미보상비율 적용표〈별표 2〉에 따라 미보상비율을 조사한다.

(6) 수확량조사 (오미자) : 수확 개시 전 수확량 조사, 수확 개시 후 수확량 조사
  ① 수확 개시 전 수확량 조사

의의		1. 조사일을 기준으로 해당 농지의 수확이 시작되기 전에 수확량 조사를 실시하는 경우를 의미한다. 2. 조기 수확 및 수확 해태 등으로 수확 개시 여부에 대한 분쟁이 발생한 경우에는 지역의 농업기술센터 등 농업 전문기관의 판단에 따른다.
조사 절차	보상하는 재해 여부 심사	농지 및 작물 상태 등을 감안하여 약관에서 정한 보상하는 재해로 인한 피해가 맞는지 확인하며, 필요시에는 이에 대한 근거자료(피해사실 확인조사 참조)를 확보할 수 있다.
	유인틀 길이 측정	가입대상 오미자에 한하여 유인틀 형태 및 오미자 수령별로 유인틀의 실제 재배 길이, 고사 길이, 미보상 길이를 측정한다.
	조사 대상 길이 계산	실제재배 길이에서 고사 길이와 미보상 길이를 빼서 조사 대상 길이를 계산한다.
	표본구간수 산정	농지별 전체 조사 대상 길이를 기준으로 품목별 표본주(구간)표〈별표 1〉에 따라 농지별 전체 표본구간수를 산정하되, 형태별·수령별 표본구간수는 형태별·수령별 조사 대상 길이에 비례하여 산정한다.
	표본구간 선정	산정한 형태별·수령별 표본구간수를 바탕으로 형태별·수령별 조사 대상길이의 특성이 골고루 반영될 수 있도록 표본구간(유인틀 길이 방향으로 1m)을 선정한다.
조사 종류 및 방법	과중 조사	선정된 표본구간별로 표본구간 내 착과된 과실을 전부 수확하여 수확한 과실의 무게를 조사한다. 다만, 현장 상황에 따라 표본구간의 착과된 과실 중 절반만을 수확하여 조사할 수 있다.
	착과피해 구성 조사	착과 피해를 유발하는 재해가 있었을 경우에는 아래와 같이 착과피해 구성 조사를 실시한다. (가) 표본구간에서 수확한 과실 중 임의의 과실을 추출하여 과실 분류에 따른 피해인정계수에 따라 구분하여 그 무게를 조사한다. 이때 표본으로 추출한 과실 중량은 3,000g 이상(조사한 총착과 과실 무게가 3,000g 미만인 경우에는 해당 과실 전체)으로 한다. (나) 조사 당시 착과에 이상이 없는 경우 등에는 피해 구성 조사를 생략할 수 있다.
	미보상비율 확인	품목별 미보상비율 적용표〈별표 2〉에 따라 미보상비율을 조사한다.

② 수확 개시 후 수확량 조사

의의		조사일을 기준으로 해당 농지의 수확이 시작된 후에 수확량 조사를 실시하는 경우를 의미한다. 조기수확 및 수확해태 등으로 수확 개시여부에 대한 분쟁이 발생한 경우에는 지역의 농업기술센터 등 농업 전문기관의 판단에 따른다.
조사 절차	보상하는 재해 여부 심사	농지 및 작물 상태 등을 감안하여 약관에서 정한 보상하는 재해로 인한 피해가 맞는지 확인하며, 필요시에는 이에 대한 근거자료(피해사실 확인조사 참조)를 확보할 수 있다.
	유인틀 길이 측정	가입대상 오미자에 한하여 유인틀 형태 및 오미자 수령별로 유인틀의 실제 재배 길이, 수확 완료 길이, 고사 길이, 미보상 길이를 측정한다.
	조사 대상 길이 계산	실제재배 길이에서 수확 완료 길이, 고사 길이와 미보상 길이를 빼서 조사 대상 길이를 계산한다.
	표본구간수 산정	농지별 전체 조사 대상 길이를 기준으로 품목별 표본주(구간)표〈별표 1〉에 따라 농지별 전체 표본구간수를 산정하되, 형태별·수령별 표본구간수는 형태별·수령별 조사 대상 길이에 비례하여 산정한다.
	표본구간 선정	산정한 형태별·수령별 표본구간수를 바탕으로 형태별·수령별 조사 대상길이의 특성이 골고루 반영될 수 있도록 표본구간(유인틀 길이 방향으로 1m)를 선정한다.
조사 종류 및 방법	과중 조사	(가) 선정된 표본구간별로 표본구간 내 착과된 과실과 낙과된 과실의 무게를 조사한다. 다만, 현장 상황에 따라 표본구간별로 착과된 과실 중 절반만을 수확하여 조사할 수 있다. (나) 계약자 등이 낙과된 과실을 한곳에 모아 둔 경우 등 낙과 표본조사가 불가능한 경우에는 낙과 전수조사를 실시한다. 낙과 전수조사 시에는 농지 내 전체낙과에 대하여 무게를 조사한다.
	기수확량조사	출하자료 및 문답 등을 통하여 기수확량을 조사한다.
	낙과피해 및 착과피해 구성 조사	(가) 낙과피해 구성 조사는 표본구간의 낙과(낙과 전수조사를 실시했을 경우에는 전체 낙과를 기준으로 한다) 중 임의의 과실 3,000g 이상(조사한 총 낙과과실 무게가 3,000g 미만인 경우에는 해당 과실 전체)을 추출하여 아래 피해 구성 구분 기준에 따른 무게를 조사한다. (나) 착과피해 구성 조사는 표본구간에서 수확한 과실 중 임의의 과실을 추출하여 과실 분류에 따른 피해인정계수〈별표 3〉에 따라 구분하여 그 무게를 조사한다. 이때 표본으로 추출한 과실 중량은 3,000g 이상(조사한 총착과 과실 무게가 3,000g 미만인 경우에는 해당 과실 전체)으로 한다. (다) 조사 당시 착과에 이상이 없는 경우나 낙과의 피해 정도가 심해 피해구성 조사가 의미가 없을 경우 등에는 피해 구성 조사를 생략할 수 있다.
	미보상비율 확인	품목별 미보상비율 적용표〈별표 2〉에 따라 미보상비율을 조사한다.

(7) 수확량조사 (유자) : 수확 개시 전 수확량 조사

의의	1. 조사일을 기준으로 해당 농지의 수확이 시작되기 전에 수확량 조사를 실시하는 경우를 의미한다. 2. 조기수확 및 수확해태 등으로 수확 개시 여부에 대한 분쟁이 발생한 경우에는 지역의 농업기술센터 등 농업 전문기관의 판단에 따른다.
조사 방법	1. 보상하는 재해 여부 심사 　농지 및 작물 상태 등을 감안하여 보상하는 재해로 인한 피해가 맞는지 확인하며, 필요시에는 이에 대한 근거 자료(피해사실확인조사 참조)를 확보할 수 있다. 2. 나무수조사 및 조사대상주수 계산 　품종별·수령별로 (㉠), (㉡) 및 (㉢)를 파악하고, (㉠)에서 (㉡) 및 (㉢)를 빼서 조사대상주수를 계산한다. 　　　　　　　　정답 ㉠실제결과주수, ㉡미보상주수, ㉢고사나무주수 3. 농지별 전체 조사대상주수를 기준으로 품목별 표본주수표(별표 1참조)에 따라 농지별 전체 표본주수를 산정하되, 품종별·수령별 표본주수는 품종별·수령별 조사대상주수에 비례하여 산정한다. 4. 표본주 선정 　산정한 품종별·수령별 표본주수를 바탕으로 품종별·수령별 조사 대상 주수의 특성이 골고루 반영될 수 있도록 표본주를 선정한다. 5. 조사종류 및 방법 | 구 분	내 용
착과수 조사	선정된 표본주별로 착과된 전체과실수를 조사한다.
과중조사	농지에서 품종별로 착과가 평균적인 3개 이상의 표본주에서 크기가 평균적인 과실을 품종별 20개 이상(농지당 최소 60개 이상) 추출하여 품종별 과실개수와 무게를 조사한다.
착과피해 구성 조사	착과 피해를 유발하는 재해가 있었을 경우에는 아래와 같이 착과피해 구성 조사를 실시한다. (가) 착과피해 구성 조사는 착과피해를 유발하는 재해가 있을 경우 시행하며, 품종별로 3개 이상의 표본주에서 임의의 과실 100개 이상을 추출한 후 과실 분류에 따른 피해인정계수에 따라 구분하여 그 개수를 조사한다. (나) 조사 당시 착과에 이상이 없는 경우 등에는 품종별로 피해 구성 조사를 생략할 수 있다.
미보상비 율 조사	품목별 미보상비율 적용표에 따라 미보상비율을 조사한다	

농작물재해보험 및 가축재해보험 손해평가의 이론과 실무

(8) 종합위험 비가림시설 피해조사 (포도, 대추, 참다래)
① 조사기준 : 해당 목적물인 비가림시설의 구조체와 피복재의 재조달가액을 기준금액으로 수리비를 산출한다.
② 평가단위 : 물리적으로 분리 가능한 시설 1동을 기준으로 보험목적물별로 평가한다.
③ 조사방법

피복재	피복재의 피해면적을 조사한다.
구조체	1. 손상된 골조를 재사용할 수 없는 경우 : 교체수량 확인 후 교체비용 산정 2. 손상된 골조를 재사용할 수 있는 경우 : 보수면적 확인 후 보수비용 산정

기출뽀개기 ▶ **제5회 기출문제**

종합위험 수확감소보장 과수 비가림시설 피해조사에 관한 것으로 ① 해당되는 3가지 품목, ② 조사기준, ③ 조사방법에 대하여 각각 서술하시오. [15점]

답

정답 ① 해당되는 3가지 품목 : 포도, 대추, 참다래
② 조사기준 : 해당 목적물인 비가림시설의 구조체와 피복재의 재조달가액을 기준금액으로 수리비를 산출한다.
③ 조사방법
  ㉠ 피복재 : 피복재의 피해면적을 조사한다.
  ㉡ 구조체
    ⓐ 손상된 골조를 재사용할 수 없는 경우 : 교체수량 확인 후 교체비용을 산정한다.
    ⓑ 손상된 골조를 재사용할 수 있는 경우 : 보수면적 확인 후 보수비용을 산정한다.

(9) 나무손해보장 특약 고사나무조사 (포도, 복숭아, 자두, 매실, 유자, 참다래, 살구)
　① 나무손해보장 특약 가입 여부 및 사고 접수 여부 확인
　　해당 특약을 가입한 농지 중 사고가 접수된 모든 농지에 대해서 고사나무조사를 실시한다.
　② 조사시기의 결정
　　고사나무조사는 수확완료 시점 이후에 실시하되, 나무손해보장특약 종료시점을 고려하여 결정한다.
　③ 보상하는 재해 여부 심사
　　농지 및 작물 상태 등을 감안하여 보상하는 재해로 인한 피해가 맞는지 확인하며, 필요시에는 이에 대한 근거 자료(피해사실확인조사 참조)를 확보한다.
　④ 나무수 조사
　　㉠ 포도, 복숭아, 자두, 매실, 유자, 살구 품목
　　　품종별 · 수령별로 실제결과주수, 수확 완료 전 고사주수, 수확 완료 후 고사주수 및 미보상 고사주수를 조사한다.

수확 완료 전 고사주수	• 고사나무조사 이전 조사(착과수조사, 착과피해조사, 낙과피해조사 및 수확개시 전·후 수확량조사)에서 보상하는 재해로 고사한 것으로 확인된 주수
수확 완료 후 고사주수	• 보상하는 재해로 고사한 나무 중 고사나무조사 이전 조사에서 확인되지 않은 나무주수
미보상 고사주수	• 보상하는 재해 이외의 원인으로 고사한 나무주수 • 고사나무조사 이전 조사 (착과수조사, 착과피해조사 및 낙과피해조사, 수확개시 전·후 수확량조사)에서 보상하는 재해 이외의 원인으로 고사하여 미보상주수로 조사된 주수를 포함한다.
고사나무조사 생략	• 수확 완료 후 고사주수가 없는 경우(계약자 유선 확인 등)에는 고사나무조사를 생략할 수 있다.

　　㉡ 참다래 품목
　　　품종별 · 수령별로 실제결과주수와 고사주수, 미보상 고사주수를 조사한다.
(10) 미보상비율조사(모든 조사 시 동시조사)
　상기 모든 조사마다 미보상비율 적용표〈별표 2〉에 따라 미보상비율을 조사한다.

4. 보험금 산정방법 및 지급기준

(1) 수확감소보험금

① 지급보험금의 계산에 필요한 보험가입금액, 평년수확량, 수확량, 미보상감수량, 자기부담비율 등은 과수원별로 산정하며, 품종별로 산정하지 않는다.

② 보상하는 재해로 인하여 피해율이 자기부담비율을 초과하는 경우에만 지급보험금이 발생한다.

㉠ 보험금 = 보험가입금액 × (피해율 − 자기부담비율)

㉡ 포도 피해율 = $\dfrac{평년수확량 - 수확량 - 미보상감수량}{평년수확량}$

㉢ 복숭아 피해율 = $\dfrac{평년수확량 - 수확량 - 미보상감수량 + 병충해감수량}{평년수확량}$

㉣ 미보상감수량 = (평년수확량 − 수확량) × 미보상비율

㉤ 병충해감수량 = 병충해 입은 과실의 무게 × 0.5

③ 보험금 등의 지급한도는 다음과 같다. (비가림과수−포도, 대추, 참다래)

㉠ 보상하는 손해로 지급할 보험금은 상기 ②를 적용하여 계산하며, 보험증권에 기재된 농작물의 보험가입금액을 한도로 한다.

㉡ 손해방지비용, 대위권 보전비용, 잔존물 보전비용은 상기 ②를 적용하여 계산한 금액이 보험가입금액을 초과하는 경우에도 지급한다. 단, 손해방지비용은 20만원을 한도로 지급한다.

(2) 수확량감소 추가보장 특약의 보험금 (포도, 복숭아)

① 보상하는 재해로 피해율이 자기부담비율을 초과하는 경우 적용한다.

② 보험금 = 보험가입금액 × (피해율 × 10%)

㉠ 포도 피해율 = (평년수확량 − 수확량 − 미보상감수량) ÷ 평년수확량

㉡ 복숭아 피해율 = $\dfrac{평년수확량 - 수확량 - 미보상감수량 + 병충해감수량}{평년수확량}$

(3) 나무손해보장특약의 보험금

① 보험금 = 보험가입금액 × (피해율 − 자기부담비율)

② 피해율 = 피해주수(고사된 나무) ÷ 실제결과주수

③ 피해주수는 수확 전 고사주수와 수확 완료 후 고사주수를 더하여 산정하며, 미보상 고사주수는 피해주수에서 제외한다.)

④ 대상품목 및 자기부담비율은 약관에 따른다.

(4) 종합위험 비가림시설의 보험금 (포도, 대추, 참다래)

지급 보험금 계산 방법

① 손해액이 자기부담금을 초과하는 경우 아래와 같이 계산한 보험금을 지급한다.
    ㉠ 재해보험사업자가 보상할 손해액은 그 손해가 생긴 때와 곳에서의 가액에 따라 계산한다.
    ㉡ 재해보험사업자는 1사고 마다 재조달가액(보험의 목적과 동형·동질의 신품을 조달하는데 소요되는 금액을 말한다.) 기준으로 계산한 손해액에서 자기부담금을 차감한 금액을 보험가입금액 내에서 보상한다.

> 지급보험금 = min (손해액 – 자기부담금, 보험가입금액)

② 동일한 계약의 목적과 동일한 사고에 관하여 보험금을 지급하는 다른 계약(공제계약을 포함한다)이 있고 이들의 보험 가입금액의 합계액이 보험가액보다 클 경우에는 아래에 따라 지급보험금을 계산한다. 이 경우 보험자 1인에 대한 보험금 청구를 포기한 경우에도 다른 보험자의 지급보험금 결정에는 영향을 미치지 않는다.
    ㉠ 다른 계약이 이 계약과 지급보험금의 계산 방법이 같은 경우

$$\text{보험금} = \text{손해액} \times \frac{\text{이 계약의 보험가입금액}}{\text{다른 계약이 없는 것으로 하여 각각 계산한 보험가입금액의 합계액}}$$

    ㉡ 다른 계약이 이 계약과 지급보험금의 계산 방법이 다른 경우

$$\text{보험금} = \text{손해액} \times \frac{\text{이 계약의 보험금액}}{\text{다른 계약이 없는 것으로 하여 각각 계산한 보험금의 합계액}}$$

    ㉢ 보험계약이 타인을 위한 보험계약이면서 보험계약자가 다른 계약으로 인하여 상법 제682조에 따른 대위권 행사의 대상이 된 경우에는 실제 그 다른 계약이 존재함에도 불구하고 그 다른 계약이 없다는 가정하에 계산한 보험금을 그 다른 보험계약에 우선하여 이 보험계약에서 지급한다.
    ㉣ 보험계약을 체결한 재해보험사업자가 타인을 위한 보험에 해당하는 다른 계약의 보험계약자에게 상법 제682조에 따른 대위권을 행사할 수 있는 경우에는 이 보험계약이 없다는 가정하에 다른 계약에서 지급받을 수 있는 보험금을 초과한 손해액을 이 보험계약

③ 하나의 보험 가입금액으로 둘 이상의 보험의 목적을 계약한 경우에는 전체가액에 대한 각 가액의 비율로 보험 가입금액을 비례배분하여 지급보험금을 계산한다.
④ 재해보험사업자는 보험의 목적이 손해를 입은 장소에서 실제로 수리 또는 복구되지 않은 때에는 재조달가액에 의한 보상을 하지 않고 시가(감가상각된 금액)로 보상한다.
⑤ 계약자 또는 피보험자는 손해 발생 후 늦어도 180일 이내에 수리 또는 복구 의사를 재해보험사업자에 서면으로 통지해야 한다.

자기 부담금	① 재해보험사업자는 최소자기부담금(30만원)과 최대자기부담금(100만 원)을 한도로 보험사고로 인하여 발생한 손해액의 10%에 해당하는 금액을 자기부담금으로 한다. 다만, 피복재 단독사고는 최소 자기부담금(10만 원)과 최대자기부담금(30만 원)을 한도로 한다. ② 제 ①항의 자기부담금은 단지 단위, 1사고 단위로 적용한다.	
보험금 등의 지급 한도	보상하는 손해로 지급할 보험금과 잔존물 제거비용	각각 상기 ①~⑤의 지급보험금 계산방법을 적용하여 계산하고, 그 합계액은 보험증권에 기재된 비가림시설의 보험가입금액을 한도로 한다. 단, 잔존물 제거비용은 손해액의 10%를 초과할 수 없다.
	비용손해 중 손해방지비용, 대위권 보전비용, 잔존물 보전비용	상기 ①~⑤의 방법을 적용하여 계산한 금액이 보험가입금액을 초과하는 경우에도 지급한다.
	비용손해 중 기타 협력비용	보험가입금액을 초과한 경우에도 전액 지급한다

03 종합위험 과실손해보장방식 (오디, 감귤)

종합위험 과실손해보장이란 보험 목적에 대한 보험기간 동안 보장하는 재해로 과실손해가 발생되어 이로 인한 수확량감소에 대해 보장받는 방식이다

1. **품목별 조사종류**

생육시기	재해	조사내용	조사시기	조사방법	비고
수확 전	보상하는 재해 전부	피해사실 확인조사	사고접수 후 지체 없이	보상하는 재해로 인한 피해발생 여부 조사 (피해사실이 명백한 경우 생략 가능)	전품목
		수확전 과실손해 조사	사고접수 후 지체 없이	표본주의 과실 구분 ・조사방법 : 표본조사	감귤만 해당
수확 직전	보상하는 재해 전부	과실손해 조사	결실완료 후	결실수 조사 ・조사방법: 표본조사	오디만 해당
		과실손해 조사	수확직전	사고발생 농지의 과실피해조사 ・조사방법: 표본조사	감귤만 해당
수확 시작 후 ~ 수확 종료	보상하는 재해 전부	동상해 과실손해 조사	사고접수 후 지체 없이	표본주의 착과피해 조사 - 12월1일~익년 2월말일 사고 건에 한함 ・조사방법: 표본조사	감귤만 해당
수확 완료 후~ 보험종기	보상하는 재해 전부	고사나무 조사	수확완료 후 보험 종기전	보상하는 재해로 고사되거나 또는 회생이 불가능한 나무 수를 조사 - 특약 가입 농지만 해당 ・조사방법: 전수조사	수확완료 후 추가 고사나무가 없는 경우 생략 가능

2. 손해평가 현지조사 방법

(1) 피해사실 확인조사

① 조사 대상 : 대상 재해로 사고 접수 농지 및 조사 필요 농지
② 대상 재해 : 자연재해, 조수해, 화재
③ 조사 시기 : 사고 접수 직후 실시
④ 조사 방법

보상하는 재해로 인한 피해 여부 확인	기상청 자료 확인 및 현지 방문 등을 통하여 보상하는 재해로 인한 피해가 맞는지 확인하며, 필요시에는 이에 대한 근거로 다음의 자료를 확보한다. • 기상청 자료, 농업기술센터 등 농업 전문기관 의견서 및 손해평가인 소견서 등 재해 입증 자료 • 피해 농지사진 : 농지의 전반적인 피해 상황 및 세부 피해내용이 확인 가능하도록 촬영 • 단, 태풍 등과 같이 재해 내용이 명확하거나 사고 접수 후 바로 추가조사가 필요한 경우 등에는 피해사실확인조사를 생략할 수 있다.
추가조사 필요여부 판단	• 보상하는 재해 여부 및 피해 정도 등을 감안하여 추가조사(수확량조사)가 필요한 지 여부를 판단하여 해당 내용에 대하여 계약자에게 안내하고, 추가조사가 필요할 것으로 판단된 경우에는 수확기에 손해평가반 구성 및 추가조사 일정을 수립한다.

(2) 수확전 사고조사 (감귤)

조사 대상	사고가 발생한 과수원에 대하여 실시한다. 다만, 수확전 사고 조사 전 계약자가 피해미미 (자기부담비율 이내의 사고) 등의 사유로 조사를 취소한 과수원은 수확전 사고조사를 실시하지 않는다.
조사 시기	사고접수 후 즉시 실시한다.
실시 방법	1. 보상하는 재해로 인한 피해 여부 심사 　과수원 및 작물 상태 등을 감안하여 보상하는 재해로 인한 피해가 맞는지 확인하며, 필요시에는 이에 대한 근거 자료(피해사실확인조사 참조)를 확보할 수 있다. 2. 표본 조사 <table><tr><td>표본주 선정</td><td>농지별 가입면적을 기준으로 품목별 표본주수표(별표1)에 따라 농지별 전체 표본주 수를 과수원에 고루 분포되도록 선정한다. (단, 필요하다고 인정되는 경우 표본주 수를 줄일 수도 있으나 최소 3주 이상 선정한다.)</td></tr><tr><td>표본주 조사</td><td>㉠ 선정한 표본주에 리본을 묶고 수관 면적 내 피해 및 정상과실을 조사한다. ㉡ 표본주의 과실을 100%형 피해 과실과 정상과실로 구분한다. ㉢ 100%형 피해 과실은 착과된 과실 중 100% 피해가 발생한 과실 및 보상하는 재해로 낙과된 과실을 말한다. ㉣ ㉡에서 선정된 과실 중 보상하지 않는 손해 (병충해, 생리적 낙과 포함)에 해당하는 과실과 부분 착과피해 과실은 정상과실로 구분한다.</td></tr><tr><td>미보상 비율 확인</td><td>품목별 미보상비율 적용표〈별표 2〉에 따라 미보상비율을 조사한다.</td></tr></table>3. 수확 전 사고조사 건은 추후 과실손해조사를 진행한다.

(3) 과실손해조사 (오디)

조사 대상	① 피해사실 확인조사 시 과실손해조사가 필요하다고 판단된 과수원 ② 가입 이듬해 5월 31일 이전 사고가 접수된 모든 농지
조사 시기	결실완료 직후부터 최초 수확 전까지로 한다. 다만, 과실손해조사 전 계약자가 피해미미 (자기부담비율 이내의 사고) 등의 사유로 과실손해조사 실시를 취소한 과수원은 과실손해조사를 실시하지 않는다.

실시 방법	1. 보상하는 재해 여부 심사
	    과수원 및 작물 상태 등을 감안하여 보상하는 재해로 인한 피해가 맞는지 확인하며, 필요시에는 이에 대한 근거 자료(피해사실확인조사 참조)를 확보한다.
	2. 나무수 조사
	    품종별·수령별로 실제결과주수, 품종별·수령별 결실불능주수, 미보상주수를 확인하며, 확인한 실제결과주수가 가입 주수 대비 10% 이상 차이가 날 경우에는 계약 사항을 변경해야 한다.
	3. 품종별·수령별 결실불능주수, 미보상주수 및 조사대상주수 확인
	
	      | 품종별·수령별 결실불능주수 확인 | 품종별·수령별로 보상하는 재해로 인하여 결실이 불가능한 주수를 조사한다. |
	      |---|---|
	      | 품종별·수령별 미보상주수 확인 | 품종별·수령별로 보상하는 재해 이외의 원인으로 결실이 이루어지지 않은 주수를 조사한다. |
	      | 품종별·수령별 조사대상주수 계산 | 품종별·수령별 실제결과주수에서 품종별·수령별 결실불능주수 및 품종별·수령별 미보상주수를 빼서 품종별·수령별 조사대상주수를 계산한다. |
	
	4. 표본 조사

표본주수 산정	농지별 전체 조사대상주수를 기준으로 품목별 표본주수표에 따라, 농지별 전체 표본주수를 산정하되, 품종별·수령별 표본주수는 품종별·수령별 조사대상주수에 비례하여 산정한다.
표본주 선정	산정한 품종별·수령별 표본주수를 바탕으로 품종별·수령별 조사대상주수의 특성이 골고루 반영될 수 있도록 표본주를 선정한다.
표본주 조사	㉠ 표본가지 선정 : 표본주에서 가장 긴 결과모지 3개를 표본가지로 선정한다. ㉡ 길이 및 결실수 조사 : 표본가지별로 가지의 길이 및 결실수를 조사한다.

(4) 과실손해조사 (감귤)

조사 대상	① 피해사실 확인조사시 과실손해조사가 필요하다고 판단된 과수원에 대하여 실시한다. ② 11월 30일 이전 사고가 접수된 모든 농지 　다만, 과실손해조사 전 계약자가 피해미미 (자기부담비율 이내의 사고) 등의 사유로 조사를 취소한 과수원은 과실손해조사를 실시하지 않는다.
조사 시기	주품종 수확시기에 한다.

조사
방법
	1. 보상하는 재해 여부 심사
	　과수원 및 작물 상태 등을 감안하여 보상하는 재해로 인한 피해가 맞는지 확인하며, 필요시에는 이에 대한 근거 자료(피해사실 확인조사 참조)를 확보한다.
	2. 표본 조사
	① 표본주 선정 : 농지별 가입면적을 기준으로 품목별 표본주수표에 따라 농지별 전체 표본주수를 과수원에 고루 분포되도록 선정한다.(단, 필요하다고 인정되는 경우 표본주수를 줄일 수도 있으나 최소 2주 이상 선정한다.)
	② 표본주 조사
	　㉠ 선정한 표본주에 리본을 묶고 주지(主枝 : 원가지)별, 아주지(버금가지 : 주지에서 나온 두 번째로 굵은 가지) 1~3개를 수확한다.
	　㉡ 수확한 과실을 정상과실, 등급 내 피해과실 및 등급 외 피해과실로 구분한다.
	
	  ③ 등급 내 피해과실 : 30%형 피해과실, 50%형 피해과실, 80%형 피해과실, 100%형 피해과실로 구분하여 등급 내 과실피해율을 산정한다.
	  (만감류의 피해과실수는 등급 내·외의 구분을 하지 않고 등급내 피해과실수로 간주하여 피해율을 산출한다)
	
	  ④ 등급 외 피해과실 : 30%형 피해과실, 50%형 피해과실, 80%형 피해과실, 100%형 피해과실로 구분한 후, 인정비율 (50%)을 적용하여 등급 외 과실피해율을 산정한다.
	  [만감류의 경우 등급 외 피해과실을 피해율에 반영하지 않는다.
	  (등급 내 피해과실만으로 피해율 산정함)]
	
	　㉢ 위 ③④선정된 과실 중 보상하지 않는 손해 (병충해 등)에 해당하는 경우 정상과실로 구분한다.
	　㉣ 기 수확한 과실이 있는 경우 수확한 과실은 정상과실로 본다.
	3. 주 품종 최초수확이후 사고가 발생한 경우 추가로 과실손해조사를 진행할 수 있다.

(5) 동상해 과실손해조사 (감귤)

조사 시기	수확기 동상해로 인해 피해가 발생한 경우에 실시한다. 과실손해조사 시 따거나 수확한 과실은 계약자의 비용 부담으로 한다.	
조사 방법	보상하는 재해 여부 심사	과수원 및 작물 상태 등을 감안하여 보상하는 재해로 인한 피해가 맞는지 확인하며, 필요시에는 이에 대한 근거 자료(피해사실확인조사 참조)를 확보한다.
	표본조사 — 표본주 선정	농지별 가입면적을 기준으로 품목별 표본주수표〈별표 1〉에 따라 농지별 전체표본주수를 과수원에 고루 분포되도록 선정한다.(단, 필요하다고 인정되는 경우 표본주수를 줄일 수도 있으나 최소 2주 이상 선정한다)
	표본조사 — 표본주 조사	㉠ 선정한 표본주에 리본을 묶고 동서남북 4가지에 대하여 기 수확한 과실수를 조사한다. ㉡ 기 수확한 과실수를 파악한 뒤, 4가지에 착과된 과실을 전부 수확한다. ㉢ 수확한 과실을 정상과실, 80%형 피해과실, 100%형 피해과실로 구분하여 동상해 피해과실수를 산정한다.(다만, 필요시에는 해당 기준 절반 조사도 가능하다)
	정상과실로 구분	㉠ 선정된 과실 중 보상하지 않는 손해 (병충해 등)에 해당하는 경우 정상과실로 구분 ㉡ 사고당시 기 수확한 과실비율이 수확기 경과비율보다 현저히 큰 경우에는 기 수확한 과실비율과 수확기 경과비율의 차이에 해당하는 과실수를 정상과실로 한다.

(6) 고사나무조사 (감귤)

조사 대상	나무손해보장특약을 가입한 농지 중 사고가 접수된 모든 농지	
조사 시기 결정	고사나무 조사는 수확 완료 시점 이후에 실시하되, 나무손해보장 특약 종료 시점을 고려하여 결정한다.	
조사 방법	고사나무조사 필요 여부 확인	㉠ 수확 완료 후 고사나무가 있는 경우에만 조사 실시 ㉡ 기조사(착과수조사 및 수확량조사 등)시 확인된 고사나무 이외에 추가 고사나무가 없는 경우에는 조사 생략 가능
	보상하는 재해 여부심사	농지 및 작물 상태 등을 감안하여 보상하는 재해로 인한 피해가 맞는지 확인하며, 필요시에는 이에 대한 근거자료(피해사실 확인조사 참조)를 확보한다.
	고사주수 확인	㉠ 고사기준에 맞는 품종별·수령별 추가 고사주수 확인 ㉡ 보상하는 재해 이외의 원인으로 고사한 나무는 미보상고사주수로 조사한다

3. 보험금 산정방법

(1) 과실손해보험금 (오디)

① 과실손해보험금 = 보험가입금액 × (피해율 − 자기부담비율)

② 오디의 피해율 = (평년결실수 − 조사결실수 − 미보상 감수 결실수) ÷ 평년결실수

조사결실수 (품종별·수령별로)	$\dfrac{(환산결실수 \times 조사대상주수) + (주당 평년결실수 \times 미보상주수)}{전체 실제결과주수}$
미보상 감수결실수	(평년결실수 − 조사결실수) × 미보상 비율 ※ 해당 값이 0보다 작을 때에는 0으로 함
환산결실수 (품종별·수령별로)	$\dfrac{표본가지 결실수 합계}{표본가지 길이 합계}$
조사대상주수	실제 결과주수 − 고사주수 − 미보상 주수
주당평년결실수 (품종별·수령별로)	$\dfrac{평년결실수}{실제결과주수}$
자기부담비율	보험 가입할 때 선택한 비율로 한다.

(2) 과실손해보험금의 산정 (감귤)

보험금	(보험가입금액을 한도로 종합위험 보장기간 중 산정된 손해액) − 자기부담금
손해액	보험가입금액 × 피해율
피해율	피해율: $\dfrac{피해과실수}{기준과실수(표본주의\ 과실수\ 총합계)} \times (1-\text{미보상비율})$
	피해과실수: 등급 내 피해 과실수 + (등급 외 피해 과실수 × 50%)
	등급 내 피해 과실수: (등급 내 30%형 과실수 합계 × 0.3) + (등급 내 50%형 × 0.5) + (등급 내 80%형 × 0.8) + (등급 내 100%형 × 1)
	등급 외 피해 과실수: (등급 외 30%형 과실수 합계 × 0.3) + (등급 외 50%형 × 0.5) + (등급 외 80%형 × 0.8) + (등급 외 100%형 × 1)
자기부담금	보험가입금액 × 자기부담비율
피해 과실수	(가) 피해 과실수를 산정할 때, 보장하지 않는 재해로 인한 부분은 피해 과실수에서 제외한다. (나) 피해 과실수는 출하등급을 분류하고 이에 과실 분류에 따른 피해인정계수를 적용하여 산정한다. 단, 만감류(한라봉, 천혜향, 레드향, 황금향)에 해당하는 품종의 피해 과실수는 등급 내·외 구분을 하지 않고 등급 내 피해과실수로 간주하여 피해율을 산출한다.

〈과실 분류에 따른 피해인정계수〉

구분	정상과실	30%형 피해과실	50%형 피해과실	80%형 피해과실	100%형 피해과실
피해인정계수	0	0.3	0.5	0.8	1

(3) 동상해 과실손해보장 (특별약관) 보험금 산정 (감귤)

보험금	보험금 = 손해액 − 자기부담금
손해액	{보험가입금액 − (보험가입금액×기사고피해율)}×수확기잔존비율×동상해피해율 × (1− 미보상비율)
자기부담금	절대값 ｜보험가입금액× 최솟값 (주계약피해율 − 자기부담비율, 0)｜
기사고 피해율	주계약피해율의 미보상비율을 반영하지 않은 값 + 이전 사고의 동상해 과실손해 피해율
동상해 피해율	80%형 피해과실, 100%형 피해과실로 구분하여 피해율을 산정한다. $$피해율 = \frac{동상해피해과실수}{기준과실수}$$ ※ 동상해피해과실수=(동상해 80%형 피해 과실수합계×0.8)+(동상해 100%형 피해과실수 합계× 1) ※ 기준과실수 =정상과실수+동상해피해 80%형 과실수+동상해피해 100%형 과실수
수확기 잔존비율	기준일자별 수확기 잔존비율표 | 품목	사고발생 월	잔존비율(%)
---	---	---
감귤	12월	100 − 1.5 × 사고 발생일자
	1월	(100 − 47) − 1.3 × 사고 발생일자
	2월	(100 − 88) − 0.4 × 사고 발생일자
감귤 (만감류)	12월	100 − 0.4 × 사고 발생일자
	1월	(100 − 13.1) − 1.3 × 사고 발생일자
	2월	(100 − 52.6) − 1.7 × 사고 발생일자	 주1) 사고 발생일자는 해당월의 사고 발생일자를 의미합니다. 주2) 감귤(만감류)는 한라봉, 천혜향, 레드향, 황금향을 의미합니다.

(4) 과실손해 추가보장 보험금 (특별약관, 감귤)

① 보상하는 재해로 손해액이 자기부담금을 초과하는 경우 적용한다.
② 보험금 = 보험가입금액 × 주계약 피해율 × 10%

③ 피해율 = {$\dfrac{등급\ 내\ 피해과실수 + (등급외\ 피해과실수 \times 50\%)}{기준과실수}$} × (1-미보상비율)

(5) 나무손해보장 특별약관 보험금 산정 (감귤)

① 지급보험금 = 보험가입금액 × (피해율 − 자기부담비율)
② 피해율 = 피해주수(고사된 나무) ÷ 실제결과주수
③ 자기부담비율은 5%로 한다.

04 수확 전 종합위험 과실손해 보장방식 (복분자, 무화과)

보험의 목적에 대해 보험기간 개시일부터 수확 개시 이전까지는 자연재해, 조수해, 화재에 해당하는 종합적인 위험을 보장하고, 수확 개시 이후부터 수확 종료 시점까지는 태풍(강풍), 우박에 해당하는 특정한 위험에 대해 보장하는 방식이다.

1. 시기별 조사 종류

생육 시기	재해	조사내용	조사시기	조사방법	비고
수확 전	보상하는 재해전부	피해사실 확인 조사	사고접수 후 지체 없이	보상하는 재해로 인한 피해발생 여부 조사 (피해사실이 명백한 경우 생략 가능)	전 품목
		경작불능 조사	사고접수 후 지체없이	해당 농지의 피해면적비율 또는 보험목적인 식물체 피해율 조사	복분자만 해당
		과실손해 조사	수정완료 후	살아있는 결과모지수 조사 및 수정불량(송이)피해율 조사 · 조사방법: 표본조사	복분자만 해당
수확 직전	보상하는 재해전부	과실손해 조사	수확직전	사고발생 농지의 과실피해조사 · 조사방법: 표본조사	무화과만 해당
수확 시작 후 ~ 수확 종료	태풍(강풍), 우박	과실손해 조사	사고접수 후 지체 없이	전체 열매수(전체 개화수) 및 수확 가능 열매수 조사 6월1일~6월20일 사고 건에 한함 · 조사방법: 표본조사	복분자만 해당
				표본주의 고사 및 정상 결과지수 조사 · 조사방법: 표본조사	무화과만 해당
수확 완료 후 ~ 보험 종기	보상하는 재해전부	고사나무 조사	수확완료 후 보험 종기 전	보상하는 재해로 고사되거나 또는 회생이 불가능한 나무 수를 조사 - 특약 가입 농지만 해당 · 조사방법: 전수조사	(무화과) 수확완료 후 추가 고사나무가 없는 경우 생략 가능

농작물재해보험 및 가축재해보험 손해평가의 이론과 실무

2. 손해평가 현지조사 방법

(1) 피해사실 확인조사
  ① 조사 대상 : 대상 재해로 사고 접수 농지 및 조사 필요 농지
  ② 대상 재해
    ㉠ 수확 개시 이전 : 자연재해, 조수해, 화재
    ㉡ 수확 개시 이후 : 태풍(강풍), 우박
  ③ 조사 시기 : 사고 접수 직후 실시
  ④ 피해사실 확인 방법 : 다음 각 목에 해당하는 사항을 확인한다.

보상하는 재해로 인한 피해 여부 확인	기상청 자료 확인 및 현지 방문 등을 통하여 보상하는 재해로 인한 피해가 맞는지 확인하며, 필요시에는 이에 대한 근거로 다음의 자료를 확보한다. • 기상청 자료, 농업기술센터 등 농업 전문기관 의견서 및 손해평가인 소견서 등 재해 입증 자료 • 피해농지 사진 : 농지의 전반적인 피해 상황 및 세부 피해내용이 확인 가능하도록 촬영 • 단, 태풍 등과 같이 재해 내용이 명확하거나 사고 접수 후 바로 추가조사가 필요한 경우 등에는 피해사실 확인조사를 생략할 수 있다.
추가조사 (과실손해조사) 필요여부 판단	• 보상하는 재해 여부 및 피해 정도 등을 감안하여 추가조사(과실손해조사)가 필요한지 여부를 판단하여 해당 내용에 대하여 계약자에게 안내하고, 추가조사가(과실손해조사) 필요할 것으로 판단된 경우에는 수확기에 손해평가반 구성 및 추가조사 일정을 수립한다.

(2) 경작불능조사 (복분자)

조사 대상		1. 피해사실확인조사 시 경작불능조사가 필요하다고 판단된 농지 2. 사고 접수 시 이에 준하는 피해가 예상되는 농지	
조사 시기		피해사실 확인조사 직후 또는 사고 접수 직후로 한다.	
실시 방법	보험기간 확인	경작불능보장의 보험기간은 계약체결일 24시부터 수확 개시 시점 (단, 가입 이듬해 5월 31일을 초과할 수 없음)까지로, 해당 기간 내 사고 인지 확인한다.)	
	보상하는 재해 여부 심사	농지 및 작물 상태 등을 감안하여 보상하는 재해로 인한 피해가 맞는지 확인하며, 필요시에는 이에 대한 근거 자료 (피해사실 확인조사 참조)를 확보한다.	
	실제 경작 면적확인 · 재식면적 확인	1. GPS면적측정기 또는 지형도 등을 이용하여 '보험 가입면적'과 '실제 경작면적'을 비교한다. 2. 재식면적 확인(주간 길이와 이랑폭 확인) 3. 실제 경작면적이 보험 가입면적 대비 10% 이상 차이(혹은 1,000㎡ 초과) 가 날 경우에는 계약 사항을 변경해야 한다.	
	경작불능여부 확인	1. 식물체 피해율이 65% 이상인지 여부를 확인한다. $$식물체\ 피해율 = \frac{고사식물체\ (수\ 또는\ 면적)}{보험가입식물체\ (수\ 또는\ 면적)}$$ 2. 계약자의 경작불능보험금 신청 여부 확인	

		계약자의 보험금 신청	
		신청	미신청
식물체 피해율	65% 이상	경작불능조사	(종합위험) 과실손해조사
	65% 미만	(종합위험)과실손해조사	과실손해조사

	산지폐기 여부 확인 (경작불능후조사)	이전 조사에서 보상하는 재해로 식물체 피해율이 65% 이상이고 계약자가 경작불능보험금을 신청한 농지에 대하여 산지폐기 여부를 확인 한다

(3) 종합위험 과실손해조사 (복분자)

조사대상	1. 종합위험방식 보험기간 (계약 체결일 24시 ~ 가입 이듬해 5월 31일 이전) 까지의 사고로 피해사실 확인조사 시 추가조사가 필요하다고 판단된 농지 2. 경작불능조사 결과 종합위험 과실손해조사가 필요할 것으로 결정된 농지 단, 경작불능보험금이 지급된 농지는 제외함	
조사시기	수정완료 직후부터 최초 수확 전까지	
조사제외대상	종합위험 과실손해조사 전 계약자가 피해 미미(자기부담 비율 이내의 사고) 등의 사유로 종합위험 과실손해조사를 취소한 농지는 조사를 실시하지 않는다.	
조사방법	보상하는 재해 여부 심사	과수원 및 작물 상태 등을 감안하여 보상하는 재해로 인한 피해가 맞는지 확인하며, 필요시에는 이에 대한 근거 자료(피해사실 확인조사 참조)를 확보한다.
	실제경작면적 확인·재식면적 확인	① 실제경작면적 확인 : GPS면적측정기 또는 지형도 등을 이용하여 보험가입면적과 실제 경작면적을 비교한다. ② 재식면적 확인(주간 길이와 이랑폭 확인) ③ 실제 경작면적이 보험 가입면적 대비 10% 이상 차이(혹은 1,000㎡ 초과)가 날 경우에는 계약 사항을 변경해야 한다.
	기준일자 확인	기준일자는 사고일자로 하며, 기준일자에 따라 보장재해가 달라짐에 유의한다.
	표본조사 - 표본포기수 산정	가입포기수를 기준으로 품목별 표본구간수표〈별표 1〉에 따라 표본포기수를 산정한다. 다만, 실제경작면적 및 재식면적이 가입사항과 차이가 나서 계약 변경이 될 경우에는 변경될 가입포기수를 기준으로 표본 포기수를 산정한다.
	표본조사 - 표본포기 선정	산정한 표본포기수를 바탕으로 조사 농지의 특성이 골고루 반영될 수 있도록 표본포기를 선정한다.
	표본조사 - 표본구간 선정	선정한 표본포기 전후 2포기씩 추가하여 총 5포기를 표본구간으로 선정한다. 다만, 가입 전 고사한 포기 및 보상하는 재해 이외의 원인으로 피해를 입은 포기가 표본구간에 포함될 경우에는 해당 포기를 표본구간에서 제외하고 이웃한 포기를 표본구간으로 선정하거나 표본포기를 변경한다.
	표본조사 - 살아있는 결과모지수 조사	각 표본구간별로 살아있는 결과모지수 합계를 조사한다.
	표본조사 - 수정불량 (송이) 피해율조사	각 표본포기에서 임의의 6송이를 선정하여 1송이당 맺혀있는 전체 열매수와 피해(수정불량) 열매수를 조사한다. 다만, 현장사정에 따라 조사할 송이 수는 가감할 수 있다.
	미보상비율 확인	품목별 미보상비율 적용표〈별표 2〉에 따라 미보상비율을 조사한다.

(4) 종합위험 과실손해조사 (무화과)

조사대상	종합위험방식 보험기간(계약 체결일 24시부터 가입 이듬해 7월 31일 이전)까지의 사고로 피해사실 확인조사 시 추가 조사가 필요하다고 판단된 농지	
조사시기	최초 수확 품종 수확기 이전까지	
조사방법	보상하는 재해여부 심사	과수원 및 작물 상태 등을 감안하여 보상하는 재해로 인한 피해가 맞는지 확인하며, 필요시에는 이에 대한 근거 자료(피해사실 확인조사 참조)를 확보한다
	나무수 조사	농지내 품종별·수령별 실제결과주수, 미보상주수 및 고사나무주수를 파악한다.
	조사대상 주수계산	품종별·수령별 실제결과주수에서 미보상주수 및 고사나무주수를 빼서 조사대상주수를 계산한다.
	표본주수 산정	① 과수원별 전체 조사 대상주수를 기준으로 품목별 표본주수표〈별표 1〉에 따라 농지별 전체 표본주수를 산정한다. ② 적정 표본주수는 품종별·수령별 조사 대상주수에 비례하여 산정하며, 품종별·수령별 적정표본주수의 합은 전체 표본주수보다 크거나 같아야 한다.
	표본주 선정	① 조사대상주수를 농지별 표본주수로 나눈 표본주 간격에 따라 표본주 선정 후 해당 표본주에 표시리본을 부착 ② 동일품종·동일재배방식·동일수령의 농지가 아닌 경우에는 품종별·재배방식별·수령별 조사대상주수의 특성이 골고루 반영될 수 있도록 표본주를 선정
	착과수 조사	선정된 표본주마다 착과된 전체 과실수를 세고 리본 및 현지 조사서에 조사내용을 기재한다.
	착과피해 조사	착과피해조사는 착과피해를 유발하는 재해가 있을 경우에만 시행한다. 해당 재해 여부는 재해의 종류와 과실의 상태 등을 고려하여 조사자가 판단한다. ① 품종별로 3개 이상의 표본주에서 임의의 과실 100개 이상을 추출한 후 피해 구성 구분 기준에 따라 구분하여 그 개수를 조사한다. ② 조사 당시 착과에 이상이 없는 경우 등에는 품종별로 피해구성조사를 생략할 수 있다.
	미보상 비율확인	품목별 미보상비율 적용표〈별표 2〉에 따라 미보상비율을 조사한다.

농작물재해보험 및 가축재해보험 손해평가의 이론과 실무

(5) 특정위험 과실손해조사 (복분자)

조사대상	특정위험방식 보험기간 [가입 이듬해 6월 1일 ~ 수확기 종료 시점 (다만 가입 이듬해 6월 20일 초과할 수 없음)까지]의 사고가 발생하는 경우
조사제외대상	다만, 특정위험 과실손해조사 전 계약자가 피해미미(자기부담비율이내의 사고) 등의 사유로 특정위험 과실손해조사를 취소한 농지는 조사를 실시하지 않는다.
조사시기	사고 접수 직후로 한다.

조사방법	1. 보상하는 재해 여부 심사
	   과수원 및 작물 상태 등을 감안하여 보상하는 재해로 인한 피해가 맞는지 확인하며, 필요시에는 이에 대한 근거 자료(피해사실 확인조사 참조)를 확보할 수 있다.
	2. 실제경작면적 및 재식면적 확인
	  ① 실제경작면적 확인 : GPS면적측정기 또는 지형도 등을 이용하여 보험가입 면적과 실제경작면적을 비교한다. 이때 실제 경작면적이 보험 가입 면적 대비 10% 이상 차이 혹은 1,000㎡ 초과)가 날 경우에는 계약 사항을 변경해야 한다.
	  ② 재식면적 확인 : 재식면적은 주간길이와 이랑폭을 확인
	3. 기준일자 확인
	  ① 기준일자는 사고발생일자로 하되, 농지의 상태 및 수확 정도 등에 따라 조사자가 수정할 수 있다.
	  ② 기준일자에 따른 잔여수확량 비율 확인
	
	| 사고일자
		경과비율(%) |
		|---|---|

1일 ~ 7일	98 - 사고발생일자
8일 ~ 20일	$\frac{(사고발생일자^2 - 43 \times 사고발생일자 + 460)}{2}$ | * 사고 발생일자는 6월 중 사고 발생일자를 의미 4. 표본조사

표본포기수산정	가입포기수를 기준으로 품목별 표본구간수표에 따라 표본포기수를 산정한다. 다만, 실제경작면적 및 재식면적이 가입사항과 차이가 나서 계약 변경이 될 경우에는 변경될 가입포기수를 기준으로 표본포기수를 산정한다.
표본포기선정	산정한 표본포기수를 바탕으로 조사 농지의 특성이 골고루 반영될 수 있도록 표본포기를 선정한다.
표본송이조사	각 표본포기에서 임의의 6송이를 선정하여 1송이당 전체열매수(전체개화수)와 수확 가능한 열매수 (전체 결실수)를 조사한다. 다만, 현장사정에 따라 조사할 송이수는 가감할 수 있다.

(6) 특정위험 과실손해조사 (무화과)

조사대상	특정위험방식 보험기간 (가입 이듬해 8월 1일 이후부터 수확기 종료 시점(가입한 이듬해 10월 31일을 초과할 수 없음)까지) 사고가 발생하는 경우	
조사방법	보상하는 재해 여부 심사	과수원 및 작물 상태 등을 감안하여 보상하는 재해로 인한 피해가 맞는지 확인하며, 필요시에는 이에 대한 근거자료(피해사실 확인조사 참조)를 확보할 수 있다.
	나무 조사	실제결과주수 확인: 품종별·재배방식별·수령별 실제결과주수를 확인
		고사주수, 미보상주수 기수확주수, 수확불능주수 확인: 품종별·재배방식별·수령별 실제결과주수를 확인
		조사대상주수 확인: 품종별·재배방식별·수령별 실제결과주수에서 미보상주수, 고사주수, 수확불능주수를 빼고 조사대상주수를 계산한다.
	기준일자 확인	① 기준일자는 사고 발생 일자로 하되, 농지의 상태 및 수확 정도 등에 따라 조사자가 수정할 수 있다. ② 기준일자에 따른 잔여수확량 비율 확인
	표본조사	① 표본포기수 산정 ② 3주 이상의 표본주에 달려있는 결과지수를 구분하여 고사결과지수, 미고사결과지수, 미보상고사결과지수를 각각 조사한다.

(7) 고사나무조사 (무화과)

조사대상	나무손해보장 특약 을 가입한 농지 중 사고가 접수된 모든 농지	
조사시기 결정	고사나무조사는 수확완료 시점 이후에 실시하되, 나무손해보장특약 종료시점을 고려하여 결정한다.	
조사방법	고사나무조사 필요 여부 확인	(가) 수확 완료 후 고사나무가 있는 경우에만 조사 실시 (나) 기조사(착과수조사 및 수확량조사 등)시 확인된 고사나무 이외에 추가 고사나무가 없는 경우에는 조사 생략 가능
	보상하는 재해 여부 심사	농지 및 작물 상태 등을 감안하여 보상하는 재해로 인한 피해가 맞는지 확인하며, 필요시에는 이에 대한 근거자료(피해사실 확인조사 참조)를 확보할 수 있다.
	고사주수 확인	고사기준에 맞는 품종별·수령별 추가 고사주수 확인, 보상하는 재해 이외의 원인으로 고사한 나무는 미보상고사주수로 조사한다.

(8) 미보상비율 조사 (공통)

미보상비율 적용표(별표2)에 따라 미보상비율을 조사한다.

3. 보험금 산정방법

(1) 경작불능보험금의 산정 (복분자)

① 지급조건 : 경작불능조사 결과 식물체 피해율이 65% 이상이고, 계약자가 경작불능보험금을 신청한 경우에 지급한다.

② 지급보험금 = 보험 가입금액 × 자기부담비율별 지급비율

자기부담비율	10%형	15%형	20%형	30%형	40%형
지급 비율	45%	42%	40%	35%	30%

(2) 과실손해보험금의 산정 (복분자)

① 과실손해보험금 = 보험가입금액 × (피해율 - 자기부담비율)

② 피해율 = 고사결과모지수 ÷ 평년결과모지수

③ 고사결과모지수 산출

고사 결과모지수	5월 31일 이전에 사고가 발생한 경우	평년결과모지수 - (기준 살아있는 결과모지수 - 수정불량환산 고사결과모지수 + 미보상 고사결과모지수)
	6월 1일 이후에 사고가 발생한 경우	수확감소환산 고사결과모지수 - 미보상 고사결과모지수
기준 살아있는 결과모지수	$\dfrac{\Sigma \text{표본구간내 살아있는 결과모지수}}{(\text{표본구간 포기수})}$	
수정불량환산 고사결과모지수	살아있는 결과모지수 × 수정불량환산계수	
수정불량 환산계수	$\dfrac{\text{수정불량결실수}}{\text{전체결실수}}$ - 자연수정불량률 ※ 자연수정불량률 : 15%	
수확감소환산 고사결과모지수	5월 31일 이전 사고로 인한 고사결과모지수가 존재하는 경우	(살아있는결과모지수 - 수정불량환산 고사결과모지수) × 누적수확감소환산계수
	5월 31일 이전 사고로 인한 고사결과모지수가 존재하지 않는 경우	평년결과모지수 × 누적수확감소환산계수
누적수확감소 환산계수	수확감소환산계수의 누적 값	
수확감소 환산계수	수확일자별 잔여수확량 비율 - 결실률	

④ 수확일자별 잔여수확량비율

품목	사고일자	경과비율(%)
복분자	6월 1일 ~ 7일	98 - 사고발생일자
	6월 8일 ~ 20일	$\dfrac{(\text{사고발생일자}^2 - 43 \times \text{사고발생일자} + 460)}{2}$

⑤ 결실률 = $\dfrac{\text{전체결실수}}{\text{전체개화수}}$

⑥ 미보상 고사결과모지수

수확감소환산 고사결과모지수에 미보상비율을 곱하여 산출한다. 다수의 특정위험 과실손해 조사가 이루어진 경우에는 제일 높은 미보상비율을 적용한다.

> 수확감소환산 고사결과모지수 × 최댓값(특정위험 과실손해조사별 미보상비율)

기출뽀개기 ▶ 제2회 기출문제

다음은 업무방법에서 정하는 종합위험방식 복분자 품목의 고사결과모지수 산정방법에 관한 내용이다. 괄호에 알맞은 내용을 답란에 쓰시오. [5점]

> 고사결과모지수는 기준 살아있는 결과모지수에서 (㉠) 고사결과모지수를 뺀 후 (㉡) 고사결과모지수를 더한 값을 (㉢) 결과모지수에서 빼어 산출한다.

답 ㉠ _____ ㉡ _____ ㉢ _____

정답 ㉠ 수정불량환산
㉡ 미보상 ㉢ 평년

(3) 과실손해보험금의 산정 (무화과)

① 과실손해보험금 = 보험가입금액 × (피해율 − 자기부담비율)

② 피해율 = 7월 31일 이전 사고피해율 + 8월 1일 이후 사고피해율

7월 31일 이전 사고피해율	피해율	(평년수확량 − 수확량 − 미보상감수량) ÷ 평년수확량
8월 1일 이후 사고피해율	피해율	(1 − 수확전사고 피해율) × 잔여수확량비율 × 결과지피해율 ※수확전사고 피해율은 7월 31일 이전 발생한 기사고 피해율로 한다.
	결과지 피해율	$\dfrac{\text{고사결과지수} + \text{미고사결과지수} \times \text{착과피해율} - \text{미보상고사결과지수}}{\text{기준결과지수}}$
	기준 결과지수	고사결과지수 + 미고사결과지수
	고사 결과지수	보상고사결과지수 + 미보상고사결과지수

(별표5) 무화과 품목 사고발생일에 따른 잔여수확량 산정식 (※5회 시험시 공식주어짐)

품목	사고발생 월	잔여수확량 산정식(%)
무화과	8월	100 − 1.06 × 사고 발생일자
	9월	(100 − 33) − 1.13 × 사고 발생일자
	10월	(100 − 67) − 0.84 × 사고 발생일자

※ 사고 발생일자는 해당월의 사고 발생일자를 의미한다.

(4) 나무손해보장 (무화과)

① 지급보험금 = 보험가입금액 × (피해율 − 자기부담비율)

② 피해율 = 피해주수(고사된 나무) ÷ 실제결과주수

③ 자기부담비율은 5%로 한다.

▶ 제8회 기출문제

수확전 종합위험보장방식 무화과에 관한 내용이다. 다음 계약사항과 조사내용을 참조하여 물음에 답하시오.(피해율(%)은 소수점 셋째자리에서 반올림) (15점)

○ 계약사항

품목	보험가입금액	가입주수	평년수확량	표준과중(개당)	자기부담비율
무화과	10,000,000원	300주	6,000 kg	80 g	20 %

○ 수확 개시 전 조사내용

- 사고내용
  · 재해종류: 우박
  · 사고일자: 2022년 05월 10일
- 나무 수 조사
  · 보험가입일자 기준 과수원에 식재된 모든 나무 수 300주(유목 및 인수제한 품종 없음)
  · 보상하는 손해로 고사된 나무 수 10주
  · 보상하는 손해 이외의 원인으로 착과량이 현저하게 감소된 나무 수 10주
  · 병해충으로 고사된 나무 수 20주
- 착과수 조사 및 미보상비율 조사
  · 표본주수 9주
  · 표본주 착과수 총 개수 1,800개
  · 제초상태에 따른 미보상비율 10 %
- 착과피해조사(표본주 임의과실 100개 추출하여 조사)
  · 가공용으로도 공급될 수 없는 품질의 과실 10개(일반시장 출하 불가능)
  · 일반시장 출하 시 정상과실에 비해 가격하락 (50 % 정도)이 예상되는 품질의 과실 20개
  · 피해가 경미한 과실 50개
  · 가공용으로 공급될 수 있는 품질의 과실 20개(일반시장 출하 불가능)

○ 수확 개시 후 조사내용

- 재해종류: 우박
- 사고일자: 2022년 09월 05일
- 표본주 3주의 결과지 조사
  [고사결과지수 5개, 정상결과지수(미고사결과지수) 20개, 병해충 고사결과지수 2개]
- 착과피해율 30 %
- 농지의 상태 및 수확정도 등에 따라 조사자가 기준일자를 2022년 08월20일로 수정함
- 잔여수확량 비율

사고발생 월	잔여수확량 산정식(%)
8월	{100 - (1.06 × 사고발생일자)}
9월	{(100 - 33) - (1.13 × 사고발생일자)}

물음 1) 수확전 피해율(%)의 계산과정과 값을 쓰시오. (6점)

답

정답 피해율 = (평년수확량 - 수확량 - 미보상감수량) ÷ 평년수확량
= (6,000kg - 3262.4kg - 273.76kg) ÷ 6,000kg =0.41064 = 41.06%

수확량 = {조사대상주수×주당 수확량×(1 - 피해구성률)}+(주당 평년수확량×미보상주수)
= {260주×16kg/주×(1 - 0.36)}+(20kg/주×30주) = 3262.4kg
조사대상주수 = 실제결과주수-미보상주수-고사주수 = 300주 - 10주 -30주 = 260주
주당 수확량 = 주당 착과수×표준과중 = 200개/주×0.08kg/개 = 16kg/주
주당 착과수 = 표본주 과실수의 합계 ÷ 표본주수 = 1,800개 ÷ 9주 = 200개/주
주당 평년수확량 = 평년수확량 ÷ 보험가입주수 = 6,000 kg ÷ 300주 = 20kg/주
미보상감수량 = (평년수확량-수확량)×미보상비율= (6,000kg-3262.4kg)×0.1= 273.76kg
피해구성률: {(50%형과실수×0.5)+(80%형과실수×0.8)+(100%형과실수×1)} ÷ 표본과실수
= {(20개×0.5)+(20개×0.8)+(10개×1)} ÷ 100개 = 0.36

물음 2) 수확후 피해율(%)의 계산과정과 값을 쓰시오. (6점)

답

정답 피해율 = (1-수확전사고 피해율)×잔여수확량비율×결과지 피해율
= (1-41.06%)×78.8%×0.36 = 16.72%
잔여수확량비율 ={100 - (1.06 × 20)} = 78.8%
결과지피해율=(고사결과지수+미고사결과지수×착과피해율-미보상고사결과지수)÷기준결과지수
= (5 + 20×0.3 - 2) ÷ 25개 =0.36
기준결과지수 = 고사결과지수 + 미고사결과지수 = 5개 + 20개 = 25개
고사결과지수 = 보상고사결과지수 + 미보상고사결과지수

물음 3) 지급보험금의 계산과정과 값을 쓰시오. (3점)

답

정답 지급보험금 = 보험가입금액 × (피해율 - 자기부담비율)
= 10,000,000원 × (0.5778 - 0.2) = 3,778,000원
피해율 = 수확전 피해율 + 수확후 피해율 = 0.4106 + 0.1672 = 0.5778

제03절 논작물 손해평가 및 보험금 산정 (벼, 조사료용 벼, 밀, 보리)

1. 시기별 조사 종류

생육 시기	재해	조사내용	조사시기	조사방법	비고
수확 전	보상하는 재해 전부	피해사실 확인 조사	사고접수 후 지체 없이	보상하는 재해로 인한 피해발생여부 조사 (피해사실이 명백한 경우 생략 가능)	전 품목
		이앙(직파) 불능 조사	이앙 한계일 (7.31)이후	이앙(직파)불능 상태 및 통상적인 영농활동 실시여부조사	벼만 해당
		재이앙 (재직파) 조사	사고접수 후 지체 없이	해당농지에 보상하는 재해로 인하여 재이앙 (재직파)이 필요한 면적 또는 면적비율 조사	벼만 해당
		경작불능 조사	사고접수 후 지체 없이	해당 농지의 피해면적비율 또는 보험목적인 식물체 피해율 조사	전 품목
수확 직전	보상하는 재해 전부	수확량 조사	수확직전	사고발생 농지의 수확량 조사 · 조사방법: 전수조사 또는 표본조사	벼, 밀, 보리
수확 시작 후 ~ 수확 종료	보상하는 재해 전부	수확량 조사	사고접수 후 지체 없이	사고발생 농지의 수확 중의 수확량 및 감수량의 확인을 통한 수확량조사 · 조사방법: 전수조사 또는 표본조사 (벼는 수량요소조사도 가능)	전 품목
		수확불능 확인 조사	조사 가능일	사고발생 농지의 제현율 및 정상 출하 불가 확인 조사	벼만 해당

조사종류		조사 시기
피해사실확인조사		사고접수 직후 실시
이앙·직파불능 조사(벼만 해당)		이앙한계일(7월 31일) 이후
재이앙·재직파 조사 (벼만 해당)		사고 후 ~ 재이앙 직후
경작불능조사		사고 후 ~ 수확 개시 시점
수확불능확인조사(벼만 해당)		수확포기가 확인되는 시점
수확량조사 (조사료용 벼제외))	수량요소 (벼만 해당)	수확전 14일 전후
	표본	알곡이 여물어 수확이 가능한 시기
	전수	수확시

농작물재해보험 및 가축재해보험 손해평가의 이론과 실무

2. 손해평가 현지조사 방법
(1) 피해사실확인조사

구 분		내 용
조사대상		대상 재해로 사고 접수 농지 및 조사 필요 농지
대상재해		자연재해, 조수해, 화재, 병해충 7종(해당특약 가입시 보장-벼만 해당)
조사시기		사고 접수 직후 실시
조사방법	보상하는 재해로 인한 피해 여부 확인	기상청 자료 확인 및 현지 방문 등을 통하여 보상하는 재해로 인한 피해가 맞는지 확인한다.
	추가조사 필요여부 판단	• 보상하는 재해 여부 및 피해 정도 등을 감안하여 　㉠ 이앙·직파불능조사(농지 전체이앙·직파불능 시), 　㉡ 재이앙·재직파 조사(면적피해율 10% 초과), 　㉢ 경작불능조사 (식물체피해율 65% 이상), 　㉣ 수확량조사(자기부담비율 초과) 중 필요한 조사를 판단하여 해당 내용에 대하여 계약자에게 안내하고, 추가조사가 필요할 것으로 판단된 경우에는 손해평가반 구성 및 추가조사 일정을 수립한다. • 단, 태풍 등과 같이 재해 내용이 명확하거나 사고 접수 후 바로 추가조사가 필요한 경우 등에는 피해사실확인조사를 생략할 수 있다.

제8회 기출문제

논작물에 대한 피해사실 확인조사 시 추가조사 필요여부 판단에 관한 내용이다. ( )에 들어갈 내용을 쓰시오. (5점)

> 보상하는 재해 여부 및 피해 정도 등을 감안하여 이앙·직파불능 조사(농지 전체 이앙·직파 불능 시), 재이앙·재직파 조사 (①), 경작불능조사 (②), 수확량조사 (③) 중 필요한 조사를 판단하여 해당 내용에 대하여 계약자에게 안내하고, 추가조사가 필요할 것으로 판단된 경우에는 (④) 구성 및 (⑤) 일정을 수립한다.

답

정답 ①면적피해율 10% 초과 ②식물체피해율 65% 이상
③ 자기부담비율 초과 ④손해평가반 ⑤ 추가조사

(2) 이앙 · 직파불능조사 (벼만 해당)

구 분		내 용
의 의		피해사실 확인조사 시 이앙·직파불능조사가 필요하다고 판단된 농지에 대하여 실시하는 조사로, 손해평가반은 피해농지를 방문하여 보상하는 재해 여부 및 이앙·직파불능 여부를 조사한다.
조사시기		이앙 한계일(7월 31일) 이후
조사방법	보상하는 재해여부 심사	농지 및 작물 상태 등을 감안하여 보상하는 재해로 인한 피해가 맞는지 확인하며, 필요시 이에 대한 근거자료(피해사실 확인조사 참조)를 확보한다.
	실제 경작면적 확인	GPS 면적측정기 또는 지형도 등을 이용하여 보험가입 면적과 실제 경작면적을 비교한다. 이때 실제 경작면적이 보험 가입 면적 대비 10% 이상 차이가 날 경우에는 계약 사항을 변경해야 한다.
	이앙 · 직파불능 판정 기준	보상하는 손해로 인하여 이앙 한계일(7월 31일)까지 해당 농지 전체를 이앙·직파하지 못한 경우 이앙·직파불능피해로 판단한다.
	통상적인 영농활동 이행 여부확인	대상 농지에 통상적인 영농활동(논둑 정리, 논갈이, 비료시비, 제초제 살포 등)을 실시했는지를 확인한다.

(3) 재이앙 · 재직파조사 (벼만 해당)

구 분			내 용
의 의			피해사실 확인조사 시 재이앙·재직파조사가 필요하다고 판단된 농지에 대하여 실시하는 조사로, 손해평가반은 피해농지를 방문하여 보상하는 재해 여부 및 피해면적을 조사한다.
조사시기			사고 접수 직후 실시
조사 방법	1차 (재이앙 · 재직파 전(前)조사) : 재이앙 · 재직파 보험금 지급대상 여부 조사	보상하는 재해여부 심사	농지 및 작물 상태 등을 감안하여 보상하는 재해로 인한 피해가 맞는지 확인하며, 필요시 이에 대한 근거자료(피해사실 확인조사 참조)를 확보한다.
		실제 경작면적 확인	GPS 면적측정기 또는 지형도 등을 이용하여 보험가입 면적과 실제 경작면적을 비교한다. 이때 실제 경작면적이 보험 가입 면적 대비 10% 이상 차이가 날 경우에는 계약 사항을 변경해야 한다.
		피해면적 확인	GPS 면적측정기 또는 지형도 등을 이용하여 실제 경작면적 대비 피해면적을 비교 및 조사한다.
		피해면적의 판정 기준	(가) 묘가 본답의 바닥에 있는 흙과 분리되어 물 위에 뜬 면적 (나) 묘가 토양에 의해 묻히거나 잎이 흙에 덮여져 햇빛이 차단된 면적 (다) 묘는 살아 있으나 수확이 불가능할 것으로 판단된 면적

구분		내용
2차 (재이앙·재직파 후(後) 조사)	재이앙· 재직파 이행 완료 여부 조사	재이앙·재직파 보험금 대상 여부 조사(전(前) 조사) 시 재이앙·재직파 보험금 지급 대상으로 확인된 농지에 대하여, 재이앙·재직파가 완료되었는지를 조사한다. 피해면적 중 일부에 대해서만 재이앙·재직파가 이루어진 경우에는 재이앙·재직파가 이루어지지 않은 면적은 피해면적에서 제외한다.
	재이앙· 재직파 전(前) 조사가 어려운경우	단, 농지별 상황에 따라 재이앙·재직파 전(前) 조사가 어려운 경우, 최초 이앙에 대한 증빙자료를 확보하여 최초이앙 시기와 피해 사실에 대한 확인을 하여야 한다.

(4) 경작불능조사

구 분			내 용
의의			피해사실 확인조사 시 경작불능조사가 필요하다고 판단된 농지 또는 사고 접수 시 이에 준하는 피해가 예상되는 농지에 대하여 실시하는 조사
조사 대상			벼, 조사료용 벼, 밀, 보리
조사시기			사고 후 ~ 출수기
조사 방법	경작불능 보험금 지급대상 여부조사 : (경작불능 전(前)조사)	보상하는 재해여부 심사	농지 및 작물 상태 등을 감안하여 보상하는 재해로 인한 피해가 맞는지 확인하며, 필요시 이에 대한 근거자료(피해사실 확인조사 참조)를 확보한다.
		실제 경작면적 확인	GPS 면적측정기 또는 지형도 등을 이용하여 보험가입 면적과 실제 경작면적을 비교한다. 이때 실제 경작면적이 보험 가입 면적 대비 10% 이상 차이가 날 경우에는 계약 사항을 변경해야 한다.
		식물체 피해율 조사	목측 조사를 통해 조사 대상 농지에서 보상하는 재해로 인한 식물체 피해율(고사식물체(수 또는 면적)를 보험가입식물체(수 또는 면적)로 나눈 값을 의미하며, 고사식물체 판정의 기준은 해당 식물체의 수확 가능 여부임)이 65% 이상 여부를 조사한다.
		계약자의 경작불능보 험금 신청 여부 확인	식물체 피해율이 65% 이상인 경우 계약자에게 경작불능보험금 신청 여부를 확인한다.
		수확량조사 대상 확인 (조사료용 벼 제외)	식물체 피해율이 65% 미만이거나, 식물체 피해율이 65% 이상이 되어도 계약자가 경작불능보험금을 신청하지 않은 경우에는 향후 수확량조사가 필요한 농지로 결정한다.
		산지폐기 여부 확인	이전 조사에서 보상하는 재해로 식물체 피해율이 65% 이상인 농지에 대하여 해당 농지에 대하여 산지폐기 여부를 확인한다.

(5) 수확량조사 (조사료용 벼제외)
① 개 요

의 의	피해사실 확인조사 시 수확량조사가 필요하다고 판단된 농지에 대하여 실시하는 조사
조사방법	① 수량요소조사, 표본조사, 전수조사가 있으며, 현장 상황에 따라 조사 방법을 선택하여 실시할 수 있다. ② 단, 거대재해 발생 시 대표농지를 선정하여 각 수확량조사의 조사 결과 값(조사수확비율, 단위면적당 조사수확량 등)을 대표농지의 인접 농지(동일'리'등 생육환경이 유사한 인근 농지)에 적용할 수 있다. ③ 다만, 동일 농지에 대하여 복수의 조사 방법을 실시한 경우 피해율 산정의 우선순위는 전수조사, 표본조사, 수량요소조사 순으로 적용한다. ④ 조사 대상에 따른 조사 방법 | 조사 대상	조사 방법
벼	수량요소조사
벼, 밀, 보리	표본조사
	전수조사 | ⑤ 조사 시기에 따른 조사 방법 | 조사 시기	조사 방법
수확 전 14일 전후	수량요소조사
알곡이 여물어 수확이 가능한 시기	표본조사
수확시	전수조사	

② 손해평가방법

	보상하는 재해 여부 심사	농지 및 작물 상태 등을 감안하여 보상하는 재해로 인한 피해가 맞는지 확인하며, 필요시에는 이에 대한 근거자료(피해 사실 확인조사 참조)를 확보한다.
	경작불능보험금 대상 여부 확인	식물체 피해율이 65% 이상인 경작불능보험금 대상인지 확인한다.
면 적 확 인	실제 경작면적 확인	GPS 면적측정기 또는 지형도 등을 이용하여 보험가입 면적과 실제 경작 면적을 비교한다. 이때 실제 경작면적이 보험 가입 면적 대비 10% 이상 차이가 날 경우에는 계약 사항을 변경해야 한다.
	고사면적 확인	보상하는 재해로 인하여 해당 작물이 수확될 수 없는 면적을 확인한다.
	타작물 및 미보상 면적 확인	해당 작물 외의 작물이 식재되어 있거나 보상하는 재해 이외의 사유로 수확이 감소한 면적을 확인한다.
	기수확면적 확인	조사 전에 수확이 완료된 면적을 확인한다.
	조사대상 면적 확인	실제경작면적에서 고사면적, 타작물 및 미보상면적, 기수확면적을 제외하여 조사 대상 면적을 확인한다.
	수확불능 대상 여부 확인	벼의 제현율이 65% 미만으로 정상적인 출하가 불가능한지를 확인한다. 단, 경작불능보험금 대상인 경우에는 수확불능에서 제외한다.
	조사 방법 결정	조사 시기 및 상황에 맞추어 적절한 조사 방법을 선택한다.

농작물재해보험 및 가축재해보험 손해평가의 이론과 실무

③ 조사방법 (수량요소조사, 표본조사, 전수조사)
  ㉠ 수량요소조사 (벼만 해당)

표본포기 수	• 4포기 (가입면적과 무관함)
표본포기 선정	• 재배방법 및 품종 등을 감안하여 조사 대상 면적에 동일한 간격으로 골고루 배치될 수 있도록 표본 포기를 선정한다. • 다만, 선정한 포기가 표본으로서 부적합한 경우 (해당 포기의 수확량이 현저히 많거나 적어서 표본으로서의 대표성을 가지기 어려운 경우 등)에는 가까운 위치의 다른 포기를 표본으로 선정한다.
표본포기 조사	• 선정한 표본 포기별로 이삭상태 점수 및 완전낟알상태 점수를 조사한다. 1. 이삭상태 점수 조사 : 표본 포기별로 포기당 이삭수에 따라 〈이삭상태 점수표〉를 참고하여 점수를 부여한다. 〈이삭상태 점수표〉 	포기당 이삭수	점 수	포기당 이삭수	점 수
---	---	---	---
16개 미만	1	16개 이상	2 | 2. 완전낟알상태 점수 조사 : 표본 포기별로 평균적인 이삭 1개를 선정하여, 선정한 이삭별로 이삭당 완전낟알수에 따라 아래 〈완전낟알상태 점수표〉를 참고하여 점수를 부여한다. 〈완전낟알상태 점수표〉 | 이삭당 완전낟알수	51개 미만	51개 이상 61개 미만	61개 이상 71개 미만	71개 이상 81개 미만	81개 이상
---	---	---	---	---	---
점수	1	2	3	4	5	
수확비율 산정	1. 표본 포기별 이삭상태 점수 (4개) 및 완전낟알상태 점수 (4개)를 합산한다. 2. 합산한 점수에 따라 〈조사수확비율 환산표〉에서 해당하는 수확비율 구간을 확인한다. 3. 해당하는 수확비율 구간 내에서 조사 농지의 상황을 감안하여 적절한 수확비율을 산정한다. 〈조사수확비율 환산표〉 	점수 합계	조사수확비율	점수 합계	조사수확비율
---	---	---	---
10점 미만	0 ~ 20%	16 ~ 18점	61 ~ 70%
10 ~ 11점	21 ~ 40%	19 ~ 21점	71 ~ 80%
12 ~ 13점	41 ~ 50%	22 ~ 23점	81 ~ 90%
14 ~ 15점	51 ~ 60%	24점 이상	91 ~ 100%	
피해정도에 따른 피해면적 보정계수산정	〈피해면적 보정계수〉 	피해정도	피해면적비율	보정계수
---	---	---
매우 경미	10% 미만	1.2
경 미	10%이상 30% 미만	1.1
보 통	30% 이상	1	
병해충 단독 사고여부확인	농지의 피해가 자연재해, 조수해 및 화재와는 상관없이 보상하는 병해충만으로 발생한 병해충 단독사고인지 여부를 확인한다. 이 때, 병해충 단독사고로 판단될 경우에는 가장 주된 병해충명을 조사한다.

▶ 제4회 기출문제

종합위험 수확감소보장방식 벼 품목의 가입농가가 보상하는 재해로 피해를 입어 수확량조사방법 중 수량요소조사를 실시하였다. 아래 계약사항 및 조사내용을 기준으로 주어진 조사표의 ①~⑫항의 해당 항목값을 구하시오. (단, 조사수확비율 결정은 해당 구간의 가장 큰 비율을 적용하고 미보상 사유는 없으며, 항목별 요소점수는 조사표본포기 순서대로 기재하고, 소수점 셋째자리에서 반올림하여 둘째자리까지 다음 예시와 같이 구하시오. 예시: 수확량 3.456kg → 3.46kg, 피해율 0.12345 → 12.35%로 기재) [15점]

○ 이삭상태 점수표

포기당 이삭수	16개 미만	16개 이상
점 수	1	2

○ 완전낟알상태 점수표

이삭당 완전낟알수	51개 미만	51개 이상 61개 미만	61개 이상 71개 미만	71개 이상 81개 미만	81개 이상
점 수	1	2	3	4	5

○ 조사수확비율 환산표 (2023. 업무방법서에 맞추어 수정)

점수 합계(점)	10점 미만	10~11	12~13	14~15	16~18	19~21	22~23	24점 이상
조사수확비율(%)	0~20	21~40	41~50	51~60	61~70	71~80	81~90	91~100

○ 조사내용

표본포기	1포기	2포기	3포기	4포기
포기당 이삭수	19	22	18	13
완전낟알수	75	85	60	62

○ 수량요소조사 조사표

실제경작 면적 (m2)	평년 수확량 (kg)	항목별요소점수									조사수확 비율 (%)	표준 수확량 (kg)	조사 수확량 (kg)	피해율 (%)
		이삭상태				완전 낟알상태				합계				
3,500	1,500	①	②	③	④	⑤	⑥	⑦	⑧	⑨	⑩	1,600	⑪	⑫

○ 피해면적 보정계수 : 1

• 계산과정 :

정답
① 이삭수가 19개 이므로 2　② 이삭수가 22개 이므로 2
③ 이삭수가 18개이므로 2　④ 이삭수가 13개이므로 1
⑤ 완전낟알상태가 75개이므로 4　⑥ 완전낟알상태가 85개이므로 5
⑦ 완전낟알상태가 60개이므로 2　⑧ 완전낟알상태가 62개이므로 3
⑨ 합계 = 2 + 2 + 2 + 1 + 4 + 5 + 2 + 3 = 21점
⑩ 조사수확비율 (%) : 80% (해당구간의 가장 큰 비율을 적용하므로)
⑪ 조사수확량 = 표준수확량 × 조사수확비율 × 피해면적 보정계수
　　　　　　 = 1,600kg × 0.8 × 1 = 1,280kg
⑫ 피해율 = (평년수확량 − 수확량 − 미보상감수량) ÷ 평년수확량
　　　　 = (1,500kg − 1,280kg − 0) ÷ 1,500kg = 0.14666 =14.67%

기출뽀개기 ▶ 제7회 기출문제

종합위험 수확감소보장방식 논작물 관련 내용이다. 계약사항과 조사내용을 참조하여 피해율의 계산과정과 값을 쓰시오. (5점)

○ 계약사항

품 목	가입면적	평년수확량	표준수확량
벼	2,500 m²	6,000 kg	5,000 kg

○ 조사내용

조사종류	조사수확비율	피해정도	피해면적비율	미보상비율
수확량조사 (수량요소조사)	70%	경미	10%이상 30%미만	10 %

답

정답 　피해율 = (평년수확량 − 수확량 − 미보상감수량) ÷ 평년수확량
　　　　　　 = (6,000kg − 3,850kg − 215kg) ÷ 6,000kg = 0.3225 = 32.25%
▷ 수확량 = 표준수확량 × 조사수확비율 × 피해면적 보정계수
　　　　 = 5,000 kg × 0.7 × 1.1(경미) = 3,850kg
▷ 미보상감수량 = (평년수확량 − 수확량) × 미보상비율
　　　　　　 = (6,000 kg − 3,850kg) × 10% = 215kg

▶ 제2회 기출문제

종합위험 수확감소보장방식 벼 품목에서 사고가 접수된 농지의 수량요소조사 방법에 의한 수확량조사 결과가 다음과 같을 경우 수확량과 피해율을 구하시오. [15점]

평년수확량	2,000kg	조사수확비율	10%
표준수확량	2,200kg	미보상비율	20%
피해면적 보정계수	1.1		

1) 수확량 (단, kg단위로 소수점 첫째자리에서 반올림하여 다음 예시와 같이 구하시오. 예시 : 994.5kg → 995kg)
 • 계산과정 :

 답 _____ kg

정답 1) 수확량
 • 계산과정 : 수확량 = 표준수확량 × 조사수확비율 × 피해면적 보정계수
  = 2,200kg × 0.1 × 1.1 = 242kg   **정답** 242kg

2) 피해율 (단, %단위로 소수점 둘째자리에서 반올림하여 첫째자리까지 다음 예시와 같이 구하시오. 예시 : 12.345% → 12.3%, 미보상감수량은 kg단위로 소수점 첫째자리에서 반올림하여 다음 예시와 같이 계산하시오. 예시 : 994.5kg → 995kg)
 • 계산과정 :

 답 _____ %

정답 2) 피해율
 • 계산과정 : 피해율 = (평년수확량 − 수확량 − 미보상감수량) ÷ 평년수확량
  = (2,000kg−242kg−352kg) ÷ 2,000kg = 0.703 = 70.3%
 • 미보상감수량 = (평년수확량 − 수확량) × 미보상비율
  = (2,000kg − 242kg) × 0.2 = 351.6kg = 352kg   **정답** 70.3%

농작물재해보험 및 가축재해보험 손해평가의 이론과 실무

ⓔ 표본조사 손해평가 방법

표본구간 수 선정	1. 조사대상면적에 따라 아래의 적정 표본구간 수 (별표 1-5) 이상의 표본구간 수를 선정한다.				
	조사대상면적	표본구간	조사대상면적	표본구간	
	2,000㎡ 미만	3	4,000㎡ 이상 5,000㎡ 미만	6	
	2,000㎡ 이상 3,000㎡ 미만	4	5,000㎡ 이상 6,000㎡ 미만	7	
	3,000㎡ 이상 4,000㎡ 미만	5	6,000㎡ 이상	8	
	2. 다만, 가입면적과 실제경작면적이 10% 이상 차이가 날 경우 (계약 변경 대상)에는 실제경작면적을 기준으로 표본구간 수를 선정한다.				
표본구간 선정	1. 선정한 표본구간 수를 바탕으로 재배방법 및 품종 등을 감안하여 조사 대상 면적에 동일한 간격으로 골고루 배치될 수 있도록 표본구간을 선정한다. 2. 다만, 선정한 구간이 표본으로서 부적합한 경우 (해당 작물의 수확량이 현저히 많거나 적어서 표본으로서의 대표성을 가지기 어려운 경우 등) 에는 가까운 위치의 다른 구간을 표본구간으로 선정한다.				
표본구간 면적 및 수량 조사	표본구간 면적	표본구간마다 4포기의 길이와 포기 당 간격을 조사한다. (단, 농지 및 조사상황 등을 고려하여 4포기를 2포기로 줄일수 있다)			
	표본중량 조사	표본구간의 작물을 수확하여 해당 중량을 측정한다			
	함수율 조사	수확한 작물에 대하여 함수율을 3회 이상 실시하여 평균값을 산출한다.			
병해충단독 사고 여부 확인 (벼만 해당)	농지의 피해가 자연재해, 조수해 및 화재와는 상관없이 보상하는 병해충만으로 발생한 병해충 단독사고인지 여부를 확인한다. 이때, 병해충 단독사고로 판단될 경우에는 가장 주된 병해충명을 조사한다.				

제3회 기출문제

아래의 계약사항과 조사내용에 따른 표본구간 유효중량, 피해율 및 보험금을 구하시오. [15점]

계약사항

품목명	가입특약	가입금액	가입면적	평년수확량	가입수확량	자기부담비율	품종구분
벼	병해충 보장특약	5,500,000원	5,000m²	3,500kg	3,850kg	15%	새누리 (메벼)

조사내용

조사 종류	재해내용	실제 경작면적	고사 면적	타작물 및 미보상면적	기수확 면적	표본구간면적	표본구간 작물중량합계	함수율
수확량 (표본) 조사	병해충 (도열병) / 호우	5,000m²	1,000m²	0m²	0m²	0.5m²	300g	23.5%

1) 표본구간 유효중량 (표본구간 유효중량은 g단위로 소수점 첫째자리에서 반올림하여 다음 예시와 같이 구하시오. 예시: 123.4g → 123g로 기재)

• 계산과정 :

답 : _____ kg

정답 표본구간 유효중량 = 표본구간 작물 중량 합계 × (1 − Loss율) × {(1− 함수율)÷(1− 기준함수율)}
= 300g × (1 − 0.07) × {(1 − 0.235) ÷ (1 − 0.15)} = 251.1g = 251g

※ Loss율 : 7% / 기준함수율 : 메벼(15%), 찰벼(13%), 밀(13%), 보리(13%) (암기 필요 : 부록 별표7)

2) 피해율(피해율은 %단위로 소수점 셋째자리에서 반올림하여 둘째자리까지 다음 예시와 같이 구하시오. 예시: 0.12345는 → 12.35%로 기재)

• 계산과정 :

농작물재해보험 및 가축재해보험 손해평가의 이론과 실무

답 : _____ 원

정답 피해율 = (평년수확량 − 수확량 − 미보상감수량) ÷ 평년수확량
= (3,500kg − 2,008kg − 0) ÷ 3,500kg = 0.42628 = 42.63%

☞ 수확량 = (표본구간 단위면적당 유효중량 × 조사대상면적)+ {단위면적당 평년수확량 × (타작물 및 미보상면적 + 기수확면적) }
= (502g/m² × 4,000m²)+ {700g/m²× (0 + 0)} = 2,008,000g = 2,008kg

☞ 표본구간 단위면적당 유효중량 = 표본구간 유효중량 ÷ 표본구간 면적
= 251g ÷ 0.5m² = 502g/m²

☞ 조사대상면적 = 실제경작면적 − 고사면적 − 타작물 및 미보상면적 − 기수확면적
= 5,000m² − 1,000m² − 0m²− 0m² = 4,000m²

☞ 단위면적당 평년수확량 = 평년수확량 ÷ 실제경작면적 = 3,500kg÷ 5,000m² = 700g/m²

☞ 미보상감수량 = (평년수확량 − 수확량) × 미보상비율 = (3,500kg−2,008kg) × 0 = 0kg

3) 보험금
• 계산과정 :

답 : _____ 원

정답 • 계산과정 : 보험금 = 보험가입금액 × (피해율 − 자기부담비율)
= 5,500,000원 × (0.4263 − 0.15) = 1,519,650원

ⓒ 전수조사 방법

절 차	방 법
전수조사 대상 농지 여부 확인	전수조사는 기계수확 (탈곡 포함)을 하는 농지에 한한다.
조곡의 중량 조사	대상 농지에서 수확한 전체 조곡의 중량을 조사한다. 전체 중량 측정이 어려운 경우에는 콤바인, 톤백, 콤바인용 포대, 곡물적재함등을 이용하여 중량을 산출한다.
조곡의 함수율 조사	수확한 작물에 대하여 함수율을 3회 이상 실시하여 평균값을 산출한다. ※ 함수율 : 조곡의 전체 중량에서 물의 중량이 차지하는 비율
병해충 단독사고 여부 확인 (벼만 해당)	농지의 피해가 자연재해, 조수해 및 화재와는 상관없이 보상하는 병해충만으로 발생한 병해충 단독사고인지 여부를 확인한다. 이 때, 병해충 단독사고로 판단될 경우에는 가장 주된 병해충명을 조사한다.

▶ **제1회 기출문제**

벼 상품의 수확량 조사 3가지 유형을 구분하고, 각 유형별 수확량 조사시기와 조사방법에 관하여 서술하시오. [15점]

유 형	조사시기	조사방법
수량요소조사	수확전 14일 전후	1. 표본포기 수 : 4포기(가입면적과 무관함) 2. 표본포기 선정 : 재배방법 및 품종 등을 감안하여 조사 대상 면적에 동일한 간격으로 골고루 배치될 수 있도록 표본 포기를 선정한다. 다만, 선정한 포기가 표본으로서 부적합한 경우(해당 포기의 수확량이 현저히 많거나 적어서 표본으로써의 대표성을 가지기 어려운 경우 등)에는 가까운 위치의 다른 포기를 표본으로 선정한다. 3. 표본포기 조사 : 선정한 표본 포기별로 이삭상태 점수 및 완전낟알상태점수를 조사한다. 4. 수확비율 산정 　(1) 표본 포기별 이삭상태 점수(4개) 및 완전낟알상태 점수(4개)를 합산한다. 　(2) 합산한 점수에 따라 조사수확비율 환산표에서 해당하는 수확비율 구간을 확인한다. 　(3) 해당하는 수확비율 구간 내에서 조사 농지의 상황을 감안하여 적절한 수확비율을 산정한다. 5. 피해면적 보정계수 산정 : 피해정도에 따른 보정계수를 산정한다.
표본조사	알곡이 여물어 수확이 가능한 시기	1. 표본구간 수 선정 : 조사대상면적에 따라 적정 표본구간 수 이상의 표본구간 수를 선정한다. 다만, 가입면적과 실제경작면적이 10% 이상 차이가 날 경우(계약 변경 대상)에는 실제경작면적을 기준으로 표본구간 수를 선정한다. 2. 표본구간 선정 : 선정한 표본구간 수를 바탕으로 재배방법 및 품종 등을 감안하여 조사 대상 면적에 동일한 간격으로 골고루 배치될 수 있도록 표본구간을 선정한다. 다만, 선정한 구간이 표본으로서 부적합한 경우(해당 작물의 수확량이 현저히 많거

		나 적어서 표본으로서의 대표성을 가지기 어려운 경우 등)에는 가까운 위치의 다른 구간을 표본구간으로 선정한다. 3. 표본구간 면적 및 수량 조사 (1) 표본구간 면적 : 표본으로 선정한 4포기의 길이와 포기 당 간격을 조사한다.(단, 농지 및 조사 상황 등을 고려하여 4포기를 2포기로 줄일 수 있다) (2) 표본 중량 조사 : 표본구간의 작물을 수확하여 해당 중량을 측정한다. (3) 함수율 조사 : 수확한 작물에 대하여 함수율을 3회 이상 실시하여 평균값을 산출한다.
전수 조사	수확시	1. 전수조사 대상 농지 여부 확인 : 전수조사는 기계수확(탈곡 포함)을 하는 농지에 한한다. 2. 조곡의 중량 조사 : 대상 농지에서 수확한 전체 조곡의 중량을 조사하며, 전체 중량 측정이 어려운 경우에는 콤바인, 톤백, 콤바인용 포대, 곡물적재함 등을 이용하여 중량을 산출한다. 3. 조곡의 함수율 조사 : 수확한 작물에 대하여 함수율을 3회 이상 실시하여 평균값을 산출한다.

유 형	조사시기	조사방법

정답

(6) 수확불능 확인조사 (벼만 해당)
   ① 조사대상 : 수확량조사 시 수확불능 대상 농지(벼의 제현율이 65% 미만으로 정상적인 출하가 불가능한 농지)로 확인된 농지에 대하여 실시하는 조사이다.
   ② 조사 시점 : 수확 포기가 확인되는 시점
   ③ 수확불능 보험금 지급 대상 여부 조사

조사절차	내 용			
보상하는 재해 여부 심사	농지 및 작물 상태 등을 감안하여 보상하는 재해로 인한 피해가 맞는지 확인하며, 필요시에는 이에 대한 근거자료(피해사실 확인조사 참조)를 확보할 수 있다.			
실제 경작면적 확인	GPS 면적측정기 또는 지형도 등을 이용하여 보험가입 면적과 실제 경작면적을 비교한다. 이때 실제 경작면적이 보험 가입면적 대비 10% 이상 차이가 날 경우에는 계약 사항을 변경해야 한다.			
수확불능 대상여부 확인	벼의 제현율이 65% 미만으로 정상적인 출하가 불가능한 지를 확인한다.			
수확포기 여부 확인	아래의 경우에 한하여 수확을 포기한 것으로 한다. 1. 당해년도 11월 30일까지 수확을 하지 않은 경우 2. 목적물을 수확하지 않고 갈아엎은 경우 (로터리 작업 등) 3. 대상 농지의 수확물 모두가 시장으로 유통되지 않은 것이 확인된 경우			
미보상비율 조사 (모든 조사 시 동시 조사)	미보상 비율표 (별표 2-1)			
	구분	제초 상태	병해충 상태	기타
	해당 없음	0%	0%	0%
	미흡	10% 미만	10% 미만	10% 미만
	불량	20% 미만	20% 미만	20% 미만
	매우 불량	20% 이상	20% 이상	20% 이상

3. 보험금 산정방법

구 분	산 정 방 법
이앙·직파 불능보험금 (벼만 해당)	1. 지급사유 : 보험기간 내에 보상하는 재해로 농지 전체를 이앙·직파하지 못하게 된 경우 보험가입금액의 10%를 이앙·직파불능보험금으로 지급한다. 2. 보험금 : 보험가입금액 × 10% 3. 지급 거절 사유 : 논둑 정리, 논갈이, 비료 시비, 제초제 살포 등 이앙 전의 통상적인 영농활동을 하지 않은 농지에 대해서는 이앙·직파불능 보험금을 지급하지 않는다. 4. 이앙·직파불능보험금을 지급한 때에는 그 손해보상의 원인이 생긴 때로부터 해당 농지에 대한 보험계약은 소멸되며, 이 경우 환급보험료는 발생하지 않는다.
재이앙· 재직파 보험금 (벼만 해당)	1. 지급사유 : 보험기간내 보상하는 재해로 면적피해율이 10%를 초과하고, 재이앙·재직파를 한 경우에 1회 지급한다. 2. 보험금 : 보험가입금액 × 25% × 면적피해율 　　(면적피해율 = 피해면적 ÷ 보험가입면적)
경작불능 보험금	1. 지급사유: 보험기간 내에 보상하는 재해로 식물체 피해율이 65% 이상이고, 계약자가 경작불능보험금을 신청한 경우 지급한다. 2. 보험금

경작불능보험금 - 보험금 표:

적용품목	보험금
벼·밀·보리	〈자기부담비율별 경작불능보험금표〉

자기부담비율	10%	15%	20%	30%	40%
지급액	보험가입금액×45%	42%	40%	35%	30%

적용품목	보험금
조사료용 벼	지급보험금 = 보험가입금액 × 보장비율 × 경과비율 ㉠ 보장비율은 조사료용벼 가입 시 경작불능보험금 산정에 기초가 되는 비율을 말하며, 보험가입할 때 계약자가 선택한 비율로 한다.

구 분	45%	42%	40%	35%	30%
보장비율	45%	42%	40%	35%	30%

㉡ 경과비율은 사고발생일이 속한 월에 따라 아래와 같이 계산한다

월별	5월	6월	7월	8월
경과비율	80 %	85 %	90 %	100%

3. 지급 거절 사유
　보험금 지급 대상 농지 벼가 산지폐기 등의 방법을 통해 시장으로 유통되지 않게 된 것이 확인되지 않으면 경작불능보험금을 지급하지 않는다.
4. 경작불능보험금을 지급한 때에는 그 손해보상의 원인이 생긴 때로부터 해당 농지에 대한 보험계약은 소멸되며, 이 경우 환급보험료는 발생하지 않는다.

수확감소 보험금 (조사료용 벼 제외)	1. **지급사유** : 보험기간 내에 보상하는 재해로 피해율이 자기부담비율을 초과하는 경우 아래와 같이 계산한 수확감소보험금을 지급한다. 2. **보험금** 지급보험금 = 보험가입금액 × (피해율 - 자기부담비율) 피해율 = (평년수확량 - 수확량 - 미보상감수량) ÷ 평년수확량 ① 평년수확량은 과거 조사 내용, 해당 농지의 식재 내역, 현황 및 경작 상황 등에 따라 정한 수확량을 활용하여 산정한다. ② 자기부담비율은 보험가입할 때 선택한 비율로 한다. 3. **지급거절사유** (벼만 해당) 경작불능보험금 및 수확불능보험금의 규정에 따른 보험금을 지급하여 계약이 소멸된 경우에는 수확감소보험금을 지급하지 않는다.
수확불능 보험금 (벼만 해당)	1. **지급사유** : 보험기간 내에 보상하는 재해로 보험의 목적인 벼(조곡) 제현율이 65% 미만으로 떨어져 정상 벼로써 출하가 불가능하게 되고, 계약자가 수확불능보험금을 신청한 경우 산정된 보험가입금액의 일정 비율을 수확불능보험금으로 지급한다. 2. **보험금** : 자기부담비율별 수확불능보험금 | 자기부담비율	10%	15%	20%	30%	40%
---	---	---	---	---	---
지급액	보험가입금액×60%	57%	55%	50%	45%	 3. **지급거절 사유** ① 경작불능보험금의 보험기간 내에 발생한 재해로 인해 식물체 피해율이 65% 이상인 경우, 수확불능보험금 지급이 불가하다. ② 재해보험사업자는 보험금 지급 대상 농지 벼가 산지폐기 등의 방법을 통해 시장으로 유통되지 않게 된 것이 확인되지 않으면 수확불능보험금을 지급하지 않는다. 4. 수확불능보험금을 지급한 때에는 그 손해보상의 원인이 생긴 때로부터 해당 농지에 대한 보험계약은 소멸되며, 이 경우 환급보험료는 발생하지 않는다.

기출뽀개기 ▶ 제4회 기출문제

종합위험 수확감소보장방식 논작물 벼 품목의 통상적인 영농활동 중 보상하는 재해가 발생하였다. 아래 조사종류별 조사시기, 보험금 지급사유 및 지급보험금 계산식을 각각 쓰시오.

[15점]

조사종류	조사시기	지급사유	지급보험금 계산식
① 이앙·직파 불능조사			
② 재이앙·재직파조사			
③ 경작불능조사 (자기부담비율 20%형)			
④ 수확불능조사 (자기부담비율 20%형)			

정답 조사종류별 조사시기, 보험금 지급사유 및 지급보험금 계산식

조사종류	조사시기	지급사유	지급보험금 계산식
① 이앙·직파 불능조사	이앙한계일 (7월 31일) 이후	보험기간 내에 보상하는 재해로 농지 전체를 이앙·직파하지 못하게 된 경우 지급한다.(보험계약소멸)	보험가입금액 × 10%
② 재이앙·재직파조사	이앙한계일 (7월 31일) 이후	보험기간 내에 보상하는 재해로 면적피해율이 10%를 초과하고, 재이앙·재직파 한 경우에 1회 지급한다.	보험가입금액 × 25% × 면적피해율
③ 경작불능조사 (자기부담비율 20%형)	사고 후 ~ 출수기	보험기간 내에 보상하는 재해로 식물체 피해율이 65% 이상이고, 계약자가 경작불능보험금을 신청한 경우에 지급한다.(보험계약소멸)	보험가입금액 × 40%
④ 수확불능조사 (자기부담비율 20%형)	수확포기가 확인되는 시점	보험기간 내에 보상하는 재해로 보험의 목적인 벼(조곡) 제현율이 65% 미만으로 떨어져 정상 벼로써 출하가 불가능하게 되고, 계약자가 수확불능보험금을 신청한 경우 지급한다. (보험계약소멸)	보험가입금액 × 55%

제5회 기출문제

종합위험 수확감소보장 논작물 벼보험에 관한 내용이다. 아래와 같이 보험가입을 하고 보험사고가 발생한 것을 가정한 경우 다음의 물음에 답하시오. [15점]

(1) 병충해담보 특약에서 담보하는 7가지 병충해를 쓰시오.

(2) 수확감소에 따른 A농지 ① 피해율, ② 보험금과 B농지 ③ 피해율, ④ 보험금을 각각 구하시오.

(3) 각 농지의 식물체가 65 %이상 고사하여 경작불능보험금을 받을 경우, A농지 ⑤ 보험금과 B농지 ⑥ 보험금을 구하시오.

○ 보험가입내용

구 분	농지면적 (m²)	가입면적 (m²)	평년수확량 (kg/m²)	가입가격 (원/kg)	자기부담 비율(%)	가입비율
A농지	18,000	16,000	0.85	1,300	20	평년수확량의 100%
B농지	12,500	12,500	0.84	1,400	15	평년수확량의 100%

* 실제경작면적은 가입면적과 동일한 것으로 조사됨

○ 보험사고내용

구 분	사고내용	조사방법	수확량 (kg)	미보상비율 (%)	미보상사유
A농지	도열병	전수조사	4,080	10	방재 미흡
B농지	벼멸구	전수조사	4,000	10	방재 미흡

* 위 보험사고는 각각 병충해 단독사고이며, 모두 병충해 특약에 가입함
* 함수율은 배제하고 계산함
* 피해율 계산은 소수점 셋째자리에서 반올림하여 둘째자리까지 구함(예시: 123.456% → 123.46%)
* 보험금은 원단위 이하 버림

정답 (1) 흰잎마름병, 줄무늬잎마름병, 도열병, 벼멸구, 먹노린재, 깨씨무늬병, 세균성벼알마름병

(2) ① A농지 피해율 = (평년수확량 − 수확량) ÷ 평년수확량 = (13,600kg − 4,080kg) ÷ 13,600 kg = 0.7

평년수확량 = 단위면적당 평년수확량(kg/m²) × 실제경작면적(m²)
= 0.85kg/m² × 16,000m² = 13,600kg

병해충보장 특별약관에 가입한 경우 미보상감수량을 적용하지 않는다.

<참고> 병해충보장 특별약관 (2022)

제1조(보상하는 재해)
① 회사는 보통약관 제4조(보상하지 않는 손해) 제4호의 규정에도 불구하고 보험의 목적이 보상하는 병해충(흰잎마름병, 줄무늬잎마름병, 벼멸구, 도열병, 깨씨무늬병, 먹노린재, 세균성 벼알마름병)으로 입은 손해를 이 특별약관에 따라 보상한다.
② 회사는 제1항에서 담보하는 위험으로 인하여 손해가 발생한 경우 계약자 또는 피보험자가 지출한 손해방지비용(손해의 방지 또는 경감을 위한 일체의 방법을 강구하기 위하여 지출한 필요 또는 유익한 비용)을 추가로 지급한다. 다만, 방제비용, 시설보수비용 등 재해발생 시 통상적으로 소요되는 비용은 제외하며, 보통약관 제8조(보험금 등의 지급한도)제2항단서에서 정한 금액을 한도로 지급한다.

제2조(지급보험금의 계산)
① 회사는 제1조(보상하는 재해)로 인하여 발생한 피해는 보통약관 제3조(보상하는 재해)로 인한 피해에 더하여, 보통약관 담보조항에서 정한 방법에 따라 보험금을 계산한다. 다만, 보통약관 담보조항 제1조(이앙·직파불능보험금)에 따른 보험금은 이 특별약관에서 보상하지 않는다.
② 제1항에도 불구하고, 제1조(보상하는 재해)로 인하여 발생한 피해는 보통약관 품목별 담보조항 중 품목:벼 제5조(수확감소보험금) 제1항 제3호 **미보상감수량을 적용하지 않는다.**
③ 제1조(보상하는 재해)로 인하여 발생한 피해율은 병해충 최대인정피해율[별표5 병해충 최대인정피해율: 70%]을 초과할 수 없다. 다만, 보통약관 제3조(보상하는 재해)로 인한 피해와 제1조(보상하는 재해)가 동시에 발생한 경우에는 한도를 적용하지 않는다

② A농지 보험금 = 보험가입금액 × (피해율 − 자기부담비율)
= 17,680,000원 × (0.7 − 0.2) = 8,840,000원

보험가입금액 = 가입수확량 × 가입가격 = 13,600kg × 1,300원/kg = 17,680,000원

③ B농지 피해율 = (평년수확량 − 수확량) ÷ 평년수확량
= (10,500kg − 4,000kg) ÷ 10,500kg = 0.61904 = 61.90%

평년수확량 = (0.84kg/m² × 12,500m²) × 1 = 10,500kg

④ B농지 보험금 = 보험가입금액 × (피해율 − 자기부담비율)
= 14,700,000원 × (0.6190 − 0.15) = 6,894,300원

보험가입금액 = 가입수확량 × 가입가격 = 10,500kg × 1,400원/kg = 14,700,000원

(3) ⑤ A농지 경작불능보험금 = 보험가입금액 × 40% = 17,680,000원 × 40% = 7,072,000원
⑥ B농지 경작불능보험금 = 보험가입금액 × 42% = 14,700,000원 × 42% = 6,174,000원

제04절 밭작물 손해평가 및 보험금 산정

밭작물의 농작물재해보험 보장방식은 종합위험 수확감소보장방식, 생산비보장방식, 작물특정 및 시설종합위험방식 상품이 있다.

01 종합위험 수확감소보장방식 밭작물 품목

1. **적용품목** : 마늘, 양파, 양배추, 감자(봄재배, 가을재배, 고랭지재배), 고구마, 옥수수, 사료용 옥수수, 콩, 팥, 차(茶)

2. **조사종류 및 방법** (피해사실확인조사, 재파종조사, 재정식조사, 경작불능조사, 수확량조사)

생육시기	재해	조사내용	조사시기	조사방법	비고
수확 전	보상하는 재해전부	피해사실 확인 조사	사고 접수 후 지체 없이	보상하는 재해로 인한 피해발생 여부 조사 (피해사실이 명백한 경우 생략 가능)	전 품목
		재파종 조사	사고 접수 후 지체 없이	해당농지에 보상하는 재해로 인하여 재파종이 필요한 면적 또는 면적비율 조사	마늘만 해당
		재정식 조사	사고 접수 후 지체 없이	해당농지에 보상하는 재해로 인하여 재정식이 필요한 면적 또는 면적비율 조사	양배추만 해당
		경작불능 조사	사고 접수 후 지체 없이	해당 농지의 피해면적비율 또는 보험 목적인 식물체 피해율 조사	밭작물 (차(茶)제외)
수확 직전	보상하는 재해전부	수확량 조사	수확직전	사고발생 농지의 수확량 조사 · 조사방법: 전수조사 또는 표본조사	전 품목 (사료용 옥수수제외)
수확 시작 후 ~ 수확 종료	보상하는 재해전부	수확량 조사	조사 가능일	사고발생농지의 수확량조사 · 조사방법: 표본조사	차(茶)만 해당
			사고 접수 후 지체 없이	사고발생 농지의 수확 중의 수확량 및 감수량의 확인을 통한 수확량조사 · 조사방법: 전수조사 또는 표본조사	전 품목

3. 손해평가 현지조사 방법

(1) 피해사실 확인조사 : 전 품목

① 조사 대상 : 대상 재해로 사고 접수 농지 및 조사 필요 농지

② 대상 재해 : 자연재해, 조수해, 화재, 병해충 (단, 병해충은 감자품목에만 해당)

③ 조사 시기 : 사고 접수 직후 실시

④ 다음에 해당하는 사항을 확인한다.

보상하는 재해로 인한 피해 여부 확인	기상청 자료 확인 및 현지 방문 등을 통하여 보상하는 재해로 인한 피해가 맞는지 확인하며, 필요시에는 이에 대한 근거로 다음의 자료를 확보한다. 1. (㉠), (㉡) 및 (㉢)등 재해 입증 자료 2. (㉣) : 농지의 전반적인 피해 상황 및 세부 피해내용이 확인 가능하도록 촬영 **정답** ㉠ 기상청 자료, ㉡ 농업기술센터 의견서, ㉢ 손해평가인 소견서, ㉣ 피해농지 사진
추가조사 필요여부 판단	보상하는 재해 여부 및 피해 정도 등을 감안하여 추가조사 (재정식조사, 재파종조사, 경작불능조사 및 수확량조사)가 필요한 지 여부를 판단하여 해당 내용에 대하여 계약자에게 안내하고, 추가조사가 필요할 것으로 판단된 경우에는 손해평가반구성 및 추가조사 일정을 수립한다.

⑤ 단, 태풍 등과 같이 재해 내용이 명확 하거나 사고 접수 후 바로 추가조사가 필요한 경우 등에는 피해사실 확인조사를 생략할 수 있다.

(2) 재파종조사 : 마 늘
   ① 조사 대상 : 피해사실확인조사 시 재파종조사가 필요하다고 판단된 농지
   ② 조사 시기 : 피해사실확인조사 직후 또는 사고 접수 직후
   ③ 재파종조사는 다음 각 목에 따라 실시한다.

조사절차		내 용
보상하는 재해 여부 심사		농지 및 작물 상태 등을 감안하여 보상하는 재해로 인한 피해가 맞는 지 확인하며, 필요시에는 이에 대한 근거 자료 (피해사실확인조사 참조)를 확보한다.
실제 경작면적 확인		GPS면적측정기 또는 지형도 등을 이용하여 보험가입 면적과 실제 경작면적을 비교한다. 이 때 실제 경작면적이 보험 가입 면적 대비 10% 이상 차이가 날 경우에는 계약사항을 변경해야 한다.
재파종 보험금 지급대상 여부 조사 (재파종 전조사)	표본구간 수 선정	1. 조사대상면적 규모에 따라 적정 표본구간 수 이상의 표본구간 수를 선정한다. (별표 1참조) 2. 다만 가입면적과 실제 경작면적이 10% 이상 차이가 날 경우(계약 변경 대상 건)에는 실제 경작면적을 기준으로 표본구간 수를 선정한다. 조사대상 면적 = 실제 경작면적 - 고사면적 - 타작물 및 미보상면적 - 기수확면적
	표본구간 선정	1. 선정한 표본구간 수를 바탕으로 재배방법 및 품종 등을 감안하여 조사대상 면적에 동일한 간격으로 골고루 배치될 수 있도록 표본구간을 선정한다. 2. 다만, 선정한 지점이 표본으로서 부적합한 경우(해당 지점 마늘의 출현율이 현저히 높거나 낮아서 표본으로 대표성을 가지기 어려운 경우 등)에는 가까운 위치의 다른 지점을 표본구간으로 선정한다.
	표본구간길이 및 출현주수 조사	선정된 표본구간별로 이랑길이 방향으로 식물체 8주이상(또는 1m)에 해당하는 이랑 길이, 이랑폭(고랑포함) 및 출현주수를 조사한다.
재파종 이행완료 여부 조사 (재파종 후조사)	조사대상 농지	재파종 보험금 대상 여부 조사(재파종 전(前) 조사)시 재파종 보험금 대상으로 확인된 농지에 대하여, 재파종이 완료된 이후 조사를 진행한다.
	조사시기 확인	재파종이 완료된 이후 조사를 진행한다.
	표본구간 선정	재파종 보험금 대상 여부 조사(재파종 전(前)조사)와 같은 방법으로 표본구간을 선정한다.
	표본구간 길이 및 파종주수 조사	선정된 표본구간별로 이랑길이, 이랑폭 및 파종주수를 조사한다.

(3) 재정식조사 : 양배추
① 조사 대상 : 피해사실 확인조사시 재정식조사가 필요하다고 판단된 농지
② 조사 시기 : 피해사실 확인조사 직후 또는 사고 접수 직후
③ 재정식 보험금 지급대상 확인(재정식 전(前)조사)

보상하는 재해여부 조사		농지 및 작물 상태 등을 감안하여 보상하는 재해로 인한 피해가 맞는 지 확인하며, 필요시에는 이에 대한 근거 자료(피해사실확인조사 참조)를 확보한다.
실제경작 면적 확인		GPS면적측정기 또는 지형도 등을 이용하여 보험가입 면적과 실제 경작면적을 비교한다. 이 때 실제 경작면적이 보험 가입 면적 대비 10% 이상 차이가 날 경우에는 계약사항을 변경해야 한다.
재정식 보험금 지급대상 확인(재정식 전(前)조사)	피해면적 확인	GPS면적측정기 또는 지형도 등을 이용하여 실제 경작면적대비 피해면적을 비교 및 조사한다
	피해면적의 판정 기준	작물이 고사되거나 살아 있으나 수확이 불가능할 것으로 판단된 면적을 피해면적으로 판정한다.
재정식 이행완료 여부 조사(재정식 후(後)조사)		⊙ 재정식 보험금 대상 여부 조사(전조사) 시 재정식 보험금 지급 대상으로 확인된 농지에 대하여, 재정식이 완료되었는지를 조사한다. ⓒ 피해면적 중 일부에 대해서만 재정식이 이루어진 경우에는, 재정식이 이루어지지 않은 면적은 피해 면적에서 제외한다. ⓒ 단, 농지별 상황에 따라 재정식 전조사를 생략하고 재정식 후조사 시 면적조사(실제경작면적 및 피해면적)를 실시할 수 있다.

기출뽀개기 ▶ 제4회 기출문제

「종합위험 수확감소보장방식 밭작물 품목」에 관한 내용이다. 다음 (   )의 알맞은 용어를 순서대로 쓰시오.   [5점]

- 적용품목은 (①), 마늘, 고구마, 옥수수, 사료용옥수수, 감자(봄재배, 가을재배, 고랭지재배), 차, 콩, 팥, 양배추 품목으로 한다.
- (②)는 마늘 품목에만 해당한다. (③) 시 (②)가 필요하다고 판단된 농지에 대하여 실시하는 조사로, 조사 시기는 (③) 직후로 한다.
- (④)는 양배추 품목에만 해당한다. (③) 시 (④)가 필요하다고 판단된 농지에 대하여 실시하는 조사로, 보상하는 재해여부 및 (⑤)을 확인한다.

정답 ① 양파, ② 재파종조사,
③ 피해사실확인조사
④ 재정식조사, ⑤ 실제경작면적

(4) 경작불능조사
    ① 적용 품목 : 마늘, 양파, 양배추, 감자(봄재배, 가을재배, 고랭지재배), 고구마,
        옥수수, 사료용 옥수수, 콩, 팥
    ② 조사 대상 농지 : 피해사실확인조사 시 경작불능조사가 필요하다고 판단된 농지
        또는 사고 접수 시 이에 준하는 피해가 예상되는 농지
    ③ 조사 시기 : 피해사실확인조사 직후 또는 사고 접수 직후
    ④ 조사 방법

조사절차		방 법
경작불능 보험금 지급 대상 여부 조사 (경작불능 전(前)조사)	보상하는 재해 여부 심사	농지 및 작물 상태 등을 감안하여 보상하는 재해로 인한 피해가 맞는 지 확인하며, 필요시에는 이에 대한 근거 자료 (피해사실확인조사 참조)를 확보할 수 있다.
	실제 경작면적 확인	GPS면적측정기 또는 지형도 등을 이용하여 보험가입 면적과 실제 경작면적을 비교한다. 이 때 실제 경작면적이 보험 가입 면적 대비 10% 이상 차이가 날 경우에는 계약사항을 변경해야 한다.
	식물체 피해율조사	목측 조사를 통해 조사 대상 농지에서 보상하는 재해로 인한 식물체 피해율이 65% 이상인지 여부를 조사한다. 식물체 피해율 = 고사식물체 (수 또는 면적) / 보험가입식물체 (수 또는 면적) ※ 고사식물체 판정의 기준은 해당 식물체의 수확 가능 여부임
	계약자의 경작불능보험금 신청 여부 확인	식물체 피해율이 65% 이상인 경우 계약자에게 경작불능보험금 신청 여부를 확인한다.
	수확량조사 대상 확인 (사료용 옥수수 제외)	식물체 피해율이 65% 미만이거나, 식물체 피해율이 65% 이상이나 계약자가 경작불능보험금을 신청하지 않은 경우에는 향후 수확량조사가 필요한 농지로 결정한다.(콩, 팥 제외)
산지폐기 여부 확인 (경작불능 후조사)		• 양파, 마늘, 고구마, 옥수수, 사료용옥수수, 감자(봄재배, 가을재배, 고랭지재배) · 콩 · 양배추 · 팥 해당 • 경작불능 전(前) 조사에서 보상하는 재해로 식물체 피해율이 65% 이상인 농지에 대하여, 산지폐기 여부를 확인한다.

(5) 수확량조사 : 사료용 옥수수를 제외한 모든 품목
① 조사대상 농지 : 피해사실확인조사 시 수확량조사가 필요하다고 판단된 농지 또는 경작불능조사 결과 수확량조사를 실시하는 것으로 결정된 농지
② 조사 시기 : 수확 직전 (단, 차(茶)의 경우에는 조사 가능시기)로 한다.
수확량조사 전 계약자가 피해미미(자기부담비율 이내의 사고) 등의 사유로 수확량조사 실시를 취소한 농지는 수확량조사를 실시하지 않는다.
③ 수확량 조사방법
㉠ 보상하는 재해 여부 심사
농지 및 작물 상태 등을 감안하여 보상하는 재해로 인한 피해가 맞는지 확인하며, 필요시에는 이에 대한 근거 자료(피해사실확인조사 참조)를 확보할 수 있다.
㉡ 수확량조사 적기 판단 및 시기 결정
해당 작물의 특성에 맞게 수확량조사 적기 여부를 확인하고 이에 따른 조사 시기를 결정한다.

표 **품목별 수확량조사 적기**

품 목		수확량조사 적기
양 파		양파의 비대가 종료된 시점 (식물체의 도복이 완료된 때)
마 늘		마늘의 비대가 종료된 시점 (잎과 줄기가 $\frac{1}{2}$~$\frac{2}{3}$ 황변하여 말랐을 때와 해당 지역의 통상 수확기가 도래하였을 때)
고구마		고구마의 비대가 종료된 시점 (삽식일로부터 120일 이후에 농지별로 적용)
감자	고랭지재배	감자의 비대가 종료된 시점 — 파종일로부터 110일 이후
	봄재배	파종일로부터 95일 이후
	가을재배	파종일로부터 제주지역은 110일 이후, 이외 지역은 95일 이후
옥수수		옥수수의 수확적기 (수염이 나온 후 25일 이후)
차(茶)		조사 가능일 직전 ※ 조사 가능일 ① 대상 농지에 식재된 차나무의 대다수 신초가 1심 2엽의 형태를 형성하며 수확이 가능할 정도의 크기 (신초장 4.8cm 이상, 엽장 2.8cm 이상, 엽폭 0.9cm 이상)로 자란 시기를 의미 ② 해당 시기가 수확년도 5월 10일을 초과하는 경우에는 수확년도 5월 10일을 기준으로 함
콩		콩의 수확적기 (콩잎이 누렇게 변하여 떨어지고 꼬투리의 80~90% 이상이 고유한 성숙(황색)색깔로 변하는 시기인 생리적 성숙기로부터 7~14일이 지난 시기)
팥		팥의 수확적기 (꼬투리가 70~80% 이상이 성숙한 시기)
양배추		양배추의 수확적기 (결구 형성이 완료된 때)

기출뽀개기 ▶ 제1회 기출문제

다음은 농작물재해보험 업무방법에서 정하는 종합위험방식 밭작물 품목별 수확량조사 적기에 관한 내용이다. 괄호안에 알맞은 내용을 답란에 순서대로 쓰시오. [5점]

- 고구마 : (   )로/으로부터 120일 이후에 농지별로 조사
- 감자(고랭지재배) : (   )로/으로부터 110일 이후 농지별로 조사
- 마늘 : (   )와/과 (   )이/가 1/2 ~ 2/3 황변하여 말랐을 때와 해당 지역에 통상수확기가 도래하였을 때 농지별로 조사
- 옥수수 : (   )이/가 나온 후 25일 이후 농지별로 조사

답 _____, _____, _____, _____, _____

정답 삽식일, 파종일, 잎, 줄기, 수염

기출뽀개기 ▶ 제3회 기출문제

다음은 업무방법에서 정하는 종합위험 수확감소보장방식 밭작물 품목별 수확량조사 적기에 관한 내용이다. 밑줄 친 부분에 알맞은 내용을 답란에 쓰시오. [5점]

품 목	수확량조사 적기
양 파	양파의 비대가 종료된 시점 (식물체의 ___㉠___ 이 완료된 때)
고구마	고구마의 비대가 종료된 시점 (삽식일로부터 ___㉡___ 일 이후에 농지별로 적용)
감 자 (고랭지재배)	감자의 비대가 종료된 시점(파종일로부터 ___㉢___ 일 이후)
콩	콩의 수확 적기 (콩잎이 누렇게 변하여 떨어지고 ___㉣___ 의 80~90% 이상이 고유한 성숙 (황색)색깔로 변하는 시기인 생리적 성숙기로부터 7~14일이 지난 시기)
양배추	양배추의 수확 적기 (___㉤___ 형성이 완료된 때)

답 : ㉠_____, ㉡_____, ㉢_____, ㉣_____, ㉤_____

정답 ㉠ 도복, ㉡ 120, ㉢ 110, ㉣ 꼬투리, ㉤ 결구

농작물재해보험 및 가축재해보험 손해평가의 이론과 실무

ㄹ) 면적 확인

구 분	방 법
실제 경작면적 확인	GPS면적측정기 또는 지형도 등을 이용하여 보험가입 면적과 실제 경작면적을 비교한다. 이 때 실제 경작면적이 보험 가입 면적 대비 10% 이상 차이가 날 경우에는 계약 사항을 변경해야 한다.
수확불능 (고사) 면적 확인	보상하는 재해로 인하여 해당 작물이 수확될 수 없는 면적을 확인한다.
타작물 및 미보상 면적 확인	해당 작물외의 작물이 식재되어 있거나 보상하는 재해 이외의 사유로 수확이 감소한 면적을 확인한다.
기 수확면적 확인	조사 전에 수확이 완료된 면적을 확인한다.
조사대상면적 확인	실제경작면적에서 고사면적, 타작물 및 미보상면적, 기수확면적을 제외하여 조사대상면적을 확인한다.
수확면적율 확인 (차(茶)만 해당)	목측을 통해 보험가입 시 수확면적율과 실제 수확면적율을 비교한다. 이때 실제 수확면적율이 보험 가입 수확면적율과 차이가 날 경우에는 계약사항을 변경할 수 있다.

ㅁ) 조사방법 결정
품목 및 재배방법 등을 참고하여 적절한 조사 방법을 선택한다.
ⓐ 표본조사 (사료용 옥수수 제외)

조사방법	절 차
표본구간수 선정	1. 조사대상면적 규모에 따라 적정 표본구간 수 이상의 표본구간 수를 선정한다. 2. 다만, 가입면적과 실제 경작면적이 10% 이상 차이가 날 경우 (계약 변경 대상)에는 실제 경작면적을 기준으로 표본구간 수를 선정한다.
표본구간 선정	1. 선정한 표본구간 수를 바탕으로 재배방법 및 품종 등을 감안하여 조사 대상 면적에 동일한 간격으로 골고루 배치될 수 있도록 표본구간을 선정한다. 2. 다만, 선정한 구간이 표본으로서 부적합한 경우(해당 지점 작물의 수확량이 현저히 많거나 적어서 표본으로써의 대표성을 가지기 어려운 경우 등)에는 가까운 위치의 다른 구간을 표본구간으로 선정한다.
표본구간 면적 및 수확량 조사	해당 품목별로 선정된 표본구간의 면적을 조사하고, 해당표본구간에서 수확한 작물의 수확량을 조사한다.
잔여일수별 비대지수를 추정	양파, 마늘의 경우 지역별 수확 적기보다 일찍 조사를 하는 경우, 수확 적기까지 잔여일수별 비대지수를 추정하여 적용할 수 있다.

표 품목별 표본구간 면적조사 방법

품 목	표본구간 면적 조사 방법
양파, 마늘, 고구마, 양배추, 감자, 옥수수	이랑길이 (5주) 및 이랑폭 조사 ※ 1번식물체의 처음부터 5주를 완전히 포함하고 6번식물체의 시작까지 측정
차(茶)	규격의 테 (0.04m²) 사용
콩, 팥	점파 : 이랑길이 (4주 이상) 및 이랑폭 조사 산파 : 규격의 원형 (1m²) 이용 또는 표본구간의 가로·세로 길이 조사

표 품목별 표본구간별 수확량 조사 방법

품 목	표본구간별 수확량 조사 방법
양파	• 표본구간 내 작물을 수확한 후, 종구 5cm 윗부분 줄기를 절단하여 해당 무게를 조사 • 단, 양파의 최대지름이 6cm 미만인 경우에는 80%, 100% 피해로 인정하고 해당무게의 20%, 0%를 수확량으로 인정 ※ 80%형 : 보상하는 재해로 인해 피해가 발생하여 일반시장 출하가 불가능하나, 가공용으로는 공급될 수 있는 작물을 말하며, 가공공장 공급 및 판매 여부와는 무관 ※ 100%형 : 보상하는 재해로 인해 피해가 발생하여 일반 시장 출하가 불가능하고 가공용으로도 공급될 수 없는 작물
마늘	• 표본구간 내 작물을 수확한 후, 종구 3cm 윗부분을 절단하여 무게를 조사 • 단, 마늘통의 최대지름이 2cm(한지형), 3.5cm(난지형) 미만인 경우에는 80%, 100% 피해로 인정하고 해당무게의 20%, 0%를 수확량으로 인정 ※ 80%형 : 보상하는 재해로 인해 피해가 발생하여 일반시장 출하가 불가능하나, 가공용으로는 공급될 수 있는 작물을 말하며, 가공공장 공급 및 판매 여부와는 무관 ※ 100%형 : 보상하는 재해로 인해 피해가 발생하여 일반 시장 출하가 불가능하고 가공용으로도 공급될 수 없는 작물)
고구마	• 표본구간 내 작물을 수확한 후 정상 고구마와 50%형 피해고구마, 80% 피해 고구마, 100% 피해 고구마로 구분하여 무게를 조사 ※ 50%형 : 일반시장에 출하할 때, 정상 고구마에 비해 50%정도의 가격하락이 예상되는 품질. 단, 가공공장 공급 및 판매 여부와 무관 ※ 80%형 : 일반시장에 출하가 불가능하나, 가공용으로 공급될 수 있는 품질. 단, 가공공장공급 및 판매 여부와 무관 ※100%형 : 피해 고구마(일반시장 출하가 불가능하고 가공용으로 공급될 수 없는 품질
감자	• 표본구간 내 작물을 수확한 후 정상 감자, 병충해별 20% 이하, 21%~40% 이하, 41%~60% 이하, 61%~80%이하, 81%~100%이하 발병 감자로 구분하여 해당 병충해명과 무게를 조사 • 최대 지름이 5cm미만이거나 피해정도 50%이상인 감자의 무게는 실제 무게의 50%를 조사 무게로 함.
옥수수	• 표본구간 내 작물을 수확한 후 착립장 길이에 따라 상(17cm이상)·중(15cm이상 17cm미만)·하(15cm미만)로 구분한 후 해당 개수를 조사

농작물재해보험 및 가축재해보험 손해평가의 이론과 실무

구분	내용
차(茶)	• 표본구간 중 두 곳에 20cm×20cm 테를 두고 테 내의 수확이 완료된 새싹의 수를 세고, 남아있는 모든 새싹(1심2엽)을 따서 개수를 세고 무게를 조사
콩, 팥	• 표본구간 내 콩, 팥을 수확하여 꼬투리를 제거한 후 콩, 팥 종실의 무게 및 함수율(3회 평균) 조사
양배추	• 표본구간 내 작물의 뿌리를 절단하여 수확(외엽 2개 내외 부분을 제거)한 후, 정상 양배추와 80%피해 양배추, 100%피해 양배추로 구분 ※ 80%피해 양배추 : 해당 양배추의 피해 무게를 80% 인정 ※ 100%피해 양배추 : 해당 양배추 피해 무게를 100% 인정

ⓑ 전수조사 방법 (콩, 팥)

구분	내용
전수조사 대상농지 여부 확인	• 전수조사는 기계수확(탈곡 포함)을 하는 농지 또는 수확직전 상태가 확인된 농지 중 자른 작물을 농지에 그대로 둔 상태에서 기계탈곡을 시행하는 농지에 한한다.
콩(종실), 팥(종실)의 중량 조사	• 대상 농지에서 수확한 전체 콩(종실), 팥(종실)의 무게를 조사한다. • 전체 무게 측정이 어려운 경우에는 10포대 이상의 포대를 임의로 선정하여 포대 당 평균 무게를 구한 후 해당 수치에 수확한 전체 포대 수를 곱하여 전체 무게를 산출한다. 전체 무게 = 10포대 이상의 포대 당 평균 무게 × 수확한 전체 포대 수
콩(종실), 팥(종실)의 함수율조사	• 10회 이상 종실의 함수율을 측정 후 평균값을 산출한다. 단, 함수율을 측정할 때에는 각 횟수마다 각기 다른 포대에서 추출한 콩, 팥을 사용한다.

ⓗ 미보상비율 조사 (모든 조사 시 동시 조사)

상기 모든 조사마다 미보상비율 적용표(별표2)에 따라 미보상비율을 조사한다.

기출 뽀개기 ▶ 제8회 기출문제

종합위험 수확감소보장방식 과수 및 밭작물 품목 중 ( )에 들어갈 해당 품목을 쓰시오. (5점)

구분	내용	해당 품목
과수 품목	경작불능조사를 실시하는 품목	(①)
	병충해를 보장하는 품목(특약 포함)	(②)
밭작물 품목	전수조사를 실시해야하는 품목	(③), 팥
	재정식 보험금을 지급하는 품목	(④)
	경작불능조사 대상이 아닌 품목	(⑤)

답

정답 ① 복분자 ② 복숭아 ③ 콩, ④ 양배추 ⑤ 차

기출뽀개기 ▶ 제7회 기출문제

업무방법에서 정하는 종합위험 수확감소보장방식 밭작물 품목의 품목별 표본구간별 수확량 조사 방법에 관한 내용이다. ( )에 들어갈 내용을 각각 쓰시오. (5점)

품 목	표본구간별 수확량 조사방법
옥수수	표본구간 내 작물을 수확한 후 착립장 길이에 따라 상(①)·중(②)·하(③)로 구분한 후 해당 개수를 조사
차(茶)	표본구간 중 두 곳에 (④) 테를 두고 테 내의 수확이 완료된 새싹의 수를 세고, 남아있는 모든 새싹(1심 2엽)을 따서 개수를 세고 무게를 조사
감 자	표본구간 내 작물을 수확한 후 정상 감자, 병충해별 20% 이하, 21%~40%이하, 41%~60% 이하, 61%~80%이하, 81%~100%이하 발병 감자로 구분하여 해당 병충해명과 무게를 조사하고 최대 지름이 (⑤) 미만이거나 피해정도 50%이상인 감자의 무게는 실제 무게의 50%를 조사무게로 함

답 ①_____, ②_____, ③_____, ④_____, ⑤_____

정답 ① 17cm이상 ② 15cm이상 17cm미만
③ 15cm미만 ④ 20cm×20cm ⑤ 5cm

기출뽀개기 ▶ 제3회 기출문제

업무방법에서 정하는 종합위험 수확감소보장방식 논작물 및 밭작물 품목에 대한 내용이다. ( )에 알맞은 내용을 답란에 쓰시오. [5점]

구 분	품 목
수확량 전수조사 대상 품목	(㉠), (㉡), (㉢)
경작불능 비해당 품목	(㉣)
병충해를 보장하는 품목(특약포함)	(㉤), (㉥)

답 ㉠ _____, ㉡ _____, ㉢ _____, ㉣ _____, ㉤ _____, ㉥ _____

정답 ㉠ 벼, ㉡ 콩, ㉢ 팥
㉣ 차, ㉤ 감자, ㉥ 벼

기출뽀개기 ▶ 제5회 기출문제

다음은 수확량 산출식에 관한 내용이다. ① ~ ⑤ 에 들어갈 작물을 〈보기〉에서 선택하여 쓰고, '마늘' 수확량산출식의 ⑥ 환산계수를 쓰시오. (2023. 이론서에 따름)[5점]

〈 보 기 〉
마늘 (난지형)   감자   고구마   양파   양배추

○표본구간 수확량 산출식에서 50% 피해형이 포함되는 품목 ---(①), (②)
○표본구간 수확량 산출식에서 80% 피해형이 포함되는 품목 ---(②),(③),(④),(⑤)
○마늘 (난지형)의 표본구간 단위면적당 수확량 : (표본구간 정상 작물 중량 +(80% 피해작물 중량×0.2)) × (1 + 비대추정지수) × ⑥ 환산계수 ÷ 표본구간 면적

답

정답 ① 감자 ② 고구마 ③ 양파
④ 마늘 ⑤ 양배추 ⑥ 0.72

해설 ① 감자 : 표본구간 수확량합계 = 표본구간별 정상 감자 중량 + (최대 지름이 5cm미만이거나 50%형 피해 감자 중량 × 0.5) + 병충해 입은 감자 중량
②,고구마 : 표본구간 수확량 = 표본구간별 정상 고구마 중량 + (50% 피해 고구마 중량×0.5) + (80% 피해 고구마 중량×0.2)
③,④ 양파, 마늘 : 표본구간 수확량 합계 = (표본구간 정상 작물 중량 +(80% 피해 작물 중량 ×0.2))× (1 + 비대추정지수) × 환산계수 (마늘에 한함)
⑤ 양배추 : 표본구간 수확량합계=표본구간 정상양배추 중량 + (80% 피해양배추 중량×0.2)
⑥ 0.72 환산계수 : 마늘에 한하여 0.7(한지형), 0.72(난지형)를 적용
※ 옥수수, 차, 콩, 팥
- 옥수수표본구간피해수확량합계 =(표본구간"하"품 이하 옥수수개수+"중"품옥수수개수×0.5) × 표준중량 × 재식시기지수 × 재식밀도지수
- 차 표본구간 수확량 합계 = {(수확한 새싹무게 ÷ 수확한 새싹수) × 기수확 새싹수 × 기수확지수} + 수확한 새싹무게
- 콩, 팥 표본구간 수확량 합계 = 표본구간별 종실중량 합계×{(1- 함수율)÷(1-기준함수율)}
※ 기준함수율 : 콩(14%), 팥(14%)

4. 보험금산정방법

(1) 조기파종 보험금 산정 (마늘)

① 지급 대상

조기파종 특약 판매시기 중 가입한 남도종 마늘을 재배하는 제주도 지역 농지

② 지급 사유

㉠ 한지형 마늘 최초 판매개시일 24시 이전에 보장하는 재해로 10a당 출현주수가 30,000주보다 작고, 10월 31일 이전 10a당 30,000주 이상으로 재파종한 경우 아래와 같이 계산한 재파종보험금을 지급한다.

> 지급보험금 = 보험 가입금액 × 25% × 표준출현 피해율
> 표준출현 피해율(10a 기준) = (30,000주 - 출현주수) ÷ 30,000주

㉡ 한지형 마늘 최초 판매개시일 24시 이전에 보장하는 재해로 식물체 피해율이 65% 이상 발생한 경우 경작불능 보험금의 신청시기와 관계없이 아래와 같이 계산한 경작불능 보험금을 지급한다 단. (산지폐기가 확인된 경우 지급)

[조기파종특약의 자기부담비율별 경작불능 보험금 보장비율]

구분	자기부담비율 (일반 경작불능보험금 비율과 다름에 주의)				
	10%형	15%형	20%형	30%형	40%형
경작불능 보험금	보험가입 금액의 32%	보험가입 금액의 30%	보험가입 금액의 28%	보험가입 금액의 25%	보험가입 금액의 25%

(2) 재파종보험금의 산정(마늘)

① 지급사유 : 재파종보험금은 재파종조사 결과 10a당 출현주수가 30,000주 미만이었으나, 10a당 30,000주 이상으로 재파종을 한 경우에 지급한다.

> 지급보험금 = 보험 가입금액 × 35% × 표준출현 피해율
> 표준출현 피해율(10a 기준) = (30,000 - 출현주수) ÷ 30,000

▶ 제2회 기출문제

업무방법에서 정하는 종합위험방식 마늘 품목에 관한 다음 2가지 물음에 답하시오. [10점]

물음 1) 재파종보험금 산정방법을 서술하시오.

답

정답 1) 재파종보험금의 산정방법

1. 재파종보험금은 재파종조사 결과 10a당 출현주수가 30,000주 미만이었으나, 10a당 30,000주 이상으로 재파종을 한 경우에 지급하며, 보험금은 보험가입금액에 35%를 곱한 후 다시 표준출현 피해율을 곱하여 산정한다.
2. 표준출현 피해율은 10a 기준 출현주수를 30,000에서 뺀 후 이 값을 30,000으로 나누어 산출한다.

물음 2) 다음의 계약사항과 보상하는 재해에 따른 조사내용에 관하여 재파종보험금을 구하시오. (단, 1a는 100m^2이다.)

계약사항

상품명	보험가입금액	가입면적	평년수확량	자기부담비율
종합위험방식 마늘	1,000만원	$4,000\text{m}^2$	5,000kg	20%

조사내용

조사종류	조사방식	1m^2당 출현주수 (1차조사)	1m^2당 재파종 주수 (2차조사)
재파종조사	표본조사	18주	32주

답

2) 재파종보험금 계산과정 :

① 출현주수(1차조사) : 10a ($1,000\text{m}^2$)당 출현주수 = $1,000\text{m}^2 \times 18$주/$\text{m}^2$ = 18,000주

② 1m^2당 재파종 주수 (2차조사) = $1,000\text{m}^2 \times 32$주/$\text{m}^2$ = 32,000주

재파종조사 결과 10a당 출현주수가 30,000주 미만(18,000주)이었으나, 10a당 30,000주 이상(32,000주)으로 재파종을 하였으므로 재파종보험금이 지급된다.

③ 표준출현 피해율(10a) = (30,000주 − 기준 출현주수) ÷ 30,000주
  = (30,000주 − 18,000주) ÷ 30,000주 = 0.4

④ 지급보험금 = 보험가입금액 × 0.35 × 표준출현 피해율
  ∴ 지급보험금 = 1,000만원 × 0.35 × 0.4 = 140만원

답 140만원

(3) 재정식보험금의 산정 (양배추)
① **지급사유** : 보험기간내에 보상하는 재해로 면적피해율이 자기부담비율을 초과하고, 재정식을 한 경우에 1회 지급한다.

> 지급보험금 = 보험 가입금액 × 20% × 면적 피해율
> 면적 피해율 = 피해면적 ÷ 보험 가입면적

(4) 경작불능보험금의 산정 (차 품목 제외)
① **지급사유** : 보험기간 내에 보상하는 재해로 식물체 피해율이 65% 이상이고, 계약자가 경작불능보험금을 신청한 경우 경작불능보험금은 자기부담비율에 따라 보험 가입금액의 일정 비율로 계산한다. (단, 산지폐기가 확인된 경우 지급)

> 지급보험금 = 보험 가입금액 × 자기부담비율별 보장비율

표 품목별 자기부담비율별 경작불능보험금 보장비율

자기부담비율 품 목	10%형	15%형	20%형	30%형	40%형
양파, 마늘, 고구마, 옥수수, 사료용옥수수, 콩, 감자	45%	42%	40%	35%	30%
양배추	-	42%	40%	35%	30%
팥	-	-	40%	35%	30%

② 사료용 옥수수의 경작불능보험금은 경작불능조사 결과 보상하는 재해로 식물체 피해율이 65% 이상이고, 계약자가 경작불능보험금을 신청한 경우에 지급하며, 보험금은 가입금액에 다음 보장비율과 경과비율을 곱하여 산출한다.

> 지급보험금 = 보험 가입금액 × 자기부담비율별 보장비율 × 경과비율

㉠ 보장비율

구 분	45%형	42%형	40%형	35%형	30%형
보장비율	45%	42%	40%	35%	30%

㉡ 경과비율

월별	5월	6월	7월	8월
경과비율	80%	80%	90%	100%

③ 계약의 소멸
경작불능보험금을 지급한 때에는 그 손해보상의 원인이 생긴 때로부터 해당 농지에 대한 보험계약은 소멸되며, 이 경우 환급보험료는 발생하지 않는다.

(5) 수확감소보험금
  ① 지급 사유
    ㉠ 보험기간 내에 보상하는 재해로 피해율이 자기부담비율을 초과하는 경우 지급한다.
    ㉡ 경작불능보험금 지급대상인 경우 수확감소보험금 산정 대상에서 제외된다. (콩, 팥에 한함)
    ㉢ 감자의 경우 평년수확량에서 수확량과 미보상감수량을 뺀 값에 병충해감수량을 더한 후 평년수확량으로 나누어 산출된 피해율을 적용한다.
  ② 보험금 계산식

품목	보험금 계산식
마늘, 양배추, 양파, 고구마, 감자(봄재배, 가을재배, 고랭지재배), 차(茶) 콩, 팥	지급보험금 = 보험가입금액 × (피해율 - 자기부담비율) • 피해율 = (평년수확량 - 수확량 - 미보상감수량) ÷ 평년수확량 • 감자의 피해율=(평년수확량 -수확량-미보상감수량 + 병충해감수량)÷ 평년수확량
옥수수	MIN(보험가입금액, 손해액) - 자기부담금 • 손해액 = 피해수확량 × 가입가격 • 자기부담금 = 보험가입금액 × 자기부담비율 ※ 위식의 피해수확량은 약관상 기재된 표현으로서 미보상감수량을 제외하여 산정한 값을 뜻함. 이는 실무상 적용하는 [별표 7] 옥수수 손해액 산식의 (피해수확량 - 미보상감수량)과 동일한 의미임.

  ③ 수확량 조사(표본조사 시와 전수조사 시로 나누어 산출)
    ㉠ 표본조사 시 수확량 산출방법
      ⓐ 표본구간 수확량 합계

실제경작면적의 구성			
조사대상면적	수확불능(고사)면적	타작물 및 미보상면적	기수확면적

〈수확량은 표본조사하여 구한 수확량과 평년수확량으로 추측한 수확량을 합하여 구함〉

표본조사하여 구한 수확량	평년수확량으로 추측한 수확량	
조사대상 면적	타작물 및 미보상면적	기수확면적
$\dfrac{\text{표본구간 수확량 합계}}{\text{표본구간 면적 합계}} \times \text{표본조사 대상면적}$ +	$\dfrac{\text{평년수확량}}{\text{실제경작면적}} \times$	(타작물 및 미보상면적+기수확면적)

$\dfrac{\text{표본구간 수확량 합계}}{\text{표본구간 면적 합계}}$ = 단위면적당($1m^2$) 표본구간 수확량이며 여기에 표본조사대상면적을 곱해주면 표본조사대상면적 수확량이 됨

$\dfrac{\text{평년수확량}}{\text{실제 경작면적}}$ = 단위면적당($1m^2$) 평년수확량이며 여기에 (타작물 및 미보상면적 + 기수확면적)을 곱해주면 평년수확량으로 추측한 수확량이 됨

ⓑ 품목별 표본구간 수확량 합계 산정 방법

	표 품목별 표본구간 수확량 합계 산정 방법	
표본구간 수확량 합계	감자	표본구간별 작물 무게의 합계
	양배추	표본구간별 정상 양배추 무게의 합계 + (80%형 양배추의 무게× 0.2)
	차(茶)	[(표본구간별로 수확한 새싹무게 ÷ 수확한 새싹수) × 기수확새싹수 × 기수확지수] + 수확한 새싹무게 ※ 기수확지수 : 기수확비율 (기수확새싹수 ÷ 전체새싹수)에 따라 산출 ※ 전체새싹수 = 기수확새싹수 + 수확한 새싹수
	양파, 마늘	양파 : (비대추정지수 +1) × 표본구간별작물 무게의 합계 마늘 : (비대추정지수 +1) × 표본구간별작물 무게의 합계 × 환산계수 ※ 마늘 품종별 환산계수 : 난지형 0.72 / 한지형 0.7
	고구마	표본구간별(정상고구마무게합계)+(50%형무게×0.5)+(80%형무게× 0.2)
	옥수수	피해수확량 = [(표본구간 내 수확한 옥수수 중 하 항목의 개수) + (중 항목 개수 × 0.5)] × 품종별 표준중량 표 품종별 표준중량(g) <table><tr><td>미백2호</td><td>대학찰(연농2호)</td><td>미흑찰 등</td></tr><tr><td>180</td><td>160</td><td>190</td></tr></table>
	콩, 팥	{표본구간별 종실중량 × (1- 함수율)} ÷ 0.86

표 기수확비율에 따른 기수확지수(차(茶)만 해당)

기수확비율	기수확지수	기수확비율	기수확지수
10% 미만	1.000	10% 이상 20% 미만	0.992
20% 이상 ~ 80% 미만 : 〈생략〉			
80% 이상 90% 미만	0.932	90% 이상	0.924

	표 품목별 표본구간 면적 합계 산정 방법
표본구간 면적 합계	양파, 마늘, 고구마, 감자, 옥수수, 양배추 : 표본구간별 면적 (이랑길이 × 이랑폭)의 합계
	콩, 팥 : 표본구간별 면적 [이랑길이(또는 세로길이) × 이랑폭 (또는 가로길이)]의 합계 ※ 단, 규격의 원형(1m^2)을 이용하여 조사한 경우의 산정방법 표본구간수 × 규격 면적 (1m^2)
	차 (茶) : 표본구간수 × 규격 면적 (0.08m^2) ※0.08m^2 : 표본구간 중 두 곳에 20cm × 20cm테로 조사함
조사 대상 면적 합계	실제 경작면적 – 수확불능(고사)면적 – 타작물 및 미보상면적 – 기수확면적 ※ 수확불능(고사)면적 : 보상하는 재해로 인하여 수확량이 0인 면적

© 병충해 감수량 (감자만 해당)

구 분	병충해 감수량
병충해 감수량 산출	[표본구간 병충해감수량 합계 / 표본구간 면적 합계] × 조사대상 면적 합계
표본구간 병충해 감수량 합계	각 표본구간별 병충해감수량을 합하여 산출한다. 표본구간 병충해 감수량 합계 = 병충해감수량 × 표본구간수
병충해감수량	병충해를 입은 괴경의 무게 × 손해정도비율 × 인정비율
손해정도비율	표 병충해로 입은 손해의 정도에 따라 병충해 감수량으로 적용하는 비율 <table><tr><td>손해정도</td><td>1~20%</td><td>21~40%</td><td>41~60%</td><td>61~80%</td><td>81~100%</td></tr><tr><td>손해정도비율</td><td>20%</td><td>40%</td><td>60%</td><td>80%</td><td>100%</td></tr></table>
인정비율 산정	표 병·해충별 등급에 따라 병충해 감수량으로 인정하는 비율 <table><tr><td>급수</td><td>병·해충</td><td>인정비율</td></tr><tr><td>1급</td><td>역병, 걀쭉병, 모자이크병, 무름병, 둘레썩음병, 가루더뎅이병, 잎말림병, 감자뿔나방</td><td>90%</td></tr><tr><td>2급</td><td>홍색부패병, 시들음병, 마른썩음병, 풋마름병, 줄기검은병, 더뎅이병, 균핵병, 검은무늬썩음병, 줄기기부썩음병, 진딧물류, 아메리카잎굴파리, 방아벌레류</td><td>70%</td></tr><tr><td>3급</td><td>반쪽시들음병, 흰비단병, 잿빛곰팡이병, 탄저병, 겹둥근무늬병, 오이총채벌레, 뿌리혹선충, 파밤나방, 큰28점박이무당벌레, 기타</td><td>50%</td></tr></table>

ⓒ 전수조사 시 수확량 산출 (콩, 팥 만 해당)

산 출	(전수조사 수확량합계) + 【(평년수확량÷실제경작면적)×(타작물 및 미보상면적+기수확면적)】
	표 전수조사 수확량 산정 방법
	<table><tr><td>품 목</td><td>수확량 합계 산정 방법</td></tr><tr><td>콩, 팥</td><td>[전체 종실중량 × (1- 함수율)] ÷ 0.86 로 산정한 중량의 합계</td></tr></table>

제3회 기출문제

다음의 계약사항과 보상하는 재해에 따른 조사내용에 관하여 피해수확량, 미보상감수량, 수확감소보험금을 구하시오. [15점]

계약사항

상품명	보험가입금액	가입면적	표준수확량	자기부담비율
수확감소보장 옥수수(미백2호)	15,000,000원	10,000㎡	5,000kg	20%

조사내용

조사종류	표준중량	실제경작면적	수확불능면적	기수확면적
피해수확량조사	180g	10,000㎡	1,000㎡	2,000㎡

표본구간 '상' 옥수수 개수	표본구간 '중' 옥수수 개수	표본구간 '하' 옥수수 개수	표본구간 면적합계	미보상 비율	표준가격
10개	10개	20개	10	10%	5000원/kg

1) 피해수확량 (kg단위로 소수점 셋째짜리에서 반올림하여 둘째자리까지 다음 예시와 같이 구하시오. 예시: 3.456kg → 3.46kg로 기재)

• 계산과정:

답 _____ kg

2) 미보상감수량 (kg단위로 소수점 셋째짜리에서 반올림하여 둘째자리까지 다음 예시와 같이 구하시오. 예시: 3.456kg → 3.46kg로 기재)
   • 계산과정 :

   답 _____ %

3) 수확감소보험금
   • 계산과정 :

   답 _____ 원

정답 1) 피해수확량
   = (표본구간 단위면적당 피해수확량 × 표본조사대상면적) + (단위면적당 표준수확량 × 고사면적)
   = ($0.45kg/m^2$ × $7,000m^2$) + {$0.5kg/m^2$ × ($0m^2$ + $1,000m^2$)} = 3,650kg
   ☞ 표본구간 단위면적당 피해수확량 = 표본구간 피해수확량 합계 ÷ 표본구간 면적
                            = 4,500g ÷ $10m^2$ = $450g/m^2$ = $0.45\ kg/m^2$
   ☞ 표본구간 피해수확량 = (표본구간 '하' 옥수수 개수 + 표본구간 '중' 옥수수 개수 ×0.5)× 표준중량
                   = [20개 + (10개×0.5)] × 180g/개 = 4,500g
※ 시험에서 재식시기지수, 재식밀도지수가 주어지면 재식시기지수와 재식밀도지수도 곱해서 구할 것

   〈별표 7 옥수수 참조〉
   표본구간피해수확량 = (표본구간'하'이하 옥수수개수 + 표본구간'중'옥수수개수×0.5)
                    ×표준중량 × 재식시기지수 × 재식밀도지수

   ☞ 표본조사대상면적 = 실경작면적 - 수확불능(고사)면적 - 타작물 및 미보상면적 - 기수확면적
                = $10,000m^2$ - $1,000m^2$ - 0 - $2,000m^2$ = $7,000m^2$
   ☞ 단위면적당 표준수확량 = 표준수확량 ÷ 실제경작면적 = 5,000kg ÷ $10,000m^2$ = $0.5\ kg/m^2$
2) 미보상감수량 = 피해수확량 × 미보상비율 = 3,650kg × 0.1 = 365kg
3) 수확감소보험금 = min[보험가입금액, 손해액] - 자기부담금
   • 손해액 = (피해수확량 - 미보상감수량)×표준가격 = (3650kg-365kg)×5000원/kg=16,425,000원
     보험가입금액이 손해액보다 더 작으므로
     수확감소보험금 = 15,000,000원 - 3,000,000원 = 12,000,000원
   • 자기부담금 = 보험가입금액 × 자기부담비율 = 15,000,000원 × 20% = 3,000,000원

기출뽀개기 ▶ 제8회 기출문제

종합위험 수확감소보장방식 감자에 관한 내용이다. 다음 계약사항과 조사내용을 참조하여 피해율(%)의 계산과정과 값을 쓰시오. (피해율은 소수점 셋째자리에서 반올림) (5점)

○ 계약사항

품 목	보험가입금액	가입면적	평년수확량	자기부담비율
감자(고랭지재배)	5,000,000원	3,000m2	6,000kg	20 %

○ 조사내용

재해	조사 방법	실제경작 면적	타작물 면적	미보상 면적	미보상 비율	표본구간 총 면적	표본구간 총 수확량 조사 내용
호우	수확량 조사 (표본 조사)	3,000㎡	100㎡	100㎡	20%	10㎡	○ 정상 감자 5kg ○ 최대지름 5cm미만 감자 2kg ○ 병충해(무름병) 감자 4kg ○ 병충해손해정도비율 40%

답

정답 피해율 = {(평년수확량 - 수확량 - 미보상감수량) + 병충해감수량} ÷ 평년수확량
= {(6,000kg - 3,200kg - 560kg) + 403.2kg} ÷ 6,000kg
= 0.440533 = 44.05 %

수확량 = (표본구간 단위면적당 수확량×조사대상면적) + {단위면적당 평년수확량×(타작물 및 미보상면적 + 기수확면적)} = (1kg/m² × 2,800m²) + {2kg/m² ×(200m² + 0)} = 3,200kg

표본구간 단위면적당 수확량 = 표본구간 수확량 합계 ÷ 표본구간 면적 = 10kg ÷ 10m² = 1kg/m²

표본구간 수확량 합계 = 표본구간별 정상 감자 중량 + (최대 지름이 5cm미만이거나 50%형 피해중량 × 0.5) + 병충해 입은 감자 중량 = 5kg + (2kg × 0.5)+4kg = 10kg

조사대상면적 = 실제경작면적 - 고사면적 - 타작물 및 미보상면적 - 기수확면적
= 3,000m² - 0 - 100m² - 100m² - 0 = 2,800m²

단위면적당 평년수확량 = 평년수확량 ÷ 실제경작면적 = 6,000 kg ÷ 3,000m² = 2kg/m²

병충해감수량 = 병충해 입은 괴경의 무게 × 손해정도비율 × 인정비율
= 4kg × 0.4 × 0.9 = 1.4kg

> 위 산식은 각각의 표본구간별로 적용되며, 각 표본구간 면적을 감안하여 전체 병충해 감수량을 산정
> (표본구간 총면적인 10m²에서 감수량이므로 조사대상면적 전체에서의 감수량을 구하여야 함)
> 전체병충해감수량 = 1.4kg × (2,800m²/10m²) = 403.2kg

미보상감수량 = (평년수확량 - 수확량) × 미보상비율 = (6,000kg - 3,200kg) × 20% = 560kg

02 종합위험 생산비보장방식 밭작물 품목

1. **적용품목** : 고추, 배추(고랭지 · 월동), 무(고랭지 · 월동), 단호박, 메밀, 브로콜리, 당근, 시금치(노지), 대파, 쪽파 · 실파[1형], 쪽파 · 실파[2형])
2. **조사종류** : 피해사실확인조사, 경작불능조사, 생산비보장손해조사,

시기	재해	조사내용	조사시기	조사방법	비고
정식 (파종) ~ 수확 종료	보상하는 재해 전부	생산비 보장 손해조사	사고발생시 마다	① 재배일정 확인 ② 경과비율 산출 ③ 피해율 산정 ④ 병충해 등급별 인정비율 확인 (노지 고추만 해당)	고추, 브로콜리
수확전	보상하는 재해 전부	피해사실 확인조사	사고접수 후 지체 없이	보상하는 재해로 인한 피해발생여부조사 (피해사실이 명백한 경우 생략 가능)	배추, 무, 단호박, 파, 당근, 메밀, 시금치(노 지)만 해당
		경작불능 조사	사고접수 후 지체 없이	해당 농지의 피해면적비율 또는 보험 목적인 식물체 피해율 조사 · 조사방법: 전수조사 또는 표본조사	
수확 직전		생산비 피해조사	수확직전	사고발생 농지의 피해비율 및 손해정도 비율 확인을 통한 피해율 조사 · 조사방법: 표본조사	

3. **손해평가 현지조사 방법**

(1) **피해사실 확인조사** : 배추(고랭지·가을배추·월동), 무(고랭지·월동), 단호박, 파(대파, 쪽파·실파), 당근, 메밀, 시금치(노지)

① 조사대상 : 대상 재해로 사고 접수 농지 및 조사 필요 농지
② 조사시기 : 사고 접수 직후 실시

보상하는 재해로 인한 피해 여부 확인	기상청 자료 확인 및 현지 방문 등을 통하여 보상하는 재해로 인한 피해가 맞는지 확인하며, 필요시에는 이에 대한 근거로 다음의 자료를 확보한다. • 기상청 자료, 농업기술센터 의견서 및 손해평가인 소견서 등 재해 입증 자료 • 피해농지 사진 : 농지의 전반적인 피해 상황 및 세부 피해내용이 확인 가능하도록 촬영
추가 조사 필요 여부 판단	보상하는 재해 여부 및 피해 정도 등을 감안하여 추가조사 (생산비보장 손해조사 또는 경작불능 손해조사)가 필요한지 여부를 판단하여 해당 내용에 대하여 계약자에게 안내하고, 추가조사가 (생산비보장 손해조사 또는 경작불능 손해조사) 필요할 것으로 판단된 경우에는 손해평가반구성 및 추가조사 일정을 수립한다.
조사 생략	단, 태풍 등과 같이 재해 내용이 명확하거나 사고 접수 후 바로 추가조사가 필요한 경우 등에는 피해사실확인조사를 생략할 수 있다.

(2) 경작불능조사 : 배추(고랭지·가을배추·월동), 무(고랭지·월동), 단호박,
파(대파, 쪽파·실파), 당근, 메밀, 시금치(노지)
① 조사대상 : 피해사실확인조사 시 경작불능조사가 필요하다고 판단된 농지 또는
사고 접수 시 이에 준하는 피해가 예상되는 농지
② 조사시기 : 피해사실확인조사 직후 또는 사고 접수 직후
③ 경작불능 보험금 지급 대상 여부 조사 (경작불능 전(前)조사)
㉠ 보험기간 확인 : 다음의 기간내 사고인지 확인한다.

구 분	보험 개시		보험 종료
대파 (정식)	'계약체결일 24시'와 '정식(파종)완료일 24시' 중 늦은 때	5월 20일 초과불가	수확 개시일 직전 (단, 약관이 정하는 보장종료일을 초과할 수 없음)
단호박 (정식)		5월 29일 초과불가	
고랭지 배추 (정식)		7월 31일 초과불가	
고랭지 무 (파종)		7월 31일 초과불가	
당근 (파종)		8월 31일 초과불가	
가을배추(정식)		9월 10일 초과불가	
월동배추(정식)		9월 25일 초과불가	
월동무(파종)		10월 15일 초과불가	
쪽파·실파([1형]·[2형])(파종)		10월 15일 초과불가	
시금치(노지)(파종)		10월 31일 초과불가	

㉡ 보상하는 재해 여부 심사
농지 및 작물 상태 등을 감안하여 보상하는 재해로 인한 피해가 맞는지 확인하며, 필요시에는 이에 대한 근거 자료(피해사실확인조사 참조)를 확보할 수 있다.

㉢ 실제 경작면적 확인
GPS면적측정기 또는 지형도 등을 이용하여 보험가입 면적과 실제 경작면적을 비교한다. 이 때 실제 경작면적이 보험 가입면적 대비 10% 이상 차이가 날 경우에는 계약 사항을 변경해야 한다.

㉣ 식물체 피해율 조사(=[고사식물체(수 또는 면적)÷보험가입식물체(수 또는 면적)]
• 보상하는 재해로 인한 식물체 피해율이 65% 이상인지 여부를 조사한다.
• 고사식물체 판정의 기준은 해당 식물체의 수확 가능 여부이다.

㉤ 생산비보장 손해조사 대상 확인
식물체 피해율이 65% 미만이거나, 식물체 피해율이 65% 이상이나 계약자가 경작불능 보험금을 신청하지 않은 경우에는 향후 생산비보장 손해조사가 필요한 농지로 결정한다.

④ 산지폐기 여부 확인 (2차 : 경작불능후(後)조사)
㉠ 배추(고랭지·월동), 무(고랭지·월동), 단호박, 파(대파, 쪽파·실파), 당근, 메밀, 시금치(노지)
㉡ 1차 조사(경작불능 전 조사)에서 보상하는 재해로 식물체 피해율이 65% 이상인 농지에 대하여, 산지폐기 등으로 작물이 시장으로 유통되지 않은 것을 확인한다.

(3) 생산비보장 손해조사
  ① 적용품목
    ㉠ 고추, 브로콜리
    ㉡ 배추(고랭지·월동), 무(고랭지·월동), 단호박, 파(대파, 쪽파·실파), 당근, 메밀, 시금치(노지) 중 피해사실 확인조사 시 추가조사가 필요하다고 판단된 농지 또는 경작불능 조사 결과 추가 조사를 실시하는 것으로 결정된 농지(식물체 피해율이 65% 미만이거나, 65% 이상이어도 계약자가 경작불능 보험금을 신청하지 않는 경우)
  ② 조사시기
    ㉠ 사고 접수 직후 : 고추, 브로콜리
    ㉡ 수확 직전 : 배추(고랭지·월동), 무(고랭지·월동), 단호박, 파(대파, 쪽파·실파), 당근, 메밀, 시금치(노지)
    ㉢ 단, 생산비보장 손해조사 전 계약자가 피해 미미(자기부담비율 이내의 사고) 등의 사유로 수확량조사 실시를 취소한 농지는 생산비보장 손해조사를 실시하지 않는다.
  ③ 조사 방법

조사절차		내 용
보상하는 재해 여부 확인		농지 및 작물 상태 등을 감안하여 보상하는 재해로 인한 피해가 맞는지 확인하며, 필요시에는 이에 대한 근거자료(피해사실 확인조사 참조)를 확보한다.
일자조사	사고일자 확인	• 재해가 발생한 일자를 확인한다. • 한해(가뭄), 폭염 및 병충해와 같이 지속되는 재해의 사고일자는 재해가 끝나는 날(가뭄예시 : 가뭄 이후 첫 강우일의 전날)을 사고일자로 한다. • 재해가 끝나기 전에 조사가 이루어질 경우에는 조사가 이루어진 날을 사고일자로 하며, 조사 이후 해당 재해로 추가 발생한 손해는 보상하지 않는다.
	수확 예정일자 수확 개시일자 수확 종료일자 확인	• 사고일자를 기준으로 사고일자 전에 수확이 시작되지 않았다면 수확 예정일자를 확인한다. • 사고일자 전에 수확이 시작되었다면 최초 수확을 시작한 일자와 수확 종료 (예정)일자를 확인한다.
실제 경작면적 조사		GPS면적측정기 또는 지형도 등을 이용하여 보험가입 면적과 실제 경작면적을 비교한다. 이 때 실제 경작면적이 보험 가입 면적 대비 10% 이상 차이가 날 경우에는 계약사항을 변경해야 한다.
피해면적 조사		GPS면적측정기 또는 지형도 등을 이용하여 피해 이랑 또는 식물체 피해면적을 확인한다. (단, 메밀 품목은 도복으로 인한 피해면적과 도복 이외 피해면적을 나누어 조사)

손해정도 비율 조사	고추	표본이랑수 선정	• 조사된 피해면적에 따라 표본이랑수(별표1)를 선정한다. (별표1) 고추, 메밀, 브로콜리, 배추, 무, 단호박, 파, 당근, 시금치(노지) {표: 실제경작면적 또는 피해면적 / 표본구간(이랑)수 3,000㎡ 미만 / 4 3,000㎡ 이상 7,000㎡ 미만 / 6 7,000㎡ 이상 15,000㎡ 미만 / 8 15,000㎡ 이상 / 10}
		표본이랑 선정	• 선정한 표본이랑 수를 바탕으로 피해 이랑 중에서 동일한 간격으로 골고루 배치될 수 있도록 표본이랑을 선정한다 • 다만, 선정한 이랑이 표본으로 부적합한 경우(해당 지점 작물의 상태가 현저히 좋거나 나빠서 표본으로서의 대표성을 가지기 어려운 경우 등)에는 가까운 위치의 다른 피해 이랑을 표본이랑으로 선정한다.
		표본이랑내 작물 상태 조사	• 표본이랑별로 식재된 작물(식물체 단위)을 손해정도비율표 〈별표 6〉와 고추 병충해 등급별 인정비율에 따라 구분하여 조사한다. **표 병충해 등급별 인정비율** {표: 등급 / 종류 / 인정비율 1등급 / 역병, 풋마름병, 바이러스병, 탄저병, 세균성점무늬병 / 70% 2등급 / 잿빛곰팡이병, 시들음병, 담배가루이, 담배나방 / 50% 3등급 / 흰가루병, 균핵병, 무름병, 진딧물 및 기타 / 30%} • 이때 피해가 없거나 보상하는 재해 이외의 원인으로 피해가 발생한 작물 및 타작물은 정상으로 분류한다. • 가입 이후 추가로 정식한 식물체 등 보장 대상과 무관한 식물체도 정상으로 분류하여 조사한다.
		미보상비율 조사	• 품목별 미보상비율 적용표(별표2-2)에 따라 미보상비율을 조사한다.
	브로 콜리	표본구간수 선정	• 실제경작면적에 따라 최소 표본구간 수 이상의 표본구간 수를 선정한다.

손해정도 비율 조사	브로콜리	표본구간 선정	• 선정한 표본구간 수를 바탕으로 재배방법 및 품종 등을 감안하여 조사 대상 면적에 동일한 간격으로 골고루 배치될 수 있도록 표본구간을 선정한다. • 다만, 선정한 구간이 표본으로 부적합한 경우(해당 지점 작물의 수확량이 현저히 많거나 적어서 표본으로 대표성을 가지기 어려운 경우 등)에는 가까운 위치의 다른 구간을 표본구간으로 선정한다. • 대상 이랑을 연속해서 잡거나 1~2이랑씩 간격을 두고 선택한다.
		표본구간내 작물 상태 조사	• 각 표본구간 내에서 연속하는 10구의 작물피해율 조사를 진행한다. • 각 표본구간 내에서 식재된 작물을 브로콜리 피해정도에 따른 피해인정계수표에 따라 조사를 진행한다. 작물피해율조사 시, 보상하는 재해로 인한 작물이 훼손된 경우 피해 정도에 따라 정상, 50%형 피해송이, 80%형 피해송이, 100%형 피해송이로 구분하여 조사한다. | 구분 | 정상 밭작물 | 50%형 피해밭작물 | 80%형 피해밭작물 | 100%형 피해밭작물 | |---|---|---|---|---| | 피해인 정계수 | 0 | 0.5 | 0.8 | 1 |
	메밀 (도복 이외 피해면적 만을 대상으로 함)	표본구간수 선정	• 피해면적에 따라 표본구간수를 선정한다.
		표본구간 선정	• 선정한 표본구간 수를 바탕으로 피해면적에 골고루 배치될 수 있도록 표본구간을 선정한다. • 다만, 선정한 구간이 표본으로 부적합한 경우(해당 작물의 수확량이 현저히 많거나 적어서 표본으로서의 대표성을 가지기 어려운 경우 등)에는 가까운 위치의 다른 구간을 표본구간으로 선정한다.
		표본구간내 메밀 상태 (손해정도 비율)조사	• 선정된 표본구간에 규격의 원형(1㎡) 이용 또는 표본구간의 가로·세로 길이 1m × 1m를 구획하여, 표본구간 내 식재된 메밀을 손해정도비율표에 따라 구분하여 조사한다. • 이때 피해가 없거나 보상하는 재해 이외의 원인으로 피해가 발생한 메밀 및 타작물은 정상으로 분류한다. • 다만, 기 조사시 100%형 피해로 보험금 지급완료 후 새로 파종한 메밀 등 보장대상과 무관한 작물은 평가제외로 분류하여 조사한다.

손해정도 비율 조사	배추 (고랭지·월동), 무 (고랭지·월동), 파 (대파, 쪽파·실파), 당근, 시금치 (노지)	표본구간수 선정	• 조사된 피해면적에 따라 (별표 1)이상의 표본구간수를 선정한다.
		표본구간 선정 및 표식	• 선정한 표본구간 수를 바탕으로 피해면적에 골고루 배치될 수 있도록 표본구간을 선정한다. • 다만, 선정한 구간이 표본으로서 부적합한 경우 (해당 작물의 수확량이 현저히 많거나 적어서 표본으로서의 대표성을 가지기 어려운 경우 등)에는 가까운 위치의 다른 구간을 표본구간으로 선정한다. • 표본구간마다 첫 번째 작물과 마지막 작물에 리본 등으로 표시한다.
		표본구간내 작물 상태 조사	• 표본구간 내에서 연속하는 10구의 손해정도 비율 조사를 진행한다. • 손해정도비율 조사 시, 보상하는 재해로 인한 작물이 훼손된 경우 손해정도비율표에 따라 구분하여 조사한다.
	단호박	표본구간수 선정	• 조사된 피해면적에 따라 표본구간수를 선정한다.
		표본구간 선정	• 선정한 표본구간 수를 바탕으로 피해면적에 골고루 배치될 수 있도록 표본구간을 선정한다. • 다만, 선정한 구간이 표본으로서 부적합한 경우 (해당 작물의 수확량이 현저히 많거나 적어서 표본으로서의 대표성을 가지기 어려운 경우 등)에는 가까운 위치의 다른 구간을 표본구간으로 선정한다.
		표본구간내 작물 상태 조사	• 선정된 표본구간에 표본구간의 가로(이랑폭)·세로(1m) 길이를 구획하여, 표본구간 내 식재된 단호박을 손해정도비율표에 따라 구분하여 조사한다.

손해정도 비율표	손해정도	1~20%	21~40%	41~60%	61~80%	81~100%
	손해정도비율	20%	40%	60%	80%	100%

3. 보험금의 산정 : 경작불능 보험금, 생산비보장 보험금

(1) 경작불능보험금의 산정 (배추, 무, 단호박, 파, 당근, 메밀, 시금치)
   ① 보험기간 내에 보상하는 재해로 식물체 피해율이 65% 이상이고, 계약자가 경작불능보험금을 신청한 경우에 지급한다.
   ② 보험금 = 보험가입금액 × 자기부담비율별 지급 비율

   표 자기부담비율별 경작불능보험금 지급 비율표

자기부담비율	20%형	30%형	40%형
지급 비율	40%	35%	30%

   ③ 지급거절 사유
      보험금 지급 대상 농지 품목이 산지폐기 등의 방법을 통해 시장으로 유통되지 않게 된 것이 확인되지 않으면 경작불능보험금을 지급하지 않는다.
   ④ 경작불능보험금을 지급한 때에는 그 손해보상의 원인이 생긴 때로부터 해당 농지에 대한 보험계약은 소멸되며, 이 경우 환급보험료는 발생하지 않는다.

(2) 생산비보장 보험금의 산정 : (고추, 브로콜리)

   - 보험금 = (잔존 보험가입금액 × ① 경과비율 × ② 피해율) – ③ 자기부담금
   - 병충해가 있는 경우 보험금 (고추만 해당)
     = (잔존보험가입금액 × 경과비율 × 피해율 × 병충해 등급별 인정비율) – 자기부담금

   ① 경과비율
   경과비율은 다음 목과 같이 수확기 이전에 보험사고가 발생한 경우와 수확기 중에 보험사고가 발생한 경우로 나누어 산출한다.

구 분	경과비율 산출식
수확기 이전에 보험사고가 발생한 경우	1. 경과비율=준비기생산비 계수 + {(1 – 준비기생산비계수) × $\frac{생장일수}{표준생장일수}$} 2. 준비기생산비계수 : 고 추 : 54.4% 브로콜리 : 49.5% 3. 생장일수 : 정식일로부터 사고발생일까지의 경과일수 4. 표준생장일수(정식일로부터 수확개시일까지 표준적인 생장일수) 사전에 설정된 값이다. 고추 : 100일, 브로콜리: 130일 5. 생장일수를 표준생장일수로 나눈 값은 1을 초과할 수 없다.
수확기 중에 보험사고가 발생한 경우	1. 경과비율 = 1 – (수확일수 ÷ 표준수확일수) 2. 수확일수 : 수확개시일부터 사고발생일까지의 경과일수 3. 표준수확일수 ; 수확개시일부터 수확종료일까지의 일수

② 피해율

구 분	산 출

고 추	• 피해율 = 피해비율 × 손해정도비율(심도) × (1 − 미보상비율)
	※ 피해비율 = 피해면적(㎡) ÷ 재배면적(㎡)
	※ 손해정도비율 (표본구간 내 고추의 손해정도를 의미)
	    표본이랑 내 고추의 손해정도를 의미하며, 표본이랑 내 각 손해정도비율별 고추(식물체 단위) 수에 손해정도비율(정상 고추의 손해정도 비율은 0으로 한다)을 곱한 값의 합계를 전체 고추 수에서 평가제외 고추를 뺀 값으로 나누어 산출한다.
	
	$$\frac{(20\%형\ 피해고추주수 \times 0.2)+(40\%형 \times 0.4)+(60\%형 \times 0.6)+(80\%형 \times 0.8)+(100\%형)}{(정상\ 고추주수\ +\ 20\%형\ 피해고추주수\ +\ 40\%형\ +\ 60\%형\ +\ 80\%형\ +\ 100\%형)}$$
	
	※ 미보상비율
	    품목별 미보상비율 적용표 (별표2-2)에 따라 조사한 미보상비율을 적용한다.

브로콜리	• 피해율 = 피해비율 × 작물피해율 ※ 피해비율 = 피해면적(㎡) ÷ 재배면적(㎡) ※ 작물피해율 = (피해면적 내 피해송이 수) ÷ (총 송이 수) $$\frac{(50\%형\ 피해송이수 \times 0.5)+ (80\%형 \times 0.8) + (100\%형)}{\{정상송이수\ +\ 50\%형\ 피해송이수\ +\ 80\%형\ +\ 100\%형\}}$$ 피해송이는 송이별로 피해정도에 따라 피해인정계수(표 2-5-3 참조)를 정하며, 피해송이 수는 피해송이별 피해인정계수의 합계로 산출한다.

표 2-5-3) 브로콜리 피해정도에 따른 피해인정계수

구분	정상 밭작물	50%형 피해밭작물	80%형 피해밭작물	100%형 피해밭작물
피해인정계수	0	0.5	0.8	1

③ 자기부담금 (잔존보험가입금액 ×보험 가입을 할 때 계약자가 선택한 자기부담율)

구 분	자기부담금
고 추	잔존보험가입금액 × 3% 또는 5%
브로콜리	잔존보험가입금액 × 3% 또는 5%
자기부담비율	① 3%형 : 최근 2년간 연속 보험가입계약자로서 2년간 수령한 보험금이 순보험료의 100% 이하인 경우에 선택 가능 ② 5%형 : 제한없음

기출뽀개기 ▶ 제1회 기출문제

종합위험방식 밭작물 고추에 관하여 수확기 이전에 보험사고가 발생한 경우 보기의 조건에 따른 생산비보장보험금을 산정하시오. [10점]

- 보험가입금액 : 10,000,000원
- 자기부담금 : 250,000원
- 생장일수 : 50일
- 피해비율 : 50%
- 병충해등급별인정비율 : 70%
- 기지급보험금 : 5,000,000원
- 준비기생산비계수 : 55.6%
- 표준생장일수 : 100일
- 손해정도비율 : 80%
- 미보상비율 : 10%

• 계산과정 :

• 생산비보장보험금 : _____ 원

정답
- 보험금 = {잔존보험가입금액 × 경과비율 × 피해율 × 병충해등급별 인정비율} − 자기부담금
  = {5,000,000원 × 0.772 × 0.36 × 0.7} − 250,000원 = 722,720원

☞ 잔존보험가입금액 = 보험가입금액 − 기지급(예정) 보험금액
  = (10,000,000원 − 5,000,000원) = 5,000,000원

☞ 경과비율 = $\alpha + [(1-\alpha) \times \frac{생장일수}{표준생장일수}]$ = 54.4% + (45.6% × $\frac{50}{100}$) = 77.2% = 0.772

  α : 고추의 준비기 생산계수 : 54.4%

☞ 피해율 = 피해비율 × 손해정도비율 × (1 − 미보상비율) = 50% × 80% × 90% = 36% = 0.36

해설 • 경과비율
- 수확기 이전 사고시 = $\alpha + [(1-\alpha) \times \frac{생장일수}{표준생장일수}]$
- 수확기 중 사고시 = $\left(1 - \frac{수확일수}{표준수확일수}\right)$

농작물재해보험 및 가축재해보험 손해평가의 이론과 실무

(2) 생산비보장보험금의 산정 (메밀)
① 생산비보장보험금 = 보험가입금액 × (피해율 - 자기부담비율)
② 피해율 = 피해면적 ÷ 실제재배면적

구 분	산 출
피해면적	피해면적 = (도복으로 인한 피해면적 × 70%) + (도복 이외 피해면적 × 손해정도비율)
손해정도 비율	각각의 표본구간 면적(1㎡)에 표본구간별 손해정도비율을 곱한 값을 모두 더한 후 해당 값을 표본구간 면적의 합으로 나누어 산출한다. $$\frac{(20\%형피해표본면적 \times 0.2)+(40\%형 \times 0.4)+(60\%형 \times 0.6)+(80\%형 \times 0.8)+(100\%형 \times 1)}{표본(구간)면적 합계}$$
자기부담 비율	보험 가입을 할 때 계약자가 선택한 비율로 한다

(3) 생산비보장보험금의 산정 (배추, 무, 단호박, 파, 당근, 시금치(노지))
① 생산비보장보험금 = 보험가입금액 × (피해율 - 자기부담비율)
② 피해율 = 피해비율 × 손해정도비율 × (1-미보상비율)

구 분	산 출
피해비율	1. 실제 재배(경작)면적 대비 피해면적을 의미 2. 피해비율 = 피해면적(주수) ÷ 재배면적(주수) ※ 피해비율 산정시 보상하지 않는 손해에 해당하는 피해면적(주수)는 제외하여 산출한다.
손해정도 비율	1. 표본이랑 내 작물의 손해정도를 의미 2. Σ [(표본이랑 내 각 손해정도비율별 작물 수 × 손해정도비율 (정상 작물의 손해정도 비율은 0으로 한다)] ÷ 전체 작물 수 $$\frac{(20\%형피해작물개수 \times 0.2) + (40\% \times 0.4)+ (60\%형 \times 0.6)+(80\%형 \times 0.8)+(100\%형)}{(정상 작물 개수 + 20\%형 피해작물 개수 + 40\%형 + 60\%형 + 80\%형 + 100\%형)}$$
미보상 비율	품목별 미보상비율 적용표(별표2-1)에 따라 조사한 미보상비율을 적용한다.

03 작물특정 및 시설종합위험 인삼손해보장방식

1. 적용품목 : 인삼 품목 (해가림시설 포함)

작물특정 인삼손해 보장	• 보상하는 재해 (특정위험) : (태풍(강풍), 폭설, 집중호우, 침수, 우박, 냉해, 폭염, 화재) • 보상하는 재해로 인삼(작물)에 직접적인 피해가 발생하여 자기부담비율 (자기부담금)을 초과하는 손해가 발생한 경우 보험금이 지급된다.		
시설 (해가림시설) 종합위험 손해보장	• 보상하는 재해 : 종합위험 (자연재해, 조수해, 화재) • 보상하는 재해로 해가림시설(시설)에 직접적인 피해가 발생하여 자기부담비율 (자기부담금)을 초과하는 손해가 발생한 경우 보험금이 지급된다.		
	구 분	보험금	
	보험 가입금액 ≥ 보험가액	보험금 = 손해액 − 자기부담금	
	보험 가입금액 < 보험가액	보험금 = (손해액 − 자기부담금) × $\dfrac{보험\ 가입금액}{보험가액}$	

2. 시기별 조사 종류

시기		재해	조사내용	조사시기	조사방법
보험 기간 내	인삼	태풍(강풍)·폭설·집중호우 침수화재·우박 냉해·폭염	수확량 조사	피해 확인이 가능한 시기	보상하는 재해로 인하여 감소된 수확량 조사 ·조사방법: 전수조사 또는 표본조사
	해가림 시설	보상하는 재해 전부	해가림시설 조사	사고접수 후 지체 없이	보상하는 재해로 인하여 손해를 입은 시설 조사

3. 조사종류 및 방법 : 피해사실확인조사, 수확량조사, 해가림시설 손해조사, 미보상비율조사

(1) 피해사실 확인조사

① 조사대상 : 대상 재해로 사고 접수 농지 및 조사 필요 농지
② 조사시기 : 사고 접수 직후 실시하며 다음 각 목에 해당하는 사항을 확인한다.

보상하는 재해로 인한 피해 여부 확인	기상청 자료 확인 및 현지 방문 등을 통하여 보상하는 재해로 인한 피해가 맞는 지 확인하며, 필요시에는 이에 대한 근거자료를 확보한다. ① 기상청 자료, 농업기술센터 의견서 및 손해평가인 소견서 등 재해 입증 자료 ② 피해농지 사진 : 농지의 전반적인 피해 상황 및 세부 피해내용이 확인 가능하도록 촬영
추가조사 필요여부 판단	보상하는 재해 여부 및 피해 정도 등을 감안하여 추가조사 (수확량조사 및 해가림시설 손해조사)가 필요한 지 여부를 판단하여 해당 내용에 대하여 계약자에게 안내하고, 추가조사가 필요할 것으로 판단된 경우에는 손해평가반 구성 및 추가조사 일정을 수립한다.

③ 조사의 생략 : 단, 태풍 등과 같이 재해 내용이 명확하거나 사고 접수 후 바로 추가조사(수확량조사 및 해가림시설손해조사)가 필요한 경우 등에는 피해사실확인조사를 생략할 수 있다.

(2) 수확량조사 (인삼)

① 조사대상농지 : 피해사실확인조사 시 수확량조사가 필요하다고 판단된 농지
② 조사시기 : 수확량 확인이 가능한 시기
③ 조사방법

보상하는 재해 여부 심사		농지 및 작물 상태 등을 감안하여 보상하는 재해로 인한 피해가 맞는 지 확인하며, 이에 대한 근거 자료(피해사실확인조사 참조)를 확보한다.
수확량 조사 적기 판단 및 시기 결정		조사 시점이 인삼의 수확량을 확인하는데 적절한 지 검토하고, 부적절한 경우 조사일정을 조정한다.
전체 칸수 및 칸 넓이 조사	전체칸수 조사	농지 내 경작 칸수를 센다. (단, 칸수를 직접 세는 것이 불가능할 경우에는 경작면적을 이용한 칸수조사도 가능하다.) 경작면적을 이용한 칸수조사 = 경작면적 ÷ 칸 넓이
	칸 넓이 조사	지주목간격, 두둑폭 및 고랑폭을 조사하여 칸 넓이를 구한다. (칸 넓이 = 지주목간격 × (두둑폭 + 고랑폭))

④ 조사방법에 따른 수확량 확인

전수조사	칸수조사	금번 수확칸수, 미 수확칸수 및 기수확칸수를 확인한다.
	실 수확량 확인	수확한 인삼 무게를 확인한다.
표본조사	칸수조사	정상 칸수 및 피해 칸수를 확인한다.
	표본칸 선정	피해칸수에 따라 적정 표본칸수를 선정하고, 해당 수의 칸이 피해칸에 골고루 배치될 수 있도록 표본칸을 선정한다.
	인삼 수확 및 무게측정	표본칸 내 인삼을 모두 수확한 후 무게를 측정한다.

[인삼 표본주(구간)수 표]

피해칸수	표본칸수	피해칸수	표본칸수
300칸 미만	3칸	900칸 이상 1,200칸 미만	7칸
300칸 이상 500칸 미만	4칸	1,200칸 이상 1,500칸 미만	8칸
500칸 이상 700칸 미만	5칸	1,500칸 이상 1,800칸 미만	9칸
700칸 이상 900칸 미만	6칸	1,800칸 이상	10칸

(3) 해가림시설 손해조사
  ① 조사대상 : 피해사실확인조사 시 해가림시설 손해조사가 필요하다고 판단된 농지
  ② 조사시기 : 피해사실 확인조사 후
  ③ 조사방법

보상하는 재해 여부 심사		농지 및 작물 상태 등을 감안하여 보상하는 재해로 인한 피해가 맞는지 확인하며, 이에 대한 근거 자료 (피해사실 확인조사 참조)를 확보한다.
전체 칸수 및 칸넓이조사	전체 칸수 조사	• 농지 내 경작 칸수를 센다.(단, 칸수를 직접 세는 것이 불가능할 경우에는 경작면적을 이용한 칸수조사도 가능하다.) • 경작면적을 이용한 칸수조사 = 경작면적 ÷ 칸 넓이
	칸 넓이 조사	• 지주목간격, 두둑폭 및 고랑폭을 조사하여 칸 넓이를 구한다.
피해 칸수 조사		피해 칸에 대하여 전체파손 및 부분파손(20%형, 40%형, 60%형, 80%형)로 나누어 각 칸수를 조사한다.
손해액 산정	피해액 산정	단위면적당 시설가액표, 파손 칸수 및 파손 정도 등을 참고하여 실제 피해에 대한 복구비용을 기평가한 재조달가액으로 산출한 피해액을 산정한다.
	손해액 산정	산출된 피해액에 대하여 감가상각을 적용하여 손해액을 산정한다. | 구 분 | 손해액 산정 | |---|---| | 피해액 ≤ 보험가액의 20% 인 경우 | 감가를 적용하지 않는다 | | 보험가액의 20% < 피해액이고, 감가 후 피해액 < 보험가액의 20%인 경우 | 보험가액의 20%를 손해액으로 산출한다. |

(4) 미보상비율 조사 (모든 조사 시 동시조사)
  상기 모든 조사마다 미보상비율 적용표(별표2)에 따라 미보상비율을 조사한다.

3. 보험금 산정 방법

(1) 인삼보험금의 산정

① 인삼보험금 = 보험가입금액 × (피해율 − 자기부담비율)

② 2회 이상 보험사고가 발생하는 경우의 지급보험금은 ①에 따라 산정된 보험금에서 기발생지급보험금을 차감하여 계산한다.

③ 피해율은 다음과 같이 전수조사와 표본조사로 나누어 산정한다.

전수조사	수확하는 모든 인삼의 무게를 조사하는 방법	
	피해율 = ($\dfrac{\text{연근별기준수확량} - \text{수확량}}{\text{연근별 기준수확량}}$) × ($\dfrac{\text{피해면적 (금차 수확칸수)}}{\text{재배면적 (실경작칸수)}}$)	
	수확량	• 단위면적당 조사수확량 + 단위면적당 미보상감수량
	※ 단위면적당 조사수확량 = $\dfrac{\text{총수확량}}{\text{금차수확면적 (= 금차 수확칸수×조사칸넓이)}}$	
	※ 단위면적당 미보상감수량 = (기준수확량 − 단위면적당 조사수확량) × 미보상비율	
표본조사	수확하는 인삼 중 일부 표본을 정하고 해당 표본의 무게 조사를 통해 전체 무게를 조사하는 방법	
	피해율 = ($\dfrac{\text{연근별기준수확량} - \text{수확량}}{\text{연근별 기준수확량}}$) × ($\dfrac{\text{피해면적 (피해칸수)}}{\text{재배면적 (실경작칸수)}}$)	
	수확량	• 단위면적당 조사수확량 + 단위면적당 미보상감수량
	※ 단위면적당 조사수확량 = $\dfrac{\text{표본수확량합계}}{\text{표본칸 면적 (= 표본칸수×조사칸넓이)}}$	
	※ 단위면적당 미보상감수량 = (기준수확량 − 단위면적당 조사수확량) × 미보상비율	

[연근별 기준수확량(가입 당시 년근 기준)] (단위 : kg/㎡)

구 분	2년근	3년근	4년근	5년근
불 량	0.45	0.57	0.64	0.66
표 준	0.50	0.64	0.71	0.73
우 수	0.55	0.70	0.78	0.81

④ **자기부담비율** : 자기부담비율은 보험 가입을 할 때 계약자가 선택한 비율로 한다.

⑤ 보험금 등의 지급한도

㉠ 재해보험사업자가 지급하여야 할 보험금은 상기 ①·②·③·④를 적용하여 계산하며 보험증권에 기재된 인삼의 보험가입금액을 한도로 한다.

㉡ 손해방지비용, 대위권 보전비용, 잔존물 보전비용은 보험가입금액을 초과하는 경우에도 지급한다. 단, 농지별 손해방지비용은 20만원을 한도로 지급한다.

㉢ 비용손해 중 기타 협력비용은 보험가입금액을 초과한 경우에도 전액 지급한다.

(2) 인삼 해가림시설보험금의 산정
　① 해가림시설 보험금 (보험가입금액을 한도) = 손해액 - 자기부담금액
　　※ 단, 보험가입금액이 보험가액보다 클 때에는 보험가액을 한도로 한다.
　② 보험가입금액이 보험가액보다 작을 경우, 보험가입금액을 한도로 비례보상

$$보험금 = (손해액 - 자기부담금) \times \frac{보험\ 가입금액}{보험가액}$$

　　※ 위 ①과 ②에서 손해액이란 그 손해가 생긴 때와 곳에서의 보험가액을 말한다.
　③ 자기부담금 :　최소자기부담금(10만원) ≤ 손해액의 10% ≤ 최대자기부담금(100만원)
　④ 동일한 계약의 목적과 동일한 사고에 관하여 보험금을 지급하는 다른 계약[공제계약(각종 공제회에 가입되어 있는 계약)을 포함한다.]이 있고 이들의 보험 가입금액의 합계액이 보험가액보다 클 경우에는 아래에 따라 보험금을 계산한다. 이 경우 보험자 1인에 대한 보험금 청구를 포기한 경우에도 다른 보험자의 보험금 결정에는 영향을 미치지 않는다.
　　㉠ 다른 계약이 이 계약과 보험금의 계산 방법이 같은 경우

$$보험금 = 손해액 \times \frac{이\ 계약의\ 보험가입금액}{다른\ 계약이\ 없는\ 것으로\ 하여\ 각각\ 계산한\ 보험가입금액의\ 합계액)}$$

　　㉡ 다른 계약이 이 계약과 보험금의 계산 방법이 다른 경우

$$보험금 = 손해액 \times \frac{이\ 계약의\ 보험금}{다른\ 계약이\ 없는\ 것으로\ 하여\ 각각\ 계산한\ 보험금의\ 합계액)}$$

　⑤ 보험금 등의 지급한도
　　㉠ 보상하는 재해로 재해보험사업자가 지급할 보험금과 잔존물 제거비용은 각각 상기 ①~④를 적용하여 계산하며, 그 합계액은 보험증권에 기재된 해가림시설의 보험가입금액을 한도로 한다. 단, 잔존물 제거비용은 손해액의 10%를 초과할 수 없다.
　　㉡ 비용손해 중 손해방지비용, 대위권 보전비용, 잔존물 보전비용은 상기 ①~④를 적용하여 계산한 금액이 보험가입금액을 초과하는 경우에도 지급한다. 단, 농지별 손해방지비용은 20만원을 한도로 지급한다.
　　㉢ 비용손해 중 기타 협력비용은 보험가입금액을 초과한 경우에도 전액 지급한다.

제2과목
농작물재해보험 및 가축재해보험 손해평가의 이론과 실무

▶ 제2회 기출문제

다음은 종합위험방식 인삼 품목 해가림시설의 손해조사에 관한 내용이다. 밑줄 친 틀린 내용을 알맞은 내용으로 수정하시오. [5점]

- 피해 칸에 대하여 전체파손 및 ㉠ 부분파손 (30%형, 60%형, 90%형)로 나누어 각 칸수를 조사한다
- 산출된 피해액에 대하여 감가상각을 적용하여 손해액을 산정한다. 다만, 피해액이 보험가액의 20%를 초과하면서 감가 후 피해액이 보험가액의 20% 미만인 경우에는 ㉡ 감가상각을 적용하지 않는다.
- 잔존물 제거비용과 잔존물 가액을 조사하며, 이 때 잔존물 제거비용은 ㉢ 보험가입금액의 10%를 초과할 수 없다.

답 _____, _____, _____,

정답 ㉠ 부분파손 (20%형, 40%형, 60%형, 80%형)
㉡ 보험가액의 20%를 손해액으로 산출한다. ㉢ 손해액

▶ 제1회 기출문제

다음은 농작물재해보험 업무방법에서 정하는 농작물의 손해평가와 관련한 내용이다. 괄호 안에 알맞은 내용을 답란에 순서대로 쓰시오. (2023 업무방법서에 따라 문제수정) [5점]

- 인삼 품목의 수확량을 산출할 경우 기초자료인 칸넓이 산정은 두둑폭과 고랑폭을 더한 합계에 (㉠)을/를 곱하여 산출한다.
- 매실 품목의 경우 품종별 적정 수확 일자 및 조사 일자, 매실 품종별 과실(㉡) 〈별표 4〉를 참조하여 품종별로 (㉡)을/를 조사한다.
- 복분자의 피해율은 (㉢)을/를 (㉣)로/으로 나누어 산출한다.

답 _____, _____, _____, _____,

정답 ㉠ 지주목 간격, ㉡ 비대추정지수,
㉢ 고사결과모지수, ㉣ 평년결과모지수

▶ 제5회 기출문제

특정위험담보 인삼품목 해가림시설에 관한 내용이다. 태풍으로 인삼 해가림시설에 일부 파손 사고가 발생하여 아래와 같은 피해를 입었다. 가입조건이 아래와 같을 때 ① 감가율, ② 손해액, ③ 자기부담금, ④ 보험금, ⑤ 잔존보험가입금액을 계산 과정과 답을 각각 쓰시오. [15점]

○ 보험가입내용

재배칸수	칸당면적(m^2)	시설재료	설치비용(원/m^2)	설치 년월	가입금액(원)
2,200	3.3	목재	5,500	2017. 06	39,930,000

○ 보험사고내용

파손칸수	사고원인	사고 년월
800칸 (전부 파손)	태풍	2019.07

※ 2019년 설치비용은 설치년도와 동일한 것으로 함
※ 손해액과 보험금은 원단위 이하 버림

답

농작물재해보험 및 가축재해보험 손해평가의 이론과 실무

　

답 ① 감가율 = 경과연수 × 경년감가율 = 2년 × 13.33% = 26.66%
- 경과연수 = 2019.07 - 2017.06 = 2년 1개월 = 2년
- 경년감가율 : 목재 : 13.33%, 철재 4.44%

② 손해액은 먼저 피해액을 구한 후에 구해야 한다.

> 산출된 피해액에 대하여 감가상각을 적용하여 손해액을 산정한다.
> 다만, 피해액이 보험가액의 20% 이하인 경우에는 감가를 적용하지 않고, 피해액이 보험가액의 20%를 초과하면서 감가후 피해액이 보험가액의 20% 미만인 경우에는 보험가액의 20%를 손해액으로 산출한다.

피해액은 파손칸수에 칸당면적을 곱하고 설치비용을 곱하여 구한다.
- 피해액 = 800칸 × 3.3㎡ × 5,500원/㎡ = 14,520,000원
- 보험가액 = 전체칸수× 칸당면적 ×설치비용 = 2,200칸×3.3㎡×5,500원/㎡ = 39,930,000원

피해액이 보험가액의 36% (14520000/39930000 = 0.36)이고, 감가 후 피해액 14,520,000원×(1- 0.2666) = 10,648,968은 보험가액의 26.7%이므로 위 단서조항은 적용되지 않는다. 결국 손해액은 피해액에 감가상각을 적용한 10,648,960원(원단위이하버림)이 된다.

> ※ 결국 손해액은 다음과 같이 구할 수 있다.
> 손해액 = 중간값 (감가 후 피해액, 피해액, 보험가액×20%)
> 　　　　 = 중간값 (10,648,968원, 14,520,000원, 7,986,00원) = 10,648,968원,

③ 자기부담금은 최소자기부담금 (30만원)과 최대자기부담금 (100만원)을 한도로 보험사고로 인하여 발생한 손해액의 10%에 해당하는 금액을 적용한다.
　손해액 10,648,960원의 10%는 1,064,896원이므로 자기부담금은 100만원

④ 보험금 = 손해액 - 자기부담금 = 10,648,960원 - 100만원 = 9,648,960원

⑤ 잔존보험가입금액 = 39,930,000원 (약관에 의하면 해가림시설의 경우 보험가입금액이 복원됨

> 〈해가림시설 담보조항 제3조〉
> 회사가 손해를 보상하는 경우에는 그 손해액이 한번의 사고에 대하여 보험가입금액 미만인 때에는 이 계약의 보험가입금액은 감액되지 않으며, 보험가입금액 이상인 때에는 그 손해보상의 원인이 생긴 때로부터 보험의 목적(해가림시설)에 대한 계약은 소멸한다. 이 경우 환급보험료는 발생하지 않는다.

제7회 기출문제

특정위험방식 인삼에 관한 내용이다. 계약사항과 조사내용을 참조하여 다음 물음에 답하시오. (15점)

○ 계약사항

인삼 가입금액	경작 칸수	연근	기준수확량 (5년근 표준)	자기부담 비율	해가림시설 가입금액	해가림시설 보험가액
120,000,000원	500칸	5년	0.73kg	20 %	20,000,000원	25,000,000원

○ 조사내용

사고원인	피해칸	표본칸	표본수확량	지주목간격	두둑폭	고랑폭
화재	350칸	10칸	9.636 kg	3 m	1.5 m	0.7 m

해가림시설 피해액	잔존물제거비용	손해방지비용	대위권 보전비용
5,000,000원	300,000원	300,000원	200,000원

물음 1) 인삼 피해율의 계산과정과 값을 쓰시오. (5점)

정답 피해율 = $(1 - \dfrac{수확량}{연근별기준수확량}) \times \dfrac{피해면적}{재배면적}$

= $(1 - \dfrac{0.146 kg/㎡}{0.73 kg}) \times \dfrac{350칸}{500칸}$ = 0.56 = 56%

수확량 = 단위면적당 조사수확량 + 단위면적당 미보상감수량 = $0.146 kg/㎡ + 0 = 0.146 kg/㎡$

단위면적당 조사수확량 = 표본수확량 합계 ÷ 표본칸 면적 = $9.636 kg ÷ 66㎡ = 0.146 kg/㎡$

표본칸 면적 = 표본칸 수 × 지주목간격 × (두둑폭 + 고랑폭)

= 10칸 × 3m × (1.5m + 0.7m) = $66㎡$

단위면적당 미보상감수량 = (기준수확량 - 단위면적당 조사수확량) × 미보상비율

= (0.73kg - 0.146kg/㎡) × 0 = 0

피해면적 = 피해칸수

재배면적 = 실제경작칸수

농작물재해보험 및 가축재해보험 손해평가의 이론과 실무

물음 2) 인삼 보험금의 계산과정과 값을 쓰시오. (5점)
답

정답 인삼보험금 = 보험가입금액 × (피해율 - 자기부담비율)
= 120,000,000원 × (56% - 20 %) = 43,200,000원

물음 3) 해가림시설 보험금(비용 포함)의 계산과정과 값을 쓰시오. (5점)
답

정답 해가림시설보험금 = (손해액 - 자기부담금) × (보험가입금액 ÷ 보험가액)
= (5,000,000원 - 500,000원) × (20,000,000원 ÷ 25,000,000원)
= 3,600,000원
비용 포함한 보험금 = 해가림시설보험금 + 잔존물제거비용 +손해방지비용 +대위권보전비용
= 3,600,000원 + 216,000원+ 200,000원 +144,000원 = 4,160,000원
해가림시설 보험금 = 피해액이 보험가액의 20% 이하인 경우이므로
피해액 = 손해액 = 5,000,000원
최소자기부담금(10만원)≤ 자기부담금 = 손해액의 10% = 500,000원 ≤ 최대자기부담금(100만원)
잔존물제거비용(300,000원)은 손해액의 10%(500,000원)을 초과할 수 없다,
잔존물제거비용의 계산도 해가림시설보험금의 계산을 준용하므로
잔존물 제거비용 = (300,000원 - 30,000원) × (20,000,000원 ÷ 25,000,000원)= 216,000원
손해방지비용 = (300,000원 - 30,000원) × (20,000,000원 ÷ 25,000,000원)= 200,000원(손해방지비용은 20만원 초과 불가)
대위권보전비용=(200,000원-20,000원)× (20,000,000원 ÷ 25,000,000원)=144,000원

해설 손해액 산정

구 분	내 용
원 칙	손해액 = 산출된 피해액- 감가상각
피해액이 보험가액의 20% 이하인 경우	손해액 = 피해액(감가 미적용)
피해액이 보험가액의 20%를 초과하면서 감가 후 피해액이 보험가액의 20% 미만인 경우	손해액 = 보험가액의 20%

제05절 종합위험 시설작물 손해평가 및 보험금 산정

1. 보험의 목적

구 분	원예시설	버 섯
농업용 시설물 (버섯재배사)	• 단동하우스 (광폭하우스 포함) • 연동하우스 • 유리 (경질판) 온실의 구조체 및 피복재	• 단동하우스 (광폭하우스 포함) • 연동하우스 • 경량철골조 등 버섯작물 재배용으로 사용하는 구조체, 피복재 또는 벽으로 구성된 시설
부대 시설	• 시설재배 농작물의 재배를 위하여 농업용 시설물 내부 구조체에 연결, 부착되어 외부에 노출되지 않은 시설물 • 시설재배 농작물의 재배를 위하여 농업용 시설물 내부 지면에 고정되어 이동 불가능한 시설물 • 시설재배 농작물의 재배를 위하여 지붕 및 기둥 또는 외벽을 갖춘 외부 구조체 내에 고정·부착된 시설물	• 버섯작물 재배를 위하여 농업용 시설물(버섯재배사)에 부대하여 설치한 시설 (단, 동산시설은 제외함) • 버섯작물 재배를 위하여 농업용 시설물(버섯재배사) 내부 구조체에 연결, 부착되어 외부에 노출되지 않은 시설물 • 버섯작물의 재배를 위하여 농업용 시설물(버섯재배사) 내부 지면에 고정되어 이동 불가능한 시설물 • 버섯작물의 재배를 위하여 지붕 및 기둥 또는 외벽을 갖춘 외부 구조체 내에 고정·부착된 시설물
시설 작물	• 화훼류 : 국화, 장미, 백합, 카네이션 • 비화훼류 : 딸기, 오이, 토마토, 참외, 풋고추, 호박, 수박, 멜론, 파프리카, 상추, 부추, 시금치, 가지, 배추, 파(대파·쪽파), 무, 쑥갓, 미나리 〈보장대상 제외 품종(목)〉 | 농작물 | 보장대상 제외 품종(목) | |---|---| | 배추(시설재배) | 얼갈이 배추, 쌈배추, 양배추 | | 딸기(시설재배) | 산딸기 | | 수박(시설재배) | 애플수박, 미니수박, 복수박 | | 고추(시설재배) | 홍고추 | | 오이(시설재배) | 노각 | | 상추(시설재배) | 양상추, 프릴라이스, 버터헤드(볼라레), 오비레드, 이자벨, 멀티레드, 카이피라, 아지르카, 이자트릭스, 크리스피아노 |	농업용 시설물(버섯재배사) 및 부대시설을 이용하여 재배하는 • 표고버섯(원목재배, 톱밥배지재배), • 느타리버섯(균상재배, 병재배), • 새송이버섯(병재배), • 양송이버섯(균상재배)

2. 손해평가 현지조사 방법

(1) 농업용 시설물 및 부대시설 손해조사 (버섯 포함)

① 조사기준

㉠ 손해가 생긴 때와 곳에서의 가액에 따라 손해액을 산출하며, 손해액 산출 시에는 농업용시설물 감가율을 적용한다.

㉡ 재조달가액 보장 특별약관에 가입한 경우에는 재조달가액(보험의 목적과 동형동질의 신품을 조달하는데 소요되는 금액)기준으로 계산한 손해액을 산출한다.

단, 보험의 목적이 손해를 입은 장소에서 실제로 수리 또는 복구되지 않은 때에는 재조달가액에 의한 보상을 하지 않고 시가(감가상각된 금액)로 보상한다.

② 평가단위 : 물리적으로 분리가능한 시설 1동을 기준으로 계약원장에 기재된 목적물별로 평가한다.

> **더 알아보기** 농업용 시설물 감가율
>
> 1. 고정식하우스
>
> | 구 분 | | 내용연수 | 경년감가율 |
> |---|---|---|---|
> | 구조체 | 단동하우스 | 10년 | 8% |
> | | 연동하우스 | 15년 | 5.3% |
> | 피복재 | 장수PE, 삼중EVA, 기능성필름, 기타 | 1년 | 40% 고정감가 |
> | | 장기성PO | 5년 | 16% |
>
> 2. 이동식하우스 (최초 설치년도 기준)
>
> | 구 분 | 경과기간 | | | |
> |---|---|---|---|---|
> | | 1년 이하 | 2~4년 | 5~8년 | 9년 이상 |
> | 구조체 (고정감가) | 0% | 30% | 50% | 70% |
> | 피복재 | 40% (고정감가) | | | |
>
> 3. 유리온실 · 부대시설
>
> | 구 분 | | 내용연수 | 경년감가율 |
> |---|---|---|---|
> | 부대시설 | | 8년 | 10% |
> | 유리온실 | 철골조/석조/연와석조 | 60년 | 1.33% |
> | | 블록조/경량철골조/단열판넬조 | 40년 | 2.0% |
>
> ※ 유리온실은 손해보험협회가 발행한 『보험가액 및 손해액의 평가기준』 건물의 추정내용년수 및 경년감가율표를 준용
>
> ※ 경년감가율은 월단위로 적용(경과년수=사고년월−취득년월)하여 월단위 감가 적용한다. 다만, 고정식하우스의 피복재(내용년수 1년)와 이동식하우스의 구조체, 피복재는 고정감가를 적용

③ 조사방법
  ㉠ 계약사항 확인
    • 계약원장 및 현지조사표를 확인하여 사고 목적물의 소재지 및 보험시기 등을 확인한다.
    • 계약원장 상의 하우스 규격 (단동, 연동, 피복재 종류 등)을 확인한다.
  ㉡ 사고현장방문
    • 계약원장 상의 목적물과 실제 목적물 소재지의 일치여부를 확인한다.
    • 면담을 통해 사고경위, 사고일시 등을 확인한다.
    • 면담결과, 사고경위, 기상청 자료 등을 감안하여 보상하는 재해로 인한 손해가 맞는 지를 판단한다.
  ㉢ 손해평가

구 분	조사방법
피복제	아래의 표를 참고하여 하우스 폭에 피해길이를 감안하여 피해범위를 산정한다. <table><tr><th>구 분</th><th>내 용</th></tr><tr><td>• 전체 교체가 필요하다고 판단되어 전체교체를 한 경우</td><td>전체 피해로 인정함</td></tr><tr><td>• 전체 교체가 필요하다고 판단되지만 부분교체를 한 경우</td><td>교체한 부분만 피해로 인정함</td></tr><tr><td>• 전체 교체가 필요하지 않다고 판단되는 경우</td><td>피해가 발생한 부분만 피해로 인정함</td></tr></table>
구조체 및 부대시설	아래의 표를 참고하여 교체수량(비용), 보수 및 수리면적(비용)을 산정하되, 재사용할 수 없는 경우(보수불가) 또는 수리비용이 교체비용보다 클 경우에는 재조달비용을 산정한다. <table><tr><th>구 분</th><th>내 용</th></tr><tr><td>• 손상된 골조 (부대시설)을 재사용할 수 없는 경우</td><td>교체수량 확인 후 교체 비용 산정</td></tr><tr><td>• 손상된 골조 (부대시설)을 재사용할 수 있는 경우</td><td>수리 및 보수 비용 산정</td></tr></table>
인건비	실제 투입된 인력, 시방서, 견적서, 영수증 및 시장조사를 통해 피복재 및 구조체 시공에 소모된 인건비 등을 감안하여 산정한다.

(2) 원예시설작물·시설재배 버섯 손해조사
① 조사기준
  ㉠ 1사고마다 생산비보장 보험금을 보험가입금액 한도 내에서 보상한다.
  ㉡ 평가단위 : 목적물 단위
  ㉢ 동일 작기에서 2회 이상 사고가 난 경우 동일 작기 작물의 이전 사고의 피해를 감안하여 산정한다.
  ㉣ 평가시점 : 피해의 확정이 가능한 시점에서 평가한다.
② 조사방법
  ㉠ 계약사항 확인
    • 계약원장 및 현지조사표를 확인하여 사고 목적물의 소재지 및 보험시기 등을 확인한다.
    • 계약원장 상의 하우스 규격 및 재배면적 등을 확인한다.
  ㉡ 사고현장방문

면 담	면담을 통해 사고경위, 사고일자 등을 확인한다.
보상하는 재해여부 판단	기상청 자료 확인, 계약자 면담, 작물의 상태 등을 고려하여 보상하는 재해로 인한 피해여부를 확인한다.
재배일정 확 인	재배일정 확인 (정식·파종·종균접종일, 수확개시·수확종료일 확인) 1. 문답조사를 통하여 확인 2. 필요시 재배일정 관련 증빙서류 (모종구매내역, 출하 관련 증명서, 영농일지 등)를 확인
사고일자 확 인	계약자 면담, 기상청 자료 등을 토대로 사고일자를 특정한다.
	수확기 이전 사고	연속적인 자연재해 (폭염, 냉해 등)로 사고일자를 특정할 수 없는 경우에는'기상특보 발령일자'를 사고일자로 추정한다. 다만 지역적 재해특성, 계약자별 피해정도 등을 고려하여 이를 달리 정할 수 있다.
	수확기 중 사고	연속적인 자연재해 (폭염, 냉해 등)로 사고일자를 특정할 수 없는 경우에는 '최종 출하일자'를 사고일자로 추정한다. 다만 지역적 재해특성, 계약자 별 피해정도 등을 고려하여 이를 달리 정할 수 있다.

  ㉢ 손해조사

경과비율 산출	사고현장 방문 시 확인 한 정식일자(파종·종균접종일), 수확개시일자, 수확종료일자, 사고일자를 토대로 작물 별 경과비율을 산출한다
재배비율 및 피해비율 확인	해당작물의 재배면적 (주수) 및 피해면적 (주수)를 조사한다.
손해정도비율	보험목적물의 뿌리, 줄기, 잎 과실 등에 발생한 부분의 손해정도 비율을 산정한다.

(3) 화재대물배상책임
손해평가는 피보험자가 보험증권에 기재된 농업용시설물 및 부대시설 내에서 발생한 화재사고로 타인의 재물을 망그러뜨려 법률상의 배상책임이 발생한 경우에 한하여 조사를 실시한다.

3. 보험금 산정 및 지급기준

(1) 농업용 시설물 부대시설의 보험금 산정

① 시설하우스의 손해액 = 구조체(파이프, 경량철골조) 손해액 + 피복재 손해액
② 부대시설 손해액은 별도로 산정한다.
③ 손해액 산출 기준

구 분	손해액 산출
원 칙	손해가 생긴 때와 곳에서의 가액에 따라 농업용시설물 감가율을 적용한 손해액을 산출한다.
재조달가액 보장특약에 가입한 경우	감가율을 적용하지 않고 재조달가액 기준으로 계산한 손해액을 산출한다. 단, 보험의 목적이 손해를 입은 장소에서 실제로 수리 또는 복구되지 않은 때에는 재조달가액에 의한 보상을 하지 않고 시가(감가상각된 금액)로 보상한다.

④ 손해액의 범위
  ㉠ 보상하는 재해로 인하여 손해가 발생한 경우 계약자 또는 피보험자가 지출한 아래의 비용을 추가로 지급한다.
  ㉡ 단, 보험의 목적 중 농작물의 경우 잔존물 제거비용은 지급하지 않는다.

구 분	범 위	
잔존물제거비용	㉠ 재해보험사업자가 지급하여야 할 보험금과 잔존물 제거비용은 다음 ⑤의 규정을 적용하여 계산한다. ㉡ 사고현장에서의 잔존물의 해체비용, 청소비용 및 차에 싣는 비용. 보험금과 잔존물 제거비용의 합계액은 보험증권에 기재된 보험가입금액을 한도로 한다. ㉢ 잔존물제거비용은 손해액의 10%를 초과할 수 없다.	다음 ⑤를 적용하여 계산한 금액이 농업용 시설물 및 부대시설의 보험가입금액을 초과하는 경우에도 지급한다.
손해방지비용	손해의 방지 또는 경감을 위하여 지출한 필요 또는 유익한 비용	
대위권보전비용	제3자로부터 손해의 배상을 받을 수 있는 경우에는 그 권리를 지키거나 행사하기 위하여 지출한 필요 또는 유익한 비용	
잔존물 보전비용	잔존물을 보전하기 위하여 지출한 필요 또는 유익한 비용. 다만, 재해보험사업자가 보험금을 지급하고 잔존물의 취득한 경우에 한함	
기타 협력비용	㉠ 회사의 요구에 따르기 위하여 지출한 필요 또는 유익한 비용 ㉡ 보험가입금액을 초과한 경우에도 전액 지급한다.	

⑤ 지급보험금의 계산
  ㉠ 보험금은 1사고마다 손해액이 자기부담금을 초과하는 경우 손해액에서 자기부담금을 차감한 금액을 보험가입금액 내에서 보상한다.

  > 보험금 = 손해액 - 자기부담금
  > ※ 손해액은 그 손해가 생긴 때와 곳에서의 가액에 따라 계산한다.

  ㉡ 동일한 계약의 보험목적과 동일한 사고에 관하여 보험금을 지급하는 다른 계약(공제 계약을 포함한다)이 있고 이들의 보험가입금액의 합계액이 보험가액보다 클 경우에는 아래에 따라 계산한다. 이 경우 보험자 1인에 대한 보험금 청구를 포기한 경우에도 다른 보험자의 지급보험금 결정에는 영향을 미치지 않는다.

  ⓐ 다른 계약이 이 계약과 지급보험금의 계산 방법이 같은 경우

  $$ 손해액 \times \frac{이 계약의 보험가입금액}{다른 계약이 없는것으로 하여 각각 계산한 보험가입금액의 합계액} $$

  ⓑ 다른 계약이 이 계약과 지급보험금의 계산 방법이 다른 경우

  $$ 손해액 \times \frac{이 계약의 보험금}{다른 계약이 없는것으로 하여 각각 계산한 보험금의 합계액} $$

  ⓒ 이 보험계약이 타인을 위한 보험계약이면서 보험계약자가 다른 계약으로 인하여 상법 제682조에 따른 대위권 행사의 대상이 된 경우에는 실제 그 다른 계약이 존재함에도 불구하고 그 다른 계약이 없다는 가정하에 계산한 보험금을 그 다른 보험계약에 우선하여 이 보험계약에서 지급한다.

  ⓓ 이 보험계약을 체결한 재해보험사업자가 타인을 위한 보험에 해당하는 다른 계약의 보험계약자에게 상법 제682조에 따른 대위권을 행사할 수 있는 경우에는 이 보험계약이 없다는 가정하에 다른 계약에서 지급받을 수 있는 보험금을 초과한 손해액을 이 보험계약에서 보상한다.

  ㉢ 하나의 보험가입금액으로 둘 이상의 보험의 목적을 계약한 경우에는 전체가액에 대한 각 가액의 비율로 보험가입금액을 비례배분하여 지급보험금을 계산한다.

⑥ 자기부담금
• 원칙 : 최소 자기부담금(30만원) ≤ 손해액의 10% ≤ 최대 자기부담금(100만원)
• 피복재단독사고 : 최소자기부담금(10만원)과 최대자기부담금(30만원)을 한도로 한다.
• 농업용 시설물과 부대시설 모두를 보험의 목적으로 하는 보험계약 : 두 보험 목적의 손해액 합계액을 기준으로 자기부담금을 산출하고 두 목적물의 손해액 비율로 자기부담금을 적용한다.
• 적용단위 : 자기부담금은 단지 단위, 1사고 단위로 적용한다.
• 화재로 인한 손해 : 자기부담금을 적용하지 않는다.

기출뽀개기 ▶ 제8회 기출문제

농업용 원예시설물(고정식 하우스)에 강풍이 불어 피해가 발생되었다. 다음 조건을 참조하여 물음에 답하시오. (15점)

구분	손해내역	내용연수	경년감가율	경과년월	보험가입금액	손해액	비고
1동	단동하우스 (구조체손해)	10년	8%	2년	500만원	300만원	피복재 손해 제외
2동	장수PE (피복재단독사고)	1년	40%	1년	200만원	100만원	-
3동	장기성Po (피복재단독사고)	5년	16%	1년	200만원	100만원	· 재조달가액 보장특약 · 미복구

물음 1) 1동의 지급보험금 계산과정과 값을 쓰시오. (5점)

답

정답 보험금 = min (손해액 - 자기부담금, 보험가입금액)
   = min (300만원 - 30만원, 500만원) = 270만원
자기부담금 = 최소자기부담금(30만원) ≤ 손해액의 10% ≤ 최대자기부담금(100만원)
   = 30만원

주어진 조건의 손해액을 감가상각하기 전의 손해액으로 보면 다음과 같이 풀 수 있다.
손해액 = 피해액 × (1-감가상각률) = 300만원 × (1-(0.08×2)) = 252만원
보험금 = min (손해액-자기부담금, 보험가입금액)
   = min (252만원- 30만원, 500만원) = 222만원

농작물재해보험 및 가축재해보험 손해평가의 이론과 실무

물음 2) 2동의 지급보험금 계산과정과 값을 쓰시오. (5점)
답

> **정답** 보험금 = min (손해액 - 자기부담금, 보험가입금액)
> = min (100만원 - 10만원, 200만원) = 90만원
>
> 피복재 단독사고 자기부담금
> = 최소자기부담금(10만원) ≤ 손해액의 10% ≤ 최대자기부담금(100만원) = 10만원
>
> 주어진 조건의 손해액을 감가상각하기 전의 손해액으로 보면 다음과 같이 풀 수 있다.
> 손해액 = 피해액×(1 - 감가상각률) = 100만원 × (1-(0.4×1)) = 60만원
> 보험금 = min (손해액 - 자기부담금, 보험가입금액)
> = min (60만원 - 10만원, 200만원) = 50만원

물음 3) 3동의 지급보험금 계산과정과 값을 쓰시오. (5점)
답

> **정답** 보험금 = min (손해액 - 자기부담금, 보험가입금액)
> = min (100만원 - 10만원, 200만원) = 90만원
>
> 피복재 단독사고 자기부담금
> = 최소자기부담금(10만원) ≤ 손해액의 10% ≤ 최대자기부담금(100만원) = 10만원
>
> 주어진 조건의 손해액을 감가상각하기 전의 손해액으로 보면 다음과 같이 풀 수 있다.
> 손해액 = 피해액×(1-감가상각률) = 100만원 × (1-(0.16×1)) = 84만원
> 보험금=min(손해액-자기부담금, 보험가입금액)
> =min(84만원- 10만원, 200만원)= 74만원

(2) 원예시설작물
  ① 보험금 지급기준
    ㉠ 보상하는 재해로 1사고마다 1동 단위로 생산비보장보험금이 10만원을 초과하는 경우에 그 전액을 보험가입금액 내에서 보상한다.
    ㉡ 동일 작기에서 2회 이상 사고가 난 경우 동일 작기 작물의 이전 사고의 피해를 감안하여 산출한다.
  ② 보험금 등의 지급한도
    ㉠ 생산비보장보험금은 다음 다)의 품목별 보험금 산출 계산식을 적용하여 계산하며 하나의 작기(한 작물의 생육기간)에서 지급하는 보험금은 보험증권에 기재된 시설재배 농작물의 보험가입금액을 한도로 한다.
    ㉡ 비용손해 중 손해방지비용, 대위권 보전비용 및 잔존물 보존비용은 다음 다)의 품목별 보험금 산출 계산식을 적용하여 계산한 금액이 해당 작기(작물의 생육기간)에서 재배하는 보험증권 기재 농작물의 보험가입금액을 초과하는 경우에도 지급한다. 단, 손해방지비용은 20만원을 초과할 수 없다.
    ㉢ 비용손해 중 기타 협력비용은 보험가입금액을 초과한 경우에도 전액 지급한다.
  ③ 생산비보장 보험금 산출방법
    ㉠ 딸기, 오이, 토마토, 참외, 풋고추, 호박, 수박, 멜론, 파프리카, 상추, 가지, 배추, 파(대파), 미나리, 국화, 백합, 카네이션

구 분	내 용
보험금	피해작물 재배면적 × 단위 면적당 보장생산비 × 경과비율 × 피해율

구 분		내 용
경과비율	수확기 이전 사고	1. 경과비율 = α + (1−α) × (생장일수 ÷ 표준생장일수) 2. α=준비기 생산비 계수 (40%, 국화・카네이션 재절화재배는 20%) 3. 생장일수 : 정식(파종)일로부터 사고발생일까지 경과일수 4. 표준생장일수 : 정식일로부터 수확개시일까지 표준적인 생장일수 5. 생장일수를 표준생장일수로 나눈 값은 1을 초과할 수 없음
	수확기 중 사고	1. 경과비율 = 1 − (수확일수 ÷ 표준수확일수) 2. 수확일수 : 수확개시일부터 사고발생일까지 경과일수 3. 표준수확일수 : 수확개시일부터 수확종료일까지의 일수 (단, 오이・토마토・풋고추・호박・상추의 표준수확일수는 수확개시일로부터 수확종료일까지의 일수로 한다) 4. 위 계산식에도 불구하고 국화・수박・멜론의 경과 비율은 1 5 위에 따라 계산된 경과비율이 10% 미만인 경우 경과비율을 10%로 한다. (단, 오이・토마토・풋고추・호박・상추의 경우는 제외한다)

구분	내용
피해율	피해율 = 피해비율 × 손해정도비율 1. 피해비율 = 피해면적(주수) ÷ 재배면적(주수) 2. 손해정도비율 | 손해정도	1~20%	21~40%	41~60%	61~80%	81~100% | |---|---|---|---|---|---| | 손해정도비율 | 20% | 40% | 60% | 80% | 100% |
재배면적에 단위면적당 보장생산비를 곱한 값이 보험가입금액보다 큰 경우	(피해작물 재배면적 × 피해작물 단위면적당 보장생산비) > 보험가입금액 인경우 위에서 계산된 생산비보장보험금을 아래와 같이 다시 계산하여 지급 위에서 계산된 생산비보장보험금 × $\dfrac{보험가입금액}{단위면적당 보장생산비 \times 재배면적}$

ⓒ 장미

구분	내용
보상하는 재해로 인하여 줄기, 잎, 꽃 등에 손해가 발생하였으나 나무는 죽지 않은 경우	1. 보험금 = 장미재배면적 × 단위면적당 나무생존시 보장생산비 × 피해율 2. 피해율 = 피해비율 × 손해정도비율 • 피해비율 = 피해면적 ÷ 재배면적 • 손해정도에 따른 손해정도비율(아래) | 손해정도 | 1~20% | 21~40% | 41~60% | 61~80% | 81~100% | |---|---|---|---|---|---| | 손해정도비율 | 20% | 40% | 60% | 80% | 100% |
보상하는 재해로 인하여 나무가 죽은 경우	1. 보험금 = 재배면적 × 단위면적당 나무고사 보장생산비 × 피해율 2. 피해율 = 피해비율 × 손해정도비율 • 피해비율 = 피해면적(주수) ÷ 재배면적(주수) • 손해정도비율은 100로 함 3. 장미재배면적 × 단위 면적당 나무고사 보장생산비 > 보험가입금액 인경우 위에서 계산된 생산비보장보험금을 아래와 같이 다시 계산하여 지급 위에서 계산된 생산비보장보험금 × $\dfrac{보험가입금액}{단위면적당나무고사 보장생산비 \times 재배면적}$

ⓒ 부추

구 분	내 용
생산비 보장보험금	부추재배면적 × 단위면적당 보장 생산비 × 피해율 × 70%
피해율	피해율 = 피해비율 × 손해정도비율 1. 피해비율 = 피해면적 ÷ 재배면적 2. 손해정도비율 | 손해정도	1~20%	21~40%	41~60%	61~80%	81~100%
---	---	---	---	---	---
손해정도비율	20%	40%	60%	80%	100%	
재배면적에 단위면적당 보장생산비를 곱한 값이 보험가입금액 보다 큰 경우	재배면적 × 단위 면적당 보장생산비 > 보험가입금액 인경우 위에서 계산된 생산비보장보험금을 아래와 같이 다시 계산하여 지급 위에서 계산된 생산비보장보험금 × $\dfrac{\text{보험가입금액}}{\text{단위면적당 보장생산비} \times \text{재배면적}}$

ⓔ 시금치 · 파(쪽파) · 무 · 쑥갓

구 분	내 용		
보험금	피해작물 재배면적 × 단위면적당 보장생산비 × 경과비율 × 피해율		
경과비율	수확기 이전 사고	1. 경과비율 = α + (1−α) × (생장일수 ÷ 표준생장일수) ※ α = 준비기 생산비 계수 (10%) 2. 생장일수 : 파종일로부터 사고발생일까지 경과일수 3. 표준생장일수 : 파종일로부터 수확개시일까지 표준적인 생장일수 4. 생장일수를 표준생장일수로 나눈 값은 1을 초과할 수 없음	
	수확기 중 사고	1. 경과비율 = 1 − (수확일수 ÷ 표준수확일수) 2. 수확일수 : 수확개시일부터 사고발생일까지 경과일수 3. 표준수확일수 : 수확개시일부터 수확종료일까지의 일수 4. 위 계산식에 따라 계산된 경과비율이 10% 미만인 경우 경과비율을 10%로 한다.	
피해율	피해율 = 피해비율 × 손해정도비율 1. 피해비율 = 피해면적 ÷ 재배면적 2. 손해정도비율 	손해정도	1~20%	21~40%	41~60%	61~80%	81~100%
---	---	---	---	---	---
손해정도비율	20%	40%	60%	80%	100%			

농작물재해보험 및 가축재해보험 손해평가의 이론과 실무

재배면적에 단위면적당 보장생산비를 곱한 값이 보험가입금액 보다 큰 경우	위에서 계산된 생산비보장보험금 × $\dfrac{보험가입금액}{단위면적당 보장생산비 \times 재배면적}$

표 〈시설작물 보장생산비〉

구분		보장생산비	구분		보장생산비
수박		5,500원/㎡	상추		5,500원/㎡
딸기		17,300원/㎡	시금치		1,800원/㎡
토마토		14,300원/㎡	부추		5,900원/㎡
오이		9,300원/㎡	가지		14,900원/㎡
참외		7,400원/㎡	배추		3,100원/㎡
풋고추		9,200원/㎡	무		3,200원/㎡
호박		9,300원/㎡	백합		11,100원/㎡
국화	일반	13,600원/㎡	카네이션	일반	23,700원/㎡
	재절화	10,300원/㎡		재절화	14,600원/㎡
파프리카		28,400원/㎡	미나리		6,900원/㎡
멜론		9,000원/㎡	쑥갓		2,600원/㎡
장미	나무 생존시	6,500원/㎡	파	대파	2,500원/㎡
	나무 고사시	19,400원/㎡		쪽파	3,100원/㎡

표 작물별 표준생장일수 및 표준수확일수

품목		표준생장일수	표준수확일수	품목	표준생장일수	표준수확일수
딸기		90일	182일	참외	90일	224일
오이		45일(75일)	–	풋고추	55일	–
토마토		80일(120일)	–	호박	40일	–
수박		100일	–	멜론	100일	–
파프리카		100일	223일	상추	30일	–
시금치		40일	30일	가지	50일	262일
국화	스탠다드형	120일	–	배추	70일	50일
	스프레이형	90일	–	백합	100일	23일
파	대파	120일	64일	카네이션	150일	224일
	쪽파	60일	19일	미나리	130일	88일
무	일반	80일	28일	쑥갓	50일	51일
	기타	50일	28일			

※ 단, 괄호안의 표준생장일수는 9월~11월에 정식하여 겨울을 나는 재배일정으로 3월 이후에 수확을 종료하는 경우에 적용함
※ 무 품목의 기타 품종은 알타리무, 열무 등 큰 무가 아닌 품종의 무임

(3) 버섯작물

보상하는 재해로 1사고마다 생산비보장보험금이 10만원을 초과하는 경우에 그 전액을 보험가입금액 내에서 보상한다.

㉠ 표고버섯(원목재배)

구분	내용
보험금	재배원목(본)수 × 원목(본)당 보장생산비 × 피해율
피해율	피해율 = 피해비율 × 손해정도비율 1. 피해비율 = 피해원목(본)수 ÷ 재배원목(본)수 2. 손해정도비율 = 원목(본)의 피해면적 ÷ 원목의 면적 〈표본원목수 표〉

피해원목수	1000본 이하	1300본 이하	1500본 이하	1800본 이하	2000본 이하	2300본 이하	2300본 초과
조사표본수	10	14	16	18	20	24	26

※ 단, 위 보험금계산의 경우에도 불구하고 재배원목(본)수에 원목(본)당 보장생산비를 곱한 값이 보험가입금액보다 큰 경우에는 위에서 계산된 생산비보장보험금을 아래와 같이 다시 계산하여 지급

$$\text{위에서 계산된 생산비보장보험금} \times \frac{\text{보험가입금액}}{\text{원목(본)당 보장생산비} \times \text{재배원목(본)수}}$$

㉡ 느타리버섯 (병재배), 새송이버섯 (병재배)

구분	내용
보험금	재배병수 × 병당 보장 생산비 × 경과비율 × 피해율
경과비율	1. 느타리버섯 (병재배) = 88.7% 2. 새송이버섯 (병재배) = 91.3%
피해율	피해율 = 피해비율 × 손해정도비율 1. 피해비율 = 피해병수 ÷ 재배병수 2. 손해정도비율

손해정도	1~20%	21~40%	41~60%	61~80%	81~100%
손해정도비율	20%	40%	60%	80%	100%

※ 단, 위 보험금계산의 경우에도 불구하고 재배병수에 병당 보장생산비를 곱한 값이 보험가입금액보다 큰 경우에는 위에서 계산된 생산비보장보험금을 아래와 같이 다시 계산하여 지급

$$\text{위에서 계산된 생산비보장보험금} \times \frac{\text{보험가입금액}}{\text{병당 보장생산비} \times \text{재배병수}}$$

ⓢ 표고버섯(톱밥배지재배), 느타리버섯(균상재배), 양송이버섯(균상재배)

구 분		내 용
생산비 보장 보험금	표고버섯 (톱밥배지재배)	재배배지(봉)수 × 배지(봉)당 보장생산비 × 경과비율 × 피해율
	느타리버섯 양송이버섯 (균상재배)	재배면적 × 단위면적당 보장 생산비 × 경과비율 × 피해율
경과 비율	수확기 이전 사고	1. 경과비율 = α + (1 − α) × (생장일수 ÷ 표준생장일수) 2. 준비기 생산비 계수 = α | 품목 | 표고버섯 (톱밥배지재배) | 느타리버섯 (균상재배) | 양송이버섯 (균상재배) | |---|---|---|---| | α | 79.8% | 72.3% | 81.7% | 3. 생장일수 = 종균접종일로부터 사고발생일까지 경과일수 4. 표준생장일수 = 종균접종일로부터 수확개시일까지 표준적인 생장일수 | 품목 | 표고버섯 (톱밥배지재배) | 느타리버섯 (균상재배) | 양송이버섯 (균상재배) | |---|---|---|---| | 표준생장일수 | 90일 | 28일 | 30일 | 5. 생장일수를 표준생장일수로 나눈 값은 1을 초과할 수 없음
	수확기 중 사고	1. 경과비율 = 1 − (수확일수 ÷ 표준수확일수) 2. 수확일수 = 수확개시일로부터 사고발생일까지 경과일수 3. 표준수확일수 = 수확개시일부터 수확종료일까지의 일수
피해율	피해율 = 피해비율 × 손해정도비율	

구 분	피해비율	손해정도비율				
표고버섯 (톱밥배지재배)	피해배지(봉)수 / 재배배지(봉)수	손해정도에 따라 50%, 100%에서 결정				
느타리, 양송이 (균상재배)	피해면적 / 재배면적	손해정도	1~20%	21~40%	41~60%	61~80%	81~100%
		손해정도비율	20%	40%	60%	80%	100%

※ 단, 위의 경우에도 불구하고 재배면적에 단위면적당 보장생산비를 곱한 값이 보험가입금액보다 큰 경우에는 위에서 계산된 생산비보장보험금을 아래와 같이 다시 계산하여 지급

$$\text{위에서 계산된 생산비보장보험금} \times \frac{\text{보험가입금액}}{\text{단위면적당 보장생산비} \times \text{재배면적}}$$

제7회 기출문제

종합위험방식 원예시설·버섯 품목에 관한 내용이다. 각 내용을 참조하여 다음 물음에 답하시오. (15점)

○ 표고버섯(원목재배)

표본원목의 전체면적	표본원목의 피해면적	재배원목(본)수	피해원목(본)수	원목(본)당 보장생산비
40 m²	20 m²	2,000개	400개	7,000원

○ 표고버섯(톱밥배지재배)

준비기 생산비 계수	피해배지(봉)수	재배배지(봉)수	손해정도비율
82.2 %	500개	2,000개	50 %

배지(봉)당 보장생산비	생장일수	비 고
2,800원	45일	수확기 이전 사고임

○ 느타리버섯(균상재배)

준비기 생산비 계수	피해면적	재배면적	손해정도
74.5 %	500 m²	2,000 m²	55 %

단위면적당 보장생산비	생장일수	비고
16,400원	14일	수확기 이전 사고임

물음 1) 표고버섯(원목재배) 생산비보장보험금의 계산과정과 값을 쓰시오.(5점)

정답 생산비보장보험금 = 재배원목(본)수 × 원목(본)당 보장생산비 × 피해율
= 2,000개 × 7,000원 × 0.1 = 1,400,000원

피해율 = 피해비율 × 손해정도비율 = 0.2 × 0.5 = 0.1
가) 피해비율 = 피해원목(본)수 ÷ 재배원목(본)수 = 400개 ÷ 2,000개 = 0.2
나) 손해정도비율 = (표본원목의 피해면적 ÷ 표본원목의 전체면적)
= (20 m² ÷ 40 m²) = 0.5

농작물재해보험 및 가축재해보험 손해평가의 이론과 실무

물음2) 표고버섯(톱밥배지재배)생산비보장보험금의 계산과정과 값을 쓰시오(5점)

답

정답 생산비보장보험금 = 재배배지(봉)수×배지(봉)당 보장생산비×경과비율×피해율
= 2,000개× 2,800원×0.911× 0.125 = 637,700원

경과비율 = α + (1 − α) × (생장일수 ÷ 표준생장일수)
= 82.2 % + (1-82.2 %) × (45일 ÷ 90일) = 0.911

피해율 = 피해비율×손해정도비율 = 25% × 50 % = 12.5%
　가) 피해비율 = 피해배지(봉)수 ÷ 재배배지(봉)수= 500개 ÷ 2,000개 = 25%
　나) 손해정도비율 : 손해정도에 따라 50%, 100%에서 결정

물음3) 느타리버섯(균상재배)생산비보장보험금의 계산과정과 값을 쓰시오.(5점)

답

정답 느타리버섯(균상재배), 양송이버섯(균상재배)

생산비보장보험금 = 재배면적×단위면적당 보장 생산비×경과비율×피해율
= 2,000㎡ × 16,400원 × 0.8725×0.15 = 4,292,700원

경과비율 = α + (1 − α) × (생장일수 ÷ 표준생장일수)
= 74.5% + (1-74.5%) × (14일 ÷ 28일) = 0.8725

피해율 = 피해비율×손해정도비율= 0.25×0.6 = 0.15
피해비율 = 피해면적 ÷ 재배면적 = 500 ㎡ ÷ 2,000 ㎡ = 0.25

〈느타리버섯(균상재배), 양송이버섯(균상재배)손해정도비율〉

손해정도	1~20%	21~40%	41~60%	61~80%	81~100%
손해정도비율	20%	40%	60%	80%	100%

제06절 농업수입보장방식의 손해평가 및 보험금 산정

농업수입보장보험은 기존 농작물재해보험에 농산물 가격하락을 반영한 농업수입 감소를 보장하는 보험이다. 농업수입감소보험금은 산출시가격은 기준가격과 수확기가격 중 낮은 가격을 적용한다.
즉, 수확기가격이 상승한 경우 보험금 지급에 적용되는 가격은 가입할 때 결정된 기준가격이다. 따라서, 실제수입을 산정할 때 실제수확량이 평년수확량보다 적은 상황이 발생한다면 수확기가격이 기준가격을 초과하더라도 수확량 감소에 의한 손해는 농업수입감소보험금으로 지급된다.
결과적으로 농업수입보장보험은 수확량감소에 따른 계약자의 손해에 농산물 가격하락에 의한 손해까지 더하여 보상한다.

01 농업수입감소보장방식 과수작물 품목

1. 적용품목 : 과수 (포도, 비가림시설)
2. 조사종류 및 방법 : 피해사실확인조사,
   수확량조사 (착과수조사, 과중조사, 착과피해조사, 낙과피해조사,)
   고사나무조사, 비가림시설피해조사

(1) 피해사실확인조사
   ① 조사대상 : 대상 재해로 사고 접수 농지 및 조사 필요 농지
   ② 대상재해 : 자연재해, 조수해, 화재, 가격하락
   ③ 조사시기 : 사고 접수 직후 실시한다.
   ④ 조사방법 :

보상하는 재해로 인한 피해 여부 확인	기상청 자료 확인 및 현지 방문 등을 통하여 보상하는 재해로 인한 피해가 맞는지 확인하며, 필요시에는 이에 대한 근거로 다음의 자료를 확보한다. 1. 기상청 자료, 농업기술센터 등 농업 전문기관 의견서 및 손해평가인 소견서 등 재해 입증 자료 2. 피해농지 사진 : 농지의 전반적인 피해 상황 및 세부 피해내용이 확인 가능하도록 촬영 3. 단, (　　) 등과 같이 재해 내용이 명확하거나 사고 접수 후 바로 추가조사가 필요한 경우 등에는 피해사실확인조사를 생략할 수 있다.　　**정답** 태풍
수확량조사 필요여부 판단	보상하는 재해 여부 및 피해 정도 등을 감안하여 추가조사 (수확량조사)가 필요한지 여부를 판단하여 해당 내용에 대하여 계약자에게 안내하고, 추가조사 (수확량조사)가 필요할 것으로 판단된 경우에는 수확기에 손해평가반구성 및 추가조사 일정을 수립한다.

농작물재해보험 및 가축재해보험 손해평가의 이론과 실무

(2) 수확량조사 : (착과수조사, 과중조사, 착과피해조사, 낙과피해조사)
- 착과수조사, 과중조사 : 사고 여부와 상관없이 보험에 가입한 농지
- 과중조사 : 사고가 접수가 된 농지 (단, 수입보장포도는 가입된 모든 농지 실시)
- 착과피해조사 : 착과피해를 유발하는 재해가 있을 경우에만 시행
- 낙과피해조사: 착과수조사 이후 낙과피해가 발생한 농지에 대하여 실시
※ 수확량조사 시 따거나 수확한 과실은 계약자의 비용 부담으로 한다.

① 착과수 조사
  ㉠ 조사대상 : 사고 여부와 상관없이 보험에 가입한 농지
  ㉡ 조사 시기 : 최초 수확 품종 수확기 직전
  ㉢ 조사 방법

절 차	내 용
나무수 조사	• 품종별·수령별로 실제결과주수, 미보상주수 및 고사나무주수를 파악한다.
조사대상주수 계산	• 실제결과주수에서 미보상주수 및 고사나무주수를 빼서 조사대상주수를 계산한다 조사대상주수 = 실제결과주수 - 미보상주수 - 고사나무주수
표본주수 산정	• 과수원별 전체 조사대상주수를 기준으로 「품목별 표본주수표」 (별표 1)에 따라 농지별 전체 표본주수를 산정한다. • 적정 표본주수는 품종별·수령별 조사 대상주수에 비례하여 산정하며, 품종별·수령별 적정표본주수의 합은 전체 표본주수 보다 크거나 같아야 한다.
표본주선정	• 조사대상주수를 농지별 표본주수로 나눈 표본주 간격에 따라 표본주 선정 후 해당 표본주에 표시리본을 부착 • 동일품종·동일재배방식·동일수령의 농지가 아닌 경우에는 품종별·재배방식별·수령별 조사대상주수의 특성이 골고루 반영될 수 있도록 표본주를 선정
착과된 전체 과실수를 조사	• 선정된 표본주별로 착과된 전체 과실수를 조사하되, 품종별 수확 시기 차이에 따른 자연낙과를 감안한다.
미보상비율 조사	• 품목별 미보상비율 적용표에 따라 미보상비율을 조사한다.

② 과중조사
  ㉠ 조사 대상 : 사고 접수가 된 농지 (단, 수입보장포도는 가입된 모든 농지 실시)
  ㉡ 조사 시기 : 품종별 수확시기에 각각 실시한다.
   ※ 수확기 판단 : 조기수확 및 수확해태 등으로 수확기에 대한 분쟁이 발생할 경우 수확시기 판단은 지역의 농업기술센터 등 농업 전문기관의 판단에 따른다.
  ㉢ 조사 방법

절 차	내 용
표본 과실 추출	• 품종별로 착과가 평균적이 3주 이상의 나무에서 크기가 평균적인 과실을 20개 이상 추출 • 표본 과실수는 농지 당 60개(포도는 30개) 이상 이어야 함.
품종별 과실개수와 무게 조사	• 추출한 표본 과실을 품종별로 구분하여 개수와 무게를 조사한다.
미보상비율 조사	• 품목별 미보상비율 적용표〈별표 2〉에 따라 미보상비율을 조사하며, 품종별로 미보상비율이 다를 경우에는 품종별 미보상비율 중 가장 높은 미보상비율을 적용한다. • 다만, 재조사 또는 검증조사로 미보상비율이 변경된 경우에는 재조사 또는 검증조사의 미보상비율을 적용한다.
과중조사의 대체	• 위 사항에도 불구하고 현장에서 과중 조사를 실시하기가 어려운 경우, 품종별 평균과중을 적용(자두 제외)하거나 증빙자료가 있는 경우에 한하여 농협의 품종별 출하 자료로 과중 조사를 대체할 수 있다. (수확 전 대상 재해 발생 시 계약자는 수확 개시 최소 10일 전에 보험 가입 대리점으로 수확 예정일을 통보하고 최초 수확 1일 전에는 조사를 실시한다.)

③ 착과피해조사 (착과피해를 유발하는 재해가 있을 경우에만 시행)
  ㉠ 해당 재해여부는 재해의 종류와 과실의 상태 등을 고려하여 조사자가 판단한다.
  ㉡ 조사시기 : 착과된 과실에 대한 피해정도를 조사하는 것으로 해당 피해에 대한 확인이 가능한 시기에 실시하며, 필요 시 품종별로 각각 실시할 수 있다.
  ㉢ 조사방법

절 차	방 법
착과수 확인	• 착과피해조사에서는 가장 먼저 착과수를 확인하여야 하며, 이때 확인할 착과수는 수확 전 착과수조사와는 별개의 조사를 의미한다. • 다만, 이전 실시한 착과수조사 (이전 착과피해조사 시 실시한 착과수조사 포함)의 착과수와 착과피해조사 시점의 착과수가 큰 차이가 없는 경우에는 별도의 착과수 확인 없이 이전에 실시한 착과수조사 값으로 대체할 수 있다.
나무수 조사	• 농지내 품종별·수령별 실제결과주수, 수확완료주수, 미보상주수 및 고사나무주수를 파악한다.
조사대상 주수 계산	• 실제결과주수에서 수확완료주수, 미보상주수 및 고사나무주수를 뺀 조사 대상주수를 계산한다.
적정표본 주수산정	• 조사 대상주수를 기준으로 적정 표본주수를 산정한다. • 이후 조사 방법은 이전 착과수조사 방법과 같다.
품종별로 표본과실 추출	• 착과수 확인이 끝나면 수확이 완료되지 않은 품종별로 표본 과실을 추출한다. 이때 추출하는 표본 과실수는 품종별 20개 이상 (농지당 30개 이상)으로 한다. (표본 과실을 추출할 때에는 품종별 3개 이상의 표본주에서 추출한다)
피해구성 조사	• 추출한 표본 과실을 과실 분류에 따른 피해인정계수(별표 3)에 따라 품종별로 구분하여 해당 과실 개수를 조사한다.
피해구성 조사 생략	• 조사 당시 수확이 완료된 품종이 있거나 피해가 경미하여 피해구성조사가 의미가 없을 때에는 품종별로 피해구성조사를 생략할 수 있다.

④ 낙과피해조사 (착과수조사 이후 낙과피해가 발생한 농지에 대하여 실시)
  ㉠ 보상하는 재해 여부 심사
    농지 및 작물 상태 등을 감안하여 보상하는 재해로 인한 피해가 맞는지 확인하며, 필요 시에는 이에 대한 근거 자료(피해사실확인조사 참조)를 확보한다.
  ㉡ 낙과수 조사방법
    낙과피해조사는 표본조사로 실시한다.(단, 계약자 등이 낙과된 과실을 한 곳에 모아 둔 경우 등 표본조사가 불가능한 경우에 한하여 전수조사를 실시한다).

구 분		내 용
표본조사 (원칙)	나무수 조사	농지내 품종별·수령별 실제결과주수, 수확완료주수, 미보상주수 및 고사나무주수를 파악한다.
	조사대상주수 계산	실제결과주수에서 수확완료주수, 미보상주수 및 고사나무주수를 뺀 조사 대상주수를 계산한다.
	적정표본주수 산정	• 조사 대상주수를 기준으로 농지별 전체 적정표본주수를 산정하되(거대재해 발생 시 표본조사의 표본주수는 『품목별 표본주수표』〈별표 1〉의 1/2 이하로 할 수 있다.), 품종별·수령별 표본주수는 품종별·수령별 조사 대상주수에 비례하여 산정한다. • 선정된 품종별·수령별 표본주수를 바탕으로 품종별·수령별 조사 대상주수의 특성이 골고루 반영될 수 있도록 표본주를 선정하고, 표본주별로 수관면적 내에 있는 낙과수를 조사한다(이때 표본주의 수관면적 내의 낙과는 표본주와 품종이 다르더라도 해당 표본주의 낙과로 본다).
전수조사 (예외)		• 낙과수 전수조사 시에는 농지 내 전체 낙과를 품종별로 구분하여 조사한다. • 단, 전체 낙과에 대하여 품종별 구분이 어려운 경우에는 전체 낙과수를 세고 전체 낙과수 중 100개 이상의 표본을 추출하여 해당 표본의 품종을 구분하는 방법을 사용한다.

  ㉢ 품종별 표본과실 선정
    낙과수 확인이 끝나면 낙과 중 품종별로 표본 과실을 추출한다. 이 때 추출하는 표본 과실수는 품종별 20개 이상(농지 당 최소 30개 이상)으로 한다.
  ㉣ 피해구성조사
    추출한 표본과실을 과실 분류에 따른 피해인정계수 (별표 3)에 따라 품종별로 구분하여 해당 과실 개수를 조사한다.(다만, 전체 낙과수가 30개 미만일 경우 등에는 해당 기준 미만으로도 조사가 가능하다)
  ㉣ 피해구성조사 생략
    조사 당시 수확기에 해당하지 않는 품종이 있거나 낙과의 피해 정도가 심해피해구성조사가 의미가 없는 경우 등에는 품종별로 피해 구성조사를 생략할 수 있다.

(3) 고사나무조사 (사고가 접수된 모든 농지에 대해서 실시)
   ① 나무손해보장 특약 가입 여부 및 사고 접수 여부 확인
      특약에 가입한 농지 중 사고가 접수된 모든 농지에 대해서 고사나무조사를 실시한다.
   ② 조사 시기의 결정
      고사나무조사는 수확 완료 시점 이후에 실시하되, 나무손해보장특약 종료시점을 고려하여 결정한다.
   ③ 보상하는 재해 여부 심사
      농지 및 작물 상태 등을 감안하여 보상하는 재해로 인한 피해가 맞는 지 확인하며, 필요시에는 이에 대한 근거 자료 (피해사실확인조사 참조)를 확보한다.
   ④ 품종별·수령별로 실제결과주수, 수확완료 전 고사주수, 수확완료 후 고사주수 및 미보상 고사주수를 조사한다.

구 분	내 용
수확 완료 전 고사주수	고사나무조사 이전 조사 (착과수조사, 착과피해조사, 낙과피해조사 및 수확개시 전·후 수확량조사)에서 보상하는 재해로 고사한 것으로 확인된 주수
수확 완료 후 고사주수	보상하는 재해로 고사한 나무 중 고사나무조사 이전 조사에서 확인되지 않은 나무 주수
미보상 고사주수	보상하는 재해 이외의 원인으로 고사한 나무주수를 의미하며, 고사나무조사 이전 조사(착과수조사, 착과피해조사 및 낙과피해조사)에서 보상하는 재해이외의 원인으로 고사하여 미보상주수로 조사된 주수를 포함한다.
조사의 생략	수확 완료 후 고사주수가 없는 경우(계약자 유선 확인 등)에는 고사나무조사를 생략할 수 있다.

(4) 비가림시설 피해조사
   ① 조사기준
      해당 목적물인 비가림시설의 구조체와 피복재의 재조달가액을 기준금액으로 수리비를 산출한다.
   ② 평가단위
      물리적으로 분리 가능한 시설 1동을 기준으로 보험 목적물별로 평가한다.
   ③ 조사방법

구 분	내 용	
피복재	피복재의 피해면적을 조사한다.	
구조체	손상된 골조를 재사용할 수 없는 경우	교체수량 확인 후 교체비용 산정
	손상된 골조를 재사용할 수 있는 경우	보수면적 확인 후 보수비용 산정

3. 보험금 산정방법

(1) 농업수입감소보험금 산정

보험기간 내에 보상하는 재해로 피해율이 자기부담비율을 초과하는 경우 아래와 같이 계산한 농업수입감소보험금을 지급한다.

구 분	내 용
보험금	보험가입금액 × (피해율 - 자기부담비율)
피해율	(기준수입 - 실제수입) / 기준수입
기준수입	평년수확량 × 농지별 기준가격
실제수입	(조사수확량 + 미보상감수량) × min(농지별 기준가격, 농지별 수확기 가격) • 수확량조사를 하지 않아 조사한 수확량이 없는 경우에는 평년수확량을 수확량으로 한다.
고의 또는 중대한 과실로 수확량조사를 못한 경우	계약자 또는 피보험자의 고의 또는 중대한 과실로 수확량조사를 하지 못하여 수확량을 확인할 수 없는 경우에는 농업수입감소보험금을 지급하지 않는다.
자기부담비율	• 보험 가입할 때 계약자가 선택한 비율로 한다.
착색 불량된 송이	• 포도의 경우 착색 불량된 송이는 상품성 저하로 인한 손해로 보아 감수량에 포함되지 않는다.

(2) 수확량감소 추가보장 특약의 보험금

보상하는 재해로 피해율이 자기부담비율을 초과하는 경우 적용한다.

> 보험금 = 보험가입금액 × (피해율 × 10%)
> 피해율 = (평년수확량 - 수확량 - 미보상감수량) ÷ 평년수확량

(3) 나무손해보장특약의 보험금

① **보험금** = 보험가입금액 × (피해율 - 자기부담비율)
② **피해율** = 피해주수(고사된 나무) ÷ 실제결과주수
③ **피해주수** = 수확 전 고사주수 + 수확 완료 후 고사주수
　　　　　　(미보상 고사주수는 피해주수에서 제외한다.)
④ 자기부담비율은 약관에 따른다. (5%)

(4) 비가림시설의 보험금 산정

① 손해액이 자기부담금을 초과하는 경우 아래와 같이 계산한 보험금을 지급한다.
   ㉠ 재해보험사업자가 보상할 손해액은 그 손해가 생긴 때와 곳에서의 가액에 따라 계산한다.
   ㉡ 재해보험사업자는 1사고 마다 재조달가액(보험의 목적과 동형·동질의 신품을 조달하는데 소요되는 금액을 말한다. 이하 같다) 기준으로 계산한 손해액에서 자기부담금을 차감한 금액을 보험가입금액 내에서 보상한다.

   지급보험금 = MIN [손해액 − 자기부담금, 보험가입금액]

② 다른 계약이 있는 경우의 보험금 지급

   동일한 계약의 목적과 동일한 사고에 관하여 보험금을 지급하는 다른 계약(공제계약을 포함한다)이 있고 이들의 보험 가입금액의 합계액이 보험가액보다 클 경우에는 아래에 따라 지급보험금을 계산한다.
   이 경우 보험자 1인에 대한 보험금 청구를 포기한 경우에도 다른 보험자의 지급보험금 결정에는 영향을 미치지 않는다.

   ㉠ 다른 계약이 이 계약과 지급보험금의 계산방법이 같은 경우

   보험금 = 손해액 × (이 계약의 보험가입금액) / {다른 계약이 없는 것으로 하여 각각 계산한 보험가입금액의 합계액}

   ㉡ 다른 계약이 이 계약과 지급보험금의 계산방법이 다른 경우

   보험금 = 손해액 × (이 계약의 보험금) / {다른 계약이 없는 것으로 하여 각각 계산한 보험금의 합계액}

   ㉢ 이 보험계약이 타인을 위한 보험계약이면서 보험계약자가 다른 계약으로 인하여 상법 제682조에 따른 대위권 행사의 대상이 된 경우에는 실제 그 다른 계약이 존재함에도 불구하고 그 다른 계약이 없다는 가정하에 계산한 보험금을 그 다른 보험계약에 우선하여 이 보험계약에서 지급한다.

   ㉣ 이 보험계약을 체결한 재해보험사업자가 타인을 위한 보험에 해당하는 다른 계약의 보험계약자에게 상법 제682조에 따른 대위권을 행사할 수 있는 경우에는 이 보험계약이 없다는 가정하에 다른 계약에서 지급받을 수 있는 보험금을 초과한 손해액을 이 보험계약에서 보상한다.

③ 하나의 보험 가입금액으로 둘 이상의 보험의 목적을 계약한 경우에는 전체가액에 대한 각 가액의 비율로 보험가입금액을 비례배분하여 ① 또는 ②의 규정에 따라 지급보험금을 계산한다.

④ 재해보험사업자는 보험의 목적이 손해를 입은 장소에서 실제로 수리 또는 복구되지 않은 때에는 재조달가액에 의한 보상을 하지 않고 시가(감가상각된 금액)로 보상한다.

⑤ 계약자 또는 피보험자는 손해 발생 후 늦어도 180일 이내에 수리 또는 복구 의사를 재해보험사업자에 서면으로 통지해야 한다.

⑥ 자기부담금 산정 (단지 단위, 1사고 단위로 적용)

구 분	내용
원 칙	최소자기부담금(30만원)≤ 손해액의 10% ≤최대자기부담금(100만원)
피복재 단독사고	최소자기부담금(10만원)≤ 손해액의 10% ≤ 최대자기부담금(30만원)

⑦ 보험금등의 지급한도
  ㉠ 보상하는 손해로 지급할 보험금과 잔존물 제거비용은 상기 가)~마)의 방법을 적용하여 계산하고, 그 합계액은 보험증권에 기재된 보험가입금액을 한도로 한다. 단, 잔존물 제거비용은 손해액의 10%를 초과할 수 없다.
  ㉡ 비용손해 중 손해방지비용, 대위권 보전비용, 잔존물 보전비용은 상기 가)~바)의 방법을 적용하여 계산한 금액이 보험가입금액을 초과하는 경우에도 지급한다.
  ㉢ 비용손해 중 기타 협력비용은 보험가입금액을 초과한 경우에도 전액 지급한다.

제3회 기출문제

아래 조건에 의해 농업수입감소보장 포도 품목의 피해율 및 농업수입감소보험금을 산출하시오 [15점]

- 평년수확량 : 1,000kg
- 미보상감수량 : 100kg
- 수확기 가격 : 3,000원/kg
- 자기부담비율 : 20%
- 조사수확량 : 500kg
- 농지별 기준가격 : 4,000원/kg
- 보험가입금액 : 4,000,000원

1) 피해율(피해율은 %단위로 소수점 셋째자리에서 반올림하여 둘째자리까지 다음 예시와 같이 구하시오. 예시 : 0.12345 → 12.35%로 기재)
- 계산과정 :

2) 농업수입감소보험금
- 계산과정 :

정답

1) 피해율
- 계산과정 : 피해율 = (기준수입 − 실제수입) ÷ 기준수입
  = (4,000,000원 − 1,800,000원) ÷ 4,000,000원 = 0.55 = 55%
☞ 기준수입 = 평년수확량 × 농지별 기준가격 = 1,000kg × 4,000원/kg = 4,000,000원
☞ 실제수입 = (수확량 + 미보상감수량) × min(농지별 기준가격, 농지별 수확기가격)
  = (500kg + 100kg) × 3,000원/kg = 1,800,000원
- 답 : 55%

2) 농업수입감소보험금
- 계산과정 : 농업수입감소보험금 = 보험가입금액 × (피해율 − 자기부담비율)
  = 4,000,000원 × (0.55 − 0.2) = 1,400,000원
- 답 : 1,400,000원

02 농업수입보장방식 밭작물 품목

1. **적용품목** : 콩, 양배추, 양파, 감자 (가을재배), 마늘, 고구마

2. **조사 종류**
   피해사실확인조사, 재파종조사(마늘) · 재정식조사(양배추), 경작불능조사, 수확량조사

3. **조사 방법**
(1) 피해사실 확인조사
   ① 조사 대상 : 대상 재해로 사고 접수 농지 및 조사 필요 농지
   ② 대상 재해 : 자연재해, 조수해(鳥獸害), 화재, 병해충(감자 품목만 해당)
   ③ 조사 시기 : 사고 접수 직후 실시
   ④ 피해사실 확인 방법

보상하는 재해로 인한 피해 여부 확인	기상청 자료 확인 및 현지 방문 등을 통하여 보상하는 재해로 인한 피해가 맞는지 확인하며, 필요시에는 이에 대한 근거로 다음의 자료를 확보한다. 1. 기상청 자료, 농업기술센터 의견서 및 손해평가인 소견서 등 재해 입증 자료 2. 피해농지 사진 : 농지의 전반적인 피해 상황 및 세부 피해내용이 확인 가능하도록 촬영
추가조사 필요여부 판단	보상하는 재해 여부 및 피해 정도 등을 감안하여 추가조사(재정식조사, 재파종조사, 경작불능조사 및 수확량조사)가 필요한지 여부를 판단하여 해당 내용에 대하여 계약자에게 안내하고, 추가조사가 필요할 것으로 판단된 경우에는 손해평가반 구성 및 추가조사 일정을 수립한다.

농작물재해보험 및 가축재해보험 손해평가의 이론과 실무

(2) 재파종조사 : 마 늘
① 조사 대상 : 피해사실확인조사 시 재파종조사가 필요하다고 판단된 농지
② 조사 시기 : 피해사실확인조사 직후 또는 사고 접수 직후
③ 재파종조사는 다음 각 목에 따라 실시한다.

조사절차		내 용
보상하는 재해 여부 심사		농지 및 작물 상태 등을 감안하여 보상하는 재해로 인한 피해가 맞는 지 확인하며, 필요시에는 이에 대한 근거 자료 (피해사실확인조사 참조)를 확보한다.
실제 경작면적 확인		GPS면적측정기 또는 지형도 등을 이용하여 보험가입 면적과 실제 경작면적을 비교한다. 이 때 실제 경작면적이 보험 가입 면적 대비 10% 이상 차이가 날 경우에는 계약사항을 변경해야 한다.
재파종 보험금 지급대상 여부 조사 (재파종 전조사)	표본구간 수 산정	1. 조사대상면적 규모에 따라 적정 표본구간 수 이상의 표본구간 수를 산정한다. (별표 1 참조) 2. 다만 가입면적과 실제 경작면적이 10% 이상 차이가 날 경우(계약 변경 대상 건)에는 실제 경작면적을 기준으로 표본구간 수를 산정한다. 조사대상면적=실제경작면적-고사면적-타작물및미보상면적- 기수확면적
	표본구간 선정	1. 선정한 표본구간 수를 바탕으로 재배방법 및 품종 등을 감안하여 조사 대상 면적에 동일한 간격으로 골고루 배치될 수 있도록 표본구간을 선정한다. 2. 다만, 선정한 지점이 표본으로서 부적합한 경우(해당 지점 마늘의 출현율이 현저히 높거나 낮아서 표본으로서의 대표성을 가지기 어려운 경우 등)에는 가까운 위치의 다른 지점을 표본구간으로 선정한다.
	표본구간길이 및 출현주수 조사	선정된 표본구간별로 이랑길이 방향으로 식물체 8주이상(또는 1m)에 해당하는 이랑 길이, 이랑폭(고랑포함) 및 출현주수를 조사한다.
재파종 이행완료 여부 조사 (재파종 후조사)	조사대상 농지 및 조사시기확인	재파종 보험금 대상 여부 조사 (1차 조사)시 재파종 보험금 대상으로 확인된 농지에 대하여 재파종이 완료된 이후 조사를 진행한다.
	표본구간 선정	재파종 보험금 대상 여부 조사(재파종 전(前)조사)와 같은 방법으로 표본구간을 선정한다.
	표본구간길이 및 파종주수조사	선정된 표본구간별로 이랑길이, 이랑폭 및 파종주수를 조사한다.

(3) 재정식조사 : 양배추
  ① 조사 대상 : 피해사실 확인조사시 재정식조사가 필요하다고 판단된 농지
  ② 조사 시기 : 피해사실 확인조사 직후 또는 사고 접수 직후
  ③ 보상하는 재해 여부 심사
    농지 및 작물 상태 등을 감안하여 보상하는 재해로 인한 피해가 맞는지 확인하며, 필요시에는 이에 대한 근거자료(피해사실 확인조사 참조)를 확보할 수 있다.
  ④ 실제 경작면적 확인
    GPS 면적측정기 또는 지형도 등을 이용하여 보험 가입 면적과 실제 경작면적을 비교한다. 이때 실제 경작면적이 보험 가입 면적 대비 10% 이상 차이가 날 경우에는 계약 사항을 변경해야 한다.
  ⑤ 재정식 보험금 지급대상 확인(재정식 전(前)조사)

피해면적 확인	GPS면적측정기 또는 지형도 등을 이용하여 실제 경작면적대비 피해면적을 비교 및 조사한다
피해면적의 판정 기준	작물이 고사되거나 살아 있으나 수확이 불가능할 것으로 판단된 면적

  ⑥ 재정식 이행완료 여부 조사(재정식 후(後)조사)
    ㉠ 재정식 보험금 대상 여부 조사(전조사) 시 재정식 보험금 지급 대상으로 확인된 농지에 대하여, 재정식이 완료되었는지를 조사한다.
    ㉡ 피해면적 중 일부에 대해서만 재정식이 이루어진 경우에는, 재정식이 이루어지지 않은 면적은 피해 면적에서 제외한다.
  ⑦ 단, 농지별 상황에 따라 재정식 전조사를 생략하고 재정식 후조사 시 면적조사 (실제경작면적 및 피해면적)를 실시할 수 있다.

(4) 경작불능조사 : 양파, 마늘, 고구마, 감자(가을재배), 콩, 양배추,
   ① 조사 대상 : 피해사실확인조사 시 경작불능조사가 필요하다고 판단된 농지 또는 사고 접수 시 이에 준하는 피해가 예상되는 농지
   ② 조사 시기 : 피해사실확인조사 직후 또는 사고 접수 직후
   ③ 경작불능조사의 실시
      ㉠ 경작불능 보험금 지급 대상 여부 조사(경작불능 전(前)조사)

조사절차	방 법
보상하는 재해 여부 심사	농지 및 작물 상태 등을 감안하여 보상하는 재해로 인한 피해가 맞는 지 확인하며, 필요시에는 이에 대한 근거 자료 (피해사실확인조사 참조)를 확보한다.
실제 경작면적 확인	GPS면적측정기 또는 지형도 등을 이용하여 보험가입 면적과 실제 경작면적을 비교한다. 이 때 실제 경작면적이 보험 가입면적 대비 10% 이상 차이가 날 경우에는 계약사항을 변경해야 한다.
식물체 피해율조사	목측 조사를 통해 조사 대상 농지에서 보상하는 재해로 인한 식물체 피해율이 65% 이상인지 여부를 조사한다. 식물체 피해율 = $\dfrac{\text{고사식물체 (수 또는 면적)}}{\text{보험가입식물체 (수 또는 면적)}}$ ※ 고사식물체 판정의 기준은 해당 식물체의 수확 가능 여부임
계약자의 경작불능보험금 신청 여부 확인	식물체 피해율이 65% 이상인 경우 계약자에게 경작불능보험금 신청 여부를 확인한다.
수확량조사 대상확인 (콩 제외)	식물체 피해율이 65% 미만이거나, 식물체 피해율이 65% 이상이나 계약자가 경작불능보험금을 신청하지 않은 경우에는 향후 수확량조사가 필요한 농지로 결정한다.

      ㉡ 경작불능 후조사

산지폐기 여부 확인	• 양파 · 마늘 · 감자(가을재배) · 콩 · 양배추, 고구마 해당 • 경작불능 전(前) 조사에서 보상하는 재해로 식물체 피해율이 65% 이상인 농지에 대하여, 산지폐기 등으로 작물이 시장으로 유통되지 않은 것을 확인한다.

(5) 수확량조사
① 적용품목 : 마늘, 양파, 양배추, 감자(가을재배), 고구마, 콩
② 조사대상
  ㉠ 피해사실 확인조사 시 수확량조사가 필요하다고 판단된 농지 또는 경작불능조사 결과 수확량조사를 실시하는 것으로 결정된 농지
  ㉡ 수확량조사 전 계약자가 피해 미미(자기부담비율 이내의 사고) 등의 사유로 수확량조사 실시를 취소한 농지는 수확량조사를 실시하지 않는다.
③ 수확량조사의 실시

조사절차		방 법	
보상하는 재해 여부 심사		농지 및 작물 상태 등을 감안하여 보상하는 재해로 인한 수확량 감소가 맞는지 확인하며, 필요시에는 이에 대한 근거 자료 (피해사실확인조사 참조)를 확보할 수 있다.	
수확량조사 적기 판단 및 시기 결정		해당 작물의 특성에 맞게 수확량조사 적기 여부를 확인하고 이에 따른 조사 시기를 결정한다.	
	표 품목별 수확량조사 적기		
	품 목	수확량조사 적기	
	콩	콩잎이 누렇게 변하여 떨어지고 꼬투리의 80~90% 이상이 고유한 성숙(황색)색깔로 변하는 시기인 생리적 성숙기로부터 7~14일이 지난 시기	
	양배추	결구형성이 완료된 때	
	양 파	비대가 종료된 시점	식물체의 도복이 완료된 때
	감자 (가을재배)		파종일로부터 제주지역은 110일 이후, 이외 지역은 95일 이후 일 이후
	마 늘		잎과 줄기가 1/2 ~ 2/3 황변하여 말랐을 때와 해당 지역의 통상 수확기가 도래하였을 때
	고구마	삽식일로부터 120일 이후에 농지별로 적용	
면적 확인	실제경작면적 확인	GPS면적측정기 또는 지형도 등을 이용하여 보험가입 면적과 실제 경작면적을 비교한다. 이때 실제 경작면적이 보험 가입 면적 대비 10% 이상 차이가 날 경우에는 계약사항을 변경해야 한다.	
	수확불능(고사) 면적 확인	보상하는 재해로 해당 작물이 고사하여 수확될 수 없는 면적을 확인한다.	
	타작물 및 미보상 면적 확인	해당 작물외의 작물이 식재되어 있거나 보상하는 재해 이외의 사유로 수확이 감소한 면적을 확인한다.	
	기수확면적 확인	조사 전에 수확이 완료된 면적을 확인한다.	
	조사대상면적 확인	실제경작면적에서 고사면적, 타작물 및 미보상면적, 기수확면적을 제외하여 조사대상면적을 확인한다.	

④ 조사방법 결정 [표본조사, 전수조사]
　㉠ 표본조사 방법

구 분	내 용
표본구간수 산정	• 조사대상면적 규모에 따라 적정 표본구간 수 이상의 표본구간 수를 산정한다. • 다만, 가입면적과 실제 경작면적이 10% 이상 차이가 날 경우 (계약 변경 대상)에는 실제 경작면적을 기준으로 표본구간 수를 산정한다.
표본구간 선정	• 산정한 표본구간 수를 바탕으로 재배방법 및 품종 등을 감안하여 조사 대상 면적에 동일한 간격으로 골고루 배치될 수 있도록 표본구간을 선정한다. • 다만, 선정한 구간이 표본으로서 부적합한 경우(해당 지점 작물의 수확량이 현저히 많거나 적어서 표본으로서의 대표성을 가지기 어려운 경우 등)에는 가까운 위치의 다른 구간을 표본구간으로 선정한다.
표본구간 면적 및 수확량 조사	• 해당 품목별로 선정된 표본구간의 면적을 조사하고, 해당 표본구간에서 수확한 작물의 수확량을 조사한다. • 양파, 마늘의 경우 지역별 수확 적기보다 일찍 조사를 하는 경우, 수확 적기까지 잔여일수별 비대지수를 추정하여 적용할 수 있다. 표　품목별 표본구간 면적조사 방법

품 목	표본구간 면적 조사 방법
콩	점파 : 이랑길이 (4주 이상) 및 이랑폭 조사 산파 : 규격의 원형 (1㎡) 이용 또는 　　　 표본구간의 가로·세로길이 조사
양배추, 양파, 고구마 감자 (가을재배), 마늘	이랑길이 (5주이상) 및 이랑폭 조사

　㉡ 전수조사 방법 (콩만 해당)

전수조사 대상 농지 여부 확인	• 전수조사는 기계수확(탈곡 포함)을 하는 농지 또는 수확직전 상태가 확인된 농지 중 자른 작물을 농지에 그대로 둔 상태에서 기계탈곡을 시행하는 농지에 한한다.
중량 조사	• 대상 농지에서 수확한 전체 콩(종실)의 무게를 조사한다. • 전체 무게 측정이 어려운 경우에는 10포대 이상의 포대를 임의로 선정하여 포대 당 평균 무게를 구한 후 해당 수치에 수확한 전체 포대 수를 곱하여 전체 무게를 산출한다.
콩(종실)의 함수율조사	• 10회 이상 종실의 함수율을 측정 후 평균값을 산출한다. • 단, 함수율을 측정할 때에는 각 횟수마다 각기 다른 포대에서 추출한 콩을 사용 한다.

표 품목별 표본구간별 수확량 조사 방법

품 목	표본구간별 수확량 조사 방법
콩	① 표본구간 내 콩을 수확 ② 꼬투리를 제거한 후 콩 종실의 무게 및 함수율(3회 평균) 조사
양배추 (80%, 100%)	① 표본구간 내 작물의 뿌리를 절단하여 수확 (외엽 2개 내외 부분을 제거) ② 정상 양배추와 80%피해 양배추, 100%피해 양배추로 구분하여 무게를 조사 ※ 80%피해 : 일반시장에 출하할 때 정상과실에 비해 50%정도의 가격이 예상되는 품질이거나 일반시장 출하는 불가능하나 가공용으로 공급될수 있는 품질 ※ 100%피해 : 일반시장 및 가공용 출하불가
양 파 (80%, 100%)	① 표본구간내 작물 수확후 종구 5cm 윗부분 줄기를 절단하여 해당 무게를 조사 ② 단, 양파의 최대지름이 6cm 미만인 경우에는 80%, 100% 피해로 인정하고 해당 무게의 20%, 0%를 수확량으로 인정 ※ 80%피해 : 보상하는 재해로 인해 피해가 발생하여 일반시장 출하가 불가능하나, 가공용으로는 공급될 수 있는 작물을 말하며, 가공공장 공급 및 판매 여부와는 무관 ※ 100% 피해 : 보상하는 재해로 인해 피해가 발생하여 일반시장 출하가 불가능하고 가공용으로도 공급될 수 없는 작물
마 늘 (80%, 100%)	① 표본구간 내 작물을 수확 후, 종구 3cm 윗부분을 절단하여 무게를 조사 ② 단, 마늘통의 최대지름이 2cm(한지형), 3.5cm(난지형) 미만인 경우에는 80%, 100% 피해로 인정하고 해당 무게의 20%, 0%를 수확량으로 인정 ※ 80%피해 , 100% 피해 : 양파 참조
감 자 (가을재배)	① 표본구간 내 작물을 수확 후, 정상 감자, 병충해별 20% 이하, 21%~40% 이하, 41%~60% 이하, 61%~80%이하, 81%~100%이하 발병 감자로 구분하여 해당 병충해명과 무게를 조사. ② 최대지름이 5cm미만이거나 피해정도 50%이상인 감자의 무게는 실제무게의 50%를 조사무게로 함.
고구마 (50%, 80% 100%)	① 표본구간 내 작물을 수확 후, 정상 고구마와 50%형,80%,100%형 피해고구마로 구분한 후 각각의 무게를 조사 ※ 50% 피해 : 일반시장에 출하할 때, 정상 고구마에 비해 50% 정도의 가격 하락이 예상되는 품질. 단, 가공공장 공급 및 판매 여부와 무관 ※ 80% 피해 : 일반시장에 출하가 불가능하나, 가공용으로 공급될 수 있는 품질. 단, 가공공장 공급 및 판매 여부와 무관 ※ 100%피해 : 일반시장 출하가 불가능하고 가공용으로 공급될 수 없는 품질

⑤ 미보상비율 조사(모든조사 시 동시조사)

미보상비율 적용 구분 표(별표2)에 따라 미보상비율을 조사한다.

3. 보험금 산정방법

(1) 재파종보험금 산정 (마늘)
① 지급 사유

보험기간 내에 보상하는 재해로 10a당 출현주수가 30,000주보다 작고, 10a당 30,000주이상으로 재파종한 경우 재파종보험금은 아래에 따라 계산하며 1회에 한하여 보상한다.

> 지급보험금 = 보험 가입금액 × 35% × 표준출현 피해율
> 표준출현 피해율(10a기준) = (30,000 − 출현주수) ÷ 30,000

(2) 재정식보험금 산정 (양배추)
① 지급 사유

보험기간 내에 보상하는 재해로 면적 피해율이 자기 부담비율을 초과하고, 재정식한 경우 재정식보험금은 아래에 따라 계산하며 1회 지급한다.

> 지급보험금 = 보험 가입금액 × 20% × 면적 피해율
> 면적 피해율 = 피해면적 ÷ 보험 가입면적

(3) 경작불능보험금 산정 (콩, 양배추, 양파, 감자(가을재배), 마늘, 고구마)
① 지급 사유

보험기간 내에 보상하는 재해로 식물체 피해율이 65% 이상이고, 계약자가 경작불능보험금을 신청한 경우 경작불능보험금은 자기부담비율에 따라 보험 가입금액의 일정 비율로 계산한다.

〈품목별 자기부담비율별 경작불능보험금 지급 비율〉

품목	20%형	30%형	40%형
콩, 양배추, 양파, 감자, 마늘, 고구마	보험가입금액× 40%	보험가입금액× 35%	보험가입금액× 30%

② 지급거절 사유

보험금 지급 대상 농지 품목이 산지폐기 등의 방법을 통해 시장으로 유통되지 않게 된 것이 확인되지 않으면 경작불능보험금을 지급하지 않는다.

③ 경작불능보험금을 지급한 때에는 그 손해보상의 원인이 생긴 때로부터 해당 농지에 대한 보험계약은 소멸되며, 이 경우 환급보험료는 발생하지 않는다.

(4) 농업수입감소보험금 산정

보험기간 내에 보상하는 재해로 피해율이 자기부담비율을 초과하는 경우 아래와 같이 계산한 농업수입감소보험금을 지급한다. 다만 콩품목은 경작불능보험금 지급대상인 경우 농업수입감소보험금을 지급하지 아니한다

농업수입 감소보험금	• 보험가입금액 × (피해율 - 자기부담비율) ※ 단, 경작불능보장(고구마 제외)의 보험기간 내에 식물체피해율이 65% 이상인 경우 농업수입감소보험금을 지급하지 않는다.
피해율	• (기준수입 - 실제수입) ÷ 기준수입
기준수입	• 평년수확량 × 농지별 기준가격
실제수입	• (조사수확량 + 미보상감수량) × min(농지별 기준가격, 농지별 수확기가격) • 수확량조사를 하지 않아 조사한 수확량이 없는 경우에는 평년수확량을 수확량으로 한다.
고의 또는 중대한 과실로 수확량조사를 하지 못한 경우	• 계약자 또는 피보험자의 고의 또는 중대한 과실로 수확량조사를 하지 못하여 수확량을 확인할 수 없는 경우에는 농업수입감소보험금을 지급하지 않는다.
미보상 감수량	• (평년수확량 - 수확량) × 미보상비율 • 평년수확량 보다 수확량이 감소하였으나 보상하는 재해로 인한 감소가 확인되지 않는 경우에는 감소한 수량을 모두 미보상감수량으로 한다.
자기부담비율	• 보험 가입할 때 계약자가 선택한 비율로 한다. (20%, 30%, 40%)

▶ 제4회 기출문제

농업수입보장보험 마늘 품목에 한해와 조해피해가 발생하여 아래와 같이 수확량조사를 하였다. 계약사항과 조사내용을 토대로 하여 ① 표본구간 단위면적당 수확량, ② 수확량, ③ 실제수입, ④ 피해율, ⑤ 보험가입금액 및 농업수입감소보험금의 계산과정과 값을 각각 구하시오. (단, 품종에 따른 환산계수는 미적용하고, 소수점 셋째자리에서 반올림하여 둘째자리까지 다음 예시와 같이 구하시오. 예시: 수확량 3.456kg → 3.46kg, 피해율 0.12345 → 12.35%로 기재)
[15점]

〈계약사항〉

- 품종 : 남도
- 가입면적 : 3,300m²
- 자기부담비율 : 20%
- 평년수확량 : 10,000kg
- 가입수확량 : 10,000kg
- 기준가격 : 3,000원

〈조사내용〉

- 실경작면적 : 3,300m²
- 타작물면적 및 미보상면적 : 500m²
- 표본구간면적 : 10.50m²
- 미보상비율 : 20%
- 수확불능(고사)면적 : 300m²
- 표본구간 : 7구간
- 표본구간 수확량 : 30kg
- 수확기가격 : 2,500원

- 계산과정 :

정답 환산계수를 미적용하는 조건이므로
① 표본구간 단위면적당 수확량 = (표본구간 수확량 × 환산계수) ÷ 표본구간 면적
   = 30kg ÷ 10.50m^2 = 2.857kg/m^2 → 2.86kg/m^2
② 수확량 = (표본구간 단위면적당 수확량×표본조사대상면적) + {단위면적당 평년수확량×(타작물면적 및 미보상면적 + 기수확면적)}
   = (2.86kg/m^2 × 2,500m^2) + (3.03kg/m^2 × 500m^2) = 8,665kg
- 표본조사대상면적 = 실경작면적 - 수확불능(고사)면적 - 타작물면적 및 미보상면적 - 기수확면적
   = 3,300m^2 - 300m^2 - 500m^2 - 0m^2 = 2,500m^2
- 단위면적당 평년수확량 = 평년수확량 ÷ 실제경작면적 = 10,000kg ÷ 3,300m^2 = 3.03kg/m^2
③ 실제수입 = (수확량 + 미보상감수량) × min(농지별 기준가격, 농지별 수확기가격)
   = (8,665kg + 267kg) × (2,500원/kg) = 22,330,000원
- 미보상감수량 = (평년수확량 - 수확량) × 미보상비율 = (10,000kg - 8,665kg) × 0.2 = 267kg
④ 피해율 = (기준수입 - 실제수입) ÷ 기준수입
   = (30,000,000원 - 22,330,000원) ÷ 30,000,000원 = 0.25566 = 25.57%
- 기준수입 = 평년수확량 × 농지별 기준가격
   = 10,000kg × 3,000원/kg = 30,000,000원
⑤ 보험가입금액 및 농업수입감소보험금
- 보험가입금액 = 가입수확량(kg단위) × 기준가격(kg당)
   = 10,000kg × 3,000원 = 30,000,000원
- 농업수입감소보험금 = 보험가입금액 × (피해율 - 자기부담비율)
   = 30,000,000원 × (25.57% - 20%) = 1,671,000원

제7회 기출문제

농업수입감소보장방식 콩에 관한 내용이다. 계약사항과 수확량 조사내용을 참조하여 다음 물음에 답하시오. (15점)

○ 계약사항

보험가입금액	자기부담비율	가입면적	평년수확량	농지별기준가격
10,000,000원	20 %	10,000 m²	2,000 kg	5,000원/kg

○ 수확량 조사내용

[면적조사]

실제경작면적	수확불능면적	기수확면적
10,000 m²	1,000 m²	2,000 m²

[표본조사]

표본구간면적	종실중량	함수율
10 m²	2 kg	22.6 %

[미보상비율] : 10 %

※ 수확기가격은 4,500원/kg임

물음 1) 수확량의 계산과정과 값을 쓰시오. (5점)
• 계산과정 :

정답 수확량(표본조사)
= (표본구간 단위면적당 수확량×조사대상면적)+{단위면적당 평년수확량×(타작물 및 미보상면적+기수확면적)}= (0.18kg/m²× 7,000 m²)+{0.2kg/m²×(0m² + 2,000m²)}= 1,660kg
① 표본구간 단위면적당 수확량 구하기
표본구간 단위면적당 수확량 = 표본구간 수확량 합계 ÷ 표본구간 면적
= 1.8kg ÷ 10 m² = 0.18kg/m²

- 표본구간 수확량 합계 = 표본구간별 종실중량 합계 × {(1 - 함수율) ÷ (1 - 기준함수율)}
  = 2kg × {(1-22.6 %) ÷ (1-14%)} = 1.8kg
- 기준함수율 : 콩(14%)
② 조사대상면적 구하기
  조사대상면적 = 실경작면적 - 고사면적 - 타작물 및 미보상면적 - 기수확면적
  = 10,000m² - 1,000m² - 0m² - 2,000m² = 7,000 m²
③ 단위면적당 평년수확량 = 평년수확량 ÷ 실제경작면적 = 2,000kg ÷ 10,000 m² = 0.2kg/m²

물음 2) 피해율의 계산과정과 값을 쓰시오. (5점)
- 계산과정 :

정답 피해율 = (기준수입 - 실제수입) ÷ 기준수입
  = (10,000,000원 - 7,623,000원) ÷ 10,000,000원 = 0.2377 = 23.77%
기준수입 = 평년수확량 × 농지별 기준가격
  = 2,000 kg × 5,000원/kg = 10,000,000원
실제수입 = (수확량 + 미보상감수량) × 최솟값(농지별 기준가격, 농지별 수확기가격)
  = (1,660kg + 34kg) × 4,500원/kg = 7,623,000원
미보상감수량 = (평년수확 - 수확량) × 미보상비율 = (2,000 kg - 1,660kg) × 10% = 34kg

물음 3) 농업수입감소보험금의 계산과정과 값을 쓰시오. (5점)
- 계산과정 :

정답 농업수입감소보험금 = 보험가입금액 × (피해율 - 자기부담비율)
  = 10,000,000원 × (23.77% - 20%) = 377,000 원

Chapter. 04 가축재해보험 손해평가

제01절 손해의 평가

01 의의

① 손해평가에서 손해발생 사실의 확인 후 손해의 조사를 통하여 손해액을 확정하게 되는 과정은 손해평가에서 가장 중요한 과정이다.
② 가축재해보험약관에서는 축종별로 손해액을 확정하는 방식을 별도로 규정하고 있으며 손해액 평가와 관련하여 보험계약자, 피보험자에게 다양한 의무를 부여하고 있다.

02 보험계약자 등의 의무

1. 계약 전 알릴 의무

① 계약자, 피보험자 또는 이들의 대리인은 보험계약을 청약할 때 청약서에서 질문한 사항에 대하여 알고 있는 사실을 반드시 사실대로 알려야 할 의무이다.
② 보험계약자 또는 피보험자가 고의 또는 중대한 과실로 계약 전 알릴 의무를 이행하지 않은 경우에 보험자는 그 사실을 안 날로부터 1월 내에, 계약을 체결한 날로부터 3년 내에 한하여 계약을 해지할 수 있다.
③ 그러나 보험자가 계약 당시에 그 사실을 알았거나 중대한 과실로 인하여 알지 못한 때에는 그러하지 아니하다.

2. 계약 후 알릴 의무

① 가축재해보험에서는 계약을 맺은 후 보험의 목적에 ⑤와 같은 사실이 생긴 경우에 계약자나 피보험자는 지체 없이 서면으로 보험자에게 알려야 할 의무를 말한다.
② 재해보험사업자는 계약 후 알릴 의무의 통지를 받은 때에 위험이 감소된 경우에는 그 차액보험료를 돌려주고, 위험이 증가된 경우에는 통지를 받은 날부터 1개월 이내에 보험료의 증액을 청구하거나 계약을 해지할 수 있다.
③ 보험계약자 또는 피보험자가 보험기간 중에 계약 후 알릴 의무를 위반한 경우에 보험자는 그 사실을 안 날로부터 1월 내에 계약을 해지할 수 있다.
④ 가축재해보험에서는 모든 부문 축종에 적용되는 계약 후 알릴 의무와 특정 부분의 가축에게만 추가로 적용되는 계약 후 알릴 의무가 있다.

⑤ 계약 후 알릴 의무의 사유(발생시기)

구 분		사 유
공통		㉠ 이 계약에서 보장하는 위험과 동일한 위험을 보장하는 계약을 다른 보험자와 체결하고자 할 때 또는 이와 같은 계약이 있음을 알았을 때 ㉡ 양도할 때 ㉢ 보험목적 또는 보험목적 수용장소로부터 반경 10km 이내 지역에서 가축전염병 발생(전염병으로 의심되는 질환 포함) 또는 원인 모를 질병으로 집단폐사가 이루어진 경우 ㉣ 보험의 목적 또는 보험의 목적을 수용하는 건물의 구조를 변경, 개축, 증축하거나 계속하여 15일 이상 수선할 때 ㉤ 보험의 목적 또는 보험의 목적을 수용하는 건물의 용도를 변경함으로써 위험이 변경되는 경우 ㉥ 보험의 목적 또는 보험의 목적이 들어있는 건물을 계속하여 30일 이상 비워두거나 휴업하는 경우 ㉦ 다른 곳으로 옮길 때 ㉧ 도난 또는 행방불명 되었을 때 ㉨ 의외의 재난이나 위험에 의해 구할 수 없는 상태에 빠졌을 때 ㉩ 개체 수가 증가되거나 감소되었을 때 ㉪ 위험이 뚜렷이 변경되거나 변경되었음을 알았을 때
부문별	소	㉠ 개체 표시가 떨어지거나 오손, 훼손, 멸실되어 새로운 개체 표시를 부착하는 경우 ㉡ 거세, 제각(뿔을 자름), 단미(꼬리를 자름) 등 외과적 수술을 할 경우 ㉢ 품평회, 경진회, 박람회, 소싸움대회, 소등 타기 대회 등에 출전할 경우
	말	㉠ 외과적 수술을 하여야 할 경우 ㉡ 5일 이내에 폐사가 예상되는 큰 부상을 입을 경우 ㉢ 거세, 단미(斷尾) 등 외과적 수술을 할 경우 ㉣ 품평회, 경진회, 박람회 등에 출전할 경우
	종모우	㉠ 개체 표시가 떨어지거나 오손, 훼손, 멸실된 경우 ㉡ 거세, 제각, 단미 등 외과적 수술을 할 경우 ㉢ 품평회, 경진회, 박람회, 소싸움대회, 소등 타기 대회 등에 출전할 경우

3. 보험사고 발생 통지의무

① 보험계약자 등의 보험사고 발생의 통지의무는 법정 의무로 상법 제657조 제1항에서는 "보험계약자 또는 피보험자나 보험수익자는 보험사고의 발생을 안 때는 지체 없이 보험자에게 그 통지를 발송해야 한다"라고 규정하고 있다.

② 이러한 보험사고 발생 통지의무는 보험자의 신속한 사고조사를 통하여 손해의 확대를 방지하고 사고원인 등을 명확히 규명하기 위하여 법으로 인정하고 있는 의무인 동시에 약관상 의무이다.

③ 보험계약자 등이 정당한 이유 없이 의무를 이행하지 않은 경우에는 그로 인하여 확대된 손해 또는 회복 가능한 손해는 재해보험사업자가 보상할 책임이 없다.

4. 손해방지의무

① 손해방지의무는 보험사고가 발생하였을 때 보험계약자와 피보험자가 손해발생을 방지 또는 경감 하는데 적극적으로 노력해야 하는 의무로 "보험계약자와 피보험자는 손해의 방지와 경감을 위하여 노력하여야 한다. 그러나 이를 위하여 필요 또는 유익하였던 비용과 보상액이 보험금액을 초과한 경우라도 보험자가 이를 부담한다(상법 680조)"라는 내용의 법정 의무인 동시에 약관상 의무이기도 하다.

② 계약자 또는 피보험자가 고의 또는 중대한 과실로 손해방지의무를 게을리한 때에는 방지 또는 경감할 수 있었을 것으로 밝혀진 손해를 손해액에서 공제한다.

5. 보험목적 관리의무

① 가축재해보험은 보험의 목적이 사람의 지속적인 관리가 필요한 생명체라는 특수성 때문에 계약자 또는 피보험자에게 보험목적에 대한 관리의무를 부여하고 있다.

② 만약 계약자 또는 피보험자가 보험목적 관리의무를 고의 또는 중대한 과실로 게을리한 때에는 방지 또는 경감할 수 있었을 것으로 밝혀진 손해를 손해액에서 공제하며, 재해보험사업자는 계약자 또는 피보험자에 대하여 아래의 조치를 요구하거나 또는 계약자를 대신하여 그 조치를 취할 수 있다.

㉠ 계약자 또는 피보험자는 보험목적을 사육, 관리, 보호함에 있어서 그 보험목적이 본래의 습성을 유지하면서 정상적으로 살 수 있도록 할 것

㉡ 계약자 또는 피보험자는 보험목적에 대하여 적합한 사료의 급여와 급수, 운동, 휴식, 수면 등이 보장되도록 적정한 사육관리를 할 것

㉢ 계약자 또는 피보험자는 보험목적에 대하여 예방접종, 정기검진, 기생충구제 등을 실시할 것

㉣ 계약자 또는 피보험자는 보험목적이 질병에 걸리거나 부상을 당한 경우 신속하게 치료하고 필요한 조치를 취할 것

③ 가축재해보험 약관에서는 보험목적의 수용장소와 사용과 관련해서도 다음과 같이 보험계약자 또는 피보험자의 보험목적의 관리의무를 규정하고 있으며, 의무를 이행하지 않는 경우 재해보험사업자는 그 사실을 안 날부터 1개월 이내에 계약을 해지할 수 있는 해지권을 보험자에게 부여하고 있다.

㉠ 보험목적은 보험기간동안 언제나 보험증권에 기재된 지역 내에 있어야 한다.

다만, 계약자가 재해 발생 등으로 불가피하게 보험목적의 수용장소를 변경한 경우와 재해보험사업자의 승낙을 얻은 경우에는 그러하지 않는다.

㉡ 보험목적을 양도 또는 매각하기 위해 보험목적의 수용장소가 변경된 이후 다시 본래의 사육장소로 되돌아온 경우에는 가축이 수용장소에 도착한 때 원상복귀 되는 것으로 한다.

㉢ 보험목적은 보험기간동안 언제나 보험증권에 기재된 목적으로만 사용되어야 한다. 다만, 재해보험사업자의 승낙을 얻은 경우에는 그러하지 않는다.

농작물재해보험 및 가축재해보험 손해평가의 이론과 실무

03 보험목적의 조사

1. 개 요

가축재해보험의 손해평가에서 피해 사실을 확인하고 손해액 및 보험가액을 평가하기 위해서는 재해보험사업자 또는 재해보험사업자에게 위탁을 받은 손해평가사의 보험목적에 발생한 손해에 대한 실질적이고 구체적인 조사는 손해평가 과정에서 필수적인 부분이다.

2. 재해보험사업자의 권한

약관에서는 이러한 보험목적에 대한 조사를 원만히 수행할 수 있도록 다음과 같은 재해보험사업자의 권한을 규정하고 있다.

① 보험의 목적에 대한 위험상태를 조사하기 위하여 보험기간 중 언제든지 보험의 목적 또는 이들이 들어 있는 건물이나 구내를 조사할 수 있다.

② 손해의 사실을 확인하기 어려운 경우에는 계약자 또는 피보험자에게 필요한 증거자료의 제출을 요청할 수 있다. 이 경우 재해보험사업자는 손해를 확인할 수 있는 경우에 한하여 보상한다.

③ 보험사고의 통지를 받은 때에는 사고가 생긴 건물 또는 그 구내와 그 곳에 들어 있는 피보험자의 소유물을 조사할 수 있다.

04 손해액의 조사

가축재해보험에서 손해액의 산정도 이득금지 원칙에 상응하는 공정성이 필요하기 때문에 그 손해가 생긴 때와 곳에서 약관의 각 부문별 제 규정에 별도로 정한 방법으로 산정한다고 규정하고 있다.

> **상법 제676조(손해액의 산정기준)** ① 보험자가 보상할 손해액은 그 손해가 발생한 때와 곳의 가액에 의하여 산정한다. 그러나 당사자 간에 다른 약정이 있는 때에는 그 신품가액에 의하여 손해액을 산정할 수 있다.
> ② 제1항의 손해액의 산정에 관한 비용은 보험자의 부담으로 한다.

1. 소 부문

(1) 손해액 산정

① 소 부문에서 손해액은 손해가 생긴 때를 기준으로 아래의 축종별 보험가액 산정 방법에 따라서 산정한 보험가액으로 한다.

② 다만 고기, 가죽 등 이용물 처분액 및 보상금 등이 있는 경우에는 보험가액에서 이를 차감한 금액을 손해액으로 한다.

$$손해액 = 보험가액 - 이용물 처분액 및 보상금$$

③ 이용물 처분액의 계산은 도축장 발행 정산서 자료가 있는 경우와 없는 경우로 분리하여 다음과 같이 계산한다.

구 분	이용물 처분액 산정
도축장발행 정산자료가 인 경우	도축장발행 정산자료의 지육금액 × 75%
도축장발행 정산자료가 아닌 경우	중량 × 지육가격 × 75% ※ 중량 : 도축장발행 사고소의 도체(지육)중량 ※ 지육가격 : 축산물품질평가원에서 고시하는 사고일 기준 사고소의 등급에 해당하는 전국평균가격(원/kg)

④ 폐사의 경우는 보험목적의 전부손해에 해당하고 사고 시점에서 보험목적에 발생할 수 있는 최대 손해액이 보험가액이므로 보험가액이 손해액이 된다.

$$손해액 = 보험가액$$

⑤ 긴급도축의 경우는 보험목적인 소의 도축의 결과로 얻어지는 고기, 가죽 등에 대한 수익을 이용물처분액이라고 하며 이러한 이용물처분액을 보험가액에서 공제한 금액이 손해액이 되고 이용물처리에 소요되는 제반비용은 피보험자의 부담을 원칙으로 한다.

(2) 소 (한우, 젖소, 육우)의 보험가액 산정

보험가액의 산정은 월령을 기준으로 하며 월령은 폐사는 폐사 시점, 긴급도축은 긴급도축 시점의 월령을 만(滿)으로 계산하고 월 미만의 일수는 무시하고, 다만 사고 발생일까지가 1개월 이하인 경우는 1개월로 한다.

① 한우(암컷, 수컷-거세우 포함) 보험가액 산정

㉠ 한우의 보험가액 산정은 월령을 기준으로 6개월령 이하와 7개월령 이상으로 구분하여 다음과 같이 산정한다.

월 령	보험가액
6개월 이하	• 「농협축산정보센터」에 등재된 전전월 전국산지평균 송아지 가격 • 월령이 질병사고는 2개월 이하, 질병 이외 사고는 1개월 이하인 경우는 보험사고 「농협축산정보센터」에 등재된 전전월 전국산지평균 송아지 가격의 50%를 보험가액으로 한다.
7개월 이상	• 체중 × kg당 금액 • 체중은 약관에서 정하고 있는 월령별 "발육표준표"에서 정한 사고 소(牛)의 월령에 해당되는 체중을 적용한다. 다만 한우 수컷 월령이 25개월을 초과한 경우에는 655kg으로, 한우 암컷 월령이 40개월을 초과한 경우에는 470kg으로 인정한다. • kg당 금액은 사고 「농협축산정보센터」에 등재된 전전월 전국산지평균가격(350kg 및 600kg 성별 전국 산지평균가격 중 kg당 가격이 높은 금액)을 그 체중으로 나누어 구한다.

㉡ 사고 시점에서 산정한 월령 7개월 이상의 보험가액이 송아지 가격보다 낮은 경우는 송아지 가격을 적용한다.

㉢ 전국산지평균가격은 가축시장가격조사 기관인 농협중앙회에서 매월 조사 발표하고 있으며 한우는 송아지(4-5월령), 송아지(6-7월령), 350kg, 600kg으로 분류하여 월별산지가격동향을 발표하고 있으며, 송아지 산지가격은 4~5월령 조사가격이 적용된다.

제8회 기출문제

가축재해보험 소에 관한 내용이다. 다음 물음에 답하시오. (15점)

○ 조건 1

- 甲은 가축재해보험에 가입 후 A축사에서 소를 사육하던 중, 사료 자동급여기를 설정하고 5일 간 A축사를 비우고 여행을 다녀왔음
- 여행을 다녀와 A축사의 출입문이 파손되어 있어 CCTV를 확인해 보니 신원불상자에 의해 한우(암컷) 1마리를 도난당한 것을 확인하고, 바로 경찰서에 도난신고 후 재해보험사업자에게 도난신고확인서를 제출함
- 금번 사고는 보험기간 내 사고이며, 甲과 그 가족 등의 고의 또는 중과실은 없었고, 또한 사고예방 및 안전대책에 소홀히 한 점도 없었음

○ 조건 2

- 보험목적물 : 한우(암컷)
- 자기부담비율 : 20 %
- 출생일 : 2021년 11월 04일
- 보험가입금액 : 2,000,000원
- 소재지 : A축사(보관장소)
- 사고일자 : 2022년 08월 14일

○ 조건 3

- 발육표준표

한우 암컷	월령	7월령	8월령	9월령	10월령	11월령
	체중	230kg	240kg	250kg	260kg	270kg

- 2022년 월별산지가격동향

	구분	5월	6월	7월	8월
한우 암컷	350 kg	330만원	350만원	340만원	340만원
	600 kg	550만원	560만원	550만원	550만원
	송아지(4~5월령)	220만원	230만원	230만원	230만원
	송아지(6~7월령)	240만원	240만원	250만원	250만원

물음 1) 조건 2~3을 참조하여 한우(암컷) 보험가액의 계산과정과 값을 쓰시오. (5점)

답

정답 보험가액 = 체중 × kg당 금액 = 250kg × 1만원/kg = 250만원
월령: 2022년 8월 14일 - 2021년 11월 04일 = 9개월 10일 → 9개월(월 미만일수는 무시)
kg당 금액 구하기
8월사고 이므로 6월을 기준으로 350kg의 kg당 가격 : 350만원/350kg = 1만원/kg
600kg의 kg당 가격 : 560만원/600kg = 9333원/kg 이므로 kg당 금액 : 1만원/kg

농작물재해보험 및 가축재해보험 손해평가의 이론과 실무

> 1. kg당 금액은 사고 전전월 전국산지평균가격(350kg 및 600kg 성별 전국 산지평균가격 중 kg당 가격이 높은 금액)을 그 체중으로 나누어 구한다.
> 2. 사고 시점에서 산정한 월령 7개월 이상의 보험가액이 송아지 가격보다 낮은 경우는 송아지 가격을 적용한다.
> 3. 전국산지평균가격은 가축시장가격조사 기관인 농협중앙회에서 매월 조사 발표하고 있으며 한우는 송아지(4-5월령), 송아지(6-7월령), 350kg, 600kg으로 분류하여 월별산지가격동향을 발표하고 있으며, 송아지 산지가격은 4~5월령 조사가격이 적용된다.

> 3.에서 송아지 산지가격은 4~5월령 조사가격이 적용된다고 했으므로 송아지(6-7 월령)은 적용안됨
> 사고 시점에서 산정한 월령 7개월 이상의 보험가액(250만원)이 송아지(4~5월령) 230만원 보다 크므로 2는 해당 없음

물음 2) 조건 1~ 3을 참조하여 지급보험금과 그 산정 이유를 쓰시오. (5점)

답

정답

$$지급보험금 = 손해액 \times \left(\frac{보험가입금액}{보험가액}\right) - 자기부담금 = 250만원 \times \left(\frac{200만원}{250만원}\right) - 40만원 = 160만원$$

지급보험금 : 0원
산정이유 : 지급보험금은 160만원이지만 보관장소를 72시간 이상 비워둔 동안에 생긴 도난손해이므로 보상하지 않는다.
자기부담금 : 지급보험금의 계산방식에 따라서 계산한 금액 × 자기부담금비율
 = 200만원 × 20% = 40만원

물음 3) 다음 ( )에 들어갈 내용을 쓰시오. (5점)

> 소의 보상하는 손해 중 긴급도축은 "사육하는 장소에서 부상, (①), (②), (③) 및 젖소의 유량 감소 등이 발생하는 소(牛)를 즉시 도축장에서 도살하여야 할 불가피한 사유가 있는 경우"에 한한다.

답

정답 ① 난산, ② 산욕마비, ③ 급성고창증

② 젖소(암컷) 보험가액 산정
  ㉠ 젖소의 보험가액 산정은 월령을 기준으로 보험사고 「농협축산정보센터」에 등재된 전전월 전국산지평균가격을 기준으로 보험가액을 산정한다.
  ㉡ 월령이 질병사고는 2개월 이하, 질병 이외 사고는 1개월 이하인 경우는 보험사고 「농협축산정보센터」에 등재된전전월 전국산지평균 분유떼기 암컷 가격의 50%를 보험가액으로 한다.

월 령	보험가액
1개월~7개월	분유떼기 암컷 가격
8개월~12개월	분유떼기암컷가격 + $\dfrac{(수정단계가격 - 분유떼기암컷가격)}{6}$ × (사고월령-7개월)
13개월~18개월	수정단계가격
19개월~23개월	수정단계가격 + $\dfrac{(초산우가격 - 수정단계가격)}{6}$ × (사고월령 - 18개월)
24개월~31개월	초산우가격
32개월~39개월	초산우가격 + $\dfrac{(다산우가격 - 초산우가격)}{9}$ × (사고월령 - 31개월)
40개월~55개월	다산우가격
56개월~66개월	다산우가격 + $\dfrac{(노산우가격 - 다산우가격)}{12}$ × (사고월령 - 55개월)
67개월 이상	노산우가격

▶ 제4회 기출문제

가축재해보험(젖소) 사고 시 월령에 따른 보험가액을 산출하고자 한다. 각 사례별(①~⑤)로 보험가액 계산과정과 값을 쓰시오. (단, 유량검정젖소 가입 시는 제외, 만 원 미만 절사)
[15점]

〈 사고 전전월 전국산지평균가격 〉
- 분유떼기 암컷 : 100만원
- 수정단계 : 300만원
- 초산우 : 350만원
- 다산우 : 480만원
- 노산우 : 300만원

① 월령 2개월 질병사고 폐사
② 월령 11개월 대사성 질병 폐사
③ 월령 20개월 유량감소 긴급 도축
④ 월령 35개월 급성고창 폐사
⑤ 월령 60개월 사지골절 폐사

정답

① 월령 2개월 질병사고 폐사

월령이 질병사고는 2개월 이하, 질병 이외 사고는 1개월 이하인 경우는 보험사고 전전월 전국산지평균 분유떼기 암컷 가격의 50%를 보험가액으로 한다. 100만원 × 50% = 50만원

② 월령 11개월 대사성 질병 폐사

$$분유떼기\ 암컷 + \frac{수정단계가격 - 분유떼기암컷}{6} \times (사고월령 - 7개월)$$

$$= 100만원 + \frac{300만원 - 100만원}{6} \times (11개월 - 7개월) = 233만원(만원\ 미만\ 절사)$$

③ 월령 20개월 유량감소 긴급 도축

$$수정단계가격 + \frac{초산우가격 - 수정단계가격}{6} \times (사고월령 - 18개월)$$

$$= 300만원 + \frac{350만원 - 300만원}{6} \times (20개월 - 18개월) = 316만원(만원\ 미만\ 절사)$$

④ 월령 35개월 급성고창 폐사

$$초산우가격 + \frac{다산우가격 - 초산우가격}{9} \times (사고월령 - 31개월)$$

$$= 350만원 + \frac{480만원 - 350만원}{9} \times (35개월 - 31개월) = 407만원(만원\ 미만\ 절사)$$

⑤ 월령 60개월 사지골절 폐사

$$다산우가격 + \frac{노산우가격 - 다산우가격}{12} \times (사고월령 - 55개월)$$

$$= 480만원 + \frac{300만원 - 480만원}{12} \times (60개월 - 55개월) = 405만원$$

③ 육우 보험가액 산정

㉠ 육우의 보험가액 산정은 월령을 기준으로 2개월령 이하와 3개월령 이상으로 구분하여 다음과 같이 산정한다.

월 령	보험가액		
2개월 이하	「농협축산정보센터」에 등재된 전전월 전국산지평균 분유떼기 젖소 수컷 가격 (단, 월령이 질병사고는 2개월 이하, 질병 이외 사고는 1개월 이하인 경우는 보험사고 「농협축산정보센터에 등재된전전월 전국산지평균 분유떼기 젖소 수컷 가격의 50%를 보험가액으로 한다.)		
3개월 이상	보험가액 = (체중) × (kg당 금액)		
	체 중	• 약관 『발육표준표』에서 정한 사고소(牛)의 연령(월령)에 해당되는 체중 적용 • 육우 월령이 25개월을 초과한 경우에는 600kg으로 인정	
	kg당 금액	원칙	보험사고 「농협축산정보센터」에 등재된전전월 젖소 수컷 500kg 해당 전국 산지평균가격을 그 체중으로 나누어 구한다.
		전국산지평균가격이 없는 경우	전전월 전국도매시장 지육평균 가격 × 지육율 58%
		※ 지육율은 도체율이라고도 하며 도체중의 생체중에 대한 비율이다 • 지육율(도체율) = 도체중 ÷ 생체중 • 생체중 : 살아있는 생물의 무게 • 도체중 : 생체에서 두부,내장,족 및 가죽 등 부분을 제외한 무게	

㉡ 사고 시점에서 산정한 월령별 보험가액이 사고 시점의 분유떼기 젖소 수컷 가격보다 낮은 경우는 분유떼기 젖소 수컷 가격을 적용한다.

2. 돼지 부문

(1) 손해액 산정

① 돼지 부문에서 손해액은 손해가 생긴 때를 기준으로 (2) 보험가액 산정 방법에 따라서 산정한 보험가액으로 한다.

② 다만 고기, 가죽 등 이용물 처분액 및 보상금 등이 있는 경우에는 보험가액에서 이를 차감한 금액을 손해액으로 하는데 피보험자가 이용물을 처리할 때에는 반드시 재해보험사업자의 입회하에 처리하여야 하며 재해보험사업자의 입회 없이 이용물을 임의 처분한 경우에는 재해보험사업자가 인정 평가하여 손해액을 차감한다.

③ 이용물 처리에 소요되는 제반 비용은 피보험자의 부담을 원칙으로 한다.

④ 보험가액 산정 시 보험목적물이 임신상태인 경우는 임신하지 않은 것으로 간주하여 평가한다.

(2) 보험가액 산정

구 분	보험가액 산정
종모돈	• 보험가액 = 종빈돈의 평가 방법에 따라 계산한 금액의 20%를 가산한 금액
종빈돈	• 종빈돈의 보험가액은 재해보험사업자가 정하는 전국 도매시장 비육돈 평균지육단가(탕박)에 의한다. • 보험가액 = 비육돈 지육단가 범위에 해당하는 종빈돈 가격 ※ 다만, 임신, 분만 및 포유 등 종빈돈으로서 기능을 하지 않는 경우에는 비육돈의 산출방식과 같이 계산한다.
비육돈 육성돈 및 후보돈	① 대상범위(적용체중) : 육성돈(31kg초과~110kg 미만(출하 대기 규격돈 포함)까지 10kg 단위구간의 중간 생체중량) | 단위구간 (kg)	31~40	41~50	51~60	61~70	71~80	81~90	91~100	101~110 미만
---	---	---	---	---	---	---	---	---
적용체중(kg)	35	45	55	65	75	85	95	105	 주) 1. 단위구간은 사고돼지의 실측중량(kg/1두) 임 　　2. 110kg 이상은 110kg으로 한다. ② 110kg 비육돈 수취가격 = 사고 당일 포함 직전 5영업일 평균돈육대표가격 　　　　　　　　　　(전체, 탕박) × 110kg × 지급(육)율(76.8%) ③ 보험가액 = 자돈가격(30kg 기준) + (적용체중 - 30kg) × [110kg 비육돈 수취가격 - 자돈가격(30kg 기준)] / 80 ④ 위 ②의 돈육대표가격은 축산물품질평가원에서 고시하는 가격(원/kg) 적용
자 돈	• 자돈은 포유돈(젖먹이 돼지)과 이유돈 (젖을 뗀 돼지)으로 구분하여 재해보험 사업자와 계약 당시 협정한 가액으로 한다.
기타돼지	• 재해보험사업자와 계약 당시 협정한 가액으로 한다.

3. 가금 부문 (닭, 오리, 꿩, 메추리, 타조, 거위, 칠면조, 관상조)

(1) 손해액 산정
   ① 가금 부문에서 손해액은 손해가 생긴 때를 기준으로 아래의 보험가액 산정 방법에 따라서 산정한 보험가액으로 한다.
   ② 다만 고기, 가죽 등 이용물 처분액 및 보상금 등이 있는 경우에는 보험가액에서 이를 차감한 금액을 손해액으로 하며 피보험자가 이용물을 처리할 때에는 반드시 재해보험사업자의 입회하에 처리하여야 하며 재해보험사업자의 입회 없이 이용물을 임의 처분한 경우에는 재해보험사업자가 인정 평가하여 손해액을 차감한다.
   ③ 이용물 처리에 소요되는 제반 비용은 피보험자의 부담을 원칙으로 한다.
   ④ 보험가액 (중량 × kg당 시세)이 병아리 시세보다 낮은 경우는 병아리 시세로 보상한다.
   ⑤ 육계 일령이 40일령을 초과 한 경우에는 2.3kg으로 인정한다.
   ⑥ 토종닭 일령이 84일령을 초과 한 경우에는 2.8kg으로 인정한다.
   ⑦ 오리 일령이 45일령을 초과 한 경우에는 3.5kg으로 인정한다.
   ⑧ 삼계의 경우는 육계 중량의 70%를 적용한다.

(2) 보험가액의 산정
   ① 닭 · 오리의 보험가액
      ㉠ 보험가액은 종계, 산란계, 육계, 토종닭, 오리 5가지로 분류하여 산정한다.
      ㉡ 보험가액 산정에서 적용하는 평균 가격은 축산물품질평가원에서 고시하는 가격을 적용하여 산출하되 가격정보가 없는 경우에는 (사)대한양계협회의 가격을 적용한다.

   (가) 종계의 보험가액

종 계	해당주령	보험가액
병아리	생후 2주 이하	사고 당일 포함 직전 5영업일의 육용 종계 병아리 평균가격
성계	생후 3~64주	계약 당시 협정한 가격
노계	생후 65주 이상	사고 당일 포함 직전 5영업일의 종계 성계육 평균가격

   (나) 산란계의 보험가액

산란계	해당주령	보험가액
병아리	생후 1주 이하	사고 당일 포함 직전 5영업일의 산란실용계 병아리 평균가격
병아리	생후 2~9주	산란실용계병아리가격 + $\dfrac{(산란중추가격 - 산란실용계병아리가격)}{9} \times (사고주령 - 1주령)$
중추	생후 10~15주	사고 당일 포함 직전 5영업일의 산란중추 평균가격
중추	생후 16~19주	산란중추가격 + $\dfrac{(20주 산란계가격 - 산란중추가격)}{5} \times (사고주령 - 15주령)$
산란계	생후 20~70주	(550일 - 사고일령) × 70% × (사고 당일 포함 직전 5영업일의 계란 1개 평균가격 - 계란 1개의 생산비)
산란노계	생후 71주 이상	사고 당일 포함 직전 5영업일의 산란성계육 평균가격

※ 계란 1개 평균가격은 중량규격(왕란/특란/대란이하)별 사고 당일 포함 직전 5영업일 평균가격을 중량규격별 비중으로 가중평균한 가격을 말한다.

※ 중량규격별 비중 : 왕란(2.0%), 특란(53.5%), 대란 이하(44.5%)
※ 산란계의 계란 1개의 생산비는 77원으로 한다.
※ 사고 당일 포함 직전 5영업일의 계란 1개 평균가격에서 계란 1개의 생산비를 공제한 결과가 10원 이하인 경우 10원으로 한다.

(다) 육계의 보험가액

육계	주령	보험가액
병아리	생후 1주 미만	사고 당일 포함 직전 5영업일의 육용실용계 병아리 평균가격
육계	생후 1주 이상	사고 당일 포함 직전 5영업일의 육용실용계 평균가격(원/kg)에 발육표준표 해당 일령 사고 육계의 중량을 곱한 금액

(라) 토종닭의 보험가액

토종닭	주령	보험가액
병아리	생후 1주 미만	사고 당일 포함 직전 5영업일의 토종닭 병아리 평균가격
토종닭	생후 1주 이상	사고 당일 포함 직전 5영업일의 토종닭 평균가격(원/kg)에 발육표준표 해당 일령 사고 토종닭의 중량을 곱한 금액. 단, 위 금액과 사육계약서상의 중량별 매입단가 중 작은 금액을 한도로 한다.

(마) 오리의 보험가액

오리	주령	보험가액
새끼오리	생후 1주 미만	사고 당일 포함 직전 5영업일의 새끼오리 평균가격
오리	생후 1주 이상	사고 당일 포함 직전 5영업일의 생체오리 평균가격(원/kg)에 발육표준표 해당 일령 사고 오리의 중량을 곱한 금액

② 꿩, 메추리, 칠면조, 거위, 타조 등 기타 가금의 보험가액
보험계약 당시 협정한 가액으로 한다.

4. 말, 종모우, 기타 가축 부문

① 말, 종모우, 기타 가축 부문에서 손해액은 계약체결 시 계약자와 협의하여 평가한 보험가액 (이하 "협정보험가액"이라 한다)으로 한다.
② 다만, 고기, 가죽 등 이용물 처분액 및 보상금 등이 있는 경우에는 보험가액에서 이를 차감한 금액을 손해액으로 하며, 협정보험가액이 사고 발생 시의 보험가액을 현저하게 초과할 때에는 사고 발생 시의 가액을 보험가액으로 한다.

5. 축사 부문

축사부문에서도 부보비율 조건부 실손 보상조항을 적용하여 보험가입금액이 보험가액의 80% 이상인 경우는 전부보험으로 보고 비례보상 조항을 적용하지 않고 있으며 구체적인 계산방식은 아래와 같다.

① 부보비율 조건부 실손 보상조항을 적용

구 분	적 용
보험가입금액이 보험가액의 80% 해당액과 같거나 클 때	보험가입금액을 한도로 손해액 전액. 그러나, 보험가입금액이 보험가액보다 클 때에는 보험가액을 한도로 한다.
보험가입금액이 보험가액의 80% 해당액보다 작을 때	보험가입금액을 한도로 아래의 금액 $$손해액 \times \frac{보험가입금액}{보험가액의\ 80\%\ 해당액}$$

② 동일한 계약의 보험목적과 동일한 사고에 관하여 보험금을 지급하는 다른 계약(공제계약을 포함한다)이 있고 이들의 보험가입금액의 합계액이 보험가액보다 클 경우에는 아래에 따라 계산한다. 이 경우 보험자 1인에 대한 보험금 청구를 포기한 경우에도 다른 보험자의 지급보험금 결정에는 영향을 미치지 않는다.

㉠ 다른 계약이 이 계약과 지급보험금의 계산 방법이 같은 경우

$$손해액 \times \frac{이\ 계약의\ 보험가입금액}{다른\ 계약이\ 없는\ 것으로\ 하여\ 각각\ 계산한\ 보험가입금액의\ 합계액}$$

㉡ 다른 계약이 이 계약과 지급보험금의 계산 방법이 다른 경우

$$손해액 \times \frac{이\ 계약의\ 보험금}{다른\ 계약이\ 없는\ 것으로\ 하여\ 각각\ 계산한\ 보험금의\ 합계액}$$

㉢ 이 보험계약이 타인을 위한 보험계약이면서 보험계약자가 다른 계약으로 인하여 상법 제682조에 따른 대위권 행사의 대상이 된 경우에는 실제 그 다른 계약이 존재함에도 불구하고 그 다른 계약이 없다는 가정하에 계산한 보험금을 그 다른 보험계약에 우선하여 이 보험계약에서 지급한다.

㉣ 이 보험계약을 체결한 재해보험사업자가 타인을 위한 보험에 해당하는 다른 계약의 보험계약자에게 상법 제682조에 따른 대위권을 행사할 수 있는 경우에는 이 보험계약이 없다는 가정하에 다른 계약에서 지급받을 수 있는 보험금을 초과한 손해액을 이 보험계약에서 보상한다.

③ 자기부담금

풍재·수재·설해·지진으로 인한 손해일 경우에는 위에 따라 계산한 금액에서 보험증권에 기재된 자기부담비율을 곱한 금액 또는 50만원 중 큰 금액을 자기부담금으로 한다.

단, 화재로 인한 손해일 경우에는 보험증권에 기재된 자기부담비율을 곱한 금액을 자기부담금으로 한다.

6. 손해액의 산정

① 손해액은 그 손해가 생긴 때와 장소에서의 보험가액에 따라 계산한다.

② 보험목적물의 경년감가율은 손해보험협회의 "보험가액 및 손해액의 평가기준"을 준용하며, 이 보험목적물이 지속적인 개·보수가 이루어져 보험목적물의 가치증대가 인정된 경우 잔가율은 보온덮개·쇠파이프 조인 축사구조물의 경우에는 최대 50%까지, 그 외 기타 구조물의 경우에는 최대 70%까지로 수정하여 보험가액을 평가할 수 있다.

③ 다만, 보험목적물이 손해를 입은 장소에서 6개월 이내 실제로 수리 또는 복구되지 않은 때에는 잔가율이 30% 이하인 경우에는 최대 30%로 수정하여 평가한다.

7. 손해방지의무

① 보통약관의 일반조항 손해방지의무에 추가하여 손해방지 또는 경감에 소요된 필요 또는 유익한 비용(이하 "손해방지비용"이라 한다)은 보험가입금액의 보험가액에 대한 비율에 따라 상기 지급보험금의 계산을 준용하여 계산한 금액을 보상하며, 지급보험금에 손해방지비용을 합한 금액이 보험가입금액을 초과하더라도 이를 지급한다.

② 즉 손해방지비용도 부보비율(80%) 조건부 실손 보상조항을 적용하여 계산한다.

8. 잔존보험가입금액

① 보상하는 손해에 따라 손해를 보상한 경우에는 보험가입금액에서 보상액을 뺀 잔액을 손해가 생긴 후의 나머지 보험기간에 대한 잔존보험가입금액으로 한다.

② 보험의 목적이 둘 이상일 경우에도 각각 적용한다.

기출뽀개기 ▶ 제6회 기출문제

가축 재해보험 축사 특약에 관한 다음 내용을 쓰시오 [5점]

(1) 보험가액 계산식

(2) 수정잔가율 적용 사유와 적용 비율

(3) 수정잔가율 적용 예외 경우와 그 적용 비율

답

정답 (1) 보험(현재)가액 = 신축가액 − 감가공제액(내용삭제됨)

(2) 보험목적물이 지속적인 개·보수가 이루어져 보험목적물의 가치증대가 인정된 경우 잔가율은 보온덮개·쇠파이프 조인 축사구조물의 경우에는 최대 50%까지, 그 외 기타 구조물의 경우에는 최대 70%까지로 수정하여 보험가액을 평가할 수 있다.

(3) 보험목적물이 손해를 입은 장소에서 6개월 이내 실제로 수리 또는 복구되지 않은 때에는 잔가율이 30% 이하인 경우에는 최대 30%로 수정하여 평가한다.

제02절 특약의 손해평가

01 소(牛)도체결함보장 특약

1. 손해액의 산정

특약에서 손해액은 사고소의 도체등급과 같은 등급의 전국평균 경락가격[등외등급 및 결함을 제외한 도체(정상도체)의 가격]과 사고소 도체의 경락가격으로 계산한 1두가격의 차액으로 한다.

> 보험가액 = 정상도체의 해당등급(사고소 등급)의 1두가격
> 손해액 = 정상도체의 해당등급(사고소 등급) - 사고소의 1두 경락가격

※ 1두가격 = 사고 전월 전국지육경매평균가격(원/지육kg) × 사고소(牛)의 도체중(kg)
  단, kg당 전월 전국지육경매평균가격은 축산물품질평가원이 제시하는 가격을 따른다.
※ 도축 후 경매를 통하지 않고 폐기처분된 소의 손해액은 보통약관 소 부문의 손해액 산정방식을 따른다.
※ 도체의 결함 : 결함은 축산물품질평가사가 판정한 "근출혈(ㅎ), 수종(ㅈ), 근염(ㅇ), 외상(ㅅ), 근육제거(ㄱ), 기타(ㅌ)를 말한다.

2. 지급보험금의 계산

① 상기 1.손해액의 산정에서 정한 보험가액 및 손해액을 기준으로 하여 아래에 따라 계산한 금액에서 자기부담금을 차감한 금액을 지급보험금으로 한다.

구 분	지급보험금
보험가입금액이 보험가액과 같거나 클 때	보험가입금액을 한도로 손해액 전액. 그러나, 보험가입금액이 보험가액보다 클 때에는 보험가액을 한도로 한다.
보험가입금액이 보험가액보다 작을 때(일부보험)	보험 가입금액을 한도로 아래의 금액 손해액 × 보험가입금액 / 보험가액

② 동일한 계약의 목적과 동일한 사고에 관하여 보험금을 지급하는 다른 계약이 있고 이들의 보험가입금액의 합계액이 보험가액보다 클 경우에는 다음에 따라 계산한 다.
이 경우 보험자 1인에 대한 보험금 청구를 포기한 경우에도 다른 보험자의 지급보험금 결정에는 영향을 미치지 않는다.

농작물재해보험 및 가축재해보험 손해평가의 이론과 실무

㉠ 다른 계약이 이 계약과 지급보험금의 계산 방법이 같은 경우

$$손해액 \times \frac{이\ 계약의\ 보험가입금액}{\{다른\ 계약이\ 없는\ 것으로\ 하여\ 각각\ 계산한\ 보험가입금액의\ 합계액\}}$$

㉡ 다른 계약이 이 계약과 지급보험금의 계산 방법이 다른 경우

$$손해액 \times \frac{이\ 계약에\ 의한\ 보험금}{\{다른\ 계약이\ 없는\ 것으로\ 하여\ 각각\ 계산한\ 보험금의\ 합계액\}}$$

③ 하나의 보험 가입금액으로 둘 이상의 보험의 목적을 계약하는 경우에는 전체가액에 대한 각 가액의 비율로 보험 가입금액을 비례배분하여 상기 규정에 따라 지급보험금을 계산한다.

④ 위의 방법에 따라 계산된 금액의 20%를 자기부담금으로 한다.

03 돼지 질병위험보장 특약

1. 보상하는 손해

① 가축재해보험 보통약관의 일반조항 보상하지 않는 손해에도 불구하고 이 특약에 따라 아래의 질병을 직접적인 원인으로 하여 보험기간 중에 폐사 또는 맥박, 호흡 그 외 일반증상으로 수의학적으로 구할 수 없는 상태[6]가 확실시 되는 경우 그 손해를 보상한다.

> 1. 전염성위장염(Transmissible gastroenteritis ; TGE virus 감염증)
> 2. 돼지유행성설사병(Porcine epidemic diarrhea ; PED virus 감염증)
> 3. 로타바이러스감염증(Rota virus 감염증)

② 이 특약에 따른 질병에 대한 진단확정은 해부병리 또는 임상병리의 전문 수의사 자격증을 가진 자에 의하여 내려져야 하며, 이 진단은 조직(fixed tissue) 또는 분변, 혈액검사 등에 대한 형광항체법 또는 PCR(Polymerase chain reaction ; 중합효소연쇄반응) 진단법 등을 기초로 하여야 한다.

그러나 상기의 병리학적 진단이 가능하지 않을 때는 임상적인 증거로 인정된다.

2. 보상하지 않는 손해

가축재해보험 보통약관의 일반조항 보상하지 않는 손해에 추가하여 아래의 사유로 인한 손해도 보상하지 않는다.

① 국가, 공공단체, 지방자치단체의 명령 또는 사법기관 등의 결정 여부에 관계없이 고의적인 도살은 보상하지 않는다. 단, 재해보험사업자가 보험목적의 도살에 동의한 경우 또는 보험목적이 보상하는 손해의 질병으로 치유가 불가능하고, 상태가 극도로 불량하여 보험자가 선정한 수의사가 인도적인 면에서 도살이 필연 적이라는 증명서를 발급한 경우에는 보상하며, 이 경우 보험자는 보험자가 선정한 수의사에게 부검을 실시하게 할 수 있다.

② 다음의 결과로 발생하는 폐사는 원인의 직·간접을 묻지 않고 보상하지 않는다.
　㉠ 보상하는 손해의 주된 원인이 이 계약의 보장개시일(책임개시일) 이전에 발생한 경우
　㉡ 외과적 치료행위 및 약물 투약의 결과 발생한 폐사 다만, 수의사가 치료 또는 예방의 목적으로 실행한 외과적 치료, 투약의 경우에는 보상한다. 약물이라 함은 순수한 음식물이 아닌 보조식품이나 단백질, 비타민, 호르몬, 기타 약품을 의미한다.
　㉢ 보험목적이 도난 또는 행방불명된 경우

---

[6] 보험기간 중에 질병으로 폐사하거나 보험기간 종료일 이전에 질병의 발생을 서면 통지한 후 30일 이내에 보험목적이 폐사할 경우를 포함한다.

㉣ 제1회 보험료 등을 납입한 날의 다음 월 응당일(다음월 응당일이 없는 경우는 다음 월 마지막 날로 한다.) 이내에 발생한 손해. 보험기간 중에 계약자가 보험목적을 추가하고 그에 해당하는 보험료를 납입한 경우에도 같다. 다만 이 규정은 보험자가 정하는 기간 내에 1년 이상의 계약을 다시 체결하는 경우에는 적용하지 않는다.

3. 손해액 산정

보상할 손해액은 보통약관의 돼지부문의 손해액 산정 방법에 따라 산정하며 보험가액은 다음과 같이 산정한다.

> 보험가액 = 모돈 두수 × 2.5 × 자돈가격

4. 자기부담금

특약에서 자기부담금은 보통약관 지급보험금 계산방식에 따라서 계산한 금액에서 보험증권에 기재된 자기부담비율을 곱한 금액과 200만 원 중 큰 금액을 자기부담금으로 한다.

03 돼지 축산휴지위험보장 특약

1. 용어의 정의

용어	내용
축산휴지	보험의 목적의 손해로 인하여 불가피하게 발생한 전부 또는 일부의 축산업 중단을 말한다.
축산휴지손해	보상위험에 의해 손해를 입은 결과 축산업이 전부 또는 일부 중단되어 발생한 사업이익과 보상위험에 의한 손해가 발생하지 않았을 경우 예상되는 사업이익의 차감금액을 말한다.
사업이익	1두당 평균가격에서 경영비를 뺀 잔액을 말한다.
보험가입금액	이 특약에서 지급될 수 있는 최대금액
1두당평균가격	비육돈, 육성돈 및 후보돈의 보험가액에서 정한 비육돈 생체중량 100kg의 가격을 말한다.
경영비	통계청에서 발표한 최근의 비육돈 평균경영비를 말한다.
이익률	손해발생시에 다음의 산식에 의해 얻어진 비율을 말한다. • 이익률 = $\dfrac{(1두당\ 비육돈(100kg\ 기준)의\ 평균가격\ -\ 경영비)}{1두당\ 비육돈(100kg\ 기준)의\ 평균가격}$ ※ 단, 이 기간 중에 이익률이 16.5% 미만일 경우 이익률은 16.5%로 한다.

2. 보상하는 손해

보험기간 동안 보험증권에 명기된 구내에서 보통약관 및 특약에서 보상하는 사고의 원인으로 피보험자가 영위하는 축산업이 중단 또는 휴지되었을 경우 생긴 손해액을 보상한다
① 보험금은 이 특약의 보험가입금액을 초과할 수 없다.
② 피보험자가 피보험이익을 소유한 구내의 가축에 대하여 보통약관 또는 특약에 의한 보험금 지급이 확정된 경우에 한하여 보장한다.

3. 보상하지 않는 손해

보통약관의 일반조항 및 돼지부문에서 보상하지 않는 손해에 추가하여 아래의 사유로 인해 발생 또는 증가된 손해는 보상하지 않는다.
① 사용, 건축, 수리 또는 철거를 규제하는 국가 또는 지방자치단체의 법령 및 이에 준하는 명령
② 리스, 허가, 계약, 주문 또는 발주 등의 정지, 소멸, 취소
③ 보험의 목적의 복구 또는 사업의 계속에 대한 방해
④ 보험에 가입하지 않은 재산의 손해
⑤ 관계당국에 의해 구내 출입금지 기간이 14일 초과하는 경우. 단, 14일까지는 보상한다.

4. 손해액 산정

피보험자가 축산휴지손해를 입었을 경우 손해액은 보험가액으로 하며, 종빈돈에 대해서만 아래에 따라 계산한 금액을 보험가액으로 한다.

> 종빈돈 × 10 × 1두당 비육돈 (100kg 기준)평균가격 × 이익률

※ 단, 후보돈과 임신, 분만 및 포유 등 종빈돈으로서 기능을 하지 않는 종빈돈은 제외한다.

5. 이익률의 조정

영업에 있어서 특수한 사정의 영향이 있는 때 또는 영업추세가 현저히 변화한 때에는 손해사정에 있어서 이익률에 공정한 조정을 하는 것으로 한다.

6. 지급보험금의 계산

상기 4. 손해액 산정에서 정한 보험가액 및 손해액을 기준으로 하여 제5절 보험금 지급 및 심사의 지급보험금 계산 방법에 따라 계산한다.

7. 자기부담금

자기부담금은 적용하지 않는다.

8. 손해의 경감

피보험자는 축산휴지로 인한 손해를 아래의 방법으로 경감할 수 있을 때는 이를 시행하여야 한다.

① 보험의 목적의 전면적인 또는 부분적인 생산활동을 재개하거나 유지하는 것

② 보험증권상에 기재된 장소 또는 기타 장소의 다른 재산을 사용하는 것

제03절 보험금 지급 및 심사

01 보험가액과 보험금액

1. 보험가액과 이득금지의 원칙

① 가축재해보험은 상법상 손해보험에 해당하며 손해보험을 지배하는 기본적인 원칙 중의 하나는 이득금지의 원칙이다.

② 이득금지의 원칙은 "보험으로 이득을 보아서는 안된다"라는 원칙으로 보험에 가입한 피보험자가 보험사고의 발생 결과 그 사고 발생전의 경제 상태보다 더 나은 상태에 놓인다면 고의로 보험사고가 유발되는 등 손해보험제도의 존립을 위협하기 때문에 손해보험의 본질과 보험단체의 형평을 유지하고 도덕적 위험을 강하게 억제하고자 하는 원칙이다.

③ 손해보험에서 피보험자가 보험사고로 인하여 입게 될 경제적 이익을 (㉠)이라 하며, (㉠)을 경제적 가치로 평가한 것이 (㉡) 이다.

④ 그러므로 피보험이익의 평가액인 보험가액의 기능은 (㉢)의 판정 기준이 되며 보험가액은 재해보험사업자의 법률상 보상한도액으로 보험계약상 재해보험사업자의 보상한도액인 (㉣)과 비교된다.
  • 법률상의 보상한도액 : 보험가액
  • 계약상의 보상한도액 : 보험가입금액

⑤ 보험가액과 보험 가입금액 통상 일치하는 것을 기대하지만 보험가액은 통상 사고가 발생한 곳과 때의 가액을 보험가액으로 평가되므로 수시로 변경될 수 있기에 보험가액과 보험금액과의 관계에서 상호 일치하는 경우를 전부보험이라 하고 양자가 일치하지 않는 경우에는 초과보험, 중복보험 및 일부보험의 문제가 발생한다.

정답 ㉠ 피보험이익 ㉡ 보험가액 ㉢ 이득금지 ㉣ 보험가입금액

2. 지급보험금의 계산

(1) 개요

① 지급보험금의 계산방식은 전부보험, 초과보험의 경우는 보험가액을 한도로 손해액 전액을 보상한다.

② 일부보험의 경우는 보험 가입금액의 보험가액에 대한 비율에 따라서 손해액을 보상한다.

③ 중복보험의 경우는 각 보험증권별로 지급보험금 계산방식이 동일한 경우와 다른 경우로 계산방식이 같은 경우는 **비례분담방식**, 다른 경우는 **독립책임액분담방식**으로 산정하게 된다.

(2) 지급보험금 계산 방식

① 지급할 보험금은 아래에 따라 계산한 금액에서 약관 각 부문별 제 규정에서 정한 자기부담금을 차감한 금액으로 한다.

농작물재해보험 및 가축재해보험 손해평가의 이론과 실무

구 분	지급보험금
보험가입금액이 보험가액과 같거나 클 때	보험가입금액을 한도로 손해액 전액. 그러나, 보험가입금액이 보험가액보다 클 때에는 보험가액을 한도로 한다.
보험가입금액이 보험가액보다 작을 때(일부보험)	보험 가입금액을 한도로 아래의 금액 손해액 × (보험가입금액 / 보험가액)

② 동일한 계약의 목적과 동일한 사고에 관하여 보험금을 지급하는 다른 계약이 있고 이들의 보험가입금액의 합계액이 보험가액보다 클 경우에는 아래에 따라 계산한 금액에서 이 약관 각 부문별 제 규정에서 정한 자기부담금을 차감하여 지급보험금을 계산한다.
이 경우 보험자 1인에 대한 보험금 청구를 포기한 경우에도 다른 보험자의 지급보험금 결정에는 영향을 미치지 않는다.

㉠ 다른 계약이 이 계약과 지급보험금의 계산 방법이 같은 경우 (**비례분담방식**)

$$\text{손해액} \times \frac{\text{이 계약의 보험가입금액}}{\{\text{다른 계약이 없는 것으로 하여 각각 계산한 보험가입금액의 합계액}\}}$$

㉡ 다른 계약이 이 계약과 지급보험금의 계산 방법이 다른 경우(**독립책임액분담방식**)

$$\text{손해액} \times \frac{\text{이 계약에 의한 보험금}}{\{\text{다른 계약이 없는 것으로 하여 각각 계산한 보험금의 합계액}\}}$$

③ 이 보험계약이 타인을 위한 보험계약이면서 보험계약자가 다른 계약으로 인하여 상법 제682조에 따른 대위권 행사의 대상이 된 경우에는 실제 그 다른 계약이 존재함에도 불구하고 그 다른 계약이 없다는 가정하에 계산한 보험금을 그 다른 보험계약에 우선하여 이 보험계약에서 지급한다.

④ 이 보험계약을 체결한 재해보험사업자가 타인을 위한 보험에 해당하는 다른 계약의 보험계약자에게 상법 제682조에 따른 대위권을 행사할 수 있는 경우에는 이 보험계약이 없다는 가정하에 다른 계약에서 지급받을 수 있는 보험금을 초과한 손해액을 보험계약에서 보상한다.

> **제682조(제3자에 대한 보험대위)** ① 손해가 제3자의 행위로 인하여 발생한 경우에 보험금을 지급한 보험자는 그 지급한 금액의 한도에서 그 제3자에 대한 보험계약자 또는 피보험자의 권리를 취득한다. 다만, 보험자가 보상할 보험금의 일부를 지급한 경우에는 피보험자의 권리를 침해하지 아니하는 범위에서 그 권리를 행사할 수 있다.

⑤ 하나의 보험 가입금액으로 둘 이상의 보험의 목적을 계약하는 경우에는 전체가액에 대한 각 가액의 비율로 보험 가입금액을 비례배분하여 상기 규정에 따라 지급보험금을 계산한다.

3. 자기부담금

① 자기부담금은 보험사고 발생 시 계약자에게 일정 금액을 부담시키는 것으로 이를통하여 재해보험사업자의 지출비용을 축소하여 보험료를 경감하고 피보험자의 자기부담을 통하여 도덕적 해이 및 사고방지에 대한 의식을 고취하는 기능을 하게 된다.

② 부문별 자기부담금

구 분	자기부담금
소, 돼지, 종모우, 가금, 기타 가축 부문	지급보험금의 계산방식에 따라서 계산한 금액×자기부담금비율
폭염·전기적장치· 질병위험 특약	지급보험금의 계산방식에 따라서 계산한 금액×자기부담금비율로 계산한 자기부담금과 200만원 중 큰 금액
축사 부문의 풍수재·설해·지진 으로 인한 손해	지급보험금의 계산방식에 따라서 계산한 금액×자기부담금비율로 계산한 자기부담금과 50만원 중 큰 금액
말 부문	지급보험금의 계산방식에 따라서 계산한 금액의 20%
경주마	지급보험금의 계산방식에 따라서 계산한 금액×자기부담금비율

4. 잔존보험 가입금액

① 보험기간의 중도에 재해보험사업자가 일부손해의 보험금을 지급하였을 경우 손해발생일 이후의 보험기간에 대해서는 보험금액에서 그 지급보험금을 공제한 잔액을 보험 가입금액으로 하여 보장하는데 이때 보험 가입금액을 잔존보험 가입금액이라고 한다.

② 가축보험은 돼지, 가금, 기타 가축 부문에서 약관 규정에 따라서 손해의 일부를 보상한 경우 보험 가입금액에서 보상액을 뺀 잔액을 손해가 생긴 후의 나머지 보험기간에 대한 잔존보험 가입금액으로 하고 있다.

5. 비용손해의 지급한도

① 가축보험에서는 잔존물처리비용, 손해방지비용, 대위권보전비용, 잔존물 보전비용, 기타 협력비용 등 5가지 비용손해를 보상하는 비용손해로 규정하고 있는데 이러한 비용손해의 지급한도는 다음과 같다.

구 분	지급한도
잔존물 처리비용	㉠ 가축보험 약관상 보험의 목적이 입은 손해에 의한 보험금과 약관에서 규정하는 잔존물 처리비용은 각각 지급보험금의 계산을 준용하여 계산하며, 그 합계액은 보험증권에 기재된 보험 가입금액을 한도로 한다. ㉡ 다만, 잔존물 처리비용은 손해액의 10%를 초과할 수 없다.
손해방지비용 대위권보전비용 잔존물 보전비용	㉠ 약관상 지급보험금의 계산을 준용하여 계산한 금액이 보험 가입 금액을 초과하는 경우에도 이를 지급한다. 단, 이 경우에 자기부담금은 차감하지 않는다. ㉡ 일부보험이나 중복보험인 경우에는 손해방지비용, 대위권 보전비용 및 잔존물보

	전비용은 상기 비례분담 방식 등으로 계산하며 자기부담금은 공제하지 않고 계산한 금액이 보험가입금액을 초과하는 경우도 지급한다.
기타 협력비용	㉠ 보험 가입금액을 초과한 경우에도 이를 전액 지급한다. ㉡ 일부보험이나 중복보험인 경우에도 비례분담 방식 등으로 계산하지 않고 전액 지급하며 보험 가입금액을 초과한 경우에도 전액 지급한다.

▶ 제3회 기출문제

가축재해보험의 보상하는 재해 중 계약자 및 피보험자에게 지급할 수 있는 비용의 종류와 지급한도에 관하여 서술하시오. (단, 비용의 종류에 대한 정의 포함) [15점]

답

정답

1. 지급할 수 있는 비용의 종류(정의포함)
① 잔존물 처리비용 : 보험목적물이 폐사한 경우 사고현장에서의 잔존물의 견인비용 및 차에 싣는 비용을 말한다. 단, 적법한 시설에서의 렌더링 비용은 포함한다.
② 손해방지비용 : 보험사고 발생시 손해의 방지 또는 경감을 위하여 지출한 필요 또는 유익한 비용을 말한다.
③ 대위권 보전비용 : 보험사고와 관련하여 제3자로부터 손해배상을 받을 수 있는 경우에 그 권리를 지키거나 행사하기 위하여 지출한 필요 또는 유익한 비용을 말한다.
④ 잔존물 보전비용 : 보험사고로 인해 멸실된 보험목적물의 잔존물을 보전하기 위하여 지출한 필요 또는 유익한 비용을 말한다.
⑤ 기타 협력비용 : 회사의 요구에 따르기 위하여 지출한 필요 또는 유익한 비용을 말한다.

2. 지급한도
① 손해에 의한 보험금 및 잔존물 처리비용은 각각 지급보험금의 계산을 준용하여 계산하며, 그 합계액은 보험증권에 기재된 보험 가입금액을 한도로 한다. 다만, 잔존물 처리비용은 손해액의 10%를 초과할 수 없다.
② 손해방지비용, 대위권 보전비용, 잔존물 보전비용은 약관상 지급보험금의 계산을 준용하여 계산한 금액이 보험 가입 금액을 초과하는 경우에도 이를 지급한다. 단, 이 경우에 자기부담금은 차감하지 않는다.
③ 비용손해 중 기타 협력비용은 보험가입금액을 초과한 경우에도 이를 전액 지급한다.

기출뽀개기 ▶ 제8회 기출문제

다음의 내용을 참고하여 물음에 답하시오. (단, 주어진 조건 외 다른 조건은 고려하지 않음) (15점)

> 甲은 A보험회사의 가축재해보험(소)에 가입했다. 보험가입 기간 중 甲과 동일한 마을에 사는 乙소유의 사냥개 3마리가 견사를 탈출하여 甲소유의 축사에 있는 소 1마리를 물어 죽이는 사고가 발생했다. 조사결과 폐사한 소는 가축재해보험에 정상적으로 가입되어 있었다.
> - A보험회사의 면·부책 : 부책
> - 폐사한 소의 가입금액 및 손해액 : 500만원 (자기부담금 20 %)
> - 乙의 과실 : 100 %

물음 1) A보험회사가 甲에게 지급할 보험금의 계산과정과 값을 쓰시오. (5점)

정답 소가 폐사한 경우 즉, 전부손해의 경우에는 손해액 = 보험가액이 된다. 즉, 폐사한 소의 손해액이 500만원이라는 의미는 보험가액이 500만원이라는 의미이다. 주어진 보기에서 보험가입금액이 500만원이므로 보험가액 500만원과 같아 전부보험이 되며 보험금 계산시 전부보험에 따라 계산하면 다음과 같다.

보험금 = 손해액 - 자기부담금 = 500만원 - 100만원 = 400만원
자기부담금 = 지급보험금의 계산방식에 따라서 계산한 금액(500만원) × 자기부담비율
          = 500만원 × 0.2 = 100만원

물음 2) A보험회사의 ①보험자대위의 대상(손해발생 책임자), ②보험자대위의 구분(종류), ③ 대위금액을 쓰시오. (10점)

정답
① 보험자대위의 대상(손해발생 책임자) : 乙
② 보험자대위의 구분(종류) : 청구권 대위 (제3자에 대한 보험자 대위)
③ 대위금액 : 400만원

6. 보험금 심사

① 보험사고 접수 이후 피해 사실의 확인, 보험가액 및 손해액의 평가 등 손해평가 과정 이후 재해보험사업자의 보험금 지급 여부 및 지급보험금을 결정하기 위하여 보험금 심사를 한다.

② 사고보험금 심사는 우연한 사고로 발생한 재산상의 손해를 보상할 것을 목적으로 약관형식으로 판매되는 손해보험 특성상 약관 규정 내용을 중심으로 판단한다.

③ 보험계약의 단체성과 부합계약성이라는 특수성 때문에 약관의 해석은 보험계약자 등을 보호하기 위하여 일정한 해석의 원칙이 필요하다.

우리나라에서는 "약관의 규제에 관한 법률"에 약관의 해석과 관련하여 다양한 약관의 해석의 원칙을 규정하고 있으며 특별약관은 개별약정으로 보통약관에 우선 적용되나 특별약관에서 달리 정하지 아니한 부분에 대해서는 보통약관이 구속력을 가지게 된다.

④ 보험금 심사방법 및 유의사항

보험금 지급의 면부책 판단	1) 보험금 지급의 면·부책은 보험약관의 내용에 따르며, 보험금 청구서류 서면심사 및 손해조사 결과를 검토하여 보험약관의 보상하는 재해에 해당되는지 또는 보상하지 아니하는 손해에 해당하는지 결정해야 한다. 2) 면부책 판단의 요건 ▶ 보험기간내에 보험약관에서 담보하는 사고 인지 여부 ▶ 원인이 되는 사고와 결과적인 손해 사이 상당인과관계 여부 ▶ 보험사고가 상법과 보험약관에서 정하고 있는 면책조항에 해당하는지 여부 ▶ 약관에서 보상하는 손해 및 보상하지 아니하는 손해조항 이외에도 알릴의무 위반효과에 의거 손해보상책임이 달라질 수 있으므로 주의
손해액 평가	손해액 산정 및 평가는 약관규정에 따라서 평가한다.
보험금 지급 심사시 유의 사항	1) 계약체결의 정당성 확인 : 보험계약 체결 시 보험 대상자(피보험자)의 동의 여부등을 확인한다. 2) 고의, 역선택 여부 확인 : ㉠ 고의적인 보험사고를 유발하거나 허위사고 여부를 확인한다. ㉡ 다수의 보험을 가입하고 고의로 사고를 유발하는 경우가 있으므로 특히 주의를 요하며, 보험계약이 역선택에 의한 계약인지 확인한다. 3) 고지의무위반 등 여부 : 약관에서 규정하고 있는 계약 전, 후 알릴 의무 및 각종 의무 위반 여부를 확인한다. 4) 면책사유 확인 : 고지의무 위반 여부, 보험계약의 무효 사유, 보험사고 발생의 고의성, 청구서류에 고의로 사실과 다른 표기, 청구시효 소멸 여부를 확인한다. 5) 기타 확인 : ㉠ 개별약관을 확인하여 위에 언급한 사항 이외에 보험금 지급에 영향을 미치는 사항이 있는지 확인한다.

	ⓒ 미비된 보험금 청구 서류의 보완 지시로 인한 지연지급, 불필요한 민원을 방지하기 위하여, 보험금 청구서류 중 사고의 유무, 손해액 또는 보험금의 확정에 영향을 미치지 않는 범위 내에서 일부 서류를 생략할 수 있으며, 사고내용에 따라 추가할 수 있다.

7. 보험사기방지

구 분	주 요 내 용	
보험사기 정의	보험사기는 보험계약자 등이 보험제도의 원리상으로는 취할 수 없는 보험혜택을 부당하게 얻거나 보험제도를 역이용하여 고액의 보험금을 수취할 목적으로 고의적이며 악의적으로 행동하는 일체의 불법행위로서 형법상 사기죄의 한 유형	
	보험사기 방지특별법	보험사고의 발생, 원인 또는 내용에 관하여 보험자를 기망하여 보험금을 청구하는 행위는 10년 이하의 징역 또는 5천만원 이하의 벌금에 처한다.
성립요건	① 계약자 또는 보험대상자에게 고의가 있을 것	㉠ 계약자 또는 보험대상자의 고의에 보험자를 기망하여 착오에 빠뜨리는 고의 ㉡ 그 착오로 인해 승낙의 의사표시를 하게 하는 것 등 2가지 고의가 있어야 함
	② 기망행위가 있을 것	기망이란 허위진술을 하거나 진실을 은폐하는 것 ※ 통상 다음의 행위가 기망행위에 해당 ㉠ 진실이 아닌 사실을 진실이라 표시하는 행위, ㉡ 알려야 할 경우에 침묵하는 행위, ㉢ 진실을 은폐하는 행위 등이 기망행위에 해당
	③ 상대방인 보험자가 착오에 빠지는 것	상대방인 보험자가 착오에 빠지는 것에 대하여 보험자의 과실 유무는 문제되지 않음
	④ 상대방인 보험자가 착오에 빠져 그 결과 승낙의 의사표시를 할 것	착오에 빠진 것과 그로인해 승낙 의사표시한 것과 인과관계 필요
	⑤ 사기가 위법일 것	사회생활상 신의성실의 원칙에 반하지 않는 정도의 기망행위는 보통 위법성이 없다고 해석
사기 행위자	사기행위에 있어 권유자가 사기를 교사하는 경우도 있으며, 권유자가 개입해도 계약자 또는 피보험자 자신에게도 사기행위가 있다면 고지의무위반과 달리 보장 개시일로부터 5년이내에 보험자는 계약의 취소 가능	
사기증명	계약자 또는 피보험자의 사기를 이유로 보험계약의 무효를 주장하는 경우에 사기를 주장하는 재해보험사업자측에서 사기 사실 및 그로인한 착오 존재를 증명해야 함	
보험사기 조치	① 청구한 사고보험금 지급을 거절 가능 ② 약관에 의거하여 해당 계약을 취소 가능	

농작물재해보험 및 가축재해보험 손해평가의 이론과 실무

기출뽀개기 ▶ 제4회 기출문제

가축재해보험에서 정의하는 다음 (   )의 용어를 순서대로 쓰시오. [5점]

- (①) : 식용불가 판정을 받아 권역별 소각장에서 소각하거나 사료용으로 판매, 매몰처리하는 것을 말한다.
- (②) : 사체를 고온·고압처리하여 기름과 고형분으로 분리, 사료·공업용유지 및 육분·육골분을 생산하는 공정을 말한다.
- (③) : 고객이 보험금 부지급 결정에 동의하지 않는 경우 소비자보호실로 재청구하는 제도를 말한다.
- (④) : 허위진술을 하거나 진실을 은폐하는 것을 말한다.
- (⑤) : 제3자의 행위로 피보험자의 손해가 생긴 경우 보험금액을 지급한 보험자는 지급한 보험금액의 한도 내에서 제3자에 대한 피보험자의 권리를 취득하는 것을 말한다.

답 ①____, ②____, ③____, ④____, ⑤____

정답 ① 사망축 처리(삭제됨), ② 렌더링
③ 재심의 청구(삭제됨) ④ 기망, ⑤ 보험자 대위

기출뽀개기 ▶ 제7회 기출문제

업무방법에서 정하는 보험사기 방지에 관한 내용이다. (   )에 들어갈 내용을 각각 쓰시오. (5점)

성립요건	○ (①) 또는 보험대상자에게 고의가 있을 것 : (①) 또는 보험대상자의 고의에 회사를 기망하여 착오에 빠뜨리는 고의와 그 착오로 인해 승낙의 의사표시를 하게 하는 것이 있음 ○ (②)행위가 있을 것 : (②)이란 허위진술을 하거나 진실을 은폐하는 것, 통상 진실이 아닌 사실을 진실이라 표시하는 행위를 말하거나 알려야 할 경우에 침묵, 진실을 은폐하는 것도 (②)행위에 해당 ○ 상대방인 회사가 착오에 빠지는 것 : 상대방인 회사가 착오에 빠지는 것에 대하여 회사의 (③) 유무는 문제되지 않음
보험사기 조치	○ 청구한 사고보험금 (④) 가능 ○ 약관에 의거하여 해당 (⑤) 할 수 있음

답

정답 ① (보험)계약자 ② 기망 ③ 과실 ④ 지급(을) 거절 ⑤ 계약을 취소

MEMO

문제편

단원별 문제은행

Chapter 01 보험의 이해

제01절 위험과 보험

01 다음 보기의 내용이 설명하는 용어를 답안에 순서대로 쓰시오 [5점]

(㉠)	• 특정한 사고로 인하여 발생할 수 있는 손해의 가능성을 새로이 창조하거나 증가시킬 수 있는 상태 • 사고 발생 가능성은 있으나 사고가 발생하지는 않은 단계
(㉡)	• 화재, 폭발, 지진, 폭풍우, 홍수, 자동차 사고, 도난, 사망 등 • 위험 상황에서 실제로 위험이 발생한 단계 • 위험의 현실화
(㉢)	• 위험사고가 발생한 결과 초래되는 가치의 감소 • 경제적 수요 발생

답

> **정답** ㉠ 위태 ㉡ 손인
> ㉢ 손실

02 다음 보기의 내용이 설명하는 용어를 답안에 순서대로 쓰시오

• 위험 속성의 측정 여부에 따른 분류중 보험의 대상이 되는 위험	(㉠)
• 이득의 기회는 없이 손실의 가능성만 있는 위험	(㉡)
• 손해와 이익의 가능성을 동시에 내포하고 있는 위험	(㉢)
• 보험자가 책임을 부담하는 위험	(㉣)
• 보험자가 담보하는 위험에서 제외한 위험	(㉤)
• 보험자가 책임을 면하기로 한 위험	(㉥)

답

> **정답** ㉠ 객관적 위험 ㉡ 순수위험 ㉢ 투기적 위험 ㉣ 담보위험
> ㉤ 비담보위험(부담보위험) ㉥ 면책위험

03 위험특성에 따른 위험관리방법이다. (   )안에 알맞은 용어를 쓰시오 [5점]

손실 규모(심도) \ 손실 횟수(빈도)	적 음 (少)	많 음 (多)
작 음 (小)	보유 - (㉠)	(㉡)
큼 (大)	전가 - (㉢)	(㉣)

답

> **정답** ㉠ 자가보험 ㉡ 손실통제
> ㉢ 보험 ㉣ 위험회피

04 다음은 손실통제에 대한 설명이다. (   )안에 알맞은 용어를 순서대로 쓰시오 [5점]

① 손실의 (㉠)나 규모를 줄이려는 기법, 도구, 또는 전략을 의미한다.
② 손실통제는 손실이 발생할 경우 그것을 복구하기 위해 소요되는 비용은 (㉡)과 기타 비용으로 인해 급격히 증가할 수 있으므로 손실의 발생을 사전적으로 억제, 예방, (㉢)하는 것이 바람직하다는 인식을 전제로 하고 있다.
③ 손실통제는 손실의 발생가능성 또는 빈도를 경감시키려는 (㉣) 과 사고발생 후의 손실의 심도(발생규모)를 경감시키려는 (㉤)로 구분할 수 있다.

답

> **정답** ㉠ 발생 횟수 ㉡ 간접비용
> ㉢ 축소 ㉣ 손실 예방 ㉤ 손실 감소

제02절 보험의 의의와 원칙

01 다음 보기의 ( )안에 알맞은 용어를 쓰시오. [5점]

- 경제적 관점에서 보험의 근본 목적은 재무적 손실에 대한 불확실성 즉, (㉠)이며, 그것을 달성하기 위하여 (㉡) 및 위험 결합을 이용한다.
- 사회적 관점에서 보험은 사회의 구성원에게 발생한 손실을 다수인이 부담하는 것을 목적으로 하며, (㉢)을 가능케 하는 것은 다수인으로부터 기금을 형성하는 것이다.
- 법적인 관점에서 보험은 보험자와 피보험자 또는 계약자 사이에 맺어진 재무적 (㉣)을 목적으로 하는 법적 계약이다.
- 수리적 관점에서 보험은 (㉤)과 통계적 기법을 바탕으로 미래의 손실을 예측하여 배분하는 수리적 제도이다.

답

> **정답** ㉠ 위험의 감소 ㉡ 위험 전가 ㉢ 손실의 분담
> ㉣ 손실의 보전 ㉤ 확률이론

02 보험의 특성 5가지를 쓰시오 [5점]

답

> **정답** 1. 예기치 못한 손실의 집단화
> 2. 위험 분담
> 3. 위험 전가
> 4. 실제 손실에 대한 보상
> 5. 대수의 법칙

03 보험의 성립조건 6가지를 쓰시오 [5점]

> 정답
> 1. 동질적 위험의 다수 존재
> 2. 손실의 우연적 발생
> 3. 한정적 손실
> 4. 비재난적 손실
> 5. 확률적으로 계산 가능한 손실
> 6. 경제적으로 부담 가능한 보험료

제03절 보험의 기능

01 보험의 순기능 6가지를 쓰시오 [5점]

> 정답
> 1. 손실 회복
> 2. 불안 감소
> 3. 신용력 증대
> 4. 투자 재원 마련
> 5. 자원의 효율적 이용 기여
> 6. 안전(위험 대비) 의식 고양

02 보험의 역기능 3가지를 쓰시오. [5점]

> **정답**
> 1. 사업비용의 발생
> 2. 보험사기의 증가
> 3. 손실 과장으로 인한 사회적 비용 초래

03 다음 보기의 ( )에 알맞은 용어를 답란에 쓰시오. [5점]

- 보험자가 계약자에 대한 정보를 완전히 파악하지 못하고 계약자는 자신의 정보를 보험자에게 제대로 알려주지 않으면 (㉠)가 발생한다.
- 보험자가 계약자의 위험 특성을 제대로 파악하지 못하면, 오히려 계약자 측에서 (㉡)이 커 자신에게 이득이 되는 보험을 선택하게 결과가 되는데 이를 역선택이라고 한다.
- 도덕적 위태는 어느 한 쪽이 (㉢)을 충실히 이행하지 않아 발생되는 문제로 계약자 또는 피보험자가 고의나 과실로 보험사고의 발생 가능성을 높이거나 손해액을 확대하려는 성향을 의미한다.
- 역선택과 도덕적 위태의 차이점은 (㉣)은 계약 체결 전에 예측한 위험보다 높은 위험(집단)이 가입하여 사고 발생률을 증가시키는데 비해 (㉤)는 계약 체결 후 고의나 인위적 행동으로 사고 발생률이 높아지게 한다는 점이다.

> **정답** ㉠ 비대칭 정보 ㉡ 손실 발생 가능성
> ㉢ 보험계약 ㉣ 역선택
> ㉤ 도덕적 위태

제04절 손해보험의 이해

01 다음 보기의 ( )안에 들어갈 용어를 답안에 순서대로 쓰시오 [5점]

> 보험업법에서는 손해보험상품을 "(㉠)을 목적으로 우연한 사건(질병·상해 및 (㉡)은 제외)으로 발생하는 손해 (계약상 채무불이행 또는 법령상 (㉢)으로 발생하는 손해를 포함)에 관하여 (㉣) 및 그 밖의 급여를 지급할 것을 약속하고 (㉤)를 수수하는 계약으로서 대통령령으로 정하는 계약"으로 정의하고 있다.

답

> **정답** ㉠ 위험보장 ㉡ 간병
> ㉢ 의무 불이행 ㉣ 금전 ㉤ 대가

02 손해보험의 원리 5가지를 쓰시오 [5점]

답

> **정답** 1. 위험의 분담
> 2. 위험 대량의 원칙
> 3. 급부 반대급부 균등의 원칙
> 4. 수지상등의 원칙
> 5. 이득금지의 원칙

03 손해보험계약의 법적 특성 5가지를 쓰시오 [5점]

답

> **정답**
> 1. 불요식 낙성계약성
> 2. 유상계약성
> 3. 쌍무계약성
> 4. 상행위성
> 5. 부합계약성
> 6. 최고 선의성
> 7. 계속계약성

04 실손보상의 원칙의 예외가 되는 것 3가지를 쓰시오 [5점]

답

> **정답** ① 기평가계약,
> ② 체비용보험 ③ 생명보험

05 손해보험의 원리 5가지를 쓰시오. [5점]

답

> **정답**
> 1. 위험의 분담
> 2. 위험 대량의 원칙
> 3. 급부 반대급부 균등의 원칙
> 4. 수지상등의 원칙
> 5. 이득금지의 원칙

06 보험자대위의 목적 3가지를 쓰시오 [5점]

답

> 정답 1. 이득의 방지
> 2. 제3에게 책임의 추궁
> 3. 보험료 인상방지

07 피보험이익의 원칙의 목적 3가지를 쓰시오 [5점]

답

> 정답 1. 도박의 방지
> 2. 도덕적 위태의 감소
> 3. 손실의 크기 측정 가능

08 계약자, 피보험자 또는 이들의 대리인의 "계약전 알릴 의무"에 관한 내용이다. ( )안에 들어갈 내용을 순서대로 답란에 쓰시오. [5점]

> 보험계약 당시에 계약자 또는 피보험자가 고의 또는 중대한 과실로 인하여 중요한 사항을 고지하지 아니하거나 (㉠)의 고지를 한 때에는 보험자는 그 사실을 안 날로부터 (㉡) 내에, 계약을 체결한 날로부터 (㉢) 내에 한하여 계약을 해지할 수 있다.
> 그러나 보험자가 (㉣)에 그 사실을 알았거나 (㉤)로 인하여 알지 못한 때에는 그러하지 아니하다.

답

> 정답 ㉠ 부실, ㉡ 1월,
> ㉢ 3년, ㉣ 계약 당시, ㉤ 중대한 과실

09 ( )안에 들어갈 내용을 순서대로 답란에 쓰시오. [5점]

- (㉠)은 고지, 은폐 및 담보 등의 원리에 의해 유지되고 있다.
- (㉡)는 계약자가 보험계약이 체결되기 전에 보험자가 요구하는 사항에 대해 사실 및 의견을 제시하는 것을 말한다.
- (㉢)는 계약자가 보험계약 시에 보험자에게 중대한 사실을 고지하지 않고 의도적이거나 무의식적으로 숨기는 것을 말한다.
- (㉣)는 보험계약의 일부로서 피보험자가 진술한 사실이나 약속을 의미한다.

답

> **정답** ㉠ 최대선의의 원칙 ㉡ 고지(진술)
> ㉢ 은폐 ㉣ 담보(보증)

10 보험계약시 보험계약자 또는 피보험자의 의무를 5개 쓰시오. (통지의무 3가지 포함) [5점]

답

> **정답** 1. 고지의무,
> 2. 위험변경·증가의 통지의무
> 3. 위험 유지 의무
> 4. 보험사고 발생의 통지의무
> 5. 손해 방지 경감 의무

10 재보험의 기능 4가지를 답란에 쓰시오. [5점]

답

> 정답
> 1. 위험 분산
> 2. 원보험자의 인수 능력(capacity)의 확대로 마케팅 능력 강화
> 3. 경영의 안정화
> 4 신규 보험상품의 개발 촉진

Chapter. 02 농업재해보험 특성과 필요성

제01절 농업의 산업적 특성

01 농업재해의 특성 5가지를 쓰시오 [5점]

답

> **정답**
> 1. 불예측성   2. 광역성
> 3. 동시성·복합성   4. 계절성
> 5. 피해의 대규모성   6. 불가항력성
> 7. 피해의 불균일성   8. 피해발생의 이질성

제02절 농업재해보험의 필요성과 특징 및 기능

01 농작물 재해보험의 특성 5가지를 쓰시오 [5점]

답

> **정답**
> 1. 보험 대상 재해가 자연재해임
> 2. 손해평가의 어려움
> 3. 위험도에 대한 차별화 곤란
> 4. 경제력이 낮은 농업인을 대상으로 함
> 5. 물(物)보험 - 손해보험   6. 단기 소멸성 보험
> 7. 국가재보험 운영

02 농업재해보험의 기능 5가지를 쓰시오 [5점]

답

> **정답**
> 1. 재해농가의 손실 회복
> 2. 농가의 신용력 증대
> 3. 농촌지역경제의 안정화
> 4. 농업정책의 안정적 추진
> 5. 농촌지역사회의 안정
> 6. 재해 대비 의식 고취

제03절 농업재해보험 관련 법령

01 다음은 농어업재해보험법에 대한 설명이다. ( )에 알맞은 내용을 답란에 순서대로 쓰시오. [5점]

> 농어업재해보험법은 (㉠)년 제정된 (㉡)을 모태로 (㉢)년 전부 개정하여 농작물, 양식수산물, 가축 및 (㉣)을 통합하였다.
> 총 32개의 본문과 부칙으로 되어있으며, 32개 본문은 제1장 총칙(제1-3조), 제2장(㉤), 제3장 (㉥), 제4장 (㉦), 제5장 벌칙으로 구성되어 있다.

답

> **정답**
> ㉠ 2001
> ㉡ 농작물재해보험법
> ㉢ 2010
> ㉣ 농어업용 시설물
> ㉤ 재해보험사업
> ㉥ 재보험사업 및 농어업재해재보험기금
> ㉦ 보험사업 관리

Chapter. 03 농작물재해보험 제도

제01절 제도 일반

01 다음은 재해보험사업의 운영에 관한 내용이다. (   )안에 알맞은 부서이름을 쓰시오 [5점]

부 서	내 용
(㉠) (사업주관부서)	• 재해보험 관계법령의 개정, 보험료 및 운영비 등 국고 보조금 지원 등 전반적인 제도 업무를 총괄한다.
(㉡) (사업 관리기관)	• 농어업재해보험법 제25조의2(농어업재해보험 사업관리) 에 의거 농림축산식품부로부터 농작물재해보험 사업관리업무를 수탁받아 수행한다.
(㉢) (사업 시행기관)	• 보험상품의 개발 및 판매, 손해평가, 보험금 지급 등 실질적인 보험사업 운영을 한다.
(㉣)	• 농림축산식품부장관 소속으로 차관을 위원장으로 하며, 재해보험 목적물 선정, 보상하는 재해의 범위, 재해보험사업 재정지원, 손해평가 방법 등 농업재해보험의 중요사항에 대해 심의한다.
(㉤)	• 농림축산식품부로부터 수탁받아 농작물재해보험의 손해평가를 담당할 손해평가사의 자격시험 실시 및 관리에 대한 업무를 수행하는 주체이다.

정답 ㉠ 농림축산식품부 ㉡ 농업정책보험금융원 ㉢ 재해보험사업자 ㉣ 농업재해보험심의회 ㉤ 한국산업인력공단

02 농작물재해보험에 가입하기 위한 요건 3가지를 쓰시오 [5점]

답

정답 ㉠ 보험에 가입하려는 농작물을 재배하는 지역이 해당 농작물에 대한 농작물재해보험 사업이 실시되는 지역이어야 한다.
㉡ 경작 규모가 일정 규모 이상이어야 한다.
㉢ 가입 시에 보험료의 50% 이상의 정책자금 지원 대상에 포함되기 위해서는 농업경영체 등록이 되어야 한다.

03 보험 대상 농작물 67개 품목 중 임산물 5개품목을 쓰시오. [5점]

답

<u>정답</u> 떫은감, 대추, 밤, 호두, 복분자, 오미자, 표고버섯

04 2022년도 시범사업 품목(25개) 중 3년차 품목 5작물을 쓰시오 [5점]

답

<u>정답</u> 보리, 팥, 살구, 시금치(노지), 호두

05 보험대상 양배추 품목에서 적용되는 보장수준 (보험가입금액의 %)종류를 모두 쓰시오 [5점]

답

<u>정답</u> 60%, 70%, 80%, 85%

06 다음의 보기의 ( )안에 알맞은 용어를 쓰시오 [5점]

구 분	품 목
농지의 보험가입금액 (생산액 또는 생산비) (㉠)미만 가입불가	옥수수, 콩, 팥, 배추, 무, 파, 단호박, 당근, 시금치(노지)
농지의 보험가입금액 (생산액 또는 생산비) (㉡)미만 가입불가	벼, 보리, 밀, 메밀
단지 면적이 (㉢) 미만 가입불가	농업용 시설물 및 시설작물, 버섯재배사 및 버섯작물
농지의 면적이 (㉣)미만 가입불가	차, 사료용 옥수수, 조사료용 벼

답

<u>정답</u> ㉠ 100만원 ㉡ 50만원
㉢ 300 m² ㉣ 1,000m²

07 다음의 보기의 ( )안에 알맞은 판매기간을 쓰시오 [5점]

품 목	판매 기간
사과, 배, 단감, 떫은감	(㉠)
농업용시설 및 시설작물(수박, 딸기, 오이, 토마토, 참외, 풋고추, 호박, 국화, 장미, 파프리카, 멜론, 상추, 부추, 시금치, 배추, 가지, 파, 무, 백합, 카네이션, 미나리, 쑥갓)	(㉡)
버섯재배사 및 버섯작물(양송이, 새송이, 표고, 느타리)	(㉢)
밤, 대추, 감귤, 고추, 호두	(㉣)
고구마, 옥수수, (사료용)옥수수	(㉤)

답

> **정답** ㉠ 1~3월 ㉡ 2~12월
> ㉢ 2~12월 ㉣ 4~5월 ㉤ 4~6월

08 아래의 조건을 보고 인삼해가림시설 보험가입금액을 산정하시오. [5점]

○ 시설연도 : 2019년 11월
○ 유형 : 목재A형
○ 가입시기 : 2022년 11월
○ 재배면적 : 3,000㎡
○ 경년감가율(목재) ; 13.33%

○ 단위면적(1㎡)당 유형별 시설비

유 형	시설비(원/㎡)
07-철인-A형	7,200
목재A형	5,900
목재A-1형	5,500

답

> **정답** 보험가입금액 = 재조달가액 × (100% − 감가상각율) = 17,700,000 × (100% − 39.99%)
> = 10,621,770원 → 만원미만 절사 → 10,620,000원
>
> • 재조달가액 : 단위면적(1㎡)당 시설비 × 재배면적(㎡) = 5,900원 × 3000㎡ = 17,700,000원
> • 감가상각율 : 경년감가율 × 경과연수 = 13.33 % × 3년 = 39.99%
> • 경과연수 = 2022년 11월 − 2019년 11월 = 3년 0개월 = 3년

09 다음 상품들의 보험가입자격이 되는 최저 보험가입금액을 쓰시오. [5점]

- 적과전종합위험 과수 : (㉠)
- 종합위험보장 옥수수(농지당) : (㉡)
- 종합위험보장 콩(농지당) : (㉢)
- 종합위험보장 벼, 밀, 메밀, 보리 (농지당) : ( )

답

정답 ㉠ 200만원 ㉡ 100만원 ㉢ 100만원 ㉣ 50만원

10 종합위험보장 벼 상품에서 정부보조보험료를 순서대로 답란에 쓰시오 [5점]

순보험료	부가보험료	보장수준	정부보조보험료 (부가보험료 포함)
100만원	10만원	60%형	(㉠)
100만원	10만원	70%형	(㉡)
100만원	10만원	80%형	(㉢)
100만원	10만원	85%형	(㉣)
100만원	10만원	90%형	(㉤)

답

정답 ㉠ 70만원, ㉡ 65만원, ㉢ 60만원, ㉣ 58만원, ㉤ 57만원

해설 정부는 보장수준별로 순보험료의 50%내외와 부가보험료100%를 지원한다
60%일 때 순보험료의 60%지원하므로 60만원 지원 부가보험료 10만원 포함하여 정부보조보험료는 70만원

〈정부의 농가부담보험료 지원 비율〉

구 분	품 목	보장 수준 (%)				
		60	70	80	85	90
국고보조율 (%)	사과, 배, 단감, 떫은감	60	60	50	40	38
	벼	60	55	50	48	47

11 다음 보기의 조건에 따른 과수 4종 과실손해보장 보통약관(주계약) ① 보험가입금액과 ② 보험료와 ③ 과수4종 나무손해 특별약관 적용보험료를 구하시오 [5점]

가입수확량	가입가격	특별약관 가입금액	방재시설 할인율
3,000kg	2,000원/kg	1,000만원	20%

지역별 보통약관 영업요율	지역별 특별약관 영업요율	손해율에 따른 할증률	특정위험 5종 한정보장 특별약관 할인율
5%	1%	+ 5%	10%

답

정답 과실손해보장 보통약관(주계약)
① 보험가입금액 = 가입수확량 × 가입가격 = 3,000kg × 2,000원/kg = 6,000,000원
② 보험료 = 보통약관 가입금액×지역별 보통약관 영업요율×(1−부보장 및 한정보장특별약관 할인율)×(1+손해율에 따른 할인·할증률)×(1−방재시설할인율)
  = 6,000,000원 × 0.05 × (1 − 0.1) × (1+ 0.05) × (1−0.2)
  = 226,800원
③ 과수4종 나무손해 특별약관 적용보험료 = 특별약관 가입금액 × 지역별 특별약관 영업요율 × (1+ 손해율에 따른 할인·할증률)
  = 1,000만원 × 0.01 × (1+ 0.05)=105,000원

12 다음의 조건을 보고 벼 품목의 보험가입금액, 수확감소보장 보통약관 보험료를 산정하시오.
[10점]

- 가입수확량 : 10,000kg
- 가입가격 : 2,000원/kg
- 지역별 기본 영업요율 : 5%
- 친환경 재배 할증률 : 10%
- 직파재배 : 해당 사항 없음
- 손해율에 따른 할인할증률 : -10%

정답 ① 보험가입금액 = 가입수확량×표준(가입)가격(원/kg)
= 10,000kg × 2,000원/kg = 20,000,000원
② 수확감소보장 보통약관 보험료 = 주계약 보험가입금액 x 지역별 기본 영업요율 x (1+ 손해율에 따른 할인·할증률) x (1 + 친환경 재배시 할증률) x (1+직파재배 농지 할증률)
= 20,000,000원 × 0.05 × (1 − 0.1) × (1 + 0.1) × 1 = 990,000원

제02절 농작물재해보험 상품 내용

01 다음은 적과전종합위험상품의 보험기간이다. ( )에 들어갈 내용을 답란에 쓰시오. [5점]

보장약관	대상재해		대상품목	시 기	종 기
과실손해 보장 보통약관	적과종료 이전	자연재해, 조수해, 화재	사과, 배	계약체결일 24시	적과 종료 시점 다만, Y년 (㉠)을 초과할 수 없음
			단감, 떫은감	계약체결일 24시	적과 종료 시점 다만, Y년 (㉡)을 초과할 수 없음
	적과종료 이후	태풍(강풍), 우박, 집중호우, 화재, 지진	사과, 배, 단감, 떫은감	(㉢)	Y년 수확기 종료 시점 다만, Y년 (㉣)을 초과할 수 없음
		(㉤) 보장	사과, 배	Y년 (㉥)	Y년 수확기 종료 시점 다만, Y년 (㉦)을 초과할 수 없음
			단감, 떫은감		Y년수확기 종료 시점 다만, Y년 (㉧)을 초과할 수 없음
		(㉩) 보장	사과, 배, 단감, 떫은감	적과종료 이후	Y년 (㉩)
나무손해 보장 특별약관	자연재해, 조수해, 화재		사과, 배, 단감, 떫은감	Y년 (㉿) 다만, (㉿) 이후 보험에 가입하는 경우에는 계약체결일 24시	이듬해 (㋓)

정답 ㉠ 6월 30일, ㉡ ㉣ 7월 31일, ㉢ 적과 종료 이후 ㉣ 11월 30일 ㉤ 가을동상해
㉥ 9월1일 ㉦ 11월 10일 ㉧ 11월 15일 ㉨ 일소피해 ㉩ 9월30일 ㉿ 2월 1일 ㋓ 1월31일

02 종합위험 수확감소보장방식의 보험기간이다. ( )에 들어갈 내용을 답란에 쓰시오. [5점]

구분		가입대상 품목	보험기간	
계약	보장		보장개시	보장종료
보통약관	종합위험 수확감소 보장	복숭아, 자두, 매실, 살구, 오미자	계약체결일 24시	수확기 종료 시점 다만, 아래 날짜를 초과할 수 없음 - 복숭아 : 이듬해 (㉠) - 자 두 : 이듬해 (㉡) - 매 실 : 이듬해(㉢) - 살 구 : 이듬해(㉣) - 오미자 : 이듬해 (㉤)
		밤	발아기 다만, 발아기가 지난 경우에는 계약체결일 24시	수확기 종료 시점 다만, 판매개시연도 (㉥)을 초과할 수 없음
		호두		수확기 종료 시점 다만, 판매개시연도(㉦)을 초과할 수 없음
		이듬해에 맺은 유자 과실	계약체결일 24시	수확개시 시점 다만, 이듬해 (㉧)을 초과할 수 없음
특별약관	종합위험 나무손해 보장	복숭아, 자두, 매실, 살구, 유자	Y년 (㉨) 다만, (㉨)이후 보험에 가입하는 경우에는 계약체결일 24시	이듬해 (㉩)
	수확량 감소 추가보장	복숭아	계약체결일 24시	수확기 종료 시점 다만, 이듬해 (㉪)을 초과할 수 없음

답

정답 ㉠ 10월 10일 ㉡ 9월 30일 ㉢ 7월 31일 ㉣ 7월 20일 ㉤ 10월 10일
㉥ 10월 31일 ㉦ 9월 30일 ㉧ 10월 31일 ㉨ 12월 1일 ㉩ 이듬해 11월 30일 ㉪ 10월 10일

03 다음은 종합위험보장 포도 품목 특약의 보험기간에 내용이다. 알맞은 내용을 쓰시오. [5점]

구 분	보장개시	보장 종료
나무손해보장 (특약)	판매개시연도 (㉠) 다만, (㉠) 이후 보험에 가입하는 경우에는 계약체결일 24시	이듬해 (㉡)
수확감소보장 수확량감소추가보장	(㉢)	수확기 종료시점 단, 이듬해 (㉣)을 초과할 수 없음
비가림시설 화재위험보장(특약)	계약체결일 24시	이듬해 (㉤)

답

> **정답** ㉠ 12월 1일 ㉡ 11월 30일 ㉢ 계약체결일 24시
> ㉣ 10월 10일 ㉤ 10월 10일

04 종합위험 수확감소보장 참다래 상품의 보험기간표이다.( )안에 알맞은 용어를 쓰시오. [5점]

구 분	목적물	시 기	종 기
보통약관	이듬해에 맺은 참다래 과실	(㉡) 다만, (㉡)가 지난 경우에는 계약체결일 24시	(㉢) (단, (㉣)을 초과할 수 없음)
	비가림시설	계약체결일 24시	
나무손해 보장특약	참다래	판매개시연도 (㉤) (다만, (㉤) 이후 보험에 가입하는 경우에는 계약체결일 24시)	(㉥)
화재위험 보장특약	(㉠)	계약체결일 24시	

답

> **정답** ㉠ 비가림시설 ㉡ 꽃눈 분화기
> ㉢ 해당 꽃눈이 성장하여 맺은 과실의 수확기 종료 시점
> ㉣ 11월30일, ㉤ 7월 1일 ㉥ 이듬해 6월 30일

05 다음은 수확전 종합위험방식(복분자, 무화과)의 보험기간표이다.( )안에 알맞은 용어를 쓰시오
[5점]

약관	품목	보장	보상하는 손해		보장개시	보장종료
보통약관	복분자	(㉠)	자연재해, 조수해, 화재		(㉡)	수확개시시점 다만, 이듬해 (㉢)을 초과할 수 없음
		과실손해보장	이듬해 (㉢) 이전 (수확개시이전)	자연재해 조수해 화재	계약체결일 24시	이듬해 (㉢)
			이듬해 6월 1일 이후 (수확개시이후)	(㉣)	이듬해 6월 1일	이듬해 수확기 종료시점 다만, 이듬해 (㉤)을 초과할 수 없음
	무화과	과실손해보장	이듬해 7월 31일 이전 (수확개시이전)	자연재해 조수해 화재	계약체결일 24시	이듬해 (㉥)
			이듬해 8월 1일 이후 (수확개시이후)	(㉣)	이듬해 8월 1일	이듬해 수확기 종료시점 다만, 이듬해 (㉦)을 초과할 수 없음
특별약관	무화과	나무손해보장	자연재해, 조수해, 화재		판매개시연도 12월 1일	이듬해 (㉧)

답

정답 ㉠ 경작불능보장 ㉡ 계약체결일 24시 ㉢ 5월 31일
㉣ 태풍(강풍), 우박 ㉤ 6월 20일
㉥ 7월 31일 ㉦ 10월 31일 ㉧ 11월 30일

06 종합위험 과실손해보장방식(오디, 감귤)의 보험기간표이다. (   )안에 알맞은 용어를 쓰시오.
[5점]

계약	보장	품목	보장개시	보장종료
보통약관	종합위험 과실손해 보장	오디	계약체결일 24시	(㉠) 다만, 이듬해 5월 31일을 초과할 수 없음
		감귤	(㉡) 다만, (㉡)가 지난 경우에는 계약체결일 24시	판매개시연도 (㉢)
특별약관	동상해 과실손해 보장	감귤	판매개시연도 12월 1일	(㉣)
	나무손해 보장		발아기 다만, 발아기가 지난 경우에는 계약체결일 24시	
	과실손해 추가보장		발아기 다만, 발아기가 지난 경우에는 계약체결일 24시	판매개시연도 (㉤)

정답 ㉠ 결실완료시점 ㉡ 발아기
㉢ 11월 30일
㉣ 이듬해 2월 말일
㉤ 11월 30일

07 다음은 종합위험 경작불능보장상품의 보장기간에 관한 내용이다. (   )안에 알맞은 일자를 쓰시오. [5점]

품 목	보장 개시	보장 종료
양파, 감자 (고랭지재배) 고구마, 옥수수, 사료용 옥수수	계약체결일 24시	수확 개시 시점 다만, 사료용 옥수수는 판매개시연도 (②)을 초과할 수 없음
고랭지무 당 근 쪽파(실파) [1형, 2형] 월동무 시금치(노지) 메 밀	파종완료일 24시 단, 보험계약시 파종완료일이 경과한 경우에는 계약체결일 24시 단, 파종완료일은 아래의 일자를 초과할 수 없음 - 고랭지무 : 판매개시연도 (①) - 당근 : 판매개시연도 (②) - 월동무 : 판매개시연도 (③) - 쪽파(실파)[1형,2형] : 판매개시연도 (④) - 시금치(노지) : 판매개시연도 (⑤) - 메밀 ; 파종완료일 규정 없음	최초 수확 직전 (단, 종합위험생산비보장에서 정하는 보장종료일을 초과할 수 없음)
고랭지배추 가을배추 월동배추 단호박 대 파	정식완료일 24시 단, 보험계약시 정식완료일이 경과한 경우에는 계약체결일 24시 정식완료일은 아래의 일자를 초과할 수 없음 - 대파 : 판매개시연도 (⑥) - 단호박 : 판매개시연도 (⑦) - 고랭지배추 : 판매개시연도 (⑧) - 가을배추 : 판매개시연도 (⑨) - 월동배추 : 판매개시연도 (⑩)	

답

정답 ① 7월 31일, ② 8월 31일, ③ 10월 15일,
④ 10월 15일,
⑤ 10월 31일 ⑥ 5월 20일, ⑦ 5월 29일,
⑧ 7월 31일, ⑨ 9월 10일 ⑩ 9월 25일,

08 다음은 종합위험 생산비보장상품의 보장기간이다. (   )안에 알맞은 일자를 쓰시오.[5점]

품 목	보장 개시	보장 종료
고 추	계약체결일 24시	정식일부터 (①)째 되는 날 24시
고랭지무	파종완료일 24시 다만, 보험계약시 파종완료일이 경과한 경우에는 계약체결일 24시 단, 파종완료일은 아래의 일자를 초과할 수 없음 - 고랭지무 : 판매개시연도 7월 31일 - 당근 : 판매개시연도 8월 31일 - 월동무 : 판매개시연도 10월 15일 - 쪽파(실파)[1형] :판매개시연도 10월 15일 - 쪽파(실파)[2형] : 판매개시연도 10월 15일 - 시금치 : 판매개시연도 10월 31일 - 메밀 : 파종완료일 명시되지 않음 * 메밀은 파종을 9월 15일 이후에 실시 또는 할 예정인 농지는 인수제한 농지임	파종일부터 (②)째 되는 날 24시
메 밀		최초 수확 직전 (단, 판매개시연도(③)을 초과할 수 없음)
시금치 (노지)		최초 수확 직전 (단, 이듬해 (④)을 초과할 수 없음)
당 근		최초 수확 직전 단, 이듬해 (⑤)을 초과할 수 없음
월동무		최초 수확 직전 단, 이듬해 (⑥)을 초과할 수 없음
쪽파(실파) [1형]		최초 수확 직전 단, 판매개시연도 (⑦)을 초과 불가
쪽파(실파) [2형]		최초 수확 직전 단, 이듬해 (⑧)을 초과할 수 없음
고랭지 배추	정식완료일 24시 다만, 보험계약시 정식완료일이 경과한 경우에는 계약체결일 24시 정식완료일은 아래의 일자를 초과할 수 없음 - 대파 : 판매개시연도 5월 20일 - 단호박 : 판매개시연도 5월 29일 - 고랭지배추 : 판매개시연도 7월 31일 - 가을배추 : 판매개시연도 9월 10일 - 월동배추 : 판매개시연도 9월 25일 - 브로콜리 : 판매개시연도 9월 30일	정식일부터 (⑨)째 되는 날 24시
단호박		정식일부터 (⑩)째 되는 날 24시
브로콜리		정식일부터 (⑪)째 되는 날 24시
대 파		정식일부터 (⑫)째 되는 날 24시
가을배추		정식일부터 (⑬)째 되는 날 24시 다만, 판매개시 연도 12월 15일을 초과할 수 없음
월동배추		최초 수확 직전 다만, 이듬해 (⑭)을 초과할 수 없음

답

정답 ① 150일, ② 80일, ③ 11월 20일, ④ 1월 15일 ⑤ 2월 29일, ⑥ 3월 31일, ⑦ 12월 31일, ⑧ 5월 31일, ⑨ 70일 ⑩ 90일 ⑪ 160일 ⑫ 200일 ⑬ 110일 ⑭ 3월 31일

09
종합위험보장 양배추 상품의 보험기간에 대한 설명이다. (   )안에 들어갈 내용을 순서대로 답란에 쓰시오. [5점]

구 분	보장개시	보장종료
경작불능보장	정식완료일 24시 (단, 정식완료일이 경과한 경우에는 계약체결일 24시이며, 정식완료일은 판매개시연도 (㉠)을 초과할 수 없음)	(㉡)
수확감소보장		(㉢) 단, 아래의 날짜를 초과할 수 없음 - 극조생, 조생종은 이듬해 (㉣) - 중생종은 이듬해 (㉤) - 만생종은 이듬해 (㉥)
재정식보장		재정식 완료일 (단, ㉦ 초과 불가)

답

정답 ㉠ 9월 30일, ㉡ 수확 개시시점, ㉢ 수확기 종료시점, ㉣ 2월 28일 ㉤ 3월 15일, ㉥ 3월 31일, ㉦ 10월 15일

10
종합위험보장 마늘 상품의 보험기간에 대한 설명이다. (   )안에 들어갈 내용을 순서대로 답란에 쓰시오. [5점]

보장	보장개시	보장종료
종합위험 재파종 보장	계약체결일 24시 다만, (㉠)보장 특약 가입 시 해당 특약 보장종료 시점	판매개시연도 (㉡)
조기파종 보장 (남도종)	계약체결일 24시	(㉢)마늘 보험상품 (㉣)24시

답

정답 ㉠ 조기파종 ㉡ 10월 31일
㉢ 한지형 ㉣ 최초판매개시일

11 다음 상품들의 보장기간에 관한 알맞은 내용을 (　　)에 쓰시오. [5점]

상품	보장	보장개시	보장종료
호두	수확감소보장	(①) (다만, (①)가 경과한 경우에는 계약체결일 24시)	(②) (다만, 판매개시연도 (③)을 초과할 수 없음)
팥	경작불능보장	계약체결일 24시	(④)
팥	수확감소보장	계약체결일 24시	(②) (다만, 판매개시연도 (⑤) 을 초과할 수 없음)
보리	경작불능보장	계약체결일 24시	수확 개시 시점
보리	수확감소보장	계약체결일 24시	(②) (단, (⑥)을 초과할 수 없음)
시금치(노지)	경작불능보장	파종완료일의 24시 (단, 보험계약 시 파종완료일 경과한 경우에는 계약체결일 24시) ※ 파종완료일은 판매개시연도(⑧)을 초과할 수 없음	(⑦) (단, 종합위험생산비보장에서 정하는 보장종료일을 초과할 수 없음)
시금치(노지)	생산비보장		(⑦) (단, (⑨)을 초과할 수 없음)
살구	수확감소보장	계약체결일 24시	(②) (단, (⑩)을 초과할 수 없음)
살구	나무손해보장	Y년도 (⑪) (다만 (⑪) 이후 보험에 가입하는 경우에는 계약체결일 24시)	(⑫)

답

정답 ① 발아기 ②수확기 종료시점 ③ 9월 30일 ④종실 비대기전
⑤11월13일 ⑥ 이듬해 6월 30일 ⑦최초 수확 직전 ⑧ 10월 31일
⑨ 이듬해 1월 15일 ⑩이듬해 7월20일 ⑪ 12월 1일 ⑫ 이듬해 11월 30일

12 다음은 종합위험방식 과수상품의 가입가능약관에 관한 표이다. ( )에 들어갈 내용을 답란에 쓰시오. [5점]

구분	품목	보통약관	나무손해 보장 특별약관	수확량 감소 추가보장 특별약관	과실손해 추가보장 특별약관	조수해(鳥獸害) 부보장 특별약관	동상해 과실손해 보장 특별약관	비가림시설 화재위험 보장 특별약관	(㉢)
종합위험 수확감소 보장방식	(㉠)	✔	✔	✔	–	–	–	–	–
	자두	✔	✔	–	–	–	–	–	–
	(㉡)	✔	–	–	–	–	–	–	–
	(㉢)	✔	–	–	–	✔	–	–	–
	매실	✔	✔	–	–	–	–	–	–
	살구	✔	✔	–	–	–	–	–	–
	오미자	✔	–	–	–	–	–	–	–
	유자	✔	✔	–	–	–	–	–	–
종합위험 비가림 과수 손해보장 방식	(㉣)	✔	✔	✔	–	–	–	✔	–
	(㉤)	✔	–	–	–	–	–	✔	–
	(㉥)	✔	✔	–	–	–	–	✔	–
수확전 종합위험 보장방식	(㉦)	✔	–	–	–	–	–	–	✔
	무화과	✔	✔	–	–	–	–	–	–
종합위험 과실손해 보장	오디	✔	–	–	–	–	–	–	–
	(㉧)	✔	✔	–	✔	–	✔	–	–

정답 ㉠ 복숭아 ㉡ 밤 ㉢ 호두 ㉣ 포도 ㉤ 대추 ㉥ 참다래 ㉦ 복분자
㉧ 감귤 ㉢ 수확기부보장특별약관

13 종합위험방식 과실상품 특별약관에 관한 내용이다.( )안에 알맞은 내용을 쓰시오.[5점]

> 가. (①) 품목은 조수해(鳥獸害) 부보장 특별약관에 가입하면 조수해로 의하거나 조수해의 방재와 (②)에 필요한 조치로 보험의 목적에 생긴 손해는 보상하지 않는다.
>
> 나. 동상해 과실손해보장 특별약관은 (③)품목이 가입하며, 동상해라 함은 서리 또는 과수원에서 가장 가까운 3개 관측소의 기상관측장비(기상청 설치 또는 기상청이 인증하고 실시간 관측자료를 확인할 수 있는 관측소)로 측정한 기온이 0℃ 이하로 (④)시간 이상 지속됨에 따라 농작물 등이 얼어서 생기는 피해를 말한다.
>
> 다. 수확기 부보장 특별약관은 (⑤)품목이 가입하며 과실 손해보험금 중 이듬해 (⑥)일 이후 태풍(강풍), 우박으로 발생한 손해는 보상하지 않는다.

답

정답 ① 호두 ② 긴급피난 ③ 감귤
④ 48시간 ⑤ 복분자 ⑥ 6.1

14 종합위험보장 감자 품목의 아래의 조건을 참고하여 최저 가입수확량과 최저 가입수확량일 때의 보험가입금액을 구하시오 [5점]

> • 평년수확량 : 1,000kg   • 가입가격 : 2,000원/kg

답

정답
• 최저가입수확량 : 평년수확량의 일정 범위 (50% ~ 100%) 내에서 보험계약자가 결정한 농작물의 수확량이므로 최저 가입수확량은 500kg
• 보험가입금액 = 가입수확량 × 가입가격 = 500kg × 2,000원/kg = 1,000,000원

〈부록 용어해설〉 **03** 수확량 및 가격 관련 용어 참조

가입수확량	보험에 가입한 수확량으로 평년수확량의 일정범위(50%~100%) 내에서 보험계약자가 결정한 수확량으로 가입금액의 기준

15 다음 농업수입감소보장 포도 상품의 보험가입금액을 구하시오. (단, 천원단위미만 절사) [5점]

가입수확량	기준가격	비가림시설면적	가입한 결과주수
20,000kg	3,000원/kg	300㎡	100주

• 나무 1주당 가입가격 : 40,000원   • ㎡당 시설비 : 18,000원

답
• 과수손해보장 보험가입금액 :

• 비가림시설 보장 보험가입금액 범위 :

• 나무손해보장특약 보험가입금액 :

정답
• 과수손해보장 보험가입금액 = 가입수확량 × 기준가격
  = 20,000kg × 3,000원/kg = 60,000,000원
• 비가림시설보장 보험가입금액 범위 = ㎡당 시설비(18,000) × 비가림시설 면적
  = 18,000원/㎡ × 300㎡ = 5,400,000원
  산정된 금액의 80% ~ 130% 범위 내에서 보험가입금액이 결정되므로
  4,320,000원 ~ 7,020,000원
• 나무손해보장특약 보험가입금액 : 100주 × 40,000원/주 = 4,000,000원

16 다음 서울 양곡도매시장의 콩(장류)의 가격자료를 바탕으로 기준가격을 산출하시오. [5점]

구 분	2017년	2018년	2019년	2020년	2021년
상 품	2,000원	1,900원	2,200원	2,500원	2,200원
중 품	1,500원	1,700원	1,800원	2,300원	1,600원
하 품	1,200원	1,500원	1,300원	1,900운	1,000원

답

정답 기준가격 = (1,800+2,000+1,900)/ 3 = 1,900원

구 분	2017년	2018년	2019년	2020년	2021년
상 품	2,000원	1,900원	2,200원	2,500원	2,200원
중 품	1,500원	1,700원	1,800원	2,300원	1,600원
평균값	1,750원	1,800원	2,000원	2,400원	1,900원

17 종합위험보장 농업용 시설물 및 버섯의 보험가입금액 설정에 관한 설명이다. (   )안에 알맞은 용어를 쓰시오 [5점]

구 분	설정 방법
농업용 시설물	• 전산(電算)으로 산정된 기준 보험가입금액의 (㉠)~(㉡) % 범위 내에서 결정 • 적산(積算)으로 기준금액 산정이 불가능한 (㉢)(경량철골조), 내재해형하우스, 비규격하우스는 계약자 고지사항을 기초로 보험가입금액을 결정 • 유리온실(경량철골조)은 ㎡당 50,000~500,000원 범위에서 가입금액 선택 가능하다.
부대시설	• 계약자 고지사항을 기초로 (㉣)을 추정하여 보험가입금액 결정
버 섯	• 하우스 별 연간 재배예정인 버섯 중 (㉥)가 가장 높은 버섯 가액의 50~100% 범위내에서 계약자가 가입금액을 결정 (10% 단위)
재조달가액 특약	• 농업용시설물 및 부대시설의 경우 재조달가액 특약 미가입시 고지된 구조체 내용에 따라 감가율을 고려하여 (㉦)으로 결정(보험사고 시 지급기준과 동일)하며, 재조달가액 특약 가입 시 재조달가액 기준으로 결정한다.

정답 ㉠ 90 ㉡ 130, ㉢ 유리온실 ㉣ 보험가액, ㉥ 생산비 ㉦ 시가기준

18 다음 보기의 종합위험방식 상품 중 나무손해보장특약이 없기 때문에 나무는 보장대상이 되지 않는 품목 6가지를 쓰시오 [5점]

〈보기〉 가입대상 품목
복숭아, 자두, 밤, 호두, 매실, 살구, 오미자, 유자, 포도, 참다래, 대추, 복분자, 무화과, 오디, 감귤

정답 밤, 호두, 오미자, 대추, 복분자, 오디

19 다음은 업무방법에서 정하고 있는 자기부담금과 소손해면책금에 대한 내용이다. 빈칸에 알맞은 내용을 답란에 쓰시오. [10점]

품 목		자기부담금 또는 소손해면책금
버섯시설/ 원예시설	구조체	( ) ≤ 손해액의 10% ≤ ( )
	피복재 단독사고	( ) ≤ 손해액의 10% ≤ ( )
버섯, 시설작물	소손해면책금 (보상받는기준)	( )
비가림시설	원 칙	( ) ≤ 손해액의 10% ≤ ( )
	피복재단독사고	( ) ≤ 손해액의 10% ≤ ( )

답

정답 자기부담금 및 소손해면책금

품 목		자기부담금 또는 소손해면책금
버섯시설/ 원예시설	구조체	30만원 ≤ 손해액의 10% ≤ 100만원
	피복재 단독사고	10만원 ≤ 손해액의 10% ≤ 30만원
버섯, 시설작물	소손해면책금 (보상받는기준)	10만원 초과
비가림시설	원 칙	30만원 ≤ 손해액의 10% ≤ 100만원
	피복재 단독사고	10만원 ≤ 손해액의 10% ≤ 30만원

보충 고추, 브로콜리, 인삼해가림시설 자기부담금(비율)

고 추, 브로콜리	잔존보험가입금액의 3% 또는 5%
인삼 해가림시설	10만원 ≤ 손해액의 10% ≤ 100만원

20 농작물재해보험 적과전종합위험 과수의 적과종료이후 보상하는 손해에 대한 내용이다. 옳은 글에는 "O", 틀린 글에는 "×"로 ( )에 표기하시오. [5점]

① '지진'은 대한민국 기상청에서 규모 5.0이상의 지진통보를 발표한 때를 말한다 ( )
② '태풍(강풍)'은 과수원에서 가장 가까운 3개 기상관측소(기상청 설치 또는 기상청이 인증하고 실시간 관측자료를 확인할 수 있는 관측소)에 나타난 측정자료 중 가장 작은 수치의 자료로 판정한다. ( )
③ '가을 동상해' 잎 피해는 단감, 떫은 감 품목에 한하여 10월 31일까지 발생한 가을동상해로 나무의 전체 잎 중 50%이상 고사한 경우에 피해를 인정한다. ( )
④ '집중호우'라 함은 기상청에서 호우에 대한 기상특보(호우주의보 또는 호우경보)를 발령한 때 발령지역의 비 또는 과수원에서 가장 가까운 3개소의 기상관측장비(기상청 설치 또는 기상청이 인증하고 실시간 관측자료를 확인할 수 있는 관측소)로 측정한 24시간 누적강수량이 80mm이상인 강우상태를 말한다. ( )
⑤ '일소피해'에서 폭염은 대한민국 기상청에서 폭염특보(폭염주의보 또는 폭염경보)를 발령한 때 과수원에서 가장 가까운 3개소의 기상관측장비(기상청 설치 또는 기상청이 인증하고 실시간 관측자료를 확인할 수 있는 관측소)로 측정한 낮 최고기온이 연속 2일 이상 33℃이상으로 관측된 경우를 말하며, 폭염특보(폭염주의보 또는 폭염경보)가 발령한 때 부터 72시간(3일)이내에 일소가 발생한 보험의 목적에 한하여 보상한다. 이때 폭염특보는 과수원이 위치한 지역의 폭염특보를 적용한다. ( )

정답 ① (O), ② (×) 작은 수치 → 큰 수치 ③ (O) ④ (×) 24시간 → 12시간 ⑤ (×) 72시간(3일)이내에 → 해제 한 날까지

21 적과전종합위험 과수의 적과종료이후 일소피해에 대한 설명이다. ( )안에 알맞은 용어를 쓰시오. [5점]

> (㉠)으로 인해 보험의 목적에 일소(日燒)가 발생하여 생긴 피해를 말하며, 일소는 과실이 (㉡)에 노출되어 과피 또는 (㉢)이 (㉣)되어 검게 그을리거나 (㉤)되는 현상을 말한다.

답

정답 ㉠ 폭염, ㉡ 태양광
㉢ 과육 ㉣ 괴사 ㉤ 변색

22 적과전종합위험 과수상품의 과실손해보장에서 적과종료 이전과 적과종료 이후에 보장하는 손해의 종류와 나무손해특별약관에서 보상하는 손해를 나열하시오. [5점]

답

정답
- 적과종료 이전에 보상하는 손해 : 자연재해, 조수해, 화재
- 적과종료 이후에 보상하는 손해 : 태풍(강풍), 우박, 집중호우, 화재, 지진, 가을동상해, 일소피해
- 나무손해특별약관에서 보상하는 손해 ; 자연재해, 조수해, 화재

23 종합위험보장 포도 상품의 주계약 및 특약에서 보상하는 손해를 포도와 비가림시설로 구분하여 쓰시오. [5점]

답

정답 (1) 포도 주계약 : 자연재해, 조수해, 화재
(2) 포도 비가림시설 주계약 : 자연재해, 조수해
(3) 포도 비가림시설특약 : 화재

24 종합위험보장 복분자 상품수확개시 이후 (이듬해 6월 1일 이후) 보상하는 손해와 보상하지 않는 손해에 대하여 아래 빈칸에 적으시오. [5점]

보상하는 손해	보상하지 않는 손해

정답 이듬해 6월 1일 이후 보상하는 손해와 보상하지 않는 손해

보상하는 손해	보상하지 않는 손해
• 태풍(강풍) • 우박	① 계약자, 피보험자 또는 이들의 법정대리인의 고의 또는 중대한 과실로 인한 손해 ② 수확기에 계약자 또는 피보험자의 고의 또는 중대한 과실로 수확하지 못하여 발생한 손해 ③ 제초작업, 시비관리 등 통상적인 영농활동을 하지 않아 발생한 손해 ④ 원인의 직·간접을 묻지 않고 병해충으로 발생한 손해 ⑤ 보상하지 않는 재해로 제방, 댐 등이 붕괴되어 발생한 손해 ⑥ 최대순간풍속 14m/sec 미만의 바람으로 발생한 손해 ⑦ 보상하는 재해에 해당하지 않은 재해로 발생한 손해 ⑧ 저장한 과실에서 나타나는 손해 ⑨ 저장성 약화, 과실경도 약화 등 육안으로 판별되지 않는 손해 ⑩ 전쟁, 혁명, 내란, 사변, 폭동, 소요, 노동쟁의, 기타 이들과 유사한 사태로 생긴 손해

25 종합위험보장 벼 상품의 특별약관에서 보장하는 병충해를 모두 쓰시오

답

정답 흰잎마름병, 줄무늬잎마름병, 도열병, 벼멸구, 먹노린재, 깨씨무늬병, 세균성벼알마름병

26 다음은 약관에서 정하는 종합위험방식 비가림과수 손해보장품목의 보상하지 않는 손해에 대한 내용이다. 다음 빈칸에 알맞은 내용을 답란에 쓰시오. [5점]

① 계약자, 피보험자 또는 이들의 법정대리인의 고의 또는 중대한 과실로 생긴 손해
② 자연재해, 조수해가 발생했을 때 생긴 (㉠) 또는 (㉡)로 생긴 손해
③ 보험의 목적의 노후 및 하자로 생긴 손해
④ 보장하지 않는 재해로 제방, 댐 등이 붕괴되어 발생한 손해
⑤ (㉢) 및 지하수로 인한 손해
⑥ (㉣)에 계약자 또는 피보험자의 고의 또는 중대한 과실로 수확하지 못하여 발생한 손해
⑦ (㉤), (㉥) 등 통상적인 영농활동을 하지 않아 발생한 손해
⑧ 원인의 직접, 간접을 묻지 않고 (㉦)으로 발생한 손해
⑨ (㉧) 현재 기상청에서 발령하고 있는 기상특보 발령지역의 기상특보 관련 재해로 인한 손해
⑩ 전쟁, 혁명, 내란, 사변, 폭동, 소요, 노동쟁의, 기타 이들과 유사한 사태로 생긴 손해
⑪ 보상하는 손해에 해당하지 않은 재해로 발생한 손해
⑫ 직접 또는 간접을 묻지 않고 농업용 시설물의 시설, 수리, 철거 등 (㉨)의 집행으로 발생한 손해
⑬ 피보험자가 파손된 보험의 수리 또는 복구를 지연함으로써 가중된 손해

정답 ㉠ 도난, ㉡ 분실, ㉢ 침식활동, ㉣ 수확기, ㉤ 제초작업,
㉥ 시비관리, ㉦ 병해충, ㉧ 계약체결 시점, ㉨ 관계법령

27 종합위험보장 버섯상품의 주계약에서 보상하는 손해와 특약의 종류 3가지를 각각 쓰시오. [5점]

정답 (1) 주계약에서 보상하는 손해 : 자연재해, 조수해
(2) 특약의 종류 : 화재위험특약, 화재대물배상책임특약, 수재위험부보장특약

28 다음은 종합위험수확감소보장 (밭작물)의 보상하지 않는 손해에 대한 설명이다. (　　)에 알맞은 내용을 쓰시오. [5점]

감자 (고랭지, 봄, 가을)	양파, 마늘, 고구마, 옥수수(사료용 옥수수), 차, 콩, 양배추, 팥
1) 계약자, 피보험자 또는 이들의 법정대리인의 고의 또는 중대한 과실로 인한 손해	1) 계약자, 피보험자 또는 이들의 법정대리인의 고의 또는 중대한 과실로 인한 손해
2) 수확기에 계약자 또는 피보험자의 고의 또는 중대한 과실로 수확하지 못하여 발생한 손해	2) 수확기에 계약자 또는 피보험자의 고의 또는 중대한 과실로 수확하지 못하여 발생한 손해
3) 제초작업, 시비관리 등 통상적인 영농활동을 하지 않아 발생한 손해	3) 제초작업, 시비관리 등 통상적인 영농활동을 하지 않아 발생한 손해
	4) (　　　　　　　　　　　　)
4) 보상하지 않는 재해로 제방, 댐 등이 붕괴되어 발생한 손해	5) 보상하지 않는 재해로 제방, 댐 등이 붕괴되어 발생한 손해
5) 하우스, 부대시설 등의 노후 및 하자로 생긴 손해	6) 하우스, 부대시설 등의 노후 및 하자로 생긴 손해
6) 계약체결 시점 현재 기상청에서 발령하고 있는 기상특보 발령 지역의 기상특보 관련 재해로 인한 손해	7) 계약체결 시점 현재 기상청에서 발령하고 있는 기상특보 발령 지역의 기상특보 관련 재해로 인한 손해
7) 보상하는 손해에 해당하지 않은 재해로 발생한 손해	8) 보상하는 손해에 해당하지 않은 재해로 발생한 손해
8) 저장성 약화 또는 저장 및 유통 과정 중에 나타나거나 확인된 손해	9) 저장성 약화 또는 저장, 건조 및 유통 과정 중에 나타나거나 확인된 손해
9) 전쟁, 혁명, 내란, 사변, 폭동, 소요, 노동쟁의, 기타 이들과 유사한 사태로 생긴 손해	10) 전쟁, 혁명, 내란, 사변, 폭동, 소요, 노동쟁의, 기타 이들과 유사한 사태로 생긴 손해

답

정답 원인의 직접, 간접을 묻지 않고 병해충으로 발생한 손해

29 농업수입감소를 보상하는 상품과 재해를 나열하시오. [5점]

답

> **정답** 보상하는 상품 : 포도, 콩, 양파, 마늘, 감자(가을재배), 고구마, 양배추
> 보상하는 재해 : 자연재해, 조수해, 화재, 가격하락, 병충해(감자(가을재배))

30 종합위험보장 버섯의 자연재해에 대한 내용이다.(   )안에 알맞은 용어를 쓰시오. [5점]

(㉠)	기상청 태풍주의보 이상 발령할 때 발령지역의 바람과 비로 인하여 발생하는 피해
(㉡)	적란운과 봉우리적운 속에서 성장하는 얼음알갱이나 얼음덩이가 내려 발생하는 피해
(㉢)	서리 또는 기온의 하강으로 인하여 농작물 등이 얼어서 발생하는 피해
(㉣)	평균적인 강우량 이상의 많은 양의 비로 인하여 발생하는 피해
(㉤)	강한 바람 또는 돌풍으로 인하여 발생하는 피해
(㉥)	농작물의 성장기간 중 작물의 생육에 지장을 초래할 정도의 찬기온으로 인하여 발생하는 피해
(㉦)	장기간의 지속적인 강우 부족에 의한 토양수분 부족으로 인하여 발생하는 피해
(㉧)	자연현상으로 인하여 간석지 등 연안지대에 바닷물의 유입으로 발생하는 피해
(㉨)	눈으로 인하여 발생하는 피해
(㉩)	매우 심한 더위로 인하여 발생하는 피해

답

> **정답** ㉠ 태풍, ㉡ 우박, ㉢ 동상해, ㉣ 호우, ㉤ 강풍, ㉥ 냉해, ㉦ 한해, ㉧ 조해, ㉨ 설해, ㉩ 폭염

31 다음 상품들의 나무손해보상 특약 보험금의 합을 구하시오. [5점]

구 분	보험가입금액	피해주수	실제결과주수
종합위험보장 포도	1,000만원	60주	1,000주
종합위험보장 복숭아	1,000만원	40주	1,000주
농업수입감소보장 포도	1,000만원	50주	1,000주
종합위험보장 살구	1,000만원	70주	1,000주

답

정답 나무손해보상 특약 보험금의 합 = 종합위험보장 포도 10만원 + 종합위험보장 살구 20만원
= 30만원

해설 지급보험금 = 보험가입금액 × (피해율 - 자기부담비율)

피해율 = 피해주수/ 실제결과주수

구 분	보험가입금액	피해율	자기부담비율	보험금
종합위험보장 포도	1,000만원	6%	5%	10만원
종합위험보장 복숭아	1,000만원	4%	5%	0원
농업수입감소보장 포도	1,000만원	5%	5%	0원
종합위험보장 살구	1,000만원	7%	5%	20만원

32 종합위험보장 복숭아 품목의 수확량감소 추가보장특약에 관한 내용이다. 보험지급액을 구하시오. (단, 품종별 과중조사를 모두 실시하였으며, 피해율은 % 단위로 소수점 셋째자리에서 반올림하여 둘째자리까지 다음 예시와 같이 구하시오. 예시 : 0.12345는 → 12.35 %로 기재) [5점]

가입수확량	평년수확량	수확량	병충해감수량 (세균구멍병)	미보상비율	가입가격
1,000kg	1,300kg	800kg	100kg	10%	2,000원/kg

답

정답
- 보험지급액 = 보험가입금액 × (피해율 × 10%)
  = 2,000,000원 × 42.31% × 10% = 84,620원

해설
- 보험가입금액 = 가입수확량 × 가입가격
  = 1,000kg × 2,000원/kg = 2,000,000원
- 피해율 = {(평년수확량 − 수확량 − 미보상감수량)+ 병충해감수량} ÷ 평년수확량
  = {(1,300kg− 800kg − 50kg)+100kg} ÷ 1,300 = 0.42307 = 42.31%
- 미보상감수량 = (평년수확량 − 수확량) × 미보상비율 = (1,300kg − 800kg) × 0.1 = 50kg

※ 가입수확량은 보험가입금액에만 적용되고, 피해율, 미보상감수량 계산시는 평년수확량이 적용된다.

33 다음 보기의 조건에 따른 종합위험보장 대추 비가림시설보험금을 산출하시오. [5점]

- 보험가입금액 : 1,100만원
- 자기부담금 : 200만원
- 사고원인 : 화재
- 손해액 : 1,200만원
- 피복재 단독사고

답

정답 비가림시설보장 보험금 = MIN(손해액 − 자기부담금, 보험가입금액)
= MIN(1,200만원 − 0, 1,100만원) = 1,100만원

해설 화재로 인한 보험금 산정 시 자기부담금 미적용하므로, 자기부담금은 0원이며, 보험가입금액이 더 적으므로 보험금은 1,100만원임

34 다음 표를 보고 종합위험보장 상품의 수확감소보험금의 합을 구하시오. (단 병충해는 없는 것으로 한다.) [5점]

구 분	보험가입금액	평년수확량	수확량	미보상감수량	자기부담비율	보험금
포 도	1,000만원	40톤	31톤	1톤	10%	
포 도	1,000만원	40톤	31톤	1톤	20%	
자 두	1,000만원	30톤	25톤	2톤	20%	
벼	1,000만원	50톤	42톤	3톤	10%	
콩	1,000만원	20톤	13톤	1톤	20%	

답

정답 200만원

해설 수확감소보험금 = 보험가입금액 × (피해율 − 자기부담비율)

※ 피해율 = (평년수확량 − 수확량 − 미보상감수량) ÷ 평년수확량

구 분	보험가입금액	평년수확량	수확량	미보상감수량	피해율	자기부담비율	보험금
포 도	1,000만원	40톤	31톤	1톤	20%	10%	100만원
포 도	1,000만원	40톤	31톤	1톤	20%	20%	0원
자 두	1,000만원	30톤	25톤	2톤	10%	20%	0원
벼	1,000만원	50톤	42톤	3톤	10%	10%	0원
콩	1,000만원	20톤	13톤	1톤	30%	20%	100만원

35 다음 보기의 조건에 따른 인삼손해보장 보험금을 산출하시오 (단, 피해율은 소수점 셋째자리에서 반올림하여 다음 예시와 같이 구하시오. 예시 :12.345% → 12.35 %)

보험가입금액	연근별 기준수확량	수확량	피해면적	재배면적	자기부담비율
100,000,000원	0.71kg/㎡	0.5kg/㎡	2,000㎡	5,000㎡	20%

답

 정답 보험금 = 보험가입금액 × (피해율 − 자기부담비율)
= 100,000,000원 × (11.83% − 20%) = 0원

※ 피해율 = $(1 - \dfrac{수확량}{연근별기준수확량}) \times \dfrac{피해면적}{재배면적} = (1 - \dfrac{0.5kg/m^2}{0.71kg/m^2}) \times \dfrac{2,000m^2}{5,000m^2}$

= $(0.2958) \times \dfrac{2,000m^2}{5,000m^2}$ = 0.11832 = 11.83 %

36 다음 조건에서 지급받을 수 있는 최대 경작불능보험금 및 최소 경작불능금을 구하시오. [5점]

- 상품 : 종합위험 수확감소보장방식 양배추 상품
- 보험가입금액 : 10,000,000원
- 식물체 피해율 : 65%

답

정답
- 최대경작불능보험금 (자기부담비율 15%형일 때)
  보험가입금액× 42% = 10,000,000원 × 42% = 4,200,000원
- 최소경작불능보험금 (자기부담비율 40%형일 때)
  보험가입금액×30% = 10,000,000원 × 30% = 3,000,000원
  ※ 2023 개정업무 방법서 양배추 자기부담비율 : 15%, 20%, 30%, 40%

37 다음의 ( )안에 들어갈 알맞은 용어를 답안에 쓰시오. [5점]

> 과실손해위험보장의 자기부담비율은 (㉠)을 계산할 때 (㉡)에서 차감하는 비율로서, 계약할 때 계약자가 선택한 비율(10%, 15%, 20%, 30%, 40%)로 한다.
> 자기부담비율 10%형은 최근 (㉢)년간 연속 보험가입과수원으로서 3년간 수령한 보험금이 순보험료의 (㉣)% 이하의 보험금을 수령한 경우, 15%형은 최근 2년간 연속 보험가입과수원으로서 2년간 수령한 보험금이 순보험료의 (㉤)% 이하인 경우에 한하여 선택할 수 있다.

답

정답 ㉠ 지급보험금, ㉡ 피해율,
㉢ 3, ㉣ 100, ㉤ 100

38 다음은 해가림시설의 잔가율에 대한 설명이다. ( )안에 알맞은 용어를 쓰시오. [5점]

> 잔가율 (㉠)와 자체 유형별 내용연수를 기준으로 (㉡)을 산출하고, 내용연수가 경과한 경우라도 현재 정상 사용중에 있는 시설을 당해 목적물의 (㉢)을 고려하여 잔가율을 최대 (㉣)로 수정한다.

답

정답 ㉠ 20%, ㉡ 경년감가율,
㉢ 경제성, ㉣ 30%

39 종합위험 생산비보장방식에서 수확이 개시된 후의 생산비보장보험금은 투입된 생산비보다 적거나 없을 수 있다. 그 이유를 쓰시오 [5점]

답

정답 수확기에 투입되는 생산비는 수확과 더불어 회수(차감)되기 때문이다.

40 종합위험보장 고추 상품에서 정하는 용어를 순서대로 답란에 쓰시오 [5점]

- (㉠) : 준비기생산비계수 + [(1-준비기생산비계수)× (생장일수 ÷ 표준생장일수)]
- (㉡) : 정식일로부터 수확개시일까지 표준적인 생장일수 (100일)
- (㉢) : 정식일로부터 사고발생일까지 경과일수
- (㉣) : 수확개시일부터 사고발생일까지 경과일수
- (㉤) : 수확개시일부터 수확종료일까지의 일수

답

> **정답** ㉠ 경과비율, ㉡ 표준생장일수, ㉢ 생장일수, ㉣ 수확일수, ㉤ 표준수확일수

41 농업용 시설물 및 부대시설에서 화재대물배상책임특별약관의 ① 가입대상과 ② 지급사유 ③ 지급한도를 서술하시오. [10점]

답

> **정답** ① 가입 대상 : 이 특별약관은 '화재위험보장 특별약관'에 가입한 경우에 한하여 가입할 수 있다.
> ② 지급사유 : 피보험자가 보험증권에 기재된 농업용시설물 및 부대시설 내에서 발생한 화재사고로 인하여 타인의 재물을 망가트려 법률상의 배상책임이 발생한 경우
> ③ 지급한도 : 화재대물배상책임특약 가입금액 한도

42 종합위험보장 버섯상품의 농업시설에서 정하는 보험기간에 관하여 서술하시오. [5점]

보장개시	보장종료
(①)	(②)

답

> **정답** ① 청약을 승낙하고 제1회 보험료 납입한 때 ② 보험증권에 기재된 보험종료일 24시

43 다음 조건에 따른 종합위험보장 살구 상품의 최대 수확감소보험금을 구하시오. 피해율은 소수점 셋째자리에서 반올림하여 다음과 같이 구하시오. 12.345 % → 12.35 %) [10점]

가입수확량	평년수확량	가입가격	수확량
2,100kg	2,100kg	1,000원/kg	1,500kg

미보상감수량	자기부담비율
100kg	최소 자기부담비율 선택

답

정답 보험금 = 보험가입금액 × (피해율 - 자기부담비율)
       = 2,100,000원 × (0.2381 - 0.2) = 80,010원
보험가입금액 = 가입수확량 × 가입가격 = 2,100kg × 1,000원/kg = 2,100,000원
※ 피해율 = (평년수확량 - 수확량 - 미보상감수량) ÷ 평년수확량
       = (2,100kg - 1,500kg - 100kg) ÷ 2,100kg = 0.23809 = 23.81%
※ 최소자기부담비율 ; 보험계약 시 계약자가 선택한 비율(20%, 30%, 40%)이므로 20%

제03절 계약 관리

01 종합위험보장 과수 상품의 과수원구성방법에 관한 내용이다. 다음의 물음에 답하시오.

(1) 계약자 1인이 서로 다른 2개 이상 품목을 가입하고자 할 경우에는 별개의 계약으로 각각 가입·처리한다. 제외되는 품목을 쓰시오. (2점)

답

(2) 다음 (   )안에 알맞은 용어를 쓰시오 (3점)

> ○ 사과 품목의 경우, 알프스오토메, 루비에스 등 (①)품종을 심은 경우에는 별도 과수원으로 가입·처리한다.
> ○ 대추 품목의 경우, 사과대추 가입가능 지역에서 (②)와/과 사과대추를 가입하고자 할 때는 각각의 과수원으로 가입한다.

답

정답 (1) 대추
(2) ① 미니사과
② 재래종

02 다음 보기의 사례에서 농작물재해보험의 계약인수 가능여부를 서술하시오. [15점]

> 충북 천안시소재 과수원에서 사과와 배를 재배하는 유○○씨(56세)는 같은 △△리안에 A, B 두개의 과수원을 가지고 있다. A과수원(사과 100%)의 보험가입액은 250만원이고 B과수원(사과 70%, 배 30%)은 180만원인데, A과수원에 B과수원을 더하여 2022년 5월에 적과전 종합위험방식으로 계약을 하려고 한다. 2021년 겨울에 유○○씨의 아내가 교통사고를 당하여 대전에 있는 병원에 입원해 있어, 병수발때문에 통상적인 영농활동은 하지 못하고 있다.

정답 ① 인수가능여부

1. 과수 4종은 전국이 보험가입지역이므로 계약인수가 가능하다.
2. 하나의 리, 동에 있는 각각 보험가입금액 200만원 미만의 두 개의 과수원은 하나의 과수원으로 보고 계약 인수가능하나, 보험가입금액 200만원 이상인 과수원에 다른 과수원을 더하여 계약 인수는 불가하다. 따라서 A과수원의 보험가입금액은 250만원이고 B과수원은 180만원이므로, A과수원에 B과수원을 더하여 계약인수는 불가능하다.
3. 보험가입금액이 200만원 미만인 과수원은 인수가 제한된다. 따라서 A과수원(250만원)은 가입이 가능하지만 B과수원(180만원)은 인수가 제한된다.
4. 품목이 혼식된 과수원(다만, 주력품목의 결과주수가 90% 이상인 과수원은 주품목에 한하여 가입 가능)은 인수제한 과수원에 해당한다. 따라서 A과수원(사과 100%)은 가입이 가능하지만 B과수원(사과 70%, 배 30%)은 인수가 제한된다.
5. 통상적인 영농활동(병충해방제, 시비관리, 전지전정, 적과 등)을 하지 않는 과수원은 인수제한과수원에 해당한다. 유○○씨의 아내가 교통사고를 당하여 통상적인 영농활동은 하지 못하고 있으므로 인수제한 과수원에 해당한다.

② 결론 : 유○○씨는 A과수원은 5 사유로, B과수원은 2,3,4..5의 사유로 적과전종합위험보험에 가입이 불가능하다.

03 농작물재해보험 종합위험보장 포도 상품의 보험가입기준과 인수제한과수원 기준으로 모두 서술하시오. [15점]

> 천안시 △△리 본인소유 A과수원 (보험가입금액 100만원)에서 포도농사를 짓던 甲은 최근에 같은 △△리에 소재하는 B(보험가입금액 180만원)과수원을 추가로 매입하였다.
> 甲이 기존에 소유하고 있는 A과수원은 묘목이 가입과수원에 식재된 후 3년이 되었으며 2021년에 역병 및 궤양병 등의 병해로 고사한 나무가 18%였으며, 고사한 나무는 모두 제거하고 방재조치를 하였다.
> 새롭게 매입한 B과수원은 묘목이 가입과수원에 식재된 후 2년이 되었으며, 친환경재배과수원으로 만들었으며 일반재배와 결실차이가 현저히 있다고 판단되었다. 甲은 기존의 A과수원과 새로 구입한 B과수원을 합하여 하나의 과수원으로 하여 2022년도에 종합위험보장 포도보험에 가입하려고 한다.

정답 ① 보험가입기준
1. 과수4종, 포도 등은 전국이 가입지역이므로 보험가입이 가능하다.
2. 종합위험보장 포도는 보험가입금액이 200만원 이상인 과수원이 가입가능하다. 단, 하나의 동 또는 리 안에 위치한 가입조건 미만의 과수원은 두 과수원을 합할 시에 (두 개의 과수원에 한하여) 위의 요건을 충족할 경우 가입 가능하다.
 사례의 경우 두 과수원을 합할 경우 위의 요건을 충족하므로 보험에 가입할 수 있다.
② 인수제한 과수원 기준
1. 가입하는 해의 나무 수령(나이)이 3년 미만인 과수원(묘목이 가입과수원에 식재된 해를 1년으로 한다)은 인수가 제한되므로 B과수원은 인수가 제한된다.
2. 보험가입 직전 년도(이전)에 역병 및 궤양병 등의 병해가 발생하여 보험가입 시 전체 나무의 20% 이상이 고사하였거나 정상적인 결실을 하지 못할 것으로 판단되는 과수원은 인수제한 과수원이다. 다만, 고사한 나무가 전체의 20% 미만이더라도 고사된 나무를 제거 하지 않거나, 방재조치를 하지 않은 경우에는 인수제한 과수원이지만 A과수원은 위 조치를 다하였으므로 보험가입이 가능하다.
3. B과수원은 친환경재배 과수원으로서 일반재배와 결실차이가 현저히 있다고 판단되는 되는 과수원이므로 인수제한 과수원에 해당한다.
4. B과수원은 인수제한 과수원이므로 A과수원과 B과수원을 합하여 보험에 가입할 수 없고, A과수원은 보험가입금액이 200만원 미만이므로 단독으로 보험에 가입할 수 없으므로 결국 甲은 종합위험보장 포도보험에 가입이 불가능하다.

04 농업재해보험의 인수제한된 나무수령기준이다.(　)안에 알맞은 숫자를 쓰시오 [5점]

상 품	인수제한 기준
포도, 복숭아	가입하는 해의 나무수령이 (㉠)년 미만인 과수원
대추, 유자	가입하는 해의 나무 수령이 (㉡)년 미만인 경우
무화과	가입하는 해의 나무 수령이 (㉢)년 미만인 경우
밤, 매실, 살구	가입하는 해의 나무 수령이 (㉣)년 미만인 과수원
차	수령이 (㉤)년 미만인 차나무

답

정답 ㉠ 3, ㉡ 4, ㉢ 4, ㉣ 5, ㉤ 7

해설 인수제한 수령기준 총정리

상 품	인수제한 기준
과수 4종	• 사과 : 밀식재배 3년, 반밀식재배 4년, 일반재배 5년 미만 • 배 : 3년 미만 • 단감 · 떫은감 : 5년미만
포도, 복숭아 참다래,	• 가입하는 해의 나무 수령이 3년 미만인 과수원
오디	• 가입년도 기준 3년 미만(수확년도 기준 수령이 4년 미만)인 뽕나무
감귤	• 가입하는 해의 나무 수령(나이)이 다음 기준 미만인 경우 　가. 온주밀감류, 만감류 재식 : 4년 　나. 만감류 고접 : 2년
대추, 유자	• 가입하는 해의 나무 수령이 4년 미만인 경우
무화과	• 가입하는 해의 나무 수령이 4년 미만인 경우
오미자	• 삭벌 3년차 이상 과수원 또는 삭벌하지 않는 과수원 중 식묘 4년차 이상인 과수원
매실, 밤, 살구	• 가입하는 해의 나무 수령이 5년 미만인 과수원
자 두	• 가입하는 해의 나무 수령(나이)이 6년 미만인 과수원(수확년도 기준 수령이 7년 미만)
차	• 가입하는 해의 나무 수령이 7년 미만인 경우
호두	• 가입하는 해의 나무 수령(나이)이 8년 미만인 경우
복분자	• 가입년도 기준수령이 1년 이하 또는 11년 이상인 포기로만 구성된 과수원

05 비가림시설보장 계약인수단위에 대하여 ① ~ ⑤ 에 알맞은 내용을 쓰시오. [5점]

- 시설은 (①) 단위로 가입 (구조체 + 피복재)
- ㎡당 시설비에 비가림시설 면적을 곱하여 산정된 금액의 (②) 범위에서 가입금액 선택 (단, 참다래 비가림시설은 계약자 고지사항을 기초로 보험가입금액을 결정)
- 최소 가입면적 : (③) 이상
- 인수제한사항(과수원의 형태 및 품종에 따라 조정)
  - 비가림폭 : (④)
  - 동고 : (⑤)

답

정답 ① 단지 ② 80~130% ③ 200㎡ ④ 2.4m ± 15% ⑤ 3m ± 5%

06 다음은 참다래 품목의 인수제한 목적물에 관한 일부 내용이다. ( )에 들어갈 알맞은 내용을 쓰시오. [5점]

- 보험가입금액이 (㉠) 미만인 과수원
- 가입하는 해의 나무 수령이 (㉡) 미만인 경우
- (㉢)이 혼식된 과수원(다만, (㉢)의 구분이 가능하며 동일 (㉢)군이 90% 이상인 경우에 한하여 가입 가능)
- 전정, 비배관리 잘못 또는 품종갱신 등의 이유로 수확량이 현저하게 감소할 것이 예상되는 과수원
- (㉣)이 혼식된 과수원 (다만, (㉣)의 구분이 가능하며 동일 (㉣)군이 90%이상인 경우에 한하여 가입 가능)
- 보험 가입 이전에 (㉤) 및 (㉥) 등의 병해가 발생하여 보험 가입 시 전체나무의 (㉦) 이상이 고사하였거나 정상적인 결실을 하지 못할 것으로 판단되는 과수원 (다만, 고사한 나무가 전체의 20%미만이더라도 고사한 나무를 제거하지 않거나 (㉧)를 하지 않은 경우 인수를 제한)

답

정답 ㉠ 200만원, ㉡ 3년, ㉢ 수령 ㉣ 수령, ㉤ 역병, ㉥ 궤양병, ㉦ 20%, ㉧ 방재조치

07 다음 사례를 읽고 농작물재해보험 인수가능여부를 모두 서술하시오. [5점]

> A씨는 전북 부안군 △△리 1번지의 하천부지에서 보험가입금액이 280만원인 오디과수원을 경작하고 있는데, 보험가입 이전에 균핵병 등의 병해가 발생하여 과거 보험 가입시 전체 나무의 20% 이상이 고사하였다.
> 2020년 흰 오디계통(터키-D)묘목이 과수원에 식재되었고, 2023년에 과수원에 식재된 나무의 일부를 종합위험보장험에 가입하려고 한다.

정답
1. 전북, 전남, 경북(상주,안동)은 보험가입 가능지역이다.
2. 하천부지에 위치하고 있으므로 인수제한 사유에 해당한다.
3. 과수원의 보험가입금액이 200만원 이상이므로 인수가 가능하다.
4. 보험가입 이전에 균핵병 등의 병해가 발생하여 과거 보험 가입시 전체 나무의 20% 이상이 고사하였거나 정상적인 결실을 하지 못할 것으로 예상되는 과수원은 인수가 제한된다.
5. 가입하는 해인 2022년 기준 나무 수령(나이)이 3년이므로 가입이 가능하다.
6. 흰 오디계통(터키-D)은 인수가 제한된다.
7 하나의 과수원에 식재된 나무 중 일부 나무만 가입하는 과수원은 인수가 제한된다.
〈결론〉 2, 4, 6, 7 사유로 인수가 제한된다.

08 다음은 업무방법서에서 정하는 차 품목의 인수제한 농지 중 일부내용이다. (   )에 알맞은 내용을 쓰시오. [5점]

- 보험가입면적이 (㉠)미만인 농지
- 깊은 전지로 인해 '차'나무의 높이가 지면으로부터 (㉡)이하인 경우 가입면적에서 제외
- 가입하는 해의 나무 수령이 (㉢)미만인 차나무
- 시설(비닐하우스, 온실 등)에서 (㉣)하는 농지
- (㉤) 재배를 목적으로 하는 농지

답

정답 ㉠ 1,000㎡ ㉡ 30cm, ㉢ 7년,
      ㉣ 촉성재배, ㉤ 말차

09 논작물 (벼, 조사료용 벼, 밀, 보리)의 보험가입기준 중 농지 구성 방법을 서술하시오 [5점]

답

정답 (1) 리(동) 단위로 가입한다.
      (2) 동일 "리(동)" 내에 있는 여러 농지를 묶어 하나의 경지번호를 부여한다.
      (3) 가입하는 농지가 여러 "리(동)"에 있는 경우 각 리(동)마다 각각 경지를 구성하고 보험계약은 여러 경지를 묶어 하나의 계약으로 가입한다.

10 논작물 (벼, 조사료용 벼, 밀, 보리)의 1인 1증권계약의 체결에 대하여 설명하시오 [5점]

답

정답 1인이 경작하는 다수의 농지가 있는 경우, 그 농지의 전체를 하나의 증권으로 보험계약을 체결한다. 다만, 읍면동을 달리하는 농지를 가입하는 경우, 기타 보험사업 관리기관이 필요하다고 인정하는 경우 예외로 한다.

11 농작물 재해보험 상품중 최저 보험가입금액이 50만원 이상인 논작물과 밭작물을 5개 모두 쓰시오
[5점]

답

정답 벼, 조사료용 벼, 밀, 보리, 메밀

보충 논작물 및 밭작물 보험가입금액 기준

보험가입금액	해당 상품
50만원이상	벼, 조사료용 벼, 밀, 보리, 메밀
100만원이상	콩(수입보장 포함), 팥, 옥수수, 대파, 쪽파·실파, 당근, 단호박, 시금치(노지), 고랭지 무, 고랭지 배추, 월동 무, 월동 배추, 가을배추
200만원이상	양파(수입보장 포함), 마늘(수입보장 포함), 감자(봄·가을(수입보장 포함)·고랭지), 고구마(수입보장 포함), 양배추(수입보장 포함), 고추, 브로콜리

12 종합위험보장 논작물 (벼, 맥류)의 인수제한 농지에 대한 설명이다. (   )안에 알맞은 용어를 쓰시오 [5점]

1. 보험가입금액이 50만원 미만인 농지

품 목	인수제한 사유
벼	(1) (㉠)를 재배하는 농지
보 리	(1) 파종을 (㉡)이전과 (㉢) 이후에 실시한 농지 (2) (㉣) 방식에 의한 봄파종을 실시한 농지 (3) 출현율 (㉤) 미만인 농지
밀	(1) 파종을 (㉢) 이후에 실시한 농지 (2) (㉣) 방식에 의한 봄파종을 실시한 농지 (3) 출현율 (㉤) 미만인 농지

답

정답 ㉠ 밭벼 ㉡10월 1일 ㉢ 11월 20일
㉣ 춘파재배, ㉤ 80%

13 다음의 사례에서 콩 상품의 인수가능여부를 모두 서술하시오. [15점]

> A씨는 전남 해남에서 하천부지에 위치한 논두렁 농지에 콩농사를 짓고 있다.
> 나물용콩과 밥밑용콩을 혼식하고 있으며, 옥수수와 간작을 하되 재배주체는 콩이다.
> 출현율이 80% 이며, 출현 개체수는 15개체/㎡이다.
> 2021년에 이상기온으로 크게 손해를 본 A씨는 본인 이름으로 2022년 종합위험보장 콩상품에 가입하려고 한다.
> 보험가입금액은 190만원이다.

정답 인수가능여부

1. 콩상품은 보험가입지역이 전국이므로 가입이 가능하다.
2. 하천부지에 위치한 농지는 인수제한 사유에 해당한다.,
3. 나물용콩과 밥밑용콩은 모두 인수가능한 콩에 해당한다.
4. 간작 또는 혼작의 경우에도 재배주체가 콩이므로 인수가 가능하다.
5. 출현율이 90% 미만인 농지는 인수제한 사유에 해당한다.
6. 출현 개체수가 적정 출현 개체수 (10개체/㎡, 제주지역 재배방식이 산파인 경우 15개체/㎡)이상 이므로 인수가 가능하다.
7. 보험가입금액이 100만원 이상이면 가입이 가능하므로 인수가 가능하다.
 결국 하천부지에 위치해 있고, 출현율이 90%미만이므로 인수가 제한된다.

14 다음 사례를 읽고, 인수가능여부 사유를 모두 서술하시오. [15점]

> A씨는 전북 익산의 한 농지에서 대대로 고랭지 봄파종 재배 적응 품종을 재배하고 있다.
> 정식을 8월 30일에 실시하였으며, 75°로 정식되었다.
> 재식밀도는 30,000/10a 이고, 극조생종과 조생종을 혼식하였다.
> 농사 도중에 허리통증으로 병원에 2개월 입원하느라 멀칭을 하지 못한 상태이다.
> 2021년에 이상기온으로 큰 피해를 입어, 2022년에는 종합위험보장 양파보험에 가입하고자 한다.
> 보험가입금액은 190만원이다.

정답 인수가능여부 사유

1. 양파는 보험가입지역이 전국이므로 보험가입이 가능하다.
2. 고랭지 봄파종 재배 적응 품종는 인수제한 품종이다.
3. 정식을 9월 30일 이전에 실시하였으므로 인수가 제한된다.
4. 양파 식물체가 똑바로 정식된 농지 (70° 초과)이므로 인수가 가능하다.
5. 극조생종, 조생종, 중만생종 모두 가입이 가능하지만 혼식한 경우에는 인수가 제한된다.
6. 재식밀도가 23,000주/10a ~ 40,000주/10a 이하인 농지이므로 인수가 가능하다.
7. 무멀칭농지이므로 인수가 제한된다.
8. 양파는 보험가입금액이 200만원이상이므로 가입이 불가능하다.

결국 2,3,5,7,8의 사유로 인하여 인수가 제한된다.

15 다음은 감자 (가을재배) 품목의 인수제한 사항이다. 괄호에 알맞은 내용을 쓰시오. [5점]

- 가을재배에 부적합한 품종(㉠)이 파종된 농지
- (㉡)이상 갱신하지 않는 (㉢)를 파종한 농지
- (㉣)수확을 목적으로 재배하는 농지
- 재식밀도가 (㉤)미만인 농지
- 전작으로 (㉥)를 재배한 농지
- 출현율이 (㉦)미만인 농지(보험가입 당시 출현 후 고사된 싹은 출현이 안 된 것으로 판단함)

답

정답 ㉠ 수미, 남작, 신남작, 세풍, 조풍, ㉡ 2년, ㉢ 씨감자, ㉣ 씨감자, ㉤ 4,000주/10a, ㉥ 유채 ㉦ 90%

〈감자 인수제한 농지〉

가을재배	봄재배	고랭지 재배
(1) 가을재배에 부적합 품종 (수미, 남작, 조풍, 신남작, 세풍 등)이 파종된 농지 (2) 2년 이상 갱신하지 않는 씨감자를 파종한 농지 (3) 씨감자 수확을 목적으로 재배하는 농지 (4) 재식밀도가 4,000주/10a 미만인 농지 (5) 전작으로 유채를 재배한 농지 (6) 출현율이 90% 미만인 농지	(1) 2년이상 자가채종 재배한 농지 (2) 씨감자 수확을 목적으로 재배하는 농지 (3) 파종을 3월 1일 이전에 실시 농지 (4) 출현율이 90% 미만인 농지(보험가입 당시 출현 후 고사된 싹은 출현이 안 된 것으로 판단) (5) 재식밀도가 4,000주/10a 미만인 농지 (6) 전작으로 유채를 재배한 농지	(1) 재배 용도가 다른 것을 혼식 재배하는 농지 (2) 파종을 4월 10일 이전에 실시한 농지 (3) 출현율이 90% 미만인 농지 (보험가입 당시 출현 후 고사된 싹은 출현이 안 된 것으로 판단) (4) 재식밀도가 3,500주/10a 미만인 농지

16 다음은 마늘품목의 인수제한 농지 중 일부내용이다. (   )에 알맞은 내용을 순서대로 쓰시오.
[5점]

- 난지형은 (㉠   )이전 파종한 농지
- 마늘 파종 후 익년 (㉡   )이전에 수확하는 농지
- 재식밀도가 (㉢   )미만인 농지
- 주아재배마늘, (㉣   ) 단, 주아재배의 경우 2년차 이상부터 가입가능

정답 ㉠ 8월 31일, ㉡ 4월 15일, ㉢ 30,000주/10a ㉣ 코끼리 마늘

17 다음은 인삼 및 해가림시설의 인수제한 목적물의 일부이다. (   )안에 알맞은 용어를 쓰시오.
[5점]

1. 보험가입금액이 (㉠   )만원 미만인 농지
2. (㉡   ) 근 미만 또는 (㉢   )근 이상인 인삼
3. 산양삼(장뇌삼), (㉣   ), (㉤   )인삼
4. 식재년도 기준 과거 (㉥   )이내 (논은 (㉦   )이내)에 인삼을 재배했던 농지
5. (㉧   )가 15cm 미만인 농지
6. (㉨   )가 고시하는 내재해형 인삼재배시설 규격에 맞지 않는 해가림시설

정답 ㉠ 200, ㉡ 2년, ㉢ 6년, ㉣ 묘삼, ㉤ 수경재배, ㉥ 10년, ㉦ 6년, ㉧ 두둑높이, ㉨ 농림축산식품부

18 다음은 옥수수 품목의 인수제한의 일부 내용이다. 괄호 안에 알맞은 내용을 쓰시오.[5점]

- (㉠)을 이용해 재배하는 농지
- (㉡)주 (㉢)개로 수확하지 않는 농지
- 통상적인 재식간격의 범위를 벗어나 재배하는 농지

1주 재배	1,000㎡ 당 정식주수가 (㉣)미만 (㉤)초과인 농지 (단, 전남·전북·광주·제주는 1,000㎡당 정식주수가 (㉥)미만 (㉦)초과인 농지)
2주 재배	1,000㎡ 정식주수가 (㉧)미만 (㉨)초과인 농지

- (㉩)부터(㉪) 기간 내에 파종(정식)되지 않은 농지
- 출현율이 (㉫)미만인 농지(보험가입 당시 출현 후 고사된 싹은 출현이 안된 것으로 판단함)

답

정답 ㉠ 자가채종 ㉡ 1, ㉢ 1, ㉣ 3,500주, ㉤ 5,000주, ㉥ 3,000주, ㉦ 5,000주, ㉧ 4,000주, ㉨ 6,000주, ㉩ 3월 1일 ㉪ 6월 12일 ㉫ 90%,

19 다음은 양배추품목의 인수제한 농지에 대한 내용이다. (   )에 알맞은 내용을 순서대로 쓰시오. [5점]

- 통상적인 재배 및 (㉠)을 하지 않는 농지
- (㉡) 미설치 농지
- (㉢) 이후에 정식 할 예정인 농지(단, 재정식은 (㉣)이내 정식)
- (㉤)를 목적으로 경작하지 않는 농지
- 목초지, 목야지 등 (㉥)이 목인 농지
- 하천부지 및 (㉦) 지역에 소재한 농지
- 재식밀도가 (㉧) 미만인 농지
- (㉨) 양배추(방울양배추 등)를 재배하는 농지

답

정답 ㉠ 영농활동, ㉡ 관수시설, ㉢ 9월 30일, ㉣ 10월 15일 ㉤ 판매 ㉥ 지목 ㉦ 상습침수, ㉧ 약 3.3㎡(1평)당 8구 ㉨ 소구형

20 종합위험밭작물의 인수제한 사유이다, (   )안에 알맞은 단어를 쓰시오 [5점]

품 목	최저보험가입금액	인수제한사유
메밀	50만원 이상	파종을 (㉠)이후에 실시 또는 할 예정인 농지
보리	50만원 이상	파종을 (㉡)이전과 (㉢)이후에 실시한 농지
단호박	100만원 이상	(㉣)을 초과하여 정식한 농지
대파	100만원 이상	(㉤)을 초과하여 정식한 농지
고랭지무	100만원 이상	(㉥)을 초과하여 정식한 농지
월동무	100만원 이상	(㉦)까지 무를 파종하지 않은 농지
당근	100만원 이상	(㉧)을 지나 파종을 실시하였거나 또는 할 예정인 농지
팥	100만원 이상	(㉨)이전에 정식(파종)한 농지
감자(고랭지재배)	200만원 이상	(㉩)이전에 실시한 농지
브로콜리	200만원 이상	(㉪)정식을 하지 않았거나, 정식을 이후에 실시한 농지
가을배추	100만원 이상	정식을 (㉫) 이후에 실시한 농지
월동배추	100만원 이상	정식을 (㉬) 이후에 실시한 농지(월동배추에만 해당)
시금치(노지)	100만원 이상	(㉭)을 지나 파종을 실시하였거나 또는 할 예정인 농지

답

정답 ㉠ 9월 15일 ㉡ 10월 1일 ㉢ 11월 20일
㉣ 5월 29일, ㉤ 5월 20일
㉥ 7월 31일
㉦ 10월 15일 ㉧ 8월 31일, ㉨ 6월 1일
㉩ 4월 10일 ㉪ 10월 1일 , 9월10일 9월25 10월 31일

21 다음 보기의 사례에서 농작물재해보험의 계약인수 가능여부를 분화류국화, 시설백합 및 농업용 시설물로 각각 분류하여 서술하시오. [5점]

> 2017년 2월에 아내와 귀농한 A씨는 충북 ○○시 소재, 연동하우스(면적 550㎡)의 60%인 330㎡에는 분화류 국화를 재배하고, 작기당 면적의 40%인 220㎡에는 시설백합을 재배하기 시작하였으며, 2022년 4월에 농업용 시설물과 작물에 대하여 각각 아내이름으로 보험에 가입하고자 한다.

정답 [1] 분화류 국화의 인수가능 여부
작물의 재배면적이 시설 면적의 50% 이상인 경우에는 인수가 가능하지만, 분화류의 국화, 장미, 백합, 카네이션을 재배하는 경우는 50% 이상 여부에 상관없이 인수가 제한된다.

[2] 시설백합
백합 또는 카네이션의 경우 시설면적의 50% 미만이어도 작기별 200㎡ 이상 재배시 인수가 가능하다.

[3] 농업용 시설물
연동 하우스로 보험가입 시 연동 전체를 1동으로 판단하며, 최소 가입면적이 300㎡이상이므로 인수가 가능한 시설물이다.

Chapter. 04
가축 재해보험 제도

제01절 제도 일반

01 다음은 가축재해보험 운영기관 도표이다, ( )안에 알맞은 단어를 쓰시오 [5점]

구 분	대 상
사업총괄	(㉠)(재해보험정책과)
사업관리	(㉡)
사업운영	농업정책보험금융원과 사업 운영 약정을 체결한 자 (NH손보, KB손보, DB손보, 한화손보, 현대해상)
보험업 감독기관	(㉢)
분쟁해결	(㉣)
심의기구	(㉤)

답

정답 ㉠ 농림축산식품부 ㉡ 농업정책보험금융원 ㉢ 금융위원회 ㉣ 금융감독원 ㉤ 농업재해보험심의회

02 가축재해보험의 보험목적물을 ① 가축 16종과 ② 축산시설물로 구분하여 나열하시오 [5점]

답

정답
① 가축 16종 : 소, 돼지, 말, 닭, 오리, 꿩, 메추리, 칠면조, 타조, 거위, 관상조, 사슴, 양, 꿀벌, 토끼, 오소리
② 축산시설물 : 축사, 부속물과 부착물, 부속설비

03 가축재해보험의 정부지원 요건 및 정부지원범위에 관한 설명이다. (   )안에 알맞은 용어를 쓰시오. [5점]

○ 가축재해보험과 관련하여 정부의 지원요건
- 축산법 제22조제1항 및 제3항에 따른 축산업 허가(등록)를 받은 자로, 농어업경영체법 제4조에 따라 해당 축종으로 (㉠)를 등록한 자
- 축사는 적법한 건물(시설 포함)로 건축물관리대장 또는 (㉡)이 있어야 한다.
* 건축물관리대장상 (㉢)용도 시 정부 지원 제외
* (㉣) 제19조에 따른 경우에는 사육가축이 없어도 축사가입가능
○ 가축재해보험 관련 정부의 지원은 재해보험가입자의 납입 보험료의 50% 지원.
  단, 농업인(주민등록번호) 또는 법인별(법인등록번호) (㉤)만 원 한도
* 말은 마리당 가입금액 4,000만 원 한도 내 보험료의 (㉥)%를 지원하되, 4,000만 원을 초과하는 경우는 초과 금액의 (㉦)%까지 가입금액을 산정하여 보험료의 50% 지원 (외국산 경주마는 정부 지원 제외)

답

정답 ㉠ 농업경영정보 ㉡ 가설건축물관리대장 ㉢ 주택
㉣ 가축전염병예방법 ㉤ 5천 ㉥ 50 ㉦ 70

04 가축재해보험의 가입에 관한 내용이다. (   )안에 알맞은 내용을 쓰시오 [5점]

* 가축재해보험 가입방식은 농작물재해보험과 같은 방식으로 가입 대상자(축산농업인)가 가입 여부를 판단하여 가입하는 "(㉠)" 방식이다.
* 가축재해보험은 사육하는 가축 및 축사를 (㉡) 보험가입하는 것을 원칙으로 하고 있으나, (㉢)와 (㉣)은 (㉤)이 가능하다.
- 소는 1년 이내 출하 예정인 경우 아래 조건에서 일부 가입 가능
  (1) 축종별 및 성별을 구분하지 않고 보험가입 시에는 소 이력제 현황의 (㉥) 이상
  (2) 축종별 및 성별을 구분하여 보험가입 시에는 소 이력제 현황의 (㉦) 이상
  〈보험판매기간〉
  1) 폭염 : (㉧)
  2) 태풍 : 태풍이 한반도에 영향을 주는 것이 확인된 날부터 (㉨) 해제 시

답

정답 ㉠임의보험 ㉡ 전부 ㉢ 종모우
㉣ 말 ㉤ 개별 가입 ㉥ 70%
㉦ 80% ㉧ 6~8월 ㉨ 태풍특보

05 한우, 육우, 젖소의 주계약 보상하는 사고에 대하여 서술하시오. [10점]

답

> **정답** 1. 법정전염병을 제외한 질병 또는 각종 사고(풍해 · 수해 · 설해 등 자연재해, 화재)로 인한 폐사
> 2. 부상 (사지골절, 경추골절, 탈골), 난산, 산욕마비, 급성고창증 및 젖소의 유량감소로 긴급도축을 하여야 하는 경우
>   ① 젖소 유량감소는 유방염, 불임 및 각종 대사성질병으로 인하여 젖소로서의 경제적 가치가 없는 경우에 한한다.
>   ② 신규가입일 경우 가입일로부터 1개월 이내 질병관련 사고 (긴급도축 제외)는 보상하지 않는다.
> 3. 가축사체 잔존물 처리비용
> 4. 소 도난 및 행방불명에 의한 손해

06 다음 보기의 내용이 설명하는 특약을 순서대로 쓰시오

특별약관	(①)	◦ 도축장에서 도축되어 경매시까지 발견된 도체의 결함(근출혈, 수종, 근염, 외상, 근육제거, 기타 등)으로 손해액이 발생한 경우
	(②)	◦ 구내에서의 폭발 · 파열로 인해 보험의 목적에 생긴 손해
	(③)	◦ 돼지부문에서 질병을 직접적인 원인으로 한 폐사로 인하여 입은 손해도 보상하여 주는 특약
	(④)	◦ 특별약관에서 적용하는 가축에 대하여 계약 체결 시 재해보험사업자와 계약자 또는 피보험자와 협의하여 평가한 보험가액을 보험기간 중에 보험가액 및 보험가입금액으로 하는 기평가보험 특약

답

> **정답** ① 소 도체결함 보장 특약
> ② 구내폭발 위험보장 특약
> ③ 돼지 질병위험보장 특별약관 ④ 협정보험가액 특별약관

07 가축재해보험의 손해평가 요령이다. ( )안에 들어갈 알맞은 내용을 쓰시오 [5점]

재해보험사업자는 손해평가의 (①) 확보를 위해 보험목적물에 대한 수의사 진단 및 검안 시 시·군 (②), 수의사로 하여금 진단 및 검안 등 실시
- 소 사고사진은 (③)가 정확하게 나오도록 하고 매장 시 매장장소가 확인되도록 전체 배경화면이 나오는 사진 추가, 검안 시 (④) 첨부
- 진단서, (⑤) 등은 상단에 연도별 일련번호 표기 및 법정서식 사용

답

정답 ① 공정성, ② 공수의사, ③ 귀표, ④ 해부사진, ⑤ 폐사진단서

08 재해보험사업자는 손해평가에 참여하고자 하는 손해평가사 및 손해평가인에 대하여 실시하는 교육에 관한 내용이다. ( )안에 들어갈 알맞은 내용을 쓰시오 [5점]

○ 손해평가사 : 1회 이상 (㉠)및 (㉡)년마다 (㉢)회 이상 (㉣) 실시
○ 손해평가인 : 연 (㉤)회 이상 (㉥)실시

답

정답 ㉠ 실무교육 ㉡ 3 ㉢ 1 ㉣ 보수교육 ㉤ 1 ㉥ 실무교육(정기교육)

09 다음은 보험의 목적인 소에 대한 설명이다. ( )안에 들어갈 알맞은 내용을 쓰시오.
[5점]

> 보험의 목적인 소는 보험기간 중에 계약에서 정한 소(牛)의 수용장소(소재지)에서 사육하는 소(牛)는 모두 보험에 가입하여야 하며 위반 시 보험자는 그 사실을 안 날부터 (㉠)개월 이내에 이 계약을 해지할 수 있다. 그러나 소가 (㉡)이내 출하 예정인 경우, 소 이력제 현황의 (㉢)% 이상 가입 시 (㉣) 으로 간주하고 있으며 소는 생후 (㉤)부터 (㉥)미만까지 보험 가입이 가능하고, 보험에 가입하는 소는 모두 귀표(가축의 개체를 식별하기 위하여 가축의 귀에 다는 표지)가 부착되어 있어야 하고 젖소 불임우(프리마틴 등)는 암컷으로, 거세우는 수컷으로 분류한다.

답

정답 ㉠ 1 ㉡ 1년 ㉢ 70
㉣ 포괄가입 ㉤ 15일령 ㉥ 13세

10 다음의 돼지의 보험의 목적에 대한 설명이다. 보기의 ( )안에 들어갈 알맞은 내용을 쓰시오.
[5점]

보험의 목적물	정 의
(㉠)	출산에서 약 4주차까지 어미돼지의 모유를 섭취하는 돼지
(㉡)	4주차~8주차까지 어미돼지와 떨어져서 이유식에 해당하는 사료를 섭취하는 돼지
(㉢)	약 8주차~22주차까지로 이 시기에 근육이 생성되는 급격한 성장기의 돼지
(㉣)	약 22주차~26주차까지 출하를 위하여 근내지방을 침착시키는돼지
(㉤)	씨를 받기 위하여 기르는 수퇘지
(㉥)	씨를 받기 위하여 기르는 암퇘지

답

정답 ㉠ 포유자돈 ㉡ 이유자돈 ㉢ 육성돈
㉣ 비육돈 ㉤ 종모돈 ㉥ 종빈

제02절 가축재해보험 약관

01 다음 보기의 ( )안에 알맞은 단어를 답란에 쓰시오 [5점]

> 소 부문에서는 계약에서 정한 수용장소에서 사육하는 소를 (㉠), 육우, 젖소로 분류하여 보험의 목적으로 하고 있다.
> 육우는 품종에 관계없이 쇠고기 생산을 목적으로 (㉡) 되는 소로 주로 고기생산을 목적으로 사육하는 품종으로는 샤롤레, 헤어포드, 브라만 등이 있으며, 젖소 (㉢) 및 송아지를 낳은 경험이 없는 젖소도 육우로 분류되고 젖소는 가축으로 사육되는 소 중에서 우유 생산을 목적으로 사육되는 소로 대표적인 품종은 (㉣)이 있다.

답

정답 ㉠ 한우, ㉡ 비육
㉢ 수컷 ㉣ 홀스타인종

02 종모우에 대하여 서술하시오 [5점]

답

정답 종모우는 능력이 우수하여 자손생산을 위해 정액을 이용하여 인공수정에 사용되는 수소를 말한다.

제03절 가축재해보험 특별 약관

01 다음 보기의 ( )안에 알맞은 특별약관을 답란에 쓰시오. [5점]

구 분	특별약관의 이름
소에만 적용되는 소 부문 특별약관 1개	(㉠)
돼지에만 적용되는 돼지부문 특별약관 2개	(㉡) (㉢)
돼지·가금에 공통으로 적용되는 특별약관 2개	(㉣) (㉤)

답

정답 ㉠ 소(牛)도체결함보장 특약 ㉡ 돼지 질병위험보장 특약
㉢ 돼지 축산휴지위험보장 특약
㉣ 폭염재해보장 추가특약 ㉤ 전기적 장치 위험보장 특약

02 소(牛)도체결함보장 특별약관에서 결함인의 종류 5가지를 쓰시오. [5점]

답

정답 ① 근출혈, ② 수종, ③ 근염,
④ 외상, ⑤ 근육 제거, ⑥ 기타의 결함

03 다음 보기의 ( )안에 알맞은 단어를 순서대로 답란에 쓰시오 [5점]

> 설해손해 부보장 특약은 보통약관 (㉠)에서 보상하는 손해 중에서 돈사, (㉡)에 발생한 설해로 인한 손해는 보상하지 아니하는 특약이다.
> (㉢)은 (㉣)로부터 동물복지축산농장 인증을 받은 축산농장이 가축보험에 가입하는 경우 (㉤) 할인 (5%) 혜택을 부여하는 특약이다.

답

정답 ㉠ 축사부문 ㉡ 가금사
㉢ 동물복지인증계약 특약 ㉣ 농림축산검역본부 ㉤ 보험료

04 돼지 질병위험보장 특약에서 보상하는 질병 3가지를 쓰시오 [5점]

답

정답 ① 전염성위장염(TGE virus 감염증),
② 돼지유행성설사병(PED virus 감염증),
③ 로타바이러스감염증(Rota virus 감염증)

Chapter. 01 농업재해보험 손해평가 개관

제01절 손해평가의 개요

01 손해평가업무의 중요성 3가지를 쓰시오 [5점]

답

> 정답
> 1. 보험가입자에 대한 정당한 보상
> 2. 선의의 계약자 보호
> 3. 보험사업의 건전화

제02절 손해평가 체계

01 다음은 손해평가 체계에 대한 내용이다. ( )안에 알맞은 용어를 쓰시오 [5점]

- 재해보험사업자 등은 보험가입자로부터 보험사고가 접수되면 (㉠), 품목,(㉡) 등에 따라 조사 내용을 결정하고 지체 없이 손해평가반을 구성한다.
- 손해평가반은 손해평가요령 제8조에서와 같이 조사자 1인(손해평가사·손해평가인·손해사정사)을 포함하여 (㉢)인 이내로 구성한다.
- 손해평가의 (㉣) 및 (㉤)확보를 위하여 재해보험사업자 등은 현지조사를 직접 실시하거나 손해평가반의 현지조사 내용을 (㉥)할 수 있다

답

> 정답 ㉠ 생육시기 ㉡ 재해종류, ㉢ 5
> ㉣ 신속성, ㉤ 공정성, ㉥ 검증조사

02 손해평가를 함에 있어서 ① 손해평가의 조사 주체와 ② 농업재해보험 조사자 유형을 구분하여 답란에 쓰시오. [5점]

> **정답** ① 손해평가의 조사 주체 : 재해보험사업자, 재보험사, 정부
> ② 농업재해보험 조사자 유형 : 손해평가인, 손해평가사, 손해사정사

03 다음 중 해당자를 손해평가반 구성에서 배제해야 하는 손해평가를 3개 쓰시오. [5점]

> **정답** 1. 자기 또는 자기와 생계를 같이 하는 친족(이하 "이해관계자"라 한다)이 가입한 보험계약에 관한 손해평가
> 2. 자기 또는 이해관계자가 모집한 보험계약에 관한 손해평가
> 3. 직전 손해평가일로부터 30일 이내의 보험가입자간 상호 손해평가
> 4. 자기가 실시한 손해평가에 대한 검증조사 및 재조사

제03절 현지조사 내용

01 다음은 과수품목의 조사종류를 정리한 도표이다. 도표의 ( )안에 알맞은 용어를 답란에 쓰시오
[5점]

구 분	해당 품목	조사 종류
공통 조사		(㉠)
적과전 종합 위험	사과, 배, 단감, 떫은감	적과종료 이전: 피해사실확인조사(확인 사항 : 유과 타박률, 낙엽률, 나무피해, (㉡)) ※ 재해에 따라 확인사항은 다름
		적과후착과수조사 고사나무조사(나무손해특약 가입건)
		적과후 손해조사 : 낙과피해조사 (단감, 떫은감은 낙엽률 포함), 착과피해조사, ※재해에 따라 조사종류는 다름 고사나무조사(나무손해특약 가입건)
종합 위험	포도(수입보장 포함), 복숭아, 자두, 유자	착과수조사, (㉢), 착과피해조사, 낙과피해조사
	밤, 참다래, 대추, 매실, 오미자, 유자, 살구, 호두	수확 개시 전·후 수확량조사
	복분자, 무화과	종합위험 과실손해조사, 특정위험 과실손해조사
	(㉣)	경작불능조사
	오디, (㉤)	과실손해조사
	감귤, 살구	고사나무조사(나무손해보장 가입건)
	포도(수입보장포함),복숭아, 자두,참다래,매실,무화과, 유자, 감귤	고사나무조사(나무손해보장 가입건)

답

정답 ㉠피해사실확인조사 ㉡미보상비율
㉢과중조사 ㉣ 복분자 ㉤감귤

02 다음은 품목별 현지조사종류도표이다. 도표의 ( )안에 알맞은 용어를 답란에 쓰시오 [5점]

구 분		해당 품목	조사 종류
논/밭 작물	특정 위험	(㉠)(작물)	수확량조사
	종합 위험	벼	이앙·직파 불능조사, 재이앙·재직파조사 경작불능조사, 수확량(수량요소)조사, 수확량(표본)조사, 수확량(전수)조사, 수확불능확인조사
		마늘(수입보장 포함)	재파종조사, 경작불능조사, 수확량(표본)조사
		양파, 감자, 고구마, 양배추(수입보장 포함), 옥수수	(㉡), 수확량(표본)조사
		차(茶)	수확량(표본)조사
		(㉢), 콩(수입보장 포함)	경작불능조사, 수확량 (표본, 전수)조사
		고추, 브로콜리, 메밀, 배추, 무, 단호박, 파, 당근, 시금치(노지)	(㉣) 손해조사
		인삼(해가림시설)	해가림시설 손해조사
원예 시설	종합 위험	단동하우스, 연동하우스, 유리온실, 버섯재배사	시설하우스 손해조사
		수박, 딸기, 오이, 토마토, 참외, 풋고추, 호박, 국화, 장미, 멜론, 파프리카, 상추, 부추, 시금치, 배추, 가지, 파, 무, 백합, 카네이션, 미나리, 쑥갓, 느타리, 표고버섯, 양송이, 새송이	시설작물 손해조사

정답 ㉠ 인삼 ㉡ 경작불능조사 ㉢ 밀 ㉣ 생산비보장

Chapter. 02
농작물재해보험 손해평가

제01절 손해평가 기본단계

01 사고발생시 현지조사 절차 5단계를 쓰시오. [5점]

> **정답**
> 1단계: 계약 및 기본사항 확인
> 2단계: 보상하는 재해여부 심사
> 3단계: 관련조사 선택 및 실시
> 4단계: 미보상 비율(양) 확인
> 5단계: 조사결과 설명 및 서명확인

제02절 과수작물 손해평가 및 보험금 산정

01 적과전종합위험방식 과수 품목의 적과후착과수 조사방법에 관한 내용이다. ( )안에 알맞은 내용을 답란에 순서대로 쓰시오 [5점]

- 조사시기 : 통상적인 적과 및 자연낙과((㉠)은 1차 (㉡) 낙과) 종료 시점
- 조사방법
  가. 과수원내 품종·재배방식·수령별 (㉢)에서 미보상주수, 고사주수, 수확불능주수를 파악한다.
  나. 품종·재배방식·수령별 실제결과주수에서 미보상주수, 고사주수, 수확불능주수를 빼고 (㉣)를 계산한다.
  다. 조사대상주수를 기준으로 품목별 표본주수표(별표 1)에 따라 과수원별 전체 (㉤)를 산정한다.
  라. 적정표본주수는 품종·재배방식·수령별 조사대상주수에 비례하여 배정하며, 품종 재배방식 수령별 표본주수의 합은 전체 표본주수보다 (㉥) 같아야 한다.

답

정답 ㉠ 떫은 감, ㉡ 생리적, ㉢ 실제결과주수, ㉣ 조사대상주수, ㉤ 적정표본주수 ㉥ 크거나

02 다음은 적과전종합위험방식 과수품목의 피해사실확인조사 내용이다. ( )에 알맞은 내용을 답란에 쓰시오. [5점]

1. 대상재해 : (㉠), (㉡), (㉢)
2. 조사대상 : (㉣)대상재해로 사고접수 과수원 및 조사 필요 과수원
3. 조사시기 : 사고접수 직후 실시
4. 추가 조사 필요 여부 판단
   (가) 재해 종류 및 특별약관 가입 여부에 따라 추가 확인 사항을 조사함
   (나) 적과 종료 여부 확인(적과 후 착과수조사 이전 시)
   (다) 착과피해조사 필요 여부 확인(㉤)피해 발생 시)

답

정답 ㉠ 자연재해, ㉡ 조수해, ㉢ 화재 ㉣ 적과종료이전, ㉤ 우박

03 다음은 농작물재해보험 적과전종합위험방식 과수품목의 착과 피해 조사 내용이다. ( )에 알맞은 내용을 답란에 쓰시오. [5점]

> 1. 조사대상 : (㉠)대상재해로 사고 접수된 과수원 또는 적과종료이전 (㉡)피해 과수원
> 2. 대상재해 : (㉡), (㉢), (㉣)
> 3. 조사시기 : 착과 피해 확인이 가능한 시점
>   (수확 전 대상재해 발생 시 계약자는 수확 개시 최소 (㉤) 전에 보험가입 보험 가입 대리점으로 수확예정일을 통보하고 (㉥) 전에는 조사를 마치며, 착과피해 조사 시 따거나 수확한 과실은 계약자의 비용 부담으로 한다.)

답

정답 ㉠ 적과종료이후, ㉡ 우박, ㉢ 가을동상해, ㉣ 일소피해 ㉤ 10일, ㉥ 최초 수확 1일,

04 다음 적과전종합위험방식 과수품목의 피해사실확인조사에서, 다음 조사내용을 기준으로 침수주수를 구하시오. (단, 5종한정특약 가입함) [5점]

- 표본주 ; 3주
- 침수피해를 입은 나무수 : 100주
- 침수된 착과수 : 200개
- 전체 착과수 : 500개

답

정답 침수주수 = 침수피해를 입은 나무수 × 과실침수율 = 100주 × 0.4 = 40주

과실침수율 = $\dfrac{\text{침수된 착과(화)수}}{\text{전체 착과(화)수}} = \dfrac{200}{500} = 0.4$

05 다음 조건에서 적정 표본주수를 산출하시오.(소수점 첫째자리에서 올림) [5점]

품 종	재배방식	수 령	실제결과 주수	미보상 주수	고사 주수	수확불능 주수	적정표본 주수
스가루	반밀식	10	150	20	20	10	㉠
스가루	반밀식	20	220	10	0	10	㉡
홍로	밀식	10	100	0	0	0	㉢
부사	일반	10	230	0	80	0	㉣
합계			700	0	0	0	㉤

답

정답 ㉠ $12 \times \dfrac{100}{550} = 2.18 = 3$

㉡ 5, ㉢ 3 ㉣ 4 ㉤ 15

적정표본주수 = 전체표본주수 × $\dfrac{품종별\ 조사대상주수}{전체조사대상주수}$

해설 전체표본주수

조사대상주수가 500이상 600주 미만일 때 전체표본주수 : 12주 [별표1 참조]

조사 대상주수	적정표본주수	적정표본주수 산정식
100	3	12 × (100/550)
200	5	12 × (200/550)
100	3	12 × (100/550)
150	4	12 × (150/550)
550	15	−

06 적과전종합위험보장 과수품목의 착과감소보험금 산정방법에 대한 내용이다. ( )에 알맞은 내용을 답란에 순서대로 쓰시오. [5점]

- 지급보험금은 적과종료이전 보상하는 재해로 인한 (㉠)이 (㉡)을 초과하는 경우, 아래에 따라 계산한다.
- 보험금=(착과감소량 − (㉢)− 자기부담감수량)×(㉣)× 보장수준(50%, ㉤)

답

정답 ㉠ 착과감소량, ㉡ 자기부담감수량
㉢ 미보상감수량, ㉣ 가입가격, ㉤ 70%,

07 적과전종합위험보장 과실손해보험금 산정방법에 대한 내용이다. ( )에 알맞은 내용을 답란에 순서대로 쓰시오. [5점]

- 지급보험금은 적과종료 이후 (㉠)이 자기부담감수량을 초과하는 경우, 아래에 따라 계산한다.
- 보험금 = (적과종료 이후 누적감수량 - 자기부담감수량) × (㉡)
- 자기부담감수량 : (㉢)에 (㉣)을 곱한 양으로 한다.

답

> **정답** ㉠ 누적감수량, ㉡ 가입가격,
> ㉢ 기준수확량, ㉣ 자기부담비율

08 A과수원의 적과전종합위험 Ⅱ 사과품목의 적과후 착과수를 구하시오 (단, 표본주는 소수점 첫째자리에서 올림하시오.)[5점]

조사일자	품 종	표본주의 착과수합계	실제결과 주수	고사 주수	수확불능 주수	미보상 주수	수확완료 주수
7월15일	부 사	1,400개	300주	0주	3주	7주	0주
	양 광	적과후 착과수 : 50,000주 (양광 품종 조사대상주수 : 170주)					

답

> **정답** 적과후착과수 = 부사의 적과후 착과수 + 양광의 적과후 착과수
> = 58,000개 + 50,000개 = 108,000개
> 부사적과후착과수 = $\frac{\text{부사 표본주의 착과수 합계}}{\text{부사 표본주 합계}}$ × 조사대상주수 = $\frac{1,400개}{7주}$ × 290주 = 58,000개
> - 부사품종 표본주 = 290주/460주 × 11주 = 6.93 => 7주
>   ※ 460주 (조사대상주수) = 290주 + 170주   ※ 11주 ; 조사대상주수 460주일 때 표본주
> - 부사 조사대상주수 = 실제결과주수 - 고사주수 - 수확불능주수 - 미보상주수 - 수확완료주수
>   = 300주 - 0 - 3주 - 7주 - 0 = 290주

09 적과전종합위험 과수상품의 보험가입금액과 종합위험 착과감소보험금을 구하시오. [10점]

○ 계약사항 및 조사내용

품 목	가입수확량	가입과중	가입가격	평년착과량	자기부담비율
사과 (적과전종합II)	10,000kg	0.5kg/개	5,000원/kg	40,000kg	20%

특 약	나무피해	미보상감수량	적과후 착과량	보장수준
5종 특약가입 없음	없 음	500kg	30,000kg	최소로 선택

정답

① 보험가입금액 = 가입수확량 × 가입가격
   = 10,000kg × 5,000원/kg = 50,000,000원

② 착과감소보험금 = (착과감소량 – 미보상감수량 – 자기부담감수량) × 가입가격 × 50%
   = (10,000kg – 500kg – 8,000kg) × 5,000원/kg × 0.5 = 3,750,000원

- 착과감소량 = 평년착과량 – 적과후착과량 = 40,000kg – 30,000kg = 10,000kg
  (5종특약 가입없고, 나무피해가 없음(피해규모 일부만 접수된 건이 없다는 의미)이므로 최대인정감소량은 따로 구하지 않음)
- 자기부담감수량 = 기준수확량 × 자기부담비율 = 40,000kg × 0.2 = 8,000kg
- ☞ 기준수확량 = 기준착과수 × 가입과중 = 80,000개 × 0.5kg/개 = 40,000kg
- ☞ 기준착과수 = 적과후 착과수 + 착과감소과실수 = 60,000개 + 20,000개 = 80,000개
- ☞ 적과후 착과수 = 적과후 착과량(30,000kg) ÷ 0.5kg/개 = 60,000개
- ☞ 착과감소과실수 = 착과감소량 (10,000kg) ÷ 0.5kg/개 = 20,000개

※ 계산된 보험금이 보험가입금액 × (1-자기부담비율)을 초과하는 경우에는
  보험가입금액 × (1 – 자기부담비율)을 보험금으로 함
  계산된 보험금이 50,000,000원 × (1- 0.2) = 40,000,000원보다 작으므로 보험금은 3,750,000원이 된다.

10 다음 적과전 종합위험방식 II의 계약사항과 조사내용을 토대로 착과감소보험금을 구하시오.(일수는 양편넣기로 하고 과실수와 수량은 소수점 첫째자리에서 반올림 하고, 피해율은 % 단위로 소수점 셋째자리에서 반올림하여 둘째자리까지 다음 예시와 같이 구하시오. 예시 : 0.12345는 → 12.35 %로 기재한다) [20점]

계약사항

상품명	가 입	평년착과수	가입과실수	보장수준
적과전 종합 위험 II 단감	적과전 5종 한정 특약	70,000개	70,000개	최대보장수준

| 자기부담비율 | 가입가격 | 가입과중 | 실제결과주수 ||
			A품종	B품종
20%	1,000원/kg	0.5kg/개	200주	300주

조사내용

구 분	재해종류	사고일자	조사일자	조사내용		
적과종료 이전	우 박	5.8	5.9	유과타박율 : 30%, 미보상비율 : 10%		
	강 풍	6.5	6.6	- 낙엽피해조사 : 낙엽률 40%, - 유실주수 : 20주 (A품종 : 20주) - 미보상주수 : 20주(A품종 10주, B품종 10주)		
적과후 착과수			7.1	구 분	표본주수	표본주 착과수의 합
				A 품종	4	280
				B 품종	7	700

답

정답 착과감소보험금 = (착과감소량 −미보상감수량−자기부담감수량)×가입가격×(50%, 70%)
= (13,916kg − 2,792kg − 6,873kg) × 1000원/kg ×0.7 = 2,975,700원

1. 착과감소량 = 착과감소과실수 × 가입과중 = 27,832개 × 0.5kg/개 = 13,916kg
 ☞ 착과감소과실수 = 최소값 (평년착과수 - 적과후착과수, 최대인정감소과실수) = 27,832개
 ☞ 평년착과수 - 적과후 착과수 = 70,000개 - 40,900개 = 29,100개

> • 적과후 착과수 (부록 별표7 ※ 관련산식 참조)
> = [(품종·재배방식·수령별 표본주의 착과수 합계) / (품종·재배방식·수령별 표본주 합계)] × 품종·재배방식·수령별 조사대상주수
> (1) A 품종 = (280 ÷ 4) × 170 = 11,900개   (2) B 품종 = (700 ÷ 7) × 290 = 29,000개
> (3) 총 적과후 착과수 = 40,900개

> 적과종료이전 최대인정감소량 (부록 별표 7참조)
> 사고접수 건 중 피해사실확인조사결과 모든 피해가 "피해규모 일부"만 접수된 건 또는 「적과종료이전 특정위험 5종 한정 보장특별약관」가입 건에 적용되며, 착과감소량이 최대인정감소량을 초과하는 경우에는 최대인정감소량을 착과감소량으로 함

 ☞ 최대인정감소과실수 = 평년착과수 × 최대인정피해율 = 70,000개 × 0.3976 = 27,832개
 ☞ 최대인정피해율 = 39.76%

> ① 단감의 낙엽인정피해율 = (1.0115 × 낙엽률) − (0.0014 × 경과일수)
>   = (1.0115×0.4) − (0.0014 × 5) = 0.3976 = 39.76%
> 경과일수: 6월1일부터 낙엽피해 발생일까지의 경과된 일수를 의미(6.1부터 5일까지 5일임)
> ※ 떫은 감의 낙엽인정피해율 = 0.9662 × 낙엽률 − 0.0703
>   = 0.9662 × 0.4 − 0.0703 = 0.31618 = 0.3162
> ② 나무피해율 = 유실·매몰·도복·절단(1/2)·소실(1/2)·침수주수 ÷ 실제결과주수
>   = 20주 ÷ 500주 = 0.04 = 4%
> ③ 유과타박율 = 30%

2. 미보상감수량 = 적과종료이전의 미보상감수과실수 × 가입과중
              = 5583개× 0.5kg/개 = 2791.6kg = 2792kg
 • 미보상감수과실수 = {(착과감소과실수 × 미보상비율) + 미보상주수 감수실수}
                  = { 27,832개 × 0.1) + 2,800개}= 5583.2개 = 5583개
 • 미보상주수 감수과실수 = 미보상주수×1주당 평년착과수 = (20주×140개/주)=2,800개
   1주당 평년착과수 = 평년착과수 ÷ 실제결과주수 = 70,000개 ÷ 500주 =140개/주

3. 자기부담감수량 = 기준수확량 × 자기부담비율 = 34,366kg × 0.2 = 6,873kg
 • 기준수확량 = 기준착과수 × 가입과중 = 68,732개 × 0.5kg/개 = 34,366kg
 • 기준착과수 (적과 종료전에 인정된 착과감소과실수가 있는 과수원)
   = 적과후착과수 + 착과감소과실수 = 40,900개 + 27,832개 = 68,732개

11 적과전종합위험II 사과품목(부사 7년생, 반밀식)의 계약내용과 적과후 착과수 조사까지 현지조사 내용이다. 이 조사내용을 참조하여 다음 물음에 답하시오. [15점]

○ 보험계약내용

보험가입금액	가입주수	평년착과수	가입과중
40,000,000원	1,000주	160,000개	350g

특 약	가입가격	자기부담비율	보장수준
적과종료 전 5종 한정 특약가입	2,500원/kg	10%	70%

○ 조사내용

구 분	재 해	사고일자	조사일자	조 사 내 용
계약일 ~ 적과종료 이전	냉 해	4월 5일	-	- 냉해 피해를 신고하였으나 접수되지 않음
	우 박	5월 2일	5월 3일	- 표본주 : 피해유과수 20개, 정상유과수 80개
	화 재	5월 10일	5월 11일	- 나무소실 (1/2이상) : 50주
적과후 착과수조사		-	7월 24일	- 실제결과주수 ; 1,000주 - 적과후 착과수 120,000개

① 최대인정 감소과실수를 구하시오

답

정답 ① 최대인정 감소과실수 = 평년착과수 × 최대인정피해율 = 160,000개 × 20% = 32,000개
- 최대인정피해율 = max (나무피해율, 우박 유과타박율, 낙엽 인정피해율)
  = max (5%, 20%, 0%) = 20%
- 나무피해율 = (유실, 매몰, 도복, 절단(1/2), 소실(1/2), 침수주수) ÷ 실제결과주수
  = 50주/1,000주 = 0.05 = 5%
- 유과타박률 = $\dfrac{\text{표본주의 피해유과수 합계}}{\text{표본주의 피해유과수 합계 + 표본주의 정상유과수 합계}} = \dfrac{20개}{20개 + 80개} = 20\%$
- 낙엽에 따른 인정피해율 : 0 %

② 착과감소과실수를 구하시오
　답

> 정답　착과감소과실수 = 최솟값 (평년착과수 - 적과후착과수, 최대인정감소과실수)
> 　　　　　　　　　= 최솟값 (160,000개 - 120,000개, 32,000개) = 32,000개

③ 위 보험계약과 조사내용을 근거로 냉해피해가 접수되지 않은 사유를 쓰시오.
　답

> 정답　적과종료 전 5종한정 특약에 가입하여 자연재해인 냉해피해는 피해조사 대상이 아니다.

④ 기준착과수를 구하시오.
　답

> 정답　기준착과수 = 적과후착과수 + 착과감소과실수 = 120,000개 + 32,000개 = 152,000개
> • 착과감소과실수 = 최솟값(평년착과수 - 적과후착과수, 최대인정감소과실수)
> 　　　　　　　　= 최솟값 (160,000개 - 120,000개, 32,000개) = 32,000개

⑤ 종합위험 착과감소보험금을 산출하시오.
　답

> 정답　착과감소보험금 = (착과감소량 - 미보상감수량 - 자기부담감수량)×가입가격×보장수준
> 　　　　　　　　　　= (11,200kg - 0 - 5,320kg) × 2,500원/kg × 70%
> 　　　　　　　　　　= 10,290,000원
> • 착과감소량 = 착과감소과실수 × 가입과중 = 32,000개 × 0.35kg/개 = 11,200kg
> • 자기부담감수과실수 = 기준착과수 × 자기부담비율 = 152,000개 × 10% = 15,200개
> • 자기부담감수량 = 15,200개 × 0.35kg/개 = 5,320kg

12 적과전종합위험Ⅱ 단감품목의 다음 제시된 내용을 기준으로 착과감소보험금을 구하시오 (단, 피해율은 %단위로 소수점 셋째자리에서 반올림하고 제시한 조건이외는 고려하지 않음) (15점)

O 계약내용

품 종	평년착과수	1주당 평년착과수	가입과중	가입가격	가입주수
부유(10년생)	100,000개	100개	200g	1,500원/kg	1,000주

특 약	자기부담비율	보장수준
가입 없음	10%	70%

O 조사내용

구 분	재해종류	사고일자	조사일자	조사내용
적과종료 이전	조수해	4.30	5.1	일부피해주수 : 100주 미보상주수 : 5주 미보상비율 : 10%
	화재	5.12	5.13	고사주수 (일부피해확인) : 90주 미보상주수 : 10주 미보상비율 : 5%
	조수해	6.30	7.1	수확불능주수 (일부피해확인) : 60주 미보상비율 : 0%
적과후 착과수조사			7.24	실제결과주수 : 1,000주, 적과후 착과수 : 80,000개

답

정답 착과감소보험금 = (착과감소량 - 미보상감수량 - 자기부담감수량) × 가입가격 × 보장수준
= (4,000kg - 700kg - 2,000kg) × 1,500원/kg × 0.7 = 1,365,000원

〈사고접수 건 중 피해사실확인조사결과 모든 사고가 "피해규모 일부"인 경우〉
- 착과감소량 = 착과감소과실수 × 가임과중 = 20,000개 × 200g = 4,000kg
  착과감소과실수 = 최솟값(평년착과수 - 적과후착과수, 최대인정감소과실수)
  = 최솟값(100,000개 - 80,000개, 25,000개) = 20,000개
- 최대인정감소과실수 = 평년착과수 × 최대인정피해율 = 100,000개 × 0.25 = 25,000개
- 최대인정피해율 = 피해대상주수(고사주수, 수확불능주수, 일부피해주수) ÷ 실제결과주수
  = (100주 + 90주 + 60주) ÷ 1,000주 = 0.25
  ※ 해당 사고가 2회 이상 발생한 경우에는 사고별 피해대상주수를 누적하여 계산

- 미보상감수량 = 적과종료이전의 미보상감수과실수 × 가임과중
  = 3,500개 × 200g/개 = 700kg
- 적과종료이전의 미보상감수과실수 = {(착과감소과실수 × 미보상비율) + 미보상주수
  감수과실수} = {(20,000개 × 0.1) + 1,500개} = 3,500개
- 미보상주수 감수과실수 = 미보상주수 × 품종·재배방식·수령별 1주당 평년착과수
  = (5주 + 10주) × 100개/주 = 1,500개

- 자기부담감수량 = 기준착과량 × 자기부담비율 = 20,000kg × 0.1 = 2,000kg
- 기준착과량 = 적과후 착과량 + 착과감소량 = 16,000kg + 4,000kg = 20,000kg
- 적과후 착과량 = 적과후 착과수 × 가임과중 = 80,000개 × 200g = 16,000kg

13 적과전종합위험Ⅱ 떫은 감품목의 현지조사내용이다. 다음 제시된 내용을 기준으로 물음에 답하시오.(단, 피해율은 %단위로 소수점 셋째자리에서 반올림하고 제시한 조건이외는 고려하지 않음)

[15점]

○ 계약내용

품 종	가입금액	평년착과수	가입가격
떫은 감	80,000,000원	80,000개	5,000원/kg

특 약	가입과중	자기부담비율	보장수준
특약가입 없음	200g	10%	50%

○ 조사내용

구 분	재해종류	사고일자	조사일자	조사내용
적과종료 이전	냉 해	4월 5일	4월 8일	• 과수원전체 냉해 피해있음 • 미보상비율 10%
	우 박	5월14일	5월16일	• 유과타박율 18%, • 미보상비율 15%
	태 풍	6월10일	6월11일	• 고사주수 15주 • 미보상주수 10주 • 미보상비율 10%
적과후 착과수 조사			7월 20일	• 실제결과주수 : 600주 • 적과후 착과수 : 60,000개
적과 종료 이후	태 풍	8월22일	8월25일	• 과수원 전체 총낙과수 5,000개 • 고사주수 : 10주, • 수확불능주수 : 30주 • 낙과피해과실분류 〈전수조사〉 <table><tr><td>정상</td><td>50%</td><td>80%</td><td>100%</td></tr><tr><td>5개</td><td>20개</td><td>30개</td><td>45개</td></tr></table> • 무피해나무 1주당 평균착과수 : 150주 • 낙엽피해 : 낙엽율 25%, 경과일수 75일, • 미보상비율 : 10%
	우 박	5월14일	9월30일	• 수확직전 착과피해 〈표본조사〉 <table><tr><td>정상</td><td>50%</td><td>80%</td><td>100%</td><td>병충해</td></tr><tr><td>40개</td><td>40개</td><td>50개</td><td>15개</td><td>5개</td></tr></table>

1) 종합위험 착과감소보험금을 산출하시오.

답

정답 착과감소보험금 = (착과감소량 - 미보상감수량 - 자기부담감수량) × 가입가격 × 보장수준
= (4,000kg - 866.6kg - 1,600kg) × 5,000원/kg×0.5 = 3,833,500원

- 착과감소량 = 착과감소과실수×가입과중 = 20,000개× 200g/개 = 4,000kg
  착과감소과실수 = 평년착과수 - 적과후착과수 = 80,000개 - 60,000개 = 20,000개

- 미보상감수량 = 적과종료이전의 미보상감수과실수 × 가입과중
  = 4,333개× 200g/개 = 866.6kg
- 미보상감수과실수= {(착과감소과실수×max(미보상비율))+미보상주수감수과실수}
  = {(20,000개 ×0.15) + 1,333개 } = 4,333개
- 미보상주수 감수과실수 = 미보상주수 × 품종·재배방식·수령별 1주당 평년착과수
  = (10주) × (80,000/600주) = 1,333개

- 자기부담감수량 = 자기부담감수과실수 × 가입과중
  = 8,000개 × 200g/개 = 1,600kg
- 자기부담감수과실수 = 기준착과수× 자기부담비율 = 80,000개 × 0.1 = 8,000개
- 기준착과수 = 적과후착과수 + 착과감소과실수 = 60,000개 + 20,000개= 80,000개

2) 과실손해보험금을 산출하시오

정답 과실손해보험금 = (적과종료 이후 누적감수량 − 자기부담감수량) × 가입가격
= (6982.2kg − 0kg) × 5,000원/kg = 34,911,000원
적과종료 이후 누적감수량 = (적과종료 이전 자연재해로 인한 적과종료 이후 착과손해 감수과실수
+ 태풍낙과피해감수과실수 + 태풍나무피해감수과실수 + 태풍낙엽피해감수과실수
+ 우박착과피해감수과실수) × 가입과중
= (1,878개 + 3,794개 + 5,812개 + 6,174개 + 17,253개) × 0.2kg = 6982.2kg

- 적과종료 이전 자연재해로 인한 적과종료 이후 착과손해 감수과실수
- 적과후착과수 ÷ 평년착과수 = 60,000개 ÷ 80,000개 = 0.75 = 75% = 착과율

$$\text{감수과실수} = \text{적과후착과수} \times 5\% \times \frac{100\% - \text{착과율}}{40\%}$$

$$= 60,000개 \times (0.05 \times \frac{100\% - 75\%}{40\%}) = 60,000개 \times 0.0313 = 1,878개$$

- $0.05 \times \frac{100\% - 75\%}{40\%} = 0.03125 \Rightarrow 0.0313 \Rightarrow 3.13\%$ = 착과피해율 = maxA

참고 적과후착과수가 평년착과수의 60%미만인 경우,
감수과실수 = 적과후착과수 × 5% 이므로, 5% = 착과피해율 = maxA

태풍낙과피해감수과실수 = 총낙과과실수 × (낙과피해구성률 − maxA)
= 5,000개 × (0.79 − 0.0313) = 3,793.5개 ⇨ 3,794개

$$\text{낙과피해구성율} = \frac{\{(50\%형\ 피해과실수 \times 0.5) + (80\%형 \times 0.8) + (100\%형 \times 1)\}}{\{정상과실수 + 50\%형\ 피해과실수 + 80\%형 + 100\%형\}}$$

$$= \frac{(20개 \times 0.5 + 30개 \times 0.8 + 45개)}{(5개 + 20개 + 30개 + 45개)} = 0.79 = 79\%$$

태풍나무피해감수과실수 = (고사주수 + 수확불능주수) × 무피해나무1주당평균착과수 × (1 − maxA)
= (10주 + 30주) × 150개/주 × (1 − 0.0313) = 5,812.2 ⇨ 5,812개

태풍낙엽피해감수과실수 = 사고당시 착과과실수 × (인정피해율 − maxA) × (1 − 미보상비율)
= 49,000개 × (0.1713 − 0.0313) × (1 − 0.1) = 6,174개

사고당시착과수 = 적과후 착과수 − 총낙과과실수 − 총 적과후 나무피해과실수 − 기수확과실수
= 60,000개 − 5,000개 − (40주 × 150개/주) − 0 = 49,000개

인정피해율 = 떫은감 = 0.9662 × 낙엽률 − 0.0703
= 0.9662 × 0.25 − 0.0703 = 0.17125 = 17.13%

우박착과피해감수과실수 = 사고당시 착과과실수 × (착과피해구성률 − maxA)
= 49,000개 × (0.5 − 0.1479) = 17252.9 = 17,253개

$$\text{착과피해구성율} = \frac{(40개 \times 0.5 + 50개 \times 0.8 + 15개)}{(40개 + 40개 + 50개 + 15개 + 5개)} = 0.5 = 50\%$$

자기부담감수량 = 기준수확량 × 자기부담비율 − (착과감소량 − 적과전미보상감수량)
= 1,600kg × 0.1 − (4,000kg − 866.6kg) ≤ 0

14 적과전 종합위험(Ⅱ)과수 상품의 다음 조건에 따른 보험금을 산정하시오. [5점]

> 〈 조 건 : 나무손해보장 특별약관 〉
> - 보험가입금액 : 10,000,000원
> - 실제결과주수 : 200주
> - 피해주수 : 60주

답

정답 ○ 계산과정 : 지급보험금 = 보험가입금액 × (피해율 - 자기부담비율)
- 피해율 = 피해주수 ÷ 실제결과주수 = 60주 ÷ 200주 = 0.3
- 나무손해보장 특별약관의 자기부담비율은 5%이다.
- 지급보험금 = 10,000,000원 × (0.3 - 0.05) = 2,500,000원

15 다음은 수확량조사 (포도, 복숭아, 자두)중 과중조사 및 낙과피해조사방법이다. (   )안에 알맞은 숫자를 쓰시오. [5점]

> - 농지당 포도 1품종의 최소 표본개수 : (㉠)개
> - 농지당 복숭아 (또는 자두) 1품종의 최소 표본개수 : (㉡)개
> - 농지당 포도 2품종의 최소 표본개수 : (㉢)개
> - 농지당 복숭아(또는 자두)의 2품종의 최소 표본개수 : (㉣)개
> - 농지당 포도 3품종의 최소 표본개수 : (㉤)개
> - 농지당 복숭아(또는 자두)의 3품종의 최소 표본개수 : (㉥)개
> - 낙과피해조사시 해당 기준미만으로도 조사가 가능한 전체 낙과수 : (㉦)개 미만

답

정답 ㉠ 30, ㉡ 60, ㉢ 40, ㉣ 60, ㉤ 60 ㉥ 60 ㉦ 60

해설 품종별로 20개 이상씩 추출하되, 합한 수가 ㉠ 포도는 농지당 30개 이상,
㉡ 복숭아·자두 는 농지당 60개 이상 되어야 한다.
㉢ 품종당 최소 20개를 추출해야 하므로 2품종 40개,
㉣ 2품종 40개이지만 농지당 최소 60개이므로 60개

16 종합위험 수확감소보장 포도, 대추, 참다래 비가림시설의 보험금 산정방법에 관한 내용이다. 다음 조건에 따른 잔존물 제거비용, 손해방지비용, 자기부담금을 답란에 쓰시오. [5점]

- 손해액 : 500만원
- 보험가액 : 2,000만원
- 보험가입금액 : 1,000만원

- 최대 잔존물 제거비용 : (㉠)
- 최대 손해방지비용 : (㉡)
- 구조체 단독사고 자기부담금 : (㉢)
- 피복재 단독사고 자기부담금 : (㉣)

정답 ㉠ 50만원 ㉡ 20만원
㉢ 50만원 ㉣ 30만원

해설 보상하는 손해의 계산

비 용	내 용
잔존물제거비용	손해액의 10%를 초과할 수 없다.
최대 손해방지비용	20만원을 한도로 한다.
자기부담금	최소 자기부담금(30만원)과 최대 자기부담금(100만원)을 한도로 보험사고로 인하여 발생한 손해액의 10%에 해당하는 금액 적용
피복재 단독사고 자기부담금	최소 자기부담금(10만원)과 최대 자기부담금(30만원)을 한도로 보험사고로 인하여 발생한 손해액의 10%에 해당하는 금액 적용

17 종합위험 수확감소보장방식 참다래 나무손해보장특약에 관하여 보험사고가 발생한 경우 보기의 조건에 따른 지급보험금을 산정하시오. [10점]

- 보험가입금액 : 5,000,000원
- 수확완료 후 고사주수 : 5주
- 미보상 고사주주 ; 10주
- 수확전 고사주수 : 15주
- 실제결과주수 : 100주
- 자기부담비율 ; 5%

답

정답 ○ 계산과정 :
- 지급보험금 = 보험가입금액 × (피해율 - 자기부담비율)
  = 5,000,000원 × (0.2 - 0.05) = 750,000원
- 피해주수 = 수확전 고사주수 + 수확완료후 고사주수 = 15주 + 5주 = 20주
- 피해율 = 피해주수(고사된 나무) ÷ 실제결과주수 = 20주 ÷ 100주 = 0.2
- 계산 = 5,000,000원 × (0.2 - 0.05) = 750,000원

해설 피해주수는 수확 전 고사주수와 수확 완료 후 고사주수를 더하여 산정하며, 미보상 고사주수는 피해주수에서 제외한다.
- 수확 전 고사주수 : 고사나무조사 이전 조사(착과수조사, 착과피해조사, 낙과피해조사 및 수확개시 전후 수확량조사)에서 보상하는 재해로 고사한 것으로 확인된 주수
- 수확 완료 후 고사주수 : 보상하는 재해로 고사한 나무 중 고사나무조사 이전 조사에서 확인되지 않은 나무주수

18 다음 종합위험보장 포도상품의 수확감소보험금과 수확량감소 추가보장 특약 보험금을 각각 구하시오. [10점]

- 보험가입금액 : 2천만원
- 평년수확량 : 1000kg
- 수확량 : 500kg
- 미보상비율 : 10%
- 자기부담비율 : 최근 3년간 연속 보험가입과수원으로서 3년간 수령한 보험금이 순보험료의 70%인 경우 가입할 수 있는 최저 자기부담비율
- 수확량감소 추가보장특약 가입함.

정답 (1) 수확감소보험금 = 보험가입금액 × (피해율 − 자기부담비율)
= 2천만원 × (0.45 − 0.10) = 7,000,000원

- 피해율 = (평년수확량 − 수확량 − 미보상감수량) ÷ 평년수확량
= (1000kg − 500kg − 50kg) ÷ 1000kg = 0.45
- 미보상감수량 =(평년수확량 − 수확량) × 미보상비율 = (1000kg − 500kg) × 0.1 = 50kg
- 자기부담비율 = 10% (3년간 수령보험금이 순보험료의 100%이하이므로 10% 선택가능)

(2) 수확량감소 추가보장특약 보험금 = 보험가입금액 × (피해율 × 10%)
= 2천만원 × (0.45 × 0.1) = 900,000원

19 종합위험 과실손해보장방식 감귤 품목의 아래 조사내용을 참조하여 과실손해조사 피해율을 산출하시오.(단, 수확전 사고조사를 실시하지 않았으며, 피해율은 소수점 셋째자리에서 반올림하여 다음 예시와 같이 구하시오.   예시: 12.345 % → 12.35 %))   [5점]

〈조사 내용〉

품 종	가입면적	표본주 조사	미보상비율
온주귤(6년생)	5,000㎡	6주선정	10%

〈표본주 피해과실 조사내용〉   (단위 : 개)

구 분	정상과실	30%형 피해과실	50%형 피해과실	80%형 피해과실	100%형 피해과실	병충해 입은 과실
정상과실	120					
등급내 피해과실	-	10	20	50	15	5
등급외 피해과실	-	90	30	25	25	10

답

정답 ○ 계산과정 :
① 과실손해 피해율 = {(등급 내 피해과실수 + 등급 외 피해과실수 × 50%) ÷ 기준과실수} × (1 - 미보상비율)
              = {(68개 + 87× 50%) ÷ 400개} × (1 - 0.1) = 0.25087= 25.09%
1) 등급 내 피해 과실수 = (등급 내 30%형 과실수 합계×0.3) + (등급 내 50%형 과실수 합계×0.5)
              + (등급 내 80%형 과실수 합계×0.8) + (등급 내 100%형 과실수×1)
         = (10×0.3) + (20×0.5) + (50×0.8) + (15×1) = 68개
2) 등급 외 피해 과실수 = (등급 외 30%형 과실수 합계×0.3) + (등급 외 50%형 과실수 합계×0.5)
              + (등급 외 80%형 과실수 합계×0.8) + (등급 외 100%형 과실수×1)
         = (90×0.3) + (30×0.5)+ (25×0.8) + (25×1) = 87
3) 기준과실수 = 모든 표본주의 과실수 총 합계 = 400개
  참고 수확한 과실을 정상과실, 등급 내 피해과실 및 등급 외 피해과실로 구분한다
   위 1) 2)로 선정된 과실 중 보상하지 않는 손해(병충해 등) 에 해당하는 경우 정상과실로 구분한다.

20 종합위험 과실손해보장방식 감귤 상품의 다음 조건에 따른 과실손해피해율과 과실손해보험금을 산정하시오(단, 피해율은 % 단위로 소수점 셋째자리에서 반올림하여 둘째자리까지 다음 예시와 같이 구하시오. 예시 : 0.12345는 → 12.35 %로 기재한다) [15점]

○ 수확전 사고조사 내용

품 종	보험가입금액	가입면적	표본주 조사	미보상 비율	자기부담비율
온주귤(4년생)	10,000,000원	4,000㎡	4주 선정	15%	20%

정상과실	100%형 피해과실	보상하는 재해 낙과과실	병충해 입은 과실	생리적 낙과 과실	부분착과 피해과실
420개	30개	40개	5개	20개	120개

○ 과실손해조사 내용

가입면적	표본주 조사	미보상 비율	자기부담 비율	등급내 피해과실수	등급외 피해과실수	기준 과실수
4,000㎡	2주 선정	10%	20%	68개	61개	400개

답

정답 (수확전 사고조사 결과가 있는 경우) 과실손해피해율 =

【 {수확전 과실손해 피해율÷(1−수확전 과실손해 조사 미보상비율)} + {(1 − (수확전 과실손해 피해율 ÷ (1−수확전 과실손해 조사 미보상비율))) × (과실손해 피해율 ÷ (1 − 과실손해미보상비율)}】 × {1 − 최댓값 (수확전 과실손해 조사 미보상비율, 과실손해 미보상비율)}

$$= \left[\frac{0.0937}{(1-0.15)} + \left\{ 1 - \frac{0.0937}{(1-0.15)} \right\} \times \frac{0.2216}{(1-0.1)} \right] \times (1-0.15)$$

= 【(0.1102) + (0.8898 × 0.24622)】 × (1 − 0.15) = 0.27990 = 27.99%

- (최종)수확전과실손해피해율 = $\frac{(100\%형피해과실수)}{(정상과실수 + 100\%형피해과실수)}$ × (1−미보상비율)

$$= \frac{70개}{\{565개 + 70개\}} \times (1-0.15) = 0.09367 = 0.0937 = 9.37\%$$

참고 100%형 피해 과실 : 착과된 과실 중 100% 피해가 발생한 과실 및 보상하는 재해로 낙과된 과실

- 과실손해피해율= {(등급 내 피해과실수+등급 외 피해과실수× 50%) ÷기준과실수}× (1 − 미보상비율)
  = {(68개 + 61개× 50%) ÷ 400개} × (1 − 0.1) = 0.2216
- 보험금 = 손해액 − 자기부담금 = 2,799,000원 − 2,000,000원 = 799,000원
- 손해액 = 보험가입금액 × 피해율 = 10,000,000원 × 0.2799 = 2,799,000원
- 자기부담금 = 보험가입금액 × 자기부담비율 = 10,000,000원 × 0.2= 2,000,000원

21 다음의 자료를 보고 오디품목의 평년결실수를 구하시오. [5점]

- 품종별 표준결실수 : 170개 (청일뽕)
- 최근 5년간 (청일뽕) 결과모지당 평균 결실수 합계 : 140개
- 최근 5년간 가입횟수 : 2회

정답 130개

해설 평년결실수 = [A × (Y / 5)] + [B × (1 - Y / 5)]
  = [70 × (2 / 5)] + [170 × (1 - 2 / 5)] = 130개

- A : 과거 5년간 결실수 평균 = $\dfrac{\text{최근 5년간 평균 결실수 합계}}{\text{최근 5년간 가입횟수}}$ = $\dfrac{140개}{2}$
  = 70개
- B : 품종별 표준결실수 = 170개
- Y : 최근 5년간 가입횟수 = 2

22 다음은 복분자 품목의 과실손해보험금 산정 시 고사결과모지수에 대한 내용이다. 5월 31일 이전과 6월 1일이후에 사고가 발생한 경우로 구분하여 고사결과모지수 산출 공식을 쓰시오. [5점]

구 분	고사결과모지수 산출 공식
이듬해 5월 31일이전 사고 발생	㉠
이듬해 6월 1일 이후 사고 발생	㉡

정답 ㉠ 평년결과모지수 - [(기준 살아있는 결과모지수-수정불량환산 고사결과모지수) + 미보상 고사결과모지수]

㉡ 수확감소환산 고사결과모지수 - 미보상 고사결과모지수

23 다음의 계약사항 및 조사내용을 참조하여 피해율을 구하시오. (단, 피해율은 소수점 셋째자리에서 반올림하여 둘째자리까지 다음 예시와 같이 구하시오. 예시 : 피해율 12.345 % →12.35 %로 기재) 【제5회 기출】 [5점]

○ 계약사항

상품명	보험가입금액(만원)	평년수확량(kg)	수확량(kg)	미보상수확량(kg)
무화과	1,000	200	150	15

○ 조사내용

보상 고사결과지수 (개)	미보상 고사결과지수 (개)	정상 결과지수 (개)	사고일	수확전 사고피해율(%)
12	8	20	2019.09.07	20

○ 잔여수확량비율 = [(100 − 33) − (1.13 × 사고발생일)]

정답 피해율 = 7월31일 이전 피해율 (수확전 사고피해율) + 8월 1일 이후 사고피해율(특정위험 피해율) = 20% + 14.18% = 34.18%

☞ 7월 31일 이전 피해율(수확전 사고피해율) = 20%
☞ 8월 1일 이후 사고피해율(특정위험 피해율)
   = (1 − 수확전사고 피해율) × 잔여수확량비율 × 결과지 피해율
   = (1 − 0.2) × 59.09 × 0.3 = 14.1816% = 14.18%

• 잔여수확량비율 = [(100 − 33) − (1.13 × 사고발생일)]
                = [(100 − 33) − (1.13 × 7)] = 59.09

• 결과지 피해율 = (고사결과지수 + 미고사결과지수 × 착과피해율 − 미보상고사결과지수)
                ÷ 기준결과지 수 = (20 + 20×0 − 8) ÷ 40 = 0.3
   ※ 착과피해율이 주어지지 않았으므로 0으로 처리

• 고사결과지수 = 보상고사결과지수 + 미보상고사결과지수 = 12 + 8 = 20개
• 기준결과지수 = 고사결과지수 + 정상결과지수 = 20+20 = 40개
• 정상결과지수 = 미고사결과지수

24 다음은 종합위험 수확감소보장방식 복숭아에 관한 내용이다. 아래의 계약사항과 조사내용을 참조하여 ① A품종 수확량(kg) ② B품종 수확량(kg), ③ 수확감소보장피해율(%)을 구하시오. (단, 피해율은 소수점 셋째자리에서 반올림하여 다음 예시와 같이 구하시오. 예시 : 12.345% → 12.35%) [15점]

○ 계약사항

품목	가입금액	평년수확량	자기부담비율	수확량감소 추가보장 특약	나무손해보장 특약
복숭아	15,000,000원	4,000kg	20 %	미가입	미가입

○ 계약사항

품종 / 수령	가입주수	1주당 표준수확량	표준과중
A / 9년생	200주	15kg	300g
B /10년생	100주	30kg	350g

○ 조사내용 (보상하는 재해로 인한 피해 확인됨)

조사종류	품종 / 수량	실제결과주수	미보상주수	품종별
착과수 조사	A / 9년생	200주	8주	5,000개
	B /10년생	100주	5주	3,000개

조사종류	품 종	개당 과중	미보상비율
과중조사	A	290g	5%
	B	310g	10%

답

정답 ① A품종 수확량 = 착과량 − 사고당 감수량의 합 = 1,530kg − 0 = 1,530kg
　　　A품종착과량 = (A품종착과수×A품종개당과중)+(A품종주당평년수확량×A품종미보상주수)
　　　　　　　 = (5,000개×0.29kg) + (10kg/주×8주) = 1,530kg

A품종 주당 평년수확량 = A품종 평년수확량 ÷ A품종 실제결과주수
= 2,000kg ÷200주 = 10kg/주

A품종 평년수확량 = 평년수확량×((A품종 주당 표준수확량×A품종 실제결과주수)÷표준수확량)
= 4,000kg ×((15kg×200주) ÷ {(15kg×200주)+(30kg×100주)}=2,000kg
표준수확량 = (15kg×200주) + (30kg×100주) = 6,000kg

② B품종 수확량 = 착과량 − 사고당 감수량의 합 = 1,030kg − 0 = 1,030 kg −0
　　B품종 착과량= (B품종 착과수×B품종 개당과중) + (B품종주당 평년수확량×B품종 미보상주수)
　　　　　　 = (3,000개 ×0.31kg) + (20kg/주×5주) = 1,030 kg
　　B품종 주당 평년수확량 = B품종 평년수확량 ÷ B품종 실제결과주수
　　　　　　　 = 2,000kg ÷100주 = 20kg/주
　　B품종평년수확량= 평년수확량×((B품종 주당 표준수확량× B품종실제결과주수)÷표준수확량)
　　　　　　 = 4,000kg×((30kg×100주)÷{(15kg×200주)+(30kg×100주)} =2,000kg
　　표준수확량 = (15kg×200주)+(30kg×100주) = 6000kg
③ 피해율(복숭아) = (평년수확량 − 수확량 − 미보상 감수량 + 병충해감수량) ÷ 평년수확량
　　　　　　 = (4,000kg − 1,530kg − 1,030 kg − 144kg + 0) ÷ 4,000kg = 32.4%

미보상 감수량 = (평년수확량 − 수확량) × 최댓값(미보상비율)
= (4,000kg − 1,530kg − 1,030 kg) =144,kg

제03절 논작물 손해평가 및 보험금 산정 (벼, 조사료용 벼, 밀, 보리)

01 다음 종합위험보장 벼 상품의 보험금에 대한 설명 중 ( )안에 들어갈 내용을 순서대로 답란에 쓰시오. [5점]

> 논둑 정리, 논갈이, 비료 시비, 제초제 살포 등 이앙 전의 통상적인 영농활동을 하지 않은 농지에 대해서는 (㉠)을 미지급
> 수확불능보험금은 보상하는 재해로 (㉡)이 65% 미만으로 떨어져 정상 벼로서 출하가 불가능하게 되고, 계약자가 수확불능보험금을 신청한 경우 지급
> 경작불능보험금 및 (㉢)을 지급하여 계약이 소멸된 경우에는 (㉣)을 지급하지 않음

답 _____

정답 ㉠ 이앙·직파불능보험금 ㉡ 제현율, ㉢ 수확불능보험금 ㉣ 수확감소보험금

02 농작물재해보험 업무방법에서 정하는 종합위험 수확감소보장방식 벼 품목에 관한 다음 조사 종류 및 조사 시기에 관하여 답란에 알맞은 내용을 쓰시오. [5점]

조사 종류		조사 시기
피해사실 확인조사		사고접수 직후
이앙·직파불능 조사(벼만 해당)		㉠
재이앙·재직파 조사(벼만 해당)		사고접수 직후
경작불능조사		사고 후 ~ ㉡
수확불능 확인조사(벼만 해당)		㉢
수확량조사 (조사료벼 제외)	수량요소조사 (벼만 해당)	㉣
	표본조사	㉤
	전수조사	㉥

답 _____

정답 ㉠ 이앙한계일(7월 31일) 이후, ㉡ 출수기(수확 개시 시점), ㉢ 수확포기가 확인되는 시점, ㉣ 수확 전 14일 전후, ㉤ 알곡이 여물어 수확이 가능한 시기, ㉥ 수확 시

03 종합위험 수확감소보장방식 논작물 관련 내용이다. 계약사항과 조사내용을 참조하여 피해율의 계산과정과 값을 쓰시오. [5점]   　　　제7회 기출

○ 계약사항

품 목	가입면적	평년수확량	표준수확량
벼	2,500 m²	6,000 kg	5,000 kg

○ 조사내용

조사종류	조사수확비율	피해정도	피해면적비율	미보상비율
수확량조사 (수량요소조사)	70%	경미	10%이상 30%미만	10 %

• 계산과정 :

정답 피해율 = (평년수확량 − 수확량 − 미보상감수량) ÷ 평년수확량
= (6,000kg − 3,850kg − 215kg) ÷ 6,000kg = 0.3225 = 32.25%
▷ 수확량 = 표준수확량 × 조사수확비율 × 피해면적 보정계수
= 5,000 kg × 0.7 × 1.1 = 3,850kg
▷ 미보상감수량 = (평년수확량 − 수확량) × 미보상비율
= (6,000 kg − 3,850kg) × 10% = 215kg

04 다음 보기의 조건에 따른 벼의 보험금을 구하시오. [10점]

- 보험가입금액 : 50,000,000원
- 보험가입면적 : 1,000m²
- 피해면적 : 200m²
- 평년수확량 : 4,000kg
- 수확량 ; 3,000kg
- 미보상감수량 ; 200kg
- 자기부담비율 : 10%

답
- 이앙·직파불능보험금

- 재이앙·재직파보험금

- 경작불능보험금

- 수확감소보험금

- 수확불능보험금

정답
- 이앙·직파불능보험금 = 보험가입금액 × 10%
  = 50,000,000원 × 10% = 5,000,000원
- 재이앙·재직파보험금 = 보험가입금액 × 25% × 면적피해율
  = 50,000,000원 × 25% × 0.2 = 2,500,000원

참고 면적피해율 = 피해면적 ÷ 보험가입면적 = 200m2 ÷ 1,000m2 = 0.2

- 경작불능보험금 = 보험가입금액 × 45% = 50,000,000원 × 45% = 22,500,000원
  (자기부담비율 10%일 때 보상비율 45%)
- 수확감소보험금 = 보험가입금액 × (피해율 - 자기부담비율)
  = 50,000,000원 × (0.2 - 0.1) = 5,000,000원

참고 피해율 = (평년수확량 - 수확량 - 미보상감수량) ÷ 평년수확량
  = (4,000kg - 3,000kg - 200kg) ÷ 4,000kg = 0.2

- 수확불능보험금 = 보험가입금액 × 60% = 50,000,000원 × 60% = 30,000,000원
  (자기부담비율 10%일 때 보상비율 60%)

05 다음은 종합위험 수확감소보장방식 논작물(벼)에 관한 내용이다. 아래의 내용을 참조하여 다음 물음에 답하시오. 제6회 기출 [5점]

(1) A농지의 재이앙·재직파 보험금을 구하시오

구 분	보험가입금액	보험가입면적	실제경작면적	피해면적
A농지	5,000,000원	2,000㎡	2,000㎡	500㎡

(2) B농지의 수확감소보험금을 구하시오 (수량요소조사, 표본조사, 전수조사가 모두 실시됨)

구 분	보험가입금액	조사방법에 따른 피해율	자기부담비율
B농지	8,000,000원	- 수량요소조사 : 피해율 30% - 표본조사 : 피해율 40% - 전수조사 : 피해율 35%	20%

정답 (1) A농지의 재이앙·재직파 보험금

보험금 = 보험가입금액 × 25% × 면적피해율 = 5,000,000원×0.25×0.25 = 312,500원

면적피해율 = 피해면적 ÷ 보험가입면적 = 500㎡ ÷ 2,000㎡ = 0.25 = 25%

(2) B농지의 수확감소보험금

동일 농지에 대하여 복수의 조사 방법을 실시한 경우 피해율 산정의 우선 순위는 전수조사, 표본조사, 수량요소조사 순으로 적용한다.

보험금 = 보험가입금액 × (피해율 - 자기부담비율)
= 8,000,000원× (0.35 - 0.2) = 1,200,000원

제04절 밭작물 손해평가 및 보험금 산정

01 아래의 조건을 참고하여 종합위험보장 봄감자의 수확감소보험금을 산정하시오. [10점]

보험가입금액	평년수확량	수확량	손해정도비율
500만원	1000kg	500kg	60%

병충해 종류	미보상비율	병충해 입은 괴경무게	자기부담비율
균핵병(70%)	10%	50kg	10%

답

정답 수확감소보험금 = 보험가입금액 × (피해율−자기부담비율)
= 500만원 × (0.471 − 0.1) = 1,855,000원

해설
- 병충해감수량 = 병충해 입은 괴경의 무게 × 손해정도비율 × (등급별)인정비율
  = 50kg × 0.6 × 0.7 = 21kg
- 미보상감수량 =(평년수확량 − 수확량) × 미보상비율 = (1000kg− 500kg) × 0.1 = 50kg
- 피해율 = (평년수확량 − 수확량 − 미보상감수량 + 병충해감수량)÷평년수확량
  = (1000kg − 500kg − 50kg + 21kg) ÷ 1000kg = 0.471

02 다음의 조건에 따른 종합위험보장 양배추 상품의 면적피해율과 재정식 보험금을 산정하시오. [5점]

보험가입금액	보험가입면적	1차 피해조사 피해면적	2차 재정식조사 재정식면적	자기부담비율
1천만원	1,000㎡	500㎡	400㎡	15 %

답

정답
① 면적피해율 = 피해면적 ÷ 보험가입면적 = 400㎡ ÷ 1000㎡ = 0.4
② 재정식보험금 = 보험가입금액 × 20%× 면적피해율 = 1천만원 × 0.2 × 0.4 = 800,000원

해설 **재정식보험금의 피해면적**

재정식 보험금 대상 여부 조사(전조사) 시 재정식 보험금 지급 대상으로 확인된 농지에 대하여, 재정식이 완료되었는지를 조사한다(재정식 후조사). 이때 피해면적 중 일부에 대해서만 재정식이 이루어진 경우에는, 재정식이 이루어지지 않은 면적은 피해 면적에서 제외한다.

03 보험기간 내에 보상하는 재해를 입은 경우 다음의 조건을 보고 마늘의 ① 재파종 보험금 지급 사유를 쓰고 ② 재파종 보험금을 구하시오. [15점]

표본구간 면적	표본구간 출현주수	표본구간 재파종주수	보험가입금액	자기부담비율
15㎡	315주	495주	1억원	15%

답

정답 ① 재파종 보험금 지급사유 : 보험계약일 24시부터 당해연도 10월 31일까지 보상하는 재해로 인해 마늘이 10a당 30,000주 미만으로 출현되어 10a당 30,000주 이상으로 재파종을 한 경우에 1회 지급한다.

② 재파종보험금 = 보험가입금액 × 35% × 표준출현 피해율
= 1억원 × 35% × 30% = 10,500,000원

해설 ① 10a(= 1000㎡)당 출현주수를 구해서 10a당 30,000주 미만으로 출현되었는지 확인한다. 주어진 조건에서 (315주 ÷ 15㎡) = 21주/㎡임을 알 수 있다.
이것을 10a(= 1000㎡)당 출현주수를 구하기 위해, 10a당으로 변형시키면 21,000주/10a가 된다. 이제 10a당 21,000주 출현되었음을 알 수 있다.
같은 방법으로 10a당 재파종주수를 구하면

② 10a당 재파종주수는 (495주 ÷ 15㎡)= 33주/㎡이므로 33,000주/10a

③ 10a당 30,000주 이상으로 재파종을 한 경우이므로 재파종보험금 지급대상이다.

④ 표준출현피해율=(30,000주−출현주수)÷30,000주=(30,000주−21,000주)÷30000주 = 0.3

04 다음 보기의 조건에 따른 당근 상품의 생산비보장 보험금을 구하시오. [10점]

보험가입금액	재배면적	피해면적	자기부담금	손해정도비율	미보상비율
10,000,000원	80㎡	20㎡	최소 자기부담비율	40%	10%

정답 0원

○ 계산과정 : 보험금 = 보험가입금액 × (피해율 - 자기부담비율)
= 10,000,000원 × (0.09 - 0.2) = 0원

피해율 = 피해비율 × 손해정도비율 × (1 - 미보상비율) = 0.25 × 0.4 × (1- 0.1) = 0.09

피해비율 = 피해면적 ÷ 재배면적 = 20㎡ ÷ 80㎡ = 0.25

보충 보험금 및 자기부담비율 정리

단호박, 당근, 대파, 쪽파(실파), 고랭지배추, 월동배추, 고랭지무, 월동무 시금치(노지)	• 보험금 = 보험가입금액 × (피해율 - 자기부담비율) ※ 피해율 = 피해비율 × 손해정도비율 × (1 - 미보상비율) ※ 피해비율 = 피해면적 ÷ 실제경작면적(재배면적) ※ 자기부담비율 : 20%, 30%, 40%
브로콜리	• 보험금 = (잔존보험가입금액 × 경과비율 × 피해율) - 자기부담금 ※ 피해율 = 피해비율 × 작물피해율 - 피해비율 = 피해면적(m^2) ÷ 재배면적(m^2) - 작물피해율 = 피해면적 내 피해송이 수 ÷ 총 송이 수 ※ 자기부담금 : 잔존보험가입금액 × 자기부담비율 • 3%형 : 최근 2년간 연속 보험가입계약자로서 2년간 수령한 보험금이 순보험료 의 100% 이하인 경우에 한하여 선택 가능 • 5%형 : 제한없음
메밀	• 보험금 = 보험가입금액 × (피해율 - 자기부담비율) ※ 피해율 = 피해면적 ÷ 재배면적 ※ 자기부담비율 : 20%, 30%, 40%

05 다음 보기의 조건을 보고 메밀상품의 피해율과 보험금을 구하시오.

- 보험가입금액 : 10,000,000원
- 자기부담비율 : 최소자기부담비율
- 도복으로 인한 피해면적 : 200㎡
- 표본면적 합계 : 1,000㎡
- 재배면적 : 8,000㎡
- 손해정도비율 : 40%
- 도복 이외로 인한 피해면적 : 600㎡

20%형 피해 표본면적	40%형 피해 표본면적	60%형 피해 표본면적	80%형 피해 표본면적	100%형 피해 표본면적
10㎡	25㎡	20㎡	10㎡	28㎡

답

정답 보험금=보험가입금액×(피해율−자기부담비율)= 10,000,000원 × (0.022 − 0.2) = 0원

※ 피해율 = 피해면적 ÷ 재배면적 =176㎡ ÷ 8,000㎡ = 0.022

※ 피해면적 = (도복으로 인한 피해면적 × 70%) + [도복 이외로 인한 피해면적 × {(20%형 피해 메밀 표본면적×0.2)+(40%형×0.4)+(60%형×0.6)+(80%형×0.8)+(100%형×1)}÷표본면적합계]
=(200㎡×70%)+[600㎡×{(10㎡×0.2)+(25㎡×0.4)+(20㎡×0.6)+(10㎡×0.8)+(28㎡×1)}÷1,000㎡]
= 140㎡+[600㎡×{2㎡+10㎡+12㎡+8㎡+28㎡} ÷1,000㎡] = 176㎡

보충 피해율 정리

고 추	• 피해율 = 피해비율 × 손해정도비율(심도) × (1 − 미보상비율) • 피해비율 = 피해면적 ÷ 재배면적 • 손해정도비율={(20%형피해고추주수×0.2) + (40%× 0.4) + (60%×0.6) + (80%× 0.8) + (100%)} ÷ (정상고추주수 + 20% 형 피해고추주수+ 40% + 60% + 80% + 100%)
브로콜리	• 피해율 = 피해비율 × 작물피해율 • 피해비율 = 피해면적 ÷ 재배면적 • 작물피해율 = {(50%형 피해송이 개수×0.5)+(80%×0.8)+(100%)} ÷(정상 송이 개수 + 50%형 피해송이 개수+ 80% + 100%)
배추, 무 단호박, 파, 당근, 시금치 (노지)	• 피해율 = 피해비율 × 손해정도비율(심도) × (1−미보상비율) • 피해비율 = 피해면적 ÷ 재배면적 • 손해정도비율= {(20%형 피해작물 개수× 0.2) + (40%형× 0.4) + (60%형× 0.6) + (80%형×0.8) + (100%형)}÷(정상작물 개수 + 20%형 피해작물 개수+ 40%형+ 60%형+ 80%형 + 100%형)

06 종합위험보장 밭작물 브로콜리에 관하여 수확기 이전에 보험사고가 발생한 경우 보기의 조건에 따른 생산비보장보험금을 산정하시오. (단 모든 비율은 소수점 셋째자리에서 반올림하여 둘째자리까지 다음 예시와 같이 구하시오. 예시 : 피해율 12.345 % →12.35 %로 기재)   [10점]

〈조 건〉

- 보험가입금액 : 10,000,000원
- 기지급보험금 : 5,000,000원
- 자기부담금 : 최소자기부담금
- 준비기생산비계수 : 49.5 %
- 생장일수 : 65일
- 표준생장일수: 130일
- 피해면적 : 20㎡
- 재배면적 : 80㎡
- 피해면적내 피해송이수 : 100송이
- 총 송이수 : 500송이

정답
- 보험금 = {잔존보험가입금액 × 경과비율 × 피해율} − 자기부담금
  = (500만원 × 0.7475 × 0.05) − 15만원 = 36,875원
- 잔존보험가입금액 : 보험가입금액(1천만원) − 기지급보험금(5백만원)= 5백만원
- 경과비율 : 수확기이전에 보험사고가 발생한 경우이므로

  경과비율 = 준비기생산계수+[(1−준비기생산계수) × $\dfrac{생장일수}{표준생장일수}$]

  = (0.495+[(1−0.495) × $\dfrac{65}{130}$] = 0.7475
- 피해율 = 피해비율 × 작물피해율 = 0.25 × 0.2 = 0.05
- 피해비율 = 피해면적 ÷ 재배면적 = 20㎡ ÷ 80㎡ = 0.25
- 작물피해율 = 피해면적내 피해송이수 ÷ 총송이수 = 100송이 ÷ 500송이 = 0.2
- 자기부담금 : 잔존보험가입금액(5백만원)의 3% 또는 5% 중 최소자기부담금은 150,000원

07
다음의 조건을 보고 경작불능보험금 대상여부를 판단하고, 지급대상인 경우 경작불능보험금을 산정하시오. [10점]

- 상품 : 종합위험보장 양파 상품
- 보험가입면적 : 2,000㎡
- 고사면적 : 1,400㎡
- 보험가입금액 : 2천만원
- 자기부담비율 : 최근 3년간 연속 보험가입 + 3년간 수령한 보험금이 순보험료의 80%인 경우(최저 자기부담비율 적용)

정답 ① 식물체피해율 = 고사식물체(수 또는 면적) ÷ 보험가입식물체(수 또는 면적)
= 1400㎡ ÷ 2000㎡ = 0.7
식물체 피해율 65%이상이므로 경작불능보험금 지급대상이 된다.
② 3년간 수령한 보험금이 순보험료의 100% 이하인 경우에 최저자기부담비율 10%가 적용되는데, 80%이므로 최저 자기부담비율은 10%형 (45%)이 적용된다.
③ 경작불능보험금 = 2천만원 × 45% = 9,000,000원

08
다음 조건을 보고 시금치의 생산비보장 보험금을 구하시오. [5점]

재배면적	보장생산비	피해비율	손해정도비율	미보상비율	자기부담비율
1,000㎡	1,000원/㎡	60%	40%	10%	최소자기부담비율

정답 보험금 = 보험가입금액 × (피해율 − 자기부담비율)
= 1,000,000원 × (0.216 − 0.2) = 16,000원
보험가입금액 = 재배면적 × 보장생산비 = 1,000㎡ × 1,000원/㎡ = 1,000,000원
〈참고〉 시금치는 보험가입금액 100만원이상이어야 하므로, 보험가입 가능.
※ 피해율 = 피해비율 × 손해정도비율 × (1 − 미보상비율)

09 다음은 종합위험 생산비보장방식 고추에 관한 내용이다. 아래의 조건을 참조하여 다음 물음에 답하시오. 제6회 기출 [15점]

○ 조건 1

잔존보험 가입금액	가입면적 (재배면적)	자기부담 비율	표준생장일수	준비기 생산비계수	정식일
8,000,000원	3,000㎡	5%	100일	55.6%	2020년 5월 10일

○ 조건 2

재해종류	내 용
한해 (가뭄피해)	- 보험사고 접수일 : 2020년 8월 7일 (정식일로부터 경과일수 89일) - 조사일 : 2020년 8월 8일 (정식일로부터 경과일수 90일) - 수확개시일 : 2020년 8월 18일 (정식일로부터 경과일수 100일) - 가뭄 이후 첫 강우일 : 2020년 8월 20일 (수확개시일로부터 경과일수 2일) - 수확종료(예정일) : 2020년 10월 7일 (수확개시일로부터 경과일수 50일)

○ 조건 3

피해비율	손해정도비율 (심도)	미보상비율
50%	30%	20%

(1) 위 조건에서 확인되는 ① 사고(발생)일자를 기재하고 그 일자를 사고(발생)일자로 하는 ② 근거를 쓰시오

(2) 경과비율(%)을 구하시오. (단 경과비율은 소수점 셋째자리에서 반올림하여 다음 예시와 같이 구하시오. 예시 : 12.345% → 12.35%)

(3) 보험금을 구하시오

정답 (1) ① 사고발생일자 : 8월 8일
② 근거 : 재해가 끝나는 날이 사고일자이지만, 재해가 끝나기 전에 조사가 이루어질 경우에는 조사가 이루어진 날을 사고일자로 하기 때문이다.

(2) 수확기 이전에 사고이므로

경과비율 = $\left\{ a + (1-a) \times \dfrac{\text{생장일수}}{\text{표준생장일수}} \right\}$

= $(0.556 + [(1-0.556) \times \dfrac{90}{100}]) = 0.9556$

(3) 보험금 = (잔존보험가입금액 × 경과비율 × 피해율) − 자기부담금
= (8,000,000원 × 0.9556 × 0.12) − 400,000원 = 917,376원

> 피해율 = 피해비율 × 손해정도비율(심도) × (1 − 미보상비율)
> = (0.5 × 0.3 × (1 − 0.2) = 0.12
> 자기부담금 = 잔존보험가입금액 × (자기부담비율 3% 또는 5%)
> = 8,000,000원 × 0.05 = 400,000원

제05절 종합위험 시설작물 손해평가 및 보험금 산정

01 시설작물 손해조사 시 조사방법에 대한 설명이다. ( )안에 알맞은 단어를 쓰시오 [5점]

> 가. 보상하는 재해로 인한 피해여부 및 재배작물 확인
> 나. 재배일정 확인 {정식·파종 (㉠), 수확개시 · (㉡)} 확인
>   1) 문답조사를 통하여 확인
>   2) 필요시 재배일정 관련 증빙서류 {(㉢)(㉣),(㉤)등}를 확인
> 다. 사고일자 확인 : 계약자 면담, 기상청 자료 등을 토대로 사고일자를 특정한다.
>   1) 수확기 이전 사고 : 연속적인 자연재해(폭염, 냉해 등)로 사고일자를 특정할 수 없는 경우에는 (㉥)를 사고일자로 추정한다.
>   2) 수확기 중 사고 : 연속적인 자연재해(폭염, 냉해 등)로 사고일자를 특정할 수 없는 경우에는 (㉦)를 사고일자로 추정한다.

답

> **정답** ㉠ 종균접종일, ㉡ 수확종료일 ㉢ 모종구매내역 ㉣ 출하관련 증명서 ㉤ 영농일지
> ㉥ 기상특보 발령일자 ㉦ 최종 출하일자

02 종합위험보장 원예시설 · 시설작물의 보험금 산정방식이다. 다음의 ( )안에 알맞은 용어나 숫자를 쓰시오. [5점]

구 분		보험금 산정식
농업용시설물 · 부대시설		MIN(손해액 - 자기부담금, (㉠))
딸기·토마토·오이·참외·호박·상추·풋고추·파프리카·국화·멜론·미나리·가지·배추·파(대파)·백합·수박·카네이션·시금치·파(쪽파)·무·쑥갓		피해작물 재배면적×단위 면적당 보장생산비 × (㉡) ×피해율
장미	나무가 죽지 않은 경우	재배면적 ×단위면적당 (㉢) 보장생산비 × 피해율
	나무가 죽은경우	재배면적 ×단위 면적당 (㉣) 보장생산비×피해율
부 추		재배면적 ×단위면적당 보장생산비×피해율×(㉤)

답

> **정답** ㉠ 보험가입금액 ㉡ 경과비율, ㉢ 나무생존 시
> ㉣ 나무고사, ㉤ 70%

03 종합위험보장 원예시설의 시설하우스에서 보험사고가 발생한 경우 보기의 조건에 따른 보험금을 산정하시오. [15점]

⟨조 건 1⟩
- 보험가입금액 : 3,000,000원
- 구조체 손해액 : 650,000원
- 피복재손해액 : 450,000원

(1) 태풍으로 인한 피해인 경우의 지급보험금을 구하시오

답

정답
- 지급보험금 = MIN(손해액 - 자기부담금, 보험가입금액)
  = (1,100,000원 - 300,000원) = 800,000원
- 손해액 : 구조체 손해액 + 피복재손해액 = 650,000원 + 450,000원 = 1,100,000원
- 자기부담금 : 최소 자기부담금(30만원)과 최대 자기부담금(100만원)을 한도로 보험사고로 인하여 발생한 손해액의 10%에 해당하는 금액을 적용한다. 손해액의 10%는 11만원이므로, 최소자기부담금 30만원을 적용한다.

(2) 화재로 인한 피해인 경우의 지급보험금을 구하시오

답

정답
- 화재로 인한 손해는 자기부담금을 계산하지 않는다.
- 지급보험금 = MIN(손해액 - 자기부담금, 보험가입금액) = 1,100,000원
- 손해액 : 구조체 손해액 + 피복재손해액 = 650,000원 + 450,000원 = 1,100,000원

⟨조건 2 : 피복재 단독사고인 경우⟩
- 보험가입금액 : 3,000,000원
- 구조체 손해액 : 0원
- 피복재 손해액 : 500,000원

답

정답
- 보험금 = MIN(손해액 - 자기부담금, 보험가입금액) = (500,000원 - 100,000원) = 400,000원
- 자기부담금 : 피복재 단독사고는 최소 자기부담금(10만원)과 최대 자기부담금(30만원)을 한도로 보험사고로 인하여 발생한 손해액의 10%에 해당하는 금액을 적용하는데, 손해액의 10%에 해당하는 금액은 5만원이므로, 자기부담금은 10만원이 된다.

04 종합위험보장 원예시설 품목의 보험사고가 발생한 경우 보기의 조건에 따른 생산비보장 보험금을 산정하시오. [15점]

〈조 건 1〉
- 품목 : 국화(스탠다드형 단, 재절화재배는 제외)·파(대파)의 수확기 이전사고
- 재배면적 : 1,000㎡
- 생장일수 : 40일
- 준비기 생산비 계수 : 40%
- 손해정도비율(사고심도) : 60%
- 단위 면적당 보장생산비 : 2만원/㎡
- 표준생장일수 : 120일
- 피해비율 : 50%

정답 생산비보장보험금 = 피해작물 재배면적×단위 면적당 보장생산비×경과비율×피해율
= 1,000㎡ × 2만원/㎡ × 0.6 × 0.3 = 3,600,000원

(1) 경과비율 = α + 【(1-α) × (생장일수 ÷ 표준생장일수)】
= 0.4 + 【0.6 × (40/120)】 = 0.6
α = 준비기 생산비 계수 (40%, 국화·카네이션 재절화재배는 20%)

(2) 피해율 = 피해비율×손해정도비율 = 0.5 × 0.6 = 0.3

〈조 건 2〉 국화·수박·멜론의 수확기 중 사고
- 재배면적 : 1,000㎡
- 손해정도비율(사고심도) : 60%
- 수확일수 : 40일
- 표준수확일수 : (국화 120일, 수박·멜론 : 100일)
- 단위 면적당 보장생산비 : 2만원/㎡
- 피해비율 : 50%

정답 생산비보장보험금 = 재배면적×단위 면적당 보장생산비×경과비율×피해율
= 1,000㎡ × 2만원/㎡ × 1 × 0.3 = 6,000,000원

(1) 경과비율 = 국화·수박·멜론의 경과 비율은 1
(2) 피해율 = 피해비율×손해정도비율 = 0.5 × 0.6 = 0.3

단원별 문제은행

<조건 3 : 장미>
- 단위 면적당 나무생존시 보장생산비 : 2만원/m^2
- 단위 면적당 나무고사 보장생산비 : 4만원/m^2
- 피해면적 : $200m^2$
- 재배면적 : $400m^2$
- 손해정도비율 (나무가 죽지 않은 경우) : 60%

답 1) 나무가 죽지 않은 경우 :

2) 나무가 죽은 경우

정답 1) 나무가 죽지 않은 경우

생산비보장보험금 = 재배면적 × 단위면적당 나무생존 시 보장생산비 × 피해율
= $400m^2$ × 2만원/m^2 × 0.3 = 2,400,000원
- 피해율 = 피해비율 × 손해정도비율 = 0.5 × 0.6 = 0.3
- 피해비율 = 피해면적 ÷ 재배면적 = $200m^2$ ÷ $400m^2$ = 0.5

2) 나무가 죽은 경우

생산비보장보험금 = 재배면적 × 단위 면적당 나무고사 보장생산비 × 피해율
= $400m^2$ × 4만원/m^2 × 0.5 = 800만원
- 피해율 = 피해비율 × 손해정도비율 = 0.5 × 1 = 0.5
- 피해비율 = 피해면적 ÷ 재배면적 = $200m^2$ ÷ $400m^2$ = 0.5
- 나무가 죽은 경우 손해정도비율 : 100% (나무가 죽었으므로)

05 다음 보기의 조건에 따른 자기부담금을 구하시오 [5점]

〈조 건 : 단지단위, 1 사고당 기준〉
- 보험가입금액 : 2,000만원
- 잔존보험가입금액 : 1,000만원
- 농업용 시설물 손해액 : 60만원
- 부대시설 손해액 : 40만원

답 종합위험 생산비보장방식 브로콜리의 최대 자기부담금 :

종합위험 생산비보장방식 고추의 자기부담금 범위 :

농업용 시설물의 자기부담금 :

부대시설의 자기부담금 :

정답
- 종합위험 생산비보장방식 브로콜리의 최대 자기부담금 : 1,000만원 × 0.05 = 50만원
- 종합위험 생산비보장방식 고추의 자기부담금 범위 : (잔존보험가입금액의 3% 또는 5%) (1,000만원 × 0.03) 또는 (1,000만원 × 0.05) = 30만원 또는 50만원
- 농업용 시설물의 자기부담금 : 18만원
- 부대시설의 자기부담금 : 12만원

해설 두 보험의 목적의 손해액 합계액이 100만원 이므로, 손해액의 10%(10만원)가 자기부담금이지만 최소자기부담금 30만원보다 적으므로 두 보험목적물의 자기부담금은 30만원이다. 30만원을 두 목적물의 손해액 비율로 분배하면 농업용 시설물의 자기부담금은 30×(6/10)으로 계산하여 18만원이 되고, 부대시설의 자기부담금은 30×(4/10)가 되어 12만원이 된다.

구 분	자기부담금
종합위험 생산비보장방식 (고추,브로콜리)	잔존가입금액에 3% 또는 5%를 곱하여 산출 (계약자별 차등 적용)
종합위험보장 버섯재배사, 시설하우스	1. 단지 단위, 1사고당 적용 2. 농업용시설물, 부대시설 : 30만원 ≤ 손해액의 10% ≤ 100만원 3. 농업용 시설물과 부대시설 모두를 보험의 목적으로 하는 보험계약은 두 보험의 목적의 손해액 합계액을 기준으로 자기부담금을 산출하고 두 목적물의 손해액 비율로 자기부담금을 적용 4. 피복재 단독사고 : 10만원 ≤ 손해액의 10% ≤ 30만원 5. 화재로 인한 손해는 자기부담금을 적용하지 않음

06 종합위험보장 원예시설 품목 {시금치 · 파(쪽파) · 무}의 보험사고가 수확기 중에 발생한 경우, 보기의 조건에 따른 생산비보장보험금을 산정하시오. [10점]

- 재배면적 : 1,000㎡
- 수확일수 : 15일
- 피해비율 : 50%
- 단위 면적당 보장생산비 : 2만원/㎡
- 표준수확일수 : 30일
- 손해정도비율 (사고심도) : 60%

답

정답 • 보험금 = 재배면적 × 단위 면적당 보장생산비 × 경과비율 × 피해율
   = 1,000㎡ × 2만원/㎡ × 0.5 × 0.3 = 3,000,000원
- 경과비율 = [1 − (수확일수 ÷ 표준수확일수)] = [1 − (15 ÷ 30)] = 0.5
- 피해율 = 피해비율 × 손해정도비율(사고심도) = 50% × 60% = 0.3

07 다음 조건에서 버섯품목의 생산비보장보험금을 구하시오 (피해율은 % 단위로 소수점 셋째자리에서 반올림하여 둘째자리까지 다음 예시와 같이 구하시오. 예시 : 0.12345는 → 12.35 %로 기재) [5점]

⟨조건 1 : 표고버섯(원목재배)⟩

- 원목(본)당 보장생산비 : 2만원/원목(본)
- 재배원목(본)수 : 4,000본
- 표본원목의 전체면적 : 50㎡
- 조사 표본수 : 10본
- 피해원목(본)수 : 1,000본
- 표본원목의 피해면적 : 5㎡

답

정답 • 생산비보장보험금 = 재배원목(본)수 × 원목(본)당 보장생산비 × 피해율
   = 4,000본 × 2만원/원목(본) × 0.025 = 2,000,000원
- 피해율 = 피해비율 × 손해정도비율 = 0.25 × 0.1 = 0.025
 − 피해비율 = 피해원목(본)수 ÷ 재배원목(본)수 = 1,000본 ÷ 4,000본 = 0.25
 − 손해정도비율 = 표본원목의 피해면적 ÷ 표몬원목의 전체면적 = 5㎡ ÷ 50㎡ = 0.1

〈조건 2 : 양송이버섯 (균상재배)〉

- 재배면적 ; 1,000m²
- 단위면적당 보장생산비 : 20,800원/m²
- 생장일수 : 15일
- 수확일수 : 30일
- 준비기생산비계수 : 80.4%
- 손해정도 : 50%
- 피해면적 : 200m²
- 표준생장일수 : 30일
- 표준수확일수 : 60일

(1) 수확기이전 사고 시 생산비보장보험금을 구하시오

답

정답 생산비보장보험금 = 재배면적×단위면적당 보장생산비× 경과비율 × 피해율
= 1,000m² × 20,800원/m² × 0.902× 0.12 = 2,251,392원

- 경과비율 = $\alpha + (1-\alpha) \times \frac{생장일수}{표준생장일수}$ = 0.804 + 【(1−0.804) × 0.5】 = 0.902
- 피해율 = 피해비율 × 손해정도비율 = 0.2 × 0.6 = 0.12
- 피해비율 = 피해면적 ÷ 재배면적 = 200m² ÷ 1,000m² = 0.2
- 손해정도가 50%이므로 손해정도비율 : 60% = 0.6

(2) 수확기 중 생산비보장보험금을 구하시오

답

정답 생산비보장보험금 = 재배면적 ×단위면적당 보장생산비× 경과비율 × 피해율
= 1,000m² × 20,800원/m²× 0.5 × 0.12 = 1,248,000원

- 경과비율 = $\left(1 - \frac{수확일수}{표준수확일수}\right) = \left(1 - \frac{30일}{60일}\right)$ = 0.5
- 피해율 = 피해비율 × 손해정도비율 = 0.2 × 0.6 = 0.12
- 피해비율 = 피해면적 ÷ 재배면적 = 200m² ÷ 1,000m² = 0.2
- 손해정도가 50%이므로 손해정도비율 : 60% = 0.6

제 06 절 농업수입보장방식의 손해평가 및 보험금 산정

01 농업 수입감소보장방식 과수작물 포도품목의 착과피해조사를 실시하고자 한다. 다음 조건을 이용하여 알맞은 내용을 답란에 쓰시오 [5점]

- A과수원의 품종은 5종이다.
- 최소 표본주는 각 품종별 최소표본주의 합으로 본다.
- 최소 표본과실 추출개수는 품종별 최소 표본과실 추출계수의 합으로 본다.
- 위 조건외 단서조항은 고려하지 않는다.

답
- 품종별 최소 표본주 : _____ 개
- 최소 표본주 : _____ 개
- 최소 표본과실 추출개수 : _____ 개

정답
- 품종별 최소 표본주 : 3개
- 최소 표본주 : 15 개 (3개 × 5품종)
- 최소 표본과실추출개수 : 100개 (품종당 20개씩 5품종이므로)

해설 착과수 확인이 끝나면 수확이 완료되지 않은 품종별로 표본 과실을 추출한다. 이 때 추출하는 표본 과실수는 품종별 20개 이상(농지당 30개 이상)으로 하며 표본 과실을 추출할 때에는 품종별 3개 이상의 표본주에서 추출한다, 추출한 표본 과실을 과실 분류에 따른 피해인정계수에 따라 품종별로 구분하여 해당 과실 개수를 조사한다.

02 농업수입감소보장방식 과수작물 포도에 관하여 보험사고가 발생한 경우 보기의 조건에 따른 보험금을 산정하시오 [15점]

- 보험가입금액 : 40,000,000원
- 기준수입 : 20,000,000원
- 실제수입 : 12,000,000원
- 자기부담비율 : 20%

답

정답 ○ 계산과정 : 보험금 = 보험가입금액 × (피해율 − 자기부담비율)
  = 40,000,000원 × (0.4 − 0.2) = 8,000,000원

피해율 = (기준수입 − 실제수입) ÷ 기준수입
  = (20,000,000원 − 12,000,000원) ÷ 20,000,000원 = 0.4

03 농업수입감소보장방식 콩 수확량의 전수조사 시 수확량과 피해율을 구하시오 [10점]

전수조사 수확량	평년수확량	실제경작면적	타작물 및 미보상면적	기수확면적
1,000kg	3,000kg	500㎡	20㎡	80㎡

농지별 기준가격	농지별 수확기가격	함수율	기준함수율	미보상비율
1,000원/kg	800원/kg	57%	14%	10%

답 수확량 :

정답
- 수확량(전수조사)
= 【전수조사 수확량×(1 - 함수율)÷(1 - 기준함수율)】+【단위면적당 평년수확량×(타작물 및 미보상면적+기수확면적)】
= 1,000kg ×(1 - 0.57)÷(1 - 0.14)+【6kg/㎡×(20㎡ + 80㎡)】= 1,100kg

해설 단위면적당 평년수확량 = 평년수확량 ÷ 실제재배면적 = 3,000kg ÷ 500㎡ = 6kg/㎡

답 피해율

정답 피해율 = (기준수입 - 실제수입) ÷ 기준수입
= (3,000,000원 - 1,032,000원) ÷ 3,000,000원 = 0.656 = 65.6%
- 기준수입 = 평년수확량 × 농지별 기준가격 = 3,000kg ×1,000원/kg = 3,000,000원
- 실제수입 = (수확량 + 미보상감수량) × 최솟값(농지별 기준가격, 농지별 수확기가격)
= (1,100kg + 190kg) × 800원/kg = 1,032,000원
- 미보상감수량= (평년수확량-수확량)×미보상비율 = (3,000kg - 1,100kg) × 0.1 = 190kg

04 농업수입감소보장방식 품목별 표본구간별 수확량 조사 방법이다. [10점]

품목	표본구간별 수확량 조사 방법
콩	표본구간 내 콩을 수확하여 꼬투리를 제거한 후 콩 (㉠)의 무게 및 (㉡)(3회 평균) 조사
양배추	표본구간 내 작물의 뿌리를 절단하여 수확(㉢)내외 부분을 제거)한 후, 정상 양배추와 (㉣)피해 양배추(일반시장에 출하할 때 정상과실에 비해 50%정도의 가격이 예상되는 품질이거나 일반시장 출하는 불가능하나 가공용으로 공급될 수 있는 품질), 100%피해 양배추(일반시장 및 가공용 출하불가)로 구분하여 무게를 조사
양파	표본구간 내 작물을 수확한 후, 종구 5cm 윗부분 줄기를 절단하여 해당 무게를 조사(단, 양파의 (㉤)이 6cm 미만인 경우에는 80%, 100% 피해로 인정하고 해당무게의 20%, 0%를 수확량으로 인정)
마늘	표본구간 내 작물을 수확한 후, 종구 3cm 윗부분을 절단하여 무게를 조사 (단,(㉥)의 최대지름이 2cm(한지형), 3.5cm(난지형) 미만인 경우에는 80%, 100% 피해로 피해로 인정하고 해당 무게의 20%, 0%를 수확량으로 인정)
감자 (가을재배)	표본구간 내 작물을 수확한 후 정상 감자, 병충해별 20% 이하, 21%~40% 이하, 41%~60% 이하, 61%~80%이하, 81%~100%이하 발병 감자로 구분하여 해당 (㉦)과 무게를 조사하고 최대 지름이 5cm미만이거나 피해정도 50%이상인 감자의 무게는 실제 무게의 50%를 조사 무게로 함.
고구마	표본구간 내 작물을 수확한 후, 정상 고구마와 50%형 고구마 (일반시장에 출하할 때, 정상 고구마에 비해 (㉧)정도의 가격 하락이 예상되는 품질. 단, 가공공장 공급 및 판매 여부와 무관), 80% 피해 고구마(일반시장에 출하가 불가능하나, 가공용으로 공급될 수 있는 품질. 단, 가공공장 공급 및 판매 여부와 무관), 100% 피해 고구마(일반시장 출하가 불가능하고 가공용으로 공급될 수 없는 품질)로 구분하여 무게를 조사

답

정답 ㉠ 종실 ㉡ 함수율 ㉢ 외엽 2개
㉣ 80% ㉤ 최대 지름
㉥ 마늘통 ㉦ 병충해 명 ㉧ 50%

05 다음의 계약사항과 조사내용을 참조하여 ①수확량(kg) ② 피해율(%) 및 ③ 보험금을 구하시오. (단, 품종에 따른 환산계수 및 비대추정지수는 미적용하고, 수확량과 피해율은 소수점 셋째자리에서 반올림하여 다음 예시와 같이 구하시오. 예시: 12.345kg → 12.35kg, 12.345% → 12.35%

제6회 기출 [15점]

○ 계약사항

품 목	가입금액	가입면적	평년수확량	기준가격	자기부담비율
마늘(수입보장)	2,000만원	2,500㎡	8,000kg	2,800원/kg	20%

○ 조사내용

재해종류	조사종류	실제경작면적	고사면적	타작물 및 미보상면적	기수확면적
냉 해	수확량조사	2,500㎡	500㎡	200㎡	0㎡

표본구간 수확량	표본구간 면적	미보상비율	수확기 가격
5.5kg	5㎡	15%	2,900원/kg

정답

① 수확량 = (표본구간 단위면적당 수확량×조사대상면적) + {단위면적당 평년수확량 × (타작물 및 미보상면적+ 기수확면적)} = (1.1kg/㎡×1,800㎡) + (3.2kg/㎡ × 200㎡) = 2,620kg

> 표본구간 단위면적당 평년수확량 = (표본구간 수확량 × 환산계수) ÷ 표본구간 면적
> = (5.5kg)÷ 5㎡ = 1.1kg/㎡

> 표본조사대상면적 = 실제경작면적 − 고사면적 − 타작물 및 미보상면적 − 기수확면적
> = 2,500㎡ − 500㎡ − 200㎡ − 0㎡ = 1,800㎡

> 단위면적당 평년수확량 = 평년수확량 ÷ 실제경작면적
> = 8,000kg ÷ 2,500㎡ = 3.2kg/㎡

> 타작물 및 미보상면적+ 기수확면적 = 200㎡ + 0㎡ = 200㎡

② 피해율 = (기준수입 − 실제수입) ÷ 기준수입
= (22,400,000원 − 9,595,600원) ÷ 22,400,000원= 0.57162 = 57.16%

> ※ 기준수입 = 평년수확량 × 농지별기준가격
> = 8,000kg × 2,800원 = 22,400,000원

> ※ 실제수입 = (조사수확량 + 미보상감수량) × MIN(농지별기준가격, 수확기가격)
> = (2,620kg + 807kg)× 2,800원 = 9,595,600원

> ※ 미보상 감수량 = (평년수확량 − 수확량) × 미보상비율
> = (8,000kg − 2,620kg) × 0.15 = 807kg

③ 보험금 = 보험가입금액 × (피해율 − 자기부담비율)
= 2,000만원 × (0.5716 − 0.2) = 7,432,000원

06 다음의 조건을 보고 농업수입감소보장 양파의 피해율을 산정하시오. [5점]

평년수확량	수확량	기준가격	수확기가격	미보상비율
1,000kg	500kg	9,000원/kg	7,500원/kg	20%

정답 피해율 = $\dfrac{기준수입 - 실제수입}{기준수입}$ = $\dfrac{9,000,000원 - 4,500,000원}{9,000,000원}$ = 0.5 → 50%

- 기준수입 = 평년수확량 × 농지별 기준가격 = 1,000kg × 9,000원/kg = 9,000,000원
- 미보상감수량 = (평년수확량 - 실제수확량)×미보상비율 = (1,000kg - 500kg) × 0.2 = 100kg
- 실제수입 = (조사수확량 + 미보상감수량) × min(농지별 기준가격, 농지별 수확기가격)
  = (500kg + 100kg) × 7,500원/kg = 4,500,000원

07 다음 보기에 따른 농업수입감소보장 양배추 상품의 수입감소보험금을 구하시오. (단, 피해율은 소수점 셋째자리에서 반올림하여 다음 예시와 같이 구하시오, 예시: 12.345% → 12.35%) [5점]

평년수확량	수확량	가입수확량	기준가격	수확기 가격	미보상 감수량	자기부담 비율
5,000kg	3,000kg	4,000kg	1,500원/kg	1,000원/kg	500kg	20%

정답 수입감소보험금 = 보험가입금액 × (피해율 - 자기부담비율)
= 6,000,000원 × (0.5333 - 0.2) = 1999800원

보험가입금액 = 가입수확량 × 기준가격 = 4,000kg × 1,500원/kg = 6,000,000원

피해율 = (기준수입 - 실제수입) ÷ 기준수입
= (750만원-350만원) ÷ 750만원 = 0.53333 = 53.33%

※ 기준수입 = 평년수확량 × 농지별기준가격 = 5,000kg × 1,500원/kg = 7,500,000원
※ 실제수입 = (조사수확량 + 미보상감수량) × MIN(농지별 기준가격, 수확기가격)
= (3,000kg + 500kg) × 1,000원/kg = 3,500,000원

Chapter. 03
가축재해보험 손해평가

제01절 손해의 평가

01 긴급도축에서 부상의 범위를 쓰시오. [5점]

> **정답** 경추골절, 사지골절, 탈구(탈골)

02 ① 소의 긴급도축의 범위와 ② 종모우의 긴급도축의 범위를 각각 구분하여 쓰시오 [5점]

> **정답** ① 소의 긴급도축의 범위 : 부상, 난산, 산욕마비, 급성고창증, 젖소의 유량 감소
> ② 종모우의 긴급도축의 범위 : 부상, 급성고창증

03 다음 보기의 ( )안에 알맞은 용어를 답란에 순서대로 쓰시오. [5점]

(㉠)	• 일반적으로 분만 후 체내의 칼슘이 급격히 저하되어 근육의 마비를 일으켜 기립불능이 되는 질병
(㉡)	• 이상발효에 의한 개스의 충만으로 조치를 취하지 못하면 폐사로 이어질수 있는 중요한 소화기 질병으로 변질 또는 부패 발효된 사료, 비맞은 풀, 두과품(알파파류) 다량 섭취, 갑작스런 사료변경 등으로 인하여 반추위내의 이상 발효로 장마로 인한 사료 변패 등으로 인하여 여름철에 많이 발생함
(㉢)	• 비정상적인 대사 과정에서 유발되는 질병(대사 : 생명 유지를 위해 생물체가 필요한 것을 섭취하고 불필요한 것을 배출하는 일)

> **정답** ㉠ 산욕마비 ㉡ 급성고창증 ㉢ 대사성질병

04 다음 보기의 ( )안에 알맞은 용어를 답란에 순서대로 쓰시오. [5점]

- 소는 각종 재해 및 우연한 사고로 보험의 목적이 폐사, 긴급도축, (㉠)및 (㉡)으로 인하여 입은 손해를 보장한다.
- 종모우에서는 폐사, 긴급도축, (㉢)로 인해 입은 손해를 보장한다.

답

<u>정답</u> ㉠도난 ㉡행방불명 ㉢경제적 도살

05 돼지에서 폐사로 인정되기 위한 직접적인 원인이 되는 재해 5가지를 쓰시오. [5점]

답

<u>정답</u> ① 화재(벼락을 포함), ② 풍재, ③ 수재, ④ 설해, ⑤ 지진

06 가금 (닭, 오리, 꿩, 메추리, 타조, 거위, 칠면조, 관상조)에서 폐사로 인정되기 위한 직접적인 원인이 되는 재해 6가지를 쓰시오. [5점]

답

<u>정답</u> ① 화재(벼락을 포함), ② 풍재, ③ 수재, ④ 설해, ⑤ 지진 ⑥ 폭염

07 다음 돼지재해보험의 내용이다, 보기의 ( )안에 알맞은 용어를 답란에 순서대로 쓰시오. [5점]

- 화재 및 풍재·수재·설해·지진의 발생에 따라서 보험의 목적의 피해를 (㉠)또는 (㉡)에 필요한 조치로 보험목적에 생긴 손해도 보상한다.
- 손해는 사고 발생 때부터 (㉢)이내에 폐사되는 보험목적에 한하여 보상한다.
- 화재 및 풍재·수재·설해·지진의 직접적인 원인으로 보험목적이 폐사 또는 맥박, 호흡 그 외 일반증상이 (㉣)으로 폐사가 확실시되는 경우 그 손해를 보상한다.

답

<u>정답</u> ㉠방재 ㉡긴급피난
㉢ 120시간(5일) ㉣수의학적

08 피보험자 A가 운영하는 △△한우농장에서 한우 1마리가 인근 농장주인 B의 과실에 의해 폐사(보상하는 손해)되어 보험회사에 사고보험금을 청구하였다. 다음의 내용을 참조하여 피보험자 청구항목 중 비용(① ~ ④)에 대한 보험회사의 지급여부를 각각 지급 또는 지급불가로 기재하고 ⑤ 보험회사의 최종 지급금액 (보험금 + 비용)을 구하시오. 제6회 기출 [15점]

피보험자 (A) 청구항목			보험회사 조사내용
보험금	소 (牛)		폐사 시점의 손해액 300만원(전손)은 보험가입금액 및 보험가액과 같은 것으로 확인 (자기부담비율 : 20%)
비용	(①)	잔존물 처리비용	A가 폐사로 인한 인근 지역의 수질 오염물질 제거를 위해 지출한 비용(30만원)으로 확인
	(②)	손해방지비용	A가 손해의 경감을 위해 지출한 유익한 비용(40만원)으로서 보험목적의 관리 의무를 위하여 지출한 비용에 해당하지 않는 것으로 확인
	(③)	대위권 보전비용	A가 B에게 손해배상을 받을 수 있는 권리를 행사하기 위해 지출한 유익한 비용(30만원)으로 확인
	(④)	기타 협력비용	A가 회사의 요구 또는 협의 없이 지출한 비용(40만원)으로 확인

최종 지급금액 (보험금 + 비용)	(⑤)

답

정답 ① 지급불가, ② 지급, ③ 지급, ④ 지급불가
⑤ 최종지급금액 = (손해액 - 자기부담금) + 손해방지비용 + 대위권 보전비용
= (300만원 - 60만원) + 40만원 + 30만원 = 310만원
〈참고〉 자기부담금 = 손해액 × 자기부담비율 = 300만원 × 0.2 = 60만원
지급보험금 = 300만원 - 60만원 = 240만원

09 가축재해보험 약관에서 설명하는 보상하지 않는 손해에 관한 내용이다. 다음 ( )안에 들어갈 용어(약관의 명시된 용어)를 각각 쓰시오. [5점]

> ○ 계약자, 피보험자 또는 이들의 (①)의 고의 또는 중대한 과실
> ○ 계약자 또는 피보험자의 (②) 및 (③)에 의한 가축폐사로 인한 손해
> ○ 가축전염병예방법 제2조(정의)에서 정하는 가축전염병에 의한 폐사로 인한 손해 및 정부 및 공공기관의 (④) 또는 (⑤)(으)로 발생한 손해

답

정답 ① 법정대리인, ② 도살
③ 위탁도살 ④ 살처분 ⑤ 도태권고

10 다음 보기의 내용을 보고 가축재해보험에서 보상이 가능한 경우는 보상, 보상하지 않는 손해는 보상불가를 쓰시오. [5점]

(㉠)	사료 공급 및 보호, 피난처 제공, 수의사의 검진, 소독 등 사고의 예방 및 손해의 경감을 위하여 당연하고 필요한 안전대책을 강구하지 않아 발생한 손해
(㉡)	계약자 또는 피보험자가 보험 가입 가축의 번식 장애, 경제능력 저하 또는 전신쇠약, 성장 지체·저하에 의해 도태시키는 경우.
(㉢)	유량 감소(유방염, 불임 및 각종 대사성질병으로 인하여 수의학적으로 유량 감소가 예견되어 젖소로서의 경제적 가치가 없다고 판단이 확실시되는 경우)에 따른 도태
(㉣)	개체 표시인 귀표가 오손, 훼손, 멸실되는 등 목적물을 객관적으로 확인할 수 없는 상태에서 발생한 손해
(㉤)	보험목적의 생명유지를 위하여 질병, 질환 및 상해의 치료가 필요하다고 자격 있는 수의사가 확인하고 치료한 경우

답

정답 **답** ㉠ 보상불가 ㉡ 보상불가
㉢ 보상 ㉣ 보상불가 ㉤ 보상

11 다음 보기의 내용은 소의 도난손해 (도난, 행방불명)와 관련하여 보상하지 않는 12가지 사유중 일부를 적시한 것이다. (   )안에 알맞은 용어를 쓰시오.   [5점]

- 피보험자의 가족, 친족, 피고용인, 동거인, 숙박인, 감수인(監守人) 또는 당직자가 일으킨 행위 또는 이들이 가담하거나 이들의 (㉠)하에 생긴 도난손해
- (㉡)시 발견된 손해
- 도난손해가 생긴 후 (㉢)일 이내에 발견하지 못한 손해
- 보관장소를 (㉣)시간 이상 비워둔 동안에 생긴 도난손해
- 도난손해에서 (㉤)이라 함은 보관하는 자 또는 관리하는 자가 보험의 목적을 보관 또는 관리하던 장소 및 시간에 대한 기억을 되살리지 못하여 보험의 목적을 잃어버리는 것을 말하며, (㉥)이라 함은 보관하는 자 또는 관리하는 자가 보관·관리에 일상적인 주의를 태만히하여 보험의 목적을 잃어버리는 것을 말한다.

답

정답 ㉠ 묵인 ㉡ 재고조사 ㉢ 30
㉣ 72 ㉤ 망실 ㉥ 분실

12 다음 보기는 소의 보상하지 않는 손해에 관한 내용이다. (   )안에 알맞은 용어를 쓰시오.   [5점]

(㉠)이 아닌 경우 질병 등에 의한 폐사는 재해보험사업자의 책임이 발생하는 제1회 보험료 등을 받은 날로터 재해보험사업자의 책임이 발생하는 것이 아니라 (㉡)경과 이후에 폐사한 경우만 보상한다는 규정이다. (㉡)이내의 질병 등에 의한 폐사는
(㉢)이 크기 때문에 (㉣)로 하고 있고 (㉤)이나 (㉥)에 의한 폐사 등의 경우는 보상한다.

답

정답 ㉠ 계속계약 ㉡ 1개월 ㉢ 도덕적 위험
㉣ 면책 사유 ㉤ 긴급도축 ㉥ 사고

13 다음 보기는 가축재해보험에서 계약자나 피보험자의 "계약 후 알릴 의무"에 관한 내용이다. ( )안에 들어갈 내용을 순서대로 답란에 쓰시오. [5점]

> 가축재해보험에서 계약을 맺은 후 보험의 목적에 일정한 사실이 생긴 경우에 계약자나 피보험자는 (㉠)서면으로 보험자에게 알려야 할 의무로 재해보험사업자는 계약 후 알릴 의무의 통지를 받은 때에 위험이 감소된 경우에는 그 (㉡)를 돌려주고, 위험이 증가된 경우에는 통지를 받은 날부터 (㉢)이내에 보험료의 (㉣)을 청구하거나 계약을 해지할 수 있으며 보험계약자 또는 피보험자가 보험기간 중에 계약 후 알릴 의무를 위반한 경우에 보험자는 그 사실을 안 날로부터 1월 내에 계약을 (㉤)할 수 있다.

답

정답 ㉠ 지체 없이 ㉡ 차액보험료
㉢ 1개월, ㉣ 증액 ㉤ 해지

14 다음 보기는 가축재해보험에서 계약 후 알릴의무가 발생하는 경우이다. ( )안에 들어갈 내용을 순서대로 답란에 쓰시오. [5점]

> - (㉠)할 때
> - 보험목적 또는 보험목적 수용장소로부터 반경 (㉡)이내 지역에서 가축전염병 발생 (전염병으로 의심되는 질환 포함) 또는 원인 모를 질병으로 (㉢)가 이루어진 경우
> - 보험의 목적 또는 보험의 목적을 수용하는 건물의 구조를 변경, 개축, 증축하거나 계속하여 (㉣)이상 수선할 때
> - 보험의 목적 또는 보험의 목적이 들어있는 건물을 계속하여 (㉤) 이상 비워두거나 휴업하는 경우

답

정답 ㉠ 양도 ㉡ 10km
㉢ 집단폐사 ㉣ 15일 ㉤ 30일

15 다음은 소 가축재해보험에서 손해액 산정시 이용물 처분액 산정공식이다. ( )안에 알맞은 용어를 순서대로 쓰시오. [5점]

이용물 처분액 산정	
도축장발행 정산자료인 경우	도축장발행 정산자료의 (㉠) x (㉡)
도축장발행 정산자료가 아닌 경우	(㉢) x (㉣) x (㉤)

답

> 정답 ㉠ 지육금액 ㉡ 75%
> ㉢ 중량 ㉣ 지육가격 ㉤ 75%

16 다음 보기의 ( )안에 알맞은 내용을 쓰시오. [5점]

(㉠)의 경우는 보험목적의 (㉡)에 해당하고 사고 시점에서 보험목적에 발생할 수 있는 최대 손해액이 보험가액이므로 보험가액이 손해액이 되며 긴급도축의 경우는 보험목적인 소의 도축의 결과로 얻어지는 고기, 가죽 등에 대한 수익을 (㉢)이라고 하며 이러한 (㉢)을 (㉣)에서 공제한 금액이 손해액이 되고 이용물 처리에 소요되는 제반 비용은 (㉤)의 부담을 원칙으로 한다.

답

> 정답 답 ㉠ 폐사 ㉡ 전부손해
> ㉢ 이용물 처분액
> ㉣ 보험가액 ㉤ 피보험자

17 다음 보기의 ( )안에 알맞은 내용을 쓰시오. [5점]

- 한우의 보험가액 산정

월 령	보험가액
(㉠)개월 이하	전전월 전국산지평균 (㉢) 가격
(㉡)개월 이상	체중 x kg당 금액

- 육우 보험가액 산정

월 령	보험가액
(㉣)개월 이하	전전월 전국산지평균 (㉥)가격
(㉤)개월 이상	체중 x kg당 금액

답

정답 ㉠ 6 ㉡ 7 ㉢ 송아지 ㉣ 2
㉤ 3 ㉥ 분유떼기 젖소 수컷

18 다음 표를 보고 비육돈, 육성돈 및 후보돈의 보험가액을 구하시오 [5점]

자돈가격 (30kg 기준)	적용체중	사고 당일 포함 직전 5영업일 평균돈육대표가격 (전체, 탕박) (원/kg)	지급(육)율
500,000원	85kg	3,0,000원	76.8%

답

정답 보험가액

= 자돈가격(30kg기준) + (적용체중 - 30kg) x $\frac{[110kg 비육돈 수취가격 - 자돈가격(30kg 기준)]}{80}$

= 500,000원 + (55kg) x $\frac{[253,440,000원 - 500,000원]}{80}$ = 174396250

110kg 비육돈 수취가격 = 사고 당일 포함 직전 5영업일 평균돈육대표가격 (전체, 탕박) x 110kg x
지급(육)율(76.8%)

= 30,000원/kg x 110kg x 76.8% =253,440,000원

제02절 특약의 손해평가

01 다음은 축사특약의 보상하는 손해에 대한 설명이다. (　)안에 알맞은 단어를 쓰시오 [5점]

(㉠)또는 풍재·수재·설해·지진에 따른 피난손해(피난지에서 보험기간 내의 (㉡)일 동안에 생긴 상기 손해를 포함한다.)
(㉢)피해의 경우 아래의 최저기준을 초과하는 손해를 담보한다.
　가) 기둥의 1개 이하를 해체하여 수선 또는 보강하는 것
　나) 보의 1개 이하를 해체하여 수선 또는 보강하는 것
　다) 지붕틀의 (㉣)개 이하를 해체하여 수선 또는 보강하는 것
　라) 기둥, 보, 지붕틀, 벽 등에 (㉤)이하의 균열이 발생한 것
　마) (㉥)의 (㉦)이하를 수선하는 것

답

정답 ㉠ 화재 ㉡ 5 ㉢ 지진 ㉣ 1 ㉤ 2m ㉥ 지붕재 ㉦ 2㎡

02 축사의 손해액 산정에 관한 내용이다. (　)안에 알맞은 단어를 쓰시오 [5점]

- 손해액은 그 손해가 생긴 때와 장소에서의 보험가액에 따라 계산한다. 보험목적물의 (㉠)은 한국감정원의 "건축물신축단가표"를 준용한다.
- 이 보험목적물이 지속적인 개·보수가 이루어져 보험목적물의 가치증대가 인정된 경우 (㉡)은 보온덮개·쇠파이프 조인 축사구조물의 경우에는 최대 (㉢)%까지, 그 외 기타 구조물의 경우에는 최대 (㉣)%까지로 수정하여 보험가액을 평가할 수 있다.
- 다만, 보험목적물이 손해를 입은 장소에서 (㉤)개월 이내 실제로 수리 또는 복구되지 않은 때에는 잔가율이 (㉥)% 이하인 경우에는 최대 (㉥)%로 수정하여 평가한다.

답

정답 ㉠ 경년감가율 ㉡ 잔가율 ㉢ 50 ㉣ 70 ㉤ 6 ㉥ 30

03 가축재해보험 특약 손해액 산정 및 지급보험금 계산에 관한 내용이다. (   )안에 알맞은 단어를 쓰시오 [5점]

- 축사특약의 풍재 · 수재 · 설해 · 지진으로 인한 손해일 경우에는 손해액에서 1사고당 자기부담금 (㉠   )만 원을 빼고 보상한다.
- 축사특약에서 지급보험금에 손해방지비용을 합한 금액이 보험 가입금액을 초과하더라도 이를 지급한다. 즉 손해방지비용도 부보비율 (㉡   )%조건부 실손 보상조항을 적용하여 계산한다.
- 소(牛)도체결함보장 특약에서 사고소의 도체등급과 같은 등급의 전국평균 (㉢   ) 과 사고소 도체의 (㉢   ) 의 차액을 손해액으로 산정한다.
- 소(牛)도체결함보장 특약에서 지급할 보험금은 보험가액 및 손해액을 기준으로 하여 보통약관의 지급보험금계산에서 전부보험, 초과보험, 일부보험, 중복보험의 보험금 계산방식과 같이 계산한 금액에서 계산한 금액의 (㉣   )%를 자기부담금으로 차감한 금액으로 한다.

답

정답 ㉠ 50 ㉡ 80
㉢ 경락가격 ㉣ 20

04 돼지 질병위험보장 특약의 보험가액과 자기부담금에 관한 내용이다. (   )안에 알맞은 단어를 쓰시오. [5점]

- 보험가액 = (㉠   ) x 2.5 x (㉡   )
- 특약에서 자기부담금은 보통약관 지급보험금 계산방식에 따라서 계산한 금액에서 보험증권에 기재된 자기부담비율을 곱한 금액과 (㉢   )만 원 중 (㉣   )금액을 자기부담금으로 한다.

답

정답 ㉠ 모돈두수, ㉡ 자돈가격
㉢ 200 ㉣ 큰

05 다음은 돼지 축산휴지위험보장 특약에 관한 내용이다. (   )안에 알맞은 단어를 쓰시오. [5점]

> 축산휴지손해를 입었을 경우 손해액은 (㉠)으로 하며, 보험가액 및 손해액을 기준으로 하여 보통약관의 일반조항 지급보험금 계산방식에 따라서 지급보험금을 산정하고 (㉡)은 적용하지 않는다. 그리고 특별약관에서는 특별한 사정 등이 있는 경우 (㉢)을 공정하게 조정 할 수 있는 조항과 피보험자의 (㉣)조항을 두고 있다.

답

정답 ㉠ 보험가액, ㉡ 자기부담금
㉢ 이익률 ㉣ 손해경감 의무

06 다음은 돼지 축산휴지위험보장 특약의 보상하지 않는 손해에 관한 내용이다. (   )안에 알맞은 단어를 쓰시오. [5점]

> 1) 사용, 건축, 수리 또는 (㉠)를 규제하는 국가 또는 지방자치단체의 법령 및 이에 준하는 명령
> 2) (㉡), 허가, 계약, 주문 또는 발주 등의 정지, (㉢), 취소
> 3) 보험의 목적의 복구 또는 사업의 계속에 대한 방해
> 4) 보험에 가입하지 않은 재산의 손해
> 5) 관계당국에 의해 구내 (㉣)기간이 (㉤)일 초과하는 경우. 단, (㉤)일까지는 보상한다.

답

정답 ㉠ 철거, ㉡ 리스
㉢ 소멸 ㉣ 출입금지 ㉤ 14

제03절 보험금 지급 및 심사

01 가축재해보험의 비용손해 5가지를 나열하시오 [5점]

> 답

> 정답 ① 잔존물처리비용, ② 손해방지비용, ③ 대위권보전비용, ④ 잔존물 보전비용, ⑤ 기타 협력비용

02 가축재해보험에서 다음 조건에 따라 보험자가 지급해야 할 총 금액을 계산하시오. [10점]

보험가입금액	보험가액	손해액	잔존물 처리비용	손해방지비용
100,000,000원	200,000,000원	40,000,000원	10,000,000원	1,000,000원

대위권 보전비용	잔존물 보전비용	기타 협력비용	자기부담비율
2,000,000원	600,000원	1,000,000원	20%

> 답

정답 지급해야 할 총 금액 =지급할 보험금+잔존물 처리비용+손해방지비용+대위권 보전비용+ 잔존물 보전비용+기타협력비용
= 16,000,000원+4,000,000원 +500,000원+1,000,000원+300,000원+1,000,000원
= 22,800,000원

| 지급할 보험금 = (손해액 × 보험가입금액 / 보험가액) − 자기부담금 |
| =(40,000,000원×100,000,000원 / 200,000,000원) − 4,000,000원 = 16,000,000원 |
| 자기부담금 = (40,000,000원×100,000,000원 / 200,000,000원) × 20% = 4,000,000원 |

| 잔존물 처리비용 = (실제 잔존물 처리비용 × 보험가입금액 / 보험가액) − 자기부담금 |
| = (10,000,000원× 100,000,000원 / 200,000,000원) − 1,000,000원 = 4,000,000원 |
| 자기부담금 = (10,000,000원× 100,000,000원 / 200,000,000원) × 20% = 1,000,000원 |

| 손해방지비용 = (실제 손해방지비용 × 보험가입금액 / 보험가액) |
| = (1,000,000원× 100,000,000원 / 200,000,000원) = 500,000원 |

| 대위권 보전비용 = (실제 대위권 보전비용 × 보험가입금액 / 보험가액) |
| = (2,000,000원 × 100,000,000원 / 200,000,000원) = 1,000,000원 |

| 잔존물 보전비용 = (실제 잔존물 보전비용 × 보험가입금액 / 보험가액) |
| = (600,000원× 100,000,000원 / 200,000,000원) = 300,000원 |

| 기타 협력비용 = 1,000,000원 |

03 가축재해보험에서 비용손해의 지급한도에 관한 내용이다.( )안에 들어갈 내용을 순서대로 쓰시오.[5점]

가축보험 약관상 보험의 목적이 입은 손해에 의한 보험금과 약관에서 규정하는 (㉠)은 각각 지급보험금의 계산을 준용하여 계산하며, 그 합계액은 보험증권에 기재된 보험 가입금액을 한도로 한다. 다만, 잔존물 처리비용은 손해액의 (㉡)를 초과할 수 없다.
일부보험이나 (㉢)인 경우에는 손해방지비용, 대위권 보전비용 및 잔존물 보전비용은 상기 비례분담 방식 등으로 계산하며 (㉣)은 공제하지 않고 계산한 금액이 보험 가입금액을 초과하는 경우도 지급하고 (㉤)은 일부보험이나 중복보험인 경우에도 비례분담 방식 등으로 계산하지 않고 전액 지급하며 보험 가입금액을 초과한 경우에도 전액 지급한다.

답

정답 ㉠ 잔존물 처리비용 ㉡ 10%
㉢ 중복보험 ㉣자기부담금 ㉤협력비용

04 보험금 지급시 면부책판단의 요건을 서술하시오. [5점]

정답
- 면부책판단의 요건
1. 보험기간 내에 보험약관에서 담보하는 사고 인지 여부
2. 원인이 되는 사고와 결과적인 손해 사이 상당인과관계 여부
3. 보험사고가 상법과 보험약관에서 정한 면책조항 해당 여부
4. 약관에서 보상하는 손해 및 보상하지 않는 손해조항 이외에도 알릴의무 위반효과에 의거 손해보상책임이 달라질 수 있으므로 주의한다.

05 보험금 지급의 면책사유 확인시 확인해야 할 사항 5가지를 쓰시오 [5점]

정답 1. 고지의무 위반 여부, 2. 보험계약의 무효 사유, 3. 보험사고 발생의 고의성, 4. 청구서류에 고의로 사실과 다른 표기, 5. 청구시효 소멸 여부

06 다음은 보험사기의 성립요건에 대한 설명이다. ( )안에 알맞은 용어를 쓰시오 [5점]

1) 계약자 또는 보험 대상자에게 (㉠)가 있을 것
2) (㉡)가 있을 것
3) 상대방인 보험자가 (㉢)에 빠지는 것
4) 상대방인 보험자가 (㉢)에 빠져 그 결과 (㉣)의 의사표시를 한 것
5) 사기가 (㉤)일 것

정답 ㉠ 고의 ㉡ 기망행위 ㉢ 착오 ㉣ 승낙 ㉤ 위법

부록 1

농어업 재해보험 관련 용어

제1절 농어업재해보험 관련 용어

용어	내용
농어업재해	농작물·임산물·가축 및 농업용 시설물에 발생하는 자연재해·병충해·조수해·질병 또는 화재와 양식수산물 및 어업용 시설물에 발생하는 자연재해·질병 또는 화재
농어업재해보험	농어업재해로 발생하는 재산 피해에 따른 손해를 보상하기 위한 보험
보험가입금액	보험가입자의 재산 피해에 따른 손해가 발생한 경우 보험에서 최대로 보상할 수 있는 한도액으로서 보험가입자와 재해보험사업자 간에 약정한 금액
보험가액	재산보험에 있어 피보험이익을 금전으로 평가한 금액으로 보험목적에 발생할 수 있는 최대 손해액 (재해보험사업자가 실제 지급하는 보험금은 보험가액을 초과할 수 없음)
보험기간	계약에 따라 보장을 받는 기간
보험료	보험가입자와 재해보험사업자 간의 약정에 따라 보험가입자가 재해보험사업자에게 내야하는 금액
계약자부담 보험료	국가 및 지방자치단체의 지원보험료를 제외한 계약자가 부담하는 금액
보험금	보험가입자에게 재해로 인한 재산 피해에 따른 손해가 발생한 경우 보험가입자와 재해보험사업자 간의 약정에 따라 재해보험사업자가 보험가입자에게 지급하는 금액
시범사업	보험사업을 전국적으로 실시하기 전에 보험의 효용성 및 보험 실시 가능성 등을 검증하기 위하여 일정 기간 제한된 지역에서 실시하는 보험사업

〈옆페이지를 참조하여 (   )안에 알맞은 단어를 채우시오〉

용 어	내 용
농어업재해	농작물·( )·가축 및 농업용 시설물에 발생하는 자연재해·병충해·조수해·( )또는 화재와 ( ) 및 어업용 시설물에 발생하는 자연재해·질병 또는 화재
농어업 재해보험	농어업재해로 발생하는 ( )에 따른 손해를 보상하기 위한 보험
보험가입금액	보험가입자의 재산 피해에 따른 손해가 발생한 경우 보험에서 최대로 보상할 수 있는 한도액으로서 보험가입자와 재해보험사업자 간에 약정한 금액
보험가액	재산보험에 있어 ( )을 금전으로 평가한 금액으로 보험목적에 발생할 수 있는 ( ) (재해보험사업자가 실제 지급하는 보험금은 보험가액을 초과할 수 없음)
보험기간	계약에 따라 보장을 받는 기간
( )	보험가입자와 재해보험사업자 간의 약정에 따라 보험가입자가 재해보험사업자에게 내야하는 금액
계약자부담 보험료	국가 및 지방자치단체의 지원보험료를 제외한 계약자가 부담하는 금액
( )	보험가입자에게 재해로 인한 재산 피해에 따른 손해가 발생한 경우 보험가입자와 재해보험사업자 간의 약정에 따라 재해보험사업자가 보험가입자에게 지급하는 금액
( )	보험사업을 전국적으로 실시하기 전에 보험의 효용성 및 보험 실시 가능성 등을 검증하기 위하여 일정 기간 제한된 지역에서 실시하는 보험사업

제2절 농작물재해보험 관련 용어

01 농작물재해보험 계약관련 용어

가입(자)수	보험에 가입한 농가, 과수원(농지)수 등
가입률	가입대상면적 대비 가입면적을 백분율(100%)로 표시한 것
가입금액	보험에 가입한 금액으로, 재해보험사업자와 보험가입자간에 약정한 금액으로 보험사고가 발생할 때 재해보험사업자가 지급할 최대 보험금 산출의 기준이 되는 금액
계약자	재해보험사업자와 계약을 체결하고 보험료를 납부할 의무를 지는 사람
피보험자	보험사고로 인하여 손해를 입은 사람(법인인 경우에는 그 이사 또는 법인의 업무를 집행하는 그 밖의 기관)
보험증권	계약의 성립과 그 내용을 증명하기 위하여 재해보험사업자가 계약자에게 드리는 증서
보험의 목적	보험의 약관에 따라 보험에 가입한 목적물로 보험증권에 기재된 농작물의 과실 또는 나무, 시설작물 재배용 농업용시설물, 부대시설 등
농지	한 덩어리의 토지의 개념으로 필지(지번)에 관계없이 실제 경작하는 단위로 보험 가입의 기본 단위임. 하나의 농지가 다수의 필지로 구성될 수도 있고, 하나의 필지(지번)가 다수의 농지로 구분될 수도 있음
과수원	한 덩어리의 토지의 개념으로 필지(지번)와는 관계없이 과실을 재배하는 하나의 경작지
나무	계약에 의해 가입한 과실을 열매로 맺는 결과주
농업용시설물	시설작물 재배용으로 사용되는 구조체 및 피복재로 구성된 시설
구조체	기초, 기둥, 보, 중방, 서까래, 가로대 등 철골, 파이프와 이와 관련된 부속자재로 하우스의 구조적 역할을 담당하는 것
피복재	비닐하우스의 내부온도 관리를 위하여 시공된 투광성이 있는 자재
부대시설	시설작물 재배를 위하여 농업용시설물에 설치한 시설
동산시설	저온저장고, 선별기, 소모품(멀칭비닐, 배지, 펄라이트, 상토 등), 이동 가능(휴대용) 농기계 등 농업용 시설물 내 지면 또는 구조체에 고정되어 있지 않은 시설
보험료율	보험가입금액에 대한 보험료의 비율
환급금	무효, 효력상실, 해지 등에 의하여 환급하는 금액
자기부담금	손해액 중 보험가입 시 일정한 비율을 보험가입자가 부담하기로 약정한 금액. 즉, 일정비율 이하의 손해는 보험가입자 본인이 부담하고, 손해액이 일정비율을 초과한 금액에 대해서만 재해보험사업자가 보상 - 자기부담제도 : 소액손해의 보험처리를 배제함으로써 비합리적인 운영비 지출의 억제, 계약자 보험료 절약, 피보험자의 도덕적 위험 축소 및 방관적 위험의 배재 등의 효과를 위하여 실시하는 제도로, 가입자의 도덕적 해이를 방지하기 위한 수단으로 손해보험에서 대부분 운용
자기부담비율	보험사고로 인하여 발생한 손해에 대하여 보험가입자가 부담하는 일정 비율로 보험가입금액에 대한 비율

부록 농어업재해보험 관련용어

〈옆페이지를 참조하여 (   )안에 알맞은 단어를 채우시오〉

용 어	내 용
가입(자)수	보험에 가입한 농가, 과수원(농지)수 등
( )	가입대상면적 대비 가입면적을 백분율(100%)로 표시한 것
가입금액	보험에 가입한 금액으로, 재해보험사업자와 보험가입자간에 약정한 금액으로 보험사고가 발생할 때 재해보험사업자가 지급할 최대 보험금 산출의 기준이 되는 금액
피보험자	보험사고로 인하여 손해를 입은 사람(법인인 경우에는 그 이사 또는 법인의 업무를 집행하는 그 밖의 기관)
보험의 목적	보험의 약관에 따라 보험에 가입한 목적물로 ( )에 기재된 농작물의 과실 또는 ( ), ( )재배용 ( ), ( ) 등
( )	한 덩어리의 토지의 개념으로 필지(지번)에 관계없이 실제 경작하는 단위로 보험가입의 기본 단위임. 하나의 농지가 다수의 필지로 구성될 수도 있고, 하나의 필지(지번)가 다수의 농지로 구분될 수도 있음
과수원	한 덩어리의 토지의 개념으로 필지(지번)와는 관계없이 과실을 재배하는 하나의 경작지
나 무	계약에 의해 가입한 과실을 열매로 맺는 ( )
농업용시설물	시설작물 재배용으로 사용되는 ( ) 및 ( )로 구성된 시설
( )	기초, 기둥, 보, 중방, 서까래, 가로대 등 철골, 파이프와 이와 관련된 부속자재로 하우스의 구조적 역할을 담당하는 것
피복재	비닐하우스의 ( ) 관리를 위하여 시공된 ( )이 있는 자재
( )	시설작물 재배를 위하여 농업용시설물에 설치한 시설
( )	저온저장고, 선별기, 소모품(멀칭비닐, 배지, 펄라이트, 상토 등), 이동 가능(휴대용) 농기계 등 농업용 시설물 내 지면 또는 ( )에 고정되어 있지 않은 시설
보험료율	보험가입금액에 대한 보험료의 비율
환급금	무효, ( ), 해지 등에 의하여 환급하는 금액
자기부담금	손해액 중 보험가입 시 일정한 비율을 보험가입자가 부담하기로 약정한 금액. 즉, 일정비율 이하의 손해는 보험가입자 본인이 부담하고, 손해액이 일정비율을 초과한 금액에 대해서만 재해보험사업자가 보상 - 자기부담제도 : ( )의 보험처리를 배제함으로써 비합리적인 운영비 지출의 억제, 계약자 보험료 절약, 피보험자의 도덕적 위험 축소 및 방관적 위험의 배재 등의 효과를 위하여 실시하는 제도로, 가입자의 ( )를 방지하기 위한 수단으로 손해보험에서 대부분 운용
자기부담비율	보험사고로 인하여 발생한 손해에 대하여 보험가입자가 부담하는 일정 비율로 ( )에 대한 비율

02 농작물재해보험 보상관련 용어

용어	내용
보험사고	보험계약에서 재해보험사업자가 어떤 사실의 발생을 조건으로 보험금의 지급을 약정한 우연한 사고(사건 또는 위험이라고도 함)
사고율	사고수(농가 또는 농지수) ÷ 가입수(농가 또는 농지수) × 100
손해율	보험료에 대한 보험금의 백분율
피해율	보험금 계산을 위한 최종 피해수량의 백분율
식물체피해율	경작불능조사에서 고사한 식물체(수 또는 면적)를 보험가입식물체(수 또는 면적)으로 나누어 산출한 값
전수조사	보험가입금액에 해당하는 농지에서 경작한 수확물을 모두 조사하는 방법
표본조사	보험가입금액에 해당하는 농지에서 경작한 수확물의 특성 또는 수확물을 잘 나타낼 수 있는 일부를 표본으로 추출하여 조사하는 방법
재조사	보험가입자가 손해평가반의 손해평가결과에 대하여 설명 또는 통지를 받은 날로부터 7일 이내에 손해평가가 잘못되었음을 증빙하는 서류 또는 사진 등을 제출하는 경우 재해보험사업자가 다른 손해평가반으로 하여금 실시하게 할 수 있는 조사
검증조사	재해보험사업자 또는 재보험사업자가 손해평가반이 실시한 손해평가결과를 확인하기 위하여 손해평가를 실시한 보험목적물 중에서 일정수를 임의 추출하여 확인하는 조사

03 수확량 및 가격 관련 용어

용어	내용
평년수확량	가입년도 직전 5년 중 보험에 가입한 연도의 실제 수확량과 표준수확량을 가입 횟수에 따라 가중 평균하여 산출한 해당 농지에 기대되는 수확량
표준수확량	가입품목의 품종, 수령, 재배방식 등에 따라 정해진 수확량
평년착과량	가입수확량 산정 및 적과 종료 전 보험사고 시 감수량 산정의 기준이 되는 착과량
평년착과수	평년착과량을 가입과중으로 나누어 산출 한 것
가입수확량	보험에 가입한 수확량으로 평년수확량의 일정범위(50%~100%) 내에서 보험계약자가 결정한 수확량으로 가입금액의 기준
가입과중	보험에 가입할 때 결정한 과실의 1개당 평균 과실무게
기준착과수	보험금을 산정하기 위한 과수원별 기준 과실수
기준수확량	기준착과수에 가입과중을 곱하여 산출한 양
적과후착과수	통상적인 적과 및 자연낙과 종료 시점의 착과수

02 농작물재해보험 보상관련 용어 (　　)안에 알맞은 단어를 채우시오〉

용어	내용
보험사고	보험계약에서 재해보험사업자가 어떤 사실의 발생을 조건으로 보험금의 지급을 약정한 우연한 사고(사건 또는 (　　)이라고도 함)
사고율	(　　)(농가 또는 농지수) ÷ (　　)(농가 또는 농지수) × 100
손해율	(　　)에 대한 (　　)의 백분율
피해율	(　　) 계산을 위한 (　　)의 백분율
식물체피해율	(　　)에서 고사한 식물체(수 또는 면적)를 (　　)(수 또는 면적)으로 나누어 산출한 값
전수조사	(　　)에 해당하는 농지에서 경작한 수확물을 모두 조사하는 방법
표본조사	보험가입금액에 해당하는 농지에서 경작한 수확물의 특성 또는 수확물을 잘 나타낼 수 있는 일부를 표본으로 추출하여 조사하는 방법
재조사	보험가입자가 손해평가반의 손해평가결과에 대하여 설명 또는 통지를 받은 날로부터 (　　)일 이내에 손해평가가 잘못되었음을 (　　)하는 서류 또는 (　　) 등을 제출하는 경우 재해보험사업자가 다른 손해평가반으로 하여금 실시하게 할 수 있는 조사
검증조사	재해보험사업자 또는 재보험사업자가 손해평가반이 실시한 손해평가결과를 확인하기 위하여 손해평가를 실시한 보험목적물 중에서 일정수를 (　　)하여 확인하는 조사

03 수확량 및 가격 관련 용어

용어	내용
평년수확량	가입년도 직전 (　　)년 중 보험에 가입한 연도의 실제 수확량과 (　　)을 (　　)에 따라 (　　)하여 산출한 해당 농지에 기대되는 수확량
(　　)	가입품목의 품종, 수령, 재배방식 등에 따라 정해진 수확량
평년착과량	(　　) 산정 및 적과 종료 전 보험사고 시 (　　)산정의 기준이 되는 착과량
평년착과수	평년착과량을 (　　)으로 나누어 산출 한 것
가입수확량	보험에 가입한 수확량으로 (　　)의 일정범위(50%~100%) 내에서 보험계약자가 결정한 수확량으로 (　　)의 기준
(　　)	보험에 가입할 때 결정한 과실의 1개당 평균 과실무게
기준착과수	보험금을 산정하기 위한 과수원별 기준 과실수
기준수확량	기준착과수에 가입과중을 곱하여 산출한 양
적과후착과수	(　　)통상적인 적과 및 (　　) 종료 시점의 착과수

적과후착과량	적과후 착과수에 가입과중을 곱하여 산출한 양
감수과실수	보장하는 자연재해로 손해가 발생한 것으로 인정되는 과실 수
감수량	감수과실수에 가입과중을 곱한 무게
평년결실수	가입연도 직전 5년 중 보험에 가입한 연도의 실제결실수와 표준결실수(품종에 따라 정해진 결과모지 당 표준적인 결실수)를 가입 횟수에 따라 가중평균하여 산출한 해당 과수원에 기대되는 결실수 ※ 결과지 : 과수에 꽃눈이 붙어 개화 결실하는 가지(열매가지라고도 함) ※ 결과모지 : 결과지보다 1년이 더 묵은 가지
평년결과 모지수	가입연도 직전 5년 중 보험에 가입한 연도의 실제결과모지수와 표준결과모지수(하나의 주지에서 자라나는 표준적인 결과모지수)를 가입 횟수에 따라 가중평균하여 산출한 해당 과수원에 기대되는 결과모지수
미보상감수량	감수량 중 보상하는 재해 이외의 원인으로 감소한 양
생산비	작물의 생산을 위하여 소비된 재화나 용역의 가치로 종묘비, 비료비, 농약비, 영농광열비, 수리비, 기타 재료비, 소농구비, 대농구 상각비, 영농시설 상각비, 수선비, 기타 요금, 임차료, 위탁 영농비, 고용노동비, 자가노동비, 유동자본용역비, 고정자본용역비, 토지자본용역비 등을 포함
보장생산비	생산비에서 수확기에 발생되는 생산비를 차감한 값
가입가격	보험에 가입한 농작물의 kg당 가격
표준가격	농작물을 출하하여 통상 얻을 수 있는 표준적인 kg당 가격
기준가격	보험에 가입할 때 정한 농작물의 kg당 가격
수확기가격	보험에 가입한 농작물의 수확기 kg당 가격 ※ 올림픽 평균 : 연도별 평균가격 중 최대값과 최소값을 제외하고 남은 값들의 산술평균 ※ 농가수취비율 : 도매시장 가격에서 유통비용 등을 차감한 농가수취가격이 차지하는 비율로 사전에 결정된 값

〈옆페이지를 참조하여 (　　　)안에 알맞은 단어를 채우시오〉

적과후착과량	적과후 착과수에 가입과중을 곱하여 산출한 양
(　　　)	보장하는 자연재해로 손해가 발생한 것으로 인정되는 과실 수
감수량	감수과실수에 가입과중을 곱한 무게
평년결실수	가입연도 직전 5년 중 보험에 가입한 연도의 실제결실수와 표준결실수(품종에 따라 정해진 결과모지 당 표준적인 결실수)를 가입 횟수에 따라 가중평균하여 산출한 해당 과수원에 기대되는 결실수 ※ 결과지 : 과수에 (　　　)이 붙어 (　　　) 결실하는 가지((　　　)라고도 함) ※ (　　　) : 결과지보다 1년이 더 묵은 가지
(　　　)	가입연도 직전 5년 중 보험에 가입한 연도의 실제결과모지수와 표준결과모지수(하나의 주지에서 자라나는 표준적인 결과모지수)를 가입 횟수에 따라 가중평균하여 산출한 해당 과수원에 기대되는 결과모지수
(　　　)	감수량 중 보상하는 재해 이외의 원인으로 감소한 양
(　　　)	작물의 생산을 위하여 소비된 재화나 용역의 가치로 종묘비, 비료비, 농약비, 영농광열비, 수리비, 기타 재료비, 소농구비, 대농구 상각비, 영농시설 상각비, 수선비, 기타 요금, 임차료, 위탁 영농비, 고용노동비, 자가노동비, 유동자본용역비, 고정자본용역비, 토지자본용역비 등을 포함
보장생산비	생산비에서 (　　　)에 발생되는 생산비를 차감한 값
(　　　)	보험에 가입한 농작물의 kg당 가격
(　　　)	농작물을 출하하여 통상 얻을 수 있는 표준적인 kg당 가격
(　　　)	보험에 가입할 때 정한 농작물의 kg당 가격
(　　　)	보험에 가입한 농작물의 수확기 kg당 가격 ※ (　　　) : 연도별 평균가격 중 최대값과 최소값을 제외하고 남은 값들의 산술평균 ※ (　　　) : 도매시장 가격에서 (　　　) 등을 차감한 농가수취가격이 차지하는 비율로 사전에 결정된 값

04 조사 관련 용어

용 어	내 용
실제결과주수	가입일자를 기준으로 농지(과수원)에 식재된 모든 나무 수. 다만, 인수조건에 따라 보험에 가입할 수 없는 나무(유목 및 제한 품종 등) 수는 제외
고사주수	실제결과나무수 중 보상하는 손해로 고사된 나무 수
미보상주수	실제결과나무수 중 보상하는 손해 이외의 원인으로 고사되거나 수확량(착과량)이 현저하게 감소된 나무 수
기수확주수	실제결과나무수 중 조사일자를 기준으로 수확이 완료된 나무 수
수확불능주수	실제결과나무수 중 보상하는 손해로 전체주지·꽃(눈) 등이 보험약관에서 정하는 수준이상 분리되었거나 침수되어, 보험기간 내 수확이 불가능하나 나무가 죽지는 않아 향후에는 수확이 가능한 나무 수
조사대상주수	실제결과나무수에서 고사나무수, 미보상나무수 및 수확완료나무수, 수확불능나무수를 뺀 나무 수로 과실에 대한 표본조사의 대상이 되는 나무 수
실제경작면적	가입일자를 기준으로 실제 경작이 이루어지고 있는 모든 면적을 의미하며, 수확불능(고사)면적, 타작물 및 미보상면적, 기수확면적을 포함
수확불능(고사)면적	실제경작면적 중 보상하는 손해로 수확이 불가능한 면적
타작물 및 미보상면적	실제경작면적 중 목적물 외에 타작물이 식재되어 있거나 보상하는 손해 이외의 원인으로 수확량이 현저하게 감소된 면적
기수확면적	실제경작면적 중 조사일자를 기준으로 수확이 완료된 면적

농어업재해보험 관련용어

용어	내용
실제결과주수	( )를 기준으로 농지(과수원)에 식재된 모든 나무 수. 다만, ( )에 따라 보험에 가입할 수 없는 나무(유목 및 제한 품종 등) 수는 제외
( )	실제결과나무수 중 보상하는 손해로 고사된 나무 수
미보상주수	실제결과나무수 중 보상하는 손해 이외의 원인으로 고사되거나 수확량(착과량)이 현저하게 감소된 나무 수
( )	실제결과나무수 중 ( )를 기준으로 수확이 완료된 나무 수
수확불능주수	실제결과나무수 중 보상하는 손해로 ( )·꽃(눈) 등이 보험약관에서 정하는 수준이상 ( )되었거나 ( )되어, 보험기간 내 수확이 불가능하나 나무가 죽지는 않아 향후에는 수확이 가능한 나무 수
( )	실제결과나무수에서 고사나무수, 미보상나무수 및 수확완료나무수, 수확불능나무수를 뺀 나무 수로 과실에 대한 ( )의 대상이 되는 나무 수
실제경작면적	( )를 기준으로 실제 경작이 이루어지고 있는 모든 면적을 의미하며, 수확불능(고사)면적, 타작물 및 미보상면적, 기수확면적을 포함
수확불능(고사)면적	실제경작면적 중 보상하는 손해로 수확이 불가능한 면적
타작물 및 미보상면적	실제경작면적 중 목적물 외에 타작물이 식재되어 있거나 보상하는 손해 이외의 원인으로 수확량이 현저하게 감소된 면적
( )	실제경작면적 중 조사일자를 기준으로 수확이 완료된 면적

기출뽀개기

제3회 기출문제

다음은 업무방법에서 사용하는 용어의 정의이다. 설명하는 내용에 알맞은 용어를 답란에 쓰시오. [5점]

㉠ 실제경작면적 중 보상하는 손해로 수확이 불가능한 면적을 의미한다.
㉡ 하나의 보험가입금액에 해당하는 농지 또는 과수원에서 경작한 목적물(수확물)을 모두 조사하는 것을 말한다.
㉢ 실제결과나무수에서 고사나무수, 미보상나무수 및 수확완료나무수, 수확불능나무수를 뺀 나무 수로 과실에 대한 표본조사의 대상이 되는 나무 수를 의미한다.
㉣ 실제경작면적 중 조사일자를 기준으로 수확이 완료된 면적을 의미한다.
㉤ 실제결과나무수 중 보상하는 손해 이외의 원인으로 고사하거나 수확량(착과량)이 현저하게 감소한 나무 수를 의미한다.

답

정답 ㉠ 수확불능(고사)면적, ㉡ 전수조사, ㉢ 조사대상주수 ㉣ 기수확면적, ㉤ 미보상주수

05 재배 및 피해형태 구분 관련 용어

용어	내 용
꽃눈분화	영양조건, 기간, 기온, 일조시간 따위의 필요조건이 다차서 꽃눈이 형성되는 현상
꽃눈분화기	과수원에서 꽃눈분화가 50%정도 진행된 때
낙 과	나무에서 떨어진 과실
착 과	나무에 달려있는 과실
적 과	해거리를 방지하고 안정적인 수확을 위해 알맞은 양의 과실만 남기고 나무로부터 과실을 따버리는 행위
열 과	과실이 숙기에 과다한 수분을 흡수하고 난 후 고온이 지속될 경우 수분을 배출하면서 과실이 갈라지는 현상
발 아	(꽃 또는 잎) 눈의 인편이 1~2mm정도 밀려나오는 현상
발아기	과수원에서 전체 눈이 50% 정도 발아한 시기
신초발아	신초(당년에 자라난 새가지)가 1~2mm정도 자라기 시작하는 현상
신초발아기	과수원에서 전체 신초(당년에 자라난 새가지)가 50%정도 발아한 시점
수확기	농지(과수원)가 위치한 지역의 기상여건을 감안하여 해당 목적물을 통상적으로 수확하는 시기
유 실	나무가 과수원 내에서의 정위치를 벗어나 그 점유를 잃은 상태
매 몰	나무가 토사 및 산사태 등으로 주간부의 30%이상이 묻힌 상태
도 복	나무가 45°이상 기울어지거나 넘어진 상태
절 단	나무의 주간부가 분리되거나 전체 주지·꽃(눈) 등의 2/3이상이 분리된 상태
절단 (1/2)	나무의 주간부가 분리되거나 전체 주지·꽃(눈) 등의 1/2 이상이 분리된 상태
신초 절단	단감, 떫은감의 신초의 2/3이상이 분리된 상태
침 수	나무에 달린 과실(꽃)이 물에 잠긴 상태
소 실	화재로 인하여 나무의 2/3 이상이 사라지는 것
소실(1/2)	화재로 인하여 나무의 1/2 이상이 사라지는 것
이 앙	못자리 등에서 기른 모를 농지로 옮겨심는 일
직 파 (담수점파)	물이 있는 논에 파종 하루 전 물을 빼고 종자를 일정 간격으로 점파하는 파종방법
종실비대기	두류(콩, 팥)의 꼬투리 형성기
출 수	벼(조곡)의 이삭이 줄기 밖으로 자란 상태
출수기	농지에서 전체 이삭이 70%정도 출수한 시점
정 식	온상, 묘상, 모밭 등에서 기른 식물체를 농업용 시설물 내에 옮겨 심는 일
정식일	정식을 완료한 날
작 기	작물의 생육기간으로 정식일(파종일)로부터 수확종료일 까지의 기간
출 현	농지에 파종한 씨(종자)로부터 자란 싹이 농지표면 위로 나오는 현상
(버 섯) 종균접종	버섯작물의 종균을배지 혹은 원목을 접종하는 것

제1회 기출문제

종합위험방식 벼 상품 및 업무방법에서 정하는 용어를 순서대로 답란에 쓰시오. [5점]
(2022개정 이론서에 따라 문제 변형)

- ( ) : 못자리 등에서 기른 모를 농지로 옮겨 심는 일
- ( ) : 물이 있는 논에 종자를 파종하는 방법
- ( ) : 벼의 이삭이 줄기 밖으로 자란 상태
- ( ) : 개간, 복토 등을 통해 논으로 변경한 농지
- ( ) : 태풍이나 비바람 등의 자연현상으로 인하여 연안지대의 경지에 바닷물이 들어와서 발생하는 피해

답

정답 이앙, 직파(담수점파), 출수, 전환지, 조해

제1회 기출문제

농작물재해보험 업무방법에서 정하는 용어를 순서대로 답란에 쓰시오. [5점]

- ( ) : 영양조건, 기간, 기온, 일조시간 등 필요조건이 다 차서 꽃눈이 형성되는 현상
- ( ) : 가입수확량 산정 및 적과종료전 보험사고 시 감수량 산정의 기준이 되는 수확량
- ( ) : 신초 (당년에 자라난 새가지)가 1~2mm정도 자라기 시작하는 현상
- ( ) : 보상하는 재해 이외의 원인으로 수확량이 감소되었다고 평가되는 부분을 말하며, 계약 당시 이미 발생한 피해, 병해충으로 인한 피해 및 제초 상태 불량 등으로 인한 수확감소량으로서 피해율 산정 시 감수량에서 제외되는 것
- ( ) : 보험의 목적에 대한 피보험이익을 금전으로 평가한 금액 또는 보험의 목적에 발생할 수 있는 최대손해액

답

정답 꽃눈 분화, 평년착과량, 신초발아, 미보상감수량, 보험가액

06 기타 보험 용어

용어	내용
연단위 복리	재해보험사업자가 지급할 금전에 이자를 줄 때 1년마다 마지막 날에 그 이자를 원금에 더한 금액을 다음 1년의 원금으로 하는 이자 계산방법.
영업일	재해보험사업자가 영업점에서 정상적으로 영업하는 날을 말하며, 토요일, '관공서의 공휴일에 관한 규정'에 따른 공휴일과 근로자의 날을 제외
잔존물 제거비용	사고 현장에서의 잔존물의 해체비용, 청소비용 및 차에싣는 비용. 다만, 보장하지 않는 위험으로 보험의 목적이 손해를 입거나 관계법령에 의하여 제거됨으로써 생긴 손해에 대해서는 미보상
손해방지 비용	손해의 방지 또는 경감을 위하여 지출한 필요 또는 유익한 비용
대위권 보전비용	제3자로부터 손해의 배상을 받을 수 있는 경우에는 그 권리를 지키거나 행사하기 위하여 지출한 필요 또는 유익한 비용
잔존물 보전비용	잔존물을 보전하기 위하여 지출한 필요 또는 유익한 비용
기타 협력비용	재해보험사업자의 요구에 따르기 위하여 지출한 필요 또는 유익한 비용 ※ 청소비용 : 사고 현장 및 인근 지역의 토양, 대기 및 수질 오염물질 제거비용과 차에 실은 후 폐기물 처리비용은 포함되지 않는다.

〈옆페이지를 참조하여 ( )안에 알맞은 단어를 채우시오〉

용어	내용
( )	재해보험사업자가 지급할 금전에 이자를 줄 때 1년마다 마지막 날에 그 이자를 원금에 더한 금액을 다음 1년의 원금으로 하는 이자 계산방법.
영업일	재해보험사업자가 영업점에서 정상적으로 영업하는 날을 말하며, 토요일, '관공서의 공휴일에 관한 규정'에 따른 공휴일과 ( )을 제외
( )	사고 현장에서의 잔존물의 해체비용, 청소비용 및 차에 싣는 비용. 다만, 보장하지 않는 위험으로 보험의 목적이 손해를 입거나 관계법령에 의하여 제거됨으로써 생긴 손해에 대해서는 미보상
손해방지비용	손해의 방지 또는 ( )을 위하여 지출한 필요 또는 ( )한 비용
( )	제3자로부터 손해의 배상을 받을 수 있는 경우에는 그 권리를 지키거나 행사하기 위하여 지출한 필요 또는 유익한 비용
잔존물 보전비용	잔존물을 보전하기 위하여 지출한 필요 또는 유익한 비용
기타 협력비용	재해보험사업자의 ( )에 따르기 위하여 지출한 필요 또는 유익한 비용

※ 청소비용 : 사고 현장 및 인근 지역의 토양, 대기 및 수질 오염물질 제거 비용과 차에 실은 후 폐기물 처리비용은 포함되지 않는다.

제3절 가축재해보험 관련 용어

01 가축재해보험 계약관련

용 어	내 용
보험의 목적	보험에 가입한 물건으로 보험증권에 기재된 가축 등
보험계약자	재해보험사업자와 계약을 체결하고 보험료를 납입할 의무를 지는 사람
피보험자	보험사고로 인하여 손해를 입은 사람 ※ 법인인 경우에는 그 이사 또는 법인의 업무를 집행하는 그 밖의 기관
보험기간	계약에 따라 보장을 받는 기간
보험증권	계약의 성립과 그 내용을 증명하기 위하여 재해보험사업자가 계약자에게 드리는 증서
보험약관	보험계약에 대한 구체적인 내용을 기술한 것으로 재해보험사업자가 작성하여 보험계약자에게 제시하는 약정서
보험사고	보험계약에서 재해보험사업자가 어떤 사실의 발생을 조건으로 보험금의 지급을 약정한 우연한 사고(사건 또는 위험)
보험가액	피보험이익을 금전으로 평가한 금액으로 보험목적에 발생할 수 있는 최대 손해액 ※ 재해보험사업자가 실제 지급하는 보험금은 보험가액을 초과할 수 없음
자기부담금	보험사고로 인하여 발생한 손해에 대하여 계약자 또는 피보험자가 부담하는 일정 금액
보험금 분담	보험계약에서 보장하는 위험과 같은 위험을 보장하는 다른 계약(공제계약 포함)이 있을 경우 비율에 따라 손해를 보상
대위권	재해보험사업자가 보험금을 지급하고 취득하는 법률상의 권리
재조달가액	보험의 목적과 동형, 동질의 신품을 재조달하는데 소요되는 금액
가입률	가입대상 두(頭)수 대비 가입두수를 백분율(100%)
손해율	보험료에 대한 보험금의 백분율(100%)
사업이익	1두당 평균 가격에서 경영비를 뺀 잔액
경영비	통계청에서 발표한 최근의 비육돈 평균 경영비
이익률	손해발생 시에 다음의 산식에 의해 얻어진 비율 단, 이 기간 중에 이익률이 16.5% 미만일 경우 이익률은 16.5% $$이익률 = \frac{(1두당\ 비육돈(100kg\ 기준)의\ 평균가격\ -\ 경영비)}{1두당\ 비육돈(100kg\ 기준)의\ 평균가격}$$

〈옆페이지를 참조하여 (   )안에 알맞은 단어를 채우시오〉

용어	내 용
( )	보험에 가입한 물건으로 보험증권에 기재된 가축 등
보험계약자	재해보험사업자와 계약을 체결하고 보험료를 납입할 의무를 지는 사람
피보험자	( )로 인하여 손해를 입은 사람 ※ 법인인 경우에는 그 이사 또는 법인의 업무를 집행하는 그 밖의 기관
보험기간	계약에 따라 보장을 받는 기간
( )	계약의 성립과 그 내용을 증명하기 위하여 재해보험사업자가 계약자에게 드리는 증서
( )	보험계약에 대한 구체적인 내용을 기술한 것으로 재해보험사업자가 작성하여 보험계약자에게 제시하는 ( )
보험사고	보험계약에서 재해보험사업자가 어떤 사실의 발생을 조건으로 보험금의 지급을 약정한 우연한 사고(사건 또는 ( ))
보험가액	피보험이익을 금전으로 평가한 금액으로 보험목적에 발생할 수 있는 최대 손해액 ※ 재해보험사업자가 실제 지급하는 보험금은 보험가액을 초과할 수 없음
자기부담금	보험사고로 인하여 발생한 손해에 대하여 계약자 또는 피보험자가 부담하는 일정 금액
보험금 분담	보험계약에서 보장하는 위험과 같은 위험을 보장하는 다른 계약(공제계약 포함)이 있을 경우 ( )에 따라 손해를 보상
( )	재해보험사업자가 보험금을 지급하고 취득하는 법률상의 권리
( )	보험의 목적과 동형, 동질의 신품을 재조달하는데 소요되는 금액
( )	가입대상 두(頭)수 대비 가입두수를 백분율(100%)
손해율	보험료에 대한 보험금의 백분율(100%)
( )	1두당 평균 가격에서 ( )를 뺀 잔액
경영비	통계청에서 발표한 최근의 ( ) 평균 경영비
이익률	손해발생 시에 다음의 산식에 의해 얻어진 비율 단, 이 기간 중에 이익률이 16.5% 미만일 경우 이익률은 16.5% $$이익률 = \frac{(1두당\ 비육돈(100kg\ 기준)의\ 평균가격\ -\ 경영비)}{1두당\ 비육돈(100kg\ 기준)의\ 평균가격}$$

02 가축재해관련

풍재·수재 설해·지진	태풍, 홍수, 호우, 강풍, 풍랑, 해일, 대설, 조수, 우박, 지진, 분화 등으로 인한 피해
폭염	대한민국 기상청에서 내려지는 폭염특보(주의보 및 경보)
소(牛) 도체결함	도축장에서 도축되어 경매시까지 발견된 도체의 결함이 경락가격에 직접적인 영향을 주어 손해가 발생한 경우
축산휴지	보험의 목적의 손해로 인하여 불가피하게 발생한 전부 또는 일부의 축산업 중단을 말함
축산휴지 손해	보험의 목적의 손해로 인하여 불가피하게 발생한 전부 또는 일부의 축산업 중단되어 발생한 사업이익과 보상위험에 의한 손해가 발생하지 않았을 경우 예상되는 사업이익의 차감금액을 말한다.
전기적장치 위험	여자기(정류기 포함), 변류기, 변압기, 전압조정기, 축전기, 개폐기, 차단기, 피뢰기, 배전반 및 이와 비슷한 전기장치 또는 설비 중 전기장치 또는 설비가 파괴 또는 변조되어 온도의 변화로 보험의 목적에 손해가 발생한 경우

03 가축질병관련

돼지 전염성 위장염(TGE)	Coronavirus 속에 속하는 전염성 위장염 바이러스의 감염에 의한 돼지의 전염성 소화기병 구토, 수양성 설사, 탈수가 특징으로 일령에 관계없이 발병하며 자돈일수록 폐사율이 높게 나타남, 주로 추운 겨울철에 많이 발생하며 전파력이 높음
돼지 유행성 설사병 (PED)	Coronavirus에 의한 자돈의 급성 유행성설사병으로 포유자돈의 경우 거의 100%의 치사율을 나타남(로타바이러스감염증) 레오바이러스과의 로타바이러스 속의 돼지 로타바이러스가 병원체이며, 주로 2~6주령의 자돈에서설사를 일으키며 3주령부터 폐사가 더욱 심하게 나타남
구제역	구제역 바이러스의 감염에 의한 우제류 동물(소·돼지 등 발굽이 둘로 갈라진 동물)의 악성가축전염병(1종법정가축전염병)으로 발굽 및 유두 등에 물집이 생기고, 체온상승과식욕저하가 수반되는 것이 특징
AI (조류 인플루엔자)	AI 바이러스 감염에 의해 발생하는 조류의 급성 전염병으로 병원의 정도에 따라고병원성과 저병원성으로 구분되며, 고병원성 AI의 경우 세계 동물보건기구(OIE)의 관리대상질병으로 지정되어 있어 발생 시 OIE에 의무적으로 보고해야 함
돼지열병	제1종 가축전염병으로 사람에 감염되지 않으나, 발생국은 돼지 및 돼지고기의 수출이 제한※ '01년 청정화 이후, '02년 재발되어 예방접종 실시
난계대 전염병	조류의 특유 병원체가 종란에 감염하여 부화 후 초생추에서 병을 발생시키는 질병(추백리 등)

02 가축재해관련 〈옆페이지를 참조하여 (   )안에 알맞은 단어를 채우시오〉

풍재·수재 설해·지진	태풍, 홍수, 호우, 강풍, 풍랑, ( ), 대설, 조수, 우박, 지진, ( ) 등으로 인한 피해
폭 염	대한민국 기상청에서 내려지는 폭염특보(주의보 및 경보)
소(牛) 도체결함	도축장에서 도축되어 ( )시까지 발견된 도체의 결함이 ( )에 직접적인 영향을 주어 손해가 발생한 경우
축산휴지	보험의 목적의 손해로 인하여 불가피하게 발생한 전부 또는 일부의 축산업 중단을 말함
축산휴지 손해	보험의 목적의 손해로 인하여 불가피하게 발생한 전부 또는 일부의 축산업이 중단되어 발생한 ( )과 ( )에 의한 손해가 발생하지 않았을 경우 예상되는 ( )의 ( )을 말한다.
전기적장치 위험	여자기(정류기 포함), 변류기, 변압기, 전압조정기, 축전기, 개폐기, 차단기, 피뢰기, 배전반 및 이와 비슷한 전기장치 또는 설비 중 전기장치 또는 설비가 파괴 또는 ( )되어 ( )의 변화로 보험의 목적에 손해가 발생한 경우

03 가축질병관련

돼지 전염성 위장염(TGE)	Coronavirus 속에 속하는 전염성 위장염 바이러스의 감염에 의한 돼지의 전염성 소화기병 ( ), 수양성( ), ( )가 특징으로 일령에 관계없이 발병하며 ( )록 ( )이 높게 나타남, 주로 추운 겨울철에 많이 발생하며 전파력이 높음
돼지 유행성 설사병 (PED)	Coronavirus에 의한 ( )의 급성 유행성설사병으로 포유자돈의 경우 거의 100%의 치사율을 나타남(로타바이러스감염증) 레오바이러스과의 로타바이러스 속의 돼지 ( )가 병원체이며, 주로 2~6주령의 자돈에서 설사를 일으키며 ( )주령부터 폐사가 더욱 심하게 나타남
구제역	구제역 바이러스의 감염에 의한 우제류 동물(소·돼지 등 발굽이 둘로 갈라진 동물)의 악성가축전염병(1종법정가축전염병)으로 ( ) 및 유두 등에 물집이 생기고, 체온상승과 식욕저하가 수반되는 것이 특징
AI (조류 인플루엔자)	AI 바이러스 감염에 의해 발생하는 조류의 급성 전염병으로 병원의 정도에 따라 ( )과 ( )으로 구분되며, 고병원성 AI의 경우 세계 동물보건기구(OIE)의 관리대상질병으로 지정되어 있어 발생 시 OIE에 의무적으로 보고해야 함
( )	제1종 가축전염병으로 사람에 감염되지 않으나, 발생국은 돼지 및 돼지고기의 수출이 제한 ※ '01년 청정화 이후, '02년 재발되어 예방접종 실시
( )	조류의 특유 병원체가 종란에 감염하여 부화 후 초생추에서 병을 발생시키는 질병 (추백리 등)

04 기타 축산 관련

용 어	내 용
가축계열화	가축의 생산이나 사육·사료공급·가공·유통의 기능을 연계한 일체의 통합 경영활동을 의미
가축계열화 사업	농민과 계약(위탁)에 의하여 가축·사료·동물용 의약품·기자재·보수 또는 경영지도 서비스 등을 공급(제공)하고, 당해 농민이 생산한 가축을 도축·가공 또는 유통하는 사업방식
돼지MSY (Marketing per Sow per Yea)r	어미돼지 1두가 1년간 생산한 돼지 중 출하체중(110kg)이 될 때까지 생존하여 출하한 마리 수
산란수	산란계 한 계군에서 하루 동안에 생산된 알의 수를 의미하며, 산란계 한 마리가 산란을 시작하여 도태 시까지 낳는 알의 총수는 산란지수로 표현
자조금관리 위원회	자조금의 효과적인 운용을 위해 축산업자 및 학계·소비자·관계 공무원 및 유통 전문가로 구성된 위원회이며 품목별로 설치되어 해당 품목의 자조금의 조성 및 지출, 사업 등 운용에 관한 사항을 심의·의결 ※ (축산자조금(9개 품목)) 한우, 양돈, 낙농, 산란계, 육계, 오리, 양록, 양봉, 육우
축산물 브랜드 경영체	특허청에 브랜드를 등록하고 회원 농가들과 종축·사료·사양관리 등 생산에 대한 규약을 체결하여 균일한 품질의 고급육을 생산·출하하는 축협조합 및 영농조합법인
쇠고기 이력제도	소의 출생부터 도축, 포장처리, 판매까지의 정보를 기록·관리하여 위생·안전에 문제가 발생할 경우 이를 확인하여 신속하게 대처하기 위한 제도
수의사 처방제	항생제 오남용으로 인한 축산물 내 약품잔류 및 항생제 내성문제 등의 예방을 위해 동물 및 인체에 위해를 줄 수 있는 "동물용 의약품"을 수의사의 처방에 따라 사용토록 하는 제도

〈옆페이지를 참조하여 (   )안에 알맞은 단어를 채우시오〉

용 어	내 용
( )	가축의 생산이나 사육·( )·가공·유통의 기능을 연계한 일체의 통합 경영활동을 의미
가축계열화 사업	농민과 계약(위탁)에 의하여 가축·사료·동물용 의약품·기자재·보수 또는 경영지도 서비스 등을 공급(제공)하고, 당해 농민이 생산한 가축을 도축·가공 또는 유통하는 사업방식
( )	어미돼지 1두가 1년간 생산한 돼지 중 출하체중(110kg)이 될 때까지 생존하여 출하한 마리 수
산란수	산란계 한 계군에서 하루 동안에 생산된 알의 수를 의미하며, 산란계 한 마리가 산란을 시작하여 도태 시까지 낳는 알의 총수는 산란지수로 표현
자조금관리 위원회	자조금의 효과적인 운용을 위해 축산업자 및 학계·소비자·관계 공무원 및 유통전문가로 구성된 위원회이며 품목별로 설치되어 해당 품목의 자조금의 조성 및 지출, 사업 등 운용에 관한 사항을 심의·의결 ※ (축산자조금(9개 품목)) 한우, 양돈, 낙농, 산란계, 육계, 오리, 양록, 양봉, 육우
( )	특허청에 브랜드를 등록하고 회원 농가들과 종축·사료·사양관리 등 생산에 대한 규약을 체결하여 균일한 품질의 고급육을 생산·출하하는 축협조합 및 영농조합법인
( )	소의 출생부터 도축, 포장처리, 판매까지의 정보를 기록·관리하여 위생·안전에 문제가 발생할 경우 이를 확인하여 신속하게 대처하기 위한 제도
수의사 처방제	( ) 오남용으로 인한 축산물 내 약품잔류 및 항생제 내성문제 등의 예방을 위해 동물 및 인체에 위해를 줄 수 있는 "동물용 의약품"을 수의사의 처방에 따라 사용토록 하는 제도

제2회 기출문제

다음은 농작물재해보험 업무방법 통칙내 용어의 정의로 괄호 안에 들어갈 옳은 내용을 답란에 쓰시오. [5점]

"평년수확량"이란 가입년도 직전 (㉠) 중 보험에 가입한 연도의 (㉡)와(과) (㉢)을(를) (㉣)에 따라 가중평균하여 산출한 해당 과수원(농지)에 기대되는 수확량을 말한다.

답

정답 ㉠ 5년 ㉡ 실제수확량
㉢ 표준수확량) ㉣ 가입횟수

▶ 제3회 기출문제

농작물재해보험의 업무방법 통칙에서 정하는 용어의 정의로 ( )에 들어갈 내용을 답란에 쓰시오.　　　　　　　　　　　　　(2022년 이론서에 맞추어 문제 변형) [5점]

- "보험의 목적"은 보험의 약관에 따라 보험에 가입한 목적물로 보험증권에 기재된 농작물의 과실 또는 (㉠), (㉡), (㉢) 등을 말한다.
- "표준수확량"이란 가입품목의 품종, (㉣), (㉤) 등에 따라 정해진 수확량을 말한다.

답

정답 ㉠ 나무, ㉡ 시설작물 재배용 농업용 시설물,
㉢ 부대시설, ㉣ 수령, ㉤ 재배방식

▶ 제5회 기출문제

농작물재해보험의 업무방법 통칙에서 정하는 용어의 정의로 ( )에 들어갈 내용을 쓰시오.
[5점]

- "보험가액"이란 농작물재해보험에 있어 (①)을(를) (②)으로 평가한 금액으로 보험 목적에 발생할 수 있는 (③)을(를) 말한다.
- "적과후착과수"란 통상적인 (④) 및 (⑤) 종료시점의 나무에 달린 과실수(착과수)를 말한다.

답

정답 ① 피보험이익 ② 금전
③ 최대손해액
④ 적과 ⑤ 자연낙과

부록 2

별표 1~7

[별표 1] 품목별 표본주(구간)수 표

〈사과, 배, 단감, 떫은감, 포도(수입보장 포함), 복숭아, 자두, 밤, 호두, 무화과〉

조사대상주수	표본주수
50주 미만	5
50주 이상 100주 미만	6
100주 이상 150주 미만	7
150주 이상 200주 미만	8
200주 이상 300주 미만	9
300주 이상 400주 미만	10
400주 이상 500주 미만	11
500주 이상 600주 미만	12
600주 이상 700주 미만	13
700주 이상 800주 미만	14
800주 이상 900주 미만	15
900주 이상 1,000주 미만	16
1,000주 이상	17

〈유자〉

조사대상주수	표본주수	조사대상주수	표본주수
50주 미만	5	200주 이상, 500주 미만	8
50주 이상, 100주 미만	6	500주 이상, 800주 미만	9
100주 이상, 200주 미만	7	800주 이상	10

<참다래, 매실, 살구, 대추, 오미자>

참다래		매실, 대추, 살구		오미자	
조사대상주수	표본주수	조사대상주수	표본주수	조사대상 유인틀 길이	표본주수
50주 미만	5	100주 미만	5	500m 미만	5
50주 이상 100주 미만	6	100주 이상 300주 미만	7	500m 이상 1,000m 미만	6
100주 이상 200주 미만	7	300주 이상 500주 미만	9	1,000m 이상 2,000m 미만	7
200주 이상 500주 미만	8	500주 이상 1,000주 미만	12	2,000m 이상 4,000m 미만	8
500주 이상 800주 미만	9	1,000주 이상	15	4,000m 이상 6,000m 미만	9
800주 이상	10			6,000m 이상	10

〈오디, 복분자, 감귤〉

오디		복분자		감귤	
조사대상주수	표본주수	가입포기수	표본포기수	가입면적	표본주수
50주 미만	6	1,000포기 미만	8	5,000㎡ 미만	4
50주 이상 100주 미만	7	1,000포기 이상 1,500포기 미만	9	10,000㎡ 미만	6
100주 이상 200주 미만	8	1,500포기 이상 2,000포기 미만	10	10,000㎡ 이상	8
200주 이상 300주 미만	9	2,000포기 이상 2,500포기 미만	11		
300주 이상 400주 미만	10	2,500포기 이상 3,000포기 미만	12		
400주 이상 500주 미만	11	3,000포기 이상	13		
500주 이상 600주 미만	12				
600주 이상	13				

<벼, 밀, 보리

조사대상면적	표본구간	조사대상면적	표본구간
2,000㎡ 미만	3	4,000㎡ 이상 5,000㎡ 미만	6
2,000㎡ 이상 3,000㎡ 미만	4	5,000㎡ 이상 6,000㎡ 미만	7
3,000㎡ 이상 4,000㎡ 미만	5	6,000㎡ 이상	8

〈고구마, 양파, 마늘, 옥수수, 양배추〉

※ 수입보장 포함

조사대상면적	표본구간	조사대상면적	표본구간
1,500㎡ 미만	4	3,000㎡ 이상, 4,500㎡ 미만	6
1,500㎡ 이상, 3,000㎡ 미만	5	4,500㎡ 이상	7

〈감자, 차, 콩, 팥〉

※ 수입보장 포함

조사대상면적	표본구간	조사대상면적	표본구간
2,500㎡ 미만	4	7,500㎡ 이상, 10,000㎡ 미만	7
2,500㎡ 이상, 5,000㎡ 미만	5	10,000㎡ 이상	8
5,000㎡ 이상, 7,500㎡ 미만	6		

〈인삼〉

피해칸수	표본칸수	피해칸수	표본칸수
300칸 미만	3칸	900칸 이상 1,200칸 미만	7칸
300칸 이상 500칸 미만	4칸	1,200칸 이상 1,500칸 미만	8칸
500칸 이상 700칸 미만	5칸	1,500칸 이상, 1,800칸 미만	9칸
700칸 이상 900칸 미만	6칸	1,800칸 이상	10칸

〈고추, 메밀, 브로콜리, 배추, 무, 단호박, 파, 당근, 시금치(노지)〉

실제경작면적 또는 피해면적	표본구간(이랑) 수
3,000㎡ 미만	4
3,000㎡ 이상, 7,000㎡ 미만	6
7,000㎡ 이상, 15,000㎡ 미만	8
15,000㎡ 이상	10

〈표고버섯(원목재배)〉

피해 원목수	조사 표본수
1,000본 이하	10
1,300본 이하	14
1,500본 이하	16
1,800본 이하	18
2,000본 이하	20
2,300본 이하	24
2,300본 초과	26

[별표 2] 농작물재해보험 미보상비율 적용표
〈감자, 고추 제외 전 품목〉

구분	제초 상태	병해충 상태	기타
해당 없음	0%	0%	0%
미흡	10% 미만	10% 미만	10% 미만
불량	20% 미만	20% 미만	20% 미만
매우 불량	20% 이상	20% 이상	20% 이상

 미보상 비율은 보상하는 재해 이외의 원인이 조사 농지의 수확량 감소에 영향을 준 비율을 의미하여 제초 상태, 병해충 상태 및 기타 항목에 따라 개별 적용한 후 해당 비율을 합산하여 산정한다.
  1) 제초 상태(과수품목은 피해율에 영향을 줄 수 있는 잡초만 해당)
    가) 해당 없음 : 잡초가 농지 면적의 20% 미만으로 분포한 경우
    나) 미흡 : 잡초가 농지 면적의 20% 이상 40% 미만으로 분포한 경우
    다) 불량 : 잡초가 농지 면적의 40% 이상 60% 미만으로 분포한 경우 또는 경작불능조사 진행건이나 정상적인 영농활동 시행을 증빙하는 자료(비료 및 농약 영수증 등)가 부족한 경우
    라) 매우 불량 : 잡초가 농지 면적의 60% 이상으로 분포한 경우 또는 경작불능조사 진행건이나 정상적인 영농활동 시행을 증빙하는 자료(비료 및 농약 영수증 등)가 없는 경우
  2) 병해충 상태 (각 품목에서 별도로 보상하는 병해충은 제외)
    가) 해당 없음 : 병해충이 농지 면적의 20% 미만으로 분포한 경우
    나) 미흡 : 병해충이 농지 면적의 20% 이상 40% 미만으로 분포한 경우
    다) 불량 : 병해충이 농지 면적의 40% 이상 60% 미만으로 분포한 경우 또는 경작불능조사 진행건이나 정상적인 영농활동 시행을 증빙하는 자료(비료 및 농약 영수증 등)가 부족한 경우
    라) 매우 불량 : 병해충이 농지 면적의 60% 이상으로 분포한 경우 또는 경작불능조사 진행건이나 정상적인 영농활동 시행을 증빙하는 자료(비료 및 농약 영수증 등)가 없는 경우
  3) 기타 : 영농기술 부족, 영농 상 실수 및 단순 생리장애 등 보상하는 손해 이외의 사유로 피해가 발생한 것으로 추정되는 경우 [해거리, 생리장애(원소결핍 등), 시비관리, 토양관리(연작 및 pH과다·과소 등), 전정(강전정 등), 조방재배, 재식밀도(인수기준 이하), 농지상태(혼식, 멀칭, 급배수 등), 가입이전 사고 및 계약자 중과실손해, 자연감모, 보상재해이외(종자불량, 일부가입 등)]에 적용

가) 해당 없음 : 위 사유로 인한 피해가 없는 것으로 판단되는 경우
나) 미흡 : 위 사유로 인한 피해가 10% 미만으로 판단되는 경우
다) 불량 : 위 사유로 인핸 피해가 20% 미만으로 판단되는 경우
라) 매우 불량 : 위 사유로 인한 피해가 20% 이상으로 판단되는 경우

〈감자, 고추 품목〉

구분	제초 상태	기타
해당 없음	0%	0%
미흡	10% 미만	10% 미만
불량	20% 미만	20% 미만
매우 불량	20% 이상	20% 이상

미보상 비율은 보상하는 재해 이외의 원인이 조사 농지의 수확량 감소에 영향을 준 비율을 의미하여 제초 상태, 병해충 상태 및 기타 항목에 따라 개별 적용한 후 해당 비율을 합산하여 산정한다.

1) 제초 상태(과수품목은 피해율에 영향을 줄 수 있는 잡초만 해당)
  가) 해당 없음 : 잡초가 농지 면적의 20% 미만으로 분포한 경우
  나) 미흡 : 잡초가 농지 면적의 20% 이상 40% 미만으로 분포한 경우
  다) 불량 : 잡초가 농지 면적의 40% 이상 60% 미만으로 분포한 경우 또는 경작불능조사 진행건이나 정상적인 영농활동 시행을 증빙하는 자료(비료 및 농약 영수증 등)가 부족한 경우
  라) 매우 불량 : 잡초가 농지 면적의 60% 이상으로 분포한 경우 또는 경작불능조사 진행건이나 정상적인 영농활동 시행을 증빙하는 자료(비료 및 농약 영수증 등)가 없는 경우

2) 기타 : 영농기술 부족, 영농 상 실수 및 단순 생리장애 등 보상하는 손해 이외의 사유로 피해가 발생한 것으로 추정되는 경우 [해거리, 생리장애(원소결핍 등), 시비관리, 토양관리(연작 및 pH과다·과소 등), 전정(강전정 등), 조방재배, 재식밀도(인수기준 이하), 농지상태(혼식, 멀칭, 급배수 등), 가입이전 사고 및 계약자 중과실손해, 자연감모, 보상재해이외(종자불량, 일부가입 등)]에 적용
  가) 해당 없음 : 위 사유로 인한 피해가 없는 것으로 판단되는 경우
  나) 미흡 : 위 사유로 인한 피해가 10% 미만으로 판단되는 경우
  다) 불량 : 위 사유로 인핸 피해가 20% 미만으로 판단되는 경우
  라) 매우 불량 : 위 사유로 인한 피해가 20% 이상으로 판단되는 경우

[별표 3] 과실 분류에 따른 피해인정계수

〈복숭아, 감귤 외 과실〉

과실분류	피해인정계수	비 고
정상과	0	피해가 없거나 경미한 과실
50%형 피해과실	0.5	일반시장에 출하할 때 정상과실에 비해 50%정도의 가격하락이 예상되는 품질의 과실 (단, 가공공장공급 및 판매 여부와 무관)
80%형 피해과실	0.8	일반시장 출하가 불가능하나 가공용으로 공급될 수 있는 품질의 과실 (단, 가공용으로도 공급될 수 없는 품질의 과실)
100%형 피해과실	1	일반시장 출하가 불가능하고 가공용으로도 공급될 수 없는 품질의 과실

〈복숭아〉

과실분류	피해인정계수	비 고
정상과	0	피해가 없거나 경미한 과실
50%형 피해과실	0.5	일반시장에 출하할 때 정상과실에 비해 50%정도의 가격하락이 예상되는 품질의 과실 (단, 가공공장공급 및 판매 여부와 무관)
80%형 피해과실	0.8	일반시장 출하가 불가능하나 가공용으로 공급될 수 있는 품질의 과실 (단, 가공용으로도 공급될 수 없는 품질의 과실)
100%형 피해과실	1	일반시장 출하가 불가능하고 가공용으로도 공급될 수 없는 품질의 과실
병충해피해과실	0.5	세균구멍병 피해를 입은 과실

〈감귤〉

과실분류		비고	
정상과실	0	무피해 과실 또는 보상하는 재해로 과피 전체 표면 면적의 10% 내로 피해가 있는 경우	
등급 내 피해과실	30%형	보상하는 재해로 과육은 피해가 없고 과피 전체 표면 면적의 10% 이상 30% 미만의 피해가 있는 경우	
	50%형	보상하는 재해로 과육은 피해가 없고 과피 전체 표면 면적의 30% 이상 50% 미만의 피해가 있는 경우	
	80%형	보상하는 재해로 과육은 피해가 없고 과피 전체 표면 면적의 50% 이상 80% 미만의 피해가 있는 경우	
	100%형	보상하는 재해로 과피 전체 표면 면적의 80% 이상 피해가 있거나 과육의 부패 및 무름등의 피해가 있는 경우	
등급 외 피해과실	30%형	[제주특별자치도 감귤생산 및 유통에 관한 조례 시행규칙] 제18조4항에 준하여 과실의 크기만으로 등급 외 크기이면서	무피해 과실 또는 보상하는 재해로 과피 및 과육 피해가 없는 경우를 말함
	50%형		보상하는 재해로 과육은 피해가 없고 과피 전체 표면 면적의 10%이상 피해가 있으며 과실 횡경이 71㎜ 이상인 경우를 말함
	80%형		보상하는 재해로 과육은 피해가 없고 과피 전체 표면 면적의 10%이상 피해가 있으며 과실 횡경이 49㎜ 미만인 경우를 말함
	100%형		과육부패 및 무름 등의 피해가 있어 가공용으로도 공급 될 수 없는 과실을 말함

[별표 4] 매실 품종별 과실 비대추정지수

조사일	남고	백가하	재래종	천매
30일전	2,871	3,411	3,389	3,463
29일전	2,749	3,252	3,227	3,297
28일전	2,626	3,093	3,064	3,131
27일전	2,504	2,934	2,902	2,965
26일전	2,381	2,775	2,740	2,800
25일전	2,258	2,616	2,577	2,634
24일전	2,172	2,504	2,464	2,518
23일전	2,086	2,391	2,351	2,402
22일전	2,000	2,279	2,238	2,286
21일전	1,914	2,166	2,124	2,171
20일전	1,827	2,054	2,011	2,055
19일전	1,764	1,972	1,933	1,975
18일전	1,701	1,891	1,854	1,895
17일전	1,638	1,809	1,776	1,815
16일전	1,574	1,728	1,698	1,735
15일전	1,511	1,647	1,619	1,655
14일전	1,465	1,598	1,565	1,599
13일전	1,419	1,530	1,510	1,543
12일전	1,373	1,471	1,455	1,487
11일전	1,326	1,413	1,400	1,431
10일전	1,280	1,355	1,346	1,375
9일전	1,248	1,312	1,300	1,328
8일전	1,215	1,270	1,254	1,281
7일전	1,182	1,228	1,208	1,234
6일전	1,149	1,186	1,162	1,187
5일전	1,117	1,144	1,116	1,140
4일전	1,093	1,115	1,093	1,112
3일전	1,070	1,096	1,070	1,084
2일전	1,047	1,057	1,046	1,056
1일전	1,023	1,029	1,023	1,028
수확일	1	1	1	1

※ 위에 없는 품종은 남고를 기준으로 함   (출처 : 국립원예특작과학원)

[별표 5] 무화과 품목 사고발생일에 따른 잔여수확량 비율

사고발생 월	잔여수확량 산정식(%)
8월	{100 - (1.06 × 사고발생일자)}
9월	{(100 - 33) - (1.13 × 사고발생일자)}
10월	{(100 - 67) - (0.84 × 사고발생일자)}

[별표 6] 손해정도에 따른 손해정도비율

손해정도	1%~20%	21%~40%	41%~60%	61%~80%	81%~100%
손해정도비율	20%	40%	60%	80%	100%

[별표 7] 품목별 감수과실 수 및 피해율 산정 방법

1. 적과전 종합위험방식 과수 품목 감수과실수 산정방법

품목	조사시기	재해종류	조사종류	감수과실수 산정 방법
사과·배·단감·떫은감	적과종료이전	자연재해·조수해·화재	피해사실 확인조사	□ 적과종료이전 사고는 보상하는 재해(자연재해, 조수해, 화재)가 중복해서 발생한 경우에도 아래 산식을 한번만 적용함 ○ 착과감소과실수 = 최솟값(평년착과수 - 적과후착과수, 최대인정감소과실수) ○ 적과종료이전의 미보상감수과실수 = {(착과감소과실수 × 미보상비율) + 미보상주수 감수과실수} ※ 적과전 사고 조사에서 미보상비율적용은 미보상비율 조사값 중 가장 큰값만 적용 □ 적과종료이전 최대인정감소량(5종 한정 특약 가입건 제외) 사고유무 및 사고 피해사실확인조사결과 모든 사고가 "피해규모 일부"인 경우만 해당하며, 착과감소량(과실수)이 최대인정감소량(과실수)을 초과하는 경우에는 최대인정감소량(과실수)을 착과감소량(과실수)으로 함 ○ 최대인정감소량 = 평년착과량 × 최대인정피해율 ○ 최대인정감소과실수 = 평년착과수 × 최대인정피해율 - 최대인정피해율 = 피해대상주수(고사주수, 수확불능주수, 일부피해주수) ÷ 실제결과주수 ※ 해당 사고가 2회 이상 발생한 경우에는 사고별 피해대상주수를 누적하여 계산 □ 적과종료이전 최대인정감소량(5종 한정 특약 가입건 해당) 「적과종료이전 특정위험 5종 한정 보장특별약관」가입 건에 적용되며, 착과감소량(과실수)이 최대인정감소량(과실수)을 초과하는 경우에는 최대인정감소량(과실수)을 착과감소량(과실수)으로 함 ○ 최대인정감소량 = 평년착과량 × 최대인정피해율 ○ 최대인정감소과실수 = 평년착과수 × 최대인정피해율

| 자연재해 | 해당 조사없음 | ※ 최대인정피해율은 아래의 값 중 가장 큰 값
- 나무피해
· (유실, 매몰, 도복, 절단(1/2), 소실(1/2), 침수주수) ÷ 실제결과주수
단, 침수주수는 침수피해를 입은 나무수에 과실침수율을 곱하여 계산하며
· 해당 사고로 2회 이상 발생한 경우에는 사고별 나무피해주수를 누적하여 계산
- 우박피해에 따른 유과타박률
· 최댓값(유과타박률1, 유과타박률2, 유과타박률3, ···)
- 6월1일부터 적과종료 이전까지 단감·떫은감의 낙엽피해에 따른 인정피해율
· 최댓값(인정피해율1, 인정피해율2, 인정피해율3, ···)

□ 적과종료 이전 자연재해로 인한 적과종료 이후 착과 순해 감수과실수
- 적과후착과수가 평년착과수의 60%미만인 경우,
감수과실수 = 적과후착과수 × 5%
- 적과후착과수가 평년착과수의 60%이상 100%미만인 경우,
감수과실수 = 적과후착과수 × 5% × $\dfrac{100\% - 착과율}{40\%}$, 착과율 = 적과후착과수 ÷ 평년착과수

※ 상기 계산된 감수과실수는 적과종료 이후 누적감수량에 합산하며, 적과종료 이후 착과피해율(max A 적용)로 인식함
※ 적과전종합방식(Ⅱ)가입 건 중 「적과종료이전 특정위험 5종 한정 보장특별약관」 미가입시에만 적용 |

품목	조사시기	재해종류	조사종류	감수과실수 산정 방법
사과·배	적과종료 이후	태풍(강풍)·화재·지진·집중호우	낙과피해조사	○ 낙과 손해(전수조사) : 총낙과과실수 × (낙과피해구성률 − max A)× 1.07 ○ 낙과 손해(표본조사) : (낙과피해실수 합계 / 표본주수)×조사대상주수×(낙과피해구성률 − max A)× 1.07 ※ 낙과 감수과실수의 7%를 착과손해로 포함하여 산정 ☞ max A : 금차 사고전 기조사된 착과피해구성률 중 최댓값을 말함 ☞ "(낙과피해구성률 − max A)"의 값이 영(0)보다 작은 경우 : 금차 감수과실수는 영(0)으로 함
			나무피해조사	○ 나무의 고사 및 수확불능 손해 − (고사주수 + 수확불능주수)× 무피해 나무 1주당 평균 착과수 × (1 − max A) ○ 나무의 일부침수 손해 − (일부침수주수× 일부침수나무 1주당 평균 침수 착과수)× 낙과피해구성률 또는 인정피해율 중 최댓값을 말함 − max A : 금차 사고전 기조사된 착과피해구성률 또는 인정피해율 중 최댓값을 말함
		우박	낙과피해조사	○ 낙과 손해(전수조사) : 총낙과과실수 × (낙과피해구성률 − max A) ○ 낙과 손해(표본조사) : (낙과피해실수 합계 / 표본주수)×조사대상주수×(낙과피해구성률 − max A) ☞ max A : 금차 사고전 기조사된 착과피해구성률 중 최댓값을 말함 ☞ "(해당과당시의 피해구성률 − max A)"의 값이 영(0)보다 작은 경우:금차 감수과실수는 영(0)으로 함
			착과피해조사	○ 사고당시 착과과실수 × (착과피해구성률 − max A) ☞ max A : 금차 사고전 기조사된 착과피해구성률 중 최댓값을 말함 ☞ "(해당과당시의 피해구성률 − max A)"의 값이 영(0)보다 작은 경우:금차 감수과실수는 영(0)으로 함
		가을 동상해	착과피해조사	○ 사고당시 착과과실수 × (착과피해구성률 − max A) ☞ max A : 금차 사고전 기조사된 착과피해구성률 중 최댓값을 말함 ☞ "(착과피해구성률 − max A)"의 값이 영(0)보다 작은 경우 : 금차 감수과실수는 영(0)으로 함

품목	조사시기	재해종류	조사종류	감수과실수 산정 방법
단감·떫은감	적과종료 이후	태풍(강풍)/화재/지진/집중호우	낙과피해조사	○낙과 순해(전수조사) : 총낙과과실수 × (낙과피해구성률 − max A) ○낙과순해(표본조사) : (낙과과실수 합계 / 표본주수) × 조사대상주수 × (낙과피해구성률 − max A) ☞ max A : 금차 사고전 기조사된 착과피해구성률 또는 인정피해율 중 최댓값을 말함 ☞ "(낙과피해구성률 − max A)"의 값이 영(0)보다 작은 경우 : 금차 감수과실수는 영(0)으로 함
			나무피해조사	○ 나무의 고사 및 수확불능 순해 − (고사주수 + 수확불능주수) × 무피해 나무 1주당 평균 착과수 × (1 − max A) ○ 나무의 일부침수 순해 − (일부침수주수 × 일부침수나무 1주당 평균 침수 착과수) × (1 − max A) − max A : 금차 사고전 기조사된 착과피해구성률 또는 인정피해율 중 최댓값을 말함
			낙엽피해조사	○ 낙엽 순해 − 사고당시 착과과실수 × (인정피해율 − max A) × (1 − 미보상비율) ☞ max A : 금차 사고전 기조사된 착과피해구성률 또는 인정피해율 중 최댓값을 말함 ☞ "(인정피해율 − max A)"의 값이 영(0)보다 작은 경우 : 금차 감수과실수는 영(0)으로 함 ☞ 미보상비율은 금차 사고조사의 미보상비율을 적용
		우박	낙과피해조사	○ 낙과 순해(전수조사) − 총낙과과실수 × (낙과피해구성률 − max A) ○ 낙과 순해(표본조사) − (낙과과실수 합계 / 표본주수) × 조사대상주수 × (낙과피해구성률 − max A) ☞ max A : 금차 사고전 기조사된 착과피해구성률 또는 인정피해율 중 최댓값을 말함 ☞ "(낙과피해구성률 − max A)"의 값이 영(0)보다 작은 경우 : 금차 감수과실수는 영(0)으로 함
			착과피해조사	○ 착과 순해 − 사고당시 착과과실수 × (착과피해구성률 − max A) ☞ max A : 금차 사고전 기조사된 착과피해구성률 또는 인정피해율 중 최댓값을 말함 ☞ "(착과피해구성률 − max A)"의 값이 영(0)보다 작은 경우 : 금차 감수과실수는 영(0)으로 함

품목	조사시기	재해종류	조사종류	감수과실수 산정 방법
단감·떫은감	적과 종료 이후	가을 동상해	착과 피해조사	○ 착과 손해 - 사고당시 착과과실수 × (착과피해구성률 - max A) ※ 단, '잎 50% 이상 고사 피해'인 경우에는 착과피해구성률을 아래와 같이 적용함 착과피해구성률 $= \dfrac{(정상과실수 \times 0.0031 \times 잔여일수) + (50\%형피해과실수 \times 0.5) + (80\%형 \times 0.8) + (100\%형 \times 1)}{정상과실수 + 50\%형 + 80\%형 + 100\%형}$ - 잔여일수 : 사고발생일로부터 가을동상해 보장종료일까지 일자수 - max A : 금차 사고전 기조사된 착과피해구성률 또는 인정피해율 중 최댓값을 말함 ※ "(착과피해구성률 - max A)"의 값이 영(0)보다 작은 경우 : 금차 감수과실수는 영(0)으로 함
사과·배·단감·떫은감	적과 종료 이후	일소피해	낙과·착과 피해조사	○ 낙과 손해 ○ 낙과 손해 (전수조사 시) : 총낙과과실수 × (낙과피해구성률 - max A) 낙과 손해 (표본조사 시) : (낙과피해구성률 - max A)x조사대상주수x(낙과피해구성률 - max A) - max A : 금차 사고전 기조사된 착과피해구성률 또는 인정피해율 중 최댓값을 말함 ※ "(낙과피해구성률 - max A)"의 값이 영(0)보다 작은 경우 : 금차 감수과실수는 영(0)으로 함 ○ 착과손해 - 사고당시 착과과실수 × (착과피해구성률 - max A) - max A : 금차 사고전 기조사된 착과피해구성률 또는 인정피해율 중 최댓값을 말함 ※ "(착과피해구성률 - max A)"의 값이 영(0)보다 작은 경우 : 금차 감수과실수는 영(0)으로 함 ○ 일소피해과실수 = 낙과 손해 + 착과 손해 - 일소피해과실수가 보험사고 한 건당 적과후착과수의 6%를 초과하는 경우에만 감수과실수로 인정 - 일소피해과실수가 보험사고 한 건당 적과후착과수의 6% 이하인 경우에는 해당 조사의 감수과실수는 영(0)으로 함

※ 용어 및 관련 산식

품목	조사종류	내 용
	공 통	○ 조사대상주수 = 실제결과주수 - 고사주수 - 수확불능주수 - 미보상주수 - 수확완료주수 ○ 미보상주수 감수과실수 = 미보상주수 × 품종·재배방식·수령별 1주당 평년착과수 ○ 기준착과수 결정 - 적과종료전에 인정된 착과감소과실수가 없는 과수원 : 기준착과수 = 적과후착과수 - 적과종료전에 인정된 착과감소과실수가 있는 과수원 : 기준착과수 = 적과후착과수 + 착과감소과실수
사과·배·단감·떫은감	나무피해조사	○ 침수율 = $\frac{\text{침수 꽃(눈)·유과수의 합계 + 미침수 꽃(눈)·유과수의 합계}}{\text{침수 꽃(눈)·유과수의 합계}}$ ○ 나무피해 시 품종·재배방식·수령별 주당 평년착과수 = (전체) 평년착과수 × $\frac{\text{품종·재배방식·수령별 표준수확량 합계}}{\text{전체 표준수확량 합계}}$ ÷ 품종·재배방식·수령별 실제결과주수 ※ 품종·재배방식·수령별로 구분하여 산정하여 적용
	유과타박률조사	○ 유과타박률 = $\frac{\text{표본주의 피해유과수 합계}}{\text{표본주의 피해유과수 합계 + 표본주의 정상유과수 합계}}$
	피해구성조사	○ 피해구성률 = $\frac{(100\%형피해과실수 \times 1) + (80\%형피해과실수 \times 0.8) + (50\%형피해과실수 \times 0.5)}{100\%형피해과실수 + 80\%형피해과실수 + 50\%형피해과실수 + 정상과실수}$ ※ 착과 및 낙과피해조사에서 피해구성률 산정시 적용
	낙엽피해조사	○ 인정피해율 : 단감 : $(1.0115 \times 낙엽률) - (0.0014 \times 경과일수)$ 떫은감 : $0.9662 \times 낙엽률 - 0.0703$ - 경과일수 = 6월 1일부터 낙엽피해 발생일까지 경과된 일수 - 낙엽률 = $\frac{\text{표본주의 낙엽수 합계}}{\text{표본주의 낙엽수 합계 + 표본주의 착엽수 합계}}$
	착과피해조사	○ "사고당시 착과과실수"는 "적과후착과수-총낙과과실수-총적과중피해과실수-미보상감수과실수" 보다 클 수 없음
	적과후착과수조사	○ 품종·재배방식·수령별 적과후착과수 = [$\frac{\text{품종·재배방식·수령별 표본주의 착과수 합계}}{\text{품종·재배방식·수령별 표본주수}}$] × 품종·재배방식·수령별 조사대상주수 ※ 품종·재배방식·수령별 착과수의 합계를 과수원별 『적과후착과수』로 함

2. 특정위험방식 밭작물 품목

품목별	조사종류별	조사시기	피해율 산정 방법
인삼	수확량 조사	수확량 확인이 가능한 시점	□ 전수조사 시 ○ 피해율 = $(1 - \frac{수확량}{연근별기준수확량}) \times \frac{피해면적}{재배면적}$ ○ 수확량 = 단위면적당 조사수확량 + 단위면적당 미보상감수량 - 단위면적당 조사수확량 = 총조사수확량 ÷ 금차 수확면적 △ 금차 수확면적 = 금차 수확칸수 × 지주목간격 × (두둑폭 + 고랑폭) - 단위면적당 미보상감수량 = (기준수확량 - 단위면적당 조사수확량) × 미보상비율 ○ 피해면적 = 금차 수확간수 ○ 재배면적 = 실제경작간수 □ 표본조사 시 ○ 피해율 = $(1 - \frac{수확량}{연근별기준수확량}) \times \frac{피해면적}{재배면적}$ ○ 수확량 = 단위면적당 조사수확량 + 단위면적당 미보상감수량 - 단위면적당 조사수확량 = 표본수확량 합계 ÷ 표본칸 면적 △ 표본칸 면적 = 표본칸 수 × 지주목간격 × (두둑폭 + 고랑폭) - 단위면적당 미보상감수량 = (기준수확량 - 단위면적당 조사수확량) × 미보상비율 ○ 피해면적 = 피해칸수 ○ 재배면적 = 실제경작칸수

3. 종합위험 수확감소보장방식 과수 품목

품목별	조사종류별	조사시기	피해율 산정 방법
자두, 복숭아, 포도	수확량조사	착과수조사 (최초 수확 품종 수확전) / 과중조사 (품종별 수확시기) / 착과피해조사 (피해 확인 가능 시기) / 낙과피해조사 (착과수조사 이후 낙과피해 시) / 고사나무조사 (수확완료 후)	□ 착과수(수확개시 전 착과수조사 시) ※ 품·수령별 = 품종·수령별 △ 품·수령별 착과수 = 품·수령별 조사대상주수 × 품·수령별 주당 착과수 △ 품·수령별 조사대상주수 = 품·수령별 실제결과주수 - 품·수령별 고사주수 - 미보상주수 △ 품·수령별 주당 착과수 = 품·수령별 표본주의 착과수 ÷ 품·수령별 표본주수 □ 착과수(착과피해조사 시) △ 품·수령별 착과수 = 품·수령별 조사대상주수 × 품·수령별 주당 착과수 △ 품·수령별조사대상주수 = 품·수령별 실제결과주수 - 품·수령별 고사주수 - 미보상주수 - 수확완료주수 △ 품·수령별 주당 착과수 = 품·수령별 표본주의 착과수 ÷ 품·수령별 표본주수 □ 과중조사 (사고접수건에 대해 실시) ○ 품·수령별 과중 = 품·수령별 표본과실 무게 ÷ 품종별 표본과실 수 □ 낙과수 산정 (착과수조사 이후 발생한 낙과사고마다 산정) ○ 표본조사 시 : 품·수령별 낙과수 조사 △ 품·수령별 낙과수 = 품·수령별 조사대상주수 × 품·수령별 주당 낙과수 △ 품·수령별 조사대상주수 = 품·수령별 실제결과주수 - 품·수령별 고사주수 - 미보상주수 - 수확완료주수 △ 품·수령별 주당 낙과수 = 품·수령별 표본주의 낙과수 ÷ 품·수령별 표본주수 ○ 전수조사 시 : 품종별 낙과수 조사 △ 전체 낙과수에 대한 품종 구분이 가능할 때 : 품종별로 낙과수 조사 △ 전체 낙과수에 대한 품종 구분이 불가능할 때 (전체 낙과수 조사 후 품종별 안분) - 품종별 낙과수 = 전체 낙과수 × (품종별 표본과실 수 ÷ 품종별 표본과실 수의 합계) ◆ 품종별 주당 낙과수 = 품종별 낙과수 ÷ 품종별 조사대상주수 - 품종별 조사대상주수 = 품종별 실제결과주수 - 품종별 고사주수 - 미보상주수 - 수확완료주수

- 627 -

품목별	조사종류별	조사시기	피해율 산정 방법
자두, 복숭아, 포도	수확량조사	착과수조사 (최초 수확 품종 수확전) / 과중조사 (품종별 수확시기) / 착과피해조사 (피해 확인 가능 시기) / 낙과피해조사 (착과수조사 이후 낙과피해 발생 시) / 고사나무조사 (수확완료 후)	□ 피해구성조사 (낙과 및 착과피해 발생 시 실시) ○ 피해구성률 = {(50%형 피해과실 수 × 0.5) + (80%형 × 0.8) + (100%형 × 1)} ÷ 표본과실 수 ○ 금차 피해구성률 = 피해구성률 - max A △ 금차 피해구성률은 다수 사고인 경우 적용 △ max A : 금차 사고전 기조사된 착과피해구성률 중 최댓값을 말함 ※ 금차 피해구성률이 영(0)보다 작은 경우에는 영(0)으로 함 □ 착과량 산정 ○ 착과량 = 품종·수령별 착과량의 합 △ 품종·수령별 착과량 = (품종·수령별 착과수×품종별 과중) + (품종·수령별 주당 평년수확량 × 미보상주수) ※ 단, 품종별 과중이 없는 경우(과중 조사 전 기수확 품종)에는 품종·수령별 평년수확량을 품종·수령별 착과량으로 한다. △ 품종·수령별 주당 평년수확량 = 품종·수령별 평년수확량 ÷ 품종·수령별 실제결과주수 △ 품종·수령별 평년수확량 = 평년수확량 × (품종·수령별 표준수확량 ÷ 표준수확량) △ 품종·수령별 표준수확량 = 품종·수령별 주당 표준수확량 × 품종·수령별 실제결과주수 □ 감수량 산정 (사고마다 산정) ○ 금차 감수량 = 금차 착과 감수량 + 금차 낙과 감수량 + 금차 고사주수 감수량 • 금차 착과 감수량 = 금차품종·수령별 착과 감수량의 합 • 금차품종·수령별 착과 감수량 = 금차 품종·수령별 착과량 × 금차 품종·수령별 착과피해구성률 • 금차 낙과 감수량 = 금차 품종·수령별 낙과수 × 품종별 과중 × 금차 낙과피해구성률 • 금차 고사주수 감수량 = 품종·수령별 고사주수×(품종·수령별 주당 착과수 + 품종·수령별 주당 낙과수) × 품종별 과중 × (1 - max A) △ 품종·수령별 금차 고사주수 = 품종·수령별 고사주수 - 품종·수령별 기조사 고사주수

- 628 -

품목별	조사종류별	조사시기	피해율 산정 방법
자두, 복숭아, 포도		착과수조사 (최초 수확 품종 수확전) / 과중조사 (품종별 수확시기) / 착과피해조사 (피해 확인 가능 시기) / 낙과피해조사 (착과수조사 이후 낙과피해 시) / 고사나무조사 (수확완료 후)	□ 피해율 산정 ○ 피해율(포도, 자두) = (평년수확량 - 수확량 - 미보상 감수량) ÷ 평년수확량 ○ 피해율(복숭아) = (평년수확량 - 수확량 - 미보상 감수량 + *병충해감수량) ÷ 평년수확량 △ 미보상 감수량 = (평년수확량 - 수확량) × 최댓값(미보상비율1, 미보상비율2, …) □ 수확량 산정 ○ 수확량 = 착과량 - 사고당 감수량의 합 □ *병충해 감수량(복숭아만 해당) ○ 병충해감수량 = 금차 병충해 착과감수량 + 금차 병충해 낙과감수량 △ 금차 병충해 착과감수량 = 금차 품종·수령별 병충해 인정피해 착과수 × 품종별 과중 - 금차 품종·수령별 병충해 인정피해 착과수 = 금차 품종·수령별 병충해 착과 과실수 × 품종별 병충해 착과 피해인정계수 × (0.5 - max A) ÷ 표본 착과과실수 ◆ 품종별 병충해 착과피해구성률 = (병충해 착과 과실수 × 품종·수령별 병충해 인정피해 착과피해인정계수 × (0.5 - max A)) ÷ 표본 착과과실수 △ 금차 품종·수령별 병충해 낙과감수량 = 금차 품종·수령별 병충해 인정피해 낙과수 × 품종별 과중 - 금차 품종·수령별 병충해 인정피해 낙과수 = 금차 품종·수령별 병충해 낙과 과실수 × 품종별 병충해 낙과 피해인정계수 × (0.5 - max A) ÷ 표본 낙과과실수 ◆ 품종별 병충해 낙과피해구성률 = (병충해 낙과 과실수 × 품종·수령별 병충해 인정피해 낙과피해인정계수 × (0.5 - max A)) ÷ 표본 낙과과실수 ※ max A : 금차 사고전 기조사된 착과피해구성률 중 최곳값을 말함 (0.5 - max A)의 값이 영(0)보다 작은 경우 : 금차 병충해감수량은 영(0)으로 함

- 629 -

품목별	조사종류별	조사시기	피해율 산정 방법
밤, 호두	수확 개시 전 수확량조사 (조사일 기준)	최초 수확 전	□ 수확개시 이전 수확량 조사 ○ 기본사항 △ 품종별 조사대상 주수 = 품종별 실제결과주수 - 품종별 미보상주수 - 품종별 고사나무주수 △ 품종별 평년수확량 = 평년수확량×((품종별 주당 표준수확량×품종별 실제결과주수)÷표준수확량) △ 품종별 주당 평년수확량 = 품종별 평년수확량 ÷ 품종별 실제결과주수 ○ 착과수 조사 △ 품종별 주당 착과수 = 품종별 표본주의 착과수 ÷ 품종별 표본주수 ○ 낙과수 조사 △ 표본조사 - 품종별 주당 낙과수 = 품종별 표본주의 낙과수 ÷ 품종별 표본주수 △ 전수조사 - 전체 낙과에 대하여 품종별 구분이 가능한 경우 : 품종별 낙과수 조사 - 전체 낙과에 대하여 품종별 구분이 불가한 경우 : 전체 낙과수 조사 후 낙과수 중 표본을 추출하여 품종별 개수 조사 ·품종별 낙과수 = 전체 낙과수×(품종별 표본과실 수÷전체 표본과실 수의 합계) ·품종별 주당 낙과수 = 품종별 낙과수 ÷ 품종별 조사대상 주수 ·품종별 조사대상 주수 = 품종별 실제결과주수 - 품종별 고사주수 - 품종별 미보상주수 ○ 과중 조사 △(밤) 품종별 개당 과중 = 품종별 {정상 표본과실 무게 + (소과 표본과실 무게× 0.8)} ÷ 표본과실 수 △(호두) 품종별 개당 과중 = 품종별 표본과실 무게 합계 ÷ 표본과실 수

품목별	조사종류별	조사시기	피해율 산정 방법
밤, 호두	수확 개시 후 수확량조사 (조사일 기준)	사고 발생 직후	○ 피해구성 조사(품종별로 실시) △ 피해구성률 = {(50%형 피해과실 수×0.5) + (80%형 피해과실 수×0.8) + (100%형 피해과실 수×1)} ÷ 표본과실 수 ○ 피해율 = (평년수확량 - 수확량 - 미보상감수량) ÷ 평년수확량 △ 수확량 = {품종별 조사대상 주수 × 품종별 주당 착과수 × (1 - 착과피해구성률) × 품종별 과중} + {품종별 조사대상 주수 × 품종별 주당 낙과수 × (1 - 낙과피해구성률) × 품종별 과중} + (품종별 주당 평년수확량 × 품종별 미보상주수) △ 미보상 감수량 = (평년수확량 - 수확량) × 미보상비율 □ 수확개시 후 수확량 조사 ○ 착과수 조사 △ 품종별 주당 착과수 = 품종별 표본주의 착과수 ÷ 품종별 표본주수 ○ 낙과수 조사 △ 표본조사 - 품종별 주당 낙과수 = 품종별 표본주의 낙과수 ÷ 품종별 표본주수 △ 전수조사 - 전체 낙과에 대하여 품종별 구분이 가능한 경우 : 품종별 낙과수 조사 - 전체 낙과에 대하여 품종별 구분이 불가한 경우 : 전체 낙과수 조사 후 낙과수 중 표본을 추출하여 품종별 개수 조사 · 품종별 낙과수 = 전체 낙과수 × (품종별 표본과실 수 ÷ 전체 표본과실 수의 합계) · 품종별 주당 낙과수 = 품종별 낙과수 ÷ 품종별 조사대상 주수 · 품종별 조사대상 주수 = 품종별 (실제결과주수 - 고사주수 - 미보상주수 - 수확완료주수)

품목별	조사종류별	조사시기	피해율 산정 방법
밤, 호두	수확 개시 후 수확량조사 (조사일 기준)	사고 발생 직후	○ 과중 조사 △ (밤) 품종별 개당 과중 = 품종별 {정상 표본과실 무게 + (소과 표본과실 무게 × 0.8)} ÷ 표본과실 수 △ (호두) 품종별 개당 과중 = 품종별 표본과실 무게 합계 ÷ 표본과실 수 ○ 피해구성 조사(품종별로 실시) △ 피해구성률 = ((50%형 피해과실 수×0.5) + (80%형 피해과실 수 × 0.8) + (100%형 피해과실 수 × 1)) ÷ 표본과실 수 △ 금차 피해구성률 = 피해구성률 – max A - 금차 피해구성률은 다수 사고인 경우 적용 - max A : 금차 사고전 기조사된 착과피해구성률 중 최댓값을 말함 ※ 금차 피해구성률이 영(0)보다 작은 경우에는 영(0)으로 함 ○ 금차 수확량 = {품종별 조사대상 주수 × 품종별 주당 착과수 × 품종별 개당 과중×(1 – 금차 착과피해구성률) + {품종별 조사대상 주수 × 품종별 주당 낙과수 × 품종별 개당 과중 × (1 – 금차 낙과피해구성률) + (품종별 주당 평년수확량 × 품종별 미보상주수) ○ 감수량 = (품종별 조사대상 주수 × 품종별 주당 착과수 × 품종별 개당 과중 × 금차 착과피해구성률) + (품종별 조사대상 주수 × 품종별 주당 낙과수 × 품종별 개당 과중 × 금차 낙과피해구성률) + {품종별 금차고사주수×(품종별 주당 착과수 + 품종별 주당 낙과수)×품종별 개당 과중×(1– max A)} △ 품종별 조사대상 주수 = 품종별 (실제 결과주수 – 미보상주수 – 고사나무주수 – 수확완료주수) △ 품종별 평년수확량 = 평년수확량 ×((품종별 주당 표준수확량 × 품종별 실제결과주수) ÷ 표준수확량) △ 품종별 주당 평년수확량 = 품종별 평년수확량 ÷ 품종별 실제결과주수 △ 품종별 금차 고사주수 = 품종별 고사주수 – 품종별 기조사 고사주수

품목별	조사종류별	조사시기	피해율 산정 방법
밤, 호두	수확 개시 후 수확량조사 (조사일 기준)	사고 발생 직후	□ 피해율 산정 ○ 금자 수확 개시 전 수확량조사 최초 조사인 경우(이전 수확량조사가 없는 경우) 1) 『금자 수확량 + 금자 감수량 + 기수확량 < 평년수확량』 인 경우 △ 피해율 = (평년수확량 - 수확량 - 미보상감수량) ÷ 평년수확량 - 수확량 = 평년수확량 - 금자 감수량 - 금자 수확량 - 미보상 감수량 = 금자 감수량 × 미보상비율 2) 『금자 수확량 + 금자 감수량 + 기수확량 ≥ 평년수확량』 인 경우 △ 피해율 = (평년수확량 - 수확량 - 미보상감수량) ÷ 평년수확량 - 수확량 = 금자 수확량 + 기수확량 - 미보상 감수량 = (평년수확량 - (금자 수확량 + 기수확량)) × 미보상비율 ○ 수확 개시 전 수확량 조사가 있는 경우(이전 수확량조사에 수확 개시 전 수확량조사가 포함된 경우) 1) 『금자 수확량 + 금자 감수량 + 기수확량 > 수확 개시 전 수확량조사 수확량』 ⇒ 오류 수정 필요 2) 『금자 수확량 + 금자 감수량 + 기수확량 > 이전조사 금자 수확량 + 이전조사 기수확량』 ⇒ 오류수정 필요 3) 『금자 수확량 + 금자 감수량 + 기수확량 ≤ 수확 개시 전 수확량조사 수확량』 이면서 『금자 수확량 + 금자 감수량 + 기수확량 ≤ 이전조사 금자 수확량 + 이전조사 기수확량』 인 경우 △ 피해율 = (평년수확량 - 수확량 - 미보상감수량) ÷ 평년수확량 - 수확량 = 수확개시전 수확량 - (수확 개시 전 수확량조사 전 수확 개시 - 사고당 감수량의 합) - 미보상감수량 = (평년수확량 - (이전조사 수확량조사 수확량 - 사고당 감수량)) × max(미보상비율) ○ 수확 개시 후 수확량 조사만 있는 경우(이전 수확량조사가 모두 수확 개시 후 수확량조사인 경우) 1) 『금자 수확량 + 금자 감수량 + 기수확량 > 이전 조사 금자 수확량 + 이전 조사 기수확량』⇒오류수정 필요 2) 『금자 수확량 + 금자 감수량 + 기수확량 ≤ 이전 조사 금자 수확량 + 이전 조사 기수확량』 인 경우

- 633 -

품목별	조사종류별	조사시기	피해율 산정 방법

참다래	수확 개시 전 수확량조사 (조사일 기준)	최초 수확 전	① 최초 조사가 『금차 수확량 + 금차 감수량 + 기수확량 < 평년수확량』 인 경우
			△ 피해율 = (평년수확량 - 수확량 - 미보상감수량) ÷ 평년수확량
			- 수확량 = 평년수확량 - 사고당 감수량의 합
			- 미보상 감수량 = 사고당 감수량의 합 × max(미보상비율)
			
			② 최초 조사가 『금차 수확량 + 금차 감수량 + 기수확량 ≥ 평년수확량』 인 경우
			△ 피해율 = (평년수확량 - 수확량 - 미보상감수량) ÷ 평년수확량
			- 수확량 = 최초 조사 금차 수확량 + 최초 조사 기수확량 - 2차 이후 사고당 감수량의 합
			- 미보상감수량 = {평년수확량 - (최초 조사 금차 수확량 + 최초 조사 기수확량)
			  + 2차 이후 사고당 감수량의 합} × max(미보상비율)
			
			○ 착과수조사
			△ 품종·수령별 착과수 = 품종·수령별 표본조사 대상주수 × 품종·수령별 면적(㎡)당 착과수
			- 품종·수령별 표본조사 대상면적 = 품종·수령별 재식 면적 × 품종·수령별 표본조사 대상주수
			- 품종·수령별 면적(㎡)당 착과수 = 품종·수령별 (표본구간 착과수 ÷ 표본구간 넓이)
			- 재식 면적 = 주간 거리 × 열간 거리
			- 품종별·수령별 표본조사 대상주수
			  = 품종·수령별 실제 결과주수 - 품종·수령별 미보상주수
			    - 품종·수령별 고사나무주수
			- 표본구간 넓이=(표본구간 윗변길이+표본구간 아랫변길이)×표본구간 높이(윗변과 아랫변의 거리) ÷ 2
			
			○ 과중 조사
			△ 품종별 개당 과중 = 품종별 표본과실 무게 합계 ÷ 표본과실 수

- 634 -

품목별	조사종류별	조사시기	피해율 산정 방법
참다래	수확 개시 후 수확량조사 (조사일기준)	사고 발생 직후	○ 피해구성 조사(품종별로 실시) △ 피해구성률 = ((50%형 피해과실수×0.5) +(80%형 피해과실수×0.8) + (100%형 피해과실수 ×1)) ÷ 표본과실수 △ 금차 피해구성률 = 피해구성률 − max A − 금차 피해구성률은 다수 사고인 경우 적용 − max A : 금차 사고전 기조사된 착과피해구성률 중 최댓값을 말함 ※ 금차 피해구성률이 영(0)보다 작은 경우에는 영(0)으로 함 ○ 피해율 산정 △ 피해율 = (평년수확량 − 수확량 − 미보상감수량) ÷ 평년수확량 − 수확량 = (품종·수령별 착과수 × 품종별 과중 × (1 − 피해구성률)) + (품종·수령별 면적(m²) 당 평년수확량 × 품종·수령별 미보상주수 × 품종·수령별 재식면적) − 품종·수령별 면적(m²) 당 평년수확량 = 품종·수령별 평년수확량 ÷ 품종·수령별 재식면적 합계 − 품종·수령별 평년수확량 = 평년수확량 × (품종·수령별 표준수확량 ÷ 표준수확량) − 미보상 감수량 = (평년수확량 − 수확량) × 미보상비율 ○ 착과수조사 ▷ 품종·수령별 착과수 = 품종·수령별 표본조사 대상면적 × 품종·수령별 면적(m²)당 착과수 ▷ 품종·수령별 조사대상 면적 = 품종·수령별 재식 면적 × 품종·수령별 표본조사 대상 주수 ▷ 품종·수령별 면적(m²)당 착과수 = 품종·수령별 (표본구간 착과수 ÷ 품종·수령별 표본구간 넓이) ▷ 재식 면적 = 주간 거리 × 열간 거리 ▷ 품종·수령별 조사대상주수 = 품종·수령별 실제 결과주수 − 미보상주수 − 고사나무주수 − 수확완료주수 ▷ 표본구간 넓이 = (표본구간 윗변길이 + 표본구간 아랫변길이) × 표본구간 높이(윗변과 아랫변의 거리) ÷ 2

품목별	조사종류별	조사시기	피해율 산정 방법
참다래	수확 개시 후 수확량조사 (조사일기준)	사고 발생 직후	○ 낙과수 조사 △ 표본조사 - 품종·수령별 낙과수 =품종·수령별 조사대상면적 ×품종·수령별 면적(m²)당 낙과수 - 품종·수령별 면적(m²)당 낙과수 =품종·수령별 표본주의 낙과수 ÷품종·수령별 표본구간 넓이 △ 전수조사 - 전체 낙과에 대하여 품종별 구분이 가능한 경우 : 품종별 낙과수 조사 - 전체 낙과에 대하여 품종별 구분이 불가한 경우 : 품종별 낙과수 = 전체 낙과수 × (품종별 표본과실수 ÷ 전체 표본과실수의 합계) ○ 과중 조사 △ 품종별 개당 과중 = 품종별 표본과실 무게 합계 ÷ 표본과실 수 ○ 피해구성 조사(품종별로 실시) △ 피해구성률 = {(50%형 피해과실수×0.5)+(80%형 피해과실수×0.8)+(100%형 피해과실수×1)} ÷표본과실수 △ 금차 피해구성률 = 피해구성률 - max A - 금차 피해구성률은 다수 사고인 경우 적용 - max A : 금차 사고전 기조사된 착과피해구성률 중 최댓값을 말함 ※ 금차 피해구성률이 영(0)보다 작은 경우에는 영(0)으로 함 ○ 금차 수확량 = {품종·수령별 착과수 × 품종·수령별 개당 과중 × (1 - 금차 착과피해구성률) + (품종·수령별 낙과수 × 품종·수령별 개당 과중 ×(1 - 금차 낙과피해구성률) + (품종·수령별 m²당 평년수확량 × 미보상주수 ×품종·수령별 재식면적) ○ 금차 감수량= {품종·수령별 착과수 × 품종·수령별 과중 × 금차 착과피해구성률 + (품종·수령별 낙과수 × 품종·수령별 과중 × 금차 낙과피해구성률) + (품종·수령별 m²당 평년수확량 × 금차 고사주수 × (1 - max A) ×품종·수령별 재식면적) △ 금차 고사주수 = 고사주수 - 기조사 고사주수 △ 품종·수령별 면적(m²)당 평년수확량 =품종·수령별 평년수확량 ÷품종·수령별 재식면적 합계

- 636 -

품목별	조사종류별	조사시기	피해율 산정 방법
참다래	수확 개시 후 수확량조사 (조사일 기준)	사고 발생 직후	△ 품종·수령별 평년수확량 = 평년수확량 × (품종·수령별 표준수확량 ÷ 표준수확량) □ 피해율 산정 ○ 금자 수확 개시 후 수확량조사가 최초 조사인 경우(이전 수확량조사가 없는 경우) 1) 『금자 수확량 + 금자 감수량 + 기수확량 < 평년수확량』인 경우 △ 피해율 = (평년수확량 - 수확량 - 미보상감수량) ÷ 평년수확량 - 수확량 = 평년수확량 - 금자 감수량 - 금자 수확량 - 미보상 감수량 = 금자 감수량 × 미보상비율 2) 『금자 수확량 + 금자 감수량 + 기수확량 ≥ 평년수확량』인 경우 △ 피해율 = (평년수확량 + 금자 감수량 - 수확량 - 미보상감수량) ÷ 평년수확량 - 수확량 = 금자 수확량 + 기수확량 - 미보상 감수량 = (평년수확량 - (금자 수확량 + 기수확량)) × 미보상비율 ○ 수확 개시 전 수확량조사가 있는 경우(이전 수확량조사에 수확 개시 전 수확량조사가 포함된 경우) 1) 『금자 수확량 + 금자 감수량 + 기수확량 > 수확 개시 전 수확량조사 수확량』 ⇒ 오류 수정 필요 2) 『금자 수확량 + 금자 감수량 + 기수확량 > 이전 조사 금자 수확량 + 이전조사 기수확량』 ⇒ 오류수정 필요 3) 『금자 수확량 + 금자 감수량 + 기수확량 ≤ 수확 개시 전 수확량조사 수확량』 이면서 『금자 수확량 + 금자 감수량 + 기수확량 ≤ 이전 조사 금자 수확량 + 이전 조사 기수확량』인 경우 - 피해율 = (평년수확량 - 수확량 - 미보상감수량) ÷ 평년수확량 - 수확량 = 평년수확량 - (수확 개시 전 수확량 - 사고당 감수량의 합) - 미보상감수량 = (평년수확량 - (수확 개시 전 수확량조사가 모두 금자 수확 개시 전 수확량조사인 경우) × max(미보상비율) ○ 수확 개시 후 수확량 조사만 있는 경우(이전 수확량조사가 모두 금자 수확 개시 후 수확량조사인 경우) 1) 『금자 수확량 + 금자 감수량 + 기수확량 > 이전 조사 금자 수확량 + 이전 조사 기수확량』 ⇒ 오류수정 필요 2) 『금자 수확량 + 금자 감수량 + 기수확량 ≤ 이전 조사 금자 수확량 + 이전 조사 기수확량』인 경우

품목별	조사종류별	조사시기	피해율 산정 방법
매실, 대추, 살구	수확 개시 전 수확량조사 (조사일 기준)	최초 수확 전	① 최초 조사가 「금차 수확량 + 금차 감수량 + 기수확량 < 평년수확량」인 경우 △ 피해율 = (평년수확량 - 수확량 - 미보상감수량) ÷ 평년수확량 - 수확량 = 평년수확량 - 사고당 감수량의 합 - 미보상 감수량 = 사고당 감수량의 합 × max(미보상비율) ② 최초 조사가 「금차 수확량 + 금차 감수량 + 기수확량 ≥ 평년수확량」인 경우 △ 피해율 = (평년수확량 - 수확량 - 미보상감수량) ÷ 평년수확량 - 수확량 = 최초 조사 금차 수확량 + 최초 조사 금차 기수확량 - 2차 이후 사고당 감수량의 합 - 미보상감수량 = {평년수확량 - (최초 조사 금차 수확량 + 최초 조사 금차 기수확량) + 2차 이후 사고당 감수량의 합} × max(미보상비율) □ 피해율 = (평년수확량 - 수확량 - 미보상감수량) ÷ 평년수확량 ○ 수확량 = {품종·수령별 조사대상주수 x 품종·수령별 주당 착과량 x (1 - 착과피해구성률)} + (품종·수령별 주당 평년수확량 x 품종·수령별 미보상주수) ○ 미보상 감수량 = (평년수확량 - 수확량) x 미보상비율 △ 품종·수령별 조사대상주수 = 품종·수령별 실제결과주수 - 품종·수령별 미보상주수 - 품종·수령별 고사나무주수 △ 품종·수령별 평년수확량 = 평년수확량 x (품종·수령별 표준수확량 ÷ 표준수확량) △ 품종·수령별 주당 평년수확량 = 품종·수령별 평년수확량 ÷ 품종·수령별 실제결과주수 △ 품종·수령별 주당 착과량 = 품종별·수령별 (표본주의 착과무게 ÷ 표본주수) - 표본주 착과무게 = 조사 착과량 x 품종별 비대추정지수(매실) x 2(절반조사 시) ○ 피해구성 조사 △ 피해구성률 = ((50%형 피해과실무게x0.5)+(80%형 피해과실무게x0.8)+(100%형 피해과실무게x1)) ÷ 표본과실무게 ○ 금차 수확량 = {품종·수령별 조사대상주수 x 품종·수령별 주당 착과량 x (1 - 금차 착과피해구성률)} + {품종·수령 별

- 638 -

품목별	조사종류별	조사시기	피해율 산정 방법
매실, 대추, 살구	수확 개시 후 수확량조사 (조사일 기준)	사고 발생 직후	조사대상주수 x 품종별(수령별) 주당 낙과량 x (1 - 금자 낙과피해구성률) + (품종별 주당 평년수확량 x 품종별 미보상주수) ○ 금자 감수량 = (품종·수령별 조사대상주수 x 품종별(수령별) 주당 착과량 x 금자 착과피해구성률) + (품종·수령별 조사대상주수 x 품종별(수령별) 주당 낙과량 x 금자 낙과피해구성률) + (품종·수령별 금자 고사주수 x (품종·수령별 주당 착과량 + 품종별(수령별) 주당 낙과량) x (1 - max A)} △ 품종·수령별 조사대상주수 = 품종·수령별 실제 결과주수 - 품종·수령별 미보상주수 - 품종·수령별 고사나무주수 - 품종·수령별 수확완료주수 △ 품종·수령별 평년수확량 = 평년수확량 ÷ 품종·수령별 표준수확량 합계 x 품종·수령별 표준수확량 △ 품종·수령별 주당 평년수확량 = 품종·수령별 평년수확량 ÷ 품종·수령별 실제 결과주수 △ 품종·수령별 주당 착과량 = 품종별 표본주의 착과량 ÷ 품종·수령별 표본주수 △ 표본주 착과무게 = 조사 착과량 x 품종별 비대추정지수(매실) x 2 (절반조사 시) △ 품종·수령별 금자 고사주수 = 품종·수령별 고사주수 - 품종·수령별 기조사 고사주수 ○ 낙과량 조사 △ 표본조사 - 품종·수령별 주당 낙과량 = 품종·수령별 표본주의 낙과량 ÷ 품종·수령별 표본주수 △ 전수조사 - 품종별 주당 낙과량 = 품종별 낙과량 ÷ 품종별 표본조사 대상 주수 - 전체 낙과에 대하여 품종별 구분이 가능한 경우 : 품종별 낙과량 조사 - 전체 낙과에 대하여 품종별 구분이 불가한 경우 : 품종별 낙과량 = 전체 낙과량 x (품종별 표본과실 수(무게) ÷ 표본 과실 수(무게)) ○ 피해구성 조사 △ 피해구성률 = ((50%형 피해과실무게x0.5)+((80%형 피해과실무게x0.8) 100%형 피해과실무게) ÷ 표본과실무게 △ 금자 피해구성률 = 피해구성률 - max A

품목별	조사종류별	조사시기	피해율 산정 방법
매실, 대추, 살구			- 금자 피해구성율은 다수 사고인 경우 적용 - max A : 금자 사고전 착과피해구성율 중 최댓값을 말함 ※ 금자 피해구성률이 영(0)보다 작은 경우에는 영(0)으로 함 □ 피해율 산정 ○ 금자 수확 개시 후 수확량조사가 최초 조사인 경우(이전 수확량조사가 없는 경우) 1) 『금자 수확량 + 금자 감수량 + 기수확량』 < 『평년수확량』 인 경우 △ 피해율 = (평년수확량 - 수확량 - 미보상감수량) ÷ 평년수확량 - 수확량 = 평년수확량 - 금자 감수량 - 미보상 감수량 = 금자 감수량 x 미보상비율 2) 『금자 수확량 + 금자 감수량 + 기수확량』 ≥ 『평년수확량』 인 경우 △ 피해율 = (평년수확량 - 수확량 - 미보상감수량) ÷ 평년수확량 - 수확량 = 금자 수확량 + 기수확량 - 미보상 감수량 = (평년수확량 - (금자 수확량 + 기수확량)) x 미보상비율 ○ 수확 개시 전 수확량 조사가 있는 경우(이전 수확량조사에 수확 개시 전 수확량조사가 포함된 경우 1) 『금자 수확량 + 금자 감수량 + 기수확량』 > 『수확 개시 전 수확량조사 수확량』 ⇒ 오류 수정 필요 2) 『금자 수확량 + 금자 감수량 + 기수확량』 ≤ 『이전 조사 금자 수확량 + 이전 조사 기수확량』 ⇒ 오류 수정 필요 3) 『금자 수확량 + 금자 감수량 + 기수확량』 ≤ 『이전 조사 금자 수확량 + 이전 조사 기수확량』 이면서 『금자 수확량 + 금자 감수량 + 기수확량』 ≤ 이전 조사 금자 수확량 + 이전 조사 기수확량 △ 피해율 = (평년수확량 - 수확량 - 미보상감수량) ÷ 평년수확량 - 수확량 = 금자 수확량 + 금자 감수량 - (수확 개시 후 수확 - 사고당 감수량의 합) - 미보상감수량 = {평년수확량 - (이전 수확량조사에 수확 개시 전 수확량)} x max(미보상비율) ○ 수확 개시 후 수확량 조사만 있는 경우(이전 수확량조사가 모두 수확 개시 후 수확량조사인 경우) 1) 『금자 수확량 + 금자 감수량 + 기수확량』 > 이전 조사 금자 수확량 + 이전 조사 기수확량 ⇒ 오류 수정 필요 2) 『금자 수확량 + 금자 감수량 + 기수확량』 ≤ 이전 조사 금자 수확량 + 이전 조사 기수확량 인 경우

품목별	조사종류별	조사시기	피해율 산정 방법
오미자	수확 개시 전 수확량조사 (조사일 기준)	최초 수확 전	① 최초 조사가 『금차 수확량 + 금차 감수량 + 기수확량 < 평년수확량』 인 경우 △ 피해율 = (평년수확량 - 수확량 - 미보상감수량) ÷ 평년수확량 - 수확량 = 평년수확량 - 사고당 감수량의 합 - 미보상 감수량 = 사고당 감수량의 합 x max(미보상비율) ② 최초 조사가 『금차 수확량 + 금차 감수량 + 기수확량 ≥ 평년수확량』 인 경우 △ 피해율 = (평년수확량 - 수확량 - 미보상감수량) ÷ 평년수확량 - 수확량 = 최초 조사 금차 수확량 + 최초 조사 기수확량 - 2차 이후 사고당 감수량의 합 - 미보상감수량 = (평년수확량 - (최초 조사 금차 수확량 + 최초 조사 기수확량) + 2차 이후 사고당 감수량의 합) x max(미보상비율) □ 피해율 = (평년수확량 - 수확량 - 미보상감수량) ÷ 평년수확량 ○ 수확량 = {(형태·수령별 조사대상길이 x 형태·수령별 m당 평년수확량 x (1 - 착과피해구성률)} + (형태·수령별 평년수확량 x 형태·수령별 미보상길이) △ 형태·수령별 조사대상길이 = 형태·수령별 실제재배길이 - 형태·수령별 미보상길이 - 형태·수령별 고사길이) △ 형태·수령별 길이(m)당 착과무게 = 형태·수령별 표본구간의 착과무게 ÷ 형태·수령별 표본구간 길이의 합 - 표본구간 착과무게 = 조사 착과량 x 2(절반조사 시) △ 형태·수령별 길이(m)당 평년수확량 = 형태·수령별 평년수확량 ÷ 형태·수령별 실제재배길이 - 형태·수령별 평년수확량 = 평년수확량 x ((형태·수령별 m당 표준수확량 x 형태·수령별 실제재배길이) ÷ 표준수확량 ○ 미보상감수량 = (평년수확량 - 수확량) x 미보상비율 ○ 피해 구성 조사 - 피해구성률 = ((50%형 피해과실무게 x 0.5) + (80%형 피해과실무게 x 0.8) + (100%형 피해과실무게 x 1)) ÷ 표본과실무게

품목별	조사종류별	조사시기	피해율 산정 방법
오미자	수확 개시 후 수확량조사 (조사일 기준)	사고 발생 직후	○ 기본사항 △ 형태·수령별 조사대상길이 = 형태·수령별 실제재배길이 - 형태·수령별 수확완료길이 - 형태·수령별 미보상길이 - 형태·수령별 고사수확길이 △ 형태·수령별 평년수확량 = 평년수확량 ÷ 표준수확량 × 형태·수령별 표준수확량 △ 형태·수령별 길이(m)당 평년수확량 = 형태·수령별 평년수확량 ÷ 형태·수령별 실제재배길이 △ 형태·수령별 길이(m)당 착과무게 = 형태·수령별 표본구간의 착과무게 ÷ 형태·수령별 표본구간 길이의 합 △ 표본구간 착과무게 = 조사 착과량 × 2 (절반조사 시) △ 형태·수령별 금차 착과량 고사 길이 = 형태·수령별 고사 길이 - 형태·수령별 기조사 고사 길이 ○ 낙과량 조사 △ 표본조사 형태·수령별 길이(m)당 낙과량 = 형태·수령별 표본구간의 낙과량의 합 ÷ 형태·수령별 표본구간 길이의 합 △ 전수조사 길이(m)당 낙과량 = 낙과량 ÷ 전체 조사대상길이의 합 ○ 피해구성조사 △ 피해구성률 = ((50%형 과실무게×0.5) + ((80%형 과실무게×0.8) + ((100%형 과실무게x1)) ÷ 표본 과실무게 △ 금차 피해구성률 = 피해구성률 - max A - max A : 금차 사고전 기조사된 착과피해구성률 중 최댓값을 말함 ※ 금차 피해구성률이 영(0)보다 작은 경우 : 금차과실피해율는 영(0)으로 함 ○ 금차 수확량 = {형태·수령별 조사대상길이× 형태·수령별 m당 착과량× (1 - 금차 착과피해구성률)} + {형태·수령별 조사대상길이× 형태·수령별 m당 낙과량× (1 - 금차 낙과피해구성률)}

- 642 -

품목별	조사종류별	조사시기	피해율 산정 방법
오미자			+ (형태·수령별 m당 평년수확량× 형태별수령별 미보상 길이) ○ 금자 감수량 = (형태·수령별 조사대상길이× 형태·수령별 m당 착과량× 금자 착과피해구성률) + (형태·수령별 조사대상길이× 형태·수령별 m당 낙과량× 금자 낙과피해구성률) + (형태·수령별 금자 고사 길이× (형태·수령별 m당 착과량 + 형태·수령별 m당 낙과량)× (1 - max A)) □ 피해율 산정 ○ 금자 수확 개시 후 수확량조사가 최초 조사인 경우(이전 수확량조사가 없는 경우) 1) 『금자 수확량 + 금자 감수량 + 기수확량 < 평년수확량』 인 경우 △ 피해율 = (평년수확량 - 수확량 - 미보상감수량) ÷ 평년수확량 - 수확량 = 평년수확량 - 금자 감수량 - 미보상 감수량 = 금자 감수량× 미보상비율 2) 『금자 수확량 + 금자 감수량 + 기수확량 ≥ 평년수확량』 인 경우 △ 피해율 = (평년수확량 - 수확량 - 기수확량) ÷ 평년수확량 - 수확량 = 금자 수확량 + 기수확량 - 미보상 감수량 = (평년수확량 - 수확량 - 기수확량)× 미보상비율 ○ 수확 개시 전 수확량 조사가 있는 경우(이전 수확량조사에 수확 개시 전 수확량조사가 포함된 경우) 1) 『금자 수확량 + 금자 감수량 + 기수확량 > 이전 조사 금자 수확량』 ⇒ 오류 수정 필요 2) 『금자 수확량 + 금자 감수량 + 기수확량 > 이전 조사 수확량 + 이전 조사 기수확량』 ⇒ 오류 수정 필요 3) 『금자 수확량 + 금자 감수량 + 기수확량 ≤ 수확 개시 전 수확량조사 수확량』 이면서 『금자 수확량 + 금자 감수량 + 기수확량 ≤ 이전 조사 수확량 + 이전 조사 기수확량』 인 경우 △ 피해율 = (평년수확량 - 수확량 - 미보상감수량) ÷ 평년수확량 - 수확량 = 수확개시전 수확량 - 사고당 감수량의 합 - 미보상감수량 = (평년수확량 - (수확 개시 전 수확량 - 사고당 감수량의 합)× max(미보상비율) ○ 수확 개시 후 수확량 조사만 있는 경우(이전 수확량조사가 모두 수확 개시 후 수확량조사인 경우)

- 643 -

품목별	조사종류별	조사시기	피해율 산정 방법
유자	수확량조사	수확개시 전	1) 『금차 수확량+금차감수량 + 기수확량』 > 이전 조사 금차 수확량 ⇒ 오류수정 필요 2) 『금차 수확량 + 금차 감수량 + 기수확량 ≤ 이전 조사 금차 수확량 + 이전 조사 기수확량』 인 경우 ① 최초 조사가 『금차 수확량 + 금차 감수량 + 기수확량 < 평년수확량』 인 경우 △ 피해율 = (평년수확량 - 수확량 - 미보상감수량) ÷ 평년수확량 - 수확량 = 평년수확량 - 사고당 감수량의 합 - 미보상 감수량 = 사고당 감수량의 합 × max(미보상비율) ② 최초 조사가 『금차 수확량 + 금차 감수량 + 기수확량 ≥ 평년수확량』 인 경우 △ 피해율 = (평년수확량 - 수확량 - 미보상감수량) ÷ 평년수확량 - 수확량 = 최초 조사 금차 수확량 + 기수확량 - 2차 이후 사고당 감수량의 합 - 미보상감수량 = {평년수확량 - (최초 조사 금차 수확량 + 최초 조사 기수확량) + 2차 이후 사고당 감수량의 합} × max(미보상비율) ○ 기본사항 △ 품종·수령별 조사대상주수 = 품종·수령별 실제결과주수 - 품종·수령별 미보상주수 - 품종·수령별 고사주수 △ 품종·수령별 평년수확량 = 평년수확량 ÷ 표준결과주수× 품종·수령별 표준수확량 - 품종·수령별 주당 평년수확량 = 품종·수령별 평년수확량 ÷ 품종·수령별 실제결과주수 △ 품종·수령별 과중 = 품종·수령별 표본과실 무게합계 ÷ 품종·수령별 표본과실수 △ 품종·수령별 표본주당 착과수 = 품종·수령별 표본주 착과수 합계 ÷ 품종·수령별 표본주수 △ 품종·수령별 표본주당 착과량 = 품종·수령별 표본주당 착과수 × 품종·수령별 과중 ○ 피해구성 조사 피해구성률 = ((50%형 피해과실수×0.5)+(80%형 피해과실수×0.8)+(100%형 피해과실수×1)) ÷ 표본과실수 ○ 피해율 = (평년수확량 - 수확량 - 미보상감수량) ÷ 평년수확량 △ 수확량 = {품종·수령별 표본조사 대상 주수× 품종·수령별 표본주당 착과량 × (1 - 착과피해구성률) + (품종·수령별 주당 평년수확량× 품종·수령별 미보상주수) △ 미보상감수량 = (평년수확량 - 수확량) × 미보상비율

- 644 -

4. 종합위험 및 수확전 종합위험 과실손해보장방식 (복분자, 오디, 감귤, 무화과)

품목별	조사종류별	조사시기	피해율 산정 방법

오디	과실손해조사	결실완료시점 ~ 수확 전	□ 피해율 = (평년결실수 - 조사결실수 - 미보상 감수 결실수) ÷ 평년결실수
			○ 조사결실수 = ∑{(품종수령별 환산결실수 × 품종수령별 조사대상주수) + (품종별 주당 평년결실수 × 품종수령별 미보상주수)} ÷ 전체 실제결과주수
			  - 품종수령별 환산결실수 = 품종수령별 표본조사 대상 주수 = 품종수령별 실제결과주수 - 품종수령별 고사주수 - 품종수령별 미보상주수
			  - 품종수령별 표본조사 대상 주수 = 품종수령별 실제결과주수 - 품종수령별 고사주수 - 품종수령별 미보상주수
			  - 품종별 주당 평년결실수 = 품종별 평년결실수 ÷ 품종별 실제결과주수
			  - 품종별 평년결실수 = (평년결실수 × 전체 실제결과주수) × (대상 품종 표준결실수 × 대상 품종 실제결과주수) ÷ ∑(품종별 표준결실수 × 품종별 실제결과주수)
			○ 미보상감수결실수 = Max((평년결실수 - 조사결실수) × 미보상비율, 0)

감귤	과실손해조사	착과피해조사	○ 과실손해 피해율 = {(등급 내 피해과실수 + 등급 외 피해과실수 × 50%) ÷ 기준과실수} × (1 - 미보상비율) ○ 피해 인정 과실수 = 등급 내 피해 과실수 + 등급 외 피해 과실수 × 50% 1) 등급 내 피해 과실수 = (등급 내 30%형 과실수 합계 × 0.3) + (50%형 ×0.5) + (80%형 ×0.8) + (100%형 ×1) 2) 등급 외 피해 과실수 = (등급 외 30%형 과실수 합계 × 0.3) + (50%형 ×0.5) + (80%형×0.8) + (100%형 ×1) ※ 만감류는 등급 외 피해 과실수를 피해 인정 과실수 및 과실손해 피해율에 반영하지 않음 3) 기준과실수 : 모든 표본주의 과실수 총 합계 ※ 단, 수확전 사고조사를 실시한 경우에는 아래와 같이 적용한다. - (수확전 사고조사 결과가 있는 경우) 과실손해피해율 = {(최종 수확전 과실손해 피해율 ÷ (1-최종 수확전 과실손해 조사 미보상비율)} + {(1 - (최종 수확전 과실손해 피해율 ÷ (1 - 최종 수확전 과실손해조사 미보상비율))) × (과실손해 피해율 ÷ (1 - 과실손해미보상비율)} × {1 - 최댓값(최종 수확전 과실손해 조사 미보상비율, 과실손해 미보상비율)} ◆ 수확전 과실손해 피해율 = {100%형 피해과실수 ÷ (정상 과실수 + 100%형 피해과실수)} × (1-미보상비율) ◆ 최종 수확전 과실손해 피해율 = {(이전 100%피해과실수 + 금차 100%피해과실수) ÷ (정상 과실수 + 100%형 피해과실수)} × (1-미보상비율)

동상해조사	착과피해조사	○ 동상해 과실손해 피해율 = 동상해 피해 과실수 ÷ 기준과실수 $= \dfrac{(80\%형\ 피해과실수 \times 0.8) + (100\%형\ 피해과실수 \times 1)}{정상과실수 + 80\%형\ 피해과실수 + 100\%형\ 피해과실수}$ ※ 동상해 피해과실수 = (80%형 피해과실수 × 0.8) + (100%형 피해과실수 × 1) ※ 기준과실수(모든 표본주의 과실수 총 합계) = 정상과실수 + 80%형 피해과실수 + 100%형 피해과실수

• (수확전 사고조사 결과가 있는 경우) 과실손해피해율

$= \left[\dfrac{최종\ 수확전\ 과실손해\ 피해율}{(1-최종\ 수확전\ 과실손해\ 조사\ 미보성비율)} + \left\{ \left(1 - \dfrac{최종\ 수확전\ 과실손해\ 피해율}{(1-최종\ 수확전\ 과실손해\ 조사\ 미보성비율)}\right) \times \dfrac{과실손해\ 피해율}{(1-과실손해미보성비율)} \right\} \right]$

× {1 − 최댓값(최종 수확전 과실손해 조사 미보성비율, 과실손해 미보성비율)}

• 수확전 과실손해 피해율 = $\dfrac{100\%형\ 피해과실수}{(정상\ 과실수 + 100\%형\ 피해과실수)}$ ×(1−미보성비율)

• 최종 수확전 과실손해 피해율 = $\dfrac{(이전\ 100\%피해과실수 + 금차\ 100\%피해과실수)}{(정상\ 과실수 + 100\%형\ 피해과실수)}$ ×(1−미보성비율)

품목별	조사종류별	조사시기	피해율 산정 방법
복분자	종합위험 과실손해 조사	수정완료시점 ~ 수확 전	□ 종합위험 과실손해 고사결과모지수 = 평년결과모지수 - (기준 살아있는 결과모지수 - 수정불량환산 고사결과모지수 + 미보상 고사결과모지수) ○ 기준 살아있는 결과모지수 = 표본구간 살아있는 결과모지수의 합 ÷ (표본구간수 × 5) ○ 수정불량환산 고사결과모지수 = 표본구간 수정불량 고사결과모지수의 합 ÷ (표본구간수 × 5) ○ 표본구간 수정불량 고사결과모지수 = 표본구간 살아있는 결과모지수 × 수정불량환산계수 ○ 수정불량환산계수 = (수정불량결실수 ÷ 전체결실수) - 자연수정불량률 = 최댓값((표본포기 6송이 피해 열매수의 합 ÷ 표본포기 6송이 열매수의 합)-15%, 0) △ 자연수정불량률 : 15%(2014 복분자 수확량 연구용역 결과반영) ○ 미보상 고사결과모지수 = 최댓값((평년결과모지수 - (기준 살아있는 결과모지수 - 수정불량환산 고사결과모지수))× 미보상비율, 0)
	특정위험 과실손해 조사	사고접수 직후	□ 특정위험 과실손해 고사결과모지수 = 수확감소환산 고사결과모지수 - 미보상 고사결과모지수 ○ 수확감소환산 고사결과모지수 (종합위험 수정불량환산 고사결과모지수를 실시한 경우) = (기준 살아있는 결과모지수 - 수정불량환산 고사결과모지수)× 누적수확감소환산계수 ○ 수확감소환산 고사결과모지수 (종합위험 수정불량환산 고사결과모지수를 실시하지 않은 경우) = 평년결과모지수 × 누적수확감소환산계수 △ 누적수확감소환산계수 = 특정위험 과실손해조사별 수확감소환산계수의 합 △ 수확감소환산계수 = 최댓값(기준일자별 잔여수확량 비율 - 결실율, 0) △ 결실율 = 전체결실수 ÷ 전체개화수 = Σ(표본송이의 수확 가능한 열매수) ÷ Σ(표본송이의 총열매수) ○ 미보상 고사결과모지수 = 수확감소환산 고사결과모지수 × 최댓값(특정위험 과실손해조사별 미보상비율) □ 피해율 = 고사결과모지수 ÷ 평년결과모지수 - 고사결과모지수 = 종합위험 과실손해 고사결과모지수 + 특정위험 과실손해 고사결과모지수

품목별	조사종류별	조사시기	피해율 산정 방법
무화과	수확량조사	수확전	□ 기본사항 ○ 품종·수령별 조사대상주수 = 품종·수령별 실제결과주수 – 품종·수령별 미보상주수 – 품종·수령별 고사주수 ○ 품종·수령별 평년수확량 = 평년수확량×(품종·수령별 주당 표준수확량×품종·수령별 실제결과주수) ÷ 표준수확량 △ 품종·수령별 주당 평년수확량 = 품종·수령별 평년수확량 ÷ 품종·수령별 실제결과주수 □ 7월31일 이전 피해율 ○ 피해율 = (평년수확량 – 수확량 – 미보상감수량) ÷ 평년수확량 △ 수확량 = {품종·수령별 조사대상주수×품종·수령별 주당 수확량× (1 – 피해구성률)} 　　　　+ (품종·수령별 주당 평년수확량× 미보상주수) – 품종·수령별 주당 수확량 = 품종·수령별 주당 착과수× 표준과중 – 품종·수령별 주당 착과수 = 품종·수령별 표본주 과실수의 합계 ÷ 품종·수령별 표본주수 △ 미보상감수량 = (평년수확량 – 수확량)× 미보상비율 △ 피해구성 조사 – 피해구성률 : {(50%형 과실수× 0.5) + (80%형 과실수× 0.8) + (100%형 과실수× 1)} ÷ 표본과실수 □ 8월1일 이후 피해율 ○ 피해율 = (1 – 수확전사고 피해율)× 잔여수확량비율× 결과지 피해율 △ 결과지 피해율 = (고사결과지수 + 미고사결과지수×착과피해율 – 미보상고사결과지수) ÷ 기준결과지수 – 기준결과지수 = 고사결과지수 + 미고사결과지수 – 고사결과지수 = 보상고사결과지수 + 미보상고사결과지수 ※ 8월1일 이후 사고가 중복 발생할 경우 금차 피해율에서 전차 피해율을 차감하고 산정함
		수확후	

- 648 -

5. 종합위험 수확감소보장방식 논작물 품목

품목별	조사종류별	조사시기	피해율 산정 방법
수량요소 (벼만 해당)		수확 전 14일 (전후)	○ 피해율 = (평년수확량 - 수확량 - 미보상감수량) ÷ 평년수확량 (단, 병해충 단독사고일 경우 병해충 최대인정피해율 적용) △ 수확량 = 표준수확량 × 조사수확비율 × 피해면적 보정계수 △ 미보상감수량 = (평년수확량 - 수확량) × 미보상비율
벼	표본	수확 가능시기	○ 피해율 : (평년수확량 - 수확량 - 미보상감수량) ÷ 평년수확량 (단, 병해충 단독사고일 경우 병해충 최대인정피해율 적용) △수확량=(표본구간 단위면적당 유효중량×조사대상면적) + {(단위면적당 평년수확량×(타작물 및 미보상면적 + 기수확면적)} • 단위면적당 평년수확량 = 평년수확량 ÷ 실제경작면적 • 조사대상면적 = 실제경작면적 - 고사면적 - 타작물 및 미보상면적 - 기수확면적 • 표본구간 단위면적당 유효중량 = 표본구간 유효중량 ÷ 표본구간 면적 • 표본구간 유효중량 = 표본구간 작물 중량 합계 × (1 - Loss율) × {(1 - 함수율) ÷ (1 - 기준함수율)} •Loss율 : 7% / 기준함수율 : 메벼(15%), 찰벼(13%) • 표본구간 면적 = 4포기 길이 × 포기당 간격 × 표본구간 수 △ 미보상감수량 = (평년수확량 - 수확량) × 미보상비율
	전수	수확 시	○ 피해율 = (평년수확량 - 수확량 - 미보상감수량) ÷ 평년수확량 (단, 병해충 단독사고일 경우 병해충 최대인정피해율 적용) △ 수확량 : 조사대상면적 + (단위면적당 평년수확량×(타작물 및 미보상면적 + 기수확면적) • 단위면적당 평년수확량 = 평년수확량 ÷ 실제경작면적 • 조사대상면적 = 실제경작면적 - 고사면적 - 타작물 및 미보상면적 - 기수확면적 • 조사대상면적 수확량 = 작물 중량 × {(1 - 함수율) ÷ (1 - 기준함수율)} •기준함수율 : 메벼(15%), 찰벼(13%) △ 미보상감수량 = (평년수확량 - 수확량) × 미보상비율

※ 하나의 농지에 대하여 여러 종류의 수확량조사가 실시되었을 경우, 피해율 적용 우선순위는 전수, 표본, 수량요소 순임

품목별	조사종류별	조사시기	피해율 산정 방법
밀, 보리	표본	수확가능시기	○ 피해율 : (평년수확량 - 수확량 - 미보상감수량) ÷ 평년수확량 △ 수확량 = (표본구간 단위면적당 유효중량×조사대상면적)+(단위면적당 평년수확량×(타작물 및 미보상면적 + 기수확면적)} • 단위면적당 평년수확량 = 평년수확량 ÷ 기수확면적 • 조사대상면적 = 실제경작면적 - 고사면적 - 타작물 및 미보상면적 - 기수확면적 • 표본구간 단위면적당 유효중량 = 표본구간 유효중량 ÷ 표본구간 면적 • 표본구간 유효중량 = 표본구간 작물 중량 합계 × (1 - Loss율) × {(1 - 함수율) ÷ (1 - 기준함수율)} ·Loss율 : 7% / 기준함수율 : 밀(13%), 보리(13%) ·표본구간 면적 = 4포기 길이 × 포기당 간격 × 표본구간 수 △ 미보상감수량 : (평년수확량 - 수확량 - 미보상감수량) × 미보상비율
	전수	수확 시	○ 피해율 : (평년수확량 - 수확량 - 미보상감수량) ÷ 평년수확량 △ 수확량 = 조사대상면적 수확량 + (단위면적당 평년수확량×(타작물 및 미보상면적 - 기수확면적)) ÷ 평년수확량 • 단위면적당 평년수확량 = 평년수확량 ÷ 실제경작면적 • 조사대상면적 = 실제경작면적 - 고사면적 - 타작물 및 미보상면적 - 기수확면적 • 조사대상면적 수확량 = 작물 중량 × {(1 - 함수율) ÷ (1 - 기준함수율)} ·기준함수율 : 밀(13%), 보리(13%) △ 미보상감수량 = (평년수확량 - 수확량) × 미보상비율

6. 종합위험 수확감소보장방식 밭작물 품목

품목별	조사종류별	조사시기	피해율 산정 방법
양배추	수확량조사 (수확 전 사고가 발생한 경우)	수확직전	○ 피해율 = (평년수확량 - 수확량 - 미보상감수량) ÷ 평년수확량 △ 수확량 = (표본구간 단위면적당 수확량×조사대상면적) + {단위면적당 평년수확량 × (타작물 및 미보상면적 + 기수확면적)} • 단위면적당 평년수확량 = 평년수확량 ÷ 실제경작면적 • 표본조사대상면적 = 실제경작면적 - 고사면적 - 타작물 및 미보상면적 - 기수확면적 • 표본구간 단위면적당 수확량 = 표본구간 수확량 합계 ÷ 표본구간 면적 · 표본구간 수확량 합계 = 표본구간 정상 양배추 중량 + (80% 피해 양배추 중량 × 0.2) △ 미보상감수량 = (평년수확량 - 수확량) × 미보상비율
	수확량조사 (수확 중 사고가 발생한 경우)	사고발생 직후	○ 피해율 = (평년수확량 - 수확량 - 미보상감수량) ÷ 평년수확량 △ 수확량 = (표본구간 단위면적당 수확량 × 조사대상면적) + {단위면적당 평년수확량 × (타작물 및 미보상면적 + 기수확면적)} • 단위면적당 평년수확량 = 평년수확량 ÷ 실제경작면적 • 조사대상면적 = 실제경작면적 - 고사면적 - 타작물 및 미보상면적 - 표본구간 면적 • 표본구간 단위면적당 수확량 = 표본구간 수확량 합계 ÷ 표본구간 면적 · 표본구간 수확량 합계=(표본구간 정상 작물 중량 + (80% 피해 작물 중량×0.2)) × (1 + 비대추정지수)
양파, 마늘	수확량조사 (수확 전 사고가 발생한 경우)	수확직전	※ 환산계수는 마늘에 한하여 적용 0.7(한지형), 0.72(난지형)을 적용 ※ 누적비대추정지수 = 지역별 수확적기까지 잔여일수 × 일자별 비대추정지수 △ 미보상감수량 = (평년수확량 - 수확량) × 미보상비율
	수확량조사 (수확 중 사고가 발생한 경우)	사고발생 직후	

- 651 -

품목별	조사종류별	조사시기	피해율 산정 방법
차(茶)	수확량조사 (조사 가능일 전 사고가 발생한 경우)	조사 가능일 직전	○ 피해율 = (평년수확량 – 수확량 – 미보상감수량) ÷ 평년수확량 △ 수확량 = (표본구간 단위면적당 수확량 × 조사대상면적) 　+ {단위면적당 평년수확량 ×(타작물 및 미보상면적 + 기수확면적)} • 단위면적당 평년수확량 = 평년수확량 ÷ 실제경작면적 • 조사대상면적 = 실제경작면적 – 고사면적 – 타작물 및 미보상면적 – 기수확면적 • 표본구간 단위면적당 수확량 = 표본구간 수확량 합계 ÷ 표본구간 면적 • 표본구간 수확량 합계 = {((수확한 새싹무게 ÷ 수확한 새싹수) × 기수확 새싹수 × 기수확지수) + 수확한 새싹무게} △ 미보상감수량 = (평년수확량 – 수확량) × 미보상비율
차(茶)	수확량조사 (조사 가능일 후 사고가 발생한 경우)	사고발생 직후	○ 피해율 = (평년수확량 – 수확량 – 미보상감수량) ÷ 평년수확량 △ 수확량(표본조사) 　= (표본구간 단위면적당 수확량 × 조사대상면적) 　+ {단위면적당 평년수확량 ×(타작물 및 미보상면적 + 기수확면적)} △ 수확량(전수조사) 　= {전수조사 수확량×(1 – 함수율)÷(1 – 기준함수율)} 　+ {단위면적당 평년수확량×(타작물 및 미보상면적 + 기수확면적)}
콩, 팥	수확량조사 (수확 전 사고가 발생한 경우)	수확직전	• 표본구간 단위면적당 수확량 = 표본구간 수확량 합계 ÷ 표본구간 면적 • 표본구간 수확량 합계 = 표본구간별 종실중량 합계 × {(1 – 함수율) ÷ (1 – 기준함수율)} · 기준함수율 : 콩(14%), 팥(14%) • 조사대상면적 = 실경작면적 – 고사면적 – 타작물 및 미보상면적 • 단위면적당 평년수확량 = 평년수확량 ÷ 실제경작면적 △ 미보상감수량 = (평년수확량 – 수확량) × 미보상비율
콩, 팥	수확량조사 (수확 중 사고가 발생한 경우)	사고발생 직후	

품목별	조사종류별	조사시기	피해율 산정 방법
감자	수확량조사 (수확 전 사고가 발생한 경우)	수확직전	○ 피해율 = {(평년수확량 – 수확량 – 미보상감수량) + 병충해감수량}÷평년수확량 △ 수확량 = (표본구간 단위면적당 수확량×조사대상면적) + {단위면적당 평년수확량×(타작물 및 미보상면적 + 기수확면적)} • 단위면적당 평년수확량 = 평년수확량 ÷ 실제경작면적 • 조사대상면적 = 실제경작면적 – 고사면적 – 타작물 및 미보상면적 – 기수확면적 • 표본구간 단위면적당 수확량 = 표본구간 수확량 합계 ÷ 표본구간 면적 • 표본구간 수확량 합계 = 표본구간별 정상감자중량 + (최대 지름이 5cm미만이거나 50%형 피해 감자 중량×0.5)+ 병충해 입은 감자 중량 △ 병충해감수량 = 병충해 입은 과경의 무게 × 손해정도비율 × 인정비율 ☞ 위 산식은 각각의 표본구간별로 적용되며, 각 표본구간 면적을 감안하여 전체 병충해 감수량을 산정 • 손해정도비율 = 표 2-4-9), 참조, 인정비율 = 표 2-4-10) 참조 △ 미보상감수량 = (평년수확량 – 수확량) × 미보상비율
	수확량조사 (수확 중 사고가 발생한 경우)	사고발생 직후	
고구마	수확량조사 (수확 전 사고가 발생한 경우)	수확직전	○ 피해율 = (평년수확량 – 수확량 – 미보상감수량) ÷ 평년수확량 △ 수확량 = (표본구간 단위면적당 수확량 × 조사대상면적) + {단위면적당 평년수확량 × (타작물 및 미보상면적 + 기수확면적)} • 단위면적당 평년수확량 = 평년수확량 ÷ 실제경작면적 • 조사대상면적 = 실제경작면적 – 고사면적 – 타작물 및 미보상면적 – 기수확면적 • 표본구간 단위면적당 수확량 = 표본구간 수확량 ÷ 표본구간 면적 • 표본구간 수확량 = 표본구간별 정상 고구마 중량 + (50% 피해 고구마 중량×0.5) + (80% 피해 고구마 중량×0.2) △ 미보상감수량 = (평년수확량 – 수확량) × 미보상비율
	수확량조사 (수확 중 사고가 발생한 경우)	사고발생 직후	

옥수수	수확량조사 (수확 전 사고가 발생한 경우)	수확직전	○ 손해액 = (피해수확량 − 미보상감수량) × 가입가격 △ 피해수확량=(표본구간 단위면적당 피해수확량×표본조사대상면적)+(단위면적당 표준수확량 × 고사면적) • 단위면적당 표준수확량 = 표준수확량 ÷ 실제경작면적 • 조사대상면적 = 실제경작면적 − 고사면적 − 타작물 및 미보상면적 − 기수확면적 • 표본구간 단위면적당 피해수확량 = 표본구간 피해수확량 합계 ÷ 표본구간 면적 • 표본구간 피해수확량 합계 = (표본구간 "하"품 이하 옥수수 개수 + "중"품 옥수수 개수 × 0.5) 　　× 표준중량 × 재식시기지수 × 재식밀도지수 △ 미보상감수량 = 피해수확량 × 미보상비율
	수확량조사 (수확 중 사고가 발생한 경우)	사고발생 직후	

- 654 -

7. 종합위험 생산비 보장방식 밭작물 품목 보험금 산정 방법

품목별	조사종류별	조사시기	피해율 산정 방법
고추, 브로콜리, 배추, 무, 단호박, 파, 당근, 메밀, 시금치(노지)	생산비보장 손해조사	사고발생 직후	□ 보험금 산정(고추, 브로콜리) ○ 보험금 = (잔존보험가입금액 × 경과비율 × 피해율) - 자기부담금 (단, 고추는 병충해가 있는 경우 병충해등급별 인정비율 추가하여 피해율에 곱함) △ 경과비율 · 수확기 이전에 사고시 = $\left\{ a + (1-a) \times \dfrac{\text{생장일수}}{\text{표준생장일수}} \right\}$ · 수확기 중 사고시 = $\left(1 - \dfrac{\text{수확일수}}{\text{표준수확일수}} \right)$ ※ α (준비기생산비계수) = (고추 : 54.4%, 브로콜리 : 49.5%) 〈용어의 정의〉 생장일수 : 정식일로부터 사고발생일까지 경과일수 표준생장일수 : 정식일로부터 수확개시일까지의 일수로 작목별로 사전에 설정된 값 (고추 : 100일, 브로콜리 : 130일) 수확일수 : 수확개시일로부터 사고발생일까지 경과일수 표준수확일수 : 수확개시일부터 수확종료(예정)일까지 일수 △ 자기부담금 = 잔존보험가입금액 × (3% 또는 5%) □ 보험금 산정(배추, 무, 단호박, 파, 당근, 메밀, 시금치(노지)) ○ 보험금 = 보험가입금액 × (피해율 - 자기부담비율)

- 655 -

| 고추, 브로콜리, 배추, 무, 단호박, 파, 당근, 메밀 | 생산비보장 손해조사 | 사고발생 직후 | □ 품목별 피해율 산정

○ 고추 피해율 = 피해비율 × 손해정도비율(심도) × (1 − 미보상비율)
△ 피해비율 = 피해면적 ÷ 실제경작면적(재배면적)
△ 손해정도비율 = {(20%형 피해고주수×0.2)+(40%형 피해고주수×0.4)+(60%형×0.6)+(80%형×0.8)+(100%형)}
  ÷ (정상 고주주수 + 20%형 피해고주주수 + 40%형 + 60%형 + 80%형 + 100%형)

○ 브로콜리 피해율 = 피해비율 × 작물피해율
△ 피해비율 = 피해면적 ÷ 실제경작면적(재배면적)
△ 작물피해율 = {(50%형 피해송이 개수 × 0.5) + (80%형× 0.8) + (100%형)}
  ÷ (정상 송이 개수 + 50%형 피해송이 개수 + 80%형 + 100%형)

○ 배추, 무, 단호박, 파, 당근, 시금치(노지) 피해율 = 피해비율 × 손해정도비율(심도) × (1−미보상비율)
△ 피해비율 = 피해면적 ÷ 실제경작면적(재배면적)
△ 손해정도비율
= {(20%형 피해작물 개수×0.2) + (40%형 피해작물 개수× 0.4) + (60%형×0.6) + (80%형×0.8) + (100%형)}
  ÷(정상작물개수 + 20%형 피해작물 개수 + 40%형 + 60%형 + 80%형 + 100%형)

○ 메밀 피해율 = 피해면적 ÷ 실제경작면적(재배면적)
△ 피해면적
= (도복으로 인한 피해면적×70%) + [도복 이외로 인한 피해면적×{(20%형 피해표본면적 × 0.2) + (40%형
× 0.4) + (60%형× 0.6) + (80%형× 0.8)+ (100%형× 1)} ÷ 표본면적 합계] |

8. 농업수입감소보장방식 과수작물 품목

품목별	조사종류별	조사시기	피해율 산정 방법
포도	수확량조사	착과수조사 (최초 수확 품종 수확전) / 과중조사 (품종별 수확시기) / 착과피해조사 (피해 확인 가능 시기) / 낙과피해조사 (착과수조사 이후 낙과피해 시) / 고사나무조사 (수확완료 후)	□ 착과수(수확개시 전 착과수조사 시) ○ 품종·수령별 착과수 = 품종·수령별 조사대상주수 × 품종·수령별 주당 착과수 △ 품종·수령별 조사대상주수 = 품종·수령별 실제결과주수 − 품종·수령별 고사주수 − 품종·수령별 미보상주수 △ 품종·수령별 주당 착과수 = 품종·수령별 표본주의 착과수 ÷ 품종·수령별 표본주수 □ 착과수(착과피해조사 시) ○ 품종·수령별 착과수 = 품종·수령별 조사대상주수 × 품종·수령별 주당 착과수 △ 품종·수령별 조사대상주수 = 품종·수령별 실제결과주수 − 품종·수령별 고사주수 − 품종·수령별 미보상주수 △ 품종·수령별 주당 착과수 = 품종·수령별 표본주의 착과수 ÷ 품종·수령별 표본주수 □ 과중조사 (사고접수 여부와 상관없이 모든 농지마다 실시) ○ 품종별 과중 = 품종별 표본과실 무게 ÷ 품종별 표본과실 수 □ 낙과수 산정 (착과수조사 이후 발생한 낙과사고마다 산정) ○ 표본조사 시 : 품종·수령별 낙과수 조사 △ 품종·수령별 낙과수 = 품종·수령별 조사대상주수 × 품종·수령별 주당 낙과수 − 품종·수령별 조사대상주수 = 품종·수령별 실제결과주수 − 품종·수령별 고사주수 − 품종·수령별 미보상주수 − 품종·수령별주당 낙과수 = 품종·수령별 표본주의 낙과수 ÷ 품종·수령별 표본주수

품목별	조사종류별	조사시기	피해율 산정 방법
포도	착과수조사 (최초 수확 품종 수확전)		○ 전수조사 시 : 품종별 낙과수 조사 △ 전체 낙과수에 대한 품종 구분이 가능할 때 : 품종별로 낙과수 조사 △ 전체 낙과수에 대한 품종 구분이 불가능할 때 (전체 낙과수 조사 후 품종별 안분) • 품종별 낙과수 = 전체 낙과수 × (품종별 표본과실 수 ÷ 품종별 표본과실 수의 합계) • 품종별 주당 낙과수 = 품종별 낙과수 ÷ 품종별 조사대상주수 • 품종별 조사대상주수 = 품종별 실제결과주수 - 품종별 고사주수 - 미보상주수 - 수확완료주수)
	과중조사 (품종별 수확시기) / 착과피해조사 (피해 확인 가능 시기) /	□ 피해구성조사 (낙과 및 착과피해 발생 시 실시) ○ 피해구성률 = {(50%형 피해과실 수×0.5) + (80%형 피해과실 수× 0.8) + (100%형 피해과실 수 × 1)} ÷ 표본과실 수 ○ 금차 피해구성률 = 피해구성률 - max A △ 금차 피해구성률은 피해과실을 다수 사고인 경우 적용 △ max A : 금차 사고전 기조사된 착과피해구성률 중 최댓값을 말함 ※ 금차 피해구성률이 영(0)보다 작은 경우에는 영(0)으로 함
	낙과피해조사 (착과수조사 이후 낙과피해 시)	□ 착과량 산정 ○ 착과량 =품종·수령별 착과량의 합 △ 품종·수령별 착과량 = (품종·수령별 착과수 × 품종별 과중) + (품종·수령별 주당 평년수확량 × 미보상주수)
	고사나무조사 (수확완료 후)	• 품종·수령별 주당 평년수확량 = 품종·수령별 평년수확량 ÷ 품종·수령별 실제결과주수 • 품종·수령별 평년수확량 = 평년수확량 × (품종·수령별 표준수확량 ÷ 표준수확량) • 품종·수령별 표준수확량 =품종·수령별 주당 표준수확량 ×품종·수령별 실제결과주수

품목별	조사종류별	조사시기	피해율 산정 방법

□ 감수량 산정 (사고마다 산정)

○ 금차 감수량 = 금차 착과 감수량 + 금차 낙과 감수량 + 금차 고사주수 감수량

△ 금차 착과 감수량 = 금차 품종·수령별 착과 감수량의 합

· 금차 품종·수령별 착과 감수량 = 금차 품종·수령별 착과피해조사 과실수 × 품종별 과중 × 금차 품종별 착과피해구성률

· 금차 낙과 감수량 = 금차품종·수령별 낙과피해조사 낙과수 × 품종별 과중 × 금차 낙과피해구성률

· 금차 고사주수 감수량
= 품종·수령별 금차 고사주수 ×(품종·수령별주당착과수+품종·수령별주당낙과수)×품종별 과중×(1 - max A)

△ 품종·수령별 금차 고사주수 = 품종·수령별 고사주수 -품종·수령별 기조사 고사주수

□ 피해율 산정

○ 피해율 = (기준수입 - 실제수입) ÷ 기준수입

△ 기준수입 = 평년수확량 × 농지별 기준가격

△ 실제수입 = (수확량 + 미보상감수량) × 최솟값(농지별 기준가격, 농지별 수확기가격)

· 미보상 감수량 = (평년수확량 - 수확량) × 최댓값(미보상비율)

□ 수확량 산정

○ 품종별 개당 과중이 모두 있는 경우

△ 수확량 = 착과량 - 사고당 감수량의 합

9. 농업수입감소보장방식 밭작물 품목

품목	조사종류별	조사시기	피해율 산정 방법
콩	수확량조사	수확직전	○ 피해율 = (기준수입 - 실제수입) ÷ 기준수입 △ 기준수입 = 평년수확량 × 농지별 기준가격 △ 실제수입 = (수확량 + 미보상감수량) × 최솟값(농지별 기준가격, 농지별 수확기가격) • 수확량(표본조사) = (표본구간 단위면적당 수확량×조사대상면적)+(단위면적당 평년수확량×(타작물 및 미보상면적+기수확면적)) • 수확량(전수조사) = [전수조사수확량×(1-함수율)÷(1-기준함수율)]+(단위면적당 평년수확량×(타작물 및 미보상면적+기수확면적)) • 표본구간 단위면적당 수확량 = 표본구간 수확량 합계 ÷ 표본구간 면적 • 표본구간 수확량 합계 = 표본구간별 종실중량 합계 × {(1 - 함수율) ÷ (1 - 기준함수율)} • 기준함수율 : 콩(14%) • 조사대상면적 = 실경작면적 - 고사면적 - 타작물 및 미보상면적 - 기수확면적 • 단위면적당 평년수확량 = 평년수확량 ÷ 실제경작면적 △ 미보상감수량 = (평년수확량 - 수확량) × 미보상비율 (또는 보상하는 재해가 없이 감소된 수량)
양파	수확량조사	수확직전	○ 피해율 = (기준수입 - 실제수입) ÷ 기준수입 △ 기준수입 = 평년수확량 × 농지별 기준가격 △ 실제수입 = (수확량 + 미보상감수량) × 최솟값(농지별 기준가격, 농지별 수확기가격) • 미보상감수량 = (평년수확량 - 수확량) × 미보상비율 (또는 보상하는 재해가 없이 감소된 수량) ○수확량 = (표본구간단위면적당수확량×조사대상면적) + (단위면적당 평년수확량×(타작물 및 미보상면적+기수확면적) △ 단위면적당 평년수확량 = 평년수확량 ÷ 실제경작면적 △ 조사대상면적 = 실경작면적 - 수확불능면적 - 타작물 및 미보상면적 - 기수확면적 △ 표본구간 단위면적당 수확량 = 표본구간 수확량 ÷ 표본구간 면적 • 표본구간 수확량 = (표본구간 정상 양파 중량 + 80%형 피해 양파 중량의 20%) × (1 + 누적비대추정지수) × 비대추정지수 • 누적비대추정지수 = 지역별 수확적기까지 잔여일수 × 비대추정지수

품목별	조사종류별	조사시기	피해율 산정 방법
마늘	수확량조사	수확 직전	○ 피해율 = (기준수입 - 실제수입) ÷ 기준수입 △ 기준수입 = 평년수확량 × 농지별 기준가격 △ 실제수입 = (수확량 + 미보상감수량) × 최솟값(농지별 기준가격, 농지별 수확기가격) • 미보상감수량 = (평년수확량 - 수확량) × 미보상비율 (또는 보상하는 재해가 없이 감소된 수량) ○ 수확량 = (표본구간 단위면적당 수확량 × 조사대상면적) + (단위면적당 평년수확량 × (타작물 및 미보상면적 + 기수확면적)) △ 단위면적당 평년수확량 = 평년수확량 ÷ 실제경작면적 △ 조사대상면적 = 실경작면적 - 수확불능면적 - 타작물 및 미보상면적 - 기수확면적 △ 표본구간 단위면적당 수확량 = (표본구간 수확량 × 환산계수) ÷ 표본구간 면적 • 표본구간 수확량 = (표본구간 정상 마늘 중량 + 80%형 피해 마늘 중량의 20%) × (1 + 누적비대추정지수) • 환산계수 : 0.7(한지형), 0.72(난지형) • 누적비대추정지수 = 지역별 수확적기까지 잔여일수 × 비대추정지수
고구마	수확량조사	수확 직전	○ 피해율 = (기준수입 - 실제수입) ÷ 기준수입 △ 기준수입 = 평년수확량 × 농지별 기준가격 △ 실제수입 = (수확량 + 미보상감수량) × 최솟값(농지별 기준가격, 농지별 수확기가격) • 미보상감수량 = (평년수확량 - 수확량) × 미보상비율 (또는 보상하는 재해가 없이 감소된 수량) ○ 수확량 = (표본구간 단위면적당 수확량 × 조사대상면적) + (단위면적당 평년수확량 × (타작물 및 미보상면적 + 기수확면적)) △ 단위면적당 평년수확량 = 평년수확량 ÷ 실제경작면적 △ 조사대상면적 = 실경작면적 - 수확불능면적 - 타작물 및 미보상면적 - 기수확면적 △ 표본구간 단위면적당 수확량 = 표본구간 수확량 ÷ 표본구간 면적 • 표본구간 수확량 = (표본구간 정상 고구마 중량 + 50% 피해 고구마 중량×0.5 + 80% 피해 고구마 중량×0.2) ※ 위 산식은 표본구간 별도 적용됨

품목별	조사종류별	조사시기	피해율 산정 방법
감자 (가을재배)	수확량조사	수확직전	○ 피해율 = (기준수입 - 실제수입) ÷ 기준수입 △ 기준수입 : 평년수확량 × 농지별 기준가격 △ 실제수입 : (수확량 + 미보상감수량 - 병충해감수량) × 최솟값(농지별 기준가격, 수확기가격) • 미보상감수량 = (평년수확량 - 수확량) × 미보상비율 (또는 보상하는 재해가 없이 감소된 수량) • 병충해감수량 = 병충해 입은 과경의 무게 × 손해정도비율 × 인정비율 ○ 수확량 = (표본구간 단위면적당 수확량 × 조사대상면적) + (단위면적당 평년수확량 × (타작물 및 미보상면적 + 기수확면적)) △ 단위면적당 평년수확량 = 평년수확량 ÷ 실제경작면적 △ 조사대상면적 = 실경작면적 - 수확불능면적 - 타작물 및 미보상면적 - 기수확면적 △ 표본구간 단위면적당 수확량 = 표본구간 수확량 ÷ 표본구간 면적 • 표본구간 수확량 = 표본구간 (정상감자 중량 + (50%형 피해감자중량×0.5)+병충해 입은 감자 중량) ※ 위 산식은 각각의 표본구간별로 적용되며, 각 표본구간 면적을 감안하여 전체 병충해 감수량을 산정 (손해정도비율 : 표 2-4-9) 참조, 인정비율 : 표 2-4-10) 참조
양배추	수확량조사	수확직전	○ 피해율 = (기준수입 - 실제수입) ÷ 기준수입 △ 기준수입 = 평년수확량 × 농지별 기준가격 △ 실제수입 = (수확량 + 미보상감수량) × 최솟값(농지별 기준가격, 농지별 수확기가격) • 미보상감수량 = (평년수확량 - 수확량) × 미보상비율 (또는 보상하는 재해가 없이 감소된 수량) ○ 수확량 = (표본구간 단위면적당 수확량 × 조사대상면적) + (단위면적당 평년수확량 × (타작물 및 미보상면적 + 기수확면적)) △ 단위면적당 평년수확량 = 평년수확량 ÷ 실제경작면적 △ 조사대상면적 = 실경작면적 - 수확불능면적 - 타작물 및 미보상면적 - 기수확면적 △ 표본구간 단위면적당 수확량 = 표본구간 수확량 ÷ 표본구간 면적 • 표본구간 수확량 = (표본구간 정상 양배추 중량 + 80% 피해 양배추 중량× 0.2) ※ 위 산식은 표본구간 별로 적용됨